中关村学院社区教育教材 “建设和谐社区系列丛书”之一

王雪松◎主编

中关村学院社区教育教材

安全关爱

图书在版编目（CIP）数据

“建设和谐社区系列丛书”中关村学院社区教育教材：全 6 册 / 王雪峰主编 . -- 北京：现代教育出版社，2018.6
ISBN 978-7-5106-6279-9

Ⅰ . ①建… Ⅱ . ①王… Ⅲ . ①社区教育－中国－教材 Ⅳ . ① G779.2

中国版本图书馆 CIP 数据核字 (2018) 第 126165 号

建设和谐社区系列丛书
中关村学院社区教育教材

主　　编　王雪松
责任编辑　魏　星　刘兰兰
封面设计　敬德永业
出版发行　现代教育出版社
地　　址　北京市朝阳区安华里 504 号 E 座
邮政编码　100011
电　　话　(010) 64251036
印　　刷　北京永顺兴望印刷厂
开　　本　170mm × 240mm　1/16
印　　张　48.5
字　　数　650 千字
版　　次　2018 年 9 月第 1 版
印　　次　2018 年 9 月第 1 次印刷
书　　号　ISBN 978-7-5106-6279-9
定　　价　130.00 元（全 6 册）

编 委 会

主　任　　卢　冰　程洪莉

主　编　　王雪松

副主编　　张小莉

编　委　　王雪松　耿　强

　　　　　张小莉　李　芳

前　言

社区教育作为终身教育体系的重要组成部分，是在社区中开发、利用各种教育资源，以社区全体成员为对象，开展旨在提高成员的素质和生活质量、促进成员的全面发展和社区可持续发展的教育活动。

北京市海淀区高度重视社区教育工作，1994年海淀区教改实验区建立，把发展社区教育作为实验区十大改革任务之一；2003年，海淀区被确定为“全国社区教育实验区”，逐渐形成了以中关村学院为龙头的、覆盖全区的社区教育网络。海淀区社区教育在政府、社区学院、社区、居民委员会等多方努力下，成效显著。

中关村学院（北京市海淀区职工大学）始创于1958年，是海淀区政府主办并管理、教委业务指导的唯一一所集学历继续教育、非学历继续教育和社区教育于一体的独立设置的成人高等教育学校。办学几十年来，以“终身学习”理念为引领，以“开放、合作、服务、创新”为总体思路，以“高端、示范、引领”为目标，为海淀区教育大众化、普及化，促进教育公平和区域经济社会的发展做出了重大贡献。

海淀区下辖22个街道办事处、7个镇、576个社区居委会、84个行政村，社区建设的指导和社区教育的开展呈现多样化需求。为了更好地满足人民日益增长的终身学习需求和美好生活需要，中关村学院在不断创新开发社区教育课程的基础上，积极开展社区教育教材建设，推出了《建设和谐社区系列丛书》中关村学院社区教育教材。

本套教材共分为六册，涵盖安全关爱、家庭日常、健康卫生、文化艺术、文明法律和职业技能六种不同种类的社区教育课程模块。本套教材是在听取以往实际工作中各方代表提出的意见，并不断总结经验的基础上编写的，是以理论指导实践的课程教材，是辅助社区教育实际工作的必备选择，承担着推进学习型社会建设的重任，适应了社区教育发展的需要。

本套教材有如下几个特色：

一是涵盖内容丰富多样。既有与社区居民生活相关的各种常识，又有关于社区治理的理论知识，可用于指导实际工作。

二是创新地开阔了社区管理工作者的视野。本套教材专门针对从事社区管理的工作人员设计了学习课程，帮助社区管理人员在提升自身业务水平的同时，更好地为社区居民服务。

我们希望通过本套教材，创造出海淀区社区教育事业的一个新篇章。让我们共同努力，发展我国社区教育，为社区管理人员的实际工作提供借鉴，为社区居民带来多姿多彩的美好生活。

在本书编写过程中，课题组的同志们付出了辛勤劳动，感谢海淀区从事社区教育工作的诸位同人给予的大力支持和帮助。教材中一定存在些许不足，望大家予以指正，提出意见和建议，以便不断完善。

总 目 录

目　录

安全关爱

第一篇　社区教育概述

课　时　共计 4 课时

教学目标　了解社区教育内涵；
了解学校教育和社区教育的相互作用和一体化；
学习社区教育相关案例。

教学重点　学校教育和社区教育的相互作用和一体化；
社区教育相关案例。

教学内容

一、走进社区，认识社区教育内涵

（一）社区教育内涵

“社区教育”一词最早源于 20 世纪初美国学者杜威。在我国普遍认为，社区教育是实现终身教育的重要形式，是推动学习型社会构建的基础。这种教育形式体现了教育发展与社区经济乃至社会发展之间的动态平衡。顾名思义，社区教育是社区与教育的结合，教育与社区之间的开放、参与、互动和协调。社区教育是社会发展到一定阶段，经济水平达

到一定程度的必然产物。联合国教科文组织对社区教育的定义："基于所有教育起始于社区，且并不是以获取社区的利益为目标，而是以提高社区居民生活质量为目的的原理，因此实现这一原理的活动即为社区教育。"联合国教科文组织又对"社区"及"社区教育"作了补充规定："社区又是指都市或农村的、被限定在一个区域内的居民，他们同属一个群体，具有共同的思维方式或对某一事物具有共同关心度的人群。而社区教育并不是仅仅指有关社区的教育，或为了社区发展的教育；它更重要的是社区的居民对教育拥有的决定权，以及为创造社区教育而负有的责任。"由上述国际权威机构所作的定义来看，社区教育至少具有两个不容忽视的特征：其一是它的非功利性；其二是它强调社区居民对社区教育的积极参与及所拥有的权利。

为此，应突出两个方面的特性以区别社区教育与其他教育活动的本质不同：一是这种活动应是社区居民自发形成的、自下而上的教育活动；二是这种活动又是基于社区居民为追求精神生活的质量和对学习的需求，以及政府为满足社区居民对自身完善所提出的教育要求，且具有双向性和双重特定目标而展开的教育活动。因此，从这样的理念出发，社区教育是由基于居民生活，居民自发产生的，为追求精神生活的充实及对终身学习的需求，而由政府提倡并与社区基层组织共同推动的，旨在以提高社区居民精神与文化素养、满足他们自我完善的要求，以及以切实保障社区居民自主学习权利为宗旨的，自下而上的群众性教育活动。一言概之，社区教育是满足人类终身学习之需求的教育服务之载体，对其内涵的把握是开展和推动社区教育事业最基本的要求。当然，社区教育特色化建设更不能偏离这一基本要求，与此相悖。

（二）社区教育的地位和作用

一方面，教育是国家、民族意志的体现，是在国家法律框架下进行的教育人、培养人、改造人的社会活动，有什么样的社会制度、政治和经济体制，就有与之相适应并为之服务的教育制度。在中国特色社会主义制度下产生并发展的社区教育，与生俱来地被赋予了依法参与构建终身教育体系职能，确定了在形成全民学习、终身学习的学习型社会中的地位和作用，保证公民享有学习权利和受教育权利上的责任和义务。另一方面，社区教育功能和作用产生于社区教育的丰富内涵，表现于社区教育强大的社会服务能力。社区教育的重要本质特征之一，就是社会功能，而这一功能的体现就是为人与社会的全面发展服务。与其他教育形式相比较，社区教育具有更加突出的特点，如开放性、灵活性、终身性、时效性、提升性等。从这个意义上讲，社区教育的服务具有宽领域、大纵深、全方位、非正规等特点，其表现形式主要是引导、培育、感化、渗透、熏陶。这种“教育应当促进每个人的全面发展，即身心、智力、敏感性、审美意识、个人责任感、精神价值等方面的发展”。由此可见，社区教育具有广泛和强大的社会服务功能和作用。

二、学校教育和社区教育相互依托

（一）社区教育是学校教育的补充和延伸

社区教育是教育的一个重要组成部分，是学校教育的重要补充，是实施素质教育的重要载体。社会和教育的发展进一步确立了社区教育的重要地位，在当前的形势下，为适应时代需求，深化改革，与时俱

进，加强社区教育工作显得尤为重要。

随着社会的进步，社区在社会生活各方面的作用越来越大，它作为一个区域内的社会生活共同体，对青少年的影响尤为深远。社区的物质和精神文化等因素都会对青少年产生潜移默化的影响。因此，深度挖掘和利用社区教育资源是对学校教育的极大补充，为学生认识社会、培养实践能力提供了切实可行的途径。同时，推进素质教育要求学校形成一个开放的系统。提高人的素质，是学校与社区精神文明建设的共同目标，并且随着社会的发展，社区教育功能的逐步强化，为社区与学校在提高人的素质上进行教育整合提供了可能。

（二）社区教育是未成年人思想道德教育的重要基地

青少年是祖国的未来、民族的希望，是社会主义的接班人，加强和改进未成年人思想道德建设，意义重大。要培养有理想、有道德的社会主义接班人，学校是对未成年人进行思想道德教育的主课堂，而社区是教育的基地，离开社区的生活，离开社区的成长，学校无法单独完成教育的目标。因此，为了提高未成年人的道德素质，学校要积极探索、实践，带领学生参加社区教育活动，使得学校教育、社区教育一体化，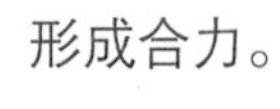形成合力。

提高德育工作的针对性和实效性，就需要我们积极探索新形势下学校德育和社区教育相结合的特点和规律，探求新方法，确实把学校的德育工作抓紧、抓实、抓出成效。要把学生培育成祖国的栋梁之材，就必须让他们从小受到革命传统教育、爱国主义教育、共产主义道德教育和劳动教

育等。要完成这些教育，还需要社会的大力支持，而社区是学生德育的大课堂，它蕴藏着丰厚的教育资源，我们必须利用社区的教育资源，对学生开展多种形式的教育。

（三）社区是学生参与社会实践，适应社会的学校

学校教育与社区教育的紧密结合是提高学生各方面素质的有力保障。学生的社区生活可以弥补学校教育的不足，也是学生认识社会、了解社会、适应社会的有效途径。我们要充分利用社区的教育资源，为学生提供走进社会的机会，去参加社会实践活动，使学生在实践中，去思考、去验证，提高适应社会的能力。

实践出真知，这是一个不变的道理。任何的文明行为习惯和思想品质，都需要在实践中检验、培养，同时，也只有通过实践才能强化、升华学生的道德品质。假期期间，社区各个居委会为学生走进社区、参与社会实践创造了条件。各大中小学生纷纷走进社区参与社会实践活动，参加社区文化活动和志愿服务活动；走进敬老院为老人献爱心；参加社区的联欢会演出；为社区图书馆整理图书、打扫卫生，为社区擦洗健身器材，捡拾白色垃圾等。同学们通过开展精神文明创建活动和形式多样的社会实践、道德实践活动，以及参与社区建设、服务社区，收到了巨大的教育效果。这既是送温暖的过程，又是学生接受教育的过程，不仅培养了学生的爱心、社会责任感、社会服务能力，而且增长了知识，开阔了眼界，提高了水平，对同学们各方面素质的培养和提高，起着促进和推动作用。

三、学校教育与社区教育在沟通互动中实现一体化

（一）开展社区教育，培养教师课外教育的能力

教师是社区教育的重要力量，他们有知识，有文化，知识更新得

快，有责任有义务投身到社区的文化教育中来。教师走进社区，融入社会，用自己的爱心和文化知识服务社区居民，不仅为和谐社区的建设、提高广大居民的文化素质、满足居民的文化需求做出贡献，也体验了另一种教学方式，促进了自身的成长，体现了个人的价值，又成为学校社区教育得以持续和发展的基本保障。教师深入社区，辅助社区教育，充分发挥了教师的知识优势。如为社区的市民学校开设计算机班、英语班、绘画、写作以及各类知识讲座。社区借用学校的有利条件，充分发挥学校在社区教育的基地作用，运用学校的优势为社区的精神文明建设服务。

实践证明，教师深入社区，不但为社区教育输入了新鲜血液，也在社区的教学环境中得到了锻炼，提高了他们的教学水平，促进了学校的教育教学工作。

（二）开发社区教育资源，拓宽学校教育力量

校外教育，是学校教育不可忽视的重要的教育力量。社区有着丰厚的教育资源以及良好的育人环境。如人文教育资源、文化资源、爱国主义教育基地，这些都对学生进行爱国主义、集体主义教育以及素质教育提供了很好的大课堂。同时还要充分利用校外辅导员队伍，通过与生活在社区的老革命、老专家、先进人物、朴实的群众等的接触，或是把他们请到学校讲学、进行革命传统教育，达到学校教育与社区教育共融，使教育走向一体化。

学校还要与政府、司法、武警、公安、环卫、科技、各企业建立广泛联系，建立德育实践基地，常年聘请校外德育辅导员，形成相对稳定的校外德育队伍，组织学生进行定期或不定期的社会德育实践活动，充实学校德育力量，为增强学校的德育实效发挥积极的作用。

（三）发挥社区教育作用，形成教育合力

社会教育、学校教育在教育内容、教育方法、教育效果上有各自的特点。学校教育具有统一性、系统性等特点，它有利于学生较为系统地掌握科学知识，形成良好的道德品质。社区教育在内容上具有多样性、实用性、及时性和补偿性的特点，所采用的教育方式也更加灵活多样，这有利于学生了解自然和社会，也有利于他们发展不同兴趣爱好。学校和社会教育有着各自的特点和优势，它们之间很难互相代替，只有把这两个方面协调起来，取长补短，充分发挥它们各自的特长，才能取得最佳的整体教育效果。

学校同社区之间有着十分密切的关系，两者是相互依附，双向服务的。学校是社区中众多社会组织中的一个，是社区不可分割的一个有机组成部分，学校离不开社区，学校教育必须依托社区。因此，学校教育与社区教育的统一，是全面实施素质教育不可缺少的重要环节，二者要形成教育合力。

四、学校教育与社区教育一体化应注意的问题及思考

近年来，学校与社区密切联系，相互协作，形成合力，提高了青少年思想政治素质，推进了社区精神文明建设。但是，我们还应该认识到学校德育工作的艰巨性，目前的成绩是远远不够的。我们面临的形势比较严峻，遇到的问题还很多。当前，学校和社区的合作关系还没有形

成理想的模式。在教育改革的新形势下，学校应如何变革？社区应为学校提供什么样的学习化环境？诸多问题需要我们在今后的工作中逐步加以探索和实践。

（一）资源开放及合理利用仍处于保守状态

在资源比较匮乏的现实面前，资源的整合以及合理的利用显得尤为重要。但教育资源的共享往往受到经济利益和其他利益的排斥。从学校方面说，学校应该协助社区居民满足其文化教育的需要，共同建设发展社区，学校的设施、场地应该向社区开放。但当社区利用学校的资源时，学校会因自己的正常教育教学活动受影响而产生反感，这样，社区与学校的合作无法进行。从社区方面说，社区内的一些部门和单位将社会公共资源贴上专属标签，更给学校社区在资源上的合作增设了障碍。

（二）学校德育与社区教育结合的机制还有待于完善

在新的历史条件下，青少年的思想发生深刻变化，原有的学校德育已经不能够满足现代社会青少年思想的变化。需要寻求新的教育途径和方法，提高学校德育工作实效性。我们要通过开发和联合社区各种教育资源，建立学校德育与社区教育结合的工作机制，使德育工作达到立体化、综合化、社会化，实现学校、社区双赢的效果。

（三）青少年思想教育活动的形式缺乏吸引力

随着社会经济的不断发展，社会生活方式多样化，必然引起青少年学生价值观念的变化。这就要求青少年思想教育活动形式的多样性，提高教育活动的效果，不断挖掘社区教育资源，探索有效的活动形式。要在管理方式、工作模式、内容方式上不断探索。例如，开展社区志愿者服务活动、家庭教育大讨论、青少年模拟法庭、社区优秀共产党员事迹展、老年英语辅导班、社区居民电脑班等。在这一系列活动中让学生主动参与，充分发挥他们的优势，展示他们的风采，让他们有荣誉感和成就感，既锻炼提高了自身素质，又为社区提供了服务，使德育工作取得了较好的效果。

（四）青少年德育工作者队伍素质还有待于进一步加强

德育工作者对自己的德育工作重要性认识不够，需要加强理论学习，提高思想认识。居委会从事社区德育工作的干部主要是由文教干部兼任，没有专职干部，而且年龄普遍偏大，对青少年思想政治教育工作不熟悉，能力有待提高。

总之，学校教育与社区教育一体化，对未成年人思想道德教育意义重大。学校与社区必须定位于互动，二者有机地结合起来，形成合力，优势互补，才能取得德育的最佳效果。通过积极开发社区资源，拓宽学校德育渠道，建立大德育系统，提升德育的实效性。

案例：某社区教育工作中长期发展规划

一、指导思想

以邓小平理论和“三个代表”重要思想为指导，全面贯彻落实科教兴区战略和党的教育方针，紧紧围绕建设经济强区、政治要区、文化名区的总体目标，充分利用、拓展和开发社区内各类教育资源，探索构建终身教育体系，满足社区所有成员的学习需求，大力提高社区成员的整

体素质、文明程度和生活质量，促进社区的稳定、建设和发展，从而为学习化社会的建设奠定坚实的基础。

二、总体目标

1. 2010 年成立 ×× 社区学习中心。

2. 到 2012—2015 年创办 ×× 社区市民学校。

三、近期目标

1. 到 2015 年，3 岁至未满 6 周岁幼儿入园率达 100%；6 周岁至 15 周岁的儿童、少年，除丧失学习能力者外全部受完九年制义务教育，小学入学率达 100%。

2. 初中入学率 99.8% 以上，毕业率达 99.5%。

3. 积极实施“369”工程和“5112”工程。到 2012 年各类从业人员培训率达 50%；农民实用技术培训每年不少于 1500 人次，其中应届初高中毕业生培训率达 100%；城区新增劳动力从事技术工种的，就业前培训率达 100%；农村劳动力向非种植业转移的人员职业技能培训率达 50%。

4. 社区内企业单位 40 周岁以下在职职工文化水平均达高中（中专、中技）水平，骨干企业管理人员文化水平平均提高到大专层次以上。到 2012 年，以上各类人员中 20% 的人员学历提高一个层次。

5. 青壮年非文盲率 99.9%；全区劳动力均受教育年限 2015 年达 12 年，受教育年限平均每年递增 0.4 年。

6. 重视弱势群体的教育。到 2012 年，社区 40% 的老年人参加各级各类培训及学习。真正做到老有所学、老有所乐、老有所为；努力办好残疾人教育，残疾学龄儿童、少年义务教育阶段入学率达100%；其中聋哑人到2010年及2012年分别有80%、100%的人获得从业的职业资格和职业技能；下岗职工再就业培训率超过95%。

四、实施社区教育的工作步骤

1. 建立社区教育委员会，下设办公室和社区教育中心，委员会成员由区管委会和政府各主要条线负责人组成，办公室负责制定社区教育的规划、规程，协调各部门的培训，指导与监督区、村、企事业的社区教育工作的开展，协调各企事业和政府部门关系。社区教育委员会下设办公室，办公室设在社区教育中心即原成教中心校内。各村大中型企业和各事业单位分别成立社区教育领导小组，各社区负责人为小组成员，成立社区学习中心。

2. 制定关于开展社区教育的决定、社区教育组织章程和岗位职责、社区教育的工作目标、考核制度等文稿。

3. 建立社区教育"树"状网络，健全教师队伍，完善教学设施。以社区教育中心为培训主体，社区必须配备有德才兼备的职工教师，认真负责平时的教学工作，同时，社区学习中心必须有教室、黑板、课桌椅或其他教学设施，以利于开展教学工作。

4. 明确社区教育的教学目标，制订切实可行的教学计划，列入年度精神文明工作的考核。

(1) 社区学习中心负责指导、管理、督促、协助社区学习中心的教学工作，负责开展学历教育、继续教育、岗位培训、再就业培训等教学任务。

(2) 社区教育学习中心围绕市民公约、文明公约、法律法规、文明家庭、优生优育、科学知识、老年人的文体活动，国家大事、世界形势

等内容开展教学，负责学生校外教育、流动人口教育、下岗职工的再就业培训教育工作。

(3) 以中心小学、幼儿园为枢纽，联结妇联、关工委，办好父母(家长)学校。

(4) 以社区学习中心和各小学为基础，办成计算机信息和语音教育中心。

(5) 以幼儿园、中心小学为基础，办成全区体育活动中心。

(6) 以文化中心（文化站）为枢纽，以建立多种协会为手段，联结社会广大的文化（艺）爱好者，把各类教育活动延伸至单位、企业，渗透到家庭。第一步建立和健全的协会有：乒乓协会、篮球协会、棋牌协会、盆景艺术协会、书报协会、书画协会、音乐舞蹈协会、摄影协会八个群众性协会。并以社区文化中心和社区学习中心图书馆为基础，扩建成全区的图书阅览中心。

五、实施社区教育的保障措施

1. 在区党委和政府的大力支持下开展大量的宣传工作，使每个人都明白社区教育工作是社会发展的需要，是提高人的整体素质的需要，是大家的事情，引起各级领导的重视，给予社区教育各方面的支持。

2. 培养社区教育工作者的教育教学及管理水平，运用社区的“管辖权”聘请优秀的兼职教师，并形成一定数量的社区教育志愿者师资队伍。

3. 加强社区教育的管理工作，做到年初有计划、平时有检查、年终有总结，一年一考核评比。

4. 要搞好横向联系，与区政府在辖处的各部门、各单位搞好关系，实行联结互动、教学资源共享。

5. 切实解决社区教育工作的经费是社区教育正常开展的保证，单靠一方面解决是较困难的，社区教育经费实行政府财政拨一点，村、企事业单位自己挤一点，办学过程收一点，社区管辖区域中的各单位支助一点来解决。正确处理公益性教育与产业性教育的关系，坚持实用、实效、实际，反对形式主义。公益性教育以社区成员自我服务为主；产业性教育逐步实行按教育成本进行有偿服务。

6. 加强社区学习中心网络专兼职人员的配备、培训、管理与考核，加强管理与教学两支队伍建设，关心两支队伍人员的业务进修与生活待遇，使社区教育有序、有效、稳健地发展。

社区教育工作是一项全社会的工作，是新世纪教育改革中的主要工作，搞好这项工作关系到社会进步，人类进步的速度，是造福全社会人类的大事。我们将在党委和政府的领导下，努力实施，把我区建设成为经济强区、文化名区。

第二篇　社区治安管理

课　　时　共计 8 课时

教学目标　了解并掌握社区公共场所管理；
了解并掌握社区特种行业管理；
了解并掌握社区危险物品管理。

教学重点　社区特种行业管理；
社区危险物品管理。

第一节　社区公共场所管理

一、社区公共场所管理概述

（一）社区公共场所的种类

公共场所是指社会成员都可以自由往来、停留、涉足，进行共同活动的场所。一般来说，它对于往来人员没有特定的限制，不管什么人，只要在其规定的条件和活动时间之内，都可以到达、停留，从事正当的活动。社区内公共场所的种类主要有：

1. 文化、娱乐、体育场所。主要包括影剧院（含单位对外经营的礼堂等）、录像放映点、俱乐部、文化宫（馆、站）、书场、青少年宫、曲艺社、游艺场、图书出租、音乐厅（茶座）、舞厅（会场）、夜总会、卡拉OK厅、歌厅、电子游艺活动厅、游泳池、溜冰场、体育场、武术馆、台球、康乐球、保龄球馆、高尔夫球场、赛车俱乐部、射击场、健身房、攀岩馆等。

2. 饮食服务场所。包括咖啡馆、酒吧、茶座、浴室、酒菜馆、美容美发、桑拿按摩等场所。

3. 凭票进入的游览场所。主要指售门票的公园、风景游览区、名胜古迹、海滨浴场、动物园以及经县以上人民政府批准对社会开放的寺庙。

4. 有固定设施的贸易场所。是指有固定设施、并设有专管机构或专管人员的农副产品市场、小商品市场。

由于我国地区间经济发展具有不平衡性，所以各地区社区公共场所的类别不完全相同。

（二）社区公共场所的特点

改革开放以来，随着市场经济的繁荣和人民生活水平的提高，社会对公共文化、娱乐、体育、饮食服务、贸易市场等公共场所的需求不断增强。社区公共场所无论在数量、形式、层次，还是规模上都出现了新的变化，掌握这些场所的特点，是落实安全管理责任，加强社区管

理，确保一方平安的前提和条件。

1. 复杂性

社区公共场所自身的经营结构、涉足人员和容易出现的治安问题等各方面都具有复杂的因素，具体表现在：

（1）经营结构复杂。社区公共场所的构成具有多样性，既有国有的、集体的和私营个体的，又有“三资”等经营形式。社区公共场所的经营内容呈现多元化，其功能具有多层次性，甚至出现提供住宿、跳舞、录像、卡拉 OK、KTV 包厢、足浴、按摩等为一体的综合性大型场所。

（2）涉足人员复杂。涉足社区公共场所的人，有外地的，也有本地的，他们的贫富状况不同，涉足场所的目的也不尽相同。场所的从业人员往往来自不同的地区，处于不同的文化层次。其中的部分人员可能不进行暂住登记，不申领暂住证，行踪不定。

（3）场所复杂。在激烈的市场竞争中，经常有社区公共场所歇业、转租、转包甚至倒闭，同时又有更多的社区公共场所开业。各类公共场所都以追求利润最大化为目标，采取各种方法吸引顾客，并随着社会需要的不断变化，而不断调整活动的内容与活动的方式，因而场所内活动的内容与方式复杂多变，花样百出，呈现复杂性的特点。

2. 流动性

社区公共场所的流动性表现为：

（1）人员流动性大。根据公安机关的实践经验，流动人口是一个犯罪率高发群体，一些不法人员也容易混迹其间，利用社区公共场所藏身落脚，有的可能在场所内进行违法犯罪或破坏活动。

（2）财物流动性大。这是由社区公共场所本身的功能和活动特点所决定的。人流、物流、货币流的流动对发展生产，繁荣经济，传播信息能起到积极的作用，但是也会给社会增加不安定因素，带来不少治安问题。

（3）信息交流量大、速度快。人是社会信息交流的载体，在社区公共场所参与社会活动的主体的不特定性，必然决定了其相互之间的信息交往的繁杂性和不特定性。因而社区公共场所的信息交流不仅量大，而且迅速，它是社区管理部门掌握社会动态，搜集社会治安情况的重要途径。

3. 影响人们的社会意识

社区公共场所内的文化、娱乐、体育活动及其变化，对人们的社会意识会产生一定程度的影响，而且在社区公共场所各种社会活动的过程中，人们的频繁交往、相互之间的交流和影响也会使人们的社会意识产生微妙的变化。健康的文化体育活动可以培养陶冶人们的高尚情操，振奋精神；不健康的、色情或荒淫的项目，则会导致人们消沉、堕落并诱发犯罪。因而它也是社会主义精神文明建设的重要阵地之一。

4. 涉外性强

经济全球化和旅游业的发展，致使国际交往日渐增多，且在广度和深度上均不断扩展。外国人参加社区公共场所各种活动越来越多，就不可避免地会发生一些涉外的治安问题。对涉外治安问题需要慎重对待和处理，否则往往会形成外交问题。

二、社区公共场所的治安管理

社区公共场所的治安管理，是公安机关治安管理职能中的一个重要组成部分，是指公安机关为维护社区内公共场所的治安秩序，预防和打击违法犯罪活动，防范治安灾害事故的发生，保护社区公共场所的安全，保护公民法人和其他组织的人身和财产安全，依法从事的公共行政管理活动。

（一）社区公共场所治安管理的内容

公安机关对社区公共场所实施治安管理的内容，主要有以下六个方面：

1. 保护社区公共场所的各种设备、设施不受任何非法侵害。

2. 保障社区公共场所的各种活动正当和安全有序地进行。

3. 保护进出社区公共场所人员的人身和财产权利不受非法侵害。

4. 正确调节社区公共场所人与物、人与空间的比例关系，保障公共安全。

5. 协调社区公共场所的人际关系，疏导、排解各种可能引发治安问题的矛盾。

6. 及时发现、制止和查处在社区公共场所发生的或者利用社区公共场所的各种违法犯罪行为和治安灾害事故。

（二）社区公共场所治安管理的法律依据

公安机关的治安管理部门对社区公共场所的管理，必须依法进行，其实施管理的依据从不同的角度可以进行不同的划分。按照制定机关和适用范围的不同，可分为全国性行政法规、行政规章和地方性法规、规章。按照适用对象的不同，可分为普通适用和特殊适用。

目前，在全国范围内公安机关在社区公共场所治安管理中的依据主要有:《公共娱乐场所消防安全管理规定》《娱乐场所管理条例》《公安派出所实行公共娱乐场所治安管理责任制暂行规定》《音像制品管理条例》，文化部、公安部《关于严禁利用电子游戏机进行赌博活动的通知》等。

（三）当前社区公共场所存在的主要问题

当前社区公共场所呈现面广、量大的新特点，大量社区公共场所的存在促进了社会经济发展，在为人们生活提供服务和方便的同时，也在客观上产生了不少治安问题。在部分社区公共场所内卖淫嫖娼、色情服务、赌博、吸毒贩毒、制黄传黄等违法犯罪现象日趋突出，严重败坏了社会风气，扰乱了社区治安秩序，成为社会关注的热点。这些问题主要表现在：

1. 以营利为目的的色情服务普遍存在

在各类娱乐场所中，经营者为了招徕顾客，雇用了一批陪侍人员，怂恿她们从事色情活动。从事陪侍服务的人员受拜金主义思想影响，冲着“高收入”在场所内陪客人进行拥抱、接吻及相互摸弄等淫秽、色情陪侍。

2. 卖淫嫖娼活动仍较猖獗

经公安机关的不断打击，社区公共场所的卖淫嫖娼活动有所收敛，但随着场所的大量增加，导致市场竞争日益激烈，一些场所业主为了经济效益，便通过非法手段来牟取暴利。有些卖淫人员与流氓恶势力相勾结，集盗窃、抢劫、敲诈、传播淫秽物品、吸贩毒等违法犯罪于一身。一些身患性病的卖淫人员受经济利益的驱使，疯狂从事卖淫活动，并逐渐蔓延，导致社区治安形势严峻。

3. 赌博活动较为严重

社区公共场所内比较突出的赌博现象是利用有奖电子游戏机进行赌博或变相赌博。一些业主为获取非法利润，违反法律、法规擅自开设有奖电子游戏和利用游戏机进行赌博和变相赌博活动，且有愈演愈烈之势。有些不法赌徒为逃避打击，寻找茶室、老年活动室、棋牌室作掩护，公然开设地下赌场。

4. 制作、贩卖、传播淫秽物品，吸毒贩毒蔓延迅速

一些社区公共场所的经营户以合法经营为掩护，利用录像放映、图书出租等过程暗中制作、贩卖、传播淫秽物品。有的录像厅专门针对在校学生和外来打工者，播放淫秽录像，社会影响极其恶劣。同时，在社区公共场所内的吸毒、贩毒案件也时有发生，部分人员以贩养吸，严

重危害了社区治安秩序。

5. 安全隐患大量存在

客观上社区公共场所日益增多，主观上一些场所业主从经济利益出发，忽视治安安全条件，使场所内存在的安全隐患越来越多。

社区公共场所安全隐患的大量存在主要有四个方面的原因：一是一些场所的法人代表过度强调经济效益，忽视消防安全工作，消防法治观念淡薄，个别场所甚至未经消防部门审核同意，擅自违章经营。二是部分公共娱乐场所建筑结构条件差、疏散通道不畅、消防水源缺乏、可燃装修材料多。三是近年来开发利用人防工程作为社区公共场所的现象日渐增多，而此类场所疏散条件差，消防设施不配套，发生火灾后扑救极为困难，易造成大量人员伤亡事故。四是城市公共消防设施落后且不配套，影响了社区公共场所的治安、消防管理。

（四）社区公共场所的治安管理措施

1. 加强组织领导，落实岗位责任制

社区公共场所的管理者、经营者或业主，对进入场所的顾客负有确保安全的责任，必须高度重视安全工作，切实加强领导和管理。一要建立健全各项安全制度，并做到经常性自查。主要制度有：入场安全管理制度、退场疏散安全管理制度、消防安全管理制度、按容量售票制度、贵重物品寄存制度、安全营业活动制度、情况报告制度、员工岗位责任制度等。二是落实安全保卫责任制。主要内容有：负责安全工作的领导或主管落实、专职安保人员落实、员工岗位责任落实等。遇有意外或其他治安灾害事故，确保临危不乱，处变不惊，疏散救护有序，确保人员安全。

2. 控制人员容量，核定售票定额，合理安排场次

社区公共场所必须严格按场所的实际容纳人数售票，严禁超员售票，不得挤占出入通道和紧急疏散通道。露天场所未设固定座席

的，事先必须认真预测可能饱和的人员额，规定售票限额，严禁超员售票。场所的活动必须要保证足够的场次间隔，以利观众有序地入场和退场。同时要科学、合理地安排演出，各部门要各司其职，密切协同，保证出入通道和消防通道的畅通，确保不发生挤压伤亡等治安灾害事故。

3. 严禁携带易燃易爆、剧毒等危险物品入场，加强重点部位安全管理

社区公共场所，应根据需要和可能的原则，配置射线检查系统、金属探测系统等安检系统和设备，对入场观众、场地等实施安检，严禁危险物品进入。在场所醒目处张贴悬挂注意事项或警示牌，告知观众禁带的物品。对电源室、水源室、舞台、锅炉房等重点部位布置专人值守，无相应证件或无关人员禁止入内。同时采取相应措施，确保消防安全。

4. 场所的建筑结构和设施要符合安全要求

社区公共场所的建筑结构，要严格执行《中华人民共和国国家标准建筑设计防火规范》（GBJ16—87），按容量大小设置太平门。剧院、电影院、礼堂的观众厅安全出口的数目均不应少于两个，人员密集的文体场所的入场门、太平门，不应设置门槛，太平门必须向外开启，并装置自动门闩。通道上禁放任何障碍物或挪为他用，门檐上方要配置应急灯和指示灯。场内有比赛或演出时，太平门不得上锁，露天放映及演出场所、场地选择必须安全，远离危险建筑和危险物品生产厂、库等，四周必须留有合乎规定的通道，以利观众入场和疏散。水上活动或近水面的娱乐活动，必须配设牢固的防护栏、门，以防挤落及溺水事故。利用地下人防工程开设的娱乐活动场所，必须符合相应的安全要求。

5. 及时制止影响秩序的行为

对场所内发现的起哄、拥挤等影响秩序的行为，应予及时制止，

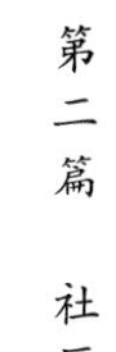

以防事态扩大。对行为过激者，可妥善予以控制，必要时应及时报警。要充分利用场所广播等设备，宣传疏导，抑制稳定观众情绪，缓解矛盾，尽力防止人员聚集事态扩大。

6. 限制娱乐场所的活动内容

按有关法规规定，社区公共场所禁止从事含有下列内容的活动：反对宪法确定的基本原则的；危害国家统一、主权或领土完整的；危害国家安全、利益或社会稳定的；煽动民族分裂、侵害少数民族风俗习惯，破坏民族团结的；宣扬淫秽、色情、迷信或渲染暴力、有害消费者身心健康的。社区管理部门要协助文化行政管理部门做好检查督促工作。

三、社区公共场所从业人员必备的职业道德与治安业务知识

（一）社区公共场所从业人员的职业道德

职业是人们由于特定的社会分工而形成的具有专门业务和特定职责的社会活动。职业道德是人们在一定的职业活动范围内所应遵守的行为规范的总和。

社区内公共场所从业人员必须遵循的职业道德基本规范有：

1. 忠于职守，热爱本职

忠于职守，就是忠实地履行职业责任。热爱本职就是要求社区公共场所的从业人员正确地对待自己的职业劳动，努力培养热爱自己所从事职业的荣誉感，把为人民服务作为本职工作的基本要求。

2. 热忱服务，文明服务

热忱服务，是指对服务对象主动、热情、耐心的服务态度。社区公共场所的从业人员应以满腔热情对待工作，对待服务对象。文明服务是指在遵章守纪的基础上应努力创造整洁、安全、舒适、优美而有序的

工作环境。

3. 钻研业务，提高技能

职业技能，是人们进行职业活动，完成职业责任的能力和手段。场所从业人员需要掌握过硬的服务技能，并不断精益求精。

4. 遵纪守法，廉洁奉公

这是法治建设对从业人员的要求，是职业活动能够正常进行的基本特征，它要求每个社区公共场所的从业人员遵纪守法，不利用职务之便谋取私利。

5. 团结协作，互助友爱

它是处理职业团体内部人与人之间以及协作单位之间关系的一条道德规范。为了事业的进步和发展，劳动者彼此之间和协作单位之间需要互相支持，互相帮助，这是一种在共同利益和目标下进行的相互促进的活动。要求从业人员能识大体、顾大局，自觉维护集体和同志之间的团结。

（二）社区公共场所从业人员应掌握的治安业务知识

社区公共场所是治安情况相当复杂的敏感部位，社区公共场所治安秩序的好坏对整个社区治安秩序将会产生直接的影响。对场所本身而言，要取得经济效益和社会效益的双丰收，必须有良好的治安秩序作保证。因此，社区公共场所从业人员在工作中，不仅要做到业务熟练、举止得体、语言文明、仪表端正，在各自岗位上尽心尽职，兢兢业业，还须知法守法，并将维护现场秩序良好，保证内部安全作为自己义不容辞的责任。

社区公共场所从业人员应掌握的治安业务知识主要有两个方面：一是预防、处置违法犯罪的知识，通过教育培训，从业人员要了解当前的治安形势，熟知本场所内常见的违法犯罪的种类，违法犯罪分子作案的手段，防范的方法与措施等，以提高预防、处置违法犯罪的能力；

二是预防、处置治安灾害事故的知识，了解本场所常见的治安隐患，掌握治安安全检查的方法与要求，能及时消除检查中发现的隐患，对火灾等常见的治安灾害事故，应了解本场所的消防安全制度和保障消防安全的操作规程，本单位、本岗位的火灾危险性和防火措施，有关消防设施的性能、灭火器材的使用方法，对已经发生的火灾要做到会报警，会使用灭火器材扑救初起火灾，会组织、引导在场群众疏散。

四、社区公共场所常见违法犯罪行为及其处罚

社区工作者应了解社区内常见违法犯罪的界定及其处罚的相关知识，自觉同违法犯罪行为作斗争，配合公安机关做好社区治安秩序的维护。

（一）赌博行为

赌博，是指两人以上以营利为目的，以财物为赌注，通过一定的赌具采取某种方式比输赢，达到非法转移财物所有权的行为。为赌博提供条件，是指为赌博提供场所、提供服务、聚众赌博、抽头聚赌或为赌博望风放哨等行为。

《中华人民共和国治安管理处罚法》（以下简称《治安管理处罚法》）第七十条对赌博有明确的严厉禁止和处罚的规定。《中华人民共和国刑法》（以下简称《刑法》）第三百零三条规定："以营利为目的，聚众赌博，或者以赌博为业的，处三年以下有期徒刑，拘役或者管制，并处罚金。"同时，社区公共场所经营者在场所内设赌或者容留他人赌博的，除对责任人依照条例处罚外，往往对社区公共场所予以处罚。在旅社、茶馆等社区公共场所赌博的则须从重处罚。赌资、赌具以及赌博所得财物，由公安机关予以扣押、没收，拒绝交缴的，公安机关可以依法强制收缴。

（二）卖淫嫖娼行为

所谓卖淫嫖娼是指不特定的异性之间或者同性之间以金钱、财物为媒介发生不正当性关系的行为，包括口淫、手淫、鸡奸等行为。其中卖淫者为收取钱财的一方，嫖娼者为支付钱财的一方。行为主体之间主观上已经就卖淫嫖娼达成一致，已经谈好价格或者已经给付金钱、财物，并且已经着手实施，但由于其本人主观意志以外的原因，尚未发生性关系的；或者已经发生性关系，但尚未给付金钱、财物的，都可以按卖淫嫖娼行为依法处理。所谓介绍、容留卖淫嫖娼是指故意提供某种条件、场所，使卖淫嫖娼得以进行的行为。

《治安管理处罚法》第六十六条规定："卖淫、嫖娼的，处 10 日以上 15 日以下拘留，可以并处 5000 元以下罚款。"

社区公共场所的负责人和职工，在公安机关查处卖淫嫖娼活动时，隐瞒情况或者为违法犯罪分子通风报信的，依照《刑法》规定追究刑事责任。对卖淫嫖娼人员，一律强制进行性病检查，对患有性病的进行强制治疗。1993 年 9 月 4 日国务院制定了《卖淫嫖娼人员收容教育办法》，规定对卖淫嫖娼人员除依照《治安管理处罚条例》规定处罚外，对尚不够实行劳动教养的，可以由公安机关决定收容教育。

《刑法》第三百五十八条中规定有组织、强迫、引诱、容留、介绍卖淫罪。

（三）吸食（注射）毒品的行为

所谓吸食（注射）毒品，是指违反政府禁令吸食（注射）具有麻醉性并使人形成瘾癖的毒品或毒品式麻醉药品的行为。毒品包括鸦片、海洛因、吗啡、大麻、可卡因、甲基苯丙胺（冰毒）以及国务院规定管制的其他能使人形成瘾癖的麻醉药品和精神药品。

全国人大常委会《关于禁毒的决定》对走私、贩卖、运输、制造毒品，非法持有毒品，包庇走私、贩卖、运输、制造毒品，引诱、教唆、

欺骗他人吸食、注射毒品，容留他人吸食、注射毒品并出售毒品等行为均有严厉的处罚规定。《刑法》第三百四十七条规定了相关犯罪行为的处罚。对吸食（注射）毒品的行为，全国人大常委会《关于禁毒的决定》中规定，可以给予 2000 元以下罚款。

社区公共场所的从业人员在日常打扫卫生工作中要注意垃圾中是否有锡纸、注射工具等物品，以辨明是否有吸贩毒活动存在。一旦发现可疑情况必须及时报告公安机关。

（四）传播淫秽物品行为

所谓淫秽物品，是指具体描绘性行为或露骨宣扬色情的诲淫性的书刊、影片、录像带、录音带、图片及其他淫秽物品。

走私、制作、贩卖、组织传播淫秽物品，构成犯罪行为的要依据《刑法》第三百六十三、三百六十四条予以处罚。单位犯前款罪的，对单位判处罚金，并对其直接负责的主管人员和其他直接责任人员依照前款的规定处罚。

对于复制、出售、传播淫秽物品情节较轻微的，由公安机关根据《治安管理处罚法》条例第六十八条的规定，制作、运输、复制、出售、出租淫秽的书刊、图片、影片、音像制品等淫秽物品或者利用计算机信息网络、电话以及其他通信工具传播淫秽信息的，处 10 日以上 15 日以下拘留，可以并处 3000 元以下罚款；情节较轻的，处 5 日以下拘留或者 500 元以下罚款。

五、行政审批改革对社区公共场所管理的影响

按照完善社会主义市场经济体制的目标和建立“廉洁、勤政、务实、高效”政府的要求，为进一步转变政府职能，2002 年 11 月 1 日，国务院下发了《国务院关于取消第一批行政审批项目的决定》，决定取

消娱乐场所经营单位设立治安审核，按摩服务场所的设立审核。这种改革措施主要基于两点考虑：一是娱乐服务场所的经营行为是一种动态行为，在场所开业前对其进行治安审核、审批，很难全面反映场所在经营过程中的治安状况；有关法律法规对查处卖淫嫖娼、赌博等各类违法犯罪活动的规定是明确的，公安机关通过不断加强对场所的动态管理、加大对场所开业后的监督检查力度，同样可以做到及时预防、发现和依法打击违法犯罪活动，有效维护场所治安秩序。二是减少公安机关的行政审批，是公安机关更好地服务经营者、方便群众的重大举措，也符合政府提出的改革行政审批制度、转变政府职能、增强服务意识、预防和杜绝腐败的总体要求。

取消行政审批并不意味着公安机关将放弃治安管理，公安机关对社区娱乐服务场所进行治安管理和打击违法犯罪活动的职责不会因此削弱。公安部治安管理局就改革和加强娱乐服务场所治安管理工作提出了相应的工作意见：一是加强宣传引导。一方面要向各地公安机关宣传行政审批改革的重要性，引导各地适应改革需要，调整工作思路，强化动态管理；另一方面积极向有关部门和广大群众进行宣传，打消他们“行政审批取消后公安机关不再对场所进行治安管理”的误解。二是加强调查研究。要求各地密切关注取消行政审批项目后娱乐服务场所的治安状况，及时发现工作中存在的新问题、新情况，适时推广各地公安机关在娱乐服务场所管理方面的成功经验，推动娱乐服务场所治安管理工作再上一个新台阶。三是强化基础工作。在加大检查力度，及时、迅速地发现和打击各类违法犯罪活动的同时，逐步引导各地公安机关建立、完善场所信息库，将场所从业人员、经营项目、地理位置等基本情况纳入微机管理。四是会同有关部门修改相关法规。取消行政项目审批后，与此相悖的有关法规将面临修改。公安部将会同有关部门提出修改法规的具体意见，细化有关规定，为执法提供依据。

第二节　社区特种行业管理

一、社区特种行业管理概述

（一）社区特种行业的特点

所谓社区特种行业，是指社区内工商业和服务行业中所经营业务容易被利用进行违法犯罪活动，由国家法律法规和地方行政法规规定，由公安机关对其进行治安管理的行业。

由此可见，社区内的特种行业具有以下特点：

1. 容易被人利用进行违法犯罪活动

社区特种行业同其他行业一样，是经济建设、社会发展不可缺少的，是广大社会成员生活、工作所必需的重要社会行业，对于促进社会经济发展、为广大人民群众衣、食、住、行提供服务发挥着重要作用。同时，相对于其他行业而言，社区特种行业所经营的业务内容和性质又具有容易被违法犯罪人员利用作为落脚藏身、匿赃销赃、盗窃、诈骗、走私、贩毒、赌博、卖淫嫖娼或者伪造证件、印信等违法犯罪活动的特点。

2. 必须经国家法律法规或地方行政法规规定

社区内的工商服务行业门类广泛、部门多样，但并非所有的工商服务行业都属于社区特种行业的范围，它必须由国家法律法规规定或地方行政法规规定。不仅如此，社区特种行业管理的基本制度、措施、方法和手段也必须由国家有关法律法规规定。没有明确的法律依据，不能列为社区特种行业而由公安机关进行治安管理。

3. 由公安机关实行特殊治安管理

我国治安管理的对象面宽、点多、范围广、内容丰富。治安管理主体主要是运用法律和国家赋予的治安行政管理手段，通过管理、控制管理客体诸要素来实现管理目的。社区特种行业管理就是公安机关治安管理部门为维护社区治安秩序，保护人民群众的生命财产安全，预防、发现、控制和打击各种违法犯罪活动而依法对社区特种行业所实施的行政管理行为，是治安管理中的专门业务工作。公安机关对社区特种行业的管理，不是行业的业务经营管理，也不是隶属关系的行政管理，而是这些行业在工商行政部门和企业上级主管单位的领导管理下，同时接受公安机关的管理，即通过治安行政审批、监督、查处违法犯罪活动。其目的是加强对易于为违法犯罪分子所利用开展活动场所的控制，发现、预防和打击违法犯罪活动，维护社区治安秩序，保护合法经营。

（二）社区特种行业的范围

究竟哪些行业应纳入社区特种行业，实施治安管理，根本依据是看此行业的经营业务是否容易被利用进行违法犯罪活动。随着行政审批制度改革的推进，一些原本列入特种行业管理的场所，被从许可项目中取消。在《国务院决定取消的第一批公安行政审批项目目录》中，进口彩色复印机审批、设立旧货企业、旧货市场及个体工商户经营旧货特种行业许可、设立生产性废旧金属收购企业特种行业许可、设立报废汽车回收（拆解）企业特种行业许可、设立印刷企业特种行业许可被取消，在《国务院决定取消的第二批公安行政审批项目目录》中设立非生产性废旧金属收购业及个体工商户核准也被取消。根据有关法律、法规、规章规定，当前仍由公安机关实施治安管理的社区特种行业有：

1. 旅馆业

旅馆业是指为过往人员提供住宿条件以及其他生活服务的行业。包括经营接待旅客住宿的旅馆、饭店、宾馆、招待所、客货栈、车马店、浴池、度假村等。

2. 刻字业

又称印章业。包括刻字厂、原于印章厂、刻字社、刻字店和刻字摊点等使用机械、手工工艺或其他技术，对外经营刻制各种公章、印章、戳记、钢印和个人名章的行业。

3. 典当业

典当业是指以实物占有权转移的形式为客户提供短期质押贷款的特殊的工商企业。如当铺、典当行等。

4. 拍卖行

拍卖业是指在一定的时间和地点，按照一定章程和规则，通过公开竞价方式将委托人的特定物品或财产所有权出售给出价最高应价者的一种交易方式。

（三）社区特种行业管理的任务

公安机关对社区特种行业的治安管理，主要是研究其经营特点和规律，加强对行业中的人、物、时、空、事的管理控制，并按照国家法律、法规规定，依法进行检查监督和指导，查处违法犯罪活动，保护合法，取缔非法经营。其主要任务是：

1. 保障合法经营，制止、取缔非法经营

非法经营的特种行业对社区治安秩序具有极大的危害性，会使行业内部竞争秩序混乱，甚至畸形发展，使服务对象受到侵害，为违法犯罪分子的活动提供便利条件。公安机关依照有关治安管理法规，对社区特种行业的经营项目、内容、遵章守法等情况进行监督检查，坚决取缔、纠正非法经营，从而保护国家、集体和公民的合法权益不受侵犯，保障合法经营。

2. 预防、打击利用特种行业进行各类违法犯罪活动

社区特种行业是预防打击违法犯罪活动的重要阵地。通过对社区特种行业的日常管理，注意发现违法犯罪线索，可以配合侦查部门及时查破各种现行案件，查获通缉的犯罪嫌疑人，打击各种违法犯罪活动。

3. 预防和查处治安灾害事故，保障公共安全

社区特种行业治安隐患多，若忽视安全防范，在一定条件下会引发治安灾害事故。公安机关要指导社区特种行业普遍推行安全保卫责任制；督促行业建立健全并落实安全防范制度，增强行业负责人和从业人员的安全意识、责任感；通过检查，防止各类治安灾害事故的发生。

4. 广泛收集治安信息，密切掌握社区治安动态

社区特种行业服务对象广泛、接触面广，对于收集和掌握治安信息和社区动态极为有利。行业服务过程中的各种登记资料可以作为公安机关串并案破案的依据。管理部门应经常深入行业内部进行调查研究，并与行业的负责人和广大从业人员，特别是登记员、服务员、保管员、门卫、收购员、议价员、审核员以及治保组织等建立密切联系，倾听他们的意见和反映，及时了解各个时期社区特种行业的治安情况。

二、社区特种行业治安管理制度

（一）社区特种行业共有的治安管理制度

对社区特种行业实施治安管理的基本制度有两类：第一类是依据法律法规必须建立的基本制度，具有法律的严肃性、强制性；第二类是根据行业特点及治安管理工作的需要建立的规章制度，如岗位责任制、奖惩制度等。

目前，依法必须建立的社区特种行业治安管理基本制度有：

1. 开业审批制度

目前，全国范围内还有旅馆业、典当业、拍卖业、刻字业要进行审批，申领特种行业许可证。下面对这四种行业的开业审批制度分别作简单的介绍。

申请开办旅馆者，应持本单位主管部门或乡镇人民政府、街道办事处的介绍信，并持旅馆的建筑平面图，报县级以上主管部门批准。之后，申请者持县级以上主管部门批准文件、旅馆建筑平面图（含安全防火设施等内容），到当地县级以上公安机关申领开业审批表，按规定填写一式三份，呈交治安、消防部门，经当地公安机关实地检查，符合安全条件的，发给特种行业许可证。申请者再向当地县级以上工商行政管理部门申请登记，领取营业执照，然后可以依法开业。

申请经营典当业，必须持省级以上人民政府经济贸易综合管理部门的批准文件，经所在地市、县公安机关审核，并经省、自治区、直辖市公安厅、局批准后，由当地市、县公安机关发给特种行业许可证。故意犯罪而受过刑事处分的人，不得经营典当业。对无特种行业许可证经营典当业的，予以取缔，没收非法所得，并处以一万元以下罚款。

社区内设立拍卖业的，须持企业登记申请书、企业章程、验资证明等文件，报送到设立拍卖企业所在地的省、自治区、直辖市人民政府负责管理拍卖业的部门审核许可。获得许可后，持许可证明文件到工商行政管理部门领取企业经营申请登记表。持企业申请登记表向公安机关治安管理部门申请，审查合格后，发给社区特种行业许可证。之后，向工商行政管理部门申请登记，领取营业执照。

凡在社区内经营刻字业务的单位和个人，须经所在地县、市（区）以上公安机关审查同意，核发特种行业许可证，向工商行政管理部门申请登记、领取营业执照后，方准开业。否则，任何单位和个人，一律不得从事刻字业务。

上述社区特种行业在合法开业后，若有停业、歇业、转业、合并、迁移、改变名称、变更营业范围、变更法人代表等情形之一的，应在法定时间内向原发给特种行业许可证的公安机关和发给营业执照的工商行政管理部门申请办理变更、注销手续。

2. 验证登记制度

旅客住宿必须登记，登记工作要指定专人负责。登记时，应当查验旅客的身份证件，国内旅客须填写旅客住宿登记表。登记表应由本人填写，如是代写的，应注明代写人的姓名。团体可免填登记表，但应出具包括登记内容的名单。旅客应该按规定项目如实填写住宿登记表。没有身份证件的，要在登记单上注明情况和原因。对外国人和华侨、港澳台同胞，应当查验护照和有关证件，填写临时住宿登记表和华侨港澳台同胞住宿登记表。没有有效证件或签证，必须及时报告公安机关或有关部门。旅客住宿登记表应按日按月装订成册，定期报送当地公安派出所查验，并由查验的公安干警签名盖章。旅馆保管三年后，经公安派出所所长同意，可予销毁。

旅客住宿登记的有效凭证有：

（1）国内旅客：已满 16 周岁，凭居民身份证；未满 16 周岁，已达入学年龄的，凭户口簿或学生证或者村委会、居委会的证明；未满 16 岁，未达入学年龄的，则不单独登记，但须在备注栏中注明。

（2）现役军人凭士兵证、军官证、文职干部证等进行登记。

（3）境外旅客凭护照、签证、旅行证件等出入境证件进行登记。

（4）若没有上述证件的，可以凭接待单位证明和本人其他证件，并经旅馆负责人批准，予以登记；没有任何证件的，实行指定旅馆住宿的方法。

（5）成年男女同居一室的，除双方都是境外人员外，凭结婚证或其他婚姻关系证明。

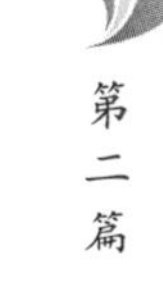

刻字业承制公章刻制业务时，必须有专人负责查验委托刻制单位的单位证明、委托刻制人的身份证件，以及县、市（区）级以上公安机关出具的证明并进行登记。社区刻字业应建立承制公章登记簿，登记内容包括：委托单位、委托人，持何种证明文件，经办人姓名、住址、居民身份证号码和刻制的公章名称、数量、规格、取章日期等内容，并按月按年装订备查，保管三年后，报经所在地公安派出所同意，方可销毁。

典当行经营典当业务，应当按照有关法律、法规要求办理登记。典当物品属于个人典当的，应当出具本人的居民身份证；属于单位典当的，应当出具单位证明和经办人的居民身份证；属于委托典当，应当出具典当委托书和被委托人、委托人的居民身份证。典当行承接典当物品，应当查验典当单位和个人出具的以上有关证明，对典当者的姓名、单位名称、住址、居民身份证号码及典当物品的名称、数量、规格、新旧程度、当据编号等逐项予以登记。

3. 情况报告制度

社区内各特种行业在经营活动过程中发现违法犯罪分子、形迹可疑人员，可疑物品及公安机关要求协查的物品、走私物品，有义务及时向当地公安机关报告，并采取措施保护现场。不得知情不报或纵容、隐瞒、包庇。

（二）社区各特种行业特有的制度

旅馆业、典当业、刻字业要按照相关治安管理法规规定建立相关的治安管理制度，并在日常营业中认真执行。拍卖业目前没有专门的治安管理规定，可参照其他行业的管理规定制定相应治安管理制度。

1. 旅馆业

（1）财物保管制度

旅馆应当设置免费的旅客财物保管箱、保险柜或保管室，并指定专人负责保管工作，实行财物保管的登记、交接和领取制度。客房服务员应当提醒旅客将贵重物品交旅馆保管。现金应当单独存放入保险柜。在登记簿上应注明财物的数量、房间号、床位号，并有寄存人签名。负责保管的人员上下班时，要清点后移交。领取寄存物品须凭寄存牌和住宿凭证，并由领取人签名(防止冒领)。保管过程中应该注意发现可疑及危险物品。

(2)门卫、会客登记制度

旅馆应根据规模大小、任务轻重设立专职或兼职门卫，防止无关人员进入旅馆，尤其是客房区。门卫值班人员要掌握进出人员情况，查验住宿或会客凭证。非住宿人员前来访客时，应要求其说明情况，并认真审查其身份证件，督促填写会客登记。在工作中要注意观察进出旅客及其所携带的行李物品有无异常。

(3)客房钥匙管理制度

电子门锁一般由客人持有钥匙。机械门锁的钥匙多由客房服务员集中管理，随时为客人开启客房。客房服务员还应注意提醒旅客离去时关好门窗。

(4)旅客遗留物品上缴制度

旅馆应当对旅客遗留的物品妥为保管，设法归还原主或揭示招领；经招领三个月后无人认领的，要登记造册，送当地公安机关按拾遗物品处理。对危险物品、可疑物品和其他违禁物品，应当及时送交公安机关或请公安人员前来处理。

2. 典当业

(1)禁止承接制度

按规定，社区典当行不得收当下列财产：赃物和来源不明的物品或者财产权利；依法被查封、扣押或者已被采取其他保全措施的财产；管制刀具、枪支、弹药、军警用标志、制式服装和器械；易燃、易爆、剧毒、放射性物品及其容器；工业用金银原料、材料、矿产金银以及一

切非法所得的金银；法律、法规及国家有关规定禁止买卖的自然资源或者其他财物；法律、法规和国家有关部门规定禁止典当的其他物品。

（2）绝当拍卖制度

典当期限或者续当期限届满后，当户应当在5日内赎当或者续当，逾期不赎当也不续当的为绝当。

典当行应当按照下列规定处理绝当物品：

①当物估价金额在3万元以上的，可以按《中华人民共和国担保法》有关规定处理，也可以双方事先约定绝当后由典当行委托拍卖行公开拍卖；当地无拍卖行的，应当在公证部门监督下公开拍卖。拍卖收入在扣除拍卖费用及当金本息后，剩余部分应当退还当户，不足部分向当户追索。

②绝当物估价金额不足3万元的，典当行可以自行变卖或者折价处理，损溢自负。

③对国家限制流通的绝当物，应当根据有关法律法规，报有关管理部门批准后处理或者交售指定单位。

3. 刻字业

（1）刻制公章审批制度

社区刻字业刻制党、政、军机关公章，须凭委托单位上一级主管部门出具的证明；刻制学校印章，须持教育行政部门出具的证明；刻制社会团体和民办非企业单位印章，须凭社会团体登记管理机关出具的证明；到所在地县、市（区）以上公安机关办理准刻手续后方可刻制。需要跨省、市、县刻制公章的，须凭单位所在地县、市（区）以上公安机关出具的证明，到刻制地同级公安机关办理准刻手续。

（2）监刻、保管制度

刻制公章只限本厂、店的工作人员在营业工场内刻制，不得转让、外发加工刻制；刻制人员应当按照规定的式样、数量、规格制作；产品应当严格保管，不得留样、仿制。

三、社区特种行业违法行为的处理

社区内的各种特种行业具有一些共同的治安问题，同时，也因行业的不同经营特点会发生一些具有自身行业多发性的违法犯罪行为。我国的法律、法规和规章制度对发生在社区特种行业内的相关违法行为有具体而明确的规定。

（一）违反旅馆业治安管理行为的处理

1. 开办旅馆未经主管部门审批、未经公安机关核发特种行业许可证的，或经批准开业的旅馆，歇业、转业、合并、迁移、改变名称时，在工商行政管理部门办理变更登记后三日内，未向公安机关备案的，依据《旅馆业治安管理办法》第十五条规定，酌情处以警告或者 200 元以下罚款。

2. 旅馆工作人员发现违法犯罪分子、形迹可疑人员和被公安机关通缉的罪犯，没有立即向公安机关报告或隐瞒包庇的，依据《旅馆业治安管理办法》第十六条规定，酌情处以警告或者 200 元以下罚款；情节严重构成犯罪的，依法追究刑事责任。

3. 旅馆接待旅客不认真履行规定核查身份证件、如实当面登记，或者接待境外人员住宿未在 24 小时内向公安机关报送住宿登记表的，依照《治安管理处罚法》第五十六条规定，处 200 元以上 500 元以下罚款或警告。

4. 旅馆工作人员允许将易燃、易爆、剧毒、腐蚀性、放射性等危险物品带入旅馆的，依据《旅馆业治安管理办法》第十七条和《治安管理处罚法》第十七条规定，处罚有关人员，发生重大事故、造成严重后果构成犯罪的，依法追究刑事责任。

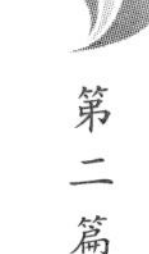

5. 违反旅馆业严禁卖淫、嫖娼规定的，依据《治安管理处罚法》有关条款的规定处罚相关人员。

6. 违反旅馆业严禁赌博规定的，依据《治安管理处罚法》第七十条规定，以营利为目的，为赌博提供条件的，或者参与赌博赌资较大的，处5日以下拘留或者500元以下罚款；情节严重的，处10日以上15日以下拘留，并处500元以上3000元以下罚款。

7. 违反旅馆业严禁传播淫秽物品规定的，依据《治安管理处罚法》第六十八条规定，制作、运输、复制、出售、出租淫秽的书刊、图片、影片、音像制品等淫秽物品或者利用计算机信息网络、电话以及其他通信工具传播淫秽信息的，处10日以上15日以下拘留，可以并处3000元以下罚款；情节较轻的，处5日以下拘留或者500元以下罚款。

8. 违反旅馆业安全规定，经公安机关通知不加改正的，依据《治安管理处罚法》相关规定处理。

9. 对于包庇、纵容、容留，参与卖淫、嫖娼、赌博、传播淫秽物品等违法犯罪活动的旅馆从业人员，依据《治安管理处罚法》第六十七条规定引诱、容留、介绍他人卖淫的，处10日以上15日以下拘留，可以并处5000元以下罚款；情节较轻的，处5日以下拘留或者500元以下罚款。

（二）违反刻字业治安管理行为的处理

1. 对非法承接刻字业务的处理

对违反规定非法承接刻字业务的单位和个人，公安机关可视情节轻重给予处罚。除没收非法所得之外，可按照《治安管理处罚法》规定，处200元以下罚款或者警告；非法承接刻字业务后果严重、触犯刑律的，依法追刑事责任。

2. 对伪造印章违法犯罪活动的处理

根据《刑法》第二百八十条规定，伪造国家机关印章的，处三年以下有期徒刑、拘役、管制或者剥夺政治权利；情节严重的，处三年以上十年以下有期徒刑。伪造公司、企业、事业单位、人民团体的印章的，处三年以下有期徒刑、拘役、管制或者剥夺政治权利。违法行为尚不够刑事处罚的，依照《治安管理处罚法》的有关规定处理。

3. 对无证经营刻字业务的处理

对无证经营刻字业务的单位和个人予以取缔，并没收制作工具和非法所得；对违法经营刻字业务的单位和个人，视其情节轻重，除没收非法所得外，可处 5000 元以下罚款、停业整顿、吊销《特种行业许可证》等处罚；构成犯罪的，依法追究刑事责任。根据《治安管理处罚法》第五十二条规定处 10 日以上 15 日以下拘留，可以并处 1000 元以下罚款；情节较轻的，处 5 日以上 10 日以下拘留，可以并处 500 元以下罚款。

（三）违反典当业治安管理规定的处理

1. 违反规定，承接禁止典当的物品的，视情节轻重对当事人处以 100 元以上 500 元以下罚款；对经营单位处 5000 元以下罚款。

2. 发现可疑物品、可疑人员或者赃物不向公安机关报告的，视情节轻重，对当事人予以警告或者处 100 元以上 500 元以下罚款。明知是赃物而窝藏、销毁、转移，尚不够刑事处罚的，依照《治安管理处罚法》的有关规定予以处罚；构成犯罪的，依法追究刑事责任。

3. 承接典当物品不查验有关部门证明、不履行登记手续的，可视情节轻重对当事人处以 100 元以上 500 元以下罚款，对经营单位处 5000 元以下罚款。

对已经被取消特种行业管理的行业，对其违反管理规定的行为，公安机关仍可按原规定对其违法行为予以处理，原管理的法律依据除其中的行政审批规定内容被废止外，其他的管理规定从目前来看仍是有效的，如遇相关新的管理规定出台，则按照新的规定处理。

第三节　社区危险物品管理

一、社区危险物品管理概述

（一）危险物品的特点

危险物品是指按照法律、法规的规定，需由公安机关实施监督管理的，具有杀伤、爆炸、毒害、腐蚀、燃烧、放射等性质，在生产、储存、运输、销售、使用过程中，易于引起人身伤亡或财物损毁的物品。危险物品具有如下特点：

1. 威力大，作用快

危险物品以其威力之大和发生作用之快著称。它们能以微小的体积和剂量达到严重的破坏功能，几十公斤炸药可以使多层楼房坍塌，0.1 ~ 0.3 克三氧化二砷即可以致人畜死亡。危险物品发生破坏作用的过程大都极为迅速，如 TNT 炸药的爆速可达到每秒 8000 米，所以往往使被侵害客体难以逃避。

2. 易受外力作用影响，极不稳定

许多危险物品极容易受外力的影响，具有明显的不稳定性。其中，尤以易燃、易爆的化学物品最为突出。一般的炸药遇火、电、碰击、摩擦等作用均可以引起爆轰。

3. 便于携带，使用方便

由于危险物品具有强大的射穿能力、剧烈的毒性和猛烈的爆炸、燃烧等性能，其需要的剂量又很小，所以比较容易隐藏，便于携带。此外，很多危险物品又难于被普通社区群众所辨识，于是便给一些行凶杀人、蓄意破坏的人员提供了使用上的方便，对于预防和侦破此类案件也往往造成一定的困难。

（二）社区危险物品管理的意义

社区危险物品管理是公安机关为保障危险物品的安全使用，根据国家法律、法规的规定，对社区内危险物品的生产、储存、销售、运输、使用和销毁等环节实施的审批发证、登记注册、监督指导、安全检查和事故查处等一系列治安行政管理活动。

危险物品具有二重性。一是危险物品具有巨大的杀伤和破坏能力。正是由于危险物品的这种性能特点，使它们也蕴含着巨大的危险性和危害性，一旦管理不力，能引起社区内成员生命机体重大损伤或死亡，造成物质财富毁灭，导致人们心理恐惧，危害社区安宁，甚至可能波及社会，影响社会的安全和秩序的正常，影响国家政治声誉。二是能造福社会。无论从工程建设、产品生产、科技研制、医疗卫生等角度而言，它们都与社区人们的生产、生活息息相关，密不可分。随着科技水平的不断发展，各类危险物品正在利用其独特的性能为人类做着越来越大的贡献。

20 世纪 90 年代以来，我国的刑事犯罪中涉枪、涉爆炸物的严重暴力犯罪持续上升，伤亡严重，社会危害极大，直接威胁到广大社区民众和公安民警的生命安全。因此，我们要加强对枪支弹药、管制刀具、爆炸物品等社区危险物品的治安管理，用好这把“双刃剑”。公安机关对存在于社区内的各类危险物品实施治安管理，有利于保障社区危险物品的合法、正当生产、销售和使用；有利于预防和减少治安灾害事故的发生，保障国家和社区人民群众生命财产的安全；有利于防止犯罪分子利

用危险物品进行破坏活动，起到及时有力打击该类违法犯罪活动的作用。

（三）社区危险物品管理的范围

当前列为公安机关治安管理的社区危险物品主要包括：枪支（含弹药）、管制刀具、爆炸物品、剧毒物品、放射性物品、化学危险物品六类。

目前，对社区内的危险物品实施治安管理应遵循预防为主、保障安全、严格管理、依法管理、科学管理，专门机关与群众相结合，服务经济建设的基本原则。

二、枪支（含弹药）管理

在现代武器中，枪支弹药应用最广、数量最多。在我国，枪支弹药是人民武装力量装备的重要组成部分，是反击侵略、保卫国防，镇压敌人、维护社会治安秩序、保障人民生命财产安全、保卫社会主义现代化建设顺利进行的重要工具。近年来，涉枪违法犯罪活动的大量出现，与枪支弹药管理不够严格有密切关系。加强社区内外枪支弹药的管理，是预防严重暴力犯罪的重要措施；有利于保障执法机关顺利履行职责和确保社区重点单位的安全；有利于防止、减少社区内的民间纠纷升级、激化为持枪械斗等严重治安事件；同时也有利于减少非法猎捕野生动物的行为，保护生态环境。

（一）枪支管理的范围

枪支是指以火药或压缩气体等为动力，利用管状器具发射金属弹丸或其他物质，足以致人伤亡或丧失知觉的各种器具。按传统习惯，枪支的口径应当在 20 毫米以内。

《中华人民共和国枪支管理法》（以下简称《枪支管理法》）第四条规定，公安部主管全国的枪支管理工作。县级以上地方各级人民政府公安机关主管行政区域内的枪支管理工作。上级监督下级的管理工作。

公安机关列入治安管理的枪支，主要是指具有杀伤能力，便于携带的各种轻型武器。包括以下几类；

1. 非军事系统用的手枪、步枪、冲锋枪和机枪。

2. 射击运动用的各种枪支。

3. 狩猎用的膛线枪、散弹枪、火药枪。

4. 麻醉动物用的注射枪。

5. 能发射金属弹丸的气枪。

6. 上述枪支使用的各种弹药。

（二）几类新型枪支的定性

1. 仿真枪

近年来，非法制造、销售仿真枪和持仿真枪作案已成为严重危害社会治安、影响群众安全的突出社会问题。为准确认定仿真枪，及时查处仿真枪案件，《公安部关于认定仿真枪有关问题的通知》就仿真枪认定作出了明确的规定：

（1）凡外形、颜色与《枪支管理法》规定的枪支相同或近似，并且其尺寸介于《枪支管理法》规定的枪支尺寸的二分之一和一倍之间，但不具备枪支性能的物品，可以认定为仿真枪。

（2）当事人或办案机关对查处的仿真枪的认定提出异议的，由地、市级公安机关参照《公安机关涉案枪支弹药性能鉴定工作规定》进行鉴定；当事人或办案机关仍有异议的，由省级公安机关复检。

2. 彩弹枪

彩弹枪射击运动，是一项利用彩弹枪进行对抗射击的娱乐活动。目前彩弹枪正逐步向小口径化方向发展，所发射的彩弹也由软质向硬质转化，且初速越来越快，威力越来越大，近距离射击可对人体构成伤害。为加强对彩弹枪的管理，公安部《关于彩弹枪按照枪支进行管理的通知》规定：彩弹枪的结构符合《枪支管理法》第四十六条有关枪支定

义规定的要件，且其发射彩弹时枪口动能平均值达到93焦耳，已超过国家军用标准规定的对人体致伤动能的标准（78焦耳），具有较强的杀伤力。因此，彩弹枪纳入公安机关危险物品管理的范围。

（三）枪支的配备、配置范围

1. 公务用枪的配备范围

根据《枪支管理法》第五条规定，符合以下条件的可以配备公务用枪。

（1）公安机关、国家安全机关、监狱、劳动教养机关的人民警察，人民法院、人民检察院的司法警察、海关的缉私警察和担负案件侦查任务的检察人员，在依法履行职责时，确有必要使用枪支时，可以配备公务用枪。

（2）国家重要的军工、金融、仓库、科研等单位的专职守护、押运人员在执行守护押运任务时，确有必要使用枪支的，可以配备公务用枪。

经审批，同意配备公务用枪者，发给公务用枪持枪证。当配枪资格取消或离开原公务用枪持枪证限定单位、部门的，应办理上交、注销枪支和持枪证件的手续。

2. 民用枪支的配置范围

（1）经省级人民政府体育行政主管部门批准，专门从事射击竞技体育运动的单位，经省级人民政府公安机关批准的营业性射击场，可以配置射击运动枪支。

（2）经省级以上人民政府林业行政主管部门批准的狩猎场，可以配置猎枪。

（3）野生动物保护、饲养、科研单位因业务需要，可以配置猎枪、麻醉注射枪。

（4）猎民在猎区、牧民在牧区，可以申请配置猎枪。

经审批，同意配置民用枪支者，发给民用枪支持枪证，持枪证有效期为五年，发证机关负责年审，年审时要求人、枪、证“三见面”。

（四）枪支的日常管理

1. 枪支的安全保管

（1）配备、配置枪支的单位，应有明确、成文的保管制度，并指定专人负责；

（2）应当有牢固的专用保管设施，应实行双人双锁管理制度，枪支、弹药必须分库、分柜存放；

（3）对交由个人使用的枪支，必须建立严格的枪支登记、交接、检查、保养、查验等制度，使用完毕，及时收回；

（4）配备、配置给个人使用的枪支，必须采取有效措施，严防被盗、被抢、丢失或者发生其他事故；

（5）配备公务用枪的人员因休假、出境、住院等原因长时间不能履行职务的，应将枪支上交所在单位保管。

2. 枪支的安全使用

（1）使用枪支的人员，必须掌握枪支的性能，遵守使用枪支的有关规定，保证枪支的合法、安全使用。

（2）使用公务用枪的人员，必须经过专门培训。

（3）携带枪支必须同时携带持枪证件，未携带持枪证件的，由公安机关扣留枪支。

（4）不得在禁止携带枪支的区域、场所携带枪支。

（5）枪支被盗、被抢或者丢失的，立即报告公安机关。

（6）配备公务用枪的人员或者配置民用枪支的单位和个人不再符合持枪条件时，必须按规定收回枪支和持枪证件。

（7）不符合国家持枪标准，不能安全使用的枪支应当报废，报废的枪支应当及时销毁。

（8）国家对枪支实行查验制度，持有枪支的单位和个人，应当在公

安机关指定的时间、地点接受查验。

（9）不准携枪饮酒，严禁随意鸣枪；严禁用配发的枪支狩猎；严禁公务用枪配枪单位和持枪个人转借、转让、赠送、买卖枪支弹药；严禁将枪支弹药交给亲友、子女玩耍。

（10）为了维护社会治安秩序的特殊需要，经公安部批准，县级以上公安机关可以对局部地区合法配备、配置的枪支采取集中保管等特别管制措施。

3. 枪支的运输管理

（1）依法审批

任何单位或个人未经许可，不得运输枪支。需要运输枪支的，必须向公安机关如实进行申报。申报内容包括：运输枪支的品种、数量、运输路线、方式等。在本省、自治区、直辖市内运输枪支的，应当向运往地市级公安机关申领枪支运输许可证。跨省、自治区、直辖市运输枪支的，向运往地省级公安机关申领枪支运输许可证。无枪支运输许可证件非法承运枪支的，一经发现应立即报告所在地公安机关，公安机关应当扣留运输的枪支。

（2）安全运输

① 运输枪支必须使用安全可靠的封闭式运输设备，由专人押运。

② 途中停留住宿时，必须报告当地公安机关。

③ 必须将枪支，弹药分开运输。

④ 严禁邮寄枪支，或者在邮寄物品中夹带枪支。

4. 枪支的清理、收缴和销毁管理

各级公安机关根据需要适时开展各社区的枪支的清理、收缴和销毁工作。一般通过宣传、发动，清理、登记和善后处理三个阶段开展。对不符合法定条件持有的、非法制造、走私、买卖及来路不明的、性能不良的枪支予以收缴、集中销毁。销毁工作由省级公安机关组织实施，销毁前应逐枪检验、排除枪弹、登记造册并作毁型处理。

5. 计算机信息管理

2002 年，我国在浙江省公安厅和绍兴市公案局二级开展全国民用枪支管理信息系统试点工作。该系统是治安管理信息系统的重要组成部分。在试点基础上，经完善，该系统正在全国范围内推广应用，以提高民用枪支弹药的管理效率。

（五）对社区内涉枪违法行为的处罚

1. 设置、使用民用射击场，不符合安全规定的，处 200 元以下罚款或警告。

2. 在禁止携带的区域、场所携带枪支的，不上缴报废枪支的行为，由公安机关对个人或单位负有直接责任的主管人员和其他直接责任人员处 15 日以下拘留，可以并处 5000 元以下罚款，没收其枪支。构成犯罪的，依法追究刑事责任。

3. 违反枪支管理规定，出租、出借枪支，情节轻微未构成犯罪的，由公安机关对个人或单位负有直接责任的主管人员和其他直接责任人员处 15 日以下拘留，可以并处 5000 元以下罚款。对出租、出借的枪支应当予以没收。构成犯罪的，依法追究刑事责任。

4. 制造、销售仿真枪的，由公安机关对个人或单位负有直接责任的主管人员和其他直接责任人员处 15 日以下拘留，可以并处制造、销售金额 5 倍以下罚款，由公安、工商部门按各自职责范围没收仿真枪，情节严重的吊销执照。构成犯罪的，依法追究刑事责任。

二、管制刀具管理

（一）管制刀具的范围

管制刀具，又称特种刀具。根据公安部《对部分刀具实行管制的暂

行规定》第二条的规定，管制刀具包括以下范围：

1. 匕首

匕首是一种锋利的长形金属刺杀用冷兵器。有单刃、双刃两种，一端有握柄，另一端呈尖刀形，备有血槽，没有固定的规格、型号和品种。一般长约 10 厘米(含柄把)。

2. 三棱刀

三棱刀是一种三面有棱角的刀具。是工业生产中用的一种钢制的锉、刮金属物品的手工生产工具，有尖端和握柄。此类刀具用途广泛，有多种规格、型号。

3. 弹簧刀

弹簧刀是一种具有弹簧自锁装置的利刃，俗称跳刀，一按按钮弹簧即可将刀刃从鞘中推出，有单刃和双刃，备有血槽，无固定的型号和品种。

4. 其他各种尖刀

指刀刃长度在 8 厘米以上的单刃或双刃刀及其他三棱尖刀，自制的有刃带尖的刀等。这类刀具主要有牛角刀、大水果刀及东洋武士刀等。

各种刀具既是社会生产、工作和人们生活不可缺少的工具，也是不法人员借以进行抢劫、伤害、杀人、强奸等严重刑事犯罪的工具，因此，必须加强管理。

（二）管制刀具的佩带和使用范围

1. 中国人民解放军作为武器可以配备匕首。

2. 机械加工使用的三棱刮刀，只限于工作人员在工作场所使用，不得随便带出工作场所。

3. 少数民族因风俗和生活需要所佩带的刀具，如藏刀、腰刀、靴刀等，只准在民族自治地区销售、使用和佩带。

4. 严禁非法携带管制刀具进入车站、码头、机场、公园、商场、影剧院等公共场所和乘坐火车、汽车、轮船、飞机。

（三）管制刀具审批制度的改革

2002年11月1日，《国务院关于取消第一批行政审批项目的决定》中规定，取消对管制刀具经销的审批工作，取消特种刀具生产许可证、匕首佩带证和特种刀具购买证三种证件的审核发放工作。

（四）对相关违法行为的处罚

1.《治安管理处罚法》第三十二条规定："非法携带枪支、弹药或者弩、匕首等国家规定的管制工具进入公共场所或者公共交通工具的，处5日以上10日以下拘留，可以并处500元以下罚款。"

2. 违反《刑法》第一百三十条之规定，非法携带管制刀具进入公共场所或者公共交通工具，危及公共安全，情节严重的，处三年以下有期徒刑，拘役或者管制。

三、爆炸物品管理

所谓爆炸就是物质从一种状态很快变成另一种状态并放出能量作机械功的现象，可以分为物理、化学和核爆炸三类。随着经济建设的发展，社会对爆炸物品的需求大幅增加，但同时爆炸物品的非法持有量也随之增加，重大恶性爆炸案件和事故也时有发生。因此，必须加强爆炸物品管理。

目前，社区危险物品管理中涉及的爆炸物品主要是化学类的爆炸物品。此类物品具有反应快速、反应放热和产生大量气体的特性。

（一）爆炸物品管理的范围

爆炸物品包括：各类炸药、雷管、导火索、导爆索、非电导爆系统、起爆器、爆破剂、黑火药、烟火剂、民用信号弹和烟花爆竹，以及公安部认为需要管理的其他爆炸物品。

（二）爆炸物品的治安管理

1. 生产管理

（1）生产审批

生产爆炸物品的企业和单位，必须由所在地公安机关、工商行政管理部门审批、颁发《民用爆破器材生产企业执照》《爆炸物品安全生产许可证》和《营业执照》后方可生产。我国严禁个人生产爆炸物品。

（2）厂址的选择

生产爆炸物品的企业在选择厂址时必须遵循以下原则：远离城镇和人口稠密地区、风景游览地区；与当地水利、桥梁、隧道、交通要道、高压输电线路、通信等重要设施保持安全距离；注意当地的主导风向、河流的流向以及地下水，以减少对大气、水源的污染。在实际生活中往往将爆炸物品生产企业安排在距离城镇较远、交通便利的丘陵地带，并处于当地主导风向的下风处，远离当地主要河流或者处于主要河流的下游。

2. 储存管理

爆破器材、烟花爆竹专营公司需要储存爆炸物品的，申请单位须持有关证明、设计材料，按隶属关系报所在地市地公安机关进行安全设计审核。通过审核和工程竣工验收合格，并建立有关安全储存管理制度后，向所在地县级公安机关申请核发许可证。其他爆炸物品使用、储存单位需要储存爆炸物品的，申请单位须持有关证明、设计材料，由所在地县级公安机关进行安全设计审核和竣工验收，并建立有关安全储存管理制度后核发许可证。

储存爆炸物品的仓库一般应遵循以下的建筑参数；仓库的温度应控制在 18℃ ~ 30℃；仓库最远处距入口的距离不得大于 15 米；仓库的建筑等级应属于一、二级；仓库的围墙必须不低于 2 米，距库房的距离则必须不小于 25 米；库房周围 15 米内不得有杂草及其他的易燃物。

3. 运输管理

爆炸物品实行凭证运输制度，任何单位必须凭公安机关颁发的爆炸物品运输证予以运输。

在运输过程中，必须进行安全管理：禁止使用翻斗车、拖挂车、电瓶车、无法封闭的火车车厢等运输爆炸物品；车辆性能要求良好，车厢底要用木质材料衬垫；运输车辆要有危险品标志和消防用具，并派专人押运；车辆装载爆炸物品的高度不应超出车厢，货物的包装要牢固、严密；性质相抵触的爆炸物品不能混装，不准同时运旅客或其他物品；一般应选择白天运输，若夜间运输必须有充足的灯光照明，尽量避免雷雨天、浓雾天等恶劣天气；运输路线应远离城市中心区和人烟稠密地区，通过市区或向市区运输须事先通知当地公安机关，并按公安机关指定的路线和时间通行；要求选择坡度小、平坦、状况好的路面；白天行车，车速不能超过每小时 40 公里，能见度差时不能超过每小时 20 公里；在视线清晰、道路平坦时行驶或停留，前后车保持不少于 50 米的间距；当有上、下坡或路滑、视线不良时，不小于 300 米；途中停歇，要远离建筑设施、人烟稠密的地方，并有专人看管，严禁吸烟、用火；严禁个人随身携带爆炸物品乘坐公共交通工具，严禁在托运、邮寄和寄存的物品中夹带爆炸物品。

4. 爆破员作业制度

我国规定，爆破器材必须由考核合格的爆破员作业使用。禁止非

爆破员进行爆破作业，是安全爆破的重要保证。爆破员是指经考核合格的由县、市级公安机关发给爆破员作业证的人员。对爆破员由公安机关定期进行考核，发现不适合继续从事爆破作业的，立即收回爆破员作业证。

爆破员应具备的基本条件：具有初中以上文化程度；按爆破安全规程中培训大纲的要求，经过专门培训，并考试合格；在爆破作业中没有违反过安全规程和发生过任何事故等。

爆破员为爆破作业而领取炸药、雷管、导火索，必须经班、组长或现场负责人批准，领取数量不得超过当班使用量，如有剩余要当天退回，不准放在工地或其他处所。严禁任何单位和个人利用爆破员作业机会，私拿、私用、私藏、赠送、转让、转借、转卖爆破器材，严禁使用爆破器材炸鱼、炸兽。

5. 烟花爆竹管理

烟花是指强调光、色、烟雾等形象视觉效果的爆炸物品，而爆竹是指强调爆炸声响听觉效果的爆炸物品。目前，我国生产烟花爆竹的企业有 10 多万家，从业人员超过百万，产品达两千余种。烟花爆竹原产于中国，它是我国传统的喜庆活动用品，为人民群众尤其是青少年所喜爱。但燃放烟花爆竹会造成大气污染、破坏卫生；巨大的噪音可能影响群众身心健康；更为严重的是，燃放不慎很有可能造成人员伤亡或引起火灾等。

根据《民用爆炸物品管理条例》，我国对烟花爆竹实施了较为严格的管理。对于易造成人员伤亡事故的产品予以禁止或限制生产。目前，禁止或限制的产品种类有：感度高，化学安定性差的产品，如摔炮、砸炮等；在燃放时会产生有毒、有害气体和大量颗粒物的产品，如含磷的烟花爆竹；含有硬质金属、塑料、玻璃壳体的烟花爆竹；超过国家标准的大药量制品；飞行方向不稳定极有可能引起火灾的制品；其他对人体健康、人身安全有影响的制品。

考虑到烟花爆竹作为危险物品的危险性及其相应的危害性，和世界上许多国家相同，我国对烟花爆竹的燃放时间和地点做了严格的规定。以下地域属于常规性的禁止或限制燃放区域：繁华街道、商场、医院、体育馆、车站、飞机场等公共场所；生产、储存易燃易爆化学物品的工地、仓库和化工站、煤气站、高压输电线等 200 米以内的地区；城市棚屋区、农村粮仓、草垛附近的地区；省、市党政机关、重要外宾驻地 200 米以内；公安机关认为可能引起火灾等灾害事故，造成人身、财物损害的其他地区。

社区工作者要结合日常工作，特别在各种节日期间向群众宣传燃放烟花爆竹的安全常识，增强群众的安全意识，杜绝违禁燃放烟花爆竹的行为，减少因燃放烟花爆竹引起的人身伤亡、火灾等事故。

6. 收缴违禁爆炸物品

对违禁爆炸物品的收缴工作，是消除社区治安隐患的重要措施。社区工作者应通过日常工作和安全检查等多种途径，认真清理和收缴社区内流散的爆炸物品。开展收缴工作，首先要进行广泛的宣传，发动群众。同时，社区各部门应配合公安机关，在一般号召的基础上，有针对性地开展重点调查工作。调查的重点有：(1)爆炸案件和事故多发的地区；(2)经常炸鱼、炸兽或用爆炸物品进行狩猎的人；(3)经常接触爆炸物品，可能有违法行为的人；(4)曾扬言要用爆炸方式行凶破坏的人员。

收缴爆炸物品的范围应包括：私自配制的爆炸物品；非正常渠道获得的爆破器材；非法运输或使用的爆炸物品；工程建设剩余、拣拾或在施工中挖掘出的、废旧物资中清理出的、单位搁置不用的爆炸物品。

开展收缴工作的同时，应该对爆炸物品的来源进行彻底追查。对社区内违反爆炸物品管理的行为，须依法进行查处。

四、剧毒物品管理

剧毒物品，是指少量侵入机体，短时间内即能致人畜死亡或严重中毒的物质。剧毒物品由于管理或使用不当，易造成误食、误用、泄露、污染并导致中毒，也可能被用于自杀或故意投毒，危害社会。

（一）常见的剧毒物品

剧毒物品种类众多，根据《剧毒物品品名表》（GB58–93）可分为四类，包括：A 级无机剧毒物品 72 种、B 级无机剧毒物品 102 种、A 级有机剧毒物品 130 种和 B 级有机剧毒物品 228 种，共计 532 种。每种剧毒物品都有由一个英文字母和 4 位阿拉伯数字组成的独有编号，如"A2043"是为大家所熟知的海洛因，"A2115"代表的是 2002 年 9 月 14 日发生于南京的投毒案件中导致 300 多人中毒、42 人死亡的毒鼠强。

列入公安机关治安管理，比较常见的剧毒物品主要有六大类：

1. 氰化物类

氰化物是指各种含有氰基（ – CN）的化合物。单质的氰本身就是剧毒的，而我们日常所见的化合物有氰化钠、氰化钾等，它们都是白色的粉末状结晶，易潮解。如果与酸（或吸收空气中的二氧化碳和水）会产生极毒的氢化氰气体。它们易溶于水，其水溶液为氢氰酸，具有苦杏仁味。一般用于冶金、电镀、提取黄金、印染等工业。

氰化物类物品具有发作快（10 ~ 60 秒昏倒，2 ~ 3 分钟死亡）、致死量小（一般口服 0.2 毫克即可致死）的中毒特点。中毒者会呈现闪击样昏倒并伴有痉挛、死亡迅速，尸体颜面樱红、血色鲜红，嘴中可能具有杏仁味。

现在，许多建筑装饰材料和家具，在燃烧时会产生大量的氰化物。这些氰化物会随着浓烟迅速蔓延并致人死地。因此，现代化的办公大楼、商店或公寓发生火灾时，必须在救火或自救的过程中做好防毒工作。

2. 砷化物类

单质的砷是无毒的，但砷的化合物一般都有毒性，最常见的是三氧化二砷，俗称砒霜、信石，纯的是无味无臭的白色粉末，易当食盐、面碱等误食，引起中毒，也常被用来投毒杀人或自杀。不纯的三氧化二砷常呈红色或橘红色晶体。

三氧化二砷是重要的化工原料，用于制造除草剂、杀虫剂和玻璃等；它易溶于水，易升华，有剧毒，致死量为 0.1 ~ 0.3 克；中毒者往往有剧烈呕吐或腹泻并伴有剧烈腹痛、流涎、口渴症状。

3. 汞化物类

金属汞为银白色液体，口服不会中毒，但皮下或静脉注射有毒，汞蒸汽有剧毒。汞的化合物均具有强烈的毒性，如升汞、硝酸汞、碘化汞等。其中升汞毒性最强，它是一种无色或白色结晶粉末，能溶于水，致死量为 0.3 ~ 0.5 克，医药上常用于外科消毒。即红汞药水。汞类中毒者有剧烈腹痛、呕吐与血尿、尿闭等症状。

4. 农药类

我国农药品种很多，常用的就有 100 余种。真正属于剧毒物品的只是其中的一部分，主要有：

（1）有机磷农药

主要有乐果、甲胺磷、敌敌畏等。有机磷类农药一般进入机体 10 ~ 30 分钟即会发生中毒反应，1 ~ 4 小时内可致人死亡。中毒者可能伴有流涎、口鼻冒白沫，大量出汗，体温升高，震颤，呼吸困难，瞳孔缩小等症状。同时，往往有特殊气味（一般具有蒜臭味或特殊臭味）。

（2）含氟农药

含氟农药分有机、无机两类。无机类有氟化钠、氟硅酸钠等。外观为白色、无臭、无味的结晶或粉末，与面碱、小苏打相似，易误食中毒。一般口服 5 克以上会致死。氟乙酰胺为有机类含氟农药，剧毒，致

死量为 0.1 ~ 0.5 克。

（3）有机氯农药

我国的此类农药有 30 多种。主要用于杀虫、杀菌和除草。能够引起中毒的有六六六、滴滴涕等。这类农药已被国家淘汰生产。

5. 生物碱类

是生物体中常见而具有碱性的一类含氰有机化合物。多数存在于动、植物体内，如罂粟、颠茄等植物和河豚、毒蛇等动物体内，毒性很强。常见的生物碱有：士的宁与马钱子碱、阿托品、吗啡与可待因。

6. 其他剧毒物品

常见的有巴比妥类、冬眠灵、敌鼠、磷化锌等。

（二）剧毒物品的安全管理

1. 生产

生产剧毒物品的企业必须申领剧毒物品安全经营许可证，制定安全操作规程并实行安全生产岗位责任制。我国规定乡镇、街道、私营、个体企业一律不准生产剧毒物品。除经过批准的企业和指导灭鼠的业务单位如植保站、防疫站可以配制鼠药外，严禁其他单位或个人配制。禁止用剧毒化学品生产灭鼠药以及其他可能进入人们日常生活的化学产品和日用化学品。

2. 经销、购买

（1）国家对剧毒物品经营销售实行许可制度。未经许可，任何单位和个人都不得经营销售剧毒物品。按照《危险化学品经营许可证管理办法》规定，经营销售危险化学品的单位，应当依照本办法取得危险化学品经营许可证，并凭经营许可证依法向工商行政管理部门申请办理登记注册手续。未取得经营许可证和未经工商登记注册，任何单位和个人不得经营销售危险化学品。经营许可证分为甲、乙两种。取得甲种经营许可证的单位可经营销售剧毒化学品和其他危险化学品；取得乙种经营许

可证的单位只能经营销售除剧毒化学品以外的危险化学品。

（2）需用剧毒物品的单位必须持有县以上主管部门出具的证明，经同级公安机关批准，办理剧毒化学品购买凭证和准购证，凭证到指定商店购买、指定仓库提货。经销单位凭证销售。

（3）购买剧毒农药。须凭乡（镇）人民政府、农场的证明信，到当地经营农业生产资料部门购买。销售农药必须附详细说明书，写明农药用量、使用方法、适用范围、注意事项、有效日期等。

鼠药的销售统一由农资部门进行，对经营单位要进行资格认证，进货和销售必须详细登记；严禁其他单位和个人销售，严禁在集贸市场上销售；对违法经营者要追究刑事责任。

3. 使用

（1）使用剧毒物品的单位，必须确定专人，配置专项用具和防护用具；

（2）使用剧毒物品，必须随用随领，不得超量，剩余清退，使用剧毒物品的房间，要严格出入制度，无关人员不得进入；

（3）使用农药要严格按照说明书要求使用，同时遵守下列规定：

① 使用时要穿防护服或长袖衣裤、戴口罩、手套；

② 操作时禁止吸烟、喝水、吃东西，禁止用沾染农药的手擦脸、擦眼；

③ 作业结束后，要彻底清洗手、脸，更换衣服；

④ 儿童和哺乳期、孕期、经期妇女、精神病患者和有皮肤病、皮肤损伤者不能喷洒农药；

⑤ 剩余农药要贴上标签，放于安全处保管，防止误食误用。

4. 对违反剧毒物品管理行为的处罚

（1）《治安管理处罚法》第三十条规定：“违反国家规定，制造、买卖、储存、运输、邮寄、携带、使用、提供、处置爆炸性、毒害性、放

射性、腐蚀性物质或者传染原体等危险物质的，处10日以上15日以下拘留；情节较轻的，处5日以上10日以下拘留。”

（2）违反《刑法》第一百三十条之规定，非法携带剧毒物品进入公共场所或者公共交通工具，危及公共安全，情节严重的，处三年以下有期徒刑，拘役或者管制。

（3）违反管理规定，在生产、储存、运输、使用中发生重大事故，造成严重后果的，依据《刑法》第一百三十六条之规定，处三年以下有期徒刑或者拘役；后果特别严重的，处七年以下有期徒刑。

第三篇　社区管理风险介绍

课　　时　共计8课时

教学目标　了解安全社区的基本概念；
了解为什么要建设安全社区；
理解并掌握安全社区建设与管理基本规范；
掌握安全社区十步工作法。

教学重点　安全社区建设与管理基本规范；
安全社区十步工作法。

第一节　安全社区

案例导入

浙江省首个社区“道德法庭”在德加社区开庭。听了“原告”“被告”的诉说，可以知道事情的大概：某天夜里，一位失主与一位出租车司机共同找到德加社区的保安，称失主遗失了重要的文件和公章，失物可

能被一个前往德加社区的乘客拾走了。根据失主提供的时间，保安调用录像后怀疑是社区某户居民夫妇，于是采用打电话、上门等方式前往该住户家中调查。在住户否认的情况下，保安再次与路经此地的一位民警上门调查。住户认为，保安深夜扰民，民警态度恶劣，影响了他的正常休息，并造成了不良影响，要求保安和民警公开赔礼道歉，消除影响。在法庭辩论后，“法官”作最后的总结，认为保安和民警帮助失主寻找失物，是在实施一种道德帮助，但被告确有不文明行为，今后要杜绝。法庭作出了“道德评判调解书”，由“被告”向“原告”道歉。

德加社区是杭州西部的一个新社区，居民文化素质较高，生活富裕。他们对社区硬、软环境的要求也很高。社区居委会努力营造良好的社区人文环境，开设了这个“道德法庭”，在法律鞭长莫及的情况下，让社区居民对身边的行为作道德大评判，有助于在社区内形成良好、文明的氛围。

近日，“道德法庭”又开始行动。德加社区曾多次发现养鱼池被油污染的情况，保洁员发现，是一位老太太往池里倒剩菜。这件事经“道德法庭”讨论后，责成业主委员会上门对老太太做工作，使问题得到了解决。

思考题

1. 德加社区成立道德法庭对社区建设有何意义和影响？

2. 如何提高社区居民参与社区管理的程度？

一、基本概念

（一）什么是安全

“安全”是一种对人而言的良好的氛围或状态，是人依存的身体内环境和身体外环境的良好氛围或状态。这种良好的氛围或状态包括许多层次：人的身体、精神不受到各种内外因素的危害，不存在对身体和精神构成的威胁，个人、集体、社会、国家的财产不受到损失和威胁，生活秩序、生产秩序和社会公共秩序不受到干扰和威胁；国家主权不受到干涉，疆土不受到侵犯，国家形象不受到侮辱和蔑视。换一个角度看，安全这种良好的状态是人类与自然、人类与生态、社会阶层之间、社会利益集团之间、区域经济之间、不同宗教信仰之间、国与国之间、经济建设发展与社会保障之间等诸多方面都处在彼此联系，互相制约，互相裨益，互相促进，互相协同和共同发展的稳态，这个状态是和谐。

（二）什么是健康

健康是人体自身和内环境的完好状态，这种状态包括体现出躯体没有躯体疾病，也没有心理问题，人际关系亲疏适度，较好适应社会和自然环境。

（三）什么是卫生

卫生是一种有益于人生存的环境状况或条件。

（四）什么是和谐

和谐是一种动态的平衡，是一种良好的状态。人与人、人与事物、事物与事物之间必然存在着相互作用，在作用中发展变化着。这种作用表现为相互依存，又相互斗争。而人和人、人和事物、事物和事物非激化的互相作用、发展或变化的状态即为和谐。

（五）什么是社会

1. 社会的古老概念

社，人共同工作或生活的一种集体组织。古代把土神和祭神的地方、日子和祭礼都叫社。会，聚合在一起、见面或有一定目的的相聚。"社会"古时日社，里社（祀土地神的地方为里社）举行的赛会（赛会是用仪仗、箫鼓、杂戏迎神场面）。后泛指节日演艺集会，或者是志趣相投者结合的团体。

2. 社会的现在概念

指在一定的地域内，进行以物质资料（生产资料和生活资料）生产为基础的相互作用的人群。特点：①社会是一个人群，而且是相互作用的。②这个人群是以物质资料生产活动为基础而组织起来的。③这些活动总是在一定区域内，即在一定的自然条件下进行的。

（六）什么是社区

社区这个概念是由德国社会学家滕尼斯（1881 年）首先提出的。社区通常是由若干社会群体（家庭、氏族）或社会组织（机关、团体）聚集在某一地域形成的一个生活上相互关联的大集体。有的学者认为社区可大可小，可以大到一个省，一个国家，小到一个村一个街道。也有人认为，社区指人们共同生活的一定区域，也称为占有一定地域的人口集体。

社区由五个要素组成：①地域，即指人们进行生产、生活活动的地理位置，地域有地界标志。②人口，即有以一定生产关系为基础，而组织起来的聚居在一个区域的一群人。这群人并无绝对的数量标准。③关系，即指在一个社区内人群之间具有多种关系，如亲属关系、邻里关系、职业关系等其他社会关系。④制度，即指为保证人际关系的协调而颁布的各种社会规范，行为准则及规章制度。⑤机构，即指负责落实各项规章制度、协调人际关系、控制各种活动的机构。

（七）什么是管理

管理是人有目的有计划地对人、事、物的控制。具体体现在领导、组织、教育培训、调控、监督、奖励、考核、推动、协调、打击、处罚等行为表现。行政管理、事业服务管理、企业管理、社团行业管理、社区非政府管理、家政管理都是社会管理的基本范畴。

（八）什么是环境

人类环境：人类社会生产并赖以生存和发展的环境。人类环境包括自然环境、生态环境和社会文化环境。

1. 自然环境

自然环境可分为物质的无机环境和物质的有机环境。其中，物质的无机环境包括天体、地形、土壤、气候、无机天然产物、自然力、自然作用等。物质的有机环境包括死亡的微生物、可供衣食住用的死亡的动植物，对人类有害的动植物的无生命的产物。

2. 生态环境

有生命的微生物、动物、植物和人类本身构成的环境。

3. 文化环境（社会人文环境）

包括：物质文化环境（如用具、武器、交通工具、机器、设施等）和精神（行为）的文化环境（如语言、风俗、信仰、道德、法律、制度、政策、宗教、科学、艺术等）。

4. 经济环境

经济环境应该包含在文化环境中，但是它在作用或影响社会生产力方面起到与文化同等大的作用，它是社会文化中的一个特殊领域，所以，把它与文化环境并列看待。

（九）什么是文化

文化，文是动词，刻记动作的意思；化是人类文明的一种广泛的传播和改变的过程。常说的文化有三层含义：1. 人类在社会历史发展过

程中所创造的物质财富和精神财富的总和，特指精神财富，如文学、艺术、教育、科学等；2. 指运用文字的能力及一般知识；3. 考古学术语，指同一个历史时期的地域分布决定的遗址、遗物的综合体。例如，同样的工具、用具，同样的制造技术。(狭义)龙山文化、大汶口文化，作为常用的意思是第一层意思。

(十)什么是安全文化

安全文化也称作安全人文环境。安全文化是人类创造的综合文化中，与安全有关部分。在创建"安全社区"时，安全文化的建设是主要的工作。安全文化的创建和推广，使社区所有人都能受到这种安全文化的熏陶、作用和制约。对社区的人养成安全行为或按照安全文化的导向行事很有必要。

二、为什么要建设安全社区

(一)维护人的生存健康权的需要

建设"安全社区"是遵从我国宪法，以人为本，全力保证居民的生存、健康的权利。安全社区的创建，会有效预防控制居民伤害的发生，并能得到居民的广泛拥护支持。

(二)经济发展的需要

创建"安全社区"从实际出发，科学地管理生产，利用社区现有的资源(尤其是人力资源)，有效进行整合，提高生产和工作效率，保障居民健康，减少病伤损失，提高经济效益。

(三)社会的需要

随着我国现代化的进程加快，人口的增多，人口老龄化的突显，人们生活、生产节奏的加快，各种伤害增加，慢性非传染性疾病增加，个人、集体和国家的财产由于人为、生态和自然的因素而引发突发公共事件造成各种损失的增加，使生产秩序、生活秩序面临许多不稳定的因素的影响，安全成为社会的需要和居民迫切的需求。创建安全社区对社会稳定发挥了基础的广泛的有效保障作用。

（四）政治的需要

减少人身的伤害和疾病，减少或避免财产损失，维护社会秩序，是确保一方稳定的重要一环。创建“安全社区”是在社区层面全面落实科学发展观、构建社会主义和谐社会的有意义的实践。

（五）管理的需要

社会进步和经济发展离不开科学发展观引领下管理的理论、机制、制度和工作模式的创新和完善。创建“安全社区”是社区管理理念、知识和技能发展的极好契机和挑战。创建“安全社区”，要求社区管理要强化、规范、拓展和延伸，提升社区综合管理的水平，提高社区管理层办事效率，进而促进对突发公共事件及时应对的能力。

（六）应对自然、生态环境变故的需要

由于人类的活动和人们缺乏环保意识，生态环境破坏，威胁人类安全和健康，威胁人的生存；同时大自然不可预知地“发脾气”，也给人类带来各种危害。“安全社区”创建，普及自然、生态环境的安全教育，开展安全促进活动，既提高了社区居民保护自然、生态环境的意识、丰富环保知识，促进了群众性的生态环境保护的自觉行动；同时提高了社区应对自然、生态环境突发公共事件的意识和能力，提高居民应对风险的预防、自救和互救的意识和能力。

第二节　安全社区建设与管理基本规范

一、范围

本标准规定了安全社区建设与管理的基本要求。

二、规范性引用文件

下列文件对于本文件的应用是必不可少的。凡是注日期的引用文件，仅注日期的版本适用于本文件。凡是不注日期的引用文件，其最新版本（包括所有的修改单）适用于本文件。

GB/T 28001　职业健康安全管理体系规范

AQ/T 9001　安全社区建设基本要求

AQ/T 9006　企业安全生产标准化基本规范

DB51/T 1597　企业安全文化建设实施规范

三、术语和定义

下列术语和定义适用于本标准。

（一）安全 safety

免除了不可接受的事故与伤害风险的状态。引用自 GB/T28001。

（二）社区 community

聚居在一定地域范围内的人们所组成的社会生活共同体。引用自 AQ/T 9001。

（三）安全社区 safe community

建立了跨部门合作的组织机构和程序，联络社区内相关单位和个人共同参与事故与伤害预防和安全促进工作，持续改进地实现安全目标的社区。引用自 AQ/T 9001。

（四）安全社区类型 safe community type

因社区的行政区划、生产生活方式等不同而对安全社区所做的分类。主要包括城市型安全社区、农村型安全社区、园区型安全社区、企业型安全社区。

（五）安全促进 safe promotion

为了达到和保持理想的安全水平，通过策划、组织和活动向人群提供必需的保障条件的过程。引用自 AQ/T 9001。

（六）安全促进项目 safe promotion project

实施安全促进这一过程的具体体现，其目的在于执行社区安全计划，实现社区安全管理目标和风险控制目标。

（七）伤害 injury

人体急性暴露于某种能量下，其量或速率超过身体的耐受水平而造成的身体损伤。引用自 AQ/T 9001。

（八）事故 accident

造成人员死亡、伤害、疾病、财产损失或其他损失的意外情况。

（九）事件 incident

导致或可能导致事故与伤害的情况。引用自 AQ/T 9001。

（十）危险源 hazard

可能造成人员死亡、伤害、疾病、财产损失或其他损失的根源或状态。引用自 AQ/T 9001。

（十一）危险源辨识 hazard identification

识别危险源的存在并确定其特性的过程。引用自 AQ/T 9001。

（十二）事故隐患 accident potential

可导致事故与伤害发生的人的不安全行为、物的不安全状态、不良环境及管理上的缺陷。引用自 AQ/T 9001。

（十三）风险 risk

特定危害性事件发生的可能性与后果的结合。引用自 AQ/T 9001。

（十四）风险评价 risk assessment

评价风险程度并确定其是否在可接受范围的全过程。引用自 AQ/T 9001。

（十五）安全绩效 safe performance

基于安全目标，与社区事故与伤害风险控制相关活动的可测量结果。

（十六）不符合 non-conformance

任何与工作标准、惯例、程序、法规、绩效等的偏离，其结果能够直接或间接导致事故、伤害或疾病、财产损失、工作环境破坏或这些情况的组合。

（十七）持续改进 continual improvement

为了改进社区安全状况，制定改进目标并持续不断地加强事故与伤害预防工作的循环过程。

（十八）安全生产标准化 work safety standardization

通过建立安全生产责任制，制定安全管理制度和操作规程，排查治理隐患和监控重大危险源，建立预防机制，规范生产行为，使各生产环节符合有关安全生产法律法规和标准规范的要求，人、机、物、环境处于良好的生产状态，并持续改进，不断加强企业安全生产规范化建设。引用自 AQ/T 9006。

（十九）建设项目“三同时”工作 “three simultaneity” work of construction projects

新建、改建、扩建和技术改造、技术引进建设项目的环境保护污染防治设施、安全设施、职业病防护设施与主体工程进行同时设计、同时施工、同时投入生产和使用，其所需费用应当纳入建设项目工程预算。

（二十）安全文化 safety culture

被群体所共享的安全价值观、态度、道德和行为规范组成的统一体。

四、安全社区建设

（一）安全社区建设总体要求

1. 安全社区建设理念

坚持“安全、健康、和谐”建设理念，实现人人都平等地享有安全和健康的权利。

2. 安全社区建设原则

遵循“资源整合、全员参与、持续改进”的工作原则。

3. 安全社区建设核心

在按照国家法律、法规、规章和标准的相关要求，做好日常安全生产和管理工作的基础上，通过策划、实施安全促进项目，持续解决社区安全方面的薄弱环节。

4. 安全社区建设保障

（1）组织保障

建立安全社区建设领导机构和工作机构，保证安全社区建设的组织实施。

（2）措施保障

制定安全社区建设实施方案和各种制度，保证安全社区建设工作持续、有效开展。

（3）人员保障

落实能保障安全社区建设工作需要的专（兼）职工作人员，保证安全社区建设工作落到实处。

（4）经费保障

落实安全社区建设工作经费和安全促进项目专项资金，保证安全社区建设顺利开展。

（二）安全社区建设基本要求

1. 安全社区建设机构与职责

（1）安全社区建设机构

安全社区的建设机构包括安全社区的建设领导机构及其工作机构。

① 安全社区建设领导机构

整合社区内、外各方面资源，成立跨部门合作的建设领导机构，成员组成涵盖社区内主要相关部门、企事业单位、社会组织的负责人，负责组织、协调安全社区建设和安全绩效评审工作，确保安全社区建设的有效实施。

② 安全社区建设工作机构

根据社区实际情况，建立安全社区建设工作机构，成员包括主要相关部门、企事业单位的具体工作人员以及社会组织代表、志愿者及社区居民代表等，负责策划、实施安全社区建设的各项具体工作。

（2）安全社区建设机构的主要职责

① 安全社区建设领导机构的主要职责包括：

a. 负责整合社区内、外各类资源；

b. 组织制订各种制度和安全目标、计划；

c. 督促各类安全促进项目的实施；

d. 为持续推动安全社区建设提供组织保障和必要的人、财、物、技术等资源保障；

e. 组织评审社区安全绩效。

② 安全社区建设工作机构的主要职责包括：

a. 负责安全社区建设的日常管理工作；

b. 组织开展事故与伤害风险辨识及其评价工作；

c. 策划、实施、评估安全促进项目；

d. 组织开展事故与伤害监测；

e. 负责落实持续改进工作。

2. 信息交流和全员参与

社区应建立事故和伤害预防的信息交流机制和全员参与机制，包括：

（1）建立社区内、外各职能部门、各单位和组织间的有效协商机制和合作伙伴关系；

（2）建立社区内、外信息交流与信息反馈渠道，及时处理、反馈公众的意见、建议和需求信息，确保事故和伤害预防信息的有效沟通；

（3）建立群众组织和志愿者组织并充分发挥其作用，提高全员参与率；

（4）组织社区成员广泛参与社区内、外的安全社区各类交流活动；

（5）组织社区成员以不同形式广泛参与各类安全促进活动。

3. 事故与伤害风险辨识及其评价

（1）建立并保持事故与伤害风险辨识及其评价制度，开展危险源辨识、事故与伤害隐患排查等工作，确定重点人群、重点场所、重点问题，为制订安全目标和计划提供依据。

（2）事故与伤害风险辨识及其评价内容应包括：

① 适用的相关法律、法规、规章、标准及其他规定；

② 事故与伤害数据分析；

③ 各类人员的安全需求，尤其是容易发生或受到伤害的高危人群和脆弱群体；

④ 各类场所、环境、设施和活动中存在的危险源及其风险程度，尤其是高风险环境；

⑤ 各类生产经营和商贸、服务性单位的安全专项台账的完备性；

⑥ 社区安全状况及发展趋势分析；

⑦ 危险源控制措施及事故与伤害预防措施的有效性。

（3）事故与伤害风险辨识及其评价的结果是安全社区建设工作的基础，应定期或根据情况变化及时进行评审和更新。

4. 事故与伤害预防目标及计划

（1）事故与伤害预防目标

根据社区实际情况和事故与伤害风险辨识及其评价的结果制定安全目标，包括不同层次、不同项目的工作目标以及事故与伤害控制目标，且应有明确的针对重点人群、重点场所、重点问题的安全促进目标。

（2）事故与伤害预防计划

根据目标要求制订事故与伤害预防计划。计划应：

① 覆盖不同的性别、年龄、职业和环境状况；

② 针对社区内重点人群、重点场所、重点问题；

③ 能够长期、持续、有效地实施。

5. 安全促进项目

（1）为了实现事故与伤害预防目标及计划，社区在开展日常安全管理工作的同时，应组织实施多种形式的安全促进项目。安全促进项目的策划要针对社区内的重点人群、重点场所、重点问题，有实施方案和具体措施，项目结构完整。

（2）安全促进项目的制定与实施应分别符合国家相关法律法规的规定，并重点考虑下列内容：

① 交通安全。主要关注人、车、路、环境、管理等方面，包括机动车、驾乘人员、行人、安全标志、安全防护设施等。

② 消防安全。主要关注管理制度建设、消防队伍、消防设施器材、消防车通道、疏散通道及安全出口，安全标志、安全色，重点部位、火灾危险源，火灾隐患和消防违法行为等方面。重点防范家庭火灾、人员密集场所火灾、易燃易爆场所火灾等。

③ 工作场所安全。主要关注特种设备安全、职业病危害、建筑安全、危险化学品安全、消防安全、从业人员安全等方面，新建、改建、扩建和技术改造、技术引进建设项目是否进行了环境保护污染防治设施、安全设施、职业病防护设施“三同时”工作，生产经营单位是否按照当地政府要求的进度、比例完成了企业安全生产标准化建设，是否按照安全隐患排查治理体系和常态化机制建设要求开展工作等。

④ 公共场所安全。主要关注火灾、爆炸、踩踏、食物中毒、电梯等公共设施安全、群体性事件等方面。

⑤ 社会治安。主要关注社会治安网络体系、农村治安、城镇治安、黄赌毒、偷盗、暴力等方面。

⑥ 食品、药品安全。主要关注食品、药品经营企业是否证照齐全，是否生产、经营假冒伪劣食品、药品等方面。

⑦ 家居安全。主要关注家庭火灾、触电、煤气中毒、防盗、家庭暴力、食品药品安全等方面，关注居民是否具备急救和逃生技能等。

⑧ 学校安全。主要关注食宿安全、消防安全、学生交通安全、校内外集体活动安全、游乐设施安全、网络安全、心理健康以及暴力恐怖分子袭击校园等方面。

⑨ 老年人安全。主要关注家居安全、跌倒预防、病患关爱、运动安全、心理健康等方面。

⑩ 儿童安全。主要关注交通安全、家居安全、户外安全、食品药品安全、玩具安全、游乐设施安全、留守儿童心理健康等方面。

⑪ 残疾人安全。主要关注残疾人家居安全、心理健康、助残设备设施等方面。

⑫ 体育运动安全。主要关注体育用品安全、体育器械安全、运动场地安全和运动方式安全等方面。

⑬ 涉水安全。主要关注江河湖泊、塘库渠堰等涉水区域的安全防护设施、安全标志，水上交通安全，生产生活用水安全等方面。

⑭ 防灾减灾与环境安全。主要关注应急避难场所、滑坡、泥石流、洪涝、旱灾、环境污染、气象灾害等方面。

（3）安全促进项目的实施方案内容应包括：

① 实施该项目的目的、对象、形式及方法；

② 相关部门和人员的职责；

③ 项目所需资源的配置和实施的时间进度表；

④ 项目实施的预期效果与验证方法及标准。

6. 宣传教育与培训

（1）社区应重视安全文化建设，有安全教育培训设施，经常开展宣传教育与培训活动，营造安全文化氛围。宣传教育与培训活动应针对不同层次人群的安全意识与能力要求制订相应的方案，以提高社区人员安全意识和防范事故与伤害的能力。

（2）宣传教育与培训方案应满足以下要求：

① 与事故和伤害预防的目标及计划内容一致；

② 充分利用社会和社区资源；

③ 立足全员宣传和培训，突出对事故与伤害预防知识的培训和对

重点人群的专门培训；

④ 考虑不同层次人群的职责、能力、文化程度以及安全需求；

⑤ 采取适宜的方式，并规定预期效果及检验方法。

（3）社区应督促企业按照标准 DB51/T 1597 的相关要求开展安全文化建设，对从业人员进行安全培训和职业健康教育。

7. 应急预案和响应

（1）社区应针对社区内可能发生的自然灾害、事故灾难、公共卫生事件和社会安全事件等突然事件制定不同层次、具有可操作性的应急预案或应急响应措施，并有效开展应急预案的宣传、培训与演练。

（2）社区应按标准、要求或预案规定配备应急设施和器材并保持完好。

（3）整合并合理运用社区资源，建立专职或兼职的应急队伍。

（4）社区应组织进行有针对性的应急知识宣传、应急技能培训及必要的应急演练，使社区成员具有基本的自救互救知识和应急避险能力。

（5）社区应确保在发生紧急情况时能够及时启动相应的应急预案，实施应急响应措施，保障人员、财产安全。

8. 监测与监督

（1）社区应有专职或兼职安全监测与监督机构，并认真履行职责。

（2）社区应制定不同层次和不同形式的安全监测与监督方法，监测事故与伤害预防目标及计划的实现情况。建立社区内政府和相关部门的行政监督，企事业单位、群众组织和居民的公众监督以及媒体监督机制，形成共建社区和共管社区的氛围。

（3）安全监测与监督内容应包括：

① 事故与伤害预防目标的实现情况；

② 安全促进计划与项目的实施效果；

③ 重点场所、设备与设施安全管理状况；

④ 高危人群与高风险环境的管理情况；

⑤ 相关安全健康法律、法规、标准的符合情况；

⑥ 社区人员安全意识与安全文化素质的提高情况；

⑦ 工作、居住和活动环境中危险有害因素的监测；

⑧ 全员参与度及其效果；

⑨ 事故、伤害、事件及不符合的调查。

（4）监测与监督结果应形成文件，且事故与伤害数据的监测结果能够按要求如实报告相关主管部门并及时反馈给安全社区建设领导机构和工作机构。

9. 事故与伤害记录

（1）社区应建立事故与伤害记录制度，明确事故与伤害信息收集渠道，为实现持续改进提供依据。

（2）伤害记录（包括人群伤害调查）与分析的结果应用于安全绩效分析、预防与纠正措施及策划安全促进项目等方面。

（3）事故与伤害记录应能提供以下信息：

① 事故与伤害发生的基本情况；

② 伤害方式及部位；

③ 伤害发生的原因；

④ 伤害类别、严重程度等；

⑤ 受伤害患者的医疗结果；

⑥ 受伤害患者的医疗费用等。

（4）事故与伤害记录应实事求是，记录应保存完好，具有可追溯性且便于查阅。

10. 安全社区建设档案

（1）社区应建立规范、齐全的安全社区建设档案，将建设过程的信息予以保持，包括：

① 组织机构、目标、计划等相关文件；

② 各级、各部门的安全职责，安全管理制度和其他文件；

③ 事故与伤害风险辨识及其评价档案，包括高危人群、高风险环境和脆弱群体的基本信息及其确定重点人群、重点场所、重点问题的分析材料；

④ 安全促进项目方案；

⑤ 安全社区建设活动的过程记录。包括：建设活动的过程、效果记录；安全检查和监测与监督的记录等。

（2）社区范围内的相关部门、单位、社会组织应建立健全相应的安全社区建设档案。

（3）安全社区建设档案的形式包括文字、图片和音像资料等。

（4）社区应制定安全社区建设档案的管理办法，明确档案分级、分类、使用、保存和处置要求。

11. 预防与纠正措施

（1）社区应针对安全监测与监督、事故、伤害、事件及不符合的调查，制定预防与纠正措施并予以实施。对预防与纠正措施的落实情况应予以跟踪，确保：

① 不符合项已经得到纠正；

② 已消除了产生不符合项的原因；

③ 纠正措施的效果已达到计划要求；

④ 所采取的预防措施能防止同类不符合的产生。

（2）当社区内部条件和外部条件发生变化时，社区应及时对变化造成的安全影响进行评价，并采取适当的纠正与预防措施。

12. 评审与持续改进

（1）社区应制定安全促进项目、工作过程和安全绩效评审方法，并

定期进行评审，为持续不断地开展安全社区建设提供依据。评审内容应包括：

① 安全目标和计划；

② 安全促进项目及其实施过程；

③ 安全社区建设效果。

（2）评审结果应能够反映安全促进工作的实际效果并用于指导持续改进工作的开展。

（3）社区应根据评审结果制订新的建设目标和持续改进计划。

（4）社区应持续改进安全绩效，不断消除、降低和控制各类事故与伤害风险，促进社区内所有人员安全保障水平的提高。

第三节　安全社区十步工作法

第一步：适时启动，及时备案

适时启动创建，迈出安全社区第一步。

1. 在全街道基本达成一致的基础上，特别是当地领导批准的基础上适时启动安全社区创建。

2. 可以举办形式不同的启动仪式。

3. 向全国安全社区促进中心适时备案。

第二步：成立机构，跨界合作

下发文件，成立机构，把安全社区创建列为一把手工程。

1. 以当地党委和政府红头文件的形式下发文件，成立一个跨界的促进组织。

2. 多数创建成功的社区都是党委或者政府的主要领导担任促进委

员会主任，并把安全社区创建列为一把手工程，列入头号民生工程。

3. 把同级政府分管教育、卫生、安全、建设、公安、农业、工业等分管领导任命为副主任，把安监、卫生、教育、交警、消防、公安、建设等部门的一把手列入成员，把促进委员会办公室设在安监局。

4. 有的还特批工作简报，以推动安全社区建设。

第三步：培训骨干，选贤任能

培训骨干，使一批能干事、干成事的人成为明白人。

1. 选拔本单位具有组织协调能力的领导和骨干参加全国安全社区促进中心举办的安全社区培训班，使其成为创建安全社区的领导骨干。也可以聘请安全社区专家来本地授课。

2. 由这些骨干再层层培训骨干，开办了社区培训学校，各社区设立培训分校。培训人数从区县、街道、村居、到驻区单位层层增加成倒金字塔形状，一直到居民区的楼长、到车间的班组长、到学校的班级小干部，使这些人都明白安全社区的基本理念和基本常识，能够承担起组织发动群众参与安全社区创建的工作。

3. 培训的形式可以多种多样，可以采用上课的形式，也可以通过播放教学片、老师带徒弟的方式进行。

4. 一批用心的能干事、干成事的同志不但成为安全社区明白人，有的还成为安全社区的专家，受全国安全社区促进中心的委托，到外地区指导创建安全社区工作，有的还得到提拔重用。

第四步：建章立制，落实责任

建章立制，规范创建行为，构建安全社区长效机制。

1. 随着安全社区创建工作的深入，逐步建立起各种规章制度，是安全社区创建的保证。例如，制定宣传培训制度、伤害监测制度、信息交流与反馈制度、事故与伤害记录管理制度、事故报告制度、协商议事制度、公共设施管理制度、社区治安管理制度、安全检查制度、中期评估制度、档案管理制度、会议制度等。

2. 制度制定后关键是落实，成立安全社区督察组，对各街道制度落实情况进行督察，有的社区主要领导亲自担任督查组组长。

3. 制度不是一成不变的，要随着创建的深入不断地修改或者增加，以适应创建工作的需要。

第五步：辨识风险，确定项目

进行风险源调查，确立创建项目，成立项目组。

安全社区的理念是“让人人享受安全与健康的权利”，不能离开安全与健康这一主题，开展安全社区创建，同时，项目引领安全社区创建是安全社区的基本形式。因此，科学确定项目成为关键。 而确定项目的前提是对风险源的调查。

1. 由区卫生局组织专家进行基线调查，由驻区医疗机构承担伤害数据统计，从伤害数据统计得出的结论和基线调查数据结合分析，通过分析、分类后反馈给创建单位，创建单位据此确定项目。但是，由于各地情况不同，医疗机构的对伤害人群的覆盖面具有一定的局限性，基线调查的数据不一定具有代表性。

2. 可以通过问卷调查的方式，调查本地区的主要风险源对哪些人群构成伤害，从而确定干预的项目。但是问卷调查同样也存在一定局限性。

3. 可以通过创建单位和医疗机构及上级要求结合在一起，通过对曾经在本地区发生的各种事故，如安全生产事故、居民火灾事故、交通肇事事故、洪灾等，确立安全干预项目，也可以结合本地区普遍存在的一些不安全因素和不同上级要求，确定安全干预项目，如各级政府要求抓好安全生产、火灾预防、环境治理、综合治理、学校安全、老有所养等，确定工作场所安全、火灾预防、暴力预防、儿童安全、老年人安全、交通安全等项目。

4. 以下为普遍应该确定的公共项目

工作场所安全项目；居家安全项目；道路交通安全项目；火灾预防项目；儿童安全项目；涉水安全项目；老年人安全项目；其他项目可以根据本地特点适当增加，原则是尽量能够使项目覆盖本地区所有人群。

5. 特色项目的确定

根据本地情况，按照融合和延伸的原则，可以确定一些特色项目。例如工作场所项目：大连市青泥洼桥街道，由于地处城市中心，大商场、大饭店、火车站集中于此，工作场所项目包含的内容太大，他们就把工作场所安全一分为四——特种设备管理项目；应急管理项目；暴力预防项目；火灾预防项目。

6. 农村乡镇创建安全社区，山东省菏泽市牡丹区吴店镇走出了一条农村创建安全社区的新路，他们确定的干预项目也具有浓郁的农村气息：防狗咬伤项目；农药中毒项目；农机管理项目；农民工安全教育项目；儿童溺水项目；农村火灾预防项目；农村暴力预防项目等。

7. 项目确定后，要马上成立项目组，一定要指定明白人担任项目负责人。

第六步：制订计划，有序创建

制订规划、计划和实施方案，明确目标稳步推进。

1. 制订一份安全社区推进规划，是保证安全社区创建沿着既定方针推进的关键。内容大体包括：

（1）规划创建目标。

（2）规划创建范围。

（3）规划创建项目。

（4）规划创建步骤。

2. 制订一个实施方案

（1）指导思想。

（2）实施步骤。

（3）责任分工。

（4）达到的阶段目标。

（5）各阶段评价标准。

3. 制订一个推进计划

（1）每年都要有一个推进计划。

（2）计划要详细真实，努力后能够达到。

（3）要有实现的具体措施。

4. 从区县这个层面上规定好各职能部门的指导职责。

（1）工作场所安全：指导部门就是安监局，主要是对生产经营单位进行规范，达到安全标准。但是，要把重点放在提高员工安全意识和减少伤害上来。

（2）火灾预防项目：指导部门就是消防部门。主要是对生产经营单位和家庭如何预防火灾，以提高员工和居民的消防意识为目标，达到消防部门的要求就可以了。

（3）道路交通项目：指导部门是交警和交通部门。

（4）老年人项目：老龄委、老干部局、民政局。

（5）居家安全项目：指导部门、消防部门、燃气部门、卫生局、疾控中心、驻区医院、计生部门、建设部门等。

（6）儿童安全项目：教育局、消防、交警、公安、妇联等部门。

（7）暴力预防项目：公安部门。

（8）伤害监测：卫生局和驻区医院、社区卫生服务中心。

（9）涉水安全项目：海事部门、水上警察、边防、海上救护等部门。

（10）防农药中毒安全项目：农业部门、驻区医院等部门。

（11）防狗咬伤项目：公安部门、防疫部门、驻区医院。

（12）农村用电安全项目：指导部门为电力部门。

（13）残疾人安全项目：残联、民政等部门。

第七步：广泛宣传，全民参与

采用多种形式宣传，广泛发动群众参与。

1. 墙报、壁报、黑板报、宣传栏、漫画、大字标语等；

2. 社区自办小报，有线电视，广播，远程教育网络，农村大喇叭等。

3. 安全小册子，明白纸、宣传画、挂历、实物广告等。

4. 组建业余宣传队、农村演出班子，幻灯片等。

5. 上门宣传、农村大集、实物警示等。

第八步：项目引领，扎实推进

按照项目要求，扎实开展创建。

按照资源整合，社区资源共享的原则，在项目推进过程中，各个项目可能出现交叉融合的现象，但不影响项目的推进，下面根据不同的项目，大体探讨一下基本做法：

1. 工作场所安全项目

工作场所安全涵盖所有生产经营单位和所有有人工作的场所的安全。

（1）针对生产经营单位，基本上按照安监部门的工作标准进行干预。

（2）九小场所的安全干预还是无法全部覆盖，而九小场所的安全问题在各地还是十分突出的。

在有的创建单位实行了六个一管理法：一份安全责任书、一份承诺书、一套消防管理制度、一个灭火器、一个月居委会进行一次走访检查、一块动态管理板，起到了一定的作用。

（3）其他工作场所可以开展一些围绕健康为主体的活动：早上上班后做一套广播操、工间操，开展一些适合白领人员的体育活动，防止腰椎、颈椎、视力的疾病。

2. 家居安全项目

（1）通常的做法是围绕安全用气、用电、防火以及切伤、碰伤、跌伤、烫伤、扭伤，还有装修带来的伤害等各种各样的伤害展开干预。

（2）围绕居住环境的安全采取一些干预措施。例如对棚户区和农村老旧房屋在汛期到来前排查危险源，整修房屋等。

（3）针对上述存在的风险源，为使群众提高安全意识和安全素质，通常的做法是，办培训班，发放小册子，明白纸，门贴提示，社区安全报，上门指导，邻里守望，楼长检查等。

3. 老年人安全项目

这个项目是民政部门的一个项目，但是按照融合法，可以融进安全的内容，成为安全社区的一个项目。

针对老年人的特点，从四个方面对他们进行干预。

（1）用各种方法，提高他们的自我防范能力。用疏导的方法解决他们的心理健康问题。

（2）培训一批志愿者和政府买单的家政服务员，在为老年人服务的同时，对老年人的不安全因素进行干预。

（3）适当购置一些康复训练器材，指导老年人康复训练，增强抵御疾病的能力。

（4）在力所能及的情况下，为老年人安装、添置一些安全设施。

4. 学校安全项目

主要从以下几个方面做起：

（1）一至六年级和初中一年级开设安全课、并列入校本课程，有教师、有教案、有考试，把考试成绩记入学分。聘请交警、消防、公安、安监、卫生等单位的专家为特色教师，开设特色课程。

（2）制定一系列规章制度，规范各种行为。

（3）消除伤害源，从硬件上舍得投入。

（4）营造安全氛围，随时教育学生。

（5）规划逃生最佳路线，让每位教师和学生干部反复演练，在危险来临时带来学生安全避险逃生。

（6）组织学生进行各种模拟演练，提高学生的避险应急能力。

（7）教会学生使用灭火器材，从小掌握自救知识。

（8）组建小交警队伍，体验交通安全规则。

（9）危险之处随时警示，处处提醒注意安全。

（10）开展各种体育项目，安全保护措施制定在先。

5. 火灾预防项目

在两个方面展开创建工作，一是在生产经营单位通过热情服务严格执法，落实两个主体责任，关键在预防上下功夫。提高全员安全意识和避险逃生技能。

二是在非生产经营单位开展全民预防火灾教育。提高全民预防意识和逃生避险技能。

（1）在生产经营单位严格执法，落实法律法规的规定。

（2）配置足够的消防设备和设施，并组织自救队伍。

（3）对负责人和员工进行安全教育和培训。

（4）组织各种演练活动，提高全员的逃生避险能力。

（5）规范九小场所，坚决取缔三合一，消除一切安全隐患。组织居民义务检查队，定期对辖区内的九小场所进行安全督促检查。

（6）在居民区广泛进行宣传，教会群众掌握各种预防常识。

（7）指导社区科学配备各种消防设备。

（8）指导社区开展消防演练，提高居民逃生避险技能。

6. 暴力预防项目

（1）依托公安部门，在每个社区建立三警合一的警务室，即公安片警、消防警、交警。

（2）每个居民小区建立保安队伍，定时进行安全巡逻。

（3）组织居民群众建立义务巡逻队，定时进行巡逻。

（4）实施天网工程，实时监控预防各种暴力行为。

（5）在居民家中安装报警装置，遇险及时得到保护。

（6）用各种方式宣传教育群众，提高群众暴力预防的能力。

（7）制作各种宣传品，张贴、悬挂在不同的场所，提醒各类人群防范各种暴力行为。

（8）交通警察在社区，随时纠正各种违法违章行为，开展各种各样的活动。

7. 道路交通安全项目

（1）支持社区创建活动，为每个社区派驻交通民警。

（2）交警开展四进活动，大力宣传交通安全常识。

（3）开展多种多样活动，提高群众的安全意识。

（4）做群众的保护神，消除各种安全隐患。

（5）处处提醒各类人员，防范可能发生的风险。

（6）严格执法，让每个违法者牢记违法的教训。

（7）施划各种道路标线、悬挂各种道路标示和警示。

（8）开展人人做交警的体验，体验纠正违章的心情。

8. 残疾人安全项目

（1）利用残联、民政的平台，融入安全社区的内容。

（2）指导残疾人安全进行康复训练。

（3）尽可能更多地设置方便残疾人出行、工作的设施。

（4）尽可能为残疾人解决生活中的伤害源。

（5）用残疾人做残疾人的心理辅导工作。

9. 农村创建项目的启示

山东省菏泽市牡丹区吴店镇是全国第一个创建农村安全社区的单位，经过艰苦尝试，走出了一条农村创建安全社区的新路子，他们给我们很多启示：

（1）围绕农民的安全与健康这个主题，用项目延伸法，确立了一批适合欠发达地区农村安全干预项目。

例如：

① 针对农村不安全用电的现象，确立了“安全用电项目”。直接对农户的线路进行改造，改造后还签订了用电安全协议书。

② 针对动物对人的伤害现象，确立了“防狗伤害项目”；

给狗防疫针，动员农民拴养或笼养。

③ 针对农药对人的伤害，确立了“防农药中毒项目”。

制作6000个农药箱发放到农户，并且发放了隔离膜衣，减少了农民在打药时的中毒现象。

④ 针对农机对人的伤害现象，确立了“农机安全项目”。

成立了顺发农机协会，对农机户定期培训教育。村村设立农机安全员，制止农机户的不安全行为。

⑤ 针对农民安全教育缺失现象，确立了“农民工安全教育项目”。利用农民工回家过年的机会，举办农民工安全培训班，并且考试合格后发证。

⑥ 借用国家村村通公路的平台，用融合法确立了“农村交通安全项目”。在所有村村通的乡村道路路口，自制了各种交通的标志。

⑦ 借鉴城市消防安全项目，确立了“农村消防安全项目”，用治安警的基础组建消防队，购买了适合农村道路的消防车，各村配备了消防器材，配备一呼百应的报警系统，村村组建了自救队伍。

⑧ 借用各级党委抓的综合治理项目，确立了“农村暴力预防项目”。村村成立了治安巡逻大队，配备了装备，装备了“一呼百应”报警系统。

⑨ 针对农村儿童假期易发生的伤害，确立了“预防儿童涉水安全项目”，学校开设安全课，村村设立安全员，每个坑塘设立警示标志。

（2）他们的宣传方法也很独特：

用乡村戏班子宣传安全知识；

发放安全知识挂历；

制作搪瓷宣传栏，经久耐用；

农村秧歌队宣传；

安全顺口溜宣传。

第九步：中期评估，持续改进

每年进行中期评估，找出不足持续推进。

第十步：撰写报告，申请评定

写出工作报告，申请评定验收。

思考题

1. 为什么要建设安全社区？

2. 建设安全社区有哪些最重要的规范？

3. 简要回顾一下安全社区十步工作法。

第四篇　老年人和青少年如何防止诈骗

课　　时　共计 6 课时

教学目标　了解二十四种电信诈骗常用手段；
了解九种街头诈骗手法；
了解青少年容易被骗的招数；
了解防范网上诈骗七要点；
了解并掌握网上诈骗应急挽救措施。

教学重点　二十四种电信诈骗常用手段；
防范网上诈骗七要点。

教学内容

诈骗犯罪，是指以虚构事实或者隐瞒真相的欺骗方法，骗取数额较大的公私财物的行为。其突出特点就是使用欺骗的方法取得公私财物。在犯罪形式上，犯罪分子多以编造假情况或隐瞒事实真相，而使受害者陷于一种错误认识，信以为真，仿佛“自愿地”将财物交与犯罪人，但实际上，这只是受害人被犯罪分子制造的假象所迷惑而受骗

上当的结果，并非真正同意。当前，诈骗活动形式多样，作案手段不断翻新。为了让广大群众提高防范能力，防止上当受骗，在此，提醒大家：

小利便宜切莫贪，别人下套你别钻；
相信科学弃迷信，一切都按规矩办；
遇见诈骗别上当，冷静应对快报案。

第一节　二十四种电信诈骗常用手段

一、“刷卡消费”诈骗

此类诈骗犯罪中，不法分子通过手机短信提醒手机用户，称该用户银行卡刚刚在某地（如XX百货、XX大酒店）刷卡消费5968或7888元等，如用户有疑问，可致电XXXX号码咨询，并提供相关的电话号码转接服务。在用户回电后，其同伙即假冒银行客户服务中心及公安局金融犯罪调查科的名义谎称该银行卡可能被复制盗用，利用受害人的恐慌心理，要求用户到银行ATM机上进行所谓的更改数据信息操作，或是根据其电话指引进行所谓的加密操作，逐步将受害人引入“转账陷阱”，将受害者卡内的款项转到犯罪分子指定的账户，达到诈骗的目的。

二、“引诱汇款”诈骗

此类诈骗犯罪中，不法分子以群发短信的方式，将“请把钱存到 ** 银行，账号 ***，王先生”等短信内容大量发出。有的事主碰巧正打算汇款，收到此类汇款诈骗信息后，即可能未经仔细核实，将钱直接汇到不法分子提供的银行账号上。还有的事主因拖欠别人钱款，收到此类诈骗信息时，自认为是催款的，没有落实真实姓名，便匆匆把钱汇入该银行账号。

三、冒充有关单位诱骗

冒充电信局、公安局等单位工作人员随意拨打手机、固定电话，显示国家机关的热线号码、总机号码，以受害人电话欠费、被他人盗用身份涉嫌犯罪，以没收受害人银行存款进行威胁恫吓，骗取受害人汇转资金到指定账户。诈骗手段：不法分子会打电话或接入语音电话，以电话欠费、有法院传票未取等为由，再冒充电信局和公、检、法机关的工作人员，称事主名下登记的座机电话有高额欠费情况，并称事主个人信息可能已被他人冒用，事主银行账户存款涉嫌洗钱或诈骗犯罪，事主存款有可能受到损失等情节恐吓事主相信后，诈骗人要求事主配合“公、检、法”及银行工作，以“保护”事主财产为由，用电话指挥事主在银行 ATM 自动柜员机上操作，将事主个人和家庭存款转账到诈骗人提供的所谓资产保护的账号内诈骗事主钱财。

四、虚构购房、购车退税诈骗

信息内容为“国家税务总局(或 ** 汽车公司)房产(或车辆)交易

（或购置）税收政策调整，你的房产（或汽车）可以办理交易税（购置税）退税，详情请咨询 ***********”。一旦事主与其联系，往往容易在不明不白的情况下，以种种借口诱骗到 ATM 机上实施转账操作，将卡内存款转入骗子指定账户。

五、虚假中奖诈骗

方式主要分三种：①预先大批量印刷精美的虚假中奖刮刮卡，通过信件邮寄或雇人投递发送；②通过手机短信发送；③通过互联网发送。受害人一旦与犯罪分子联系兑奖，即以“需先汇个人所得税”“公证费”“转账手续费”等各种理由要求受害人汇钱，达到诈骗目的。

六、“汇钱救急”诈骗

此类诈骗犯罪中，不法分子通过网聊、电话交友、套近乎等手段掌握了受害人的家庭成员信息后，首先通过反复骚扰或其他手段使受害人手机关机，利用受害人手机关机期间，以医生或警察名义向受害人家属打电话，谎称受害人生病或车祸住院正在抢救，甚至谎称遭到绑架，要求汇钱到指定账户救急以实施诈骗。

七、“冒充领导”诈骗

此类诈骗犯罪中，不法分子通过电话询问、上网查询等手段，详细收集基层企、事业单位以及上级机关、监管部门等单位主要领导的姓名、手机号码、办公室电话等有关资料。获取资料后，不法分子即假冒领导、秘书或部门工作人员等身份打电话给基层单位负责人，以推销书籍、纪念币，划拨款项、配车、帮助解决经费困难等为由，让受骗单位先支付订购款、配套费、手续费等到指定银行账号，实施诈骗活动。

八、ATM 机虚假告示诈骗

犯罪分子预先堵塞 ATM 机出卡口，并在 ATM 机上粘贴虚假服务热线告示，诱使银行卡用户在卡被吞后与其联系，套取密码，待用户离开后到 ATM 机取出银行卡，盗取用户卡内现金。

九、“猜猜我是谁”诈骗

犯罪分子冒充受害人的熟人，在电话中让受害人猜猜他是谁，当受害人报出一熟人姓名后即予承认，然后谎称近期将来看望受害人。隔日，再打电话编造因赌博、嫖娼、吸毒等被公安机关查获，或出车祸、生病等事由急需用钱，向受害人借钱并告知汇款账户。

十、虚构个股走势以提供信息炒股分红为由实施诈骗

犯罪分子以某某证券公司名义通过互联网、电话、短信等方式散发虚假个股内幕信息及走势，甚至制作虚假网页，以提供资金炒股分红或代为炒股的名义，骗取股民将资金转入其账户实施诈骗。

十一、“电话欠费”诈骗

“我是 XX 电信局（公安局、检察院），您的电话已欠费，而且您的银行账户涉嫌洗钱、诈骗等犯罪，请配合。”此类诈骗犯罪中，不法分

子冒充电信工作人员打电话到事主家中，谎称事主在某地办理了固定电话并已造成欠费。当事主反映并未登记办理“欠费”电话时，作案人员即会继续以事主身份信息泄露、被他人冒用、公安机关正在调查此事为由，将电话转接到所谓的公安部门报案。接下来，不法分子冒充公安民警谎称事主的身份资料被人盗用，银行存款可能不安全，或称事主涉嫌“洗黑钱”犯罪，诱骗事主将银行存款汇入不法分子提供的安全账号内。

十二、无偿提供低息贷款诈骗

“我公司在本市为资金短缺者提供贷款，月息3%，无须担保，请致电 *** 经理”。此类诈骗短信，是骗子利用在银根紧缩的背景下，一些企业和个人急需周转资金的心理，以低息贷款诱人上钩，然后以预付利息名义骗钱。

十三、“骗取话费”诈骗

此类诈骗犯罪中，不法分子通过拨打“一声响”电话（响一声即迅速挂断的陌生电话），诱使您回电，“赚”取高额话费。或以短信形式发送“您的朋友13×××××××××为您点播了一首××歌曲，以此表达他的思念和祝福，请你拨打9××××收听。”一旦回电话听歌，就可能会造成高额话费或定制某项短信服务，造成手机用户的财产损失。

十四、冒充黑社会敲诈实施诈骗

不法分子冒充“东北黑社会”“杀手”等名义给手机用户打电话、

发短信，以替人寻仇“要打断你的腿”“要你命”等威胁口气，使事主感到害怕后再提出“我看你人不错”“讲义气”“拿钱消灾”等迫使事主向其指定的账号内汇钱。

十五、“高薪招聘”诈骗

此类诈骗犯罪中，不法分子利用通过群发信息，以高薪招聘“公关先生”“特别陪护”等为幌子，要求受害人到指定酒店面试。当受害人到达指定酒店再次拨打电话联系时，犯罪分子并不露面，声称受害人已通过面试，向指定账户汇入一定培训、服装等费用后即可上班。步步设套，骗取钱财。

十六、以销售廉价违法物品为诱饵诈骗

发送短信内容为“本集团有九成新套牌走私车（本田、奥迪、帕萨特等）在本市出售，另防身武器。电话 ×××。”此类骗术是利用人们贪便宜的心理，谎称有各种海关罚没的走私品，可低价邮购，先引诱事主打电话咨询，之后以交定金、托运费等进行诈骗。

十七、网上和电话交友诈骗

不法分子利用网络和报纸等刊登个人条件优越的交友信息（如谎称自己为“款姐”或“富商”），在网络和电话沟通中，以甜言蜜语迷惑事主。后以在途中带给事主的礼物属文物被查扣为由让事主垫付罚款或保证金，或以自己新开店铺让事主赠送花篮等礼物为由，让事主向其同伙账号内汇款。

十八、“丢卡”诈骗

嫌疑人自己制作所谓消费金卡，背面写有卡上可供消费的金额和联系网址、电话，并特意说明该卡不记名、不挂失。他们将这些金卡扔在一些大型商场、超市、高档娱乐场所的显眼处，如有人捡到卡，拨打卡上的联系电话或上网咨询，对方就会告诉事主要先汇款到指定账户，缴纳一定手续费进行“金卡激活”后才能消费，从而实施诈骗。

十九、事先录制 QQ 视频，诈骗 QQ 好友钱款

事先通过盗号软件和强制视频软件盗取 QQ 号码使用人的密码，并录制对方的视频影像，随后登录盗取的 QQ 号码与其好友聊天，将录制的视频播放给其好友观看，以骗其信任，最后以急需用钱为名向其好友借钱，从而诈骗钱款。

二十、发送预测彩票信息诈骗

通过互联网散发虚构的预测彩票（六合彩）信息，实行会员制，收取注册会员费、保证金、税金等实施诈骗。

二十一、医保卡信息诈骗

不法分子利用改号软件冒充医保部门工作人员，谎称事主的医保卡有异常或刷卡记录，并将电话转接到所谓的主管部门或执法机关处理，要求事主将存款存入所谓的“安全账户”实施诈骗。

二十二、互联网木马诈骗

在受害人网上购物时利用互联网向事主操作的计算机植入木马病毒并冒充网站工作人员与事主电话联系盗取受害人现金账户内资金诈骗。当事主登录网站购物时盗取事主银行卡信息转移卡内资金。

二十三、网络购物诈骗

诈骗人自己仿制一些大型购物网站或使用插件在各大网站中发布货物信息，诱骗事主汇款后骗取钱财或以次充好或以假货进行诈骗。

二十四、廉价二手房短信诈骗

骗子利用短信或者网络飞信群发虚假廉价商品房、二手房信息，一旦事主与其联系，则要求先垫付“预付金”“手续费”“托运费”等。

在此提示要提高警惕，加强自我防范，防止上当受骗。工作生活中，注意做到“三不一要”：

不轻信：不要轻信来历不明的电话和手机短信，不管不法分子使用什么花言巧语，都不要轻易相信，要及时挂掉电话，不回复手机短信，不给不法分子进一步布设圈套的机会。

不透露：巩固自己的心理防线，不要因贪小利而受不法分子或违法短信的诱惑。无论什么情况，都不向对方透露自己及家人的身份信息、存款、银行卡等情况。如有疑问，可拨打110求助咨询，或向亲戚、朋友、同事核实。

不转账：学习了解银行卡常识，保证自己银行卡内资金安全，绝不向陌生人汇款、转账。

要及时报案：万一上当受骗或听到亲戚朋友被骗，请立即向公安机关报案，并提供骗子的账号和联系电话等详细情况，以便公安机关开展侦查破案。

第二节　九种街头诈骗手法

目前，诈骗案件发案相对较多，犯罪分子诈骗手法反复更迭变换，更加隐蔽，每种手法流行一段时间后就花样翻新，层出不穷，中老年人已成为诈骗犯罪分子下手的主要目标，许多百姓辛辛苦苦积攒一辈子的退休金、养老金、购房款被诈骗犯罪分子编的各种理由瞬间骗个精光，人民群众防不胜防，深受其害。

为减少和避免诈骗案件的发生，现将近几年发生的典型诈骗案件中犯罪分子的诈骗手法予以曝光，结合案例以提醒广大居民引以为戒，谨防受骗。

一、神医诈骗、迷信诈骗

诈骗犯罪分子先找准目标后，通常先是一名女性嫌疑人接近受害人，询问是否知道当地有个老中医治病，可神了，并和受害人套近乎、拉家常以获取受害人家庭情况，后另外一名嫌疑人出现并说知道老中医家地址，第一个出现的女嫌疑人非拉着受害人和她一块去找老中医，到一个家属院或生活区某地时，会刚好碰到老中医的“孙子”（同伙），并说老中医不见生人，当老中医“孙子”打电话或回家去找老中医后，会说老中医已算出受害人的家庭情况（前面嫌疑人从受害人口中套出的情况），让受害人一听算得真准。后会说神医算出受害人家里某人最近会有“血光之灾”，如想逃过“血光之灾”的发生，只有让受害人将家里所有的钱和值钱的首饰等拿来让老神医念念经，念过经之后钱财还让受害人拿走，老神医一分钱也不要。后当受害人将家中的财物交给神医“孙子”去念经时，神医的孙子会让受害人回头走若干步，不能回头。待受害人走完回去找前边的人时，骗子已经逃离。

1. 7月的一天上午，家住某村的某某，在市场被三个中年妇女利用封建迷信手法骗走现金2000元和金项链等物，总价值1.5万元左右。

2. 4月的一天上午，某区一受害人骑车行至某路时，被三名妇女以家中有灾为由骗走现金1万余元。

二、丢包分钱诈骗

犯罪分子结伙作案，寻找到目标后，其中一人故意假装不小心把一沓“钱”或“钱包”掉在受害人跟前，此时另一人忙上前把“钱”捡起，并让受害人不要声张，一起到他处去分“钱”，然后进行诈骗。

7月的一天，家住某家属院的郭某某报案称：上午9时左右，郭某被两男一女以拾到钱并要求和郭某分钱为由，将郭某的一条黄金项链、一对黄金耳环骗走，价值3000余元。

三、兑换“民国旧币”“外国币”“错版人民币”实施诈骗

一人先以各种借口与受害人搭上话，并告之急需用“外国币”(美元、英镑、秘鲁币等)、“民国旧币”“错版人民币”等低价换购人民币，此时另外来一人或两人与其兑换，并以钱不够等名义骗受害人拿钱出来一起兑换以获利为由进行诈骗。

1. 3月份的一天，家住某村的张某某报案称：中午在广场被三名男子以兑换“民国旧币”方式诈骗1.5万元。

2. 7月27日，受害人李某某报案称：上午被人用5角错版人民币诈骗1万余元。

四、换零钱诈骗

犯罪分子来到烟酒专卖店、服装专卖店(不一)等卖东西的店面内或直接找到一个受害人作为诈骗目标，以想要换钱(整换零、零换整)为幌子和受害人换钱，在换钱的过程中，与受害人说话分散其注意力，乘受害人不注意将钱调包。

1. 家住某生活区的李某报案称：2009年2月19日10时左右，有一个40多岁的男子以换钱的名义，采用调包的手段，将受害人李某刚从银行取出的5000余元现金换成了冥币。

2. 张某某在一街上行走时，被一个 37 岁左右的男子叫住，该男子请求张某帮其将卖鸡蛋所得的 8000 元零钱换成 100 元面额的整钱，张某表示同意，后该男子采取调包的方式骗取张某 6000 元钱。

五、假币诈骗

1. 一名 30 多岁的男子到一珠宝行以购买金戒指为名，用 4300 元假人民币骗走金戒指一枚。

2. 某服装店的营业员报案称：当日晚 8 时 15 分左右，有两名男子先后进到该服装店内，以购买衣服为由让服务员取出男、女式衣服 9 件，后在收款台上放了一沓钱并称等一会儿结账就将衣服全部拿走，后服务员发现所放钱全部是冥币，被骗衣服总价值 5000 余元。

六、冒充受害人的亲友实施诈骗

犯罪分子自称是受害人亲友同学或者领导、其他熟人，以领导身份或被绑架、交通事故、住院、自己钱包被盗等暂借日常生活费等为由设圈套，以受害人的亲友关系人或干脆模仿其亲友的口气与其直接联系，打电话或发信息来进行诈骗。

1. 孟某行至某路西段大转盘处时，被两个自称是其儿子朋友的青年男子以看病为由将其两个金耳环和两个金戒指骗走，被骗价值 3000 余元。

2. 受害人魏某报案称：该被一名自称是其妹夫的人诈骗 1.5 万元。

七、冒充军人诈骗

犯罪分子采取由一人或两人假冒推销员，先向商户推销“高新产品”，

后其他犯罪分子假冒军人到该店询问购买“高新产品”，并声称急需订购大批产品，当受害人向推销员电话订购时，推销员称货在外地，要求拿现款到外地提货，待受害人汇过款后，“军人”、推销员均销声匿迹。

某日，开一超市的刘某报案称：该被一伙人（自称是“北京顺昌科技发展有限公司”和“96544部队后勤部”）以订购2000个“干鞋器”为诱，骗刘某将1.5万元汇到犯罪分子指定的账号上，后无法联系对方才发现被骗。

八、收购或做生意为名诈骗

1. 刘某在医院门口附近被两名男子以收购胎盘为名诈骗现金4万元。

2. 某村的张某被人以收购皮草的名义在其家租房，过程中以给提成为诱饵，促使其帮助收购皮草，并垫资，后被诈骗现金2万余元。

3. 受害人代某在某区被犯罪分子以大量购买合成树脂瓦为诱饵，被诈骗了2万余元。

4. 家住某生活区的冯某报案称：在生活区被三名男子以卖核桃为名诈骗现金4000余元。

九、借口存放文物诈骗

2007年4月份的一天，家住某生活区的张某在大庆路宝缘鞋业前先后遇到两名妇女，该二人以要在张家中存放一些文物，将来可以分其一部分为由，让张某从家中拿钱证明其不会独吞文物，张从家中取出4万元左右现金到世纪广场让两名妇女查看，两名妇女以调包手法将现金换为收据本用报纸包好交给张某，两名妇女临走时又将张的三星手机骗走。

第三节　青少年容易被骗的招数

一、利用QQ盗号和网络游戏交易进行诈骗

(一)冒充QQ好友借钱

骗子使用黑客程序破解用户密码，张冠李戴冒名顶替向事主的QQ好友借钱，若事主没有识别就很容易上当。如果遇到类似情况，大家应当摸清对方的真实身份，需要特别当心的是一些犯罪分子冒充熟人的网络视频诈骗，通过盗取图像的方式用“视频”与您聊天，遇上这种情况，最好先与朋友通过打电话等途径取得联系，防止被骗。

案　例

某校学生小刘在宿舍上网，登录QQ后发现在国外留学的好友也在网上，于是就主动跟好友聊起天来，聊了一会儿，“好友”把视频打开了，小刘一看就是好友的影像，但此时视频马上就关闭了，“好友”接着说，自己的哥哥在生意上有点麻烦今天急需用钱，让小刘先给他哥哥汇款3000元。小刘想也没想，就赶紧去银行办理了汇款业务，汇完款后小刘给好友打了电话，好友说什么钱呀，小刘说你不是让我给你哥哥汇款3000元吗？这时，她才发现被骗了。

(二)网络游戏装备及游戏币交易进行诈骗

伴随网络游戏产业的快速发展，近年来，针对虚拟网络游戏的诈骗案件不断增多，常见的诈骗方式一是低价销售游戏装备，犯罪分子利用某款网络游戏，进行游戏币及装备的买卖，在骗取玩家信任后，让玩家通过线下银行汇款的方式，待得到钱款后即食言，不予交易；二是在

游戏论坛上发表提供代练，待得到玩家提供的汇款及游戏账号后，代练一两天后连同账号一起侵吞；三是在交易账号时，虽提供了比较详细的资料，待玩家交易结束玩了几天后，账号就被盗了过去，造成经济损失。

案　例

网名为“战将”的游戏玩家告诉记者，他玩《暗黑》游戏已有一年多时间，一次他突然接到一位玩家的信息，说有高等级的盔甲和魔法道具出售，其中一套80级的盔甲正是他一直梦寐以求的。为能够快速升级，他最终与这位玩家谈妥以1200元的价格成交，但当他将钱如数汇入对方银行账户后，玩家从此消失，此时他方才醒悟自己被骗。

（三）交友诈骗

犯罪分子利用网站以交友的名义与事主初步建立感情，然后以缺钱等名义让事主为其汇款，最终失去联系。

二、网络购物诈骗

是指事主在互联网上因购买商品时而发生的诈骗案件。其表现形式有以下4种：

（一）多次汇款

骗子以未收到货款或提出要汇款到一定数目方能将以前款项退还等各种理由迫使事主多次汇款。

（二）假链接、假网页

骗子为事主提供虚假链接或网页，交易往往显示不成功，让事主多次往里汇钱。

（三）拒绝安全支付法

骗子以种种理由拒绝使用网站的第三方安全支付工具，如谎称“我自己的账户最近出现故障，不能用安全支付收款”或“不使用支付宝，因为要收手续费，可以再给你算便宜一些”，等等。

（四）收取订金骗钱法

骗子要求事主先付一定数额的订金或保证金，然后才发货。然后就会利用事主急于拿到货物的迫切心理以种种看似合理的理由，诱使事主追加订金。

案例一

赵同学在网上订购了一台售价仅为680元的苹果牌笔记本电脑，按照销售电话与卖方取得联系后，卖方以各种名义让赵先生先后5次汇了8000元，最终也没有把货送到赵先生手中，赵先生要求退款，对方答应退款，又用各种理由让事主向同一账号汇款17800元，这以后赵先生就再也联系不上对方了，原来知道自己被骗了。

案例二

郑同学在网上发现一条出售诺基亚手机的信息，与对方取得联系后，在银行向指定账户汇款1000元，后对方以未收到汇款为由，让郑女士连续两次汇款，然后，对方提出要汇款总额到5000元以后方能将以前款项退还，郑女士再次汇款，最后，对方又以担负保险金、运费等名义要求郑女士多次汇款，最终郑女士与对方失去了联系，这才发现被骗。

三、网上中奖诈骗

是指犯罪分子利用传播软件随意向互联网QQ用户、MSN用户、邮箱用户、网络游戏用户、淘宝用户等发布中奖提示信息，当事主按照指定的“电话”或“网页”进行咨询查证时，犯罪分子以中奖缴税等各种

理由让事主一次次汇款，直到失去联系事主才发觉被骗。当您登录 QQ 或打开邮箱时是否会收到一些来历不明的中奖提示，不管内容有多么逼真诱人，请您千万不能相信，更不要按照所谓的咨询电话或网页进行查证，否则您将一步步陷入骗局之中。

案例

王同学在上 QQ 时，屏幕上弹出一条中奖信息，提示王先生的 QQ 号码中了二等奖，奖金 5.8 万元和一部“三星”牌笔记本电脑，王同学喜出望外，想都没想就按网上留下的电话与对方取得了联系。对方要求王同学在得到奖品之前必须先汇 1580 元邮费，王同学马上照办；对方又要求汇 3880 元保证金，王同学再次照办；对方再次要求汇 7760 元的个人所得税，王同学接着照办，对方最后要求还得再汇 6000 元的无线上网费，王同学汇完钱后就再也联系不上对方了，这时他才发觉自己被骗了。

四、“网络克隆”诈骗

“网络克隆”是利用欺骗性的电子邮件和伪造的互联网站进行诈骗活动，获得受骗者财务信息进而窃取资金。作案手法有以下两种：

（一）发送电子邮件，以虚假信息引诱用户中圈套

不法分子大量发送欺诈性电子邮件，邮件多以中奖、顾问、对账等内容引诱用户在邮件中填入金融账号和密码。

（二）假冒银行网站

不法分子通过设立假冒银行网站，当用户输入错误网址后，就会被引入这个假冒网站。一旦用户输入账号、密码，这些信息就有可能被犯罪分子窃取，账户里的存款可能被冒领。此外，犯罪分子通过发送含木马病毒邮件等方式，把病毒程序置入计算机内，一旦客户用这种“中毒”的计算机登录网上银行，其账号和密码也可能被不法分子所窃取，造成资金损失。

案 例

某院系的大二学生小A最近是“背”了点。在一次网络购物中，他被整整骗去了5000元。回忆受骗过程，小A满是痛苦：在点开了某网站卖家给的链接后，他进入了一个类似“工行网上银行”的网站，当按要求输入自己的卡号和密码时，页面却弹出“对不起，您的操作已超时，请返回重新支付”的提示。于是他重复刷新，反复输入口令和密码，而实际上，他每输入一次，卖家就会从卡上划走1000元，最后，整整5000元便不知不觉地流走了。

同学们如收到有如下特点的邮件就要提高警惕，不要轻易打开和听信：一是伪造发件人信息；二是问候语或开场白往往模仿被假冒单位的口吻和语气，如“亲爱的用户”；三是邮件内容多为传递紧迫的信息，如以账号状态将影响到正常使用或宣称正在通过网站更新账号资料信息等；四是索取个人信息，要求用户提供密码、账号等信息。还有一类邮件是以超低价或海关查没品等为诱饵诱骗消费者。

针对假冒网上银行要注意做到以下6点：

1. 在登录网上银行时，应留意核对所登录的网址与银行法定网址是否相符，谨防被假冒银行网站欺骗；

2. 妥善保管账号和密码，不要选诸如身份证号码、出生日期、电话号码等作为密码，建议用字母、数字混合密码，尽量避免在不同系统使用同一密码；

3. 做好交易记录，对网上银行、网上证券等平台办理的转账和支付等业务做好记录，定期查看“历史交易明细”和打印业务对账单，如发现异常交易或差错，应立即拨打有关客服热线进行确认；

4. 管好网银数字证书，避免在公用的计算机上使用网上交易系统；

5. 万一账号资料被盗，应立即修改相关交易密码或进行银行卡挂失。此外，上网电脑要安装防火墙和杀毒软件，不要轻易下载或打开来源不明的文件，防止个人账户信息被黑客窃取；

6. 通过正确的程序登录支付网关，通过正式公布的网站进入，不要通过搜索引擎找到的网址或其他不明网站的链接进入。

五、订购机票、火车票诈骗

年关将近，忙碌了一年的大学生们开始放缓奔忙一年的脚步。与此同时，骗子却瞅准了春节前学生疲于学习、忙于考试、准备回家的“思维疲软期”，利用网络购物、网络订票等的“学生潮”大行其道。校园里，随处可见寒、暑假网络火车票、机票预订等小广告。面对寒、暑假期间“一票难求”的现状，许多同学倾向于通过网络订购车票。但是请同学们不要轻信网站要求先付款后送票的交易请求，尽可能一手交钱、一手交货，同时在领取网购机票、火车票的时候也要注意当场识别车票的真伪。

六、针对毕业生就业、在校生兼职的诈骗

由于网络经济的发展与成熟，越来越多的毕业生选择了在网上投递简历，大部分企业单位也更愿意先从网上进行初期的人才筛选工作，一些网络骗子正是看准了这个机会，对求职心切、社会经验不足的大学毕业生进行诈骗。他们多半冒充某国际或国内著名企业，甚至世界500强的企业工作人员，自称是某助理或某主管，给大学生们打电话时，先进行一番摸底后，要求电话面试，然后以各种理由，让应聘者交纳手续

费、押金等；或是套取求职者信息，向其亲属实施的诈骗。

网上的招聘广告中，所谓“收入可观、轻松、兼职、可支配时间、可带回家”等大多是诱饵，引人上钩。以快递费、培训费、押金、服装费、中介费、考试费等名义收钱的，大多都是骗子。骗子手段花样翻新，但是请同学们时刻牢记一点：凡是要银行卡账号和密码的，基本都是骗子。

七、针对各种资格、等级考试的网络诈骗

随着大学生就业形势的日趋严峻，同学们对于自身要求也不断提高，马不停蹄地参加各种各样的等级、资格考试，希望借此来提升自己的含金量和就业竞争力，如英语四、六级，小语种等级考试，托福，雅思，计算机二、三级，会计师，司法考试，人力资源师，秘书证，导游证……“考证热”急剧升温。

在互联网上，提供各种考试信息、考试资料、预测考题、考试答案的诈骗网站也层出不穷，作案手法有些类似于网络购物的流程。

八、针对学术论文的最新形式网络诈骗

当前，许多高校的学生（包括硕士、博士和博士后）要顺利毕业或者出站，无不需要发表若干篇论文，可是，当前期刊界，想要在权威的学术期刊或网站发表论文，不仅要下一番苦功，还要考虑多方面的因素，甚至在煞费一番苦心之后也不见得能够发表一言半语。目前，一种号称能帮助发表学术论文的虚假网站应运而生，诈骗手法主要有以下两种：

（一）骗取订金

网站声称把你写好的论文推荐给某些核心期刊，优先安排发表。

按网站要求，先交 50% 的论文发表订金。在你交了订金，把文稿寄过去后，就石沉大海、论文不能见刊不说，订金也白交了，哪里还能要回来?

（二）虚假网站

嫌疑人在网上设立与知名杂志同一名称的虚假网站，给受害人发送其文章可以在网站录用的接收或录用函，并给予其账户，以让其向指定的账户汇入版面费为由进行诈骗。

面对以上形形色色的网络诈骗手段，作为大学生群体应该如何有效地识别、应对和防范? 别着急，警方为您支招：

1. 不要主动与对方联系，拨打所谓的咨询电话，这样只能使您一步步上钩。

2. 不要过分依赖网络，遇到有人借款，要牢记“不决断晚交钱，睡一觉过一天，再找亲人谈一谈”的口诀，比如对方要求你现在把钱给我寄过来，你就记住不决断晚交钱，说等一等，明天再说；第二句话“睡一觉过一天”是说一般睡一觉到第二天早上起来都明白了，当时觉得比较晕，叫忽悠，睡一觉就好了；最后是找同学、室友、亲人谈一谈，大家聊一聊。有这三句话就保了三个险。

3. 一旦发觉对方可能是骗子，马上停止汇款，不再继续交钱，防止扩大损失。

4. 马上进行举报，可拨打官网客服电话、学校保卫处电话、当地派出所报警电话，向有关部门进行求证或举报。

警方提示：提高警惕，严防上当。

1. 不贪便宜。虽然网上东西一般比市面上的东西要便宜，但对价格明显偏低的商品还是要多个心眼，这类商品不是骗局就是以次充好，所以一定要提高警惕，以免受骗上当。

2. 使用比较安全的安付通、支付宝、U 盾等支付工具。调查显示，网络上 80% 以上的诈骗是因为没有通过官方支付平台的正常交易流程进行交易。所以在网上购买商品时要仔细查看、不嫌麻烦，先看卖家信用值，再看商品品质，同时货比三家，最后一定要用比较安全的支付方式，而不要怕麻烦采取银行直接汇款的方式。

3. 仔细甄别，严加防范。克隆网站虽做得惟妙惟肖，但仔细分辨，还是会发现差别。一定要注意域名，克隆网页再逼真，与官网的域名也是有差别的，一旦发现域名多了“后缀”或篡改“字母”，就一定要提高警惕。特别是那些要求您提供银行卡号与密码的网站更不能大意，一定要仔细分辨，避免不必要的损失。

4. 千万不要在网上购买非正当产品，如手机监听器、毕业证书、考题答案等，要知道在网上叫卖这些所谓的“商品”，几乎百分百是骗局，千万不要抱着侥幸的心理，更不能参与违法交易。

5. 凡是以各种名义要求你先付款的信息，请不要轻信，也不要轻易把自己的银行卡借给他人。你的财物一定要在自己的控制之下，不要交给他人，特别是陌生人，遇事要多问几个为什么。

6. 提高自我保护意识，注意妥善保管自己的私人信息，如本人证件号码、账号、密码等，并尽量避免在网吧等公共场所使用网上电子商务服务。

最后提醒大家，不管是现实诈骗还是网络诈骗，正以诡谲多变、防不胜防的态势侵入我们的生活，骗子最终的核心或者是共同点都是一个骗字，所以，加强预防心理，树立牢固的安全观念，常备警惕之心对没有固定收入的大学生而言尤其重要。

第四节　防范网上诈骗七要点

1. 司法机关办案都有严格的程序规定，办案过程中都会要求你到指定的地点面对面地开展工作，而且首先要给你出示证件亮明身份，绝对不会在电话中询问你的银行账户等有关个人秘密的信息，更不会要求你按指令操作银行账户或是将钱存入所谓“安全账户”之类。

2. 犯罪分子在诈骗中会使用“任意显号”软件拨打电话行骗，他们会在你的电话上显示“110”“119”“120”等特殊号码或是一些你熟悉的号码进行诈骗。当你接到类似电话时不要轻信，有疑问你可以先挂断电话，然后回拨这个号码，这时你就会联系到被虚拟冒充的真实号码直接进行询问以辨真伪。

3. 只有涉及经济或刑事案件，司法机关才会冻结个人账户，而且在冻结个人银行账户时，会向银行提供相关的法律文书，绝不会因为身份证丢失就去冻结个人账户。当接到类似电话完全可以不予理会，如果有经济利益损失，应及时拨打“110”或直接去公安机关报警。

4. 当收到“请将钱汇入某某账户”的短信或是在网络聊天中熟人提

出借款之类的请求时，先不要着急汇款，应拨通对方电话确认后再进行操作。

5. 当接到熟人出事要借钱或家人被绑架要求汇款之类的电话，一定要冷静，先不要着急汇款，要先采取各种措施联系当事人或其他关系人进行确认，这样便可以有效防止被骗。

6. 要养成良好的使用银行卡习惯，绝不受不认识的人操控在 ATM 柜员机、电话银行或网银上操作个人银行账户。要学会保护自己的个人信息，任何人（包括银行工作人员）都无权询问用户的银行卡和账户密码。

7. 要养成良好的上网习惯，不在不熟悉的网站上操作任何个人信息。操作个人账户等信息时，最好记住安全网站的网址直接输入登录，不要从一些不明链接上登录。

虽然犯罪分子的作案手段五花八门，还在不断地翻新变化。如果细心观察就会发现，各种手段的电信诈骗最终的目的就是要让受害人给其账户内汇款。当大家都熟知了这一点，绝不轻信陌生人的话去操作银行账户或汇款，犯罪分子就无计可施。

第五节　网上诈骗应急挽救措施

当您感觉上当受骗时，不要心存侥幸，应当迅速终止交易、保存涉案证据，并及时向公安机关举报。及时终止交易的方法有：

1. 拨打 95516。

2. 立即拨打诈骗账户归属地银行的客服电话（如工商银行　95588，建设银行　95533），根据语音提示输入诈骗账号，重复输错 5 次就可以

快速止付，时限为 24 小时，以此防止损失并为公安机关破案抓人赢取时间。

3. 为防止诈骗账户开通网上银行，可进入网上银行界面输入诈骗账号，重复 5 次输错密码就能使诈骗账号快速止付（涉案账户归属哪家银行，则登陆哪家银行进行操作）。

4. 报警时请您携带涉案的电话号码、短信息内容、网络地址、银行账号及卡号。

第五篇　青少年安全常识

课　　时　共计 4 课时

教学目标　遵守交通规则；
活动安全；
体育活动安全；
饮食卫生安全；
消防安全；
防止有意伤害。

教学重点　活动安全；
体育活动安全；
消防安全；
防止有意伤害。

教学内容

一、遵守交通规则

1. 路上要靠边行走。

2. 不在路上扒车、追车、强行拦车或抛物击车。

3. 不在公路上打闹、玩耍。

二、活动安全

（一）防止触电

1. 不要用湿手、湿布触摸、擦拭电器外壳，更不要在电线上晾衣服或悬挂物体，或将电线直接挂在铁钉上。

2. 发现绝缘层损坏的电线、灯头、开关、插座要及时报告，请专人检修，切勿乱动。

3. 万一遇有电器设备引起的火灾，要迅速切断电源，然后再灭火。

4. 发现有人触电时，要迅速切断电源，并立即报告老师、家长或其他人员实施抢救。

5. 远离高压带电体。不要接触电杆掉下的电线，不要攀爬变电器平台，不要攀爬电信发射塔，高压输电塔，不要在高压电线下放风筝、钓鱼等。

6. 打雷下雨时不在易导电的物体下躲避。雷雨时尽量避免或减少野外活动，路遇雷雨不要往高处走，迅速寻找有防雷装置的建筑物或低洼处躲避；不要携带雨伞等金属物，应双脚并拢抱头蹲下，以防止跨步电压的伤害和有效减少被闪电击的概率。

（二）外出游玩

1. 外出活动要有教师或家长带队，身体有病的同学不要勉强参加。

2. 最好是当日去当日回；未经监护人许可，不得在外宿营。

3. 外出游玩，牢记家庭住址、电话、父母工作单位电话。

4. 外出游玩，若遇歹徒抢劫、以大欺小、以强凌弱等人身侵害、伤病的情况时，应立即与公安、医院等部门联系，并及时向学校、家长报告。

5. 上放放学途中和外出游玩，学生不得去捅蜂窝，若被毒蜂蜇伤：先拔去毒刺；用肥皂水、食盐水或清水清洗伤口；可用食用醋、大蒜、生姜汁、韭菜捣成泥状涂于患处，症状比较严重的送医院救治。农田灌溉渠边，应走安全的一侧，以免踩虚、脚滑，不慎发生危险事故。

6. 外出游玩，若遇拥挤要主动退让，并自觉排队，不要到人多拥挤的场合去凑热闹，避免意外事故发生。

7. 以礼待人，诚实交友，不与人口角、斗殴，更不要械斗、群殴。

三、体育活动安全

1. 学生参加各类体育活动前，要主动向老师报告自己的健康状况，并说明有何种不适宜参加体育活动的疾病；教师要全面了解学生的健康状况，并随时观察学生的身体变化情况，出现异常及时处理。

2. 参加体育活动，要严格按照老师的要求进行活动，在进行篮球、足球、排球等对抗性激烈的活动时，要注意保护自己和他人，以免受到意外的伤害。参加体育活动前不可吃得过饱或者过多饮水；剧烈运动后，不要马上大量饮水、吃冷饮，也不要立即洗冷水澡。秋冬季运动后还应增加衣服、注意保暖。

四、饮食卫生安全

1. 养成良好的个人卫生习惯，饭前、便后要洗手。

2. 学生要学会辨认安全食品的标志，不购买食用三无食品饮品。不食用过期变质食品。

3. 学校要做好食品的采购、运输、贮存等过程的卫生工作，防止食品源污染及食品中毒事故发生。

4. 生吃瓜果要洗净，不喝生水，不随意食用野菌、野菜、野果，以防中毒。严禁偷吃农户树上果、地中瓜，谨防防虫害药中毒。

5. 出现食物中毒后，应尽快消除毒物，立即上报，并送医院救治。

五、消防安全

（一）学校及公共场所防火

1. 不随身携带烟花、爆竹、火柴、打火机等易燃易爆物品。

2. 不吸烟、不玩火，尤其是在加油站、加气站等易燃易爆场所。

3. 不在上学、放学途中打火把、燃烧农作物秸秆、草坡。

（二）家庭防火

1. 安全使用炉火。

① 生火时不要用汽油、柴油和酒精等引火；

② 清除炉灰、炉渣时不要乱倒，不接触可燃物，最好要有固定的安全地方，刮风天倒炉灰更应注意安全。

2. 按照操作规范正确安全地使用液化天然气，正确掌握开关的使用方法，用毕切记关阀门，且不可随意玩弄开关。

3. 安全使用家用电器，正确掌握家用电器的使用方法，不可随意玩耍家用电器。

（三）遇有火险时，用下列方法处置

1. 立即拨打 119，向消防部门报告准确的地点、火灾种类、火势情况，并派人员在路口等候消防车。

2. 初起的小火，可正确使用灭火器、水、沙土、干土、浸湿的毛巾、床单、棉被等覆盖灭火。

3. 最重要的是尽快离开现场；脱离危险，可用湿毛巾捂住口鼻，用水浸湿毯子或被褥披在身上并包好头部冲出房间，安全脱离火灾现场。

六、防止有意伤害

（一）遇到坏人怎样保护自己

对于中小学生来说，学会识别身边的好人与坏人，做好自身的安全防范，更显重要。坏人，一般是指品质恶劣的人以及进行抢劫、盗窃、诈骗、杀人放火、流氓等严重破坏社会秩序活动的违法犯罪分子。从表面上看，坏人与常人没有什么不同，坏人脸上没有写字，坏人没有一定的模样。坏人做坏事时，总是事先选择好作案的时间，以便能达到目的，不被人发觉，而且易于逃跑。

1. 一般来说，坏人绑架拐卖儿童多发生在学生上下学的途中、中午家中没有家长，以及学生傍晚单独外出玩耍时。而侵犯女生的违法犯罪分子则往往选择在清晨、黄昏或深更半夜，也有时趁白天家中无人，尾随入室。入室盗窃、抢劫等往往选择父母上班时间或白天家中无人时。

2. 学生外出旅游时，遭抢劫的现象也时有发生。坏人作案前，善于伪装。实施不同的侵害，方法也不尽相同。可能以如下方式接近中小学生，并趁其不备加以侵害，假装遇到困难，向中小学生求助。

如问路、帮助找人、帮忙拿东西等。谎称孩子的家人受伤、生病住院或者称是家长同事、朋友，有紧急情况，代替其来接孩子。假装学校教师、警察或其他执法管理人员，声称中小学生违反校规、犯法等，强行带走，进行绑架，或抢劫学生钱财，对女生非礼等。伪称是推销员、送货员、水电工、修理人员等要求孩子开门。故意施以小恩小惠，以糖果、食品、玩具、钱物以及做游戏等名义来诱骗中小学生。请你顺便搭车或带你出去玩等趁机拐走。

（二）避免陌生人闯入家中

平时一人在家，要锁好院门、房门、防盗门、防护栏。出去玩耍要关好门窗，千万别忘记锁门，防止盗贼潜入。钥匙要保管好，小学生不要把钥匙挂在脖子上，要注意放在衣服里面，不要露在外面，以防坏人跟随入室。当有人敲门时，一定要问明来意，对不熟悉不认识的人，不要开门。如陌生人以修理工、推销员的身份要求开门时，说明家中不需要，请其走开或寻找一些借口，请其不要打扰。当坏人欲强行闯入时，可到窗口、阳台等向外高声喊叫，或称去打报警电话吓跑坏人。报警电话是110。

（三）如何避免被人拐骗、绑架

外出游玩时要征得家长同意并将行程去处告诉父母或其他家人；

说明返家的大概时间。养成进出家门随手关门的习惯。上下学外出游玩、购物时，最好不单独行动，要与同学、朋友等结伴同行。不搭陌生人的便车。不接受陌生人的物品馈赠。不独自通过狭窄街巷，一人独处空屋时要关好门窗。不要在外人或朋友面前炫耀父母的地位或财富。陌生人佯称家中有紧急事情时，可立即报告老师并与父母取得联系，以确认是否属实。为避免路上被劫，尽可能与同学、朋友结伴同行。穿着打扮要朴素，不戴名牌手表，不穿名牌衣服等。晚上、清晨外出时要走灯火明亮、宽敞的街道，不要走偏僻的小径或荒地。不要到银行取存款。必要时，可把积蓄的钱交给爸爸、妈妈，请他们替你保存。不要把家里的钥匙放到书包里，应放在衣袋里。这样，即使书包被抢也能进入家中。证件、地址、通讯录等也不应放在书包里，以免落入坏人手中，招致无谓的麻烦。外出旅游时，不能随意和同车旅客或同房间的人同吃同喝，即使对方特别热情，也要婉言谢绝，以免坏人利用这种手段下麻醉药害人。携带钱财时要隐藏好，切忌招摇过市。

（四）怎样避免斗殴的发生

为人处事要正直、诚恳，凡事多为他人着想，要主动疏导缓解紧张关系，应“和为贵”，以较高的姿态，主动讲和或检查一下自己行为的不妥之处；即使有理也要先把矛盾缓解下来，等对方心平气和后再细论对错。双方矛盾无法自己调解时，可以请老师、家长、朋友出面进行调解。不要过分强调与某人或某几个要好，排斥他人。受到他人无理嘲笑、批评或谩骂时，要心胸豁达，能忍耐。切忌情绪激动、过分生气而失去理智，与人发生争吵。路上遇到不良少年打架斗殴或无事生非时，不要围观看热闹。应该尽快离开现场，并且打 110 报警电话报案，或请老师进行处理。遇到流氓不讲理以及酗酒的人，要尽量避开。不要和这种人正面冲突，以防殴斗、伤害的事故发生。在校内或学校附近，如果发现同学之间或同学与社会上的人打架，应立即报告老师。交朋友要

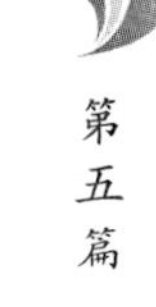

慎重，不要参加任何帮派组织。不要深夜在外游荡。在公共场所要讲究社会公德，不可旁若无人地高声讲话、嬉闹，以免引起他人反感而导致争吵斗殴。不出入电子游戏机室、地下舞厅、酒吧、台球室等场所。

（五）防范精神病患者的伤害

遇到精神病患者，要尽快远离、躲避，不要围观，更不要挑逗、取笑、戏弄、刺激他们；对于智能低下的痴呆者、酒疯子等，他们有时会做出类似精神病患者的举动，也应远离、躲避，别刺激他们。如果被伤害，应尽快脱离险境，并应及时向老师、家长、民警或其他成人报告。

中关村学院社区教育教材 “建设和谐社区系列丛书”之二

王雪松◎主编

中关村学院社区教育教材

家庭日常

现代教育出版社
Modern Education Press

图书在版编目（CIP）数据

“建设和谐社区系列丛书”中关村学院社区教育教材：全 6 册 / 王雪峰主编 . -- 北京：现代教育出版社，2018.6
ISBN 978-7-5106-6279-9

Ⅰ. ①建… Ⅱ. ①王… Ⅲ. ①社区教育－中国－教材 Ⅳ. ① G779.2

中国版本图书馆 CIP 数据核字 (2018) 第 126165 号

建设和谐社区系列丛书
中关村学院社区教育教材

主　　编　王雪松
责任编辑　魏　星　刘兰兰
封面设计　敬德永业
出版发行　现代教育出版社
地　　址　北京市朝阳区安华里 504 号 E 座
邮政编码　100011
电　　话　（010）64251036
印　　刷　北京永顺兴望印刷厂
开　　本　170mm × 240mm　1/16
印　　张　48.5
字　　数　650 千字
版　　次　2018 年 9 月第 1 版
印　　次　2018 年 9 月第 1 次印刷
书　　号　ISBN 978-7-5106-6279-9
定　　价　130.00 元（全 6 册）

目　录

家庭日常

第一篇　家庭档案知识

课　　时　共计4课时

教学目标　了解档案基础知识；
了解建立家庭档案的意义；
了解家庭档案的主要内容；
了解并掌握家庭档案的收集与整理。

教学重点　家庭档案的主要内容；
家庭档案的收集与整理。

教学内容

一、档案基础知识

说起“档案”，大家可能觉得离我们太远，与我们无关，那是单位的事情，政府的事情，是件很神秘的事。今天，我们就来揭开这层“神秘的面纱”，让大家知道在我们的生活中无时无刻不在形成和产生档案，档案就在我们身边，我们的生活离不开档案。比如：

我们外出旅游拍摄的照片、录像；

我们的孩子上学的学籍；

我们到医院看病的病历；

我们养育子女的过程中形成的孩子成长记录等。我们把这些东西收集起来，经过整理，都可以成为档案。

那么到底什么是档案?《中华人民共和国档案法》告诉我们：档案是指过去和现在的国家机构、社会组织以及个人从事政治、军事、经济、科学、技术、文化、宗教等活动直接形成的对国家和社会有保存价值的各种文字、图表、声像等不同形式的历史记录。从档案的定义中我们可以看出：不仅仅单位可以形成档案，个人也可以形成产生档案。

二、什么是家庭档案？

家庭档案就是一个家庭或家庭成员在家庭生活和社会活动中直接形成的，有保存价值的各种文字、图表、声像等不同形式的历史记录。

三、建立家庭档案的意义

家庭档案对家庭及个人尤其是后代的成长发展的作用是巨大的，主要体现在如下几个方面：

（一）家庭档案是维护家庭和家人合法权益的法律文书。如合同、契约、学历证明、房产证、出生证、发票等。

（二）家庭档案是家庭日常生活管理的得力助手。如家庭收支情况记录、家庭储蓄情况记录、家庭购物发票、健康档案等。建立和利用好这些档案，不仅节省处理家事的时间，且会大大改善家庭管理，提高家庭生活水平和生活质量。

（三）家庭档案是家庭教育的生动教材。家庭档案中的家谱、族谱记录，家庭的历史及当时的社会背景，是对家庭成员特别是孩子进行爱国、爱家教育的好素材。家庭成员的职称证书、职务任命书、荣誉证书等，直接反映了家庭成员的主要业绩，是家庭成员辛勤努力的成果，既可以使人感受成功的喜悦，又是自我激励的极好方式，更是对后代无声的引导和激励。子女成长的记录是父母辛勤培育的见证。这些档案可以使几代人穿越时光，加强理解、互相支持。

（四）家庭档案是身体健康的良师益友。对疾病以及心理方面的记载，不仅对疾病治疗、心理的调适有帮助，且为下一代避免父辈的疾病提供相应的参考依据。

（五）家庭档案是科学研究的可靠资料。家庭档案能原原本本地把家庭成员的个人活动情况及家庭集体活动情况记录下来，因而是家庭历史的真实写照。它既是研究家族史、家庭史及家庭成员历史的最可靠的第一手材料，也是研究社会历史发展变化的可靠材料。

（六）家庭档案是传播精神文明的有效载体。它有助于培养家庭成员思想道德的修养，有助于家庭和睦、建立良好的家风，家庭档案是家庭文化中的一部分。

建立家庭档案是对国家档案资源的一个重要补充，它可以丰富完善我国档案资源宝库。

一是有利于营造和睦、温馨的家庭氛围。家庭档案起着不可替代的作用。闲暇时，全家人拿着相册、翻阅着家庭记录、追忆着那逝去的

往事，会使孩子更加爱父母，感到父母建立这个家庭和哺育自己的艰辛，备感生活在这个家庭中的温暖，使孩子从小就有热爱社会和家庭的爱心，有发奋学习、报效祖国的忠心，有热爱父母的孝心，夫妻之间更加热爱彼此筑建的家庭，更加珍惜自己家庭的幸福，促进家庭的和睦。

二是有利于家庭成员总结经验和不断成长进步。“历史是一部教科书”，家庭档案也是如此。当孩子看到自己成长记录，读书时的奖励证书时，会在激励中进一步成长、进步。

三是有利于自己和家人的身心健康。家庭档案是一剂良药，记录了一个家庭怎样同心面对生活的调整和在搏击中发展的真实过程，能促进家人的身心健康，使家庭成员在工作、学习和生活中始终保持心情豁达、乐观向上的心态，对前途充满信心。

四是有利于家庭的科学管理。虽然我们已经跨入了一个崭新的时代，但家庭档案的最原始凭证和记录还是需要每个家庭自己去收集、保管，从而形成其他方式无法替代的原始档案。这些资料对家庭政治、生活、理财等方面的管理起到重要的作用，在家庭中既减少了许多烦恼，又提高了效率，达到事半功倍的效果。

四、家庭档案的主要内容

人类活动极其广泛，其形式多种多样，家庭的类型也是多种多样（如一般人员家庭，知名人士家庭，科研人员家庭，个体户、专业户、工商户、私营企业主家庭等），这就决定了家庭档案内容的多样性。另外，由于每个人生活所处的时间和空间不同，因此，每个家庭所形成的档案内容与数量也就千差万别。

以下仅就一般人员家庭所形成的档案怎样进行管理讲一点建议：

根据我国家庭的特点，从目前一般家庭来看，其家庭档案的内容主要包括：

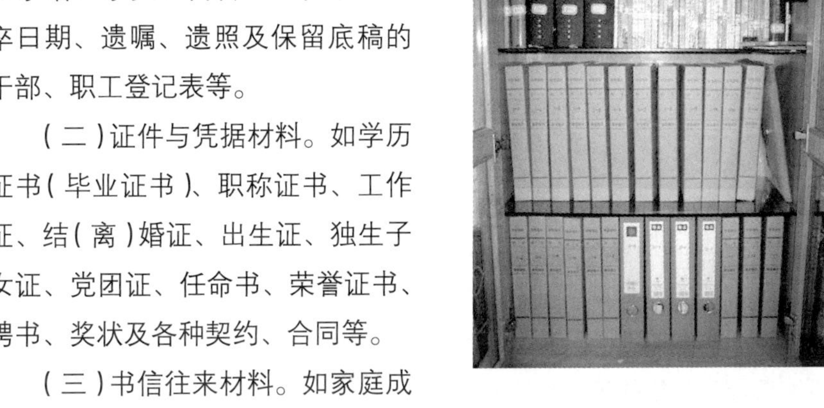

（一）家庭成员活动经历材料。如家谱、家史、自传、回忆录、生卒日期、遗嘱、遗照及保留底稿的干部、职工登记表等。

（二）证件与凭据材料。如学历证书（毕业证书）、职称证书、工作证、结（离）婚证、出生证、独生子女证、党团证、任命书、荣誉证书、聘书、奖状及各种契约、合同等。

（三）书信往来材料。如家庭成员之间，家庭成员与亲戚、朋友之间的重要来往信件等。

（四）声像材料。如反映家庭成员活动的照片、录像、录音、VCD 等。

（五）学习参考材料。如日记、读书笔记、业务学习笔记、摘抄或剪辑的各种资料等。

（六）创作、革新与科研材料。如家庭成员业余创作、革新的各种文稿、图样以及科学研究过程中形成的原始记录、论文著述等。

（七）家庭经济收支材料。如各种收支记录、购物凭证、存折、股票、债券和保险单等。

（八）卫生保健材料。如家庭各成员的体检记录、病情记录、就诊记录、疗养记录、防疫记录、用药记录、家用药方、烹调技术、营养知识等。

（九）家产材料。如房产证、土地证、物业管理证、重要家用电器设备记录及产品合格证、使用说明书、保修单、维修记录等。

（十）其他有关材料。

当然，各个家庭档案的内容不限于上述范围，不同类型的家庭，

其家庭档案的内容和数量是不相同的。对一个具体的家庭来说，应根据实际情况确定其家庭建立档案的内容。以上所讲家庭的档案内容，仅供大家从多角度认识和了解家庭档案的内容及其特征，以便于日常有目的、有重点地收集家庭档案。

五、家庭档案的收集与整理

建立家庭档案应该先从收集入手，也就是将分散在家庭成员手中或散落在家庭各处的有保存价值的资料统统收集归拢，这是基础环节，也是重要环节，因为只有有了完整齐全的档案，才能达到有效管理这一最终目标。收集的工作量比较大，但也不能眉毛胡子一把抓，心中应该有个大致的收集范围，否则容易遗漏。

（一）家庭档案的收集

根据现时一般家庭情况，可以从以下几个方面着手收集：

1. 家庭成员活动经历材料。包括家庭成员的生日、结婚纪念日、入学、入团、入党、应聘、升职的日期，简历、日记，奖状、奖牌，各种考试的成绩单等；还有如家谱、家史、自传、回忆录、生卒日期、遗嘱、遗照及保留底稿的干部、职工登记表等。

2. 证件档案。包括出生证、独生子女证、学生证、毕业证、学位证、工作证、结婚证、身份证、户口簿、借书证、职称资格证书、聘书、党团证、任命书、荣誉证书、聘书、奖状等级证书等。

3. 财产档案。包括家庭收入支出账目、存单、股票等各类投资交易证卡、有价证券、工资条、水电费支出记录、保险凭据、借据、房产证、土地证、物业管理证、重要家用电器设备记录及产品合格证、使用说明书、保修单、维修记录等。合同契约、贵重物品清单和发票等。

4. 卫生保健材料。如家庭各成员的病历、诊断书、医疗保健卡、C

T等检查结果及片子、心电图、化验单、体检表、血型报告、住院记录、疫苗接种和药物过敏记录、家庭成员意外伤害记录以及医院处方、饮食禁忌等。还有如烹调技术、营养知识等。

5. 书信往来材料。如家庭成员之间，家庭成员与亲戚、朋友之间的重要来往信件、亲朋好友的住址、电话号码，同学和老师的名录、同事的名录，来往信件、贺卡等。

6. 声像材料。包括家庭成员各个时期的结婚、寿庆、旅游观光、聚会娱乐等活动形成的照片、录像、录音、VCD、电脑软盘等资料。

7. 说明书。包括家庭各种家用电器的说明书、保修卡、维修单、电路图及维修点地址、联系电话等。

还有，比如，个人特长爱好、收藏等，如书法书画作品、学术论文、专著，在各类报刊发表的文章及作品，名人好友题词题字，邮票及封片等邮品，各类艺术品收藏，书报刊物收集等。

（二）家庭档案的整理

家庭档案的整理，即把处于相对零乱状态的家务文书、记录等材料，经过分类、整理，使之系统化，以便于日常保管和利用。它的主要内容是分类和整理，下面分别简单地介绍一下。

1. 家庭档案的分类

家庭档案的分类，就是指在整理家庭档案的过程中，按照其来源、

时间、内容等特征分成若干类别。

2. 家庭档案的分类要求

（1）选择什么样的分类方法（按来源，还是按时间或者按内容），要从家庭档案形成的特点和规律出发，既要符合实际，又要保持它们间的内在联系。所谓家庭档案的内在联系，就是指家务文书、记录在产生和处理过程中形成的内部相互关系。比如，家里买的电器说明书、保修单等（我们叫随机材料）要与购买的发票放在一起，这就是有机的内在联系。分类时，就应考虑这种关系。

（2）家庭档案分类的标准应一致，做法要统一，要尽量避免前后左右互相矛盾的现象。

（3）家庭档案的分类必须便于日后家庭档案的管理和查找利用。如果不便于管理和利用，分类就失去了意义。

3. 家庭档案的分类方法

家庭档案可以按：年度（代）、作者、问题、成员、名称（或叫文种）、通信者。用这些特征分类，既能保持其内在联系又便于日常管理和使用。

（1）年度（代）分类法。即是按照家庭档案形成的不同年度或者年代，进行分类。如果家庭档案每年形成的材料数量较多，就可以直接采用年度分类法，如 1999 年、2000 年。档案材料比较少的家庭，则可采用年代分类法，即把档案分成几个历史阶段或时期，来进行整理，如 20 世纪 80 年代、90 年代等，或婴幼儿时期、少年时期等。

（2）作者分类法。就是指按照形成家务文书的作者设立类项，进行分类整理。如某单位（单位就是作者）给家庭成员的奖励材料，整理时，就按单位分类立卷。也可以按：外单位和个人有关材料。

（3）问题分类法。指按照家庭档案的内容所论述和反映的问题来设立类，进行整理的方法。如家谱家族类、文化教育类、家用设备类等。

“问题分类法”在实际的整理分类过程中使用得比较多，因而我们在这里根据家庭档案的形成规律、管理实践，把它归纳为以下几个类。

① 家谱家族类：包括生卒日期、遗嘱、遗照、家谱族书、家史、自传、回忆录、结婚证书、离婚证书及法律字据等。

② 政历活动类：包括政历材料、履历表、思想总结、入党或入团申请书、批示表、提拔任免、落实政策、劳动模范、先进事迹、劳动就业、奖惩材料、聘书、荣誉证书、徽章等。

③ 工作活动类：包括工作实绩、工作总结、业务考核、职称评定、论文著述、工作日记、备忘录、名片及科研成果材料等。

④ 经济活动类：包括收支账、存折、公债券、人情簿、人身保险、财产保险、购物凭证、承包合同、契约协议；房产、地产证；家具、电路电器设备、煤气管道等的图纸、安装维修使用说明书等。

⑤ 文化教育类：包括学历、学位证书、学习成绩单、报告单、学生评语、学习奖惩、学位论文、著述手稿等。

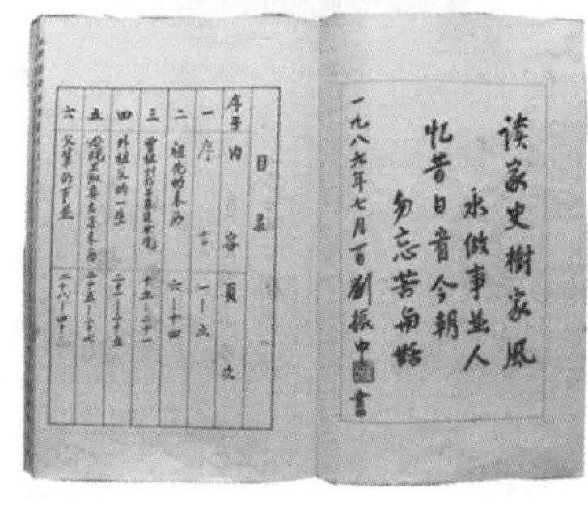

⑥ 卫生保健类：包括家庭各成员的病历、诊断书、医疗保健卡、CT 等检查结果及片子、心电图、化验单、体检表、血型报告、住院记录、疫苗接种和药物过敏记录、意外伤害记录以及医院处方、饮食禁忌等。还有，如烹调技术、营养知识等。

⑦ 综合类：上述各类不能容纳的各种材料。

家庭档案整理程序：分年度(代)，不同年度或年代的材料要分清→分类

别，按材料内容的问题或名称分大类→分制作材料，不同制作材料的档案，应选用不同的保管形式。

做好家庭档案的分类工作之后，就可以着手进行整理编目、立卷。

各类资料收集在一起，如果不整理编目，仍然处于无序状态，不便于长期保存和查找利用，因此，应对收集来已分好类的材料进行整理、装盒（袋）、编号、登记目录，才能称为真正意义上的家庭档案。

传统的整理方法是将纸质材料用线装订成卷，但未经过专业训练的人士不大容易做到，也可能因怕麻烦而产生厌烦，另外这样做也容易损伤原件，而且家庭档案种类繁杂，纸张规格大小不一，很难装订整齐，因此不必装订可直接用档案盒（袋）装，如零碎的票据，可粘贴在空白纸上后编号装入纸袋内。在盒（袋）封面或脊背上注明内有何物，然后依排列顺序给每个盒（袋）编顺序号，最后进行统一登记形成总目录。如果档案盒（袋）内的材料较多，最好再分小类用信封或其他小袋子分装，

每个小袋子上编号登记，注明内容，形成每盒（袋）内的分目录，这样就便于查找了。

照片档案的整理可以就按家庭原有相册依次编顺序号，最好按内容分类装册，将每相册内照片的内容和拍摄时间写在相册封面或脊背上。相册内的照片应编号并写明拍摄时间、地点、人物和内容，可以用笔写在照片背面，也可以写在小卡片上与照片插在一起。照片底片保存一般用底片册，给每张底片编上能够与相应的照片互查的号码，还可以将底片装进底片袋，或者就放在暗盒里，编上号码集中排列在铁盒或钢制饭盒里，这样密封性较好，不易受潮。

家庭档案的装具要求不像档案馆（室）那么严格，可根据具体情况不拘一格选择装具，但无论用什么装具，必须掌握两个原则：一是不能损害档案原件；二是便于查找利用，否则就失去了家庭建档的意义。

4. 分装好的家庭档案应保管存放在何处呢？

可以看自己的家庭条件选择保管地方。家庭档案整理完毕，最好的保管方式是按顺序号集中排放在专用橱柜里，再放上樟脑精块，这样可以防虫蛀。

保密、隐私、贵重的家庭档案可单独存放，家庭认为保管条件不具备的珍贵的家庭档案及其他档案，可以送我们档案馆（室）寄存。

如果家中配置了电脑，可以将编制好的家庭档案检索目录或者重要文字材料全文输入电脑，同时为安全起见，重要文档资料应备份保存。

另外，还有一些个人爱好。如钱币、邮票、毛主席像章等传统收藏；剪报、老照片、各年代票据甚至工资单这些不那么起眼的“零碎”的珍贵的资料，我们都可以把它们按以上的方法收集、整理起来，因为它们无一不在记载自己和家人的成长之路，同时深刻地反映着社会历史的变迁。

以上介绍的只是家庭档案一般知识，您如果有兴趣的话，不妨动手试试，相信家庭档案一定会使您的生活更充实、丰满，使您的家庭受益无穷。

六、家庭档案的作用

日常生活中我们应当注意收集保管哪些档案，才能有效维护自己的合法权益?

（一）当您从事文学艺术创作时，要注意留存作品的原件、底稿，才能有效地保护您的著作权。

（二）当您作为一名消费者购买商品或者接受服务时，要注意索取发票并妥善保存。当产品因质量问题对您造成人身、财产的损害或是在

接受服务的过程中合法权益受到损害时，您可以此为依据要求经营者修理、重作、更换、退货或者赔偿损失。

产品、服务的说明书、保修卡也要仔细阅读、妥善保管，以便更好地使用、维护商品和接受服务。

（三）当您购买商品房这种特殊商品时，除在购买过程中注意察看开发商或销售商的有关资质证明外，还要注意仔细保管销售广告、各阶段的付款发票、购房合同书、物业管理合同书、水电维修卡等，一旦住房质量出现问题、住房面积出现偏差，您可以以此为依据维护自身的合法权益。特别是注意收集保存销售广告，因为根据最高人民法院最新公布关于审理商品房买卖合同纠纷案件适用法律若干问题的解释，规定销售广告可以成为商品房买卖合同内容。

（四）当您和您的家人去医院就诊时，请妥善保管好历次病历、各种检查单、化验单，这些既可以帮助医生对您的病情作出准确的诊断，也会在发生医患纠纷时帮助您维护自身的合法权益。此外，提醒您，一旦发生医患纠纷，您应及时申请有关部门封存医疗单位在对您治疗过程所形成的病历档案，以便有关部门能准确地得到第一手资料。

（五）现在购买商业保险的人越来越多，提醒您在购买前一定要仔细询问了解所购买保险的详细内容，在签订保险合同书时要仔细阅读理解各项条款，缴纳保险费的收据要妥善保管，发生保险事故或保险到期时，更要注意收集保管保险合同所要求提供的各种依据，以便及时向保险公司申请理赔以获得您应得的保险金。

（六）当你与其他平等民事主体发生经济、民事关系时，要注意留下书面依据，千万不要因碍于情面而在日后发生纠纷时口说无凭。

七、公民在档案利用时的权利

（一）公民有利用档案的权利。中华人民共和国公民和组织持有证明，可以利用已经开放的档案，公民因工作需要，可以按照有关规定，利用档案馆未开放的档案以及有关机关、团体、企事业单位和其他组织保存的档案。

（二）公民个人所有的档案有处理的权利。公民个人所有的档案，可向档案馆移交、捐赠、寄存，对其所有的档案享有优先利用权，并可对其档案中不宜向社会开放的部分提出限制利用的权利。

（三）公民个人所有的档案，档案所有者有权公布，但必须遵守国家有关规定，不得损坏国家安全和利益，不得侵犯他人的合法权益。

八、公民在档案利用中的义务

（一）公民有保护档案的义务，公民在公务活动中形成的对国家和社会有保存价值的文件材料，应当定期向本单位档案机构或档案机构工作人员移交，集中管理，不得据为己有。

（二）公民有保障档案安全的义务。

第二篇　社区自治

课　　时　共计8课时

教学目标　了解自治与社区自治；
了解四个民主；
了解社区居民自治必须坚持党的领导；
了解社区自治系统。

教学重点　四个民主；
社区自治系统。

教学内容

第一节　自治与社区自治

一、自治类型

自治类型有三种：一种是地方自治，一种是民族区域自治，一种是基层群众自治。地方自治，主要是在一些联邦制的国家实行，比如说在美国，它的各个州，以及它下面的县都是自治的。我们国家在一些少数民族聚集的地方实行民族区域自治。还有一种，在我们国家现在实行的就是基层群众自治。在农村是村民自治，在城市里面是居民自治。因此，我们国家主要存在的是第二种和第三种，民族区域自治和基层群众自治。

二、居民自治特点

居民自治有三个特点：第一个是全体性。也就是说在社区里面的居民都要参与居民自治。第二个是开放性。除了生活在社区的居民，还包括生活在社区的各级组织、各类组织等驻社区的单位。第三个就是非经济性。就是它不具有经济性的功能。如果说起社区的发展，大家知道是从国外最早有的社区，已有很长的历史。它的发展史，最初并不是在城市产生社区，而是在农村产生社区。农村产生社区有一个主要特点，就是经济性。后来我们国家开始搞社区建设的时候，首先是从城市里面开始搞起，因为在城市里面，它不具有农村的土地。因此，我们搞社区的时候，也是从社区服务开始搞起，因此后来搞的社区建设，基本上是不包含经济性的，也不包含经济功能。

三、社区自治的表现形式

社会自治的表现形式，可以从不同的层面了解其包含的形式。首先，如果说从全社区的层面来看，包含四个方面：一是民主选举；二是民主决策；三是民主管理；四是民主监督。也是我们经常说的自治的“四个民主”。这四个民主，既是社区自治的表现形式，也是社区自治的方法或方式。其次，从居民直接参与的角度来看，包括自我管理、自我教育、自我服务这“三个自我”。如果从自治的内容来看，包括人事自治、财务自治、服务自治、管理自治、教育自治。

四、社区居民自治

（一）社区居民自治的含义

社区成员除了所隶属的国家、政府和上级单位的领导外，还有一部分职能是由社区居民自己管理。在我们国家也是属于政府主导型的社区居民自治。社区居民自治权利，是由社区居民委员会组织实施的。《中华人民共和国城市居民委员会组织法》(以下简称《居委会组织法》)明确规定了居民委员会的自治职能。

（二）相关法律规定

《居委会组织法》的第二条包括两款内容：第一款内容，居民委员会是居民自我管理、自我教育、自我服务的基层群众性自治组织。刚才我们说的“三个自我”，而且特别落脚点落在群众上，群众性的自治组织。看第二款内容：“不设区的市、市辖区的人民政府或者它的派出机关对居民委员会的工作给予指导、支持和帮助。居民委员会协助不设区的市、市辖区的人民政府或它的派出机关开展工作。”也可以说，这一条里也谈到了居委会的性质。也就是说，基层群众性自治组织。从这一条可以明确看到，居委会和街道的关系是一种指导和被指导的关系，而不是像我们实际工作里面所看到的，是一种领导和被领导的关系。

（三）社区居民自治的发展历程

社区建设属于民政部基层政权和社区建设司的工作。主要分为三部分：一是村民自治，二是居民自治，三是社区建设，还有一部分就是婚姻登记。

1949 年 12 月 1 日，杭州市政府下发文件，以取消保甲制度，建立居民委员会的工作指示的方式，将这项工作明确确定下来，并确定了先进的基层管理理念。在“自己当主人，自己来办事”的口号倡导下，提高群众的政治觉悟，最终是建立人民民主管理城市的基础。这份文件，可以说是中国历史上关于建立城市居民委员会的第一份政令。可以肯定，在这个政令下达以后，在杭州出现了一批居委会。

1952 年前后，对于基层管理模式，各地已经有了不同的实践，成立的是街道政府，而杭州、上海、济南、天津、武汉等地，主要采取民主自治形式完成社会管理。对于这关系到新生政权稳定的重大问题，国家该如何引导？中央政府慎之又慎，毛泽东同志就指示彭真研究这项工作。彭真对我们国家基层民主政治起到了巨大的推动作用。关于这个《居委会组织法》《村委员组织法》都是在彭真同志一手领导下完成的。在 1952 年将这种自治形式直接写到《宪法》的第 110 条，确定了居委会和村委会在宪法中的地位和性质。彭真同志接到主席的指令以后，1953 年建议在各城市区以下和不设区的市以下同时建立两个组织，就是我们说的城市街道办事处和城市居民委员会。目前，在我们国家的这些城市都具备这种派出机构，也就是街道办事处。然后，由街道办事处来帮助建立居民委员会和管理居民委员会。

1954 年，《城市街道办事处组织条例》和《城市居民委员会条例组织条例》通过，用法律的形式肯定了我国城市街道办事处和居民委员会

的性质、地位和作用。比较早地用法的形式确定了街道办事处和居委会的性质、地位和作用。1954 年 12 月 31 日通过的《城市居民委员会组织条例》第一条写道：为了加强城市中街道居民的组织和工作，增进居民的公共福利，在市辖区不设区的市的人民委员会或者它的派出机关指导下，可以按照居住地区成立居民会，居民委员会是群众自治性的居民组织。

因此，居委会的性质，在 1954 年就已经确定下来。到了 1956 年，全国各地相继完成了街、区两级组织的组建工作，这两个机构从此正式成为我国城市管理体制下的有机组成部分。

（四）为什么搞社区居民自治

1. 社区居民自治是一种管理成本较低的体制创新

关于社会管理，各个国家采取的方式是不一样的。政治体制的不同，管理方式也不一样。我们国家以前政府是一种全能性的政府、全权性的政府，管理的范围非常广泛，而且事无巨细。这种管理成本非常高，使国家不堪重负，也在想用一种什么样的体制，成本比较低，又能使普通的居民能够接受。而社区居民自治就是这样一种方式。

国外的社区管理有一个组织类似于我们国家的居委会，但是它们的成员，是由社区居民选举出来的，而且是一种我们现在讲的义工或者是志愿者的形式。也就是说，这些人是不拿工资的，是完全自愿为社区服务的。他们这个层属于决策层，具体的工作交给专业的社会工作者去执行。因为社会工作者在国外是一种专门的工作，是一种职业。

2. 社区居民自治是社区建设的内在要求

有一个社区，要搞社区绿化。最后，因为钱不够，由居委会发动起来，大家捐款捐物。最后，很多社区的居民都自愿捐献，不管钱多钱少，比如有捐一千的，有捐几百块钱的，也有捐几十块钱的，里面甚至有八九十岁的老人进行捐献。正是利用了这些捐款，完成了社区的绿化工作，社区居民能够在自己建设的优美环境里面生活，都感到非常满意。

在另一个社区里面，以前，居民在院子里面，在社区里面也种了花，种了草。后来街道说要统一搞绿化，然后把这些花草全部铲除掉了，接着在原来的地方铺上石板路，进行统一规划。可是，这个社区的居民并不买账，他们认为这个社区里面全都铺的这种路，缺乏了以前他们自己种的那些花草，他们觉得不如以前的环境好。因此，对这个统一的规划并不是很满意。

这两个例子具体来看，是不是我们搞社区建设必须并且完全由政府来搞？如果把社区的建设交给居民自己来搞，让他们自觉地参与到社区建设来，会取得更好的效果。因此，第二个问题是社区建设的内在要求。

3. 社区居民自治有利于扩大公民有序地政治参与，加强基层民主建设

我们国家的基层民主政治主要包括三部分：一部分是村民自治，一部分是居民自治，还有一部分是工会。因此，居民自治是其中的一项重要内容。社区居民自治有利于扩大公民有序地政治参与，这也是宪法赋予每一个公民的权利。

五、社区居民自治与社区建设

社区建设主管单位为民政部。民政部从 20 世纪 80 年代中期开始搞社区建设。当然，当时的社区建设提法是后来才提出来的，最早搞的是社区服务。目前，在社区建设里面的两个主要的立脚点，一个是社区服务，一个是社区的居民自治。大家都知道，以前我们提到社区建设，头一个在脑袋里面闪现的概念，就是城市的社区建设。那么从 2007 年开始，我们国家同时大力推进农村社区建设，2007 年 3 月，民政部在山东省胶南市召开了全国农村社区建设的会议。也就是从这年开始，在

全国大力推广农村社区建设。

在搞农村社区建设的时候，很多人都习惯借鉴城市社区的经验。但我们要注意，城市和农村毕竟是有所差别的，不能把城市社区建设的内容和相关的工作方法简单地移植到农村社区建设中来。但是，两者又是有共性的。比如，像刚才我们谈到的，它的两个基本的支撑点也是一样的，特别是在以前我国广大的农村地区，村民自治搞了很多年，取得了很好的成绩。但是，它的另一个支撑点社区服务，却远远落后于城市的。目前，城市和农村社区发展的长处和短处显而易见。在农村，它的村民自治搞得比较成功，而社区服务差距比较大。而城市里面社区服务搞得比较成功，而居民自治和村民自治相比较，却存在一定差距。

六、社区建设参与主体

社区建设的主体主要是包含五类：第一，政府。我们在《居委会组织法》里面也谈到了，市区街道要对居委会的工作进行指导，特别是当地政府要拿出社区建设的发展政策。第二，社区自治组织。社区自治组织主要是指社区的居委会。第三，社区非营利组织。非营利组织，也是我们所称的非政府组织，在我们国家也叫民间组织，也是社区建设的一个主体。第四，社区企业。在社区里面存在不同类型的企业，比如国有的、民办的、合资的等。第五，社区居民。

七、社区治理的类型

社区治理的类型，从全世界的范围来看，主要有三种。

（一）政府导向型的模式

它是以新加坡为代表的。新加坡政府国家住宅发展局负责对社区工作的指导和管理，它的主要职责是：

1. 基础设施的规划和建造。

2. 对社区领袖和社区委员会的领导人进行培训。

社区工作是否能搞好，它的社区委员会的领导人和社区的领袖起着重要的作用。这些人，并不是说我们通过选举选出一个人，让他上岗马上就能够进行工作的，必须进行培训。所以，进行社区工作需要有专业的知识和丰富的实践，在他们上岗以前或者在岗的过程中，要进行不断的培训和知识更新。其实在这个过程中，我们也可以将政府的政策和相关的法律对他们进行讲授，使它们不但有实践的经验，还有丰富的政策理论的知识。

3. 发起社区活动，倡导特定的社会价值观。

4. 对社区的建设活动予以财政支持。

（二）自治型的模式

它主要是以美国为代表。政府行为与社区行为相对分离，政府的主要职能是通过制定各种法律法规协调社区利益主体之间关系，并为社区成员的民主参与提供制度保障。也就是说，政府的行为和社区的行为是分开的，和新加坡是不一样的，新加坡具体行为和政府行为都是融合在一起的。在美国这种自治行政模式主要是制定相关的法律法规，为社区成员民主参与各种社会活动、政治生活提供制度保障。社区内的具体事务则完全实行自主、自治，依靠社区居民选举产生的社区自治组织来行使社区管理职能。

美国这种自治型的模式，社区服务由分布全国 140 万个非营利性组织，一般我们称为 NGO 来具体承担。政府根据服务成本和效果予以不同等级的资助，社区企业为居民提供私人化的市场服务和公益性的福利服务。这种社会工作交给非营利性组织去实施，取得了比较好的效果。目前有很多专家学者也在大力倡导我们国家发展非营利性的组织。大家知

道，关于这个 NGO 的管理，在我们国家叫民间组织，也是由民政部门来进行管理的。那民政部专门有一个民间组织管理局，进行 NGO 的管理。

在美国，社区服务主要靠的是非营利组织。政府对非营利组织给予不同幅度的资助。而且现在又出了一个新的名词，叫社会企业家。我们知道，一般的企业家的最终目标是追求利润的最大化，但是有一些社会企业家的目标，不是追求利润的最大化，而是追求社会效益。这些社会企业家的资金是哪里来的？其中重要的一部分就是政府提供，还有一部分是其他组织的捐助或者援助。他们做的工作，其实做了很多就是政府的工作，替政府分忧，有利于居民。因此我们讲，随着社会的发展，这种社会管理的形式在我们国家也逐步地产生和出现，值得我们去探讨，和我们社区建设更好地融合起来。

（三）合作型的模式

合作型模式以日本和北欧国家为代表。它的特点是政府和社区相结合，政府的主要职能是规划、指导和经费支持。日本的市政府设立的社会部全面负责社区工作，基层区政府设立的地援中心负责执行社区事务。北欧国家强调政府和社区的结合，政府建立高效的社区公共服务体系和高效的管理体制，社区组织一般是行业性和专业性的，以维护其成员的权益为主要职责。市政和社区的结合形成了社区安定和谐的有序结构。

以日本和北欧国家为代表的这种合作型模式，政府主要的职责或者职能是规划、指导和经费支持。其他的工作，交给社区自治组织，其实这些自治组织人，一般是行业性和专业性的，为社区服务，维护其成员的权益为主要职责。

按照我们国家的居委会组织法，街道和居委会应该是一种指导和被指导的关系，这个是符合合作型模式的。

但是，我们国家又特别强调自治组织，居委会自治组织，因此具有美国的这种自治型模式的一些特点。也就是说，行政行为和社区行为相对分离，特别是后边，我们国家现在在很多社区实行一行分社，更符合这种自治模式的特点。

第二节　四个民主

一、民主选举

民主选举是我们《居委会组织法》里边谈到的四个民主的第一个，也是其他三个民主的基础。有的时候我们搞基层民主政治研究的同志，认为民主选举是一个部分，后边可以统称为选举后阶段，也就是我们谈的民主管理、民主决策和民主监督，只有通过这个选举，建立起自治组织以后，才可以进行后三个民主的建设。

（一）选举前存在的三个误区

在民主选举前，认识还存在三个误区。

1. 第一个误区来自乡镇办事处层面

村委会选举搞得时间比较长，基本程序是比较规范的，在人们的生活中，已经形成一种常态。比如，三年搞一次选举，大家已经接受了这种民主的形式。而最初的时候，进行民主选举有很大的阻力，也是来自乡镇政府。

关于乡镇、街道办事处，它的误区是认为选出来的村委会主任或者居委会主任一定要支持乡镇或者街道的工作。如果靠这种民主选举形式选出来的人，是一些调皮捣蛋的，不和他们合作的。这样的乡镇和街道办事处的工作，就不容易开展，很多工作就没有办法布置下去，政府的一些工作谁来完成？他们一直把居委会和村委会当作他们的一条腿替

他们去做工作，所以他们认为这种民主选举存在很大的不确定性，因为他们不能把握到底谁能够选上来。他们信任的人，是不是可以选上来，因此这些人对这个民主选举存在一种误区。

2. 第二个误区存在于居委会层面

居委会的成员在很多地方是通过选举选上来的，但是这种选举和村委会选举存在很大的不同。村委会的选举，要求年满 18 周岁以上，全村的选民都要参加这个选举，而且有两个过半的人数上的要求比较严格。而在居委会的这个选举，它有三种形式，一种是年满 18 周岁以上的所有居民参与；还有一种就是居民代表参与；再有一种就是户代表参与，所以说大家看一看，如果是户代表参与，他的人数要比年满 18 周岁以上居民群体参与要少很多；如果是居民代表参与，参选的人数就会更少，可能也就几十人，选出来这个居委会。

因此，居委会被选上的人，他其实代表的人数并不是很多，有时居委会主任或者相关的人员都是由街道指定的或任派的，因为这个居民参与性并不高，也没有更多人反映，因此这些人也都到了这个岗位，进行工作。在这种情况下，他们就完全接受街道办事处的领导，就成为一种事实上的领导和被领导的关系。

3. 第三个误区是来自居民和选民层面

城市生活的居民和选民，对于居委会的选举参与热情不高，很多人漠不关心，那为什么会造成这种情况？因为目前还是有很大一部分人，是生活在单位的，说这些人的所有的福利以及生活都和他所在单位息息相关，而和这个社区关系很小，社区可能和他的关系也就是他在这个社区生活。

平时去交物业管理费，如果遇到什么维修的问题，找一下维修。和居委会的接触不是很多，而且居委会组织了很多活动，他们并不愿参与，这就造成了居民选民参与热情不高、组织选举没人参加的局面。

（二）操作流程的六点不足

1. 代表居民组长选举委员会出现指选化

这个指选就是指定选举化。也就是说，这些人是被乡镇领导、街道领导指定的。代表、组长或者主任，选委会成员，也是领导指定的。按照一般的选举规定，选委会也应该是由全体居民进行推选的。然后选委会组织全体居民进行选举。指选对我们的民主选举危害非常大，也就是我们要避免的一个问题。

2. 居民代表资格认定过于标准化

现在，我们说哪些居民或者哪些居民代表可以参加选举，他的资格认定过于标准化，就列了三条，符合的就参加，不符合的就不允许参加。那比如说包括候选人，有的地方，在选举过程里面，为了能够使领导满意的人选上来，或者有的人操纵选举，制定了苛刻的标准，比如说，就想让张三当选，他就围绕着张三本身的这个条件制定一般候选人的条件。公布出来一看，说其他人不够这个条件，只有张三够条件，因此他顺利地成为候选人，最后当选。这种情况在村委会选举中也是存在的。有的地方甚至出现过候选人的年龄要求规定到点几的要求，为什么？因为只有候选人，他的年龄是这样的。所以，这种情况就要求我们，对居民代表资格认定，不要过于标准化。

3. 居委会成员提名方式不够科学化

居委会成员的提名，应该是由谁来提名？我们说应该是由全体居民进行投票提名，不能由上级提名，也不能由个别的居民代表提名，而是应该由全体居民进行提名。

4. 竞争演说投票程序有待规范化

演讲、投票，都要有严格的程序。有的地方演讲不够规范，在演讲过程中夸大其词，甚至闹出笑话，比如在村委会选举里中就出现过。有一个非常贫穷的村子，其中一个候选人就说，在三年时间里面，带领

广大村民经过不断的努力，最后能赶上西方发达国家的生活水平。这是不可能的。也就是说，我们要规范竞争演说，一般的方法可以，由选委会对竞争演说词进行审定，还有竞争演说的方法和在什么时候竞争演出，也可以做具体的规定，但是也不宜过于严格。

投票程序有待规范，其实投票程序目前在村委会的选举中，已经积累了大量经验。比如选举大会怎么布置，秘密划票间怎样设置，怎样组织选民，有序地进行选举。因此我们可以在搞居委会选举的时候，借鉴村委会选举的程序。

5. 选举委员会的工作出现了替代化

选委会的工作，应该是组织选民去选举，可最后往往是选委会成员自己亲自操纵选举，选委会的几个人就把选举工作做完了，有的地方根本没有组织选民或者居民代表进行选举，就是选委会就把这个工作给做了，就出现了这种替代化。

6. 上级指导选举存在简单化

上级在指导选举的过程中，应该发挥重要的作用。在选举里面出现什么问题，应该及时进行解答，对一些问题，及时进行纠正。可是目前，很多上级在指导选举的过程里面，对选举的程序，选举的法令不很熟悉，甚至解答错误，造成了选举的混乱。

（三）选举后需要加强的三个工作

1. 整理归档，总结工作要加强

选举大会开完以后，这一届当选的村委会成员就完成了，但还有一件后续的工作，就是整理归档，总结工作。这一次选举过程出现了哪些问题，有哪些创新，有哪些改进，效果是比较好的。总结一下，有利于下一次选举。

2. 选举后遗留问题处理机制不健全

选举后会遗留很多问题，比如有的社区进行选举的时候，就没有达到选举的目标，也就是没有选举成功，按照选举结果没有成功，怎么办？应该另行选举。到底多长时间进行选举?《居委会组织法》里面也没有规定。

这种情况，在农村选举的过程中，也存在比较多，有的省份，可能因为当时没有完成选举工作，后来一拖再拖，甚至三年过去了，这一届已经过去了，可是村委会还没有选出来。那这个工作怎么办？就由乡镇指派书记代管，或者指派人员代管，实际上，这违背了我们村民自治的基本要求，可也是没有办法的事情。因此，对于选举后遗留的问题要有相关的处理机制。

3. 对当选干部的培训工作抓得不够

居委会干部官不大，但管的事情却是比较杂的。在社区工作里面，涉及居民生活的方方面面，还涉及要协助上级完成相关的任务。所以具体怎么搞，很多以前没有做过相关居委会工作的，根本不了解。这就要求这些人在当选以后要接受相关的培训，学习居委会的工作方法和居委会工作的相关法律、政策。这样，才能使这些人更好地在这个岗位上为居民服务，避免出现一些不应该出现的问题。

在进行选举的过程中，我们还可以进行一些选举模式和选举方法的创新。

上海居委会选举首次采用网络投票，这是一种比较好的方法。因为现在人口流动性比较大，到了其他城市，甚至有出国的，在选举的时间段里面，不能赶回来，就无法进行选举。上海居委会在网络上投票，可以扩大参选人员，提高参选率，而且他们进行的选举有一些特点。

第一，选民证和一般的选民证有一些区别。在选民证上有两个数字编号，一个编号是选民证号，还有一个就是选民证认证码。因为如果进行网络投票，必须进行验证。

第二，在网络上，选民可以非常直观地看到候选人的基本情况。

第三，异地可参加选举，这样就可以提高参选率。

第四，工作强度减轻。减轻了点票、发票、计票、唱票的工作强度，节约了时间，确保了统计结果的准确性。

组织选举是一个很费精力的事情，往往一个环节的疏忽或者忽略会造成整个选举的失败。这种情况，我们遇到过很多，另外比如说在进行选举时，要求当场验票，可是由于下大雨，选票可能被淋湿，或者没有及时进行验票，没有进行最后统计票数的多少。这时就应该进行封存，由村民或者由居委会的选民看管票箱。

在有的地方，选委会直接把票箱封存起来，说过一会儿，天气好了，再进行验票。有的选民就提出来，这个时候，你们自己封存的一段时间是不是做了什么手脚？往往有人据此来推翻这次选举。这种情况还是比较多的。也就是说有时候每个环节一点点的疏漏，就会导致选举的失败，而采取网络投票的方式，就可以解决这个问题。

其实，我们还可以进行很多方法的创新。比如说在山东有一家公司专门搞了一个点票机，进行选举的选票是特殊的，类似于我们标准化考试的试卷，采用铅笔，用2B铅笔进行涂黑。然后点票机可以将上千张选票迅速统计出来，因此节约了点票的时间，因为像有的地方选举人数比较多，1000人以上，甚至两三千人，光进行点票就要花费2～3个小时甚至更长时间，所以在点票的时候，如果出了一点差错就要重新进行，会耽误更长的时间，如果采取点票机，就解决了问题。

二、民主管理

民主管理是属于后三个民主的。从大的概念来看，民主决策、民主监督也都属于民主管理的一部分。

三、民主决策

居民会议是社区民主决策的机构，它的组成有三种形式。

居民会议必须由 18 周岁以上的居民、户代表或者居民小组选举的代表过半数出席，才能举行。

居民会议有哪些权利？第一，选举权。可以通过召开居民会议进行选举。第二，罢免权。对工作不尽力的、不合格的或者出现严重失误的居委会干部，可以进行罢免。第三，审议权。审议社区一些相关的规章制度，比如像居民自治条例，或者是自治章程等。第四，调查权。对发生在社区里面的一些问题组织调查。第五，监督权。监督居委会的工作。第六，提出议案权。居民会议可以向居委会提出议案。

近年来，随着基层民主的发展，对于决策的程序要求也越来越严格。民主是需要程序的，而这些程序，也可以起到监督的作用。也就是讲，程序的每一个步骤，其实就是一步监督的过程。严格按照程序执行，等于在程序里面进行了一步一步的监督。

我们看一下社区民主决策的程序，要首先提出议案，议案可以由 1/5 以上的，18 周岁以上的居民提出；或者由 1/5 以上的户，也可以由 1/3 以上的居民小组，或者由居民委员会提出。可以把这个议案交到居委会，然后由居委会召集居民委员会商议。

在一段时间内，居委会可能接到很多的议案，这些议案有不同的内容，有不同的服务领域，因此对它们要进行整理、分类、确定，然后进行相关登记。比如说，在社区里面要进行健身器材设置。如果大家通过了，下一步就是进行公布、宣传和执行，由居委会具体来实施。在哪里设置，设置什么样的器材，还要进一步征求大家的意见。先把这个决策公布出去，然后进行宣传，接下来征求大家的意见，制订实施方案。这个实施方案，还是要进行民主决策的。

四、民主监督

民主监督分为两类：一类是日常性的监督，另一类是定期性的监督。日常类的监督有哪些？比如说一种是民主议事，组织居民会议，进行民主议事。或者由社区协商议事委员会进行议事。第二种就是听取居委会的报告，居委会要向全体居民进行报告，这些居民就可以对他具体工作进行了解，实施监督。再有就是工作监督，以这个社区居委会的工作、手段、方法和结果，是不是令所有的居民和驻社区的单位满意？居民群众、辖区单位都可以实施监督。

再有就是通过居务公开进行监督，在每个社区都有一个宣传栏，还有一个公开栏，居务公开栏，就可以把日常的工作在居务公开栏里面进行公布，接受群众的监督。这个居务公开栏公开的内容，大体可以分为三大类，第一类涉及居委会财务的内容。比如说小区里面，进行这个服务收费，收了多少钱，这个钱最后怎么为居民提供服务又花出去的？说在哪个项目花了多少钱，财务方面的公开。财务公开的方面也是居民比较关心的，涉及财务内容，所以一般来讲三个月公开一次。如果是重大的涉及居民利益的要及时进行公开。

第二类公开就是自治事务的公开，居委会自治事务的公开。第三个就是上级，也就是街道交付居委会做的这些政务类的公开。比如说接受低保人员的公开等。

定期性的监督，一个是民主评议，一般来说，要对这个居委会的工作进行评议，比如说到年底看看居委会工作是否令群众满意，一般是由社区居民或者居民代表进行评议的。

再有就是罢免和辞职。这两种是比较严格的，也是由居民大会或居民代表大会实施。如果说某人工作不得力，群众不满意，或者测评不通过，就让他辞职；如果他不辞职，或者民愤极大，就可以使用罢免权。

罢免的程序，首先要提出罢免申请，比如说对居委会主任或者相关的委员，甚至整个居委会不满意，都可以提出罢免的申请。可以由 1 / 5 以上的，18 周岁以上的居民提出；可以由 1 / 5 以上的户提出；可以由 1 / 3 以上的居民小组提出。六个方面的原因都可以促成居民或者居民代表、副代表等对于居委会成员提出罢免。

第一个工作是不称职，有些工作居民群众不满意。一般来说 3 年一届，全届选举。如果说，第一,一年进行一次民主评议，两次都不合格，都不称职，就可以让他辞职；如果不辞职，居委会也可以主动提出罢免。第二，有严重的工作失误，给社区造成重大损失。第三，触犯刑律被依法判刑，受到刑事处罚。一、二、三都可以由居委会主动提出罢免。第四，因病或者私自外出长期不履行职责。可能有的人因为得病了，长期不能任职，在这个岗位不能继续工作。再有私自外出，比如自己做生意去了，长期不履行职责。第五，工作能力差，工作作风粗暴，不适合担任工作职务。

在村委会里面，罢免的情况比较多，而在居委会比较少，这和我们居委会的居民自治的程度有关系，居民自治的程度稍逊于村民自治，它的选举没有村委会严格，因此罢免出现的情况也是比较少的。

第六个就是死亡、失踪或者其他原因。我们说死亡、失踪可以宣

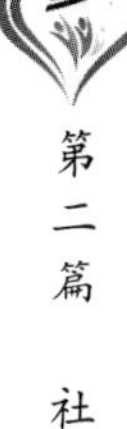

告死亡、宣告失踪，还有一种就是真正的死亡。遇到这种情况，可以公告进行补选。第四、五种，当事人可以主动辞职，如果不辞职，就启动罢免程序。

以上六种原因，或者叫罢免理由。提出申请以后，不管这里面涉及一条、二条或者三条的理由，可以提出申请书交给居民委员会。

居委会受理以后，下一步就是核实、调查，接下来就是通知被罢免人做申辩准备。比如说，你在法院成为被告，就可以请律师为自己辩护。一般在法院接到诉状以后，要把这个诉状要发给被告人。根据诉状可以提出申辩理由。

召开居民大会进行表决。在大会上，首先由被罢免人进行申辩，把他的申辩理由一一摆出。接下来居民大会的参与者，根据他的辩解理由适时进行投票。投票结果超过了一半，就算罢免成功。3个月之内，要进行补选。

第三节　社区居民自治必须坚持党的领导

自治组织必须在党的领导下，在政府的指导下，在法律法规的范围内进行自治。

一、要明确一个目标

在进行居民自治的过程中，我们首先要明确一个目标，就是社区党组织和自治组织利益目标的一致性。不管是社区的党组织还是社区的自治组织，其实它们的目标都是一样的，都是为居民提供服务，让居民社区里面生活得更好，对社区有归属感和认同感。

二、要走出两个误区

第一个误区就是把党和政府之间的领导和被领导、决策与执行的关系平移到社区的党组织和自治组织之间。

在我们国家，党和政府之间的关系就是领导和被领导的关系，决策与执行的关系。

解决党组织和自治组织二者之间的矛盾，首先要认清它们各自的工作。说到底，党组织在居民自治里面应该起到一个什么样的作用，自治组织应该发挥它的什么样的能力。

第二个误区就是把社区党组织把领导核心地位片面地理解为一切都是党组织说了算。

自治组织也不能脱离党的领导，要在党组织的领导和指导下进行工作。对于一些涉及方针、政策、法律法规的事情，一定要自觉地遵守、自觉地接受，不能有抵触情绪。

第四节　社区自治系统

一、居民委员会

在社区自治系统里面，居于核心地位的应该是居民委员会。但是现在随着社会管理逐步发展，在城市里面，居民区出现了新的自治组织——业主委员会。

业主委员会由物业管理区域内业主代表组成，他们代表业主的利益，向社会各方反映业主的意愿和要求，并监督物业管理公司的管理运作。

截至目前，业主委员会在全国并不是很普遍，比如说在北京市也就 1 / 10 ～ 2 / 10 成立了业主委员会。目前存在的问题是：

（一）业主委员会定位模糊、职责不清

业主委员会是一个民间性组织，我们国家民间性的组织是要去民间组织局进行登记的。但又登记不了，属违法的民间组织。这样的组织能够提到我们的自治系统来吗？我们说定位模糊。到底业主委员会具体有哪些职责？也不清晰，没有做具体规定。从表面来看，业主最主要的职责就是监督物业公司，是不是监督物业公司的管理运作就没有其他的职责了？

（二）业主委员会成立率比较低

目前存在一些矛盾，也就是说业主委员会和居委会到底是一个什么样的关系？有的人认为，应该是业主委员会由居委会进行领导，可是法律里面也没有规定，这些业主委员会也不一定认可；有的人认为，在发生矛盾以后，业主委员会认为，居委会往往是和物业公司是站在一个阵线上的，并没有切实维护每个业主的权利。有的地方在成立业主委员会的时候，一个是物业公司担心不愿意让其成立，再一个有的地方的居委会也不愿意成立，甚至阻挠业主委员会的成立。

我们认为，社区居委会应该帮助小区业主成立业主委员会，为业委会的日常运作提供指导，监督业主委员会的日常运作，协调业主委员会与物业公司的关系。其实我们看二者之间是指导、帮助和监督的关系。它们的利益应该是一致的，都是在基层自治组织里面，为社区居民提供服务的。居委会在中间起协调作用，因为现在基本的业主委员会的矛盾是和物业公司发生的。说有的时候矛盾产生以后，往往会影响到居民的生活，这个时候，居委会应该起到很好的润滑和协调的作用。

比如说，很多社区物业公司和业主委员会发生矛盾。业主委员会想炒掉物业公司，而物业公司大部分都是对房屋开发完以后，由开发商选定，或者由开发商指定的物业公司。这种情况，有的物业公司还直接购买了目前他们使用的房产，比如说办公的房子都是他们已经买下产权的，因为关系不好，你要炒掉原来的物业公司，找了一家新的物业公司，这个时候，原来的物业公司占着地方不走，一些电路图等相关的内容不移交给新的物业公司。另外有的物业公司的办公场所是有产权的，当然不能搬走了。使得新来的物业公司没有地方办公，有的甚至租住居民房进行办公。

还有的因为关系协调不好造成流血冲突，物业公司让保安殴打业主委员会的人员，甚至业主最后闹到法庭。像北京的报纸上也登过美丽园事件，就是业委会和物业公司发生矛盾，比如炒掉的物业公司，当时物业公司在没有通知的情况下断水断电，给居民生活造成了很大的不便。因此我们认为居委会在二者之间的协调过程中，应该充分发挥他们的作用，起到自治组织核心的地位。

二、社区居民自治存在的问题

（一）社区居委会对政府依赖性过强

依赖性主要体现在几个方面：一个是经济、人事、基础设施和考

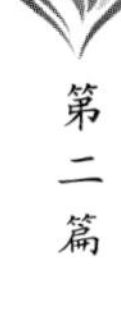

评上。为什么说居委会是一种准行政化的趋势？因为居委会成员的工资是由街道发放的，甚至人事也是由街道指定的，基础设施的建设也由街道提供资金，年底考核、考评由街道进行。所以这些事情完全掌握在政府的派出机构手里，也就是掌握在政府的手里。造成了居委会对政府的依赖性过强，起不到自治组织的作用。

（二）社区工作存在明显的行政化倾向

因为对政府依赖性过强，经济、人事这些权力都掌握在政府的手里，你要替政府做事，替基层政府做事，做了很多政府该做的事情，就使得你完全成了政府的腿儿。也就是说，你做的事情都是行政的事务，也必然造成社区工作存在明显的行政化倾向。

（三）社区居民和驻区单位参与不足

这个也是搞社区建设遇到的一个老大难问题，就是说居民和单位，不愿意参与到居民、社区居民自治里面来。

那为什么会存在刚才这些问题？

第一个就是选举，流于形式。我们说如果是真正的实施选举了，就不可能出现基层政府指派居委会组织的现象了。这种情况就是我们必须严格选举，完全按照居委会组织法的要求，严格进行按照程序选举。不能由基层政府指定、指派候选人。

第二个就是政府对社区自治干预过多，干预体现在两个方面，一个是收权；一个是授权。所谓收权，就是应该由居委会实施的权力，被收走，收到街道上去了。该由街道来做的事情，又授权给居委会来做，因此存在这种收权和授权的情况。表现在外部就是对社区自治事务干预过多。

第三个就是居民参与社区事务管理的渠道缺乏。有的居民是很想参与到社区管理里面，可是找不到参与的渠道。也就是说居民和居委会接触比较少，居委会是的自治工作没有做到位。

第四个就是现行法律缺乏操作细则。目前的《居委会组织法》也是二十几条，内容非常少。特别是涉及具体事务，也没有更细的操作细则。

第五个就是对居组法宣传不够，现在很多人都不了解居委会组织法，有的人甚至不知道有这么一个法律。有的人知道有这么一个法律，到底里面有什么样的规定还不了解。甚至包括我们有很多从事社区工作的人，对《居委会组织法》都没有系统地学习过。

三、社区居民自治的对策

（一）逐步扩大民主选举范围并得到居民认可

尽量让年满 18 周岁有选举权的全体居民，都参与到社区的选举里面，让他了解自己有哪些权利，自愿参与社区的活动，其实这就是一个很好的教育过程。上面提到的三自我，其中有一个就是自我教育。

目前来讲，扩大选举范围，就是我们说的居委会选举有三种方式，我们尽量采取第一种方式，因为参与的范围最广。

（二）政府要转变职能，调整权力分配

目前来讲，我们社会发展趋势就是形成一种小政府大社会的趋势，也就是说国际上流行的这种公民社会。虽然近些年来我们对公民社会探讨得不是很多，其实公民社会说简单了就是很多事情就是政府转变职能，把权力下放，就是把权力还给社会，由社会自我进行管理。这样使得国家能分出更多的精力，从事政府的职能。

（三）拓宽居民参与管理路子，调动各方建设社区的积极性

社区建设不是政府一家就可以完成的，更主要的是让居民参与，因为居民才是社区建设的主体。在建设的过程中，必须调动起居民的积极性。

（四）建立法规，推进社区居委会早日议行分设

议行分设，民政部门从 2005 年就开始，在广州、北京、厦门等地实行试点。

管理体制其中的一点就是我们刚才提到的议行分设，以前我们是议行合一，也就是社区事务的决策和执行是合在一起的，都是由居委会进行的。现在逐步发展议行分设，议行分设也就是制定决策的和执行决策的是两个部门，或者说是两批人马。

传统体制下社区居委会实行议行合一，由于承担公共事务过多，自治职能形同虚设，也就是说居委会把大部分精力都去完成上级指派的这些任务，承担了公共服务，没有时间也没有精力去搞居民自治了，居民自治的职能形同虚设。现在中国一些城市在社区管理里面开始实行议行分设，或者叫议行分立。使得居委会专注于公共事务这个角色，还原自治组织真实的面貌，推进基层民主政治。那我们看一看目标是什么？也就是居委会不再是政府的腿儿，而变成真正的居民的头儿。

议行分设，议就是决议层进行议事、讨论，代表社区居民意见和利益，实质就是表达与决策的民主过程。议其实就是一个民主决策的，表达民主意愿的一个过程。那么行呢？包含两个方面，一个是执行层，执行决议层的某些决议。第二个是执行层从决议层中剥离出来，执行这个街道交办的政府行政工作。

议行分设，各地都在探索。比如一会两站的形式，像北京市实行的就是一会两站的形式，也就是社区居委会由居民依法选举产生，成为工作的主体，对社区事务行使议事、决议、监督职能，并代表居民对政府、社会中介组织的行为进行监督。作为专门的议事机构，不再承担以往政府交办的行政事务。也就是要求社区居委会是经过民主选举产生的，专门来做议事机构，不再承担政府交给的各种各样的政府的事务。政府事务又怎么能够贯彻到基层，也要完成，那怎么做？我们看设立一个社区工作站，社区工作站作为街道办事处，派驻到社区的工作机构，主要承担区政府下移社区的各类行政工作。以前街道办事处把各种各样的行政工作都交给居委会来做，使得居委会没有时间做居民自治的工作，都是作为政府的腿儿，为政府完成这些他们该做的工作。

现在分开了，居委会专门做居民自治的工作，而社区工作站专门作为完成政府的下派的这些工作，作为政府派出机构。因为街道办事处就是一个派出机构，等于社区工作站又是街道办事处的派出机构。

一会就社区居委会；两站一个是社区工作站，一个是社区服务站。社区服务站作为民办非企业，由社区居委会登记注册，在社区居民开展低偿服务，政府可向社区服务站购买社区服务项目。向居民提供社会福利、社会保障等无偿服务。

一会一站的做法，主要是深圳，就是在社区分别成立居民委员会和社区工作站，居民委员会由社区居民代表大会选举产生，其中包括居民代表、主席单位代表还有社区工作者，履行自治职能，民主议事，形成决策后委托这个社工站来办理。就是说居委会、社区工作站的工作人员是由上级政府分派出来的，承担了行政职能，对于上级政府部门负责。受居民委员会监督，履行行政管理的职能，主要是有社区服务的职责，还有宣传党的政策和相关的法律法规的职责，完成上级政府完成的各项任务。

社区居委会和工作站不存在管理与被管理的隶属关系，而是相互

协作的关系。社区居委会是自治组织，而工作站替街道办事处工作，属于街道办事处设立在社区里边从事政府工作的部门，所以说二者不存在管理和被管理的隶属关系，因为工作性质不一样。但是二者又是相互协作的关系，因为以前这两部分工作都是由居委会完成的，现在分开以后很多工作还是需要互相配合的。比如说社区工作站完成了街道办事处交代给的任务，但是怎样让这些居民完成这些工作？还需要居委会做相关的鼓动宣传的工作。

社区工作站应该接受居委会的监督，听取社区居委会的意见和建议，支持社区居委会依法履行行政职能。办理社区公共事务和公益事业，推进基层民主政治建设，支持社区居委会和民间组织开展便民利民服务，共同建设和谐社区。

第三篇　社区居民服务

课　　时　共计 4 课时

教学目标　了解社区服务业定义及范围；
了解我国社区服务业发展状况；
了解国外社区服务业发展；
学习社区居民服务案例。

教学重点　社区服务业定义及范围；
我国社区服务业发展状况；
学习社区居民服务案例。

教学内容

一、社区服务业定义及范围

社区居民服务业，是指在社区内主要为社区居民提供服务和方便的行业和活动，包括以下内容：

（一）家政服务员、小时工、病人护理、殡葬服务、直接服务于社区居民的小饭桌、社区便民服务站、社区应急服务站；

（二）拆洗、清洗、洗染、缝补、理发、照相、沐浴、誊写、复印、打字、录音、录像、镌刻、修剪磨刀、社区居民日用品租赁；

（三）劳务介绍、婚介服务、居民法律事务咨询与代理；

（四）社区环境绿化养植、清扫保洁、社区保安、房屋修缮、社区公共设施维护与管理；

（五）托儿所、幼儿园、少年之家、接送儿童、代管中小学生、家教辅导、临终关怀、家庭托老（幼）与老年公寓、托老所、敬老院及由社区兴办的健身活动站；

（六）家庭病床、初级保健、心理咨询、医疗按摩、健康服务、残疾人康复与福利机构提供的育养服务。

二、我国社区服务业发展状况

社区服务业是第三产业的重要组成部分，是社会各种力量共同开发、服务的领域。其服务对象包括：社区内的弱势群体、普通居民群众、企事业单位等各类社区成员。服务内容涉及社会福利、社会保障、社区就业、便民商业、物业管理、中介服务、文化体育、家政服务、餐饮、修理等行业。服务形式具有上门入户服务、设点集中服务、低偿服务、有偿经营服务等多种特点。

随着市场经济的发展、人民生活水平的提高以及人口老龄化时代的到来，社区服务业在社会经济活动中的地位和作用越来越凸显。一是发挥着“社会保障”和“社会服务”的功能；二是缓解了社会就业压力；三是促进了社会的和谐稳定。

目前我国的社区服务主要是社区公共服务。2005 年，民政部的“百城（区）社区建设抽样调查”资料显示，我国已经初步构筑起以社会救助为基础的社区公共服务体系。其中，87% 的社区建有服务中心、

93% 的社区建有劳动保障所（站），80% 的社区建有警务室，85% 的社区建有卫生服务站（点），70% 的社区建有图书室，73% 的社区建有 1 处以上的居民公共活动场所，60% 的城区建有社区管理服务信息网络。

（一）我国社区服务业发展滞后

1. 与国际水平相比，我国社区服务业发展滞后。2002 年，世界第三产业占国内生产总值的平均比重为 67.7%，各国第三产业的就业量普遍在 60% 左右，而我国第三产业的产值只占 34.3%，就业量比例只有 27.2%。在“社区、社会和个人服务”项目上，美国的就业量为 5021.8 万人（2002 年），法国为 708.2 万人（1990 年），日本为 1591 万人（2001 年），韩国为 263.8 万人（1990 年），巴基斯坦为 523.1 万人（2000 年），巴西为 2956.4 万人（2001 年），而我国 2003 年城市“社区、社会和个人服务业”的就业规模只有 85.08 万人，与国际水平相去甚远。

2. 与全行业基本建设投资相比，社区服务业投资明显不足。从投资规模看，2003 年，全国城市各行业基本建设投资金额为 22908.6 亿元，其中居民服务和其他服务业的投资金额为 46.24 亿元，仅占 0.2%。2003 年，服务和其他服务业从业人员在国有单位、城镇集体单位和其他单位的就业比例分别为 41.9%、29.5% 和 28.6%，尽管国有单位仍然是社区服务业的主体，但国家产业投资政策对社区服务业缺乏培育和支持。

3. 与国外成熟的企业化运作模式相比，我国目前的社区服务业主体脱离市场机制。2003 年，社区服务单位共有 7520 个，工作人员

55866人。其中，社区服务中心6179个，总资产达32.7亿元，职工有55202人，运营收入合计24.3亿元，总资产收益比为74.2%。国家办社区服务中心和街道集体办社区服务中心合计4691个，占总数的75.9%，这些服务中心多数为事业编制。其他民办社区服务中心，也很少有按企业注册、运作的。资产占45.5%的国家办社区服务中心运营收入只占4.2%，资产收益比仅为12.7%。在国外，居民的私人日常需求都由市场提供服务。我国的社区服务中心垄断了政府提供的社区服务资源，但又不能进入市场开展有效服务，严重影响了社区服务业的整体发展生态。

（二）我国社区服务业发展“瓶颈”

1. 城乡二元分割

我国城镇化水平明显滞后于经济发展水平。从国内现实情形来看，大量农民工滞留在城镇，说明经济发展使得城市就业空间迅速拓展，但过紧的城乡户籍管理制度压抑了城镇化的发展；从统计数字看，我国城镇化水平要比同等经济发展水平国家落后14～26个百分点。城镇化的滞后严重制约着社区服务业的发展。

2. 教育培训落后

虽然社区服务业对专业技术能力的要求较现代企业低一些，但随着人民物质和文化生活水平的提高，社区服务也需要一定素质的专业人员，特别是企业和机关事业单位的后勤社会化服务，更需要专业化人员。人力资本是创业的最重要的内在因素，只有不断加强就业培训，在满足社区就业发展需要的同时，鼓励更多的高素质劳动力在社区服务业中创业，才能真正促进社区就业的发展。

3. 观念“瓶颈”

很多人“单位就业”的观念非常强烈。缺少独立创业精神和冒险精神，这是导致社区服务业中个体工商户和小企业数量少的一个重要原因。

下岗职工心理预期偏高。主要表现在：一是岗位选择性强。联合国开发计划署与我国劳动和社会保障部对沈阳、青岛、长沙、成都四城市的抽样调查显示，下岗职工中希望到政府部门、事业单位和社会团体就业的占 21%；希望去国有企业的占 19%；希望进入私营企业和从事个体、自由职业的只占 15%。二是收入要求较高。2000 年 6 月首都经济贸易大学课题组对北京市宣武区社区就业进行的调查显示，愿意从事社区服务工作的一般要求月最低报酬在 500 ~ 800 元，与能接收下岗职工的单位愿意支付的每月 400 ~ 500 元相比有一定差距。

4. 政策“瓶颈”

（1）创业资金短缺

沈阳、青岛、长沙、成都四城市抽样调查显示，从事社区服务业的最大困难是资金不足。

（2）优惠政策难以兑现

由于部门利益的驱动，有关优惠政策在执行中大打折扣。四城市抽样调查显示，优惠政策执行过程中的主要问题是覆盖面有限：没有享受到优惠政策的占 27%；政策执行不完善的占 18%；不知道有该政策的占 11%。

（三）促进我国社区服务业发展办法

重视政府在社区服务业发展中的作用，政府在社区服务业发展中的作用主要表现为以下几个方面：

制定相关政策；

落实相关优惠政策，改善社区服务业的发展环境；

发挥引导作用；

增加用于促进就业的资金投入；

强化就业技能培训；

尽快建立与正在蓬勃发展的灵活就业形式相适应、与社会保障目

标模式相衔接的社会保险制度。

建立完善的社区服务体系。具体而言，建立完善的社区服务体系应从以下八个方面着手：

1. 要把社区服务建设成为一个充满活力的自运转系统；

2. 理顺区、街社区服务中心的工作职能；

3. 加大力度，促进社区服务中心成为社区服务的管理中心；

4. 建立和完善市、区、街道、居委会四级社区就业服务信息网络体系和就业服务机构；

5. 大力拓展面向社区所有成员的有偿商业服务，使社区经济向第三产业方向发展；

6. 加快社区服务资金筹措的社会化；

7. 推动社区服务工作向专业化方向发展；

8. 政府有关部门应大力促进各种专业社会工作机构的发展。

三、国外社区服务业发展

（一）北欧社区关照服务的理念：普遍主义——覆盖全体公民的综合服务

在北欧这种典型的社会民主福利国家，社会政策与其他国家不同。社会关照服务在北欧是一种每个人都应享有的权利，所以，完善的普遍建立的社会关照服务体系就成了北欧福利社会的一个鲜明的特点。在北欧，关照服务体系由三个最大的部分构成，即老年之家、家庭帮助服务和儿童日托中心。

1. 老年之家

北欧的老年之家很发达，从 1960 年社会福利制度的建立到 1993 年的社会福利体制的完善时期，这 30 多年间，北欧五个国家除了爱尔兰，居住在福利院和养老院的老人的平均数字在 5% ~ 7%。1993 年，北欧五国，居住在老人之家的 65 岁以上的老人的比例，最高的是爱尔兰 12%，最低的瑞典是 5%，平均达到 7.2%。

比较西欧其他国家，北欧五国因为遵循普遍服务的原则，其享受社会关照服务的老人的比例也比较高。不仅居住在福利院的老人比例高，所提供的综合服务质量也好，原因是政府投入大，社会服务支出占 GDP 的比例高。此外，接受家庭照顾帮助的老人的比例也普遍高于其他西欧国家。

2. 家庭帮助服务

在北欧，提供家庭服务最初是指支持有孩子的家庭，不久这种服务就发展为老年人、慢性病人和残疾人的家庭照顾。北欧的家庭帮助服务有一个真挚的服务功能：提高需要帮助的人的生活标准并让他们的亲属从照顾的负担中解脱出来。北欧接受家庭服务的老年人和残疾人的服务自 1960 年以来有一个上升的曲线，从最初的个位数上升到后来的两位数字，使用家庭服务帮助的老年人的家庭的数字平均为家庭总数的 19%。

北欧国家给我们展示了一个非常好的社会照顾服务的榜样。到了 20 世纪 90 年代，老年贫困程度已经降低。在挪威，老年人口中贫困者的比重已经低于 5%，芬兰是 4%，在瑞典，比例则低至 0.5%。由于他们坚持普遍主义的理念，所以表现在社会关照服务事业的特点是为全体公民提供服务，人民接受社会服务的比例很高，而且涵括不同的服务类型，种类很健全，专业化水平很高。无疑，北欧国家的社会照顾服务相对来讲是一个普遍化、规范化、现代化的服务。但这个模式需要政府有足够的支出。

（二）各国社区幼儿园特色

1. 美国

美国的幼儿园为了培养幼儿的独立精神和探索精神，发挥想象力

和创造力，幼教工作者将幼儿园布置成不同的活动区域，比如，电脑区、图书区、泥塑区、植物区、动物区、积木区、玩沙区、玩水区、烹调区等，让幼儿自己选择活动区域，自己取、放玩具和物品，活动结束后自己收拾场所。

美国幼儿园的教育目标：

有好奇心、想象力和创造力，发挥自己的潜力，在各方面都得到发展；

能发现问题、解决问题，有独立精神和探索精神；

能对成人的各种要求做出反应，有信任感、责任感、自尊心；

能够表达自己的需要，学会与人分享和合作，友好地与同伴交往；

不断提高肢体动作的准确性、手眼动作的协调性；

通过游戏丰富知识、经验，并对知识经验进行总结、分类；

通过培养艺术技能和认知技能，发展他们的社会性和情感；

培养学习技能，如读、写、算，但不强迫他们学习，使他们能够根据自己的接受能力进行学习。

2. 英国

在英国幼儿园的课堂上，老师很少用讲课的方法传授知识，而是以小组和个别辅导为主，幼儿可以自由选择做点心、玩电脑、学画画或者玩各种游戏，通过自己的操作和探索得到知识，培养技能。所有的教学方法都充分体现了儿童主体性的观念，符合幼儿的心理特点。

英国幼儿园的教育目标：

培养语言能力、独立性、创造性；

发展聆听、观察、讨论、实验的能力；

注重对兴趣和个性的培养，注重对能力的全面发展；

注重思维与想象，在开放式的环境中充分展示自己；

培养爱的理念，铸造自信的人格，锻炼社交技能。

3. 法国

将幼儿教育与家庭教育密切结合，是法国幼儿教育的一个特色。大到幼儿园的课程设置、环境布置、活动安排等问题，不是幼儿园说了算，而是充分听取父母的意见，跟父母委员会一起讨论决定；小到每个幼儿在家里和在幼儿园的情况，老师都利用父母接送时间及时进行沟通，以便在教育上更好地互相配合。

法国幼儿园的教育目标：

提高机体的平衡性及协调性；

发展口语表达能力，能正确表达自己的思想、情感和需要；

积极地与教师、同伴交往；

发展艺术表现能力和创造力，提高审美能力；

发展自由探索、独立创造的精神；

获得有关科学技术方面的粗浅知识与技能。

4. 日本

日本的幼儿园，每个幼儿都自己穿衣服、整理衣橱、收拾餐具、摆放桌椅。而且衣服穿得很少，喝的是凉水，吃的是冷食。大量的室外体育运动、远足是幼儿园的重要科目。他们的运动丰富多彩，有些是我们认为对幼儿不适宜，可能造成脱臼、扭伤的项目，如荡绳、拉单杠、爬网绳、堆沙丘、钻山洞、相扑、走平衡木等。这些运动可以培养幼儿不怕困难的精神、健壮的体魄和灵巧的技能，而且在实践中没有发现幼儿受到损伤。

日本幼儿园的教育目标：

自己的事情自己做；

坚强韧性，不怕困难；

会开动脑筋学习；

有动手能力；

身体健康，精力充沛；

懂得交通、地震等安全知识。

5. 奥地利

奥地利幼儿园的老师充分利用童话、太空世界等素材，让幼儿通过扮演童话人物、自编童话故事、做太空旅游游戏等，展开想象的翅膀，同时促进了创造力的发展。而在想象与现实的比较中，幼儿还掌握了理性的对比方法。

奥地利幼儿园的教育目标：

发展想象力和理性思维能力；

发展动手能力，形成自信心；

把音乐作为基本素养，激发对音乐的兴趣，培养乐感和节奏感；同时发展其他艺术能力。

四、社区居民服务案例

案例 1：北大燕园社区服务中心

北京大学燕园社区服务中心成立于 1999 年 11 月 16 日，它是北京大学领导下的社区服务机构，是国家关于高校后勤化改革精神和北大管理体制改革的产物。燕园社区服务中心承担着北大燕园九个园区的社区建设和社区服务工作，其宗旨和工作任务是：为北大教职工及其家属提供优质的生活服务和创造良好的工作、生活环境，为他们解除后顾之忧，全身心投入到教学、科研和学校的各项工作中；通过多方位、高水平、高质量的社区服务来体现学校对北大教职工的关怀。

燕园社区服务中心按照服务、经营、管理职能分开的原则，设立“小机关、大实体、多服务”的社区服务体制；燕园社区服务中心坚持社会效益、经济效益并重的原则，各服务实体实行成本核算；经营实体实行自负盈亏、自我积累、自我发展、自我完善的“四自”方针；燕园社区服务中心为适应市场经济发展需要，逐步建立实体化、产业化、规范化、社会化的社区服务体系；燕园社区服务中心以创建与世界一流大学相适应的社区服务为目标，努力建设具有中国特色的全方位服务于教职工的高校社区服务模式。

北京大学设立燕园社区理事会代表学校管理燕园社区服务中心。理事长由学校分管副校长担任，常务副理事长由社区中心主任担任，副理事长由人事部、财务部、资产部部长和燕园街道办事处主任担任，理事由校内其他部门的负责人担任。理事长会和理事会由理事长召集，每年根据工作需要不定期召开。燕园社区理事会的职责是：审定《燕园社区服务中心章程》、资源配置方案、发展规划、管理制度、收支预决算等重大事项。

北大燕园社区服务中心是燕园社区理事会的日常执行机构。燕园社区服务中心下设五个职能部：服务管理部、经营管理部、财务管理部、工程管理部、综合管理部。

燕园社区服务中心的服务实体为社区网络服务中心，社区家政服务中心。网络服务中心下设三个分系统，三个服务站，社区家政服务中心下辖九个服务区。

燕园社区服务中心的经营实体为后勤产业中心。产业中心的26个独立经营企业，通过参与市场经营和社区便民服务，取得经济效益，为燕园社区服务提供经济保障。

燕园社区服务中心现有正式职工186人，外聘职工900多人，具有中高级职称的管理和技术人员100多人，大中专以上学历150人。

思考题

1. 你如何看待高校社区服务中心的建立？

2. 北大的高校社区服务模式给了我们什么启示？

点评

1. 自改革开放以来，企业单位和机关团体迫切要求社区组织努力承当它们所剥离出来的“后勤”服务功能，高校也不例外。燕园社区服务中心是北京大学领导下的社区服务机构，是国家关于高校后勤化改革精神和北大管理体制改革的产物，很好地满足了北大教职工及其家属的社区服务需求。

2. 燕园社区服务中心下属的后勤产业中心打破了高校商业服务业独家经营的传统模式，并加强了与社会的合作，从形式到内容都真正实现了一体化管理。这种合作经营方式将有效地解决了商业服务业与高校后勤社会化改革有机结合的问题，为高校商业服务业的改革发展提供了一条新途径。在高校内设立社区服务中心具有重要的意义：一是为高校后勤社会化提供了很好的基础；二是高校与网络资源共享，互惠互利。高校不仅是一个学习的地方，也是一个大市场，北大设立社区服务中心有举足轻重的作用。

案例 2：数字化社区——改造居住环境 数字化社区进入石景山

“使用我们的‘一指通’报警，警察几分钟之内就能到现场，比用电话拨 110 快得多。”八宝山街道办事处的工作人员自豪地介绍道。一指通、热线电话和网上呼叫“三位一体”，织就一个通畅的社区服务网络，让石景山区部分居民提前享受到了超便捷的数字型社区生活。社区服务网络虽然采用的是高科技手段，使用起来十分简单。在八角街道王建玲老先生的家中，记者见到了这种俗称“一指通”的紧急呼叫系统。看上去是一个只有普通电话机一半大的小方盒，上面有白、绿、红 3 个按钮，分别标注医疗、家政、报警的字样。这边一按钮，相对应的社区医院、社区服务中心或是派出所就能立刻接收到信号。3 个月前的一天，

75岁的王老先生突发高烧，独自照料他的老伴儿就是靠按下“一指通”上的白钮，将他迅速送进医院，老人才得以健康痊愈。

通过拨打热线电话或是电脑上网，同样可以迅速接入社区网络，享受服务。服务的内容包罗万象，除了报警、报医，还可以请小时工、疏通下水道、净菜配送、修理家电、进行各类信息咨询等，有20多项。凡是居家生活可能遇到的需求，在社区网络中几乎都能满足。

据悉，今年年底之前，石景山全区的社区服务网络将全部建成。区委书记陈文占表示，石景山不仅要在经济建设上不断突破，还要建成一个人居环境一流的居住文明区，将来会更有吸引力。

（原载《北京青年报》2002年7月22日）

思考题

1. 石景山社区是一个典型的数字型的社区，数字型社区有何积极作用？

2. 如何在全国推广数字化社区？

点评

1. 数字型社区，就是通过数字化信息将管理、服务的提供者与每个住户，实现有机连接的社区，提高社区管理的工作效率，让社区居民享受更方便、更快捷的服务。

2. 对于建立数字型社区要注意两个方面：

第一，因地制宜，分类指导；

第二，提高社区工作者的素质。

第四篇　如何建立和谐的家庭关系

课　　时　共计8课时

教学目标　了解家的定义；
了解家庭文化；
了解家庭成员的责任和义务；
了解并掌握家庭成员的礼仪；
了解并掌握如何与老人相处。

教学重点　家庭成员的责任和义务；
家庭成员的礼仪。

教学内容

第一节　家的定义

什么是家？《说文解字》上说：远古时期，一定要在屋子里养几头猪，用以维持生活。于是便有上是“宀”头，下是“豕”字的组合（“豕”

古文指猪的意思）。所以，家便是一个在遮风避雨的屋子里，可以养猪的定义了。

随着时代的变化，我们的家和养猪环境已经发生许多变化。于是这里我们对家可以这样来诠释：家是指满足一个人生活、成长和休憩的独立隐蔽场所，是以婚姻为基础，以血缘为纽带，以亲情为关系而建立的社会单元体。它具有相对包容性、聚结性、情感性、嫡系性、独立性和排他性的特点。

一个家庭，要过得快乐、幸福，它不是天生的、想象的，也不是一个人、两个人独立的事，它是需要家庭成员的共同努力，在实现了彼此的相对满足才得以实现的。目前，生活中多以三口之家的形态存在于社会的发展中，少数三代、四代同堂。由于“三口之家”的人数量小，于是就构成了情感专一，投入集中，关系相互调节难的现象，这就为家庭成员的彼此影响力，提供“绝对限制”的条件。

一、家的特点

家的含义，在不同的社会发展阶段便有不同的社会含义。从家族族长，嫡系成员间的自给自足，到人类婚姻制度形成以后出现的一种社会组织。于是构成了家的各种时期、维度、情感的特点。每个人对的家的感受、理解各自有所不同。但有一点是肯定的，人人需要家，这是人类区别于其他动物的根本。有了家，就有家庭成员。生活中家庭成员通

常是由一个人、两个人，甚至几十人来组成。家庭成员的夫妻、孩子、姊妹在长期的彼此相伴中，自然形成了家的如下特点：

家，是有人无怨无悔在期盼你的地方；

家，是一个人被温馨抚育和成长自我的地方；

家，是一个人"成败"孵化、助推的地方；

家，是一个人嫡系归因聚结的地方；

家，是一个人心中最安全的"排他"地方；

家，是远在天边游子心中向往、寄托的地方；

家，是夫妻性欲畅通、满足的地方；

家，是我们情感凝聚和情绪宣泄的地方；

家，是我们职场、颜面逃避的地方；

家，是我们彼此磨合、促进满足的地方；

家，是我们自愿包容、跟随、辅助的地方；

家，是我们返璞归真，其乐无穷的眷恋地方。

二、家庭的孝义与道德

孝，最早的功能体现是在家中进行，是指对父母尽心奉养并顺从。孝是指晚辈对长辈所施行礼仪、伦理、道德、职责过程中，让长辈满意的一系列行为活动。孝，有明确的等级含义，便是晚辈对长辈的行为过程。但在生活中，常常有孩子为长辈做的事情，让老人无法接纳，甚至生气。这便不是孩子的施孝行为，而是晚辈"独欲强置"的一种自我行为满足过程。

孝作为一种良好的习性，被世人所接纳和遵循。但慢慢放到社会活动中，变成对上级、长辈的"敬"和"顺"的行为。于是在社会活动中，一个人能孝顺父母，敬爱长辈，却常常冒犯上级，这种表现是很少的，当然从不触犯上级，却要造反，几乎是没有这样的人。因此就自然形成“小孝”和“大孝”的约定。“小孝”是敬、顺父母，“大孝”则是忠于上司。“大孝”也后来演变为“忠”。当然也就发展成为以“孝”“忠”为标准的社会“和谐”这样一种政治目的了。

义，原本指公正、合理、合宜的道理或举动。它包含“义不容辞”“仗义执言”“义务”“义气”“大义”的意思，后来也发展为极广的道德范畴。

孝与道德、责任又常常结合在一起。那什么是道德和责任呢?

道德是指人与人之间相互关系的行为原则和规范的总和。同时，也指那些与此相应的人们的思想、行为和活动。道德也是一种社会意识形态，是个体与群体之间、个人与他人之间的行为原则和规范的直接反映。人们在自身的道德行为中，自觉或不自觉地吸引和牵制着其他人。

责任是指一个人通过自身与社会环境的互助作用而表现出的一种思维结果，是一个人为维护社会和他人的利益而表现出的必需的自觉行为。

作为孝义与道德，在生活中，既没有评价依据，也没有监督机构。它是人们在生活过程中，在世袭传承中自然形成和自我约定的，是以尊崇善与恶的评价来反映和认识的。

教育，从子面上讲：由“孝”“文”“云”“月”构成。我们理解为：“孝”指孝义，“文”指“文字”和“书面文章”，“云”指太阳即为天，“月”指陪伴和时间。于是古文含义便是“教”是以孝为前提而进行文化知识的传递，“育”则是每天每月长时间必须要准备面对和处理的事情之含义了。那么教育加起来的意思便是：我们每时每刻都要学习和应用孝义的知识和道理。

什么是家庭教育？家庭教育是指家庭成员之间彼此影响，相互促

进能力、品质、魅力提升的过程。因此，家庭教育就不能只是家长对孩子的教育，而应该是家长对孩子，孩子对家长，夫妻之间，弟兄姊妹之间的相互影响提升的过程。

唐太宗说“水清，则源洁”。要让孩子孝，那么做父母的就应该好好地实现“源之洁”。

孝，其核心定义是仁。而仁，即是爱的全部。但爱，则需要遵循敬、义、忠、悦的原则。“父慈子孝”便是这个道理。

但孝是家庭成员双方的责任、道德、伦理来演绎的。如果父母不顾孩子的本质，强逼孩子做一些背信弃义、违反社会道义的事情。那这时要让孩子孝敬父母，孩子行孝之礼中就会缺少尊敬、道义和高兴的含义，它只是一个忠的形式。于是，孝也就没有实际意义，就成了“养子不教，父之过”之境地了。

因此，和谐家庭中，父母必须做到自己的行为值得尊重，让孩子在你的教育影响下，能够形成正向性的行为举措。那么孩子就必须持恭敬的态度、饰和悦的神情、行满意的礼节、尽应有的职责。同时，努力做好本职工作，尽量少让父母为自己担忧。老人去世以后，态度要虔诚，时常缅怀效仿他们的正确行为。这就是孝的全部内容，由此而看出，孝不只是孩子的问题，也是家庭成员“源之洁”的问题（家庭成员指：孩子的爸爸妈妈、爷爷奶奶、外公外婆、叔叔舅舅及所有生活在一起的长辈）。

三、家庭孝义与道德功能退变的现实原因

（一）家的成员数量

目前，家庭的构建起到了一定的阻碍作用。

其原因有：1. 独生子女较多，家长便对孩子单方面满足的机会甚

多；2. 家长的经历感触太多，促使家长对孩子的妥协机会增大，使孩子“长大成为我”或“长大不要成为我”的渴望驱动甚大；3. 孩子“养尊处优”“独享”成为一种习惯；4. 年轻家长的教育功能退化，老人以放纵式满足的方式辅助“孙子辈”的成长；5. 只有一个孩子，父辈、祖辈在原谅中减低了孩子孝义、道德的体验；6. 家的单位结构人员少，没有更多的丈量、互补、借鉴、比较、参照机会。

（二）家的地理位置

住房，作为家庭成员的栖息场所，由原来的大宅院转化为当今的楼房和独居场所，人们慢慢习惯在左邻右舍的互不来往中独立生活。在平房生活的人们都知道，大家串门的机会，聊天、分享或聚集一起就餐的机会甚多，彼此很有值得留恋和珍惜的地方。但楼房，尤其是高楼建筑里的住户，甚至有些相邻多年都彼此不知道对方的姓氏和职业。于是，现有楼房式生活环境，使人们之间的道德、公允、帮助和遵从变得越来越淡薄。

其原因有：1. 人们的快节奏生活，使大家回家就想找个清静，懒得串门走走；2. 社会中的不良事件时有发生，为了避免惹祸上身，尽量减少出门；3. 在提倡个性化与保护隐私的今天，为了避免打扰或顾忌打扰他人生活而少串门；4. 社会治安的不稳定，入室抢劫情况的时有发生，使住户一直关门生活，同时给人有请勿打扰的信息暗示；5. 家庭装修后，拜访者自己感到拘束或抱怨访客走后增添了整理卫生的工作量，而使彼此串门机会减少。

（三）家的成员分离

爸爸妈妈在南边，孩子在北边；老公在东面，老婆守在西面，以及夫妻名存实亡的长期分居等都属于家庭成员的分离现象。

随着社会经济的需求性发展，打工挣钱、创业增值、卧薪尝胆、彰显价值等，使家族成员自然分割为东西南北。这就容易使人们在各自

的利益上追求自身的满足或连锁满足过程中，而忽视了孝义的存在。

其原因：1. 夫妻双双外出打工或其中一个外出，彼此交流机会少或顾不到；2. 上学、就业与父辈成为南北两地，彼此在原谅中淡化了孝义和道德；3. 长期加班或出差，家庭成员间见面机会、相互照顾机会自然减少；4. 观点各持己见，互不谦让，让“见而不宣”成为习惯，而无法谈及“孝义、道德”的话题；5. 维系家庭、彼此冷战、分居生活或情感外泄，在触及“孝义”“道德”的问题时自身底气不足。

（四）家的功利色彩

家，以独立的小单位活动形式，构成社会的大环境。于是在大环境中，家就是一个相对自私的个体。以家为单位的追逐、攀比让道义、伦理、责任关系逐步淡化。

其原因：1. 父母往往喜欢有钱、有势的孩子；2. 以弟兄姊妹的家庭条件为“标杆”，彰显在大家庭中的主导地位；3. 把配偶、子女的职务、学历、收入、升迁作为筹码，成为在同事、熟人、亲戚中炫耀的资本；4. 肆意侵占楼道、花园，以及窃电、滴水等自利行为的不断出现。

（五）网络信息技术

网络作为现代社会发展的一种产物，以它惊人的速度让人们对其的依赖欲罢不能。网聊、网购、视频、电影、电视、新闻、核实、查找等功能不仅五花八门，而且样样俱全。

由于网络存在虚拟性、快捷性、随意性、隐蔽性、娱乐性、耗时性和无顾忌性的特点。于是，网络在人们的生活中，似乎便是存在的、真实的、简单的、毋庸置疑的生活工作依赖品。同时，网络不仅给人们的直接交流、直接接触减少了机会，而且对自我原则把控、道德伦理的彰显起到屏蔽、掩饰和修饰作用。

第二节　什么是家庭文化

无论哪个时代，如果一个组织能够正常发展，那它一定有自己的文化支持和文化影响力。作为维系家庭发展与稳定的重要力量，家庭文化经历了不同年代的文化感染，从最原始的“部落分配”，到现在的“我需我挣”的演绎，无不体现了家庭文化的社会性和自利性。

一、什么是家庭文化

在封建社会，“父为子纲”“夫为妻纲”就是典型的家庭文化。父亲有责任教育好孩子，有责任监护孩子，为他们的过失承担监护责任；丈夫有爱护妻子的义务，有承担家庭经济重担、保护妻子儿女不受伤害的责任。国外家庭让孩子自由成长，对孩子不加管束，崇尚自我快乐的民主制度，夫妻各有空间，也是一种家庭文化。

家庭文化是由人类的家庭结构在进化过程中衍生或创造出来的，它不是先天具有的，而是后天的物积所致。例如“男女授受不亲”或“男主外，女主内”“禁止婚前性行为”这些都是家庭成员的物积结果。

家庭文化是家庭成员共同创造的互为认同的产物，

它是全体成员共同接受和遵循，并不断传承和发展的。比如医疗世家、武术世家等。

家庭文化是动态的发展过程。是家庭成员根据自己的经验和需要对自身文化加以改造，以适应环境的约定变化。由此，需不断变更那些过时的、不适宜的文化，而注入新的发展性文化。

由于家庭文化是由多元素构成的一个物积效应体系，于是我们可以对家庭文化定义为：家庭文化是指家庭成员确定的有利于家庭和谐发展的一系列约定内容，它具有自然性、前瞻性、借鉴性、默契性、实施性、社会性和强制性的特点。

二、家庭文化的内涵

（一）精神要素

即精神文化。它主要指宗教、艺术、伦理、道德及价值观等。精神文化是家庭文化中最有活力和有驱动力的部分，也是家庭成员生存和创造性活动的动力。精神文化也相当于一个家庭的信念准则，是家庭成员在物积过程中，彼此确定的一种坚定的、不可动摇的，并为之而践行的原则。没有精神文化，家的凝聚力和社会能力就会减弱。

家庭文化中的宗教、艺术、伦理、道德及价值观的产生，具有时代和政治的色彩。家庭文化没有统一的模板和标准，它是存在于人们的内心，并通过一定行为和态度表现出来的。它决定人们赞赏什么，追求什么，选择什么，怎么行动，它是人类社会发展的一种非物质产品，是人们生活的灵魂所在。

（二）社会活动

家庭的文化建设，必须以符合社会范畴为前提，从而推动社会的共同发展。家庭文化是社会文化的一个组成部分，和谐社会是在家庭文化与社会文化相吻合的基础上发展起来的。因此，家庭文化必须服从社会发展和服务社会文化。

古代孟子提出人的活动以“仁、礼、智、义”为原则，后来由汉代的董仲舒扩充为“仁、礼、智、义、信”被称为“五常”。这“五常”是古代社会文化的结晶，并成为现代家庭文化体系服从社会文化的典型内容，只是目前被人忽视罢了。

仁，是最基本的也是最普遍的文化标准。仁与爱相通，也是孝的前提，是现代文化“博爱”的源头。

礼，是家庭成员待人接物的基本要求，是维持上下辈分关系以及成员间彼此礼貌的“和”“贵”准则，是家庭成员遵循“WSDS 人生定律”的基本实践。

礼，在社会发展中也逐步演绎为“文明”“礼仪”“礼节”而成为社会活动的标准。当然，继承和发扬“礼”，也是构建和谐家庭、平安社会的需要。

智，是家庭成员的心智。它是家庭成员对已知事物的沉淀和储存，为实现动因而表现的一种能力总和，也是成员间较量、应变的物积。家庭成员间因正物积、负物积和斥物积而产生心智，进而在感受过程中，自然产生了“物积效应”。智文化，实际上就是人们走出家庭、生存于社会的技能筹码。而所有的智能力，必须符合社会发展趋势和为政治利益服务。

义，是家庭成员公正、合理、公允相处的原则。对孩子说“十指连心”就是指公正、公平的意思。义的文化发展，也就拓展为广义的道德范畴。

信，是指守信用、讲信义、不欺瞒的诚信行为，它是家庭成员的魅力所在。信，是人与人之间交往最基本的前提条件，也是一个人立足于社会，建立人格的基本标准和美德，更是人与人之间进行彼此认同交

换的依据。在社会活动中，信誉与责任相连，责任与品性相接。于是，这样的家庭文化就促使人们以实事求是的态度，认真地检讨和成长着自己。

（三）规范体系

家庭文化也贯穿着规则、世俗和约定，它是家庭延续的纽带，也是家庭成员遵循的准则。但一些规则、约定和世俗行为，符合生活形态、符合社会的兴旺和发展，但与法律条文、国家群体组织的规章制度相违背。比如，打会或邀会（属于非法集资）、土葬（违背火化）、姐妹同伺一夫（违反一夫一妻）、只要男或女（藐视生命）。生活中各种规则、约定和世俗之间互相联系，互相渗透，互为补充，互为制约，让家庭成员间的关系和各种社会关系融入并延续起来。由此而逐步规范了人们的活动方向和形式。比如家庭的礼仪原则是自律的、敬人的、宽容的、平等的、从俗的、真诚的、适度的和遵守的。因此，家庭文化的建设需以规范为基准。

规范体系是家庭成员为了满足需要而设立或在世俗环境下自然形成的，它具有显示性、排他性、局部性和发展性。

（四）物质要件

每个家庭都需要满足成员自身生活、成长和休憩的独立场所，由此而拥有住房、家具、生活用品、装饰格调、服饰风格的物质要件。这些生活要件常常由于家庭成员按照世俗习惯、个人能力、物质水平、生活品位、处世格调而构成差异，它是家庭成员观念和需求能力的彰显。

家庭文化的物质要件，具有合理性、合法性、彰显性、独立性、差异性的特点，是家庭成员遵循社会发展和环境条件的一种默契和特色。

第三节　家庭成员的责任和义务

家庭成员在漫长的相处过程中，总有这样或那样的不协调或不如意。为什么有的家庭即便出现了吵架、打斗场面，但这个家庭中各自承担的事务仍在继续进行，没有人就此而分家、妻离子散。生活实践证明，那是这些家庭成员都具有一种家庭责任感的缘故。那么什么是家庭责任呢?

一、什么是责任和义务

责任，是指人们分内的、应该承担和实施的行为活动，它带有必须的强制色彩，可以用法律来制定和规范。

义务，是指人们应该实施的行为活动，它具有自觉性、广义性和服从性。

责任和义务的区别在于，责任是必须承担实施履行的活动，而义务则是应该实施的活动，它们是相互转换和递进的关系。比如，如果街面上有香蕉皮，人人都有爱护环境卫生的义务。你如果把香蕉皮捡到垃圾桶里，人们会说你尽到了做人的义务。但如果你不捡，人们则说你没有尽到义务。如果你的工作就是维护本段公共卫生，而不

捡到垃圾桶里，于是人们则说你没有尽到责任。

在家庭关系中，回家做饭是夫妻的义务。但如果其中一个先回家不做饭，那么他就没有尽到家庭成员的责任。孩子上学是义务，学习成绩不好，那便没有尽到责任。父母生病，打个电话关心是义务，没有在病床前伺候，那就是没有尽到责任。丈夫常年在外打拼，把钱都拿回了家，尽了家庭义务，但没有尽到丈夫、爸爸的责任。

生活中，人们往往把责任和义务进行混淆或并用，就是没有把责任和义务的定义搞明白，常常说得各自都有道理一般。比如，法律规定孩子必须赡养父母。如果孩子此时连自己的生活都保障不了，打个电话问候父母身体，那是他的义务，没有钱寄给父母只能是责任没有尽到，以后可以弥补；但如果连电话都不打，那就是责任和义务都没有尽到了。在单位里，不满意上司，于是坐在那里懒洋洋地接待客户。那么，我们就说这人只是做了一个员工的义务，而没有尽到员工的责任。

二、什么家庭责任

家庭责任是指每个家庭成员根据自己能力、现状而必须履行和承担的义务活动。它包括体力、经济、情感三大方面的义务行为。家庭责任的履行不仅遵循道德、礼仪、伦理关系的制定，还必须遵守法律的规定和世俗的约定。

下面我们分别来探讨家庭责任的具体内涵。

（一）体力责任

所谓体力责任，是指家庭成员根据身体承受能力，所必须主动付出的行为活动。这里的体力，包括本身的力气和生理健康状况。

如果一个家庭中，男人有力气，那就应该多做一些体力活。这就是他的责任，是他力所能及的。但如果他生病了，不能从事体力活动，这时就不能要求他去进行体力活动，于是我们认为此时他承受的责任能力是受到限制的。如果小孩子，只能拿 10 斤重的东西，那么小孩子的责任就只能拿 10 斤的物件。但如果我们要求小孩子拿 15 斤的物件，那就是我们没有识别和把握体力责任的“承受”含义了。

在家庭成员中的每个人，其体力和健康程度都是不相同的。因此，体力责任是人们一种自觉的付出和担当行为，也是一种默契而没有交换条件的过程。如果一个人能够做的体力劳动，比如担水、除草、洗袜子，却说自己不能做。那么，这人便没有承担家庭的体力责任。这时他违反责任约定的可能因素可分析为：1. 自我懒惰；2. 赌气；3. 知道自己不做，有人会帮助做；4. 知道自己不做，也没有什么的；5. 家里有人也是这样的，无所谓；6. 不帮助他人成为习惯；7. 不会体谅他人的艰辛；8. 习惯了“唯我独尊”；9. 生病状态下；10. 确实不知道怎么做。

体力责任，其实也是一种能力的体现。有时想承担，却担当不了；不想承担时，却推脱不下。因此，体力责任有时也会受到环境的框定和推动。

（二）经济责任

所谓经济责任，是指家庭成员依据自身经济条件而自觉承担家庭事务中必需的经济支出行为。

在经济结构极为明显的社会进程中，家庭成员的经济支付能力，决定社会的经济发展速度。家庭成员的经济支付能力，与“恩格尔系数”息息相关。一个家庭生活越贫困，可供支配的货币就越少，其恩格尔系数就越大；反之，可供生活必需品之后的可支配能力越大，其生活越富裕，恩格尔系数越小。

1857 年，世界著名的德国统计学家恩思特（恩格尔）阐明了一个定律：一个家庭收入越少，家庭收入中（或总支出中）用来购买食物的

支出所占的比例就越大，随着家庭收入的增加，家庭收入中（或总支出中）用来购买食物的支出比例则会下降。这一定律被称为恩格尔定律。反映这一定律的系数被称为恩格尔系数。

其公式表示为：

恩格尔系数（%）= 食品支出总额 / 家庭或个人消费支出总额 ×100%

家庭成员的收入状况，决定家庭生活在社会中的购买力。当然，我们这里所明确的“购买力”，是指用于生活必须而支付的能力。每个家庭成员，在保障生命延续的过程中，都有基本消耗，而这些消耗都需要用货币去换回。于是，就自然产生了家庭成员必需的经济责任，只有这样才能保障家庭生活系统的正常运转。

经济责任是家庭成员心甘情愿和毫不忌讳的行为，也是一种不求回报、不求补偿的行为。在家庭成员中，无论是三口之家、五口之家，还是家族式的结构形式，每个成员的收入都应该纳入消费系统中来。这种纳入形式，就是一种家庭经济责任的承担。

同时，每个家庭成员都有为家庭增收和减支的义务，这也属于经济责任。家庭增收，是指每个成年成员必须为满足生活所需而从事获取劳动报酬的一系列行为。比如，成年人从事打工就业、自营企业、转买转卖等。家庭减支，则是指每个家庭成员必须为家庭节约开支，减少费用的行为活动。比如，可以买但可以不买的，就暂时不买；购买必需的，不买想要的。小孩子收集家庭废品，进行废品销售贴补家用，也属于家庭减支行为。

在家族系统中，由于每个小家庭相对独立，这时更要注意我们自身的经济责任。比如，爸爸妈妈年迈了，膝下有 3 个儿女，儿女们各自成家立业。大儿子经济条件差，女儿经济条件一般，二儿子经济条件稍好。此时妈妈生病住院了，需要花一大笔钱。此时，原则上是儿女们大家平摊共同解决妈妈的医疗费用。由于病情严重，医疗费用还在继续产生。于是，儿女们就必须要倾其所有，共同承担所有费用。但由于家庭经济条件不一样，此时的二儿子就应该主动多承担一些直接费用，大儿子和女儿就承担护理、中转等人力消耗，以减少费用的产生。这里二儿子的承担费用和大儿子和女儿承担人力消耗，是一种默契和自愿的过程。没有抱怨，更没有“秋后算账”的意思。他们这样的行为，就是在承担经济责任，也是我们生活中“有钱出钱，无钱出力”一种家庭道德关系的真实写照。

在实际生活中，有些孩子不顾家庭经济条件，一味地逼迫父母拿钱满足自己的心理需求，或根本不承担父母的赡养费用。也有的父母不管孩子经济条件如何，上法院逼迫孩子拿钱修房子。这些都不是在承担家庭经济责任，而是在利用“经济责任”的名义来满足自我欲需。“刺母”“弑母”现象的出现，就是一种扭曲的“经济责任”。

赡养老人，是家庭责任中最容易出现的问题。赡养父母，不仅是每个儿女必须遵循的法律、道义、伦理义务，也是一种自觉的情感责任体现。

（三）情感责任

所谓情感责任，是指家庭成员之间依据婚姻关系、血缘关系、亲情关系而建立起来的、遵循彼此满足的情绪行为。

“父母呼，应勿缓；父母命，行勿懒”“你孝父母，儿孝你”的古训以及“你爱我，我爱你”等就是我们生活中最简单的情感责任。

情感责任，在生活常常被情绪所左右而失去应有的影响力。比如，孩子犯错，被家长批评后，赌气离家出走。夫妻之间因为一点小事情拌嘴，妻子回娘家去住。妈妈因为不满意孩子的恋爱对象，而拒绝孩子把恋人带回家。这便属于情感责任低下现象，是我们需要改正的。

情感责任，既有必须性，也有情绪性；既有道德标准，也有伦理原则；既有心理要求，也有生理需要。情感责任最模糊的是讲道理，而

道理往往是很难确定对与错的。比如：

现象一，丈夫想和妻子做爱，这是一种情感责任的表现。但妻子却因白天的一件事情不高兴，而拒绝丈夫的性要求。

现象二，公公对自己很好，有时还表现出“暧昧”的行为。自己是接受，还是回避，或是打击？

现象三，因为孩子有一点误差，爸爸把在工作上的窝囊感受发泄在孩子身上。

现象四，孩子在外面受了委屈，回家给妈妈讲。但妈妈却因为有事情忙，阻止了孩子的谈话。妈妈事情做完闲下来，问孩子什么事情，孩子不说了。

现象五，妻子在外面受了气，回家把气发泄在丈夫身上。

现象六，儿子对妻子很好，妈妈觉得儿子“有了妻子，忘了娘”，而对儿媳妇有挑剔的行为。

现象七，丈夫对妈妈很好，很听妈妈的话，我觉得丈夫没长大，什么事情都依着他妈妈。

现象八，爸爸生病了，孩子们因为要上班，不能耽误，于是只拿钱回家，请人照顾，但爸爸却认为孩子们不孝顺。

现象九，妈妈生病住院，常常大骂儿女们不管她，搞得孩子们顾忌面子而不敢去医院看望。越是这样，妈妈的理由越充分。

现象十，自家的生活一直很拮据，孩子马上读高中要住校，可是丈夫还是要坚持每个月给他父母200元。况且，他父母每个月的退休费都用不完，不缺这个钱的。200元可是孩子的半月的生活费呀！

情感责任是以自我主动给予为前提，是家庭成员间的一种默契和满足，是以正向的、积极的、向上的、不伤害他人为原则而履行的，是自觉忽视不良信息、不适感觉的一种包容和接纳态度。情感责任的核心点在于：我做我应该的，你做你应该的。比如上述：

现象一，丈夫想和妻子做爱，这是一种情感责任的表现。但妻子却因白天的一件事情不高兴，而拒绝丈夫的性要求。

修正：丈夫和妻子做爱是彼此的情感责任，是有义务的配合，这是和异性朋友间最显著的区别。所以夫妻之间不能把以前的事情和当下的情爱搅在一起而减低兴致，以致出现情感转移。

现象二，公公对自己很好，有时还表现出“暧昧”的行为。自己是接受，是回避，还是打击?

修正：这个“暧昧”，是对方的企图行为，还是你自己的个人感觉，还是自己平时的不修饰行为而引起的? 要知道：长辈对晚辈的爱，每个人的方式是不相同的，正因为长辈的爱是坦荡的、博大的、无私的和无顾忌的。所以，才很有这样或那样的猜疑可能。

现象三，因为孩子有一点误差，爸爸把在工作上的窝囊感受发泄在孩子身上。

修正：爸爸把工作上的窝囊气，发泄在孩子上。看起来是爸爸的不对，其实是爸爸把孩子视为己出的特殊情感，爸爸便觉得孩子能体谅和原谅的。作为孩子，能够为爸爸泄气，不致爸爸以后成为抑郁症、焦虑症等心理疾病的可能，应该感到庆幸，是爸爸看得起自己的表现。

现象四，孩子在外面受了委屈，回家给妈妈讲。但妈妈却因为有事情忙，阻止了孩子的谈话。妈妈事情做完闲下来，问孩子什么事情，孩子不说了。

修正：孩子受了委屈，回家给妈妈讲，是孩子对妈妈的情感依赖所在。妈妈在忙，怕注意力不集中而错误理解，给予暂停，这是妈妈的理智情绪。之后，妈妈重新提起，表示妈妈的一种情感责任。孩子不说，那就是孩子以为妈妈不关心自己的赌气行为，或是孩子的委屈被释怀以后，怕妈妈担心而不再叙述了。

现象五，妻子在外面受了气，回家把气发泄在丈夫身上。

修正：这种现象和现象三是相同的道理，作为丈夫，难道你希望妻子有委屈时，扑在其他男人怀里倾诉吗?

现象六，儿子对妻子很好，妈妈觉得儿子“有了媳妇忘了娘”，而对儿媳妇有挑剔的行为。

修正：儿子对妈妈好是必需的，疼爱媳妇也是应该的，这属于情感责任。妈妈有失落，挑剔儿媳妇，实际上就是一种情感失衡的表现，也是一种警示和告知。那么作为儿媳妇就应该协调好关系，把丈夫的情感和自己的情感有意识地分配一些给妈妈，这样就解决好了。

现象七，丈夫对妈妈很好，很听妈妈的话，自己觉得丈夫没长大，什么事情都依着妈妈。

修正：这种现象和现象七的道理相通。如果一个儿子连妈妈的话都置若罔闻，那么这样的男人，哪个女人敢把自己的终身托付给他呢?

现象八，爸爸生病了，孩子们因为要上班，不能耽误，于是只拿钱回家，请人照顾，但爸爸却认为孩子们不孝顺。

修正：儿女因为生计所迫需要工作来获取生活所需报酬，这是应该的，也是必需的。孩子们拿钱回家，是一种情感的回馈，请人照顾是一种心理的补偿，这是正确的。老爸认为孩子们的不孝顺，其实是老爸的一种情感依赖所致。他不需要钱和物，而是需要有儿女在面前看着、守着，这是一种孤独、无奈的心理补偿，也是一种情感的弥补。

现象九，妈妈生病住院，常常大骂儿女不管她，搞得孩子们顾忌面子而不敢去医院看望。越是这样，妈妈的理由越充分。

修正：这种现象和现象八有些相似。由于孩子们的工作原因，使妈妈成为“空巢老人”或是“孤独老人”，这是现实的无可奈何。妈妈骂儿女们其实是一种抱怨，没有敌对的意思。同时，病人的情绪有些有时是烦躁的或不理智的，我们是不能计较的。试想，如果妈妈把屎拉在床上，难道儿女们还要去责备她不讲卫生吗？因此，儿女们什么也不说，按照她的意思做就是。如果女儿此时和生病的妈妈计较，那是谁的过错呢?

现象十，自家的生活一直很拮据，孩子马上读高中要住校，可是丈夫还是要坚持每月给他父母 200 元。况且，他父母每个月的退休费都用不完，不缺这个钱的。200 元可是孩子半个月的生活费呀!

修正：丈夫每月按时给父母赡养费，是应尽的情感义务，父母收受儿子的赡养费也是应该的，他们是彼此的满足和认同关系。要知道，父母常常把他们用不完的钱存起来，以防备孩子们的应急需要，相当于父母在替孩子们做零存整取罢了。

第四节　家庭成员的礼仪

礼仪，一直是人们魅力、修养的佐证标尺，是人格彰显的主要途径。家庭礼仪在社会的不同阶段、不同地域、不同文化、不同习俗而产生了差异。但不管差异如何，家庭成员的礼仪是遵循着舒适性、尊重性和不损他性的原则而进行的。

一、夫妻间的礼仪

夫妻在家庭关系中是最为重要的一种关系，它既是最亲密、最黏稠的关系，也是最脆弱、最忽视的关系。因此，夫妻之间的礼仪关系就显得非常微妙而重要了。

通常的夫妻认为，既然是一家人了，还讲什么礼仪呢? 这样的认识只能说是一种误区。事实上，和谐夫妻的礼仪是非常重要的。比如，

家庭日常

“睡得好吗？”“我走了”“路上慢点”“早点回来”“等我回来，我做”等，一句句简单的对话，虽不起眼，但包含着关心和体贴。这是任何一对和谐夫妻都会运用的。

夫妻间的礼仪特点是以“互”为主打。即“十互”：互敬、互迁、互学、互爱、互让、互情、互谅、互慰、互勉、互助。

夫妻间的礼仪可以划分为有声礼仪和无声礼仪，它具有自律的、平等的、真诚的、适度的特点。有声礼仪是指能发出声音的言语、笑声、存放物件声和走路声；而无声礼仪则是表情、眼神、手势等肢体类“语言”。

（一）有声礼仪

夫妻间的有声礼仪，它不同于社交礼仪。它体现了夫妻之间的默契、体贴、爱意和关心。这里，我们参考如下：

1. 亲爱的，我起床了，你再多睡一会——嗯，谢谢亲爱的！

2. 昨晚睡得好吗？——嗯，有你的关心比什么都好。

3. 亲爱的，时间不早了，需要抓紧哦！——嗯，好的。

4. 东西在这里，收拾好了——好的！有你在身边，我真省心。

5. 我走了哦——嗯，路上慢点。

6. 亲爱的，我有事情，不回来吃饭了——好的，那我就自己随便吃点。

7. 辛苦了，东西拿给我吧——嗯，谢谢。

8. 想吃什么？我给你做——嗯，你真好！你随便做就是了，需要我帮忙吗？

9. 这里应该收拾一下了哦——我来吧。

10. 小声一点可以吗？——嗯，对不起。

11. 亲爱的，我想早点睡觉，你呢？——那你先休息吧，我还要一会才休息。

12. 今天我有些不开心——怎么了？说来听听看。

13. 我累了——嗯，辛苦了，那你先休息一下吧，我来做这些。

14. 我这里有点痛——在哪儿？我帮你揉揉。

15. 我感觉身体不舒服——怎么了？一起去找医生看看。

16. 那天的东西真好吃——那改天我去给你买点回来。

17. 这个好沉哦——让一让，我来（我们一起来）。

18. 妈妈生病了——我们一起回去看看吧。

19. 明天开家长会——我们一起去吧。

20. 还没有缴物管费——我去缴就是了。

21. 这事情你是怎么想的呢？——我的想法是这样的……

22. 有需要我做的吗？——谢谢，目前没有。

23. 我这边有事情去不了，怎么办呢？——没事，我去安排吧。

24. 我想出去走走——好的，我陪你。

25. 他们约我去玩——好的，记得早点回来哦。

26. 那件衣服好漂亮——嗯，是的，我赚到钱以后一定给你买。

27. 我想走回去，可以省 2 元钱——好的，正好我也想走走。

28. 这是打折的，好划算哦——呵呵，你真聪明，改天记得叫我一起去。

29. 想给你买件新衣服作生日礼物——亲爱的，谢谢！

30. 你觉得这样可以吗？——我觉得如果这里处理一下，就更好了。

31. 亲爱的，我想你。——嗯，感受到了，谢谢！我也想你！

32. 我想去学习这个内容，你觉得怎么样？——可以，只要你觉得需要的，我一定支持你。

33. 你觉得我可以吗？——可以的，我相信你！

34. 对不起，这事我错了——我理解你的感受，我们一起好好过日子吧！

35. 就是他的不好——算了，我们没有必要去和这样的人计较。开心是我们的根本，你说呢？

36. 来，抱一下——呵呵，好，乖。

37. 我喜欢看电影——走，我陪你。

38. 我想我们去旅游一次，怎么样？——好啊，我安排时间吧。

39. 下周是我们的结婚纪念日了——嗯，那我们商量，怎么庆祝一下。

40. 伤到了这里，痛——来，乖，听话，这样做了就是好孩子哦！

（二）无声礼仪

夫妻间的无声礼仪，它与社交礼仪的典型区别是肢体语言频繁、接纳，它是夫妻间情感的一种基本表达，也是在独立空间、相对时间的情感外泄。这里，我们参考如下：

1. 帮对方盖上被子。

2. 为对方做好早餐。

3. 为对方收拾外出挎包、鞋等。

4. 为对方做喜欢吃的饭菜。

5. 出门时候，给对方一个轻轻的吻或拍打一下肩、手、脸、臀。

6. 回家的时候，给对方一个拥抱。

7. 主动告知自己的行踪、去向。

8. 抱住对方的腰，看对方做事情。

9. 为对方夹菜、添饭。

10. 偶尔打打对方的屁股或轻轻碰碰乳房。

11. 为对方削上水果，并送到嘴里。

12. 为对方冲一杯茶或饮品。

13. 把手搭在对方肩上或握住对方的手，一起看电视。

14. 共浴，为对方搓背。

15. 清洁自己的生殖器。

16. 配合对方性要求或主动提出性暗示。

17. 当对方没有性要求时，不强制。

18. 和对方一起评价异性。

19. 在街上习惯性牵着对方的手。

20. 打伞的时候，有意往对方多偏移。

21. 过马路时，一定牵着对方。

22. 心甘情愿陪伴对方的交际活动。

23. 主动、乐意为对方掏钱。

24. 主动承担对方父母及家庭的相关事情。

25. 主动承担家务或孩子的教育。

26. 在家里不能忘记修饰自己。

27. 出差回来，为对方买上一个纪念品。

28. 家务活默契分工，各自承担。

29. 不打探对方的外出活动情况。

30. 不责问对方的经济使用情况，也不向对方提出物质、金钱要求。

夫妻间的有声礼仪和无声礼仪，时时充满爱意和体贴。这里列举的对话、行为，不能完全照搬，它只是一个方向性的借鉴或参考而已，需按照当时的时间、空间、情绪、事件而具体应用。

这里再提醒一下夫妻的礼仪关系，在离开温馨家庭之后，进入社会环境，便要按照以自律的、敬人的、适度的原则而进行了。比如：

1. 保证每天有一个以上电话（尤其是下班时）。

2. 出差到达地点后，首先要告知安全到达。

3. 不在同事、朋友、同学中抱怨配偶的不是。

4. 不向对方赌气。

5. 在争执中，不能揭对方的陈年“疮疤”。

6. 争执中声音大，是不能帮助解决问题的。

7. 对话中，不能有鄙视、要挟对方的信息。

8. 争执后，不能有分居或者离家出走的行为。

9. 争执后强行抱住对方，是最好的修复方法。

10. 家庭夫妻中，没有严格的尊与卑。

特别提出：上述的礼仪对话、行动，都是夫妻发自内心的行为，而不是简单的机械复制。

二、亲子间的礼仪

亲子间的礼仪，在我们传承古文化的过程中，带有明显的上下辈分色彩。因此亲子间的礼仪就具有自律的、敬人的、从俗的、真诚的、适度的和遵守的特点。其实，亲子间的礼仪，是我们孝义、道德、责任的自然物积。通常，亲子礼仪好的家庭，其家庭成员在社会中的人格魅力都是极强的，这就是有力的证明。

（一）父母对孩子

长辈在与晚辈的相处过程中，不能把尊重当成是一种妥协、放任，也不能因为自己是长辈而独欲强置。父母在对孩子的礼仪过程中，一是把孩子当成社会人来看待；二是把孩子的位置处于一个相对平等的状态；三是对事件而不是对人本身；四是在特殊事件下，可以有一定的强势性。但一般以征询式的命令口吻比较适宜。

父母对孩子的礼仪特点应该是以“平等”“尊重”“修正”为主打，即降低自己的身价，和孩子一起面去对事件。同时，在这样的过程中，家长又不能丢掉引导、指正的教育机会。

这里，我们把父母与孩子有声礼仪参考如下：

1. 麻烦你把报纸拿给我一下，好吗？
2. 你这样我很开心的，谢谢！
3. 学习（工作）是你的事情，我认为你应该自己去处理好。
4. 你觉得合适吗？
5. 我认为这个做法是很不恰当的。
6. 这是无条件的，是我们大家必须遵守的，你应该配合。
7. 谢谢你让我很有自豪感。
8. 我做我该做的，你做你该做的，我认为这样比较好。
9. 你可以试一试，可以的，我相信你！
10. 犯错，是成长的过程，你知道应该怎么去处理。
11. 我们一起来打球，好吗？
12. 我可以看你的书吗？
13. 我原来（刚才）的心情是这样的。
14. 你可以协助我做家务活吗？
15. 我认为你在这一方面是很棒的。
16. “你认为呢？”“其实，我想可以是这样的……”

17. 不能用“老虎”“鬼”之类的话题来骗、哄孩子，不揭孩子过去的“疮疤”。

18. 在接待客人的过程中，习惯性地把孩子介绍给他人。

19. 打孩子时不生气，生气时不打孩子。

20. 不要用吼叫、发怒、打骂、仇视等方式去面对孩子。

父母对孩子的无声礼仪，是一个潜移默化的物积，是让孩子尊重和感激的有效方法。那么父母对孩子的无声礼仪又是什么呢?

1. 不在他人面前抱怨孩子。
2. 带孩子去探望病人。
3. 和孩子一同去参加老人的生日。
4. 默认孩子在学习、工作中的过失。
5. 在孩子面前表现自己也有后悔的时候。
6. 允许孩子做一些自我决定。
7. 记住孩子好同学、朋友的名字。
8. 热情款待孩子的同学、朋友、同事。
9. 坦然面对孩子的说谎。
10. 接纳孩子的挑战行为。
11. 不把个人情绪无端地带给孩子。
12. 不抱怨或中伤孩子的同事、朋友、同学、老师。
13. 工作、生活中的不满，不写在脸上让孩子去解读。
14. 和孩子发生争执时，自己与孩子一定是平等的关系。
15. 有意识地记载孩子的闪光点，并在他人面前陈述。
16. 习惯和孩子商量家里的事情。
17. 让孩子学会观察他人礼仪。
18. 教给孩子迎客、交谈、送客、做客等环节的礼仪知识。
19. 接纳孩子的不满情绪。

20. 教给孩子对服饰美感的认识。

（二）孩子对父母

在孩子对父母的礼仪与父母对孩子的礼仪中，有明显差别的就是必须尊敬，而父母对孩子的礼仪则应该是尊重。必须尊敬和应该尊重是两个截然不同的礼仪关系，是一种“主”与“次”的关系。这也是中国作为礼仪之邦的固有特点，也是真善美的自然呈现。

孩子对父母的礼仪特点是以“尊敬”“顺从”“配合”为主打。实际上，只有孩子学会了孝顺、体谅和照顾，那么孩子的基本礼仪就做到了。

孩子对父母的有声礼仪，带有明显的尊敬成分。我们可以参考如下：

1. 请，您，早上好。

2. 我上学去了，我回来了。

3. 您看，我可以这样吗?

4. 求求您了。

5. 您安排的，我一定做。

6. 您喜欢的，我是一定可以接受的。

7. 是我错了，您批评吧，我一定改正。

8. 您先请，这个好吃，您多吃点。

9. 谢谢，我应该的，对不起，没关系。

10. 父母召唤时，我必须立即应答。

孩子对父母的无声礼仪，则明显有孝义的特点。于是，我们可以这样参考如下：

1. 关心父母身体、体谅父母对自己各方面的要求，明白父母对自己有要求是必需的，是让我健康成长的一次次保障，也是父母的一种爱心表达。

2. 不直呼父母姓名。

3. 在坐车的正常情况下，不能让父母站着，自己坐着。

4. 在父母面前不大声说话，来强调自己的观点。

5. 在父母面前不使用尖酸刻薄和污秽性的语言。

6. 见父母心情不好，快捷地把自己事情做好，再看看可以做些什么。

7. 父母在忙的时候，示意可否需要帮忙或一定不要去打扰他们。

8. 不评价父母情感关系的对与错。

9. 主动在家里做一些力所能及的家务活。

10. 在学习、工作、生活上，一定成为不让父母操心的人。

家庭礼仪是家庭成员间思想道德水平、文化修养、交际能力的彼此物积。在“修己以敬，以行天下”的今天，家庭礼仪是我们最好的实践和见证。

三、家庭成员的邻里礼仪

家庭在社会化结构中是一个非常重要的组成部分，因为家庭成员的一切活动将导致整个社会的文明、素养、开拓和激励程度。“先天下之忧而忧，后天下之乐而乐”就是一种社会化礼仪的表现。

家庭的社会关系中，最直接的是邻里关系。家庭邻里关系可以按照成员的动态划分为：以家庭住址的左右住家的邻里关系，以家庭成员学习为地点的左右同学、居住成员的邻里关系，以家庭成员的工作为中心的左右同事、相邻单位的邻里关系。

在邻里关系中，有认识和不认识的、有关系好和关系不好的、有亲属关系和非亲非故的。这些群体，就构成了我们的邻里关系。那么为了和他们和谐相处，我们应该有些什么样的礼仪原则呢？这里建议如下：

1. 是邻里就一定打招呼（点头、微笑、问候、告别等）。

2. 不管对方的身份、文化、信仰如何，一视同仁。

3. 不以貌取人、不贬低他人。

4. 不以财欺人、不以势压人、不清高蔑视。

5. 不妄自菲薄、不低俗谄媚。

6. 不炫耀、不贪图小便宜（偷、水、电、气）。

7. 有危险时，主动提醒，主动告知。

8. 积极参与社区活动。

9. 主动打扫公共环境卫生，不乱涂乱画。

10. 不在楼道等公共区域堆放杂物，不占公共场所。

11. 邻居寻求帮助时，一定热情周到。

12. 邻居遇到重大事件，一定尽快主动上门给予必要的慰问和帮助。

13. 心甘情愿地为邻居排忧解难和为大家服务。

14. 电视、唱歌、欢乐的声音不要影响到邻居。

15. 移动、放置桌凳时，声音不能对楼下有影响。

16. 浇花、晾晒衣服的余水不能滴到楼下的阳台上。

17. 不能往楼下丢东西、倒水。

18. 邻居有抱怨、干扰时，首先检讨，并赔礼认错。

19. 少抱怨，少指责，少评头论足，少斤斤计较。

20. 多赞扬，多学习，多热忱关怀，多雪中送炭。

第五节　如何与老人相处

《中华人民共和国老年人权益保障法》第二条规定老年人的年龄起点标准是 60 周岁。即凡年满 60 周岁的中华人民共和国公民都属于老

年人。为了更好地帮助年轻人与老人们的相处问题，我们这里把退休以上(男 60 岁、女 55 岁)的群体涵盖在一起来探讨。

父母年纪越大，性格、脾气、做事、实效现状就会与年轻人的认识标准产生越来越多的误差，这一差别就构成了交流的不畅通和情绪的矛盾关系。

生活中，随地吐痰、不讲卫生、电视声音大、不关电器、效率低、老扮俏、总期盼、拘谨、吝啬、保守、固执、唠叨、幼稚、抱怨、粗暴、小气、不问理由地索取赡养费、给“孙子辈”放任的爱等，都是部分老年人不良的行为方式，而这些方式往往不被年轻人所接纳和认同。因此，年轻人就觉得想说、想争辩，但又苦于辈分低下、交流不畅而不能力争，于是碍于面子无处诉说，便纠结、苦恼起来。

一、老年人的行为心理

下面我们来看看老年人的行为心理特点与年轻人的视觉误差。

(一)自我随意

老人生活经历了几十年，许多行为已经成为固化的模式。比如刷牙、收拾桌面，许多老人就不会去刷牙和整理桌面卫生，包括东西可以随意而放。同时，年龄大了，对自己的行为标准没有高要求，随遇而安，大大咧咧，而形成自我任意行为。这与年轻人讲卫生、讲整洁、讲程序的生活习惯，就显得极不协调了。

(二)空虚寂寞

老人生活的典型特点是时间长、没有固定事情，生活情趣相对减弱、行为驱动力度缩小，他们期盼儿女回家坐坐，希望有小孩子在身边晃动，总想有人和他们说话或滔滔不绝，开着电视机睡觉，盼望异性相处等行为，都是心理寂寞的一种调节方式。但作为年轻人却不能理解或无法配合。

（三）满足现状

到了老人这个年龄，许多事情都经历了、见识了。儿孙满堂的老人们，已经心满意足了。于是安于现状、知足常乐就是他们的典型特点了。比如，喜欢在周围人（尤其是儿女）那里得到安慰，做事情不求有功，但求无过。有一日三餐足矣，对周围事情懒得关心，独立享受自我空间。在快节奏社会发展的今天，年轻人无法正视老年人的以上特点而产生疑惑、遗憾，甚至厌恶、鄙视的心理。

（四）乐观豁达

不少老人珍惜现在，抓紧时间。因此，他们有老当益壮、积极参与、主持公道、登山旅游、舞刀弄剑、诗琴画弈、爱管闲事、乐于助人、追逐时尚的“夕阳红”特点。但这些却在有些年轻人的视野里被当成是“老来疯”或“自不量力”“出风头”“炫耀”的行为表现。

（五）渴望认同

“人老了，没有用了”这是许多老年人的“口头禅”。其实，老人们常常都有“不认输”“不服老”的特点。于是就希望有电话关心，儿女孝敬，着装时尚，赞美称颂，求助指导。以上条件满足以后，才感到自己“老有所依”“老有所养”“老有所值”。强迫孩子拿赡养费，必须春节回家过年，话多以及干扰孩子学习、工作、婚姻等就属于这样的心理。但在年轻人眼里却是“不屑一顾”，或感到“烦”“贱”“愚”“痴”。

（六）歉意自责

天下所有父母都希望自己的孩子能够出人头地，风风光光地生活，但现实却不是每个人都可以做到或实现的。到了这般年纪，老人们开始对孩子感到歉意、惭愧和自责了。表现在常常到儿女家去帮忙，但却越帮越忙；在“孙子辈”面前大肆溺爱，让年轻的爸爸妈妈无法管教孩子；为了让孩子买上房子，打工干活，积劳成疾，让儿女不能正确理解；为了不给孩子增添经济压力，有病痛自己煎熬而瞒出大病，让儿女欲哭无泪。

（七）独欲强置

老人生活这么多年，总有那么一两手“呼风唤雨、撒豆成兵”的能力。人老了，下属散了，平台没有了，但他们的意志、信念、状态却时时还在内心。于是，对家庭成员强行规定，唯我独尊，独断专行，横不讲理，外强中干，干扰儿女生活就显得正常化了。但老人永远没有敌意和仇恨，他们都是在为孩子们的幸福生活把关。可这样的方式却让儿女们苦不堪言，无所适从。

（八）示弱显威

许多老人都爱讲曾经的能力和道理，或对社会、事物、关系大加评论。但年轻人却以时代不同而不置可否或不屑一顾，让老人很没面子。于是，老人们生闷气，独居，赌气不说话，拒绝看病，拒收钱物的现象就出现了。给儿女们的印象就是小气、幼稚、固执、不好相处，落了个“秀才遇到兵，有理讲不清”的境地。

（九）小心保护

老人能够活到现在，已经是够庆幸、自豪的了，那么就应该好好地珍惜和把握，这是他们珍惜现在的主要心理。于是无怨无悔地呵护“孙子辈”，保护好家庭财产，惧怕上当受骗而表现出拘谨、节约、胆小、保守的行为就显得正常和应该了。但年轻人在需要资金援助、房屋抵押、搬迁环境时，就常常与老人达不成共识，以致出现断绝亲情、反目为仇的状态。

（十）欲罢不能

老人的生理机能常常处于亚健康或不健康状态，他们的行动和反应能力绝对不能和年轻人相比。于是出现遇事反应慢、行动迟，试听力下降，尿频起夜，咳嗽不止，记忆减退的现象。于是在年轻人眼里，这样的行为在快节奏的社会状态、现代礼仪约束和装修豪华的现代生活环境里，显得有些不协调而多生抱怨。

同时，一些老人年轻时具有“招蜂引蝶”的能力。为了验证自己“魅力不减当年”，于是出现“招妓”或对晚辈实施“骚扰”“乱伦”的现象，让儿女“怒不启齿”“羞愧难当”。

我们了解了老年人的行为心理，那么作为年轻人，应该如何与老人相处，让老人真正得到“老有所依”“老有所养”“老有所值”呢?

二、如何与老人相处

无论年龄大小，只要你是晚辈，就应该在繁忙的学习、工作活动中，顾及老人的生活、情绪、行为和心理。我们在这里提示如下：

（一）包容老人的不适行为，自己多主动进行担当和遮掩，而不是责备。

（二）如果老人愿意，让其独居生活，并携家人安排时间回家看看，或请专业社工给予陪伴、闲聊。

（三）按时寄钱，寄生活日常用品回家，常打电话，让老人有被重视的感觉。

（四）对老人的老龄朋友热情示好，以提高老人的自豪感。

（五）不抱怨这样没做好，那样也不对，而是自己处理好以后，隔

些时间找机会再讲明。

（六）不和老人顶嘴，遇到特别事件时，主动换人进行梳理，理解老人心情。

（七）赞美老人的“精力充沛”，让老人有“不减当年”的感慨。

（八）常常向老人请教问题，至于怎么做，自己再去掂量。

（九）把不能照顾老人的歉意话，一定要表达出来。

（十）不能叫家庭其他成员来评价老人的是非曲直。

（十一）自己有孩子时，一定要快速告知并拜见老人，同时不要在老人面前批评、打骂自己的孩子。

（十二）向老人讲述社会发展变化中的现象和事物。

（十三）不向老人提出财物支持、财物分割的要求和建议。

（十四）不能与老人有赌气、要挟和命令的行为。

（十五）赞扬老人的节俭，为老人的优秀过去而感到自豪。

（十六）支持老人做自己喜欢的事情。

（十七）定期购买老人喜欢吃的、用的东西，并迎合老人的喜好，陪伴而做。

（十八）如果需要，助听器、护颈圈、眼镜、拐杖等辅助器具一定要买好。

（十九）常常带老人去医院做定期护理检查。

（二十）回到家里，立即打扫、收拾整理房间，适时翻晒床被。

（二十一）留意处理水垢或处理净水设备以及其他电器产品。

（二十二）如果老人求助时，一定立即安排处理，绝不拖延。

（二十三）和老人聊一些长寿、保健的基本常识。

（二十四）聊一些突发事件，让老人遇事不慌乱。

（二十五）一边聊天，一边握着老人的手或为老人揉揉肩、捶捶背。

（二十六）年轻的夫妻不要在老人面前过于“亲热”。

（二十七）不要试图说服老人，说话声音只要老人可以听见就行，不能大声或小声。

（二十八）乐于听老人讲“过去的事情”，即便是重复再重复。

（二十九）根据情况，不要在老人面前过于节约或奢侈。

（三十）不好的事情，千万别在老人面前诉说，以获得同情或安慰。

（三十一）不在老人面前抱怨配偶或其他人，以免增加老人的焦虑和心理负担。

（三十二）偶尔逃避，也是一种方法。

（三十三）切记：对老人的孝敬过程中，一定要注意是老人接纳的、喜欢的，而不是晚辈认为老人应该的、必需的。

三、常回家看看

传遍大江南北的歌曲《常回家看看》，表达了年轻儿女对家的那份亲情，以及父母对子女的心声。提醒我们忙碌的儿女们，即使工作再忙也不能忘记亲情，希望多回家看看老人。让我们重温一下歌词：

找点空闲
找点时间
领着孩子
常回家看看
带上笑容
带上祝愿
陪同爱人
常回家看看
妈妈准备了一些唠叨
爸爸张罗了一桌好饭

生活的烦恼跟妈妈说说

工作的事情向爸爸谈谈

常回家看看

回家看看

哪怕帮妈妈刷刷筷子洗洗碗

老人不图儿女为家做多大贡献呀

一辈子不容易就图个团团圆圆

第五篇　老年人的日常护理

课　　时　共计 4 课时

教学目标　了解老年人生理、心理特点；
了解并掌握老年人的护理特点；
了解老年人常见疾病；
了解老年人的营养需求。

教学重点　老年人生理、心理特点；
老年人的护理特点。

教学内容

第一节　老年人生理、心理特点

一、正常人体基本结构及其功能

（一）人体基本结构

1. 细胞：人体结构的最基本单位是细胞。

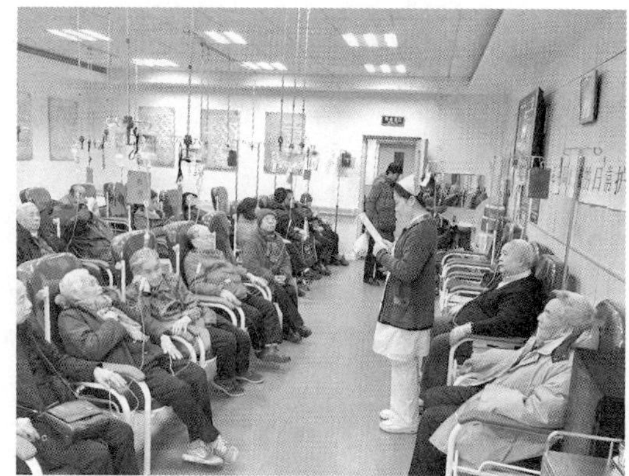

2. 组织：人体组织分四种：上皮组织、结缔组织、肌肉组织、神经组织等基本组织。

3. 器官：为了完成一定的生理功能，几种组织结合在一起构成了人体器官。

4. 系统：为了共同完成一定功能的组织和器官，又构成了人体系统。分为运动系统、呼吸系统、消化系统、泌尿系统、生殖系统、循环系统、免疫系统、内分泌系统、神经系统、感觉系统等十大系统。

（二）人体各系统结构和功能

1. 运动系统的基本结构：由骨、骨连结、骨骼肌组成。

基本功能：运动功能、支持和保护功能。

2. 呼吸系统的基本结构：由鼻、咽、喉、气管、主支气管、肺组成。

基本功能：机体在新陈代谢过程中要不断消耗氧气，产生二氧化碳。

3. 消化系统的基本结构：由消化道、消化腺两部分组成。

基本功能：食物的消化、吸收和排泄。

4. 泌尿系统的基本结构：由肾、输尿管、膀胱、尿道组成。

基本功能：将人体在代谢过程中产生的废物和毒素通过尿的形式排出体外，以维持机体内环境的相对稳定。

5. 生殖系统的基本结构：分为男性生殖系统和女性生殖系统。

基本功能：产生生殖细胞，繁殖新个体，分泌性激素以维持男、女第二副性征。

6. 循环系统的基本结构：由心脏、血液和血管组成。

基本功能：包括心脏功能、体循环功能和肺循环功能。

7. 免疫系统的基本结构：由淋巴管、淋巴结、脾脏、胸腺组成。

基本功能：是机体保护自身的防御性结构。

8. 内分泌系统的基本结构：由内分泌腺和分布于其他器官的内分泌细胞组成。人体主要的内分泌腺有甲状腺、脑垂体、松果体、甲状旁腺、胸腺、胰腺、肾上腺、性腺等。

基本功能：调节机体的物质代谢和体液平衡。

9. 神经系统的基本结构：由中枢神经系统、周围神经系统组成，而脑和脊髓称为中枢神经。

基本功能：一方面控制调节各器官、系统的活动，使人体成为一个统一的整体；另一方面通过神经系统的分析与综合，使机体主动适应不断变化的内外界环境，维持生命活动的正常进行。

10. 感觉系统的基本结构：感觉器及其附属器构成。

基本功能：是接受刺激，并将刺激转为神经冲动，该冲动经过感觉神经和中枢神经系统的传导通路，传导至大脑皮层，从而产生相应的感觉。

二、老年人生理特点

老年人在身体形态和机能方面均发生了一系列变化，主要表现在：1. 机体组成成分中代谢不活跃的部分比重增加，比如 65 岁与 20 岁相比，体脂多出部分可达体重的 10% ~ 20%；而细胞内水分却随年龄增长呈减少趋势，造成细胞内液量减少，并导致细胞数量减少，出现脏器萎缩。2. 器官机能减退，尤其是消化吸收、代谢功能、排泄功能及循

环功能减退，如不适当加以调整，将会进一步促进衰老过程的发展。

（一）老年人消化功能的改变

1. 老年人因牙周病、龋齿、牙齿的萎缩性变化，而出现牙齿脱落或明显的磨损，以致影响对食物的咀嚼和消化。

2. 舌乳头上的味蕾数目减少，使味觉和嗅觉降低，以致影响食欲。每个舌乳头含味蕾平均数，儿童为 248 个，75 岁以上老人减少至 30 ~ 40 个，其中大部分人并出现味觉、嗅觉异常。

3. 黏膜萎缩、运动功能减退。年逾 60 岁者，其中 50%可发生胃黏膜萎缩性变化，胃黏膜变薄、肌纤维萎缩，胃排空时间延长，消化道运动能力降低，尤其是肠蠕动减弱易导致消化不良及便秘。

4. 消化腺体萎缩，消化液分泌量减少，消化能力下降。

口腔腺体萎缩使唾液分泌减少，唾液稀薄、淀粉酶含量降低；

胃液量和胃酸度下降，胃蛋白酶不足，不仅影响食物消化，也是老年人缺铁性贫血的原因之一；胰蛋白酶、脂肪酶、淀粉酶分泌减少、活性下降，对食物消化能力明显减退。

5. 胰岛素分泌减少，对葡萄糖的耐量减退。肝细胞数目减少、纤维组织增多，故解毒能力和合成蛋白的能力下降，致使血浆白蛋白减少，而球蛋白相对增加，进而影响血浆胶体渗透压，导致组织液的生成及回流障碍，易出现浮肿。

（二）神经组织功能的改变

1. 神经细胞数量逐渐减少，脑重减轻。据估计，脑细胞数自 30 岁以后呈减少趋势，60 岁以上减少尤其显著，到 75 岁以上时可降至年轻时的 60%左右。

2. 脑血管硬化，脑血流阻力加大，氧及营养素的利用率下降，致使脑功能逐渐衰退并出现某些神经系统症状，如记忆力减退，健忘，失眠，甚至产生情绪变化及某些精神症状。

（三）心血管功能的改变

1. 心脏生理性老化主要表现在心肌萎缩，发生纤维样变化，使心肌硬化及心内膜硬化，导致心脏泵效率下降，使每分钟有效循环血量减少。心脏冠状动脉的生理性和病理性硬化，使心肌本身血流减少，耗氧量下降，对心功能产生进一步影响，甚至出现心绞痛等心肌供血不足的临床症状。

2. 血管也会随着年龄增长发生一系列变化。50 岁以后血管壁生理性硬化渐趋明显，管壁弹性减退，而且许多老年人伴有血管壁脂质沉积，使血管壁弹性更趋下降、脆性增加。结果使老年人血管对血压的调节作用下降，血管外周阻力增大，使老年人血压常常升高；脏器组织中毛细血管的有效数量减少及阻力增大，使组织血流量减少，易发生组织器官的营养障碍；血管脆性增加，血流速度减慢，使老年人发生心血管意外的机会明显增加，如脑出血、脑血栓等的发病率明显高于年轻人。

（四）呼吸功能的改变

1. 老年人由于呼吸肌及胸廓骨骼、韧带萎缩，肺泡弹性下降，气管及支气管弹性下降，常易发生肺泡经常性扩大而出现肺气肿，使肺活量及肺通气量明显下降，肺泡数量减少，有效气体交换面积减少，静脉血在肺部氧气更新和二氧化碳排出效率下降。

2. 血流速度减慢，毛细血管数量减少，组织细胞功能减退及膜通透性的改变，使细胞呼吸作用下降，对氧的利用率下降。

（五）其他方面的改变

1. 皮肤及毛发的变化。因皮下血管发生营养不良性改变，毛发髓质和角质退化可发生毛发变细及脱发；黑色素合成障碍可出现毛发及胡须变白；皮肤弹性减退，皮下脂肪量减少，细胞内水分减少，可导致皮肤松弛并出现皱纹。

2. 骨骼的变化。随着年龄增加，骨骼中无机盐含量增加，而钙含

量减少；骨骼的弹性和韧性减低，脆性增加。故老年人易出现骨质疏松症，极易发生骨折。

3. 泌尿系统的变化。肾脏萎缩变小，肾血流量减少，肾小球滤过率及肾小管重吸收能力下降，导致肾功能减退。加上膀胱逼尿肌萎缩，括约肌松弛，老年人常有多尿现象。

4. 生殖系统的变化。性激素的分泌自 40 岁以后逐渐降低，性功能减退。老年男性前列腺多有增生性改变，因前列腺肥大可致排尿发生困难。女性 45 ~ 55 岁可出现绝经，卵巢停止排卵。

5. 内分泌机能下降，机体代谢活动减弱，生物转化过程减慢，解毒能力下降。机体免疫功能减退，易患感染性疾病。

6. 五官变化：晶状体弹力下降，睫状肌调节能力减退，多出现老花眼，近距离视物模糊。同时听力下降，嗅觉、味觉功能减退。

7. 代谢上往往分解代谢大于合成代谢，若不注意营养及合理安排膳食，易发生代谢负平衡。

8. 性格及精神改变：老年人行动举止逐渐缓慢，反应迟缓，适应能力较差，言语重复，性情改变，或烦躁而易怒，或孤僻而寡言。如遇丧偶或家庭不和，更会对情绪产生不良影响。故对老年人应给予周到的生活照顾和精神安慰，使之安度晚年，健康长寿。

三、老年人心理特点

随着年龄的增长，老年人的心理会发生很大的变化。一般老年人心理承受能力会出现很大程度的降低，遇到困难或挫折时，情绪反应更为激烈，对身心健康的影响也更为明显。

1. 认识能力低下。老年人身体机能衰退，大脑功能发生改变，中枢神经系统递质的合成和代谢减弱，导致感觉能力降低，意识性差，反应迟钝，注意力不集中等。主要表现两个方面，首先是感觉迟钝，听力、视觉、嗅觉、皮肤感觉等功能减退，而致视力下降，听力减退，灵敏度下降；再有就是动作灵活性差，协调性差，反应迟缓，行动笨拙。

2. 孤独和依赖。孤独是指老年人不能自觉适应周围环境，缺少或不能进行有意义的思想和感情交流。孤独心理最易产生忧郁感，长期忧郁就会焦虑不安，心神不定。依赖是指老人做事信心不足，被动顺从，感情脆弱，犹豫不决，畏缩不前等，事事依赖别人去做，行动依靠别人决定。长期的依赖心理，就会导致情绪不稳，感觉退化。

3. 易怒和恐惧。老年人情感不稳定，易伤感，易激怒，不仅对当前事情易怒，而且容易引发对以往情绪压抑的怒火爆发。发火以后又常常感觉到如果按自己以前的性格，是不会对这点小事发火的，从而产生懊悔心理。恐惧也是老年人常见的一种心理状态，表现为害怕，有受惊的感觉，当恐惧感严重时，还会出现血压升高、心悸、呼吸加快、尿频、厌食等症状。

4. 抑郁和焦虑。抑郁是常见的情绪表现，症状是压抑、沮丧、悲观、厌世等，这与老年人脑内生物胺代谢改变有关。长期存在焦虑心理会使老年人变得心胸狭窄、吝啬、固执、急躁，久则会引起神经内分泌失调，促使疾病发生。

5. 睡眠障碍。老年人由于大脑皮质兴奋和抑制能力低下，造成睡眠减少，睡眠浅、多梦、早醒等睡眠障碍。专家提醒，老年人这些心理特点很容易导致老年人罹患某些精神障碍性疾病，如抑郁症、神经衰弱等。因此，老年人应该心态平衡，适当进行体育运动，促进身心健康。老年人出现心理问题时，要及时进行心理咨询，寻求心理治疗，以免心理问题加剧，引发严重的精神心理疾病。

第二节　老年人的护理特点

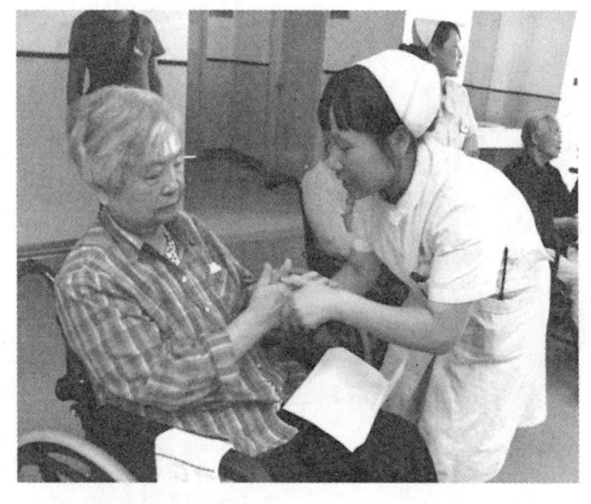

由于衰老的原因，老年期出现各器官功能的衰退，同时罹患多种慢性疾病，完成日常生活活动出现困难，需由他人帮助。因此对老年人的护理，不仅要重视疾病本身的康复，更需要的是老年人日常生活功能的康复。老年人的日常生活内容不仅包括基本日常需要，还包括生活照料和精神慰藉。日常生活是指身边的事情，具有连续性、习惯性、反复性和恒常性的特点。

老年人的日常生活护理，应该注重补充、维持和提高老年人日常生活功能。老年人的日常生活护理包括饮食、排泄、个人卫生、衣着、居室环境、活动与休息等方面的护理。卧床老人应安置在光线充足的南向房间，并且保持室内空气清新，温度、湿度适宜，室内布置应优雅合理，将老人的日常用品放在容易取放的位置。偏瘫老人宜加床挡，防止老人坠床。

所谓“饮族食”：指的是要根据不同病情，吃不同饮食，如流质、半流质或普通饮食，可以请教一下医院的大夫。总的原则是要易于消化，富于营养，蛋白质量要足，脂肪不宜多，各类营养素、维生素、盐类要平衡。老人卧床后更易便秘，故食物中纤维素很重要，要吃些蔬菜、水果，以保持大便通畅。

人老了，咀嚼及消化功能都会随着减弱，宜给予营养丰富、清淡、易于消化的饮食和半流质。根据病情，注意蛋白质、脂肪和糖等营养物质的合理搭配，保证维生素、纤维素及微量元素的摄入，给予足够的液体量，做到饮食规律、少量多餐。

一、饮食护理

对行动不便的老年人的饮食护理，需要注意这两方面。

（一）长期卧床老人的护理

1. 卧床老年人进食时，为防止呛咳尽可能采用坐位。床头需抬高45°，颈下垫入枕，以便于食物下咽。同时可使用跨床小桌，让老年人能看到饭菜，以便增进食欲。

2. 为避免老年人吃饭时撒落饭菜，饭前要给老年人系上餐巾，这样老年人就可放心地吃饭，而不会因怕撒落饭菜而精神紧张。

3. 借助辅助用品要尽可能地鼓励老年人自己进餐，吃饭不但是生存的需要，而且进餐会带来精神的愉悦。如果需要喂饭，速度不宜过快，确认吞咽后再继续喂。

4. 进食之初需要喝少量的水、汤等。另外，喝茶或汤汁时，可以使用带嘴的杯或好拿不易倒的杯子，以防老年人自己进餐时弄湿床单，产生羞辱感。

5. 饭菜制作的形状要根据老年人身体功能状况决定，如小块、小片、丝状、饭团等，总之，要便于老年人食用。

6. 饭后用清水或茶水漱口，以保持口腔内的清洁。要鼓励老年人养成餐后漱口的好习惯。

（二）有视力障碍老年人的饮食护理

1. 对于有视力障碍的老年人，根据其身体功能的状况，尽量固定

摆放饭菜的位置以及习惯使用的餐具，如碗、盘、筷子、叉、汤勺、吸管等。

2. 同时尽量创造和谐的气氛，鼓励老年人自己进食。食品制备要精细，需考虑食物质地、颜色与味道的调配，尽量给予质地柔软易消化的食物。

3. 加工的形状也应考虑老年人的进食习惯，尽量使老年人容易夹取。对鱼类的食物应先将鱼刺剔掉。

4. 进食前要向老年人说明制定的食谱以及烹调方法。提醒老年人食物的温度，以免发生烫伤。

5. 饭后用清水或茶水漱口，以保持口腔内的清洁。要鼓励老年人养成餐后漱口的好习惯。

二、排泄护理

老年人日常生活的护理，也包括对排便的护理。对于行动不便的老年人来说，排泄是一大难题，需要身边护理人员的帮助与安慰。

排泄是机体将新陈代谢的产物排出体外的生理过程，顺利排泄是维持健康和生命的必要条件。老年人随着年龄的增长，机体调节功能逐渐减弱，自理能力下降，或者因疾病导致排泄功能出现异常，发生尿急、尿频甚至尿便失禁等现象，有的老年人还会出现尿潴留、腹泻、便秘等。老年人的排泄障碍可以说是机体老化过程中无法避免的事，常给老年人的身心健康、生活质量会产生极大的不便，照护者应妥善处理，要体谅老年人，尽力给予帮助。

（一）排便失禁

1. 排泄会使营养大量流失，水分和电解质丢失过多，造成老年人身体虚弱，故应卧床休息，减少活动，减少能量的消耗。

2. 可以通过饮食疗法如进食多纤维、低脂肪、流质饮食，以刺激胃结肠反射并使粪便质地正常化。也可采取排便训练，建立排便时间，通过生物反馈训练肛门括约肌活动，以提高病人对直肠扩张的感受性和警觉性。

3. 失水严重时应鼓励大量饮水或用补液方法及时补充，防止水、电解质失衡。

4. 做好皮肤护理，保持会阴部及肛门周围皮肤的清洁、干燥，防止发生破溃。及时更换尿垫、床单，经常用温水清洗会阴、肛门周皮肤，必要时使用油膏或消炎药涂擦，还可用烤灯进行局部治疗。

5. 掌握卧床老年人排便的规律，定时给予便盆设法接便，可保持皮肤、被服的清洁干燥，指导病人进行盆底肌肉收缩运动锻炼，以逐步恢复肛门括约肌的控制能力。

（二）尿失禁

1. 尊重老年人的人格自尊，给予安慰和鼓励，使其树立信心，积极配合治疗和护理。

2. 保持局部清洁、干燥、防止发生压疮。保持被褥整洁、干燥，湿后及时更换；每次排便后用温水清洗会阴及肛门周围。

3. 适量饮水，以减少尿路感染和结石的形成，一般情况下，每天应摄入 2000 ~ 3000ml 的水分，晚餐后应适当控制水的摄入以减少夜间尿量，让老年人有充分的睡眠时间。

4. 指导老年人建立良好的生活习惯，穿宽松、柔软、舒适且易解的衣裤，减轻对腹部的压力，定时开门窗，通风换气，除去不良气味，保持室内空气清新。

5. 鼓励老年人多参加社会活动以增强自信心。对过度紧张、焦虑的老年人，照护者应经常与老年人谈心，周到的照护有利于老年人心理的平衡，可预防尿失禁。

三、穿衣护理

自古就有衣食住行的描述，可见在人们的日常生活中，它们起着举足轻重的作用。老年人在几十年的生活经历中，形成自己的穿衣习惯。然而，伴随老化、身体功能的衰退，自立出现了障碍，需要借助他人的援助来完成。“穿衣戴帽”不仅关系到老年人的冷暖和个人形象，更重要的是要有利于老年人的心身健康。照护者要给予足够的重视。

需要援助的老年人、卧床老年人和痴呆老年人可以完成部分穿脱衣的动作，但是衣服的选择、清洁、整理需要他人的帮助。

（一）更换

1. 睡衣和日间穿的衣服及时更换。

2. 内衣每日更换保持清洁，冬季可适当延长时间。

3. 按弄脏的程度准备和补充所要更换的衣着。

4. 可只更换弄脏的衣物，如尿便失禁时，只更换下衣，可减少老年人的疲劳感。

5. 可选择舒适、柔软、有弹性的衣物，减少因关节屈曲困难时穿衣的难度。

（二）洗涤

1. 脏的衣着尽早洗涤，被排泄物（特别是痢疾）弄脏的衣着需要消毒处理。

2. 外衣根据穿的次数和弄脏的程度选择洗涤。

3. 洗涤剂要选择有防静电和柔顺作用的，充分漂洗，以免发生皮炎。

4. 被排泄物弄脏的内裤等和其他衣着区分别开洗涤。

（三）存放

1. 把平时穿的衣服与睡衣和内衣等分类整理存放。衣服应放在易发现的固定位置，同类衣物一同保存，以免老年人因遗忘找不到而担心。

2. 尽可能在阳光下晒干，整理放在不潮湿的地方。

3. 检查纽扣，挂钩等是否完好，确认后整理存放。

第三节　老年人常见疾病

一、慢性支气管炎

慢性支气管炎是一种常见老年病，通常是患者由于感冒、吸烟、机体过敏、气候变化、大气污染等原因，使支气管和细支气管反复受到感染和刺激所致。临床表现有发热、畏寒、身痛、咳嗽、咯痰、喘息等症状，病情严重者咳嗽、喘鸣几乎终年不停，并呼吸困难，继续发展可并发肺气肿，甚至肺心病而危及生命。

防治措施：老年人在气候变化大的季节应特别注意预防感冒，感冒后要及时就医；平时应少吃或忌食生冷、过咸、辛辣、油腻及烟、酒等刺激性的东西，减少或避免对呼吸道的刺激；多吃止咳、平喘、祛痰、温肺、健脾的食品，如白果、枇杷、栗子、百合、海带、紫菜等增强免疫力；居住的室内要经常开窗，保持空气流通，床单、被褥、衣物要勤于更换和清洗，减少过敏源；适当进行体育锻炼，以利改善呼吸系统的机能，增强对寒冷和疾病的抵抗力。

二、高血压

高血压是中老年人的常见病，也是危害人类健康的主要疾病。其

发病原因医学界普遍认为是在一定的遗传背景下由于多种环境因素参与使正常血压调节机制失常所致。高血压既是独立的心血管疾病，又会导致心、脑、肾三个重要的生命器官病变，从而产生冠心病、心力衰竭、脑出血、脑梗塞、肾功能衰竭、尿毒症等严重的并发症，危害极大。

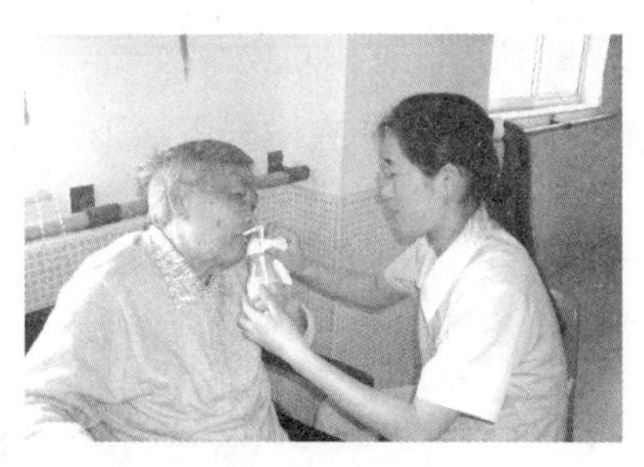

防治措施：老年人应特别注意合理膳食，控制热能和体重，减少脂肪摄入，多吃蔬菜和水果；严格限制钠盐摄入，每人每日食盐摄入量宜控制在 6 克以下；每日摄入足量的钾、镁、钙；戒烟酒或严格限制烟酒；根据年龄及身体状况选择慢跑、快步走、太极拳、气功等不同运动方式，控制好血压，减轻体重，增强体力，降低胰岛素抵抗；保持健康的心理状态，注意心理平衡及情绪的调整，减少精神压力。

三、冠心病

冠心病是中老年人最常见的一种心血管病，主要是由于冠状动脉血管病变而引起，病变的根源在于患者平常饮食不合理，体内脂质代谢紊乱，使得血脂胆固醇沉积在血管壁上，从而导致冠状动脉血管的硬化、血栓、堵塞，其主要临床表现有心肌缺血、缺氧而导致的心绞痛、心律失常，严重者可发生心肌梗死，使心肌大面积坏死，危及生命。

防治措施：老年人脾胃功能衰退，应慎食或节食油腻、炙燥、辛辣、生冷食物，控制总热量的摄入，控制高胆固醇、高脂肪食物和食糖摄入，多吃能降脂的蔬菜，如芹菜、萝卜、西红柿、黄瓜、苦瓜、大蒜、香菇、海带等；不吸烟、不酗酒；保持适当的体育锻炼；生活要有规律，保持足够的睡眠；保持情绪稳定，切忌急躁、激动或闷闷不乐；

积极防治与冠心病关系密切的老年慢性疾病：如高血压、高血脂、糖尿病等。

四、糖尿病

糖尿病属于内分泌代谢系统疾病，也是一种常见的老年病。其诱发因素有：感染、肥胖、体力活动少、妊娠和环境因素等，临床上有烦渴、多尿、多饮、多食、疲乏、消瘦、尿糖等表现，并可在动脉硬化及微血管病变基础上产生多种慢性并发症，如糖尿病性心脏病、糖尿病性肢端坏疽、糖尿病性脑血管病、糖尿病性肾病、糖尿病性视网膜病变及神经病变等。

防治措施：老年人应合理饮食，适当地吃，科学地吃，严格控制糖分和脂肪摄入量，少吃油炸食品，减少摄取的总热量；在饮食中增加膳食纤维的量，多吃一些蔬菜、麦麸、豆及整谷，并注意补充维生素和无机盐；保持一定的运动量，促进新陈代谢，控制体重；放松心情，因为各种心理不平衡会进一步加强胰岛素抵抗，促使糖尿病的发生，保持良好心态对糖尿病的预防有积极作用。

五、阿尔茨海默病

阿尔茨海默病是一种由于大脑器质性损害而引起的脑功能障碍，可使记忆、理解、判断、自我控制等能力发生进行性退化和持续性智能损害。免疫功能低下者、情绪抑郁者、患缺血性脑血管病或有长期高血压、高血脂、心脏病等病史者易患此症。阿尔茨海默病早期通常只是出现记忆力减退、健忘等症状，常被人误认为是正常的衰老现象，使病人错过最佳治疗时机。

防治措施：如 60 岁以上的老年人常常出现健忘现象，应及时到神经内科检查就诊；有高血压、高血脂、心脏病、糖尿病、中风、缺血性脑血管病等疾病者应早发现、早治疗；多吃鱼类、蛋类、瘦肉、菌菇类食品及水果和蔬菜等，帮助增加抵抗力、提高记忆力；避免过度喝酒、抽烟和操劳，保持良好的睡眠习惯；勤动脑并多参加社会活动和体育锻炼；心胸开阔，处事乐观，避免精神抑郁和紧张；经常做和手指有关的活动，如用手指旋转钢球或胡桃，手工艺、雕刻、剪纸、弹奏乐器等，促进血液循环，增进脑力灵活性，延缓脑神经细胞老化。

第四节　老年人的营养需求

一、碳水化合物

碳水化合物供给能量应占总热能的 55% ~ 65%。随着年龄的增加，体力活动和代谢活动的逐步减低，热能的消耗也相应减少。一般来说，60 岁以后热能的提供应较年轻时减少 20%，70 岁以后减少 30%，以免过剩的热能导致超重或肥胖，并诱发一些常见的老年病。老年人摄入的糖类以多糖为好，如谷类、薯类含较丰富的淀粉，在摄入多糖的同时，还可提供维生素、膳食纤维等其他营养素。而过多摄入单、双糖（主要是蔗糖，如砂糖、红糖等）能诱发龋齿、心血管疾病与糖尿病。

二、蛋白质

原则上应该是少量优质。老年人的体内代谢过程以分解代谢为主，需要较为丰富的蛋白质来补充组织蛋白的消耗，但由于其体内的胃胰蛋白酶分泌减少，过多的蛋白质可加重老年人消化系统和肾脏的负担，因此每天的蛋白质摄入不宜过多，蛋白质供给能量应占总热量的 15%。还应尽量供给优质蛋白，应占摄取蛋白质总量的 50% 以上，如豆类、鱼类等可以多吃。

三、脂肪

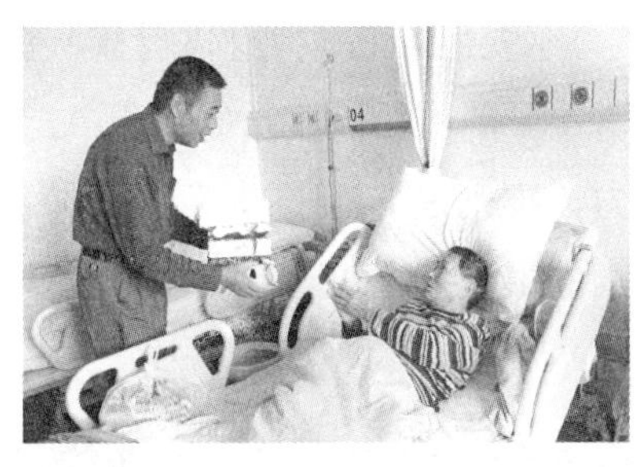

老年人胆汁酸的分泌减少，脂酶活性降低，对脂肪的消化功能下降，且老年人体内脂肪组织随年龄增加而逐渐增加，因此膳食中过多的脂肪不利于心血管系统、消化系统；另外，若进食脂肪过少，又将导致必需的脂肪酸缺乏而发生皮肤疾病，并影响到脂溶性维生素的吸收，因此脂肪的适当摄入也十分重要。总的原则是：由脂肪供给能量应占总热能的 20% ~ 30%，应尽量选用含不饱和脂肪酸较多的植物油，而减少膳食中饱和脂肪酸和胆固醇的摄入，如多吃一些花生油、豆油、菜油、玉米油等，而尽量避免猪油、肥肉、酥油等动物性脂肪。

四、无机盐

老年人容易发生钙代谢的负平衡，特别是绝经后的女性，由于内

分泌功能的衰减，骨质疏松的发生将进一步增加。应强调适当增加富含钙质的食物摄入，并增加户外活动以帮助钙的吸收。由于老年人体内胃酸较少，且消化功能减退，因此应选择容易吸收的钙质，如奶类及奶制品、豆类及豆制品，以及坚果如核桃、花生等。

此外，铁参与氧的运输与交换，缺乏可引起贫血，应注意选择含铁丰富的食物，如瘦肉、动物肝脏、黑木耳、紫菜、菠菜、豆类等，而维生素 C 可促进人体对铁的吸收。老年人往往喜欢偏咸的食物，容易引起钠摄入过多但钾不足，钾的缺乏则可使肌力下降而导致人体有倦怠感。

五、维生素

维生素在维持身体健康、调节生理功能、延缓衰老过程中起着极其重要的作用。富含维生素 A、B_1、B_2、C 的饮食，可增强机体的抵抗力，特别是 B 族维生素能增加老年人的食欲。蔬菜和水果可增加维生素的摄入，且对于老年人有较好的通便功能。

六、水分

失水 10%就会影响机体功能，失水 20%即可威胁人的生命。如果水分不足，再加上老年人结肠、直肠的肌肉萎缩，肠道中黏液分泌减少，很容易发生便秘，严重时还可发生电解质失衡、脱水等。但过多饮水也会增加心、肾功能的负担，因此老年人每日饮水量（除去饮食中的水）一般以 1500ml 左右为宜。饮食中可适当增加汤羹类食品，既能补充营养，又可补充相应的水分。

中关村学院社区教育教材 “建设和谐社区系列丛书”之三

王雪松◎主编

中关村学院社区教育教材

健康卫生

图书在版编目（CIP）数据

“建设和谐社区系列丛书”中关村学院社区教育教材：全 6 册 / 王雪峰主编 . -- 北京：现代教育出版社，2018.6
ISBN 978-7-5106-6279-9

Ⅰ . ①建… Ⅱ . ①王… Ⅲ . ①社区教育 - 中国 - 教材 Ⅳ . ① G779.2

中国版本图书馆 CIP 数据核字 (2018) 第 126165 号

建设和谐社区系列丛书
中关村学院社区教育教材

主　　编　王雪松
责任编辑　魏　星　刘兰兰
封面设计　敬德永业
出版发行　现代教育出版社
地　　址　北京市朝阳区安华里 504 号 E 座
邮政编码　100011
电　　话　（010）64251036
印　　刷　北京永顺兴望印刷厂
开　　本　170mm × 240mm　1/16
印　　张　48.5
字　　数　650 千字
版　　次　2018 年 9 月第 1 版
印　　次　2018 年 9 月第 1 次印刷
书　　号　ISBN 978-7-5106-6279-9
定　　价　130.00 元（全 6 册）

目 录

第一篇　居民健身常识

课　时　共计 4 课时

教学目标　了解并掌握正确健身的方法

教学重点　新手必须掌握的健身方法；
合理的健身计划。

教学内容

一、坚持健身胜过任何的方法和原则

新手入门的第一节要讲的就是坚持，这是健身永恒不变的真理。不仅健身需要坚持，生活各个方面都需要坚持。坚持健身胜过任何的方法和原则，在健身界里流传这样一句话："无论是哪种健身方法，通过持之以恒的训练都能练出好的身材。"更何况是方法科学呢？

所以，在健身前，你要自问："真的做好坚持健身的准备了吗？"

"还要为自卑的身材承受痛苦吗？"

"真的下定决心改造自我了吗？"

“真的能坚持下来吗？ 1 个月，1 年，5 年，10 年……”

“真的能把健身当作一种爱好、一种习惯，甚至是一番事业吗？”

健身的效果就是在这平时不断的锻炼中积累起来的，同时还能收获更多自信。

自信是通过一件件独立完成的事情中而积累起来的，回想自己从小到大曾独立完成过几件事情？健身不仅能使你拥有一副傲人的身材，同时让你的自信又内而外地散发出来。

二、明确健身目的，掌握正确方法

每个人健身有一定的目的，或增肌或减肥，或是塑造体型，不同的健身目的，方法也不同。

（一）以增肌为目的的，需要对肌肉进行大的刺激，身体为了适应这种训练带来的强大的压力，会通过肌肉的增长而提高力量来适应它，所以增肌训练需要大重量的肌肉练习。

一般来说，8 ~ 12RM 的练习对肌肉的增长最有效果。RM，就是一定重量地练习一组所能做的最大次数。

（二）以减脂为目的的，需要消耗脂肪，则需要进行小重量、多次数的有氧练习，以跑步、跳绳、仰卧起坐，同时配合多次数的哑铃训练，一般每组动作在 50 次以上，有氧运动 40 分钟以上效果最好。

（三）以塑造体型打造肌肉线条为目的，进行 15 ~ 20RM 的力量训练，效果最好。

三、组建自己的家庭健身房，一样可以收获肌肉

组建自己的家庭健身房，一样可以收获肌肉。

现在社会工作压力大，生活节奏快，健身似乎了一项奢侈的运动，特别是对朝九晚五的上班族来说。这样，家庭健身就逐渐成为一种趋势，满足人们对健身的需求，组建自己的家庭健身房，一样可以收获肌肉。只要通过正确的方法和持之以恒的训练，两年的健身足以塑造一副令自己满意的身材。

哑铃是万能的健身器械，一直深受健身爱好者的喜爱，它可以完成身体各个部位的锻炼要求和动作，而且哑铃是自由器械，相对于大多固定器械和综合器械来说，在锻炼过程中它能调动身体大多数肌肉群参与运动，使身体肌肉显得更加协调、饱满。就连专业健身人员的训练也是以哑铃为主的。

所以，对于组建自己的家庭健身房，只需要一副重量恰当的哑铃和一条哑铃长椅，就可以满足你的健身需求。当然，对于家庭健身房你还可以考虑拥有一副健身手套、杠铃、引体向上杠杆，或者是综合训练机。

四、健身初期以掌握健身动作为主

健身初期以掌握健身动作为主，健身离不开训练动作，对于新手在健身初期主要任务就是：

（一）了解和熟练掌握锻炼身体各个部位的相关动作。

（二）掌握动作的动作规范，在健身中做到宁轻勿假。

（三）感受目标肌肉的发力过程，即锻炼哪块肌肉关注哪块肌肉的发力过程，就是“意念集中法则”。

在这里介绍新手一定要掌握的相关部位的健身动作：

胸部，哑铃卧推（平板、上斜、下斜），哑铃飞鸟（平板、上斜、下斜）、俯卧撑。

肩部，哑铃推举，哑铃前平推，哑铃侧平举，哑铃飞鸟。

背部，哑铃划船，哑铃单臂划船、引体向上。

腰部，哑铃直腿硬拉，山羊挺身。

腿部，哑铃深蹲、哑铃箭步蹲，哑铃提踵。

臂部，哑铃弯举，俯立臂屈伸。

在动作的练习过程中，保证动作的准确性，防止肌肉的不规则发展，同时充分体验目标肌肉的发力过程，这样有助于肌肉的深度刺激和营养物质的补充。

五、什么时间健身最好

什么时间健身最好？永远要以最好的状态去健身。

选择健身，也就是选择了一个积极向上的生活方式，一个乐观的心态和规律的作息时间，让你拥有最好的状态去健身，这样无疑来说是效果最佳的，会让你的健身事半功倍。

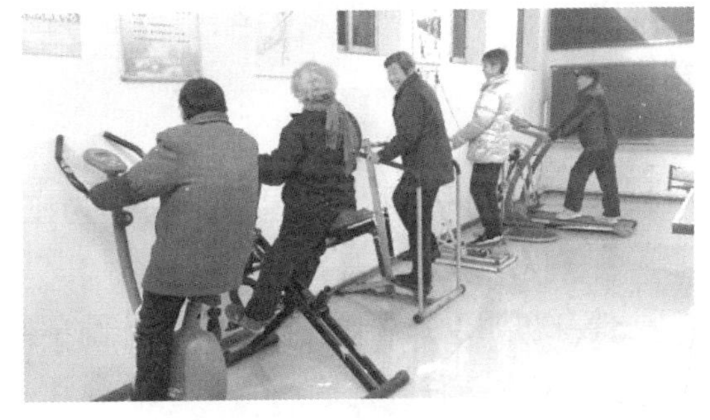

规律的作息时间对健身是至关重要的，不要拖着一副疲惫的身体去健身，这样的健身是无意义的甚至起到反作用。为了保证健身时的状态，可以在健身前小睡一会儿，喝点碳酸饮料，每天必要的午睡时间，

规律的三餐时间，切记不要熬夜。

一天之内根据人体生理状况，可以选择早上 9 ~ 10 点，下午 4 ~ 5 点，晚上 7 ~ 8 点 3 个时间段来健身，对于朝九晚五的上班族来说，晚上是一个比较适合的健身选择。

六、新手一定要了解的肌肉增长原理

对于一些体型偏弱的健身爱好者，肌肉的生长的原理是一定要清楚的，方便在以后的健身中运用，以免方法不当，本末倒置，影响健身效果。

简单地说，肌肉的生长是一个刺激，补充、生长的过程。肌肉的生长需要力量训练即大重量，高强度的训练去刺激肌肉，以达到肌肉纤维破坏，之后身体通过自身免疫功能调动营养物质去修复，这时就需要健身者进行营养补充来提供修复肌肉所需的物质，促成身体完成恢复和超量恢复，达到肌肉生长的目的。

所以，对于以增长肌肉为目的的健身者来说，主要任务就是通过增大训练重量、多组数等方式增加训练强度，以达到深度的肌肉刺激，从而达到肌肉纤维破坏，然后通过营养的补充，帮助身体完成超量恢复。

七、初学者如何制订健身计划

对于健身者来说，制订一套适合自己的，并能坚持贯彻执行的健身计划是十分必要的。它不仅使你的健身有很好的理论依据，而且还能起到督促坚持健身的作用，同时通过对健身计划的执行和不断完善，充实你的健身知识。

对于新手而言，健身计划应遵循循序渐进、强度由低到高、部位由分散到集中的原则。特别对于刚开始健身的人来说，初期健身应以低强度使身体慢慢适应，必要的情况下，可以以半个月的有氧训练慢慢进入状态，防止开始强度过大引起的肌肉拉伤，以及心肺功能跟不上训练负荷的增长导致身体不适。之后的训练，可以根据身体状况循序渐进地增加健身强度，达到刺激肌肉的目的。

在锻炼部位上，初期每次健身可以选择 2 ~ 3 个部位，随着身体力量的增加和肌肉的增长，可以每次锻炼 1 ~ 2 个部位，这样可以更深度地刺激肌肉，使其增长。

初期健身一般根据身体素质选择一周 3 练（隔天健身）和一周 4 练（每两天休息一天）的计划，建议初期采用一周 3 练的健身计划，初期不要急于求成，防止训练过度。

对于增长肌肉为目的的健身每次有效健身不超过 1 小时，一周的健身过程，使身体各部位锻炼循环 1 ~ 2 次，相同部位的锻炼前后间隔至少 72 个小时，给予肌肉充分恢复的时间。

八、瘦人健身多久能有效果

这是想增肌增重的瘦人最关心的问题了，显然，这种迫切的、急于求成的想法是不正确的，因为健身本身就是一项持之以恒的、充满乐趣的运动，只有用科学的方法并坚持不懈地执行下去，才能呈现和保存那来之不易的成果。

对于瘦人来说，由于初期身体刚接触大强度的训练，会导致暂时的体重下降，但是不要紧，注意营养和休息加上力量训练，坚持 4 ~ 5 个月，都会有至少 5 公斤体重的增长。

之后会进入一段体重增长缓慢期，这时需要你不断地增大训练强度，刺激肌肉的增长过程，并持之以恒地健身。只要把健身当作自己的事业，科学认真地做好每一次健身，你终究会迈向型男（型女）的行列。

九、新手一定要掌握的三个最基本的健身方法

（一）循序渐进

循序渐进是防止肌肉拉伤，增加健身强度最直接，有效的方法。特别是健身初期，很多新手都因为训练强度的突增而引起肌肉拉伤，影响了健身进程。

增大肌肉块需要做每组 8 ~ 12RM 的训练强度，一个重量的动作做的时间久了，肌肉会产生适应感，一旦这种适应感形成，肌肉便不再生长，需要新的刺激来打破这种适应，这时就需要循序渐进地增加重量，所以以增长肌肉块为目的的健身者来说，一旦某个动作每组轻松做满 12 次，就要考虑增加重量，刺激肌肉重新生长。

（二）意念集中

意念集中是力量训练最常用的方法之一，意念集中就是锻炼哪块肌肉就关注哪块肌肉的发力过程，即肌肉的收缩和放松。意念集中有助于达到肌肉的深度刺激，同时能辅助神经系统完成对目标肌肉的血液回流，补充营养。

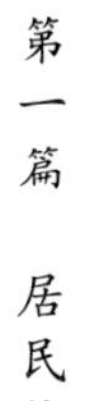

（三）力竭

力竭是指身体用尽力量不能完成标准动作为止。通过所讲 12RM 的训练强度，就是每组动作用尽全力只能做 12 次，其目的是达到肌肉的深度刺激。没有刺激就没有增长，力竭是最基本的深度刺激肌肉方法之一。

十、力量训练三大要素

力量训练三大要素：训练，营养，休息，三者缺一不可，忽视哪一个方面，都达不到肌肉增长的目的。

训练以达到对肌肉的刺激，这里一定要了解肌肉增长的原理，通过营养补充和良好的休息以达到肌肉超量恢复的过程，即完成肌肉的生长。

营养物质方面，关键在于吸收，对于身体偏瘦的健身者来说，采用少食多餐的方式来增加身体对营养的吸收，可以 1 天进食 5 ~ 6 次。以蛋白质和碳水化合物为主，可以选择进食增肌粉，有利于增肌增重。进食蛋白质时间上，健身前 2 个小时进食蛋白质碳水化合物，训练后半个小时是身体蛋白质需要的高峰，鸡蛋、牛奶、米饭、香蕉等，都是不错的选择。

休息的重要性不言而喻，没有休息就有恢复，特别是要养成规律的作息时间，不能熬夜。夜间人体激素分泌旺盛，体内激素对肌肉的合成其着非常重要的作用。

十一、一定不要忽视“健身前的热身运动，健身后的拉伸运动”

健身前的热身运动与健身后的拉伸运动，其作用不亚于一次完美的健身，会让你的健身事半功倍。切忌一健身，就开始大重量的器械的训练，这样做很容易导致肌肉拉伤，对关节伤害也是非常大的。

（一）健身前一定要进行热身运动，先预热身体为之后能举起更大的重量做准备，无论是什么水平的健身爱好者热身运动都是必须要做的，一般 1 个小时的力量训练 8 ~ 10 分钟的热身运动是足够的，动作可以选择跑步、单车、高抬腿，或者是小重量、多次数的哑铃动作。

热身运动的作用主要三个：

1. 预热身体加快血液循环，使身体逐渐适应高强度健身训练。

2. 通过热身运动，充分活动和预热身体关节，防止受伤。

3. 热身运动提升身体状态，使你能够完成更大的重量和高强度的训练。

（二）健身后的拉伸动作对肌肉的恢复意义重大，同时防止肌肉练“僵”、练“死”，在很大程度上提高了健身效果。肌肉经过大强度的训练刺激后处于紧张状态，这时做拉伸运动有助于放松肌肉，使血液回流到目标肌肉，为其补充营养，缓解肌肉酸痛，加快其恢复过程。1 个小时的力量训练可以做 8 ~ 10 分钟的拉伸运动。

十二、健身运动每次多长时间最好

健身运动每次多长时间最好?

（一）以增肌为目的的健身需要做力量训练，对于力量训练有效健身时间 45 ~ 60 分钟（不包括热身和拉伸运动）。长时间的力量训练，

会导致身体进行有氧训练状态，消耗蛋白质使人消瘦，同时会使体内激素消耗下降不利于肌肉合成。

（二）以减脂为目的的健身需要做有氧运动，如跑步，跳绳，小重量多次数的器械运动，对于有氧训练时间需要超过 1 个小时，因为减脂肪主要是消耗脂肪，人体能量的消耗顺序是糖，蛋白质，脂肪，只有 1 个小时以上的有氧运动才能消耗到脂肪。

十三、关于肌肉的恢复时间

关于肌肉的恢复时间，肌肉的恢复对肌肉增长来说至关重要，没有恢复就没有增长。力量锻炼达到对肌肉纤维的破坏，通过营养和休息使身体自我修复，以达到超量恢复的过程。

那么，在进行一次肌肉锻炼后，留给肌肉多长时间来恢复呢？一般来说，肌肉组织在营养充分和其他条件具备的情况下，大肌肉群的恢复时间至少 72 个小时，如胸肌，背部肌肉，腿部肌肉等。小肌群的恢复时间至少 48 个小时，如二头肌，三头肌，斜方肌等。

在制订健身计划的时候，一定要遵循这个原则，留给肌肉足够的修复时间，无论是一周 3 练或 4 练，连续两天锻炼相同的肌肉群都是不正确的，这样会导致该肌群过度疲劳，错过了最佳恢复生长时间。

为了让身体得到充分恢复，有时需要停练几天，特别是在由于训练过量而使内分泌系统失调的时候。这也是一周练三天的原因。这样做是为了让整个神经系统有充足时间进行恢复，以便组织下次战斗。而你所得到的，不仅是精神上的放松，还有生理上的舒畅。过量训练的症状主要是肌肉疲劳，糟糕的是还会使你神经和其他系统受到创伤。

十四、复合训练动作

复合训练动作相对于孤立动作而言，孤立动作是指锻炼单个肌肉部位的动作，而复合训练动作则是能锻炼到多个肌肉群的训练动作。复合训练动作对身体整体力量的提升和肌肉的协调发展有着重要的意义。

复合训练动作又称基本训练动作，无论在健身房中还是家庭健身，复合训练动作都是健身中最基本的，最重要的动作，在每次健身中，锻炼某个部位时，一定要做 1 ~ 2 个侧重该部位肌肉的复合训练动作。

在国外，复合训练动作早已被健身、健美运动员作为日常训练的主题，而孤立动作的比重则大大缩小，往往在临近比赛的时候才会获得关注。

目前国际上较为认可的三大力量复合训练动作有卧推、深蹲和硬拉。

先介绍 1 ~ 2 个锻炼相关部位的复合训练动作：

胸部，哑铃卧推，俯卧撑。

肩部，哑铃推举。

背部，引体向上，哑铃划船。

腰部，直腿硬拉。

腿部，深蹲。

十五、写健身日志，体验健身成果所带来的乐趣

健身贵在坚持，写健身日志能起到督促健身的作用，同时在健身的过程中不断完善自己的健身知识，使自己的健身知识具有系统性，更

能体验健身成果所带来的乐趣。

健身日志的内容包括健身计划，每天的锻炼部位、动作、组数、健身者体重、身体各部位围度的一些数据以及健身感受和所遇到的问题等。

十六、初学者不要忽略腿部肌肉的训练

初学者在制订健身计划时，在一个循环的健身计划中，涉及全身的肌肉部位的锻炼是非常有必要的。比如一周三练的计划中，在这三天的健身中要锻炼到身体的每个肌肉群。

有些新手在刚开始锻炼时，哪儿薄弱只锻炼哪儿，想发展哪儿只锻炼哪儿。健身中具有针对性是可取的，你可以在制订健身计划时，侧重于薄弱部位增加训练组数和强度，但不要忽视其他部位的锻炼，特别是腿部肌肉的锻炼。因为人体内肌肉的发展是相互关联、互相促进的。

腿部肌肉的锻炼对整体肌肉的发展有着重要的意义，特别是在美国，腿部肌肉的锻炼显然以成为健身的主要课题，而相对于国内的健身爱好者，关注点还是主要在上肢的锻炼上。

锻炼腿部肌肉主要有以下三个好处：

(一)通过锻炼腿部肌肉，可以有效果提高提内激素的含量，而激素正是促进全身肌肉合成的重要物质。所以，腿部肌肉的锻炼水平对全身肌肉的发展有着促进作用。

(二)腿部肌肉有固精的作用，有效地提高性功能。

(三)腿部肌肉锻炼动作几乎都能涉及臀部肌肉的锻炼，在获得强壮双腿的同时，也能获得梦寐以求的性感的臀部。

十七、在健身计划中至少安排 1 ～ 2 次有氧训练

有氧训练能增强人体耐力，提高心血管、内脏器官功能，为力量训练提供充足的营养打下良好基础。

在制订健身计划时，一次循环的计划中至少要安排 1 ～ 2 次有氧训练，特别对于新手而言，有氧训练显得尤为重要。由于之前缺少锻炼，身体在刚刚接触大强度的力量的训练时，心血管、内脏器官功能不足以支撑大的训练强度需求，营养物质供应不上，往往会导致头晕，恶心等不良反应，不利于身体健康，所以在健身中要注意关注有氧训练和循序渐进的健身原则。

在健身计划中至少安排 1 ～ 2 次有氧训练，有氧训练可以安排跑步，跳绳，单车，游泳等有氧训练项目，一般持续 1 ～ 1.5 个小时。

十八、家庭健身要特别注意“有效健身时间”和“组间休息时间”

现代社会，生活节奏加快，越来越多的人选择家庭健身。家庭健身无时间、地点的约束，使健身更随意，更能融入生活。只要方法正确和不懈的坚持，家庭健身同样能达到健身房所能达到的成果。

相对于家庭健身，健身房有其明显的优点。第一，气氛能使人更加专注；第二，有健身伙伴的陪同训练能让人感觉到健身更有乐趣，更容易坚持。但是，这并不是家庭健身所不能解决的问题，只要有强烈地改变自己的信念，坚持似乎也不是什么难题，同时可以在网上与健友交流健身心得也是一种乐趣。

由于家庭健身环境干扰因素不可避免，家庭健身要特别注意有效健身时间和组间休息时间，往往是断断续续健身了 1 ～ 2 个小时，而

实际健身时间还不到半个小时，因为这期间有别的事情干扰了健身，或者是无意识的做了其他的事情，这样都大大影响的健身的效果，最佳的有效健身时间（不含热身和拉伸时间）是 45 ~ 60 分钟，这种高效率的健身才能有效地完成刺激肌肉增长的目的，同时不会使身体产生不良反应，影响健身效果。

其次是组间休息时间，如果需要完成 4 组哑铃卧推动作，组与组的休息时间也极大地影响了健身效果；如果以增大肌块为目的的健身，组间时间应保持在 30 ~ 60 秒，这样的组间休息时间能最大化健身的效果。

有效健身时间和组间休息时间是家庭健身最需重视的，否则，不仅浪费了健身时间，也使健身效果收效甚微。

十九、初学者锻炼肌肉需要注意什么

肌肉的力量练习要遵循坚持、经常、全面发展、循序渐进、逐渐加大运动量和运动强度等基本原则。

负重力量时，要量力而行，切忌“死撑”“硬拼”，必要的保护措施也是防止伤害事故发生的有效方法。力量练习的内容和方法是多种多样的，练习者要结合自己的具体情况加以取舍、灵活运用。

在做正式力量练习前，要特别做好热身活动，拉伸即将做力量练习的肌群。力量练习之后也要充分拉伸放松这些肌群，帮助血液回流补充营养的同时，使肌肉中乳酸快速分解。

力量练习中，大小肌群的锻炼要合理有序地安排。力量练习时不仅要发展主要的大肌群，还要主要发展较少使用的小肌群。一般来说，大肌群的练习应该放在小肌群之前，这是因为：

（一）大肌肉在锻炼时运动中枢的兴奋面广，兴奋程度高，在提高自身力量的同时，由于兴奋的扩散作用，练习过程对其他肌肉也有良性的刺激作用。

（二）大肌肉相对不容易疲劳，可延长锻炼时间，而小肌肉锻炼往往容易疲劳，将影响大肌肉练习动作的完成。前后相邻的运动应尽量避免使用同一肌群。

在每次力量练习的训练计划中，肌群练习的顺序：

大腿前部肌肉（股四头肌）→肩部和胸部（三角肌和胸大肌肉）→背部和大腿后部肌肉→小腿肌肉→上臂后部肌肉（肱三头肌）→腹肌→上臂前部肌肉（肱二头肌）。

另外，有研究表明，每天锻炼一次，肌肉力量提高 47%，每隔一天锻炼一次，肌肉力量提高 77.6%。所以，力量练习隔天锻炼的效果要比每天锻炼的效果好。

二十、如何做健身前的拉伸训练，降低受伤概率，提高健身效率

拉伸训练包括静态拉伸和动态拉伸。

静态拉伸是指目标肌肉被拉伸最大限度后，保持拉伸状态 1 分钟左右的时间。静态拉伸可以使目标肌肉在接下来的高强度训练时，使身体快速适应大幅度的肌肉伸展。但是过度的静态拉伸会导致肌肉的僵硬感，如果此时进行力量锻炼，很容易导致肌肉拉伤。

动态拉伸是目标肌肉多次、快速的伸展练习。通过动态拉伸，能使肌肉群和韧带得到最大限度的伸展，使关节得到最大幅度的运动，发挥最大的柔韧性，同时预热目标肌肉，能够顺利过渡到随后的大强度力量训练，收到立竿见影的效果。

研究表明，以静态拉伸训练为主，辅之以少量的动态拉伸训练，合理搭配，对于健身爱好者来说大有裨益。所以，正确的健身前准备顺

序为热身运动（5分钟）—目标肌肉的动态拉伸（2分钟）—目标肌肉的静态拉伸（5分钟）—目标肌肉的动态拉伸（3分钟）。

二十一、每两周增加一次负重，每两个月变换一次健身计划

健身者制订一套合理的、适合自己的健身计划并加以坚持下去是十分必要的，这不仅使你的健身更具系统性，同时对健身者坚持健身和指导健身有重要的意义。

健身计划的制订是阶段化的，不同的阶段需要不同的计划。力量和肌肉在增长，而计划没有改变，势必会严重影响健身效果，导致健身效果停滞不前。从长远的健身计划来说，分为初级，中级，高级健身计划，而在某个健身阶段，遵循每两周增加一次负重、每两个月变换一次健身计划的原则。

健身中，如果发现体重和肌肉纬度已经很久没有增加了，这时你要考虑已经多久没有增加哑铃重量了和变换一次健身计划了。肌肉是本着愈刺激愈生长的原则，长时间地对某一负荷的适应，肌肉以不再生长，需要更大的重量对其进行新的刺激促进其生长，每两周尝试增加一定量的负荷，这样会使力量和肌肉纬度不断地增加。

肌肉需要不断的新的刺激才得以生长，仅仅增加负重还是不够的，按经验，我们需要每两个月变换一次健身计划，计划的变换以动作的变化和方法的变化为主。你可以变化一下各个部位的锻炼顺序和强度，增加动作组数或缩短组间休息。如果常用哑铃平板卧推和俯卧撑锻炼胸部，那么这次变化可以加入哑铃上斜与下斜卧推，以不同的方向给予胸部新的刺激，同样能很好地促进胸部肌肉的发展。方法方面，可以采用金字塔方法或者大循环的方法，也可以在每个循环的健身计划中加入高强度的训练。

二十二、再谈健身后肌肉的恢复

在第十三篇文章已经讲过了“关于肌肉的恢复时间”，这里再谈健身后肌肉的恢复，因为肌肉的恢复对于健身增肌来说实在是太重要了，“没有恢复就没有肌肉”这句话一点都不夸张。

肌肉的恢复过程因人而异，同时也与训练的强度、身体状态等原因密切相关。对于一般的非职业健身爱好者来说，健身训练后在营养充分和休息良好的情况下，机体恢复到 90% 需要 24 小时，完全恢复需要 72 小时。另一个标准是，大肌群如胸、背、腿等完全恢复需要 72 小时，小肌群如肱二头、三头、斜方肌等恢复需要 48 个小时。这就是为什么对于初学者我们建议 1 周 3 练的原因，就是给肌肉充分的恢复时间使其生长。

如果肌肉没有完全恢复就进行第二次训练效果肯定不好，长此下去还会造成肌肉僵硬、过度疲劳，使训练效果大打折扣。

肌肉恢复主要有主动性恢复和被动性恢复两种方式。

主动性恢复包括健身后的拉伸、按摩、营养的补充、心理放松等。健美训练结束 20 分钟后，最好洗个温水澡，水温控制在 30 ~ 40 摄氏度。温水浴不仅对心血管系统和中枢神经系统（大脑）有镇静作用，还能促进血液循环，保持皮肤清洁，排除体内废物，消除肌肉紧张，减轻酸痛感，加快机体的恢复。

被动性恢复一般指静止休息、睡眠等。

无论是主动性恢复还是被动性恢复，对肌肉的增长都起到非常重要的作用，没有哪个更有优势之说，都是不可缺少的。健身后进行 10 分钟的拉伸运动，自我按摩 10 分钟，搭配合理的营养补充，洗个温水浴，完全放松后在美美地睡上一觉，这是一个不错的选择。

二十三、如何预防和缓解健身后的肌肉酸痛

健身的朋友或多或少地都遇到过肌肉酸痛的情况，尤其是刚步入健身的人，他们急于求成，3 分钟热血来了就猛练一通，结果导致肌肉酸痛。

肌肉酸痛分为两种，一种是运动时或运动完即刻出现的肌肉酸痛，这是由于乳酸堆积所致，因为这时乳酸含量达到高峰；另一种是运动第二天或第三天肌肉酸痛，这种酸痛大多因肌肉损伤所致；偶尔的肌肉纤维损伤导致的肌肉酸痛不足为奇，因为肌肉生长的过程就是肌纤维的破坏到恢复的超量恢复过程，但长时间或剧烈的肌肉酸痛就是训练过度的体现，会对身体产生很大危害。

预防的肌肉酸痛的方法有：

（一）做好健身前后的肌肉拉伸动作，以静态拉伸为主。

（二）一定要循序渐进的原则，无论是负重还是训练强度，对于初练的人无负重健身尚且出现肌肉酸痛，何况是负重呢？无论你能举起多大的重量，都要从零强度慢慢加上去。

（三）健身后补充蛋白质和碳水化合物进行肌肉的修复。

一旦在健身中出现肌肉拉伤的情况，可以采用冷敷和热敷的方法消除酸痛，1 ~ 2 天的冷敷缓解疼痛，接着 1 ~ 2 天的热敷彻底消除疼痛，其间可以做一些简单活动，如散步和伸展运动等。

第二篇　社区卫生服务

课　　时　共计 4 课时。

教学目标　了解发展社区医疗卫生服务的重要意义；
了解社区卫生服务发展的现状和存在的问题；
了解完善社区卫生服务的对策；
学习社区卫生服务案例。

教学重点　完善社区卫生服务的对策；
社区卫生服务案例。

教学内容

一、发展社区医疗卫生服务的重要意义

随着城市化的发展，人口老龄化，人群疾病谱的改变和医学模式的转变，疾病预防控制工作越来越显示出它的重要性。用较低的费用，提供优质的服务是医疗卫生改革的目标。而发展社区卫生服务是实现这一目标的最佳选择。

首先，发展社区卫生服务的重要意义在于：

1. 有利于群众医疗

它能够满足群众多方面多层次的医疗卫生服务需求，不断提高全民族的健康水平，改善人民群众生活质量，为经济和社会可持续发展提供重要保障。

2. 有利于有效合理地利用卫生资源

大医院 70% 的病人是“常见病、普通病、多发病”患者，高精尖的仪器设备治疗这类患者实际上是“大马拉小车”，造成卫生资源的极大浪费和医疗费用的过快增长。发展社区合理的、方便群众的区域卫生服务网络，才能克服这些弊端，而且社区卫生服务的开展为合理分流病员也提供了条件。

3. 有利于促进医疗保障制度的改革

当前，职工医疗保障制度筹资有限，且难度大，还常有透支。根据“低水平，广覆盖”的原则，通过发展社区卫生服务，既可解决医疗费用不足问题，也有利于医疗保障制度改革的成功。

二、中国社区卫生服务发展的现状

近几年，社区卫生发展是健康的。目前我国社区卫生发展处在起步阶段，全国 95% 的地级以上城市、86% 的市辖区和一批县级市开展了城市社区卫生服务，全国已设置社区卫生服务中心 3400 多个，社区卫生服务站近 1.2 万个，创建了 108 个全国社区卫生服务示范区。以社区卫生服务中心为主，社区卫生服务站为辅，医疗诊所为补充的社区卫生服务体系，正在大、中型城市逐步形成。各个地方都在围绕“六位一体”（预防、保健、健康教育、医疗、康复、计划生育技术指导）的社区卫生服务做着积极的探索和实践。其中，北京、天津、上海等大城市开展社区卫生服务的工作较早。北京市建立社区卫生服务后，参加医保的退休职工在这些社区试点单位就诊高血压、糖尿病时，其治疗用药只要属于基本医疗保险用药范围内，报销时就可以取消原来先由个人负担的10%费用，全额按比例报销。对于这些退休人员需要报

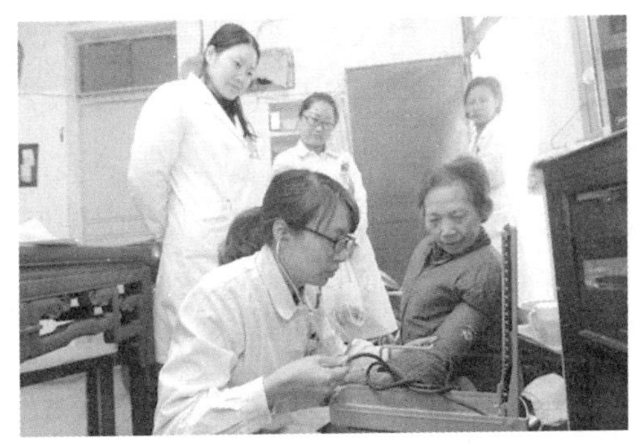

销的单据，也不用再跑到原单位或者社保所了，只要将单据交给社区卫生服务站即可。此外，为了照顾在社区看病的退休人员，北京市劳动保障部门还特意放宽了社区用药范围，十几种高血压、糖尿病用药也能在社区按规定报销。上海市实行社区卫生服务综合改革试点比较早，现已经扩大至全市范围，227家社区卫生服务中心都将实行医保总额预付制度和收支两条线管理。全市社区卫生服务中心的医药费用明显下降。以社区卫生服务为平台、全科服务团队责任制为核心的社区卫生服务模式改革，也已在中心城区和郊区部分有条件的社区卫生服务中心推开，通过实行中心、服务站和家庭“三站式”服务，确保了“六位一体”功能落实到位。

上海市宝山区淞南社区卫生服务中心（以下简称“中心”）于2000年从地段医院转制过来，形成了“政府领导、部门协调、街道负责、卫生实施”的管理体制。内部改革不断深入，调整了中心的科室设置，建立了“三科一室”，即医务科——由各科门诊、医技、病房、护理组组成；社区卫生科——由防保一条线（疾病控制、慢性病防治、妇幼保健、行业卫生、健康促进、计划免疫等）、家庭病床和社区卫生服务站组成；行政科——由总务、财务组成；办公室——由人事、档案、统计和信息管理组成。加强了全科医师队伍的建设，加强了内涵建设，落实

了管理措施。引入竞争机制，实行“病人选医生”“病人选护士”与业务质量、服务态度和分配挂钩的制度，实行人性化、个性化、亲情化的服务，推行以健康为中心、以人群为对象、以家庭为单位、以社区为范围、以需求为导向的服务模式，促使医护人员提高服务效率和服务质量。服务形式从医院走向社区，进入家庭；服务内容从单纯的生物模式转向生物—心理—社会医学模式，“小病进社区，大病进医院”的服务网络逐步形成。医院还实施“一院多点”服务，先后建立了五个社区卫生服务站，开展以“预防、保健、医疗、康复、健康教育和计划生育指导”为一体的，贯穿服务对象生命全过程的有效、经济、方便、综合、连续的基层卫生服务。从而使社区卫生服务中心在硬件建设方面和工作规范方面都上升一个层次，逐步成为与大都市形象匹配的新型社区卫生服务机构。

尽管有些城市在社区卫生服务方面取得了一些成功，但从总体上看，社区卫生服务仍处于初创阶段，浮于表面，很多工作与广大人民群众的需要存在一定差距，社区预防保健、基本医疗等服务仍难以满足居民的健康需求。

三、中国社区卫生服务存在的问题

从中国目前现状来看，社区卫生服务主要存在以下几个方面的问题。

（一）思想认识上存在误区

1. 社区卫生服务经营管理理念滞后

社区卫生服务的经营管理理念不到位，服务意识跟不上，服务态度生硬，不能满足居民的基本需要，更谈不上创新服务，个性化服务。社区卫生服务过程中，大部分都得到了各级政府和社会各界的支持和

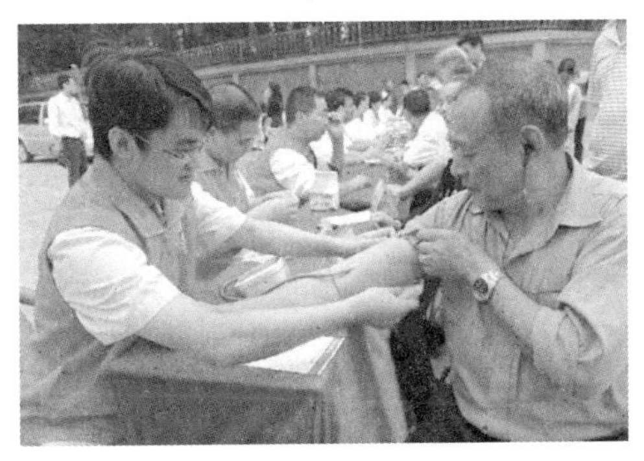

帮助，但仍然存在对开展社区卫生服务的重要性认识不深、不透，停留在表面上，有的只是形式上的支持，内容上不支持，敷衍了事。由“政府领导、部门协调、街道负责、居委会参与、卫生部门实行行业管理”的社区卫生服务管理体制虽然已经明确，但在实际操作中，职责、相互关系等尚未全部理顺，给具体工作带来很多不便。

2. 部分社区群众对社区卫生服务的认识也有盲点

一味地追求无偿卫生服务的大有人在，也有极少部分群众（有经济能力的）认为只要自己付钱，卫生机构就应该提供所需的一切服务。这些认识上的偏差忽视了一个社会主义初级阶段卫生机构的现状。医疗卫生属于公益性、福利性事业，但政府补偿机制还没有到位，如果没有市场化运作的有效补偿，卫生机构本身将无法生存和发展。如果只要付钱就要满足一切需要，一级医疗机构尚未完全具备这些服务功能与技术能力。目前，发展社区卫生服务的方向，只能在符合社会主义初级阶段基本国情的前提下，为社区群众提供综合、可及、连续、经济、方便、有效和基本的卫生服务。

3. 转诊制度难落实

社区卫生服务中心与市级医院之间是“双向转诊”的关系，即社区卫生机构应及时将危重疾病的参保人员转到上级医院，上级医院再将康复的和慢性病的患者及时转入社区卫生机构。而从实际效果看，从下级医院往上级医院转很顺利，而从上级医院往下级医院转时却很难落实，原因有来自患者自身的，也有来自医院方面的。

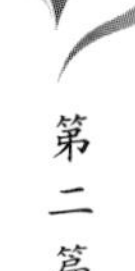

（二）社区卫生服务资金短缺、医疗资源配置存在严重浪费

社区卫生服务资金短缺主要表现在以下两个方面：一是政府投入有限。国家规定，社区医疗实行定额补助政策，由同级财政支出，支出额度根据各地经济发展水平、人口、社区疾病预防控制的重点来确定。但由于社区卫生服务体系建设尚处于初级阶段，各地区经济发展不平衡，政府重视程度不一，以致有的地方虽出台了政策和办法，但不落实，或落实力度不够。二是街道医院资金紧张、底子薄。现在社区卫生服务中心大体是从街道医院改建而来，改建社区卫生中心需要一定的业务用房，增加相应人员、设备，需要有起步资金，而街道医院以往的效益都很差，积累很少，难以应付这种改制局面。

在目前政府投入 80% 分布于大型医院里，存在严重的浪费，所以要让我们有限的卫生资源发挥最大的功效。我国卫生资源总体不足和相对浪费是一个关键问题。2005 年 7 月 1 日，卫生部部长高强所做的《发展医疗卫生事业，为构建社会主义和谐社会做贡献》的专题报告中指出，我国人口占世界的 22%，但医疗卫生资源仅占世界的 2%。其中还有资源水平不高的。虽然在过去的 20 年里，我国的医疗卫生费用一直在稳步增加，但是占我国经济 GDP 的比重实际上下降了。我国大部分的医疗卫生资源一直以来都集中在大型医院。有数据表明，目前我国 CT 利用率仅为 38%，核磁共振利用率仅为 43%，在我国 100 万人口的城市拥有 20 台以上 CT 是较普遍的，而仅此一项浪费就多达 50 亿～60 亿元。这就难怪国家、单位和老百姓花钱不少，仍感觉看病难，看病贵了。国内外理论和实践都表明，在一定卫生总量水平基础上，卫生服务体制和内部规制决定着资源的利用率。

（三）管理体制和法律体系尚不完善

在医疗服务进入市场后，政府要从各个方面采取必要的调控手段，让社区卫生服务在健康的空间中发展。

1. 社区卫生服务的体制改革和运行机制改革势在必行

由于社区卫生服务中心前期改革基本未涉及体制和运行机制的改革，在开展社区卫生服务过程中，还存在一些问题亟待解决，如补偿机制不到位、卫生资源配置失当。社区卫生服务价格体系不规范使经济补偿没有合理的依据。长期以来，由于政府投入与补偿经济政策的乏力，如果没有市场化运作的有偿服务，社区卫生服务机构本身将无法生存和发展，最终迫使社区卫生服务机构加重医疗服务“侧支循环”，从中汲取“养分”，支撑社区卫生服务机构的生存、发展。这样，势必会削弱其他服务功能，违背社区卫生服务的目的和初衷。目前，“以医养防，以药补医”实际上已经成为社区卫生服务机构的一种对政府补偿不足的补充，也就是医院在业务收支中临床医疗结余弥补预防经费的不足，以药品收支结余弥补医疗收支亏损，社区卫生服务如没有经济基础作支撑，发展将受到相当程度的阻碍。2005 年以来，医保实行“总量控制、按月预留、年度考核”的政策。因此，必须进一步突出政府行为，充分重视社区卫生服务在社区建设和社区管理中的作用和地位，完善补偿机制及配套政策，彻底改变目前社区卫生服务中心“以医养防、以药补医”的主体服务模式，建立政府购买预防保健，医保购买基本医疗，社会购买延伸服务的“三买”机制，改革社区卫生服务的支付形式。使社区卫生服务真正体现价格低廉，服务便捷、有效。

机构问题。社区卫生服务中心（站），无论是由原机构转制而来，还是新设置的单位，均没有摆脱旧有医疗模式的影响，单纯开展医疗行为的现象广泛存在。首先，社区卫生服务机构本身对社区卫生服务没有足够重视，在服务模式上没有实现真正意义上的转变，还是在医院等病人上门，以临床医疗为主，忽视社区群众的健康保健服务，忽视对社区的健康干预作用。其次，人力资源匮乏、基础差、来源少，相关政策跟

不上。社区卫生服务机构由地段医院转制而来，由于历史原因，社区卫生服务人员学历、职称及专业结构都不尽合理，他们的文化程度以中专学历为主，大专以上学历仅占 1/3～2/3，职称以初级为最多，高、中、初级人员比例失调。同时，由于人才流动的政策导向、职称晋升等问题，也是造成社区卫生服务中心人才缺乏的原因。要开展和完成真正意义上的“六位一体”工作尚有一定难度。

2. 全科医生质量及队伍建设方面的问题

社区全科医生、社区护士等技术人员的技术职称的评定及《执业医师法》亟待完善，全科医学职称评定体系还未真正实施，在开展社区卫生服务的诊疗规程上还存在法律风险，这些都会影响全科医生队伍诊疗服务的质量，势必会影响社区卫生服务的整体质量。全科医师队伍建设艰难。卫生部规定，全科医生规范培训需脱产四年，转型培训需脱产五个月或半脱产两年。要初步建立社区卫生服务体系框架，一方面人手紧缺，一方面又要抽人参加培训，面临两难窘境。

3. 相关政策不配套

国家规定，政府批准的社区卫生机构纳入职工基本医疗保险定点机构。但这项政策在一些地方并未很好落实。社区机构不纳入医保，患者就不愿到社区卫生机构就诊，社区承担的初级卫生保健职能就难以落实，医疗体制改革的初衷、医疗资源合理配置就成了一句空话。

四、完善社区卫生服务的对策

社区卫生服务的发展前景是广阔的，随着经济的发展、时代的进步、文明程度的提高，社区卫生服务已经越来越被人们重视和认识，为了使其进一步发展，针对社区卫生服务中心现状中的一些问题和发展前景做一些初步探讨。

（一）加强宣传力度和学习的深度，构建和谐医患关系

1. 百姓满意

让老百姓能正确地认识和切身体会到社区卫生服务工作能给他们带来帮助，让老百姓真正地体会到党和政府的温暖，解决他们看病难、看病贵的问题。在南京市秦淮区社区卫生服务改革试点工作中就取得了显著成效。有慢性病的社区老人，去医院排队看病、吃药、打针、挂水是常事。原本一星期要 1000 多元费用，还要乘车、排队，实行改革后，只需要花一半的钱就够了，出门走几步就到了，行动不便有困难的打个电话医生就能上门。让人民群众真正体会到社区卫生服务的实惠和便捷。

2. 政府主抓

在政府方面要层层落实、加强监管，加强对各级干部的政策宣传，充分重视社区卫生服务在社区建设和社区管理的作用和地位，把社区卫生服务作为医疗体制改革的突破口，进而达到探索根本改革医疗体制，实现彻底解决群众看病难、看病贵等问题。把其真正列入议事日程，纳入本地区经济、社会和城市发展总体规划及精神文明建设规划，列入工作目标和考核内容。

3. 社区落实

社区卫生服务机构本身要不断学习提高认识，社区卫生服务机构要对医护人员进行专业培训，强化社区卫生服务的意义、工作内容、操作规范、服务形式、管理要求等，促进社区卫生服务走上服务规范化、

管理科学化、设施标准化的轨道。

（二）加大政府投入及配套政策

政府要构建医疗补贴、保险和社会救助等完整的保障体系，改变“以医养防，以药养医”的状况。实行医药体制改革，建议政府在财力可承担的情况下加大对医院的补偿，以补充社区卫生服务发展中的资金不足，真正实现收支两条线，构建平价医院。建立一种覆盖面大、效能强的全民保障系统，使全科医生成为社区居民的守护人、医保的守门人。同时，应调整医保相关政策，取消不公平的制约措施，以促进卫生事业的发展。作为医院管理者，应积极采取应对措施，大力改善就医环境，改善服务态度，提高医疗质量，尽可能地降低成本节省费用，并重点加强内部运行机制的改革。根据医保要求，重新确定自己的功能定位和主攻目标。

（三）完善卫生机构内部改革

加强全科医生人才培养，推进社区卫生服务整体水平的提高，要建立内部竞争机制，形成优胜劣汰、奖勤罚懒，能者上、庸者下的内部运行机制。深化人事制度、分配制度改革，让工作成绩突出、医德良好、科研能力强的选拔进入三级医院工作，构成人才梯次，形成人才流动模式，取消医师工作终身制，建立完善的培训机制，系统地、全面地不断更新地学习全科医学知识。卫生行政部门从三级医院调派医务人员到社区工作，带动基层卫生工作的质量，以提高社区卫生服务中的整体素质。

（四）探索社区卫生服务的新模式、新方法

随着老年人口的不断增加，老龄化已成为当今社会的重大问题。提高老年人的生命质量和生活质量，对社区卫生服务带来很大的需求和新的课题。要根据各地方各社区的实际情况，分析、研究、解决出现的新情况、新问题。

1. 统一管理

根据各地方的需求，厘清层次、分清归属、统一管理。主要解决社区卫生服务站纳入社区卫生服务中心统一归口管理问题，不要形成多头管理又无人管理的状况。

2. 深入群众，建立健全健康档案系统

根据社区不同的层次、不同的需求，实行不同的服务新模式和新方法，如家庭照料、临终关怀、安宁护理等。建立家庭保健合同、户籍制家庭医生、家庭护理、社区康复等服务新模式，把健康带入社区里，把服务做到家庭中。

3. 重视社区的重点人群

儿童、妇女、残疾人和精神病等慢性病病人是社区卫生服务的重点人群，应建立他们的基础信息资料，实行系统管理和动态管理，让这些人弱势人群得到基本有效的保障。

4. 改进社区卫生服务的模式，组建成一支团队

把全科医生、社区护士、预防保健、公共卫生医生组成团队，把服务以一个整体带入社区，避免出现“头痛医头，脚痛医脚”的现象。以块为主、分片包干、明确条线、责任到人，建立规范的社区卫生服务的规章制度，全面推进整体社区卫生服务水平的提高。构建医疗多元化市场，提倡健康体检或保健服务，让健康消费的理念逐步渗入老百姓的生活中。真正做到有病治病、无病防病，提高人们的身体素质，生活质量。

5. 进一步完善卫生机构内部运行机制

加强全科医师人才培养，推进社区卫生服务整体水平的提高，要建立内部竞争机制，深化人事制度、分配制度改革。短期速成和集中脱产学习方式相结合，系统地、全面地学习全科医学知识，并广纳人才，以提高社区卫生服务中的整体素质，促进全科医生短缺问题的解决。对

社区卫生机构起步阶段，全科医生不足的问题，可采取上级医院专业医师巡回到社区指导，帮助会诊等办法，以解燃眉之急。

综上所述，社区卫生服务在发展中存在的问题和不完善，是我国社会主义初级阶段所特有的客观情况，是事物发展的必然。社区卫生服务在今后的发展中，只要坚持政府的正确领导、社会的全面重视，同时配以相关政策，完善补偿机制，加速人才培养，引入竞争机制，进一步探索新的服务模式，完善管理体制和操作规范，提高社区卫生服务中心的整体素质和服务水平，合理配置、利用和管理社会资源，构筑城市社区卫生服务体系框架，努力满足社区群众日益增长的基本卫生服务需求，社区卫生服务事业就会显示出强大的生命力，就会蒸蒸日上，蓬勃发展，成为社会进步和社区文明的重要标志。

五、社区卫生服务案例

广东省深圳市南山人民医院高新区社康中心成立于 2002 年 12 月，直接为科技园社区的居民提供健康促进、卫生防病、妇幼保健、老年保健、慢性病防治、疾病诊治六大类服务。

（一）社区基本情况

高新区社区健康中心服务区域为科技园社区居委会，位于科技园中区，东起科技路，西至新田路，南起深南大道，北至北环大道。占地面积约 1.9 平方公里。辖区内居民距社康中心最远约 1 公里。总人口数约 1.2 万人。常住户籍 1860 户，常住人口数约 6200 人，其中男性 2954 人，女性 3246 人。60 岁以上老人（常住 + 暂住）462 人，75 岁以上老人（常住 + 暂住）9 人。0 ~ 6 岁 524 人；育龄妇女 2573 人；已婚2164人，带环妇女1493人，结扎人数62，本年度迁出人数36人，迁入人数 57 人，死亡人数 2 人。

暂住及流动人口户数1240户，人口约5800人，其中男性约2321人，女性约3479人，育龄妇女3056人，已婚1079人，带环妇女524人，结扎人数157，0～6岁儿童约137人，死亡人数0人。截至目前，入户调查3074户，常住1844户，暂住1230户，并建立了家庭及个人档案，大部分已输入罡正电脑系统，实行电脑化管理，其中建档2831户，常住达72.3%，暂住达76.5%。

经统计显示：

1. 家庭构成：核心家庭1484户，主干家庭268户，单身家庭354户，单亲家庭22户，联合家庭61户。

2. 性别分布：男性5273人，女性6727人，男女之比为0.8∶1。

（二）高新区社区主要高危人群及主要危险因素分析

1. 60岁以上老人主要危险因素

（1）机体组织功能减退，免疫力下降，易患多种慢性感染性疾病；如：气管炎、肺炎、肿瘤等。

（2）孤独感，常有不良心理因素，易发生抑郁症和老年性痴呆。

（3）老年动脉硬化易导致高血压、糖尿病、脑卒中、冠心病、椎动脉供血不足等病。

（4）部分老年人吸烟、饮酒，不利于老年保健养生。

（5）部分患者健康及医学知识缺乏，有时不愿到医院就医。

2. 20～50岁人群主要危险因素

（1）工作压力大，竞争激烈，心理不稳定，部分人士有抑郁障碍。

（2）科技园社区居民大部分从事高科技工作，这个年龄段的人群整

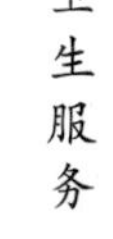

天面对电脑，活动少，易患颈椎病、腰椎病等。

（3）对医学知识缺乏，不懂自我保健。

3. 7 岁以下儿童主要危险因素

（1）正值发育阶段，免疫功能尚未完善，加上幼儿园、学校的交叉感染，易患感染性疾病和传染病。

（2）无生活经验，易发生意外。

（三）社区主要健康问题

在 3 月 3 日至 4 月 25 日，社区对管辖 34 区、36 区、37 区、48 区、58 区、通信小区、金达中心、桑达苑社区居民的健康状况、社区环境、社区资源等进行调查，入户调查了 502 户，常住及暂住共约 1907 人；发现影响社区居民的主要健康问题有两个方面：高血压和糖尿病。

（四）社区主要健康问题分析、干预计划及措施

1. 高血压

目前发现高血压病人 61 人，为社区居民主要健康问题，也是发病较高的疾病。

发病危险因素

（1）年龄：社区内≥ 60 岁老人 462 人，≥ 75 岁老人 9 人，高血压病人最小年龄为 37 岁，最大年龄为 77 岁，以中老年人居多。

（2）不良的生活和饮食习惯。过食海鲜及高脂、高碳水化合物，易致高脂血症及动脉硬化。部分人吸烟饮酒，孤独、心情郁闷，精神紧张。

（3）一部分高血压患者有家族高血压史，加之缺乏医学科普知识，无症状时不就医，不吃药，等症状出现时才治疗，失去了控制高血压的机。

疾病后果

高血压易致动脉硬化，易发生脑卒中而致残，冠心病致心肌梗死或猝死，肾功能障碍致肾衰。

干预计划

（1）大力开展防治高血压病的健康教育，普及高血压病的医学知识，让居民认识高血压病对身体带来的危害，提高居民的健康意识和自我保健能力。

（2）改进不良生活方式和饮食结构，提倡低盐、低脂、低糖饮食，戒烟戒酒等，养成正确的生活方式。

（3）开展群众性体育活动，消除不良的心理社会因素。

（4）指导合理的非降压药物治疗和降压药物治疗。

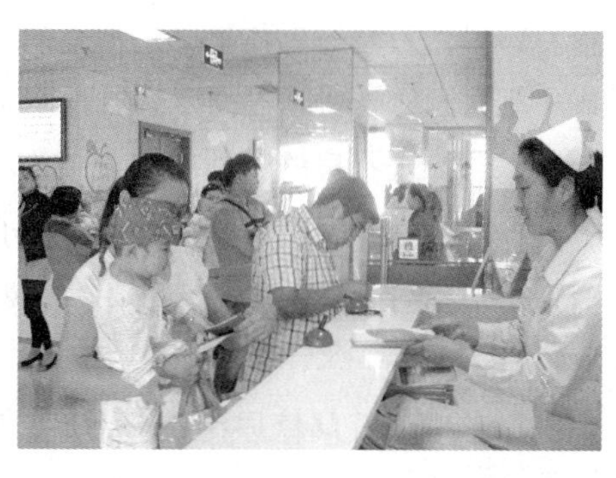

干预措施

（1）积极主动入户及早发现高血压病患者，开展 20 岁以上人群首诊测血压。对早期患者追踪、观察，采取非药物治疗措施，进行一级干预。

（2）举办了“高血压病防治”的知讲座，发放教育处方，经常播放有关“高血压病防治”的医学录像资料。

（3）定期随访追踪病人，监测血压，指导患者长期、不间断、规律的合理应用降压药治疗，并对家人进行教育，帮助医护人员监督按时服药，在家里，对患者从身心上多给予关心、体贴、照顾。

2. 糖尿病

辖区内发现 2 型糖尿病患者 22 人。

发病危险因素

（1）糖尿病家族史。

（2）高糖、高脂饮食。

（3）不良的生活、饮食习惯。

疾病后果

（1）伴发缺血性脑卒中致残。

（2）伴发高血压、冠心病、心肌梗死等。

（3）肾功能损害致肾衰。

（4）伴发糖尿病眼底病变、末梢神经痛、感染等。

干预计划

（1）积极主动发现病人，进行跟踪随访，采取一级干预。

（2）大力开展糖尿病的健康教育活动，举办糖尿病知识讲座，每年2～4次，提高居民对糖尿病危害的认识，增强自我保健能力。

（3）改进不良的生活或饮食结构。

（4）坚持体育锻炼，消除不良的心理社会因素。

（5）指导合理的降糖药物治疗，减少并发症。

干预措施

（1）广泛开展糖尿病筛查活动，对40岁以上及有糖尿病家族史的肥胖人群免费测血糖一次，发现高糖患者进行血糖监测，并指导非药物治疗。

（2）举办“糖尿病知识及防治”的科普讲座，不定时发放健康教育处方。

（3）定期跟踪随访病人，监测血糖，指导病人长期不间断、规律并合理地使用降糖药物。

第三篇 老年人自我保健

课 时 共计6课时

教学目标 运动；

饮食营养；

精神和心理调养；

生活方式；

补益药和延寿药；

慢性病保健。

教学重点 老年人的营养需求；

生活方式；

慢性病保健。

教学内容

第一节　运动

一、生理意义

“生命在于运动”，经常运动可以保持体力不衰；适当用脑可以保持脑力不衰。“流水不腐，户枢不蠹”，运动（体力的和脑力的）是延缓衰老、防病抗病、延年益寿的重要手段。

（一）运动对改善心功能有好处。体育锻炼可以加强心肌收缩，改善心肌供氧，减少患冠心病。锻炼有助于心脏病患者身体康复，通过有计划地进行锻炼，循序渐进，就会慢慢恢复到原先那种那种健全而活跃的生活。经常打太极拳的老人高血压发病率不到同年龄不打拳的老人的一半。

（二）运动可预防血管硬化。有位病理学家通过对数千具尸体解剖的研究，发现脑力劳动者的各种动脉硬化发生率是 14.5%，而体力劳动者只有 1.3%。运动可防止胆固醇在血管中沉淀，扩展动脉，减少血块完全堵塞动脉的可能性。

（三）运动能提高大脑功能。大脑支配肢体，肢体活动可兴奋大脑，经常锻炼可提高动脑的效力，提高回忆的效率，从而增强记忆力。此外，锻炼还是消除焦虑、镇恐压惊、缓和紧张情绪的灵丹妙药。

二、运动方式和劳动方式选择原则

（一）选择运动速度和运动量易于自我控制的运动。如散步、慢跑、做操、游泳、气功、太极拳、八段锦、自我按摩操等。不宜选择速度快、强度大的运动。如短跑、跳跃、滚翻、举重、篮球、足球等对抗性强、技巧性强的运动。

（二）不要选择引体向上、俯卧撑、举杠铃等有憋气动作的运动。要避免手倒立、头倒立等运动。

（三）要选择好锻炼的环境。锻炼宜选择在公园、绿化地带或林间。一般情况下不要在硬马路上、石板地上跑步或步行锻炼。

（四）要选择适宜的锻炼时间。在温暖的季节，以清晨为好，这时环境中尘埃较少。在寒冷的季节，则在太阳出来后，空气稍为暖和后锻炼较好，一般以 9 ~ 10 点钟为宜。这一方面可避免太冷的空气对呼吸道的刺激，另一方面空气稍稍暖和后凝滞在地面的有害气体就升腾散去使空气较为洁净。

三、几种适合老年人的运动项目

（一）散步。这是一种最简单最适合老年人的活动方式，运动量适中。通过散步，可以对下肢肌肉、关节进行锻炼、防止肌肉萎缩、保持关节灵活；散步时下肢肌肉一舒一缩，有助血液循环，脉络畅通。散步宜在公园、道路、田野间进行，一般速度的散步每小时消耗能量 200 千卡，如快步走每小时可消耗 300 ~ 360 千卡，而每消耗能量 3500 千卡能量，可使人体内的脂肪减少 1 磅。这种活动对体质较弱、有高血

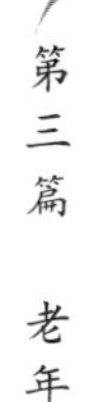

压、心脏病及肥胖症，又不宜进行大运动量锻炼的老人比较合适。

（二）慢跑。较散步活动量大，锻炼效果更好。坚持长跑锻炼的老人，肺活量比一般人大 10% ~ 20%。因消耗的能量多于散步，因此也是防止身体超重和治疗肥胖的有效方法。慢跑速度开始要慢，最大负荷不超过最大心率的 60% ~ 80%。

（三）倒行步。又称“逆步术”，能减轻腰酸背痛、降低血压，使平时不动的肌肉得到锻炼。

（四）保健按摩。用双手在身体不同的部位按摩，能促进血液循环，对神经和穴位起良好刺激作用，较适合体弱老人。但有下列疾病者不适宜作按摩：恶性肿瘤、毒血症、肺结核、精神病、有出血倾向的患者、皮肤病患者、孕妇、月经期妇女的腰、腹、骼部位。

（五）体育锻炼和日常生活结合。每天应规定一定的运动量。如最大限度地活动全身关节；每天站立两小时，使骨骼承受纵的压力、防止骨质疏松；每天爬二层楼梯或提几下重物。活动时心率应增至 120 次 / 分，表示有一定的运动负荷，持续时间至少 3 分钟。

（六）其他适合老人的锻炼项目，如各种拳操如八段锦、太极拳、练功十八法、木兰拳、气功拳。

四、老年人运动的自我监控

运动虽对身体好处多，但参加体育锻炼则要考虑到老年的特点。运动量太少固然达不到锻炼的目的，而运动量太大或太剧烈，也对身体健康有害。因为老年人各系统的器官功能毕竟有一定程度的衰退。所以，老年人进行锻炼要讲究科学性，要学会判断运动量对自己是否适宜，防止发生危险。

（一）锻炼的科学性。锻炼前要作全面的体检，了解健康状况，以便合理地选择运动项目，确定适宜的运动量。要循序渐进，运动量要由小到大，每增加一级负荷，都要有适应阶段，但也不能无限制地增加，应根据自己的体质和原来的基础量力而行。在锻炼中中要增加速度，更应慎重。开始时宁慢勿快，宁小勿大，宁缓勿急。经过一定时期的适应后，再适当加大运动量。要持之以恒。不能“三天打鱼，两天晒网”，要有毅力和决心。选择的运动项目不宜过多，锻炼前要做准备活动，锻炼时要认真，全神贯注，锻炼后要做整理活动，切忌过急、过猛、过劳，以防关节损伤、腰扭伤或骨折。

（二）判断运动量是否合适。老年人自我监督的方法有：①以自我感觉判断运动量合适的反应，如锻炼后心胸舒畅，精神愉快，略有疲劳感而无气喘、心跳难受等感觉，饮食有所增加，睡眠有所改善。运动过量的反应，如锻炼后头痛、恶心、胸部不适，或有勉强参加的感觉，食欲下降、睡眠变差，第二天清晨脉搏加快，疲劳感长期不消除，体重下降等。②用测定心率的方法判断。运动强度适宜的心率：170 减去年龄等于运动时心率数（次 / 分）。运动量适宜的心率：运动后最高心率数（次 / 分）减去安静时心率数（次 / 分）小于 609 次 / 分）。

例如一位 60 岁男性，运动前心率为 75（次 / 分），运动时最高心率为 150（次 / 分）。170−60=110（次 / 分），150 > 110，表示运动强度过度。150−75 > 60（次 / 分），也表示运动量过大。

有规律的体力活动有助于老年人心肺功能的适应性，可减少忧虑和紧张，增加生活信心。适当的体力活动应视老年人原来的体质状况，选择轻体力活动，如园艺劳动或其他活动，以不使心率增加到最大心率的 60% 左右。在选择强体力活动，即使用大量肌群的有节律的反复的体力运动时，心率至少达到最大心率的 60%，但不宜超过 80%。

第二节 饮食营养

一、营养与老化

早在公元前 2000 年的医学巨著《黄帝内经》在总结当时有关保精养神、返璞归真以延年益寿方法的讨论中，就提出了营养与老化的问题，把"饮食有节"作为长寿养生法的要领之一。把"五谷为养，五果为助"的"食疗"与"毒药攻邪"的"药疗"看作治疗疾病过程中不可缺一的两个重要环节。在近代老年医学发展中，1534 年就有学者提倡谨慎进食。告诫人们：要牢记老年人应少食多餐，认为老人进食的情况就像点燃的油灯，当油灯行将耗竭时添油不可过多，速度也不能太快，只有适当才能维持油灯长燃不熄。1935 年 McCag 的对鼠限食而延长生命的实验，把营养和老化研究推到了一个新的阶段。目前，在这一研究领域中尤其对限食、微量元素、维生素和某些氨基酸代谢与老化关系研究较多。

(一)限食的延寿效能：根据动物实验，限制饮食能增加某些动物平均和最高生存时间。例如，无脊椎动物家蚕在一定范围内，给食量越少，其幼虫经历时间越长，全期平均寿命也延长。鼠的限食试验也显示有类似现象，即平均寿命延长。肾损伤和其他脏器的病变如肺、中耳、血管张力与非限食组比较出现晚，且发展慢；到达老龄阶段，体重、肌肉和脂肪重量下降的程度均大于正常喂饲的鼠；延缓了胆固醇和磷脂随增龄增高现象；使生长发育期延长，性成熟延缓等。与此相反，过食可导致肥胖，而肥胖与许多老年疾病发生有关，进而影响寿命。有学者报告指出，人体若超过标准体重 5% ~ 14% 时，死亡率增加 22%；超过标准体重 15% ~ 25% 时，死亡率增加 44%；超过标准体重 25%，死亡率增达 74%。理想体重是低于标准体重的 15%，此种体重是死亡率最低的体重。

（二）微量元素对寿命的影响：对人体组织、血液、头发中微量元素浓度的增龄性改变研究表明，许多组织中的钴（Co）、锶（Sr）、镁（Mg）、钙（Ca）、铁（Fe）、硼（B）等元素含量有明显的年龄变化规律。提示衰老与元素的不平衡密切相关。对长寿老人聚居地区的水文条件研究和对长寿老人体内微量元素测定研究表明，该地区水文条件和老人体内都具有优越的微量元素锴。

此外，许多微量元素与老年期多发病有关。例如，硒、锰、砷与人体 19 个部位的癌症死亡率显著相关。又如钙、锌与血脂代谢，硒与冠心病、癌、胰岛素的分泌、动脉硬化，镉（Cd）与高血压病等疾病有关。

（三）维生素与老化的关系。脂褐素在细胞内的积聚是细胞衰老的特征之一。而饮食中缺乏维生素 E、A、C 可加速脂褐素在细胞内的积聚速率。

（四）氨基酸与长寿。动物实验表明，增闸酪氨酸、色氨酸等氨基酸，可以延长寿命。

由此可见，营养状况通过影响核酸和有关遗传物质的代谢；调节自由基代谢，防止过氧化损伤；调节免疫功能；改善脑衰老过程中神经递质的失衡等途径，都可以延长人的寿命。

二、营养方式和组成

营养主要来自饮食。进入老年期后体力活动减少，消化和吸收能力减退，易导致食欲减退。加上某些不良生活习惯或离退休

后的经济变化，食物摄入量减少，易发生营养缺乏或不足。亦可因膳食搭配不合理而造成营养失调。在考虑老年人的营养组成时，应注意：

（一）热能：老年人的热能需要量以勿过多摄取为原则。热能摄入过多易致肥胖而伴发动脉硬化、糖尿病等疾患；长期摄入不足则可致营养不良、消瘦、免疫功能降低而易感染。我国目前主张 60 岁以上老年人的热量标准为 32 ~ 36 卡 / 公斤体重，或为 45 岁体力劳动者的 70% ~ 90%。超重者，则按标准体重计算。限制热量主要是限制主食摄入，一般每餐进量有八九分饱腹感就可。以下是不同年龄者的热能需要量：

45 岁　2200 千卡（9205 千焦）/ 天

60 岁　2000 千卡（8368 千焦）/ 天

70 岁　1800 千卡（7531 千焦）/ 天

80 岁　1600 千卡（6694 千焦）/ 天

（二）蛋白质：老年人对蛋白质的利用率较低，这与胃液和胃蛋白酶的分泌量较少、胃液酸度下降有关。蛋白质的摄入量一般以每公斤体重 1 ~ 1.5 克为宜，过多过少都会加速老化。老年人每天从膳食中的摄取量应以能维持机体氮平衡和满足修复组织的消耗为准绳，仍按氮平衡的方法计算，但氨基酸如蛋氨酸、赖氨酸的需要量应大于青年人。一般一个老年人每日供给蛋白质 60 ~ 75 克，其中 1 / 3 为动物性蛋白质时，多数人能显示为正氮平衡。蛋白质过多，会增加肝肾代谢负担，也会导致钙的丢失而加速骨质疏松。

动物蛋白质中以奶、蛋、鱼、瘦肉为佳，含有人体所必需的 8 种氨基酸，且易于消化吸收。植物蛋白中以大豆来源为最优，其营养价值近于蛋、奶。大豆应煮透煮烂，手指轻按即成糊状，才有 60% 的吸收。摄取各种形式的豆制品，更易吸收。由于老年人体内的代谢过程以分解代谢为主，宜选择足够数量的优质蛋白。WHO 推荐老人摄取优质蛋白安全所需要的蛋白半数以上来自主食（米、麦或杂粮）。此类蛋白质氨基酸的组成都有不同缺陷，生理价值不高。如单独食用大豆、玉米、小麦不如三者混合食用营养价值高。

（三）脂肪：是供能的主要营养素之一。膳食脂肪还能改善食物口味产生饱腹感，有助于脂溶性维生素 A、D、E、K 的吸收。但所供热量不宜大于 20%。

膳食中脂肪种类的选择：动物性脂肪主要是甘油三酯（中性脂肪）和胆固醇，大多是由饱和脂肪酸组成，在蛋黄、肾、肝、脑等内脏组织，鱼子、蟹黄含量尤丰。摄入超过每天代谢消耗量时，容易引起血脂增高，血黏度上升。高脂血症是动脉硬化、心、血管病的危险因子。植物性脂肪主要由不饱和脂肪酸组成，胆固醇含量低。不饱和脂肪酸可以与膳食中的胆固醇在血液中形成易于流动和运转的胆固醇脂，从而减少在血管壁内膜上的沉积，减少血栓形成和血小板病理活性的功能，也可促使胆固醇转化为胆酸利于胆固醇的代谢和排泄。豆油、玉米油、花生油、芝麻油等植物油类中含量丰富。饱和脂肪酸（包括胆固醇）和不饱和脂肪酸都是人体重要的营养素，不能偏废。如胆固醇是细胞和神经组织不可缺少的部分，血清胆固醇水平过低（<140mg/dl），反使抵抗力减低，冠心病发病增加。过多进食不饱和脂肪酸的植物油时，容易产生过多的脂质自由基，反促进机体衰老。因此饱和和不饱和脂肪酸（动物性脂肪和植物性脂肪）在膳食中的比例宜为 1∶1。

（四）碳水化合物：是供热能的主要来源（每 1 克可供 4 克千卡、17 千焦）。其热比可控制在总热量的 60% ～ 70%。长期摄入不足，处于慢性饥饿状态，则会引起营养不良、体力衰退、加速衰老。摄取过多，在机体内会转化成脂肪，使人肥胖，对健康不利。膳食中的碳水化合物有三种形式：多糖，如淀粉（大米、面粉等）、纤维素；双糖，如

蔗糖、麦芽糖等；单糖，如葡萄糖、果糖等。摄取应以淀粉类为主。其在消化道内分解缓慢，分解后又能很快吸收，一般不会引起血糖的突然升高。而双糖和单糖类则可直接引起血糖波动，因而宜少食用。植物中的纤维素，虽不能被消化和吸收，但有刺激消化液的分泌和肠蠕动，清除肠道中的代谢物，防止便秘，降低血脂，可预防大肠癌。可溶性的纤维，如魔芋还有稳定血糖的作用。膳食中纤维总量每天宜达到8克左右。一般籼米每100克约有1克纤维素，蔬菜一般在0.1～1.0克/100克，如果每天主食有6两（300克），加上半斤（250克）蔬菜就可满足了。

（五）无机盐：宏量元素中的钠、钾、镁、钙营养意义较大。钠（食盐、氯化钠）摄入量不宜过大，一般每天不超过9克食盐为宜。

老年期钙量常摄取不足。此与牙齿咀嚼功能减弱、胃肠功能减退，蔬菜蒸煮过烂使钙的损失量较大、进食量受限等因素有关。因此钙量应保持在每天800～1000毫克。虾皮、骨头汤、草头、荠菜和其他深色蔬菜都是高钙食物，均可选用。摄钙不足，会加重骨质疏松症的发展。

微量元素中铁、碘、锌、铜、硒、铬、钼等都有重要的生理作用。一般情况下，只要摄取的食物谱较广，没有挑食和偏食习惯，每日膳食中含量可以满足人体需要。

（六）维生素：老年人易出现维生素缺乏症。这与消化道功能减退，食量减少有关。老年人对脂肪消化吸收的能力下降，因此影响以脂肪为载体的维生素（脂溶性维生素）的摄取。我国膳食中的维生素A的来源主要为蔬菜的胡萝卜素，其消化吸收与油脂同时摄取时较好，吸收后在肝内转化成维生素A。每日膳食中供给量要求达到800微克视黄醇单位。蛋黄、鱼、动物肝脏维生素A含量丰富。维生素D有利于钙的吸收。每日膳食供应量要求为10微克（400国际单位）。维生素E不仅有消除组织中的衰老色素脂褐素，降低血胆固醇浓度，抑制动脉硬化的作用，还有保护毛细管，改善微循环和皮肤弹性，预防白内障等，具有抗氧化和延缓衰老的作用，与维生素 A、D、K 均属脂溶性。

水溶性维生素：维生素 B 族（B_1、B_2、B_6 等）、维生素 C 在体内是参与碳水化合物和蛋白质代谢必需的物质，体内不能贮存，需每天通过食物供给。维生素 B_1 主要来自粮食，老年人每日平均用粮能达到 300 ~ 400 克，只要按照国家碾磨精度和注意烹煮方法，一般可达到或接近要求的供给量（1.0 ~ 1.3 毫克）。老年人要求膳食中供给的维生素 B_2 为 1.0 ~ 1.3 毫克，奶、蛋、瘦肉、内脏等动物性食物、蔬菜（特别是一些深色蔬菜和野生荠菜）含量较多。维生素 C 参与体内多种氧化还原反应，除有广泛的营养作用外，还有较强的抗氧化能力，增强免疫能力等，要求每日膳食量为 60 毫克。由于老年人膳食习惯主消化功能减退，因此每日早餐后额外补充复合维生素 B1 片和维生素 C100 毫克亦是简便的加添方法。

（七）饮用水：水亦可称是重要营养素。营养素的消化、吸收、输送、利用和排泄都在水溶或载体状态下进行。水是代谢反应不可缺少的成分。只有体内有足够水才能使代谢产生的废物通过肾脏排出。老年人渴感减退，或因种种原因，常致缺水。因此要主动帮助进不，一般每天 1000 ~ 2000 毫升，以新鲜开水或淡茶为宜。不宜过饮甜质饮料，饮茶亦不宜过浓。

三、老年人合理膳食要点

（一）食物要多样，营养要全面，荤素搭配，粗粮细作，粗细搭配。

（二）烹调宜清淡，菜肴油腻少。在保证蛋白质供给的前提下，少吃荤，多吃素。

（三）饥饱适当，饮食适度，食盐要限量，甜食要少吃，要杂食，不偏食。

（四）三餐安排要得当。每餐七八分饱，少食多餐为好（每日五餐）。

第三节 精神和心理调养

一、老年人的心理类型

（一）成熟型。这类老人富有智慧。几十年奋斗，感到收获不少，即使离休也心安理得，毫无挂恋。理解现实，也能用积极的态度去对待现实。处理人际关系宽厚大度，对生活有充实感，对未来生活无忧无虑。

（二）防卫型。又称装甲型。这类老人能适应老年期的生活，但有较强的自我防御意识。不服老，对工作有过分的义务感和强烈的事业心。

（三）愤怒型。这类老人不服老。对老年生活不能很好适应，对未能达到人生的目标产生怨恨和绝望情绪。并将原因归罪于别人，属于怨天尤人，自寻苦恼的类型。

（四）自我谴责型。这是把攻击性深藏在于心的一类老年人。他们把自己的一生说成是依赖的一生，把自己度过的坎坷一生的原因归罪于自己，责备自己。表现被动，思想悲观，把死亡看作一种“苦难”的解脱，以致有时导致自杀。

（五）依赖型。又称安乐型、消极型。这类老人看上去好像十分悠闲自得，对自己目前的处境也十分适应，但实际上把自己的生活完全寄托在他人身上。自己的幸福有赖于他人对自己的反映，缺乏自信心，不大相信自己有能力参加各种适宜的社交活动。

二、老人自我调节心理的一般方法

（一）体面地进入老年——正确对待人生。老年人要实事求是地、科学地分析自己周围发生的一切，冷静妥善地予以处理，避免偏激、固执等偏差心理，保持适度的心理反应。

（二）保持愉快情绪，培养乐观豁达的性格。心理健康的核心是精神愉快，心情愉快的时候，食欲增加，消化液分泌增加，消化道运动增强，呼吸、脉搏、血压平稳。消极情绪过悲或愤怒，常血压升高、血脂升高、食欲减退。心理上的痛苦，必然导致肉体上的不适，忧愁郁闷更会加速衰老。

老年人要善于自找乐趣。对前途充满信心。力戒暴喜暴怒，处世待人要宽厚大度，要看得开，想得通，放得下，善于从周围环境中获取美感。

（三）培养广泛兴趣，形成好学习惯。老年人一旦退休，往往脱离了原先较广泛的社会接触，心理上容易陷入苦闷、隔绝与孤寂的境地。因此仍要不断学习，更新自己的知识结构，学会多渠道地吸取信息。广交朋友，不分年龄界限。参加有益健康的活动，如琴棋书画、诗词歌赋等。

（四）要学会过平静的生活。离退休后，退出原来的社会活动圈，

应重新画定自己的社会活动圈，把精力集中到力所能及的活动上去。

三、克服“离退休综合征”

离退休前要做好心理准备，做好退休后的安排；夫妻间若一方退休后，另一方要协调好，互相照顾，互相适应。安排好了新的生活，才能安度晚年，使生活进入新的境界。

四、老年人“年轻化”的方法

（一）创造“年轻化”的心态。老年人应该把自己看作成熟的人，而不是老年人。当有人问及你的年龄，或者自己看待自己的年龄时，应该毫不犹豫地把自己的实际年龄减去 10 岁，主动地创造一个“年轻化”的心态。

（二）美化自己的心灵。美是年轻的特征之一，美化自己就能使自己年轻。人的容貌、行为举止和穿着要以气质为基础，才能表现出丰姿卓绝的自然美。所以，老年人不必为“朝去暮来颜色故”而大发怨叹，只要热爱生活，积极进取，即使在八九十岁时仍然显得年轻；当然，积极进取也要量力而行，不要逞能好强，时时处处与青年人比高低。

（三）塑造稳健的风度。端庄稳健，言谈举止适度得体，这些都离不开努力学习，不断提高自己的文化修养和道德水准。只有这些内在气质的不断积累，才会塑造出一个成功的老人形象。

（四）培养美好情趣。园艺、烹饪或写作、辅导晚辈，都会引出兴趣，使人有一种青春长驻之感。

（五）修饰外表。美容、妆饰，衣着整齐得体，会使老人焕发青春，显得生气勃勃。所以，老人讲究一点服饰美也是必要的。

第四节　生活方式

一、饮酒与健康

酒的主要成分是乙醇。少量饮低度酒可兴奋精神，消除疲劳，扩张血管，促进血液循环和消化液的分泌，增进食欲，对人体有益；中等量的饮烈性酒刺激血循环系统，皮肤发红，心跳加快，增加心脏对氧的消耗，对原有冠心病者来说容易引起心绞痛、心肌梗死、心律失常和血压波动等，诱发脑血管意外；过量饮酒会引起急性酒精中毒，甚至循环功能衰竭、呼吸受抑；长期饮酒会引起慢性胃炎，加重溃疡病，诱发胰腺炎，损伤肝细胞，引起肝硬化；长期酗酒还可干扰营养物质的吸收，造成营养不良。酗酒还能增加口腔癌、食道癌、肝癌及其他癌症的危险性。老年人原则上应不饮酒和少饮酒，饮酒宜选低浓度酒，少喝白酒。有心脑血管病、高血压、肝肾病者不饮酒。

二、吸烟与健康

吸烟有害健康，其危害甚大。

（一）烟草中含有许多有毒物质，吸烟害己又害人。烟草烟雾中可分离出 3000 多种有毒物质。一支香烟燃烧时所发出的烟雾中，92% 为气体，其中一氧化碳量比工业的最大允许浓度高 840 倍；8% 为颗粒物，统称为烟焦油，含有尼古丁、醛类、亚硝基类、氯乙烯等致畸致癌物质。被动吸烟所造成的危害并不低于吸烟者本人。

（二）吸烟是导致心血管病、慢性支气管炎、多种癌症（肺、喉、

咽、口腔等）和溃疡病等多种疾病的主要危险因素。烟雾中含有10种致癌物质，如环芳烃、亚硝胺、酚等。吸烟者肺癌发病率是不吸烟者的10～15倍，喉癌发病率的3～15倍，口腔癌发病率3～10倍，膀胱癌发病率的7～10倍。烟中的尼古丁刺激循环系统，可导致血压升高，心率加快，心肌耗氧增加，诱发心绞痛与心肌梗死。吸烟者冠心病的发病率为不吸烟者的3.5倍，其死亡率为不吸烟者的6倍。WHO最近一项报告指出，全世界10亿吸烟者，由于吸烟引起的肺癌，慢性阻塞性肺部疾患、肺气肿、心脏病和脑卒中等疾病，每年至少使250万人早逝。第七次吸烟与健康的国际会议专家认为吸烟导致减寿20年。

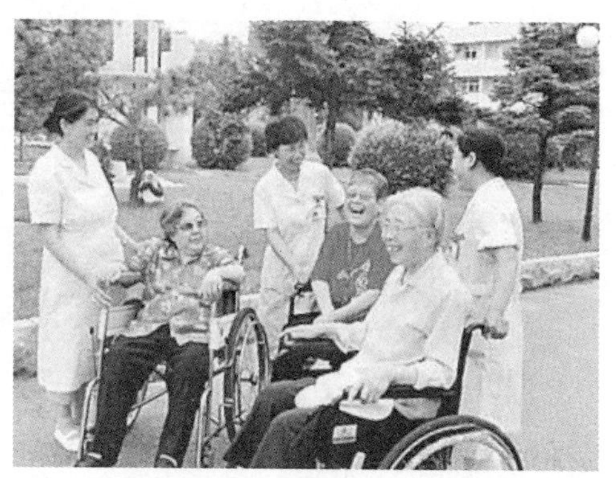

戒烟要下决心，有毅力。措施是：1. 回避法。尽量避开刺激抽烟的场合，不备烟，不受烟。2. 转移法。遇到“烟瘾”来时，分散精力，如听音乐、做操等。3. 拖延法。实在想抽烟时，先拖延几分钟，然后再决定是否要抽。4. 饮茶戒烟。需要用烟来“提神”时，以茶代烟。戒烟茶以乌龙茶较好，一般绿茶也可以。戒烟初期可喝得浓一些。也可服一种鱼腥草的戒烟茶。5. 针灸戒烟。与烟瘾有关的穴位在耳根周围可以找到，针刺该区穴位可使人产生对烟的异味厌倦感。6. 萝卜解烟瘾。将白萝卜洗净切成丝，挤去汁液，加入糖，晨起食用1小碟，可使人厌吸烟等。

三、生活节律

有规律有节奏的生活对维护健康非常重要。

（一）睡眠问题

睡眠是一种生理现象，是大脑主动进入休息的一种功能。

需要睡眠的时间各人随年龄和工作情况的不同而异。一般来说，随年龄的增长而逐渐减少，老年人的睡眠时间为 6 ～ 8 小时。睡眠时间分配一般夜间为 5 ～ 6 小时，早睡早起；中午为 1 ～ 1.5 小时最佳。现在许多老年人退离休后仍受聘工作，就更要注意有充足的睡眠。不妨每逢周日比平时多睡 2 个小时，做适当的调整。但是贪睡眠，放弃运动，对老年人健康也是不利的。过多的睡眠会加速身体各器官的功能退化，降低适应能力，使抵抗力下降，易发各种疾病。

老年人还要讲究睡眠姿势。不要俯睡，因为俯睡时胸部心脏受压迫，会使呼吸困难，吸氧相对减少。向左侧睡也不可取，因为向左侧睡时会压迫心脏和胃部，使胃内食物不易进入小肠，不利于食物消化和吸收，特别是在饱餐后。睡时身子稍微弯曲并向右侧较为适宜。这样既能使全身肌肉得到放松，又不压迫心脏，使心、肺、肝、胃肠都处于自然状态。

睡眠时要枕头高低适中。因老年人常有颈椎肥大症，枕头过高，会使颈部过分向前，压迫输往大脑的血管血流，引起头晕、头涨不适，所以高枕未必无忧。枕头过低会使颈后屈过大，同样也会引起不适，因此要摸索出最合适自己的枕头高低度。

老年人晚饭后不要多喝水。因老年人肾功能减退，尿浓缩功能差。男性老人还常伴有前列腺肥大。尿短、次数多是常见现象，这样不但影响睡眠，而且夜间下床时睡眼惺忪、精神恍惚、光线暗淡而容易跌倒，造成意外伤害。此外，睡前更不宜喝会使人兴奋的浓茶、咖啡之类饮料。

老年人要早睡早起（冬天可晚 1 ～ 2 小时），到室外进行适当活动，呼吸新鲜空气，促进新陈代谢。

老年人晚饭不要吃得太饱。常言道："早吃好，午吃饱，晚吃少。"因为晚餐过饱容易使人发胖，诱发糖尿病和引起动脉硬化。充盈饱满的胃及十二指肠使横膈抬高，会影响心肺功能，这些都会影响睡眠。

临睡前要用温水洗脚 10 ~ 20 分钟，这样既可以清洁皮肤、预防皮肤感染，又可使双脚浸泡在温热水里，使足部血管慢慢扩张，促使末梢血液循环，有助于大脑的抑制扩散，起到催眠作用。在寒冷的冬天，冰凉的床褥最好先用热水袋等暖和一下，使全身感到暖和、舒服，可睡得安稳。

老年人夜生活要适度。另外要慎用镇静剂、安眠药。此类药物有依赖性而不易解脱，长期服用对肝、脑均有不良作用。

（二）服饰问题

俗话说："佛要金装，人要衣装。"一件合身的衣服，不仅穿着美观，而且有振奋精神的作用。因此，不要以为人老了，就可以穿着随便邋遢。老年人服装造型要符合身份。要显出老年人的端庄大方、谦逊含蓄，有助发挥老年长者的气质和风度，体现一种成熟美。服装要宽松、合体，线形简练，不紧不松，即上下左右比例对称，以直线结构为主，不附加装饰物，以充分体现老人的庄重、稳健。衣领设计宜宽松，衬料宜柔软。为适应老人腹大等特征，老年人裤腰不宜过细，后裆不宜过宽。

老年人服装色彩宜丰富多彩而不过分艳丽，既庄重素雅又带些活泼。颜色以单色偏深为宜。下身色彩可深一些。除了常用的黑、灰、白单色调，淡紫、淡红、淡墨绿、奶黄、淡咖啡之类颜色都是可以选择的。凡是选料较为高档的，还是以基本色为好，中国人穿着深藏青、绛红、深中灰、黑色等调服装，显得较为神气。

老年人衣服色彩要适当变换，不要一个时期老穿一种颜色，面料要柔软，以棉为佳。化纤类的布料由于静电作用以及易脏因素，不宜作直接接触皮肤的内衣使用。内衣、内裤一般应选择纯棉布料，使穿着感到柔软、舒适，行动也方便。

老年人选择鞋、帽不仅要注意美观，更要注意是否有助于健康。最适合老年人穿的是我国传统的布底、布帮的布鞋，它具有保温、透气、防滑、舒适四个大特点。

至于皮鞋也可选择，选购时不宜过大、过小，鞋跟也不要过高。

选择帽子时要注意尺寸合适，应以头部大部位的尺寸再加 0.5 ~ 1 厘米为准。

（三）居室问题

居室是人们最主要的栖息地，也是人们自由支配和享受闲暇的场所。对于老年人来说，居室环境尤为重要，老年人的居室环境要强调实用、方便、安全、简洁、柔和，同时要因地制宜地对自己的居室加以改造，使之更有利于健康。

老人居室的朝向，以朝南的房间为佳，冬暖夏凉，如“天然空调”。而朝北房间“冬冷夏热”，由于老人周身循环和体温调节机制较差，因此对健康不利。

老人居室要防寒防暑。由于老人特别是高龄老人血液循环差，新陈代谢过程慢，既不耐热又不挡寒，因此居室的温度不能太冷，也不能太热。一般来说，21℃是人体最适宜的温度。冬天最好在 15℃以上，夏天在 30℃以下。

老人居室要避免或减轻噪声、空气污染，因为它们对健康不利，使人烦躁。

老人居室要选择合宜的色彩。鲜明色彩的墙壁、地面和明快色彩的家具环境，使人心情愉快。反之，处在色调沉闷的居室环境中，就可能心情抑郁。在居室的色彩中，墙壁颜色是一个主要方面，对老年人来说，采用以中性色调为主，稍偏暖色，不搞大红大绿等强烈对比的

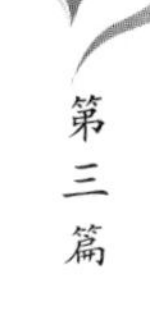

颜色，以创造一个恬静、淡泊、柔和的环境。也可选择一些花卉进行装饰。

（四）晚恋问题

几乎所有的人心中都充满了爱，并有着各种各样表示爱的方式。老年人对爱的感受并未发生多大变化，他们仍像年轻的时候那样有着强烈、激昂而温柔的爱。在别人看来，白发老人的恩爱缠绵似乎显得古怪，但在夫妻间看来，却与年轻人并没有什么两样。

老年人从养育子女、繁杂家务的旋涡中脱逸出来，都期望在未来的岁月中过上一段更可宝贵的爱恋生活，较以前更美好、更自在、更从容。老年人既需要精神的爱，也需要肉体的爱。许多老年夫妻都会觉得尽管性生活的频率与活力可能衰减，但永远也不会丧失对触摸、抚摩、拥抱和爱抚的需求。

有些丧偶老人，尽管子孙满堂，生活比较满意，但即使子女孝顺，也不能整天陪伴老人，他们总会感到缺少精神依托，感情上常觉孤独寂寞。所谓“儿孙满堂，比不上半路夫妻”。“老有所伴”，可以使老人不仅有个说话谈心的对象，而且生活上又可互相照顾，有利于老人健康长寿。因此，如果各方面条件允许，应该鼓励丧偶老人再婚。

老年人有正常的性功能，也要有正常的性生活。有人认为老人性腺功能减退了，不会有性的要求。其实，男女性激素的分泌量与实际性行为之间没有必然的联系。而大脑的功能、彼此爱恋的感情在性活动中起着重要的作用。众多研究表明，性生活的满足在任何年龄阶段都是可能的。虽然男性在 60 岁后性唤起较慢，勃起要较长时间，射精出现较慢，但甚至到 80 岁后仍可进行充分的性活动。同样，女性在 60 岁后对性刺激反应降低，但女性达到性高潮的能力却并无下降。生理学家指出，人到百岁仍有性功能。在恩爱夫妻之间，性生活远远超出一时的欢乐，数十年的给予爱和接受爱增强了这一时刻的欢娱。

人类学家、人口学家的研究都发现，长寿者往往家庭美满，夫妇健在。相反，未婚、鳏寡者，各种疾病的发病率及自杀的发生率都高于夫妇相伴的老人。由此可见，老年人过好晚恋生活十分重要。

第五节　补益药

一、补益药的含义和作用

在中西药物中，有一类药物除了具有治病效能，还具有调节整个机体内环境的平衡，改善细胞代谢和营养，激发和增强细胞和脏器功能，提高机体免疫能力和解毒功能，增强机体的抗病能力和延缓衰老的作用，称之为补益药。补益药在动物实验中还显示出有延长寿命的效果，故又称延寿药。例如，实验表明黄芪、人参、蜂蜜、当归、丹参、川芎和淫羊藿、苍术、金樱子、刺梨都有延长细胞在体外的存活时间。

总的说来，以天然食物、植物为主要来源的补益药具有多器官的调节作用，且低毒或无毒，作用温和、持久，进量适当，中短期服用对老年人较为合适。

但是，补益药使用不当也可产生副作用，常见的有：①植物神经

功能失调。如滥服人参，可导致血压升高、晕眩、烦躁不安、口干便结、夜寝不安等不适。长期过量服用时会出现腹部胀痛、食欲减退、头痛、心悸、失眠等。②过敏反应。如服用某些复合型补剂后，引起皮疹，腹部不适等症状，停服后则可消失。③脏器功能损伤。如长期服用某些补益复方药物，而引起药物性肝炎等。④营养失衡。如儿童盲目滥服某些补药出现早熟、早发育现象。

此外，由于药物贮存不当而发生变质、霉变，或药物采集时已沾农药污染，都会影响药品质量，对机体产生不良影响。

二、补益药的种类和选择

（一）维生素类

如脂溶性维生素 C、E、A、D，水溶性维生素 B 族类。老年人消化功能低下，进食减少，常易缺乏或不足，可间断服用补充。

（二）矿物质类

钙：我国老人，由于服用奶制品少，一般进钙量均显不足，应经常补充。目前已有许多钙离解程度较高的钙化合物，如碳酸钙类。而枸橼酸钙、乳酸钙、葡萄糖酸钙离解度较低，补量时要多服些。

镁：不但有助于钙的吸收，而且对心律、骨肉神经的兴奋性也有调节作用，海产食品中含量较丰。

锌：在肉类、肝、蛋、牡蛎、鲱鱼中含量丰富。在芝麻、胡桃、花生、黄豆、大白菜中含量亦多。

硒：长期低硒状态，易患冠心病和粥样动脉硬化。硒与癌肿发病相关，流行病调查表明人群血硒水平越低，肝癌发病越高。与其他癌肿如食道癌、胃癌亦有类似的相关关系。普通面粉、黄豆、蘑菇、蒜头、胡萝卜、香蕉、橙子富含硒。牛、鸡、猪动物的肝、肾、海藻类水产品含硒类较高。此外，富含硒的保健品如酵母硒、硒化卡拉胶等，都可短期适量服用。

三、成药

应先作辨证，再有针对性地投以“补虚”药物。

补气药：人参、党参、太子参、黄芪、白术、山药、黄精、刺五茄、大枣等。成药有补中益气丸、十全大补丸（膏）、刺五茄片等。

补血药：熟地、当归、首乌、枸杞子、阿胶、紫河车等。常用方剂、成药有当归补血汤、四物汤、首乌片、归脾丸、十全大补膏（丸）等。

补阳药：人参、鹿茸、鹿角、狗肾、杜仲、菟丝子、肉苁蓉、补骨脂、仙灵脾、冬虫夏草、牛鞭子等。常用方剂、成药有全鹿丸、参鹿补膏、参茸补膏等。

补阴药：生地、熟地、沙参、麦冬、石斛、女贞子、龟板、白木耳、百合、知母等。常用方剂有左归丸、六味地黄丸、杞菊地黄丸、二至丸等。

第六节　慢性病保健

老年人是慢性病的高危人群。目前我国慢性病发病率呈上升趋势，以高血压、脑卒中、冠心病、肿瘤为甚。60 岁以上老年人中，1/4 的老人都有一种或几种慢性病。据上海地区对 60 岁以上老年人调查，由于高血压、冠心病、中风引起而丧失生活自理能力的老人占 57.52%。慢性病对生命和生活质量造成了严重损害，慢性病的防治是减少发病、降低病死率、提高老年人健康质量有效的途径。

老年慢性病的自我保健要注意以下几点：

（一）未病防治。应积极消除各种对人体有害的因素，提高人体对外界环境的适应能力，掌握一些常见病的预防方法。例如，妇女要学会如何检查自己的乳房以早期发现肿块；及时纠正可能引起疾病的不健康、不要接受来路不正、无正规医师指导或尚有争议的药物；要保留好有关自己的健康记录；懂得一些重要生命体征的正常值如血压、体温、脉搏等。

（二）有病即治。有了病要及时诊治，慢性病要坚持治疗，防止发展和恶化。

（三）减轻疾病带来的残疾程度。例如，脑中风后偏瘫，要早期进行康复治疗。

（四）终极防治。老人得了绝症，也要积极采取措施，减轻痛苦，防止新的残疾。

（五）加强自我健康监测和评估。人的健康不单是体格的健康，还要有心理的健康和社会交往能力状况的健康，生理、心理、社会诸方面都处于良好状态，才算是一个健康老人。

第四篇　社区环境治理

课　　时　共计6课时

教学目标　了解社区环境的含义及分类；
了解城市社区环境现状及存在的问题；
了解改善城市社区环境的典型案例及完善措施；
了解城市社区环境现状及存在问题的改善方法。

教学重点　改善城市社区环境的典型案例及完善措施；
城市社区环境现状及存在问题的改善方法。

教学内容

一、社区环境

（一）社区环境的含义

所谓社区环境是相对于作为社区主体的社区居民而言的，它是社区主体赖以生存及社区活动得以产生的自然条件、社会条件、人文条件和经济条件的总和。它可理解为承载社区主体赖以生存及社会活动得以产生的各种条件的空间场所的总和，属于物质空间的范畴。从考察的角

度和范围不同，我们可以将社区环境分为广义的社区环境和狭义的社区环境。

（二）社区环境的内涵

1. 广义的社区环境

广义的社区环境是指社区的外部环境，即把社区作为主体，研究社区的外部环境对社区的影响。具体包括：其一，天然环境（空间和生态）：如景象、地形、地貌、水文、泥土和动植物等；其二，经济环境：主要包括生产力生长程度、社会经济体制、本地经济条件、制度和百姓经济布局等因素；其三，文化环境：包括社会的性质与制度、行政体制的变动、传统的道德见解与民风风俗。

2. 狭义的社区环境

狭义的社区环境是指影响社区居民生活的环境因素，即社区的内部环境。狭义的社区环境也可称之为特殊意义的社区环境，它把居住在某一特定社区的居民作为主体，研究社区范围内一切与居民生活密切相关的各种环境因素对社区的影响，具体包括：其一，自然环境，即指社区内的绿化、净化和美化状态；其二，人文环境，即社区的文化环境和人际关系状态；其三，社会环境，指社区的生存环境和治安状态。

（三）社区和社区环境保护的关系

社区环境保护建设是社区持续发展和居民生活的共同价值取向。可持续发展的实施涉及不同的层次，大到全球、区域、国家，小到企业、社区、家庭、个人。社区是实施环境保护建设、可持续发展战略的社会基础，正是在这样的背景下来考虑环境保护建设，不仅凸显了社区在城市发展体系中基础性意义，而且使社区的环境保护建设能够进一步走在可持续发展的前沿。与此同时，随着现代社会的发展，社区的功能在不断发展，居住功能对于居民来说，不仅要可以住，而且要住得好，人们对生活环境的追求不仅仅停留在居住的面积，健康性、环保性、舒适性成为人们评价居住环境的新标准。

社区是现代环境保护建设的重要载体。环境资源的价值只可能在一定的空间范围内体现出来，家庭的花草树木为家庭成员带来赏心悦目，社区的种植的树林可以为整个社区居民带来新鲜空气。环境资源的公共属性使其价值必须体现在一定的载体之中，社区是环境资源最重要的存赋场所，而环境资源保护也必须以社区作为附着地。在环境资源落实到社区范围内是，不只是和生态、观赏、休闲与美的结合，而更是与实用相关，环境的破坏或保护，与社区居民息息相关。联合国可持续发展委员会于 1997 年提出了可持续消费和可持续发展的生活方式等概念，使环境保护的重点由大气污染和生态保护向人们的生活方式转变，于是，人们生活与其间的社区便成为环境保护的前沿。

现代环境保护是社区建设的基本内容之一。社区建设是包含经济建设、文化建设、环境保护建设、卫生建设、教育建设在内的多方面建设过程，环境保护建设成为社区建设中的一个重要方面。近年来，公民的环境保护意识逐渐提高，公民广泛参与环境保护建设成为一个不争的事实。环境保护建设对于老百姓来说，可以创造一种绿色的道德规范，增强人们的环境保护意识和文明素养，有利于发挥自我环境保护教育的功能。环境保护建设可以为社区居民创造良好的生活环境，陶冶居民高尚情操，提高居民的生活质量，塑造良好的社区形象。

绿色生态型社区发展是社区与现代环境保护建设的和谐统一。绿色生态型社区是现代经济、社会和环境和谐发展的复合系统，绿色生态型社区追求环境生态化，也就是人类社会与自然环境之间关系的高度和

谐，人类生产生活和周围环境之间的物质和能量交换形成良性循环，各种废弃物被严格控制在环境允许的承载力以内，不对生态平衡的自然环境和居民的身体健康产生不良影响，人们生活在一个舒适、清洁和宁静的环境里。从绿色生态型社区的特点来看，它是以社区的可持续发展为指导思想，努力做到物尽其用、人尽其才，各施所能、各得其所，同时绿色生态型社区又体现了现代环境保护建设的目的，即达到环境生态化，实现经济、社会与环境的和谐发展。

二、社区环境的分类

（一）从社区所处的地域角度划分

可将社区环境分为社区内环境和社区外环境。社区内环境是指一个社区内部的自然、文化等方面的环境；社区外环境是指相对独立于社区内环境的所有其他社区外的因素的总称。无论是社区的内环境还是社区的外环境，又都包括了社区的社会环境和社区的自然环境两个方面。社区的社会环境具体包括：（1）经济环境；（2）政治法律环境；（3）精神文化环境；（4）人口、民族、历史传统等环境。社区的自然环境指的是社区所处的自然生态环境。

（二）按社区环境对社区治理作用的层次划分

可将社区分为宏观社区环境、中观社区环境和微观社区环境。宏观社区环境，即通常所说的社区的整体环境状况，社区系统作为一个开放系统，必然要与它的环境进行交换。微观的社区环境，是指一个社区机构内部甚至一个社区领导班子内部的具体情况，包括结构是否合理，责任是否明确，人际关系是否良好，工作方法、技术是否科学，等等。

三、城市社区环境现状及存在的问题

（一）城市社区的环境基本现状

首先，社区环境污染，社区环境绿化重视不够。部分社区，特别是位于城市中心地带的社区，由于土地及误以为出租收益高，对绿化工作没有给予应有的重视。

其次，经费不足。社区环卫经费的主要来源是社区的环卫经费投入和社区居民上缴的卫生费。目前，社区普遍存在环卫经费投入偏少、卫生费收缴率低、外来流动人口卫生费收取困难，配套设施总量不足，环卫设施布局不合理，部分社区居民环境卫生意识差等问题。还有，社区娱乐、休闲设施与场所不完善，社区文化设施布局不合理，社区文化设施没有体现继承性、时代感和民族特色。

再次，社区治安防控体系不健全，社区的警务工作做得很不好，没有发挥好社区治安的防控作用。社区纠纷、社区犯罪和社区治安灾害事故时有发生，给社区居民带来了不必要的生命与物质财产损失。除此之外，社区警务工作的方法，缺乏科学性。

最后，社区基础设施建设不到位。比如一部分居住小区停车位不够或根本未设置停车场，从而使部分有车族将车停在人行通道上或停在绿地上，这样做既不安全，也不便于管理。社区的生活环境规划不合理，没有考虑方便行人，因此小区绿地遭人践踏。

（二）城市社区环境存在的具体问题

1. 空气质量问题

一些单位私设燃煤锅炉集中供暖，居民私设摊点和饭店，露天烧烤及居民燃煤直接向大气排放烟尘、油烟、有毒气体、机动车排放氮氧化物。在一些社区周围，某些建筑工地正在施工，产生建筑扬尘，且无除尘装置，生活垃圾腐烂、生活污水滞留等产生的臭气等都严重影响了社区的空气质量。

2. 水资源问题

城市社区水资源供应量充足，但水的质量不高，水中含有大量沉淀物。淡水资源浪费现象普遍存在；生活及工业污水乱排乱倒现象严重，污染内河水质，使原本清澈见底的河道变成了纵横交错的臭水沟。

3. 固体废弃物污染问题

固体废弃物主要来源于人们的生产和消费活动。居民生活垃圾乱堆乱放，一些社区的绿色标志的回收垃圾箱和黄色标志的不可回收垃圾箱在某些居民的忽视中成为闲置之物。动物粪便随地排放。小摊废弃物四处堆积。白色污染和垃圾围城等现象十分突出。小广告随处张贴，一些不法分子因为缺乏环境意识而让城市害上了难以治愈的牛皮癣。各大商家、培训班、幼儿园及药店传单满天飞，纸张浪费严重。部分居民未做到垃圾分类处理，废旧电池及一些化学污染品渗入地下水，污染水质，影响居民身体健康。

4. 噪声污染问题

街道旁的小贩叫卖声、来往汽车的鸣笛声、娱乐音响声、建筑施工现场产生的噪声等，严重影响居民正常生活作息。

5. 社区绿化面积不足，布局不够合理，结构不够科学

绿化面积小、质量较差，社区内花木修剪维护工作不到位。绿化区被居民乱占，种植蔬菜，修建鸡、狗笼，进一步减少了社区绿化面

积。植被的破坏以致干燥多风季节尘土飞扬。

6. 社区环境基础设施问题

社区环保设施老化、数量少、配备不合理，基本环保设施、生活垃圾处理设施，如垃圾桶等严重欠缺，摆放位置不尽合理，给居民生活带来诸多不便。污水管网建设投入不足，排水系统设计上存在缺陷，雨季不能充分发挥其功能，造成污水回灌。私人车辆乱停乱放，阻碍小区交通，部分社区无固定存车点，小摊乱摆，无固定买卖区。

（三）城市社区环境问题出现的原因

1. 行政管理不健全

（1）物业管理公司对社区的环境建设投入不足，普遍存在只重治安，不重环保的问题。

（2）社区居委会未与环保局、企业、城管、物业等部门形成齐抓共管的局面，没有实现联合执法，工作效率较低，没有良好地落实各部门的责任。

（3）社区环保基础设施资金投入不足。

（4）有法不依、执法不严等现象仍然存在。某些执法机关对社区环境保护政策法规的实施重视不够，导致许多执法不严的现象发生。

（5）管理的手段太过薄弱，法律法规得不到有效实施。在环保知识和环保法律、法规的宣传方面比较薄弱，且手段单一，仅以正面宣传说教为主。对当前存在的环境危机报喜不报忧，缺少环境法制教育内容，公众舆论监督不够，存在不同程度的形式主义。

2. 居民的环境意识较差

环境意识是人们意识中与环境和环境问题有关部分，包括人们对自身和人们生存环境及行为取向和社会心理等，是人与环境的关系在人们的思想、理论、情感、意志、知觉等心理过程和观念形态的反映。主要包括对环境问题的认知情况、环境知识水平、环境法律意识、环境道德意识、环境行为取向以及对个人环境权利和义务的觉悟等。然而社区居民对环境问题的认知不够，未能明确自己作为社会活动的主体，是推动环保事业的主要力量，对于维护我们共有的生态环境都有不可推卸的责任。居民仍然存在传统的资源价值观念，习惯性地认为自然资源和生态资源是大自然提供的，任何人都可以随意并且无偿地开发利用，不愿意接受法律、道德约束。

（四）城市社区环境对城市居民健康安全的影响

城市社区是人类生活的主要场所，人们的主要活动大都在这个场所中进行，社区环境的好坏严重影响居民的健康与安全，如果社区环境受到污染，将会给居民带来某些慢性疾病，造成机体免疫能力下降，也可以造成多个脏器的损害，某些蓄积性较强的污染物还会引起一些持续性蓄积危害。

四、改善城市社区环境的典型案例及完善措施

（一）典型社区改善环境的案例

北京市平谷区滨河街道办事处维护社区环境的“定律”。

坚持改善环境、服务居民的工作思路，从完善制度建设出发，坚持“六条定律”，使社区良好的环境始终如一。

定律一：完善各项卫生管理制度

为加强社区环境卫生建设工作，进一步提高社区环境卫生管理水

平，促进环境卫生管理制度化、规范化，滨河街道办事处、各社区居委会在工作中不断完善各项环境卫生管理制度，如卫生管理责任制、清扫员背斗保洁剂、清扫员考勤制、居民包楼道轮流制等各类卫生管理制度，使各类卫生管理制度的制定符合社区区情，实施贴近实际，能够落实到位。

定律二：建社区环境秩序保障网络

为维护良好的社区环境，滨河街道办事处进一步完善社区环境秩序保障工作体系，建立多渠道的卫生工作网络，涉及专业保洁网络、环境建设监督员网络、以居委会卫生委员为主的环境日巡查网络、除四害网络等，全面负责社区环境卫生秩序的维护保障工作。目前，滨河街道办事处卫生自管的社区和物业负责管理的社区共有专职的清扫保洁人员 200 多人，环境建设监督员 30 人，居委会日巡查网络 50 余人，除四害专职作业人员 30 余人。

定律三：坚持每日巡查工作机制

为落实长效机制，滨河街道办事处建立每日巡查机制。各社区居委会按照责任分工，每天安排专职人员巡视自己所包楼院的环境卫生，做到有问题早发现，早解决。对在日巡查工作中出现的环境问题，各社区会及时与相关单位、业主、装修公司等责任人联系，说明情况，督促相关责任人对产生的建筑垃圾、装修剩料、堆物等及时进行清理；对无责任人的环境问题，居委会牵头进行解决，确保城市社区环境卫生干净整洁。

定律四：多层面动态监管社区环境

为使社区环境建设秩序井然有序，各项工作能够得到有效落实，街道相关主管环境卫生工作的领导亲自抓，亲自查访；街道包居干部和卫生科的工作人员定期到包片居委会进行检查，督促环境卫生各项工作落实；各社区居委会主任、社区卫生委员、环境建设监督员、清扫员等也主动落实社区环境建设工作，对社区环境进行维护，发现问题及时整改。

定律五：深入推进物业联席会议制度

经多年社区工作磨合，社区环境建设在齐抓共管、齐抓共建思想的指导下，街道各社区居委会与辖区物业单位之间逐渐形成了一种共建机制。在工作上，各社区居委会与辖区物业建立了联席会议制度，每个季度召开一次联席会议，每个月进行一次物业走访，形成了积极配合、互帮互助、优势互补、互相补台的工作局面。实践证明，这一机制使双方相互了解了社区居民的需求和待解决的问题，找准了解决社区矛盾的切入点，行之有效。

定律六：充分发挥工作协调机制的作用

老旧小区改造为提高社区环境质量打下了坚实的基础，是加快提升社区环境水平的根本措施。几年来，滨河街道办事处积极同区政府联系，不断增加老旧小区基础设施投入力度，相继完成了辖区几个老旧小区的硬化、绿化、美化工作。同时，对小区出现的门窗破损、道路失修、基础设施损毁和缺失等问题，滨河街道办事处、社区居委会主动同产权单位、物业、政府职能部门进行沟通，协调各方快速解决出现的问题，进一步完善社区公共服务设施，提高社区硬件水平。

分析：根据以上案例所述，建设优美、舒适的城市社区环境首先要履行好自己的职责，切实把好关。其次要加强社区的管理，既要发挥好社区居委会的管理、协调、督促、监督等作用，又要发挥好小区业主委员会的作用，充分调动业主委员会在小区环境建设与管理的积极性与主动性，还要发挥好物业管理公司的作用。上述案例中，用六个定律来充分完善社区环境的改革与建设，说明了社区环境的改善与建设工作的运作机制，是加强社区环境建设与管理的重点。同时将社区环境保护责任落实到每个居民身上，实现改善环境、服务居民，共建和谐美好的新社区。

（二）针对案例提出社区环境的完善措施

1. 政治干预

应该通过政府的管制来限制企业排污，其中最为硬性的政府管制行为就是通过颁布相关法律法规，确定某种污染行为确实违法，并依法追究其责任。不过法律过于硬性，不能够灵活机动地处理其他事务，不能经济与环保兼顾，所以一般情况下只能作为硬性标准来实行。另外较为灵活的管制方法就是通过经济手段来进行管制，主要措施就是设定变通性的标准，谁排污谁付费，对超标排污的企业加重收费，以使排污企业通过自我衡量，有效地采取措施减少排污。

2. 法律干预

城市社区环境的保护是一项系统而又具体的事业，这就要求我们既要有全局观念，从整体的角度出发去看环境的变化，又要有局部思想，做好城市社区环境保护的每一个细节，而与环境保护相关的法律制度建设更应如此。首先，我们要制定环境保护的污染标准以及政府环境行为标准，使污染企业和环保行政部门能够有基本的行为标准，环保行政部门能够有基本的行为标准和明确的责任义务。其次，应及时发现环境保护过程中的法律空缺，切实使环保相关的法律制度具有较高的可操作性。除此之外，要进一步明确环境侵权的民事责任，制定相应法规，使对环境污染行为的处罚切实可行。再次，培育居民的社区环境保护意识，建立社区环境保护公众参与机制，加大环境保护的宣传力度，逐步

提高民众的环境保护意识和法律环保意识，为民众参与环保做充足的准备。例如，可以让社区定时开办环境保护讲座、发放宣传单、设置公告栏。还要拓宽民众参与环境保护的途径，使民众能够更加有效方便地监督举报，同时还要完善环境污染事件的处理和赔偿等相关的措施，充分照顾社区居民的利益，既要强化政府的环境保护力度，更要调动民众参与环保的积极性。最后，还要建立完善的社区环境保护体系，营造良好的城市社区生态环境。

城市社区的环境保护不是一朝一夕就可以完成的，它需要系统的环境保护体系和生态建设体系。城市生态体系建设除了各个系统的努力外，重要的就是污染排放量的控制，具体来说就是可以把城市社区的污染排放总量指标作为衡量环境的重要标准。

五、城市社区环境现状及存在问题的改善方法

（一）从自然环境方面改善

1. 加大社区环保投入，加强基础设施建设和生态环境建设

（1）基础设施建设

加强社区的道路规划，改善社区道路拥挤的状况，通过科技手段控制污染源及其传播途径；对现有的污水管理网进行合理的设计和布局，使其发挥积极作用；拆除社区的破旧建筑、临时搭建的违章建筑和鸡、狗笼以及露天厕所等；购置垃圾收集车辆，配备环卫工人，在社区公共场所内增加垃圾回收的装置，如垃圾桶、垃圾箱等的品种与数量。

（2）生态环境建设

合理规划社区布局，建立固定的停车点，取消集贸市场；提高社区绿化质量，将林木花草引进社区，在街道，小区，空旷处以及房屋庭

院等处种植花草，因地制宜，尽量选用适合本地生长的树种。

2. 加快社区能源结构调整，促进大气污染治理

解决城市社区的大气污染问题，必须采取综合对策和措施，实施综合治理。利用现代科技，发展除尘技术，强制淘汰能耗高、污染重的燃煤锅炉，提高能源利用效率，努力发展能耗低、利用率高的清洁能源，改善能源结构。建设清洁能源区，取缔某些单位在社区违章搭建的集中供热设备，降低煤炭的使用率，实行城市社区集中统一供热。针对社区周边的建筑工地，要采取措施控制建筑扬尘，发展城市社区绿化，建设城市生态防护林，净化空气，改善城市小气候，并能降低噪声污染。

3. 重视服务性行业的环境管理，加强社区生活垃圾的污染治理

（1）针对部分社区摊点多、卫生差等环境现状，应加强对路边小摊的巡查和卫生保洁；针对小区内卫生脏、乱、差现象，可开展居住环境大整治活动，加大绿化面积。

（2）针对社区部分个体将废物随意乱倒、乱焚烧现象，应先对其进行环保的宣传、教育，屡教不改者给予严肃处理。同时加快社区垃圾中转站的建设，并建立一套定点堆放、分类回收、统一处理的垃圾管理制度；鼓励和强制回收含对人体有害物质的废旧家电、电池和废旧塑料品，实行科学管理；采用行政手段禁止销售和使用一次性、难降解的塑料包装物，运用经济手段推广可降解的塑料餐具；并结合相关科研，有

针对性地研制一些有市场潜力的环保型产品，进行内河水质的污染治理；建立一些占地面积小、运行费用低、利用率高等特点的垃圾焚烧处理地。

（二）从社会环境方面改善

1. 着眼于长远，统筹规划

改善城市社区环境是一项复杂的、事关社区居民长远利益的系统工程。在改善城市社区环境的过程中，要把环境优美、舒适宜人的城市社区作为社区环境改善的目标，做好各项工作。首先，制定社区环境建设的长期规划。充分考虑未来城市发展的人口规模、发展速度及环境承受力等因素，充分发挥各方面的聪明才智，集思广益，制定社区环境建设的长期规划。其次，要统筹兼顾，同时，要着眼于长远，不能只顾眼前利益。最后，要注重基础设施与配套设施的建设。要按照社区建设的总体要求，完善社区道路、活动场所、垃圾收容与处理等各项基础设施，同时也要搞好包括园林绿化、给水排水。

2. 健全机制，落实责任

改善城市社区环境，应该转变政府职能，有效提高行政效率，明确社区物业管理公司和居委会的责权，理顺社区关系，建立与社会主义市场经济体制相适应的社区环境体制；加强社区管理组织和队伍的建设，扩充社区管理职能，规范社区管理，完善各项制度，通过民主选举、民主决策、民主管理和民主监督的社区居民自治，建立自我管理、自我教育、自我服务、自我监督的社区组织体制和工作机制；将环保工作纳入重要议事日程，成立以街道主任为主，各相关职能部门领导为成员的环保工作领导小组，下设办事机构，并由专人负责，制订环保责任书和切实可行的环保工作计划和方案，把环保工作目标和责任分开落实。形成齐抓共管的局面，领导小组应定期召开环保工作会议，查证存在的问题及困难，定期检查、落实责任；在健全机制跟踪监督方面建立一系列切实加强领导、落实环保工作责任的机制。对于责任不落实、任务未完成、指标未实现的要给予批评和责任追究。

3. 加强政府行政职能，贯彻执行法律、法规、依法保护环境

（1）环保部门要转变行事作风，提高服务质量，提高办事效率。对社区环境项目要严格把关。

（2）有法必依、执法必严、违法必究。使环保执法适应城市社区环保工作实际，务必加强执法程序和监督机制的建设。

4. 强化社区物业管理

物业管理公司在社区居民生活中，在注重治安的同时也应加强对环境建设的关注，充分发挥市场经济在资源配置中的基础性作用。将市场竞争机制引入社区物业管理之中，让那些有实力、有经验的物业公司来管理社区卫生工作，并规划制定专门区域，作为商贩经营场所，建设清洁社区。

5. 广泛开展形式多样的环境宣传、进行环境教育、提高公民的环保意识

（1）在现实生活中大多数人的信息都是通过媒体获得的，没有报纸、杂志、书籍、广播、电视、电影、网络等大众媒体向社会传播相关知识，环境问题就不可能进入大众生活。从唤醒公众环境意识到动员社会关注，普及环境知识，媒体的作用是关键。要与宣传公民文明道德相结合，大张旗鼓宣传环境保护工作的方针、政策、法律法规，曝光违法行为，通过对社区现状的分析，唤起居民环境忧患意识，提高群众法律观念，可以开展评选社区绿色家庭、环保先进个人，以此来调动居民的环保积极性。

（2）环境的教育是全民教育，是终身教育。社区是进行环境教育的重要阵地。加强城市社区环境教育，争创绿色社区环境，通过社会广泛深入地进行绿色意识的宣传教育，把绿色文明拓展到社会生活的各个层

面，开展创建绿色社区、绿色家庭等方面的工作，在全社会大张旗鼓地树立保护环境意识先进典型和样板，力争用榜样的力量去影响和感召群众。

（3）与创建文明小区相结合，大力开展环保进社区的活动。在社区中开设环保专栏，引导全民树立环保意识，倡导生态文明，鼓励绿色消费。

（4）提高居民的环保意识，环保法律需要健全。我国的有关环保的法律有很多，比如《环境保护法》《水资源保护法》《大气污染防治法》《固体废物污染环境防治法》，还有各种地方环境保护法规，但是法律法规的实施情况却不令人满意。环保相关部门应建立完善的公众参与体制，将环保纳入社会公共事务全民参与的范畴，进行环保社会动员教育是当务之急。建立公众参与机制，组织听证会，让居民可以了解讨论有关环保知识和政策，为居民和政府的沟通创造渠道，组织环保部门的工作人员及社区代表开展观察、评议活动，认真征求社会各界对环保工作的意见和建议。

六、某社区环境综合整治实施方案

为全面提升我社区环境综合水平，营造良好的人居环境和城乡面貌，根据《中共江苏省委省人民政府关于以城乡发展一体化为引领全面提升城乡建设水平的意见》《省委办公厅省政府办公厅关于印发全省村庄环境整治行动计划的通知》精神，以及吴江市委、市政府、开发区党工委、管委会要求，结合社区实际，特制订以下实施方案：

（一）整治目标

2012年，结合实际情况，我社区环境综合整治的总体目标是：通过整治，使社区的综合环境得到很大改观，村容村貌更加整洁，生态环境更加优良，社区公共服务更加配套的目标，使社区居民生活达到“二星级康居”社区标准。

（二）整治内容

经过社区及工作站的全面排查，社区此次环境整治的主要内容包括以下几个方面（具体明细请参考整治内容明细表）：

1. 社区环境整治方面：拆除违章物（118 处，近 1000 平方米）；清除杂物（弄堂、公共地块等）；墙面涂白（600 平方米）；整改广告牌、雨篷（1085 平方米）；取缔废品收购点（29 家）；取缔锅炉、浴室（100 个）等。

2. 工程建设方面：绿化（含车位）建设（55650 平方米）；场地、弄堂硬化（9855 平方米）；道路维修（500 平方米）；南大港填土、驳岸建设（1000 米）；文体休闲设施建设（200 平方米）；空余宅基地整治（20580 平方米）；侧石修补（2100 米）；南区一号门外围墙边空地整理（8000 平方米）；等等。

（三）整治措施

攻坚克难、以点带面，在开发区财政的大力支持下，加大投入，整合社区各工作站资源，力促全社区环境卫生整治大有改观。

1. 清理乱堆乱放

我社区重点整治工作在整治乱堆乱放上。社区将从 3 月下旬开始，集中力量，重点整治乱堆乱放。首先，各工作站工作人员分片指导居民、沿街、门头经营户负责人自行清理乱堆乱放。其次，社区各工作站工作人员联合保安、环卫条线工作人员，组织车辆，开展专项清理工作。

2. 拆除违章搭建

前期宣传解释工作，指导和协助居民、经营户自行拆除违章搭建。对于不听取劝告不愿拆除的，社区将联合与协助城管等执法部门开展清理工作。

3. 整改广告牌、雨篷

做好思想解释工作，清理、拆除和整改破损、陈旧、乱设乱拉乱贴、存在安全隐患的广告、牌匾、条幅、雨篷等。

4. 做好取缔废品收购点和锅炉、浴室等整治工作

联合城管等执法部门，对辖区内影响居住环境、存在安全隐患的废品收购站、锅炉浴室等经营户开展取缔、整改工作。社区主要做好思想、宣传解释工作，并配合好执法部门开展整顿。

5. 工程建设方面

配合好相关部门做好各项工程建设，抓好绿化建设监督管理，全面整治小区内空白宅基地，做好道路的维修平整工作、社区文化广场改建工程，同时争取在年内做好南大港的驳岸建设和南区一号门外空地平整，监督各建设项目的高质量实施。争取用一年时间，使社区环境各项基础配套设施实现全面改观，社区居民生活质量得到很大提升。

（四）实施步骤

1. 宣传发动阶段（2012 年 3 月 20 日）

全面动员部署村庄环境整治工作，召开动员大会，组建工作机构，制定考核标准及办法，明确工作目标任务，明确重点整治内容区域，做好工作计划方案及预算。

2. 自查自改阶段（2012 年 3 月 21 日—4 月 30 日）

针对社区内乱堆乱放、违章搭建、杂物堆放等，上门做好宣传解释工作，动员居民自行拆除违章搭建、清理乱堆乱放等。在此基础上，社区组织每个工作站及保安、环卫条线进行深化整治。

3. 集中整治阶段（2012 年 5 月 4 日—6 月 20 日）

进一步深化其他整治项目，配合开发区相关职能部门进行集中整治。

4. 巩固提高阶段（2012 年 6 月 21 日—12 月 31 日）

建章立制，完善考核机制，建立行之有效的长效管理机制，严防反弹。

（五）保障措施

1. 加强宣传，提高思想认识

围绕“村容整洁”目标和创建“二星级康居乡村”的要求，将整治本社区环境卫生作为本社区本年度工作的重中之重，全方位开展环境卫生整治方面的宣传；利用召开动员会、发放《告居民书》、布置宣传栏、悬挂横幅标语、发放宣传画（册）等多种媒体方式，采用群众喜闻乐见的形式，大力宣传开展村庄环境整治的重要意义和党委、政府采取的政策措施，动员广大居民和社会各界积极参与村庄环境整治、维护和长效管理。同时，结合实际工作重点做好居民思想工作，先易后难，攻难克坚，通过细致、不厌其烦地上门解释利害关系，把社区整治的打击面缩小到最小，为后步采取强制整治打好基础。

2. 加强领导，明确职责分工

以社区牵头，各工作站协调共管的工作模式，成立了以社区党委书记为组长、社区专职委员为组员的整治领导小组。同时，成立了以各工作站工作人员为成员的整治工作组。以各工作站为重点，分头实施，社区予以积极配合，社区干部、居民组长、网络员等以身作则，配合社区整治工作，认真履行职责，密切协作。

3. 严格督察，严把质量关

社区环境整治领导小组分解好村庄环境整治目标责任，制定考核标准和考核办法，建立定期督促检查和情况通报制度，严格落实工作责任制。加强对各工作站、条线工作人员的环境整治进展情况的目标管理考核。严格做好经费预算、审批、结算工作。

第五篇　社区体育

课　　时　共计4课时

教学目标　了解社区体育概论；
了解社区体育发展趋势；
了解社区体育发展对策；
学习社区体育案例。

教学重点　社区体育发展趋势；
社区体育发展对策；
社区体育案例。

教学内容

一、社区体育概论

（一）社区体育的概念

对社区体育概念的界定，将有助于人们对这一新事物的认识，也是做好研究工作的前提。社区居民参与体育锻炼的目的，既不是为了提高运动技术水平，也不可能是为了促进自身的生长发育，而是为了强身健体、消除疲劳、善度闲暇、加强沟通，达到身心愉悦的目的。社区体育主要是指针对人们自身体质、健康、需求、兴趣爱好，性格特点等具体情况，以运动为基本手段，以获得建、美、乐为目的的一种社会化现象，它属于群众性的体育，具有覆盖广、参与人员多，是开展《全民健身计划纲要的》的重要载体。主要是以人为本，促进身心各方面全面发展。

社区体育是我国体育事业的重要组成部分，直接关系到占全国人口绝大多数的成年人的身心健康、体格健美与快乐幸福的生活。成年人是一个国家或民族的中流砥柱，其身心健美、快乐幸福的生活与健康长寿，又直接关系到国家或民族的社会稳定与繁荣昌盛，因而也必然成为一个国家社会制度是否优越和民族文明程度高低的一个重要标志。因此，深入持久地开展社区体育实践，必然对我国社会主义物质文明和精神文明建设产生积极的现实作用和深远影响。概括说来，社区体育具有以下几个方面的直接作用：

1. 能有效地帮助人们健身，促使体格健壮、体态优美，形成并保持各种良好的身体技能，增强体力，保持头脑清醒、思维敏捷，利于提高人们的学习、工作、生产效率和生活质量。

2. 能有效地促进人们健心，调节与消除各种不良情绪，促进人际交往。增进彼此了解与友谊，使人们精神更美好，生活更快乐。

3. 丰富社区文化生活，提高人们体育文化素质，利于移风易俗、

建立健康的生活方式、促进精神文明建设。

社区体育的目的和意义是指导体育工作者进行和开展社区体育的方向，旨在更好地为全民服务。

（二）社区体育的功能

社区体育功能包括：整合功能、沟通居民的人际关系、缓解老龄社会问题、健全与丰富社区功能、娱乐功能、服务功能、凝聚功能。现代社会，人们在注重生活质量的前提下，更加追求丰富多彩的余暇生活。同样，社会的发展也要求有与现代化大生产相适应的全面发展的劳动者。当个体需求和社会需要一致并形成一种合力的时候，就产生了特定的社会环境，推动着余暇活动的发展，尤其是集健身、娱乐和自我发展于一体的社会体育的发展。

社会体育在国外叫作大众体育，是指职工、街道居民、农民等自愿参加的，以增进身体健康为主要目的，内容丰富、形式多样的群众性体育活动。它有别于高水平的竞技体育，也不同于学校体育和军队体育。由于社会体育贯穿于每个人的一生，故社会体育在每个人生命历程中都是耗用时间最多的一种体育参与方式。同时，由于社会体育的参与对象极其广泛，参加者力求保持经常性，所以它耗用的社会总时间是现今世界任何文化活动所不能比拟的。

总体来讲，社会体育的发展，至今仍主要表现为一种“摸着石头过河”的实践探索。重视和加强对社会体育的理论研究，无疑是社会体育健康、持续发展的迫切需要，也是体育理论工作者义不容辞的社会职责。从我国国情和社会文化底蕴来探讨社会体育的趋势，为体育工作者全面规划和制定发展宏伟蓝图提供理论依据，为我国体育教育工作者和体育管理者锁定目标提供实践依据。综合来看，社区体育最大的特点应该是居民的区域性、自主性、休闲性，其功能主要是娱乐身心、强身健体。

（三）国内研究的现状

1. 社区体育是社区居民业余文化生活的重要组成部分

社区体育是社区居民业余文化生活的重要组成部分，它依附于社区，随着社区的发展而发展。社区体育与其他体育有所不同，它是以社区内居民为主要对象开展的体育，包含家庭体育、厂矿、团体、机构、政府组织的体育等，社区体育涉及千家万户，涉及全体国民。我国城市居民在闲暇所从事的业余活动居前三位的分别是：看电视、读书报、教育辅导子女。目前，社区体育组织管理以街道社区体协为主，其他区域性体协为辅，服务组织结构呈现出基层化的特点，而现有的街道办事处工作职责中并没有明确地提出有关体育方面的职责，街道办事处抓体育工作没有充足的法规依据，社区体育处于可抓可不抓的地位。在社区体协中，社区体育活动的管理者以兼职为主，专职为辅，有的管理者身兼多职，有的由离退休人员担任，管理人员的专业化程度不高，为此，社区体育服务难以满足居民的体育需求。在场地设施和经费方面，社区体协的活动经费主要来自社区单位和街道，社区单位一般以会员费、报名费、赞助费、承担比赛的方式提供经费，街道一般以补贴的方式提供经费，其他方面的经费来源主要是体委以奖励的方式提供少量经费，参加者个人交纳少量的报名费等。

2. 社区体育活动场所

社区体育活动主要在市区单位体育场馆、公园、空地、江河湖畔和社区公共体育场地设施进行。从体育设施的来源看，有的是以政府投资为主提供的。如许多小城镇社区体育设施，有的以利用政府机构的独特职能并充分协调区建委、房地产开发商和普通居民的利益关系，大家投资共建社区体育文化设施；有的以街委会多方筹资，自建场地设施；也有由社区体育的专门部门负责开展的体育产业经营及非社区体育专门部门负责开展的体育产业经营的形式等。从总体来看，由于社区发展滞

后，历史欠账太多，城建规划不配套，规划不落实等原因，社区体育场馆设施匮乏与经费短缺是当前社区体育发展的主要问题，从参与体育活动的形式看，社区体育的活动形式主要有日常性活动和竞赛性活动。日常性活动时段主要集中在早晨与傍晚，活动规模受场地条件限制，参与人群中老年人占较大比例。

3. 社区居民体育活动项目

社区居民体育活动所采用的运动项目有着鲜明的民族文化特色和时代特征，在很多社区既有世界流行的现代体育运动项目，如保龄球、斯诺克、瑜伽、轮滑、网球，又有我国传统的健身养生方法和大众项目，如拳操类、舞蹈类、球类、跑跳类等，内容丰富多样。从参与人群看，经常参加社区体育活动的人群主要是老年人、学校学生和学前儿童，中年人特别是在职职工参加体育锻炼的人数不多，或者不能坚持经常锻炼。参与人群年龄结构上呈两头大中间小的现象，从技术支持来看，社区居民科学健身科学锻炼的技术来源主要来自国家相关政策支持、媒体导向、教育培训（包括自学和自我经验积累）以及社区体育指导员的指导，其中社区体育指导员的指导是社区体育得以良性开展的最佳途径。社区体育指导员是社区体育活动站的指导者和组织者，他们的数量和水平直接影响着社区居民的体育活动水平，目前，社区指导员在社区体育开展中的指导作用也不是很大，加强社区体育法治建设和监督，进一步改善社区体育的人力、财力、物力条件是社区体育发展的关键。

二、社区体育发展趋势

（一）社区体育在群众体育中的地位将不断提高

在国家大力推进城市化进程中，社区体育将会迅速发展。这是因

为：首先，社区体育是社区文化的重要组成部分，社区文化是社区建设的重要内容之一，在党和政府高度重视社区建设、社区快速发展的同时，社区体育也将会迅速发展。其次，随着我国社会经济的全面发展和人民物质文化生活水平的提高，人们的体育需求不断增长，而政府不可能向全国众多的社区提供各种具体体育服务，此时，人们的体育需求开始转向社会，具有就近选择特点的社区体育，将成为满足社区居民体育需求的重要途径。最后，社区体育的增进居民身心健康、丰富居民闲暇生活、改善居民生活方式、加强社区整合、增强社区凝聚力的功能特点决定了社区体育在社区建设中的地位会得到不断提升。

（二）社区体育场地设施条件将逐步得到改善

国家对体育和社区建设投入的增加，将逐步改善社区体育场地设施条件。城市规划的整体性意识和人本意识不断增强，体育场地设施建设将与广场、公园、绿地建设紧密结合。但是我国幅员辽阔，经济和社会发展水平不平衡，不同现代化程度地区的社会目标决定了社会发展的价值取向，也必然影响社区体育的发展水平，决定了不同地区社区体育发展水平的不均衡性。

（三）社区体育的管理难度加大

随着我国城市化进程的推进，出现了大批的新兴城市和老城市新扩展区，社区类型呈现多样化的态势，不同的社区在人口结构、体育设

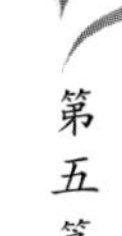

施、文化传统、居民的体育诉求等各方面具有多样性。社区类型的多样化和社区居民人口结构的异质化以及人们体育需求的差异性决定了社区体育的组织模式的多样化和复杂化，社区体育的管理难度将会加大。

（四）老年人仍将是社区体育的主要参与者

21 世纪，世界各国将面临一个共同难题，人口老龄化问题。联合国规定，老年人口占总人口的比例达到 10%，就成为老年化社会。统计资料表明：1999 年 10 月，我国 60 岁以上老人达 1.26 亿，占我国人口总数的 10%，我国进入人口老年化社会。1996 年，我国每周参加 3 次体育活动，每次活动 30 分钟以上的人数（体育人口）占总人口的 15.46%。从体育人口的年龄分布来看，55 岁以上人群体育人口占该年龄段人数的 29.9%，明显高于均数。年龄段为 65 岁以上的体育人口数量，占该年龄段总数的 22.2%。青少年与老年人群体是构成我国体育人口的主体，青少年的体育活动主要在学校，老年人的体育活动主要在社区。老年人比例在增加，老年人相对其他人群又拥有充足的闲暇，为了消除孤独、善度闲暇、治病防病、健康长寿、重建社会交往圈的多种需求，老年人仍将是今后社区体育的主要参与者。

（五）社区体育活动时间更加业余化

目前街道社区体协和一些区域性体协开展的活动还没有做到完全业余化，随着企业经营机制的强化，事业单位编制压缩，工作节奏加快，非业余化的体育活动将受到越来越多的限制，清晨、傍晚、周末、节假日将被充分利用，社区体育活动时间的业余化程度将不断提高。

（六）社区体育活动内容形式更加多样化

人们体育需求的不断增长，要求多样化的体育活动内容和活动形式。晨晚练活动中，现有的韵律性、表演性、传统性的活动内容将继续受到人们的青睐。随着社区体育场地设施的改善，其他竞技化与非竞技化的体育活动内容也将受到人们的欢迎。晨晚练活动和每年几次比赛表演将难以满足全体社区成员的体育需求，多种形式体育活动和竞赛将得到发展。

三、社区体育发展对策

（一）加强社区体育指导员培训与管理

社区体育指导员在促进社区体育广泛深入的开展，指导群众掌握科学合理的健身方法等方面起着非常重要的作用。2001 年中国群众体育现状调查显示：社区体育指导员的数量和质量与日益增长的体育人口尚有较大差距，社区体育活动缺乏指导者和组织管理者是制约居民参与体育活动的重要因素之一。因此，应加快社区体育指导员的培训，在保证数量的基础上不断提高质量，同时应进一步加强对现有社区体育指导员的管理，具体措施如下：

1. 针对当前社区体育的实际情况，充分挖掘社区内的人力资源

聘请高校体育专家在社区内举办短期培训班，对具有一定的体育专业知识，热衷于社区体育工作的人进行强化培训，通过考核发给相应的等级证书。还可以组织高校体育专业理论知识全面，技术水平高的学生，利用课余时间或双休日深入社区指导和组织社区体育活动，适当地给予报酬，这样既可以弥补社会体育指导员在数量和质量上的不足，也可以拓宽高校体育专业大学生的就业道路。

2. 要加强对现有社区体育指导员的管理

从实际情况来看，社区体育指导员提供健身指导服务不足的一个重要原因就是管理中存在问题，社会的社区体育管理模式，社区体育指导中心应对社会体育指导员进行全面管理，把他们有效地配置到晨晚练点、辅导站、俱乐部等最基层组织中去，定人定岗，加强监督，切实发挥其健身指导作用。

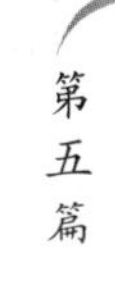

3. 加强社会体育指导员管理

还应采取一定的激励机制，适当给予社会体育指导员一定的报酬，充分发挥他们的积极性，做到社区体育健身指导有偿服务与无偿服务的兼顾。

（二）鼓励和提倡学校体育设施在非教学时间向社会开放

社区体育设施不足是制约社区体育活动广泛开展的主要“瓶颈”。改善社区体育设施不足的局面，一方面要靠政府投资兴建大量公共体育设施，另一方面要提高已有体育设施的使用率，国家体育总局《2001—2010 年体育改革与发展纲要》第四十二条明确规定：公共体育设施必须向社会开放，学校、机关、企事业等单位体育场地设施应实现社会共享，学校体育运动场地向社会开放已是一种趋势。但是，目前的开放现状不容乐观，在政府投资有限的情况下，学校体育设施在非教学时间内进一步向社会开放，这是从实际出发有效解决社区体育活动设施不足的途径之一，不仅解决了居民体育活动设施的不足，更能利用学校良好的学习与文化环境氛围，感染和熏陶社区居民美化生活、净化心灵、提高自身人文素质，这对缓解社会矛盾，保持社会稳定有着极为重要的现实意义，从实际情况来看，高校的体育场馆已基本对外开放，而对于中小学体育设施向社会开放的具体事宜，则需要进一步研究。

（三）建立社区体育设施政策性融资机制

基于社区体育场地设施属于公共产品的这一特性，加强城市社区建设是城市经济社会协调发展的必然要求，对于深化改革、促进经济发展、提高群众生活质量、维护社会稳定，都具有重要意义。政府是社区体育设施的主要提供者，但是政府提供的主要资金来源是政府财政预算和体育彩票公益金，其资金数量有限，如此就造成政府供给不足，因而必须建立其他的社区体育融资途径。在当前我国体育发展整体经费不足的现实情况下，我们应当通过制定相应的社区体育发展优惠政策，拓宽社区体育的投融资渠道，强化社区体育自身造血功能，不断推进社区体育的社会化、产业化进程，增强效益观念。

（四）增强效益观念，推进社区体育社会化产业化进程

为了解决当前社区体育活动设施匮乏的现状，适应社会体育大格局的社会化、产业化发展道路，必须树立社区体育管理的效益观念，逐步推进社区体育的社会化、产业化道路，提高社区体育管理与服务的质量，满足居民的体育需求。

1. 在社区公共体育设施兴建方面可以在有条件的社区，通过政府制定相应的体育经济优惠政策，让企业或者是体育产业实体来提供。

2. 在全民健身路径的管理上，可采用政府（主要指区政府与街道办事处）授权管理模式，即对健身路径的管理采取政府发包，采用竞标的形式加以转让管理，政府与企业或社会体育组织签订一定的法律合同，明确规定双方的权利和义务，由企业或社会体育组织负责健身路径器材的日常维护、检修、派出专人看管以及在居民锻炼时提供健身指导服务，国家给予企业或社会体育组织一定的维护和保修经费，政府（街道办事处）不再插手对健身路径的日常直接管理和维修，只做宏观上的监督。为了让居民都利用健身器材享受到健身服务，在控制手段上，政府可以通过体育人口这一指标来控制企业或社会体育组织不开放健身场馆，同时通过定期的现场调研来评价企业或民间体育组织，体育协会提供健身指导服务的质量健身路径管理。采用授权管理模式后，无论管理

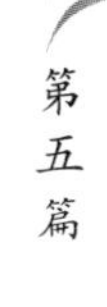

还是健身指导服务都将有很大的提高。首先，企业或社会体育组织为了自身利益，必将提高管理技术，保障健身器材安全，精减人员、节约成本。其次，企业或社会体育组织拥有专业的健身指导人员，可以提供优质的体育健身指导服务，宣传科学健身知识。再次，在这种授权管理模式下，企业的行为几乎是一种公益行为，对企业来说是一种很好的营销手段，它将吸引更多的人到企业在社区内兴建的健身场所进行锻炼。企业便可获得利润，进而进一步改进健身路径和建在社区内的营利性体育设施的服务，形成良性循环机制，从而推进社区体育的产业化进程。最后，可以通过一定的管理技能培训，招募一定社会志愿者来担任管理人员，实现社区体育自治，减少管理的社会成本。

（五）发挥政府体育部门在社区体育设施兴建上的宏观调控功能

杭州市西湖区南都德加健身苑建成后，由于居民锻炼时影响到附近居民的休息而被迫关闭，最后还引发了社区业委会和业主之间的法律纠纷。所以应发挥体育行政部门（市区体育局）在健身路径建设上的宏观调控功能，在健身路径的选址建设过程中同土地、城市规划、园林和绿化等部门进行沟通协调，尽快解决相关职能部门的权限分工和协作问题。在房地产开发规划申报方案中，在居民小区的配套设施建设上，在项目的报审建设监督验收等环节上，都应有同级体育主管行政部门的参与，真正赋予其对公共体育事业指导和监督的合法权益，贯彻落实公共文化体育设施条例。

（六）加强法制建设

1995 年 8 月《中华人民共和国体育法》颁布以来，国家先后颁发了全民健身计划条例社会体育指导员技术等级制度等法律法规，各地方政府也制定了适合本地情况的规章制度，如街道办事处工作条例，社区管理条例，物业管理条例等，这些法规的制定与颁布，为我国社区体育的健康发展提供了重要的法律保障。但有关社区体育全民健身路径管理的法规条例欠缺，对社区体育中的资金和体育设施的管理更是存在法律漏洞，使得有限的社区体育资源难以发挥最大的社会效益。此外，在现实管理中还存在有法不依、执法不严等弊端，这就更难以发挥体育法律法规应有作用。因此，一方面，政府有关部门要进一步完善已有的社区体育法规体系，尽快制定和完善社区体育管理相关法律法规；另一方面，应进一步推进依法治体，规范政府体育行政机关的执法行为。

（七）倡导社区体育活动组织管理的志愿者参与机制

志愿者是指不以获取报酬为目的，为增进社会社区个人或团体的社会福利水平而无偿提供自己的劳动技术和时间的人群。西方发达国家的大众体育经验表明：志愿者的无私奉献是社区体育迅速发展的基石，社区服务志愿者队伍的不断壮大，是社区体育自治的一个重要方面，是社区体育管理方式方法的创新策略，也是社区体育可持续发展的重要保障。社区体育是社区社会工作的一部分，社区社会工作从根本上应立足于和服务于本社区居民的意愿。因此，当代社区体育发展仅靠政府的推动是远远不够的，还必须有居民的参与和互助合作。只有通过群众广泛参与及互助和自助，形成自我调整、自我完善的内部推动机制，才能更好地促进社区体育发展。这就要求改变社区体育管理者队伍的结构，由单纯依靠街道和居委会干部变为理论工作者社区管理者。社区服务志愿者和社区居民共同参与的多样化队伍，形成政府管理与社会管理的良性互动关系。

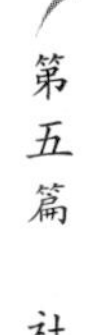

四、社区体育案例

WJC 社区文体俱乐部在街道党工委、办事处的正确领导下，在市、区主管部门的关心和指导下，为满足广大居民日益增长的体育健身需

求，他们结合社区实际，整合辖区内的各种文体资源，不断完善文体活动场所设施建设，充分发挥社区文体俱乐部的作用，积极组织社区居民开展各项文体活动，引导社区居民科学健身，取得了较好的成效。

（一）社区概况

WJC 街道地处上海市东北部，辖区面积 7.66 平方公里，现有常住人口 14.26 万。街道辖区内学校多、部队多，文化体育资源丰富。WJC 社区现建有一个功能齐全的社区文化中心，以及拥有各种类型的文化娱乐广场、操场 15 处，体育健身（苑）点 57 个，公园 1 座。此外，还在社区的 32 个居委会，配有标准化的活动室，总面积 3000 余平方米。社区内群众性的文体活动蓬勃开展，繁荣活跃的社区文化成为 WJC 城市副中心一道亮丽的风景线。2005 年以来，街道文体工作取得了一系列的成绩，先后获得“全国文明单位”“全国文化先进社区”“全国群众体育先进单位”“第五批全国城市体育先进社区”“市群众文化工作先进单位”等荣誉称号。

（二）社区文体俱乐部基本情况

1. 组织领导机构

加强组织领导，搭建工作平台，是做好一切工作的基础。为确保社区文体俱乐部各项工作顺利实施，俱乐部充分调动各方面积极因素，

着力抓好组织建设。为夯实俱乐部基础工作，他们成立了俱乐部主任负责制，以社区支部书记、主任为组长、分管文体的工作人员为副组长、辖区单位负责人和各项体育活动负责人以

及各居民小组为成员的组织管理机构，全面负责俱乐部的发展、建设与管理工作，做到全面工作有人管，日常工作有人办，具体工作有人抓。三年来，俱乐部一步一个脚印，为了更好地开展工作，目前正在联系区社团局指导工作，更好地完善理事会、监事会的职责工作。

2. 硬件设施建设

俱乐部推进学校场地开放、公共设施资源整合的工作，通过整合各方资源，使万达广场、下沉式广场、沃尔玛广场、国定支路小花园室外全民健身路径等公共场地资源，文化中心阅览室、棋牌室、多功能厅、排练房、信息苑、育鹰学校电脑房等文化设施，复旦乒乓室、育鹰学校篮球场、少云中学操场等体育设施均能很好地为社区居民所使用。

3. 开展活动项目

俱乐部把“一坛一站一展”工作作为常规宣传平台，并针对各类人群的健身需求，开展形式多样的健身活动，如老年人健步走、太极拳、空竹；中青年人健身球、腰鼓、排舞、秧歌；青少年趣味运动会等活动项目。俱乐部一直坚持每年定期举办文体健身项目的培训班 12 期，开展健身知识讲座 12 期。另外，俱乐部还经常性地开展社区文体活动，定期开展各类球赛、棋牌赛、乒乓球赛，各种表演活动每年 20 余次，并积极参加市、区两级举办的各种文体类赛事、运动会，2010 年，社区参加了上海市社区体育大联赛 10 余项赛事。

（三）社区文体俱乐部主要做法和经验

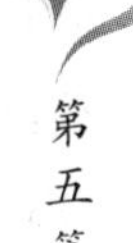

1. 领导重视，管理规范

社区文体俱乐部成立以来，不断完善各项规章制度。在具体工作中，做到每年有部署，阶段有计划，平时有活动，年终有总结，切实把做好社区的各项体育工作落到实处。俱乐部还专门成立了党小组，通过发挥各团队党员的作用，增加各团队的凝聚力，此外，俱乐部还通过健身辅导站，配备了专职社会文体指导员 7 名，兼职文体指导员 79 名。

制定了社区文体俱乐部章程、社区文体俱乐部工作职责、社区文体俱乐部工作管理制度、社区文体俱乐部服务细则及各种体育场地管理制度等，并在辖区内设有晨晚练点10余处，参加活动人数达3000～5000人次/天，每周活动20余次。

2. 不断强化社区文体俱乐部的阵地和设施建设

开展群众体育工作，阵地是基础，队伍是活力。为此，社区文体俱乐部积极建设居民体育阵地，从多种渠道挖掘资金，用于文体俱乐部各种专门的体育场地、健身器材等的建设，俱乐部规范体育健身设施的管理，使体育健身设施有人用、有人管、有人修。通过多项服务，为社区居民构建一个环境优美、器材清洁的健身地所。2009年，通过政府购买服务，俱乐部为各健身苑点新增了三牌一栏安全说明，并增加了世博元素的内容。2011年，文化中心二楼新增了一批10件健身器材，10件体质测试仪器，总投资达24万余元，进一步完善了体育设施，为俱乐部会员提供了更加良好的健身娱乐场所，使社区居民的身体素质得到了较大的提高。

3. 坚持广泛发动、发展壮大社区文体俱乐部队伍

为了有效组织居民参加体育活动，社区文体俱乐部充分运用居委黑板报、宣传窗等载体，大力弘扬全民健身运动，壮大社区文体俱乐部的队伍，有效地激发了社区居民的参与积极性，先后组建了啦啦舞队、音乐腰鼓队、交谊舞队、乒乓球队、划手操队、排舞队等体育队伍。俱乐部从场地、资金、教师等多方面给予支持，给这些活动团体提供更便

利的条件。目前文体队伍实行会员制管理，俱乐部采取发展和培训并举，通过不断完善队伍机制，形成骨干基础。每年组织俱乐部中的体育骨干开展培训，团队骨干外出参观学习，增加文体俱乐部的凝聚力，对丰富社区居民的体育活动项目起到了积极的推动作用。

4. 不断强化社区文体俱乐部活动建设

文体活动是开展社区文体俱乐部工作的核心和重点。俱乐部经过认真调查、反复研究，从社区居民喜闻乐见、易于组织、效果明显、影响较大的一些传统文体项目入手，把社区居民的参与性和积极性调动起来，发动居民自觉地参加体育活动，达到全民健身的效果。

（1）坚持组织居民开展日常的操舞训练、太极剑、太极拳、健身操、排舞、秧歌等活动，健身的人员 3000 ~ 5000 余人次 / 天。

（2）坚持举办普及性的俱乐部文体骨干活动培训班，俱乐部每年专门请来教师举办排舞、秧歌、健美操、舞蹈、瑜伽等文体项目的培训班，已累计 6 期，做到每 2 月有一期；2011 年，总计培训人数 300 余人次。

（3）鼓励社区文体俱乐部的各支文体队伍走出去，积极参加了市、区业务部门和单位组织的各项活动及赛事，2010 年组织参加 12 余项赛事，让大家通过参与比赛增加参与意识、积累活动经验。

（4）承办社区文化节，组织体育赛事，吸引更多的居民群众参与社区文体活动。几年来，从多种渠道挖掘资金，组织了一系列文艺演出、体育赛事。形成全民健身的体育、文明风气充溢的良好氛围；同时，通过政府买单举办“WJC 社区文化节活动”等多项文艺展示活动。迄今为止，已连续承办三届社区文化节，形成俱乐部独有的活动特色。在活动过程中，俱乐部还积极让各支文体队伍自编的节目进行表演，既展示了队员的风采，又调动了社区居民的积极性和参与率，使更多的社区居民加入俱乐部的各种文体队伍。

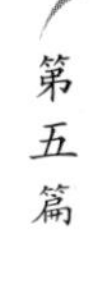

社区居民体育工作是一项系统工程，建好社区文体俱乐部更是一项利国利民的大事。俱乐部积极打造社区大文化的活动理念，社区活动不仅仅限于体育赛事、活动，它已打破了视角狭窄的格局，通过文体演出、语言文化、体育文化、科普文化等活动的开展，盈实了体育活动的内涵和魅力。在今后的工作中，俱乐部将继续整合社会资源，充分吸纳“外资”，借用“外智”，走出一条社会化运作的创新新路子，共同推动社区体育工作的建设。

中关村学院社区教育教材 “建设和谐社区系列丛书”之四

王雪松◎主编

中关村学院社区教育教材

文化艺术

图书在版编目（CIP）数据

“建设和谐社区系列丛书”中关村学院社区教育教材：全 6 册 / 王雪峰主编 . -- 北京：现代教育出版社，2018.6
ISBN 978-7-5106-6279-9

Ⅰ . ①建… Ⅱ . ①王… Ⅲ . ①社区教育－中国－教材 Ⅳ . ① G779.2

中国版本图书馆 CIP 数据核字 (2018) 第 126165 号

建设和谐社区系列丛书
中关村学院社区教育教材

主　　编　王雪松
责任编辑　魏　星　刘兰兰
封面设计　敬德永业
出版发行　现代教育出版社
地　　址　北京市朝阳区安华里 504 号 E 座
邮政编码　100011
电　　话　（010）64251036
印　　刷　北京永顺兴望印刷厂
开　　本　170mm × 240mm　1/16
印　　张　48.5
字　　数　650 千字
版　　次　2018 年 9 月第 1 版
印　　次　2018 年 9 月第 1 次印刷
书　　号　ISBN 978-7-5106-6279-9
定　　价　130.00 元（全 6 册）

目　录

第一篇 社区文化建设

课　　时　共计 6 课时

教学目标　了解社区文化建设的内涵与意义；
了解社区文化是推进和谐社会构建的重要力量；
我国社区文化建设中存在的问题分析；
了解并掌握推进社区文化建设的对策措施；
学习社区文化建设案例。

教学重点　我国社区文化建设中存在的问题分析；
推进社区文化建设的对策措施；
学习社区文化建设案例。

教学内容

一、社区文化建设的内涵与意义

（一）社区文化的内涵

我国社区文化研究兴起于 20 世纪 80 年代中期，是随着人们物质、精神生活水平不断提高而出现的一个新概念。理论界对社区文化含义的

界定不甚相同。有人认为："社区文化是在特定的地域范围内，人们所创造、孕育而形成的人文环境行为模式和生活方式的总和。"

1. 社区文化的定义

随着城市化进程的不断加快，社区建设逐步向深入发展，社区文化蓬勃兴起。挖掘社区文化资源，推进基层文化建设，对于繁荣城市文化、推进城市现代化进程，对于强化政府在文化领域的公共服务能力，满足居民群众日益增长的文化需求，对于打造居民精神家园、构建和谐社区，都具有十分重要的意义。马克思主义认为，文化是人类在劳动中创造的，是人类认识自然界、改造自然界的产物。同样，社区文化也是人们在特定的区域内，通过长期的实践活动而创造出来的物质财富与精神财富的总和，其目的在于丰富社区内人民群众日益增长的物质文化需要，促进社区和谐发展。因此，社区文化可以分为有形的与无形的两种形式。有形的社区文化表现为社区文化设施、社区环境、社区文化活动场所等；无形的社区文化，即是指人们在长期的交往与创造中形成的文化传统、风俗习惯和情感、态度与价值观体验等。

2. 社区建设

社区作为构成社会的基本单元，是现代城市发展的重要载体和依托。社区文化的发展是社区建设的核心内容，它对于维护社区的稳定，促进人际和谐，推进社会进步有着重要的意义和作用。所谓的社区建设，是指在党和政府的领导下，旨在提高人民群众的生活水平和生活质量，充分调动社区群众的力量，依靠社区的资源，通过互助和自治的方式，整合社区功能，促进社区的经济、社会、文化和环境健康等协调发展。

（二）社区文化建设的意义

社区文化建设是促进城市乃至全国文化建设的基础工作，是贯彻落实党的先进文化前进方向的必然要求，在提升社区整体实力上作用显著。社区文化是社区建设中的重要内容，对于社区整体的发展具有重要意义。

1. 社区文化在社区建设中的作用

社区文化指在一定地域内的社会共同体所反映出来的有关人的行为倾向、生活方式、风俗习惯、文化品位、生存环境等文化现象的总和。它对人的精神状态，归属感及社区的凝聚力起着重要的影响。它是时代发展的必然产物，也是推进社会政治、经济不断发展的需要，对社区建设起着积极推进作用。社区文化最直接的目的是以其活泼生动，具有吸引力和容易为人所接受的文化表现形式来满足广大社区群的精神需求。在现代社会，人们的工作、生活节奏不断加快，工作紧张程度和精神压力随之加大，而社区文化恰恰满足了人们的精神和情感需要，增进人与人之间的情感交流，增强了个体与社会整体的融合性，不仅丰富了群众的精神世界，更形成了良好的社区人文环境。

2. 社区文化在社区建设中的意义

在一定时期内，总会强调特定的文化理念，从而规范和影响社区群众的行为模式，价值观念。它一方面鼓励社区群众与现实之间以及和其他人群间的相互协调；另一方面不断引导人们追求科学的生活方式和高尚的理想目标，努力营造一种社区精神，促使社区形成特有的共同理想目标，价值观念，风俗习惯和归属感。社区文化积极倡导社会所认定的人生观，价值观和行为模式，对社区内存在的各种矛盾和问题给予导

向和解决。在文化活动中培养高尚的道德情操，陶冶美化人们的心灵，抵制不健康的文化。不断提升社区的文化品位，提高群众的精神境界，引导人们自觉追求真善美。社区通过不同的文化活动，用群众喜闻乐见的方式，寓教于乐的内容吸引社区不同成员的积极参与，增强群众对社区的认同感和自豪感，提升社区的凝聚力和群众对社区的归属感，进而促进社区各项建设的全面开展。

二、社区文化是推进和谐社会构建的重要力量

（一）社区文化建设的几点启示

1. 认识到位是前提

凡是社区文化建设抓得早抓得好的社区和街道，对社区文化建设的认识、理念、思路的探索也就相对比较明确，对社区文化在社区整体建设中的地位和作用的认识比较到位。

2. 领导重视是关键

社区文化是市、镇、街道、社区四级公共文化体系建设中的最基层，社区文化是公益性文化，政府是社区文化的建设主体，领导重视与不重视大不一样。社区文化活动之所以开展得红红火火，在于镇和街道领导能大力支持和关怀。各级领导应高度重视社区文化工作，要立足目前，着眼长远科学规划社区文化建设。建立考核机制，把社区文化建设工作的成效纳入到对街道、社区领导干部的考核之中，因地制宜开展社区文化建设，满足社区居民日益增长的文化需求。

3. 阵地建设是重点

社区文化能否繁荣，阵地建设是重点中的重点。社区之所以文化活动开展得起来，说到底还是社区有着健全的文化场所、设施，能够满足社区开展各项文化活动的要求。社区文化阵地建设，既是社区文化活

动的基础平台，也是社区建设有无文化品位的内在要素。

4. 队伍建设是核心

社区文化建设落实到最后，关键在社区干部和文化人才队伍的素质。调研表明，凡是社区文化建设好的社区，社区分管干部都是对文化工作热心执着的，都注重对文化人才的培养，都有一批比较稳定的文体人才队伍。如虹桥社区就有多支演出队伍和社团组织，社区居民能自编、自导、自演节目，并经常和外市的戏曲联谊会交流，体现了群众的广泛参与性，社区文化活动开展得丰富多彩。

5. 载体创新是推力

能否与时俱进，不断创新文化活动内容与形式，是社区文化能否赢得居民群众欢迎并积极参与的内在要素。社区文化艺术节、周末广场晚会、节庆戏曲节等群众性文化活动，激发了居民的参与热情，推动了社区文化的开展。举办社区文化活动，很重要的就是要创新活动载体，才能满足居民多样化的文化需求。

（二）社区文化是社区建设内在凝聚力的主要元素

1. 社区文化建设有利于融洽社区人际关系

社区文化具有伦理关怀和人际调节功能，是居民增进沟通的有效途径。通过社区文化建设，能创造更多的交流和参与社区活动的机会，增进社区居民间沟通和了解，使习惯不同的人之间能够彼此认同，使心理隔阂的人之间能够彼此宽容，让人们充分感受到社区大家庭的快乐和温暖，促进关系和睦融洽。

2. 社区文化建设有利于提升社区凝聚力

社区文化有着特殊的社区整合功能，可以有效地促进社区凝聚力的形成。通过开展各种有益的文化活动，可以吸引广大居民积极参加社区的文化生活，有效地从心理和文化层面增强居民对社区的认同感和归属感，不断提升社区的凝聚力和向心力。

3. 社区文化建设有利于树立社区良好风尚

随着社会改革的全面深入推进，居民的价值观念和道德风尚出现多元化态势和复杂局面。通过社区文化建设，有利于树立正确的价值观和良好的行为规范，倡导健康文明的生活方式，使社区形成健康向上和相互关爱的文化氛围，使居民自觉树立良好的社区公道和家庭美德，努力形成高尚文明的社区新风尚。

4. 社区文化建设有利于营造和谐稳定的社会环境

社区是城市的基本单元，也是各类矛盾较为集中的地方，社区的和谐稳定关系整个社会。通过社区文化建设，能够有效清除各种不良现象的影响，避免各种不健康思想的侵蚀，从而促进人的身心和谐及整个社会大环境的和谐稳定。

三、我国社区文化建设中存在的问题分析

（一）社区文化建设投入机制没有形成，缺乏经费保障，主体缺位

1. 缺少文化建设和活动经费

社区普遍反映经费紧缺，社区文化成了无米之炊，搞建设和组织活动都要拉赞助、靠结对单位支持；由于没有经费来源和保障，人才培训难、活动开展难，影响了社区干部组织开展文化活动的热情。

2. 财政对社区文化建设投入少

由于各级财政几乎没有社区文化工作的专项经费，形成相当数量社区的文化设施多年来得不到改善或缺项。有些社区即便市、镇区、街道无偿提供了一些文体器材、图书、文化信息共享设备，因缺少正常运作的经费保障，造成无法正常开放和维护。

3. 缺乏优惠政策和扶持措施

由于政策上的原因，社会资金对社区公益文化的投入缺乏积极性，

社会文化团体对参与社区文化活动积极性不高。经费是开展社区文化活动的基本物质保证，没有经费支持，社区文化活动很难维系。当前，受我国社区文化建设与管理中政府主导机制的影响，我国绝大部分城市社区文化的管理资金依赖于政府财政下拨的款项，投入主体呈现一元化的特征。同时，基层社区由于长期过度依赖政府，使社区文化管理资金一直采用向政府“等、靠、要”的消极方式，未能积极整合社区内的各类资源（如驻区单位、企业的资金、场地支持）、开拓多种社区文化资金筹集渠道，应吸引社会资金参与，努力实现社区文化建设的社会化运作机制。

4. 社区文化建设主体缺位

从 1999 年民政部进行社区建设试验开始到现在全面推进社区建设，许多相关工作还处在不断摸索的阶段。现有的社区建设思路，基本上还是以行政强制为主，并没有真正实现社区自治。有的地方政府并没有把社区文化建设纳入社区建设的整体考虑，没有明确社区文化建设的主管部门，更谈不上进行社区文化发展的长期规划。有的地方政府在开展社区文化建设的过程中采取“重心下移”的管理方式和“以块为主，融条于块”的组织设计，这无疑加重了政府的派出机构——街道办事处的任务，然而街道办事处并不能完全胜任。于是街道办事处利用手中的权力将社区文化建设的任务分派到各个社区居委会，结果又导致作为群众性自治组织的社区居委会疲于应付街道办事处分派的各项任务。社区文化建设行政色彩浓厚，无论是从思路、步骤、内容还是形式上，都是自上而下的行政安排，没有真正从社

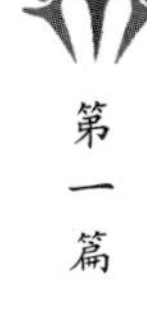

区居民实际需要出发，社区文化活动流于形式。

（二）社区文化建设资源整合利用不够，队伍建设需加强

1. 社区文化工作缺少专职专人负责

社区有退管、卫生等专职专人负责，而文化工作很多社区都没有明确有专职人员来具体负责，大都由居委会干部兼管。

2. 社区文化艺术人才资源缺乏有效组织

社区在开展文化活动时组织不够深入，对各种能够利用的人员没有很好地发动起来，有的社区没有自己的文化和艺术活动队伍，社区文艺骨干队伍建设亟待加强。社区文化建设是我国文化建设的重要基础之一，建设一支高素质的社区文化人才队伍是搞好社区文化建设的必要条件。近年来，各地在加强社区文化建设、培育基层文化人才队伍方面做了很多工作，也取得了一定成效。但由于种种原因，社区文化人才队伍的建设还不能适应实际工作的需要。

（三）社区文化活动的覆盖面不够广泛，居民参与度还不高

由于城区社区人多，人员流动性大，不同人群存在较大的文化差异性；部分社区的居民参加社区文化活动的积极性不高，意识不强。认为参加不参加社区文化活动对他们来说没有影响，没有认识到自己既是社区文化的创造者、又是社区文化的受益者，也没有认识到社区文化的感召力、生命力最终取决于他们的认同感和参与度；再加之社区在文化活动的组织上动员不够、宣传不到位，所以部分社区的文化活动群众参与率还有待提高，文化活动的组织和活动的质量也有待提高。

四、推进社区文化建设的对策措施

（一）完善社区文化管理机制

完善城市社区文化管理机制是推进我国城市社区文化建设的首要

条件。只有理顺政府与社区自治组织在社区文化管理中的关系，明确两者在社区文化管理中的地位及职责分工，才能有效避免目前多数社区出现的文化活动行政化，重形式、轻内容，重过程、轻效果的不良状况。

1. 明确社区文化建设的主体——社区居民

社区居民参与社区文化建设的决策、组织、领导、控制等管理的全过程，社区文化才能真正体现所在社区的特色，符合该社区居民的物质与精神需求，才是真正的富有生命力的社区文化、群众文化，而不是千篇一律、流于形式的所谓“社区文化”。

2. 确保社区居委会的群众性自治组织性质，不被行政任务所束缚

社区居民作为社区文化的主体，希望参与到社区文化管理的全过程，但由于其作为一个个单独的个体，无法实现，必须通过社区居民的代表——社区居委会来行使自己管理社区文化的权力。因此，保证社区居委会的群众性自治组织性质，明确其在社区文化建设中的地位及其与政府的派出机构——街道办事处的关系，即两者之间是指导与被指导的关系，而不是上下级的领导与被领导的关系，能够使社区避免疲于应付街道下派的行政任务，进而有效保障社区文化的发展方向。

3. 明确政府在社区建设中是“掌舵者”，但并不是社区文化建设的主体

虽然从对社区文化资源的调配方面看，政府起着主导作用，但随着我国政府职能的不断转变，政府在提供公共服务方面应该从过去的“划桨者”变为“掌舵者”，在社区文化建设中起引导作用，为城市社区文化建设把握方向，而不是事无巨细、全盘直接管理。

（二）整合城市社区资源，建立资源共建、共享机制

我国城市社区文化建设中较为突出的问题是资金短缺。无论是社区文化设施的购置、添加，社区文化场馆的建设，还是文化设施、场馆的管理与维护，社区文化人才的引进、培养都需要资金，而且城市社区

居民对文化方面的需求正日益强烈，由此可知，社区文化建设对资金的需求也越来越迫切。然而，当前我国城市社区文化投资体系则是政府一元独大，资金来源渠道单一，另一方面则是许多社会资本想参与社区文化建设却无相关渠道，与此同时，社区所辖范围内的某些单位和企业相应的文化资源充足，经常出现资源的周期性闲置（如学校的体育场馆、图书馆等）。因此，整合城市社区资源，建立资源共建、共享机制，拓宽社区文化资金的来源渠道是解决社区文化资金短缺的有效途径。文化设施的数量和质量是一个城市文化品位和经济实力的体现。随着人们生活水平的不断提高，人们的文化活动越来越多，对文化设施的需求量越来越大，因地制宜加大社区文化基础设施建设日显迫切。认真落实每年地方财政收入的一定比例用于文化建设的政策，加大投入力度，扩大文化发展、文化活动基金的投向社区文化建设的占比，各级财政要增加对社区文化建设的投入；扩大和完善文化信息资源共享网建设，逐步向社区覆盖，争取早日全方位全时制进社区、进家庭，直接服务人民群众；要加强工作协调，积极协调市规划、建设、民政等部门，加强对社区文化设施建设的推动力度，确保每个社区有 200 平方米的室内文化活动场地，确保社区文化的基本场地不挪作他用，确保 15 分钟文化圈的目标能够实现；要制定社区文化设施的功能标准，引导和规范社区文化的设施建设；积极沟通有关部门，推动机关、学校、企业的文体设施，无偿或低价向社区居民开放，做好资源共享工作；要引导和鼓励社会力量兴办社区文化事业，积极开展民间融资活动，通过区企共建、区校共建、区部共建等方式，引进资金和文化活动器具及资料，满足居民平时读书看报和开展文化娱乐活动之需；要把社区文化基础设施建设的情况，列入对各镇区文化工作的年度考核内容。

（三）自觉把握社区文化建设的基本原则

1. 社区文化建设要坚持“以人为本”，正确引导广大居民群众真心诚意地关心和参与社区的文化建设，充分发挥广大社区居民的积极性、主动性和创造性，使社区居民的主体性得以发挥。

2. 要坚持以政府为主导，以公益事业为主体，巩固和发展社区思想文化阵地，努力建设成场所齐全、设施完善、经费保证、队伍整齐、活动丰富、内容健康、运作有序、居民满意的社区文化，以满足居民日益增长的文化生活的需要，提高社区居民的思想道德水平和科学文化素质，促进社区社会主义物质文明与精神文明的协调发展。

3. 要坚持不断创新和完善体制机制，要推进城区社区的各项制度文化和组织文化的建设，营造积极向上的社区文化环境，培养社区居民的友爱、平等、和谐、参与、协作的社区文化价值观念，完善规范社区文化建设、活动开展和各项管理制度。

（四）开展丰富多彩的社区文化活动

以社区基层文化室和文化广场为龙头，以社区居委会、住宅小区以及周边企事业单位的文化活动场所为活动阵地，以发挥社区党员的模范带头作用为引导，以为社区居民搞好各种服务为基础，利用各种载体引导群众广泛参与，开展生动活泼、丰富多彩的社区文化活动，使不同文化修养及情趣爱好的群众都能各展其长，各得其乐。这样，既满足社区居民求知上进做文明市民的心理需求，展示社区文明风尚，又增进社区居民对社区的认同感和归属感、自豪感，进而增强社区广大居民对社区文化建设的参与意识。

（五）加强社区文化工作者队伍建设，进一步增强搞好社区文化建设的责任意识

建设一支高素质的社区文化人才队伍是搞好社区文化建设的必要条件，应重视抓好专业社区文化工作者队伍的建设和管理。以往社区文化管理人员由街道办事处工作人员兼任，由于时间、精力等方面的限制，通常难以将社区文化活动深入开展下去，因此，建立一支专业化的

社区文化工作者队伍成为社区文化建设的必然要求。

要结合下一步机构改革，落实社区文化专(兼)管人员，确保社区文化工作有专人负责；推行社区文化专管员、辅导员培训、发证上岗制度，使其提高业务素质，具备从业资格，通过规范管理进促队伍素质的提高。同时，应结合每年大学生进社区工作，通过择优招聘，将思想素质好、专业水平高、业务能力强的文化人才充实到乡镇文化干部队伍中。要发挥市直文化单位的资源优势，继续落实文化进社区工作，鼓励市文化馆、图书馆、影剧公司等单位，充分发挥文化优势，主动与社区挂钩共建，采取送文化、带骨干、建制度、给设施等四位一体的办法，提升社区文化的品位和层次。要加强对社区文化工作者的培训，每年由市镇文化主管部门定期举办培训班，提高文化工作人员的政治和业务素质。鼓励社区文化工作人员自学、进修，有目的地选送部分人员到相关院校深造；巩固、壮大现有社区文化活动团体，在此基础上，充分挖掘社区周围企业、单位、学校的文化潜力，成立青年、少年、企事业单位文体活动组织，构筑老、中、青、少四个梯次，居民文化、企业文化、校园文化相结合的全面发展的社区文化活动网络。及时发现、培育热心社区文化事业并有一技之长的文化骨干队伍，在精神和物质上予以鼓励，充分调动文化骨干的积极性、主动性和创造性；加强沟通，加强培训，通过文化骨干的“传、帮、带”作用，建立一支社区文化志愿者队伍；每个社区建好1～2支有社区特色的业余文化队伍，扩大社区文化的影响力，提高社区文化的品位和档次。党的十八大把文化建设提到了同经济、政治、社会建设同等重要的战略高度，强调要掀起文化建设的高潮，推动文化建设的大发展大繁荣。社区文化建设是城市文化建设的重要组成，是建设好文化社区的基础，只有把社区的基层文化建设好，文化社区才能有内涵，也才能使群众享受到经济发展带来的文化享受。构建完善的四级公共文化服务体系，提升和规范社区文化建设，作为工作的着眼点、立足点和归宿点；要深刻认识繁荣发展社区文化在建设和谐社会、满足市民文化生活中的时代意义，进一步明确各级党委和政府在建设社区文化中应担负的责任和所起的作用，增强做好社区文化建设的自觉性。

（六）以开展特色群众文化活动为平台，促进社区文化健康发展

特色是社区文化的生命力，文化建设只有在个性的张扬中，在对特色的不懈追求中，才能达到理想的彼岸。如果在开展文化活动时，每个社区都是千篇一律，就不会达到好的效果，谈不上社区之间文化资源的共享与交流。

为了满足社区居民个性化、特色化文化诉求。在组织社区文化活动时，要因地制宜、因势利导，努力打造各个社区的文化特色。首先，找出社区间的文化差异和特点，哪怕是一些细小的区别，尽可能扬长避短。由于各个社区成员构成的不同，其居民的文化素养、兴趣爱好等都会有一定的差异，这种素养和兴趣方面的差异，就有可能是形成这一社区文化特色的重要基础。其次，要根据各个社区的文化差异，组织建立各类业余文艺骨干队伍，再以文艺骨干为基础，带动整个社区特色文化活动的开展。只有善于发现社区特点，努力培育社区文化特色，积极打造社区文化品牌，社区文化活动才能多姿多彩。

（七）加强非物质文化遗产保护，提升社区文化建设的生命力

非物质文化遗产是指各族人民世代相传的、与群众生活密切相关的各种传统文化表现形式和文化空间。它以口头或动作方式相传，蕴含着中华民族特有的精神价值、思维方式和文化意识，体现着中华民族的生命力和创造力，是历史文化的“活化石”，“民族记忆的背影”。

农村地区是非物质文化遗产资源的富集区，但随着城市化进程的不断加快，农村变城市，农民变市民，社区逐渐成为非物质文化遗产传播和传承的重点保护地区。要加大对社区非物质文化遗产的保护力度，

搭建社区非物质文化遗产保护和传承的平台，结合社区的群众文化活动开展非物质文化遗产的活态传承，培育社区居民的文化自觉，提高社区居民对非物质文化遗产保护的意识，使非物质文化遗产保护不断深入人心。

文化是城市的灵魂，是城市的形象。党的十九大提出推动社会主义文化大发展大繁荣，充分体现了新形势下加强文化建设的极端重要性，而社区文化在文化建设中有着不可替代的显著位置，在社会主义和谐社会建设中发挥着极其重要的作用，构建和谐社会需要先进文化作为引导，离不开社区文化建设。所以充分发挥社区成员的聪明才智和积极性，群策群力，才能全面提升社区文明程度，促进和谐社会发展。

五、社区文化建设案例

案例 1：柯城区上街街道办事处全力打造文化型社区

浙江省衢州市柯城区上街街道办事处，辖区东起环城东路，与柯城乡小南门村接壤；西至江滨路，与柯城乡严家圩村隔衢江相望；北起中河沿，与下街街道相接；南至浙赣铁路线，与荷花街道相邻，辖区总面积约 1.5 平方公里。是衢州市商业、金融、交通、餐饮及娱乐等最集中、最繁华地段。上街街道下设 15 个居委会，164 个居民小组，常住人口 22700 余人，暂住人口约 1800 人。柯城区上街街道围绕社区文化这一条“主线”，深入开展丰富多彩的社区文化活动，积极创建文化型社区，初步形成了长竿街社区的文化氛围，提升了社区的亲和力和影响力。

一、整合资源，广辟社区文化的“落脚点”

1. 开辟社区科技文化阵地。主动与市图书馆联系、协商，共同在社区居委会二楼筹建了社区流动图书阅览室。通过市图书馆定期向社区交流更换一批图书，赠送一批图书，社区居委会自身购置一部分图书，组织社区居民群众捐赠图书等形式，既丰富了社区图书室的图书

数量，又不断更新了图书的内容。同时，还在社区居委会门口开辟“科普文化长廊”，积极组织社区退休教师等人员成立社区学院。

2. 开辟社区围墙文化阵地。与市高职院共同合作，开展“彩色围墙文化”活动。结合辖区内“通信一条街”的特点，与衢州联通公司共同开辟“健康通信文化标牌示范点”。

3. 开辟庭院文化阵地。在辖区内尼山小学、新华幼儿园等教师宿舍楼推进“书香苑”楼道文化建设，在市工行、财税等宿舍楼推进“祥和楼”楼道文化建设。

4. 开辟健身文化阵地。依托全民健身工程示范点，“健身按摩一条街”、市府山公园等阵地，成立室内、室外社区健身中心和健身按摩培训点，逐步规范社区体操队、腰鼓队、气功队等。

5. 开辟“社区戏曲爱好者联合会”“社区书画活动中心”等社区艺术文化活动阵地，逐步成立和规范社区书画、围棋、养花、收藏等群众社团。

二、多方结合，找准社区文化的“切入点”

1. 结合“热点问题”在平时开展的社区文化活动，开展了“社区露天电影”“知识抢答比赛”“宣传团巡回演出”“社区风采展”等

系列社区文化活动，成效明显深受社区居民喜爱，深受上级领导好评。

2. 结合“重点问题”。开展社区文化活动，做到与“温暖行动”相结合，与社区服务、下岗职工再就业、招商引资、社区综治等重点工作相结合。

3. 与企业文化相结合，引导其与社区文化互为补充，进一步推进社区文化与企业文化的相互结合、相互渗透、相互促进，鼓励社区力量支持，努力为社区文化“开源增效”。在长竿街创建文化型社区启动仪式活动中，获得了衢州电信公司、江南面王、香特莉蛋糕房等企业的加盟和支持。

4. 创建其他特色型社区工作相结合。把开展“文化型”社区创建活动与创建“学习型”社区相结合，创建良好的学习条件，营造浓郁的学习氛围，推动人们确立终身学习的理念，提高居民的综合素质和文明程度，从而进一步推动社区文化品位的提升和社区文化的全面发展。还有与创建“健身型”社区、“绿色型”社区等工作相结合。

三、创新载体，探索社区文化的“闪光点”

1. 精心打造首届“社区文化艺术节”。艺术节活动历时一周，内容精彩纷呈。先后开展了“健身之韵”（社区群体健身舞表演）、“百花争艳”（社区金秋花卉艺术展）、“家庭乐园”（社区家庭才艺表演）、“梨园悠悠”（社区戏曲联谊会）、“相约金秋”（社区共建联欢晚会）、“缤纷书画”（社区书画活动中心成立）、“妙趣横生”（社区手工制作艺术作品展)、“星星点灯”(社区文化志愿者服务系列活动)及“颂歌献给十六大”广场文艺演出等九大项专场活动。广大社区居民群众参与热情高涨，直接参与的居民群众有1500多人次，观众达1.4万多人次，参加表演的文艺节目有120多个，各类参展作品近千件。

2. 建立“社区文化服务超市”。充分利用社区图书室、电子阅览室、社区党校、市民学校、社区服务中心等社区文化阵地，免费向社区广大居民群众开放。

3. 开展评选社区“五家”(文化之家、藏书之家、书画之家、健康之家、文明之家)活动。

4. 推广“五学”活动。即：“学十六大精神”“学公民道德规范教育”“学法律”“学外语”“学现代化科技知识”。

5. 建立“社区文化广场”，每月举办一次社区文化活动。如：“社区家庭运动会”“社区露天电影”“社区书画展”“社区手工制艺术作品展”“文化社区之歌传唱”等活动。

思考题

1. 社区文化建设应包括哪些方面的内容?

2. 柯城区上街的社区文化建设起到了什么样的作用?

点评

1. 社区文化建设应包括的内容有公益文化、演出文化、娱乐文化、民俗文化、群体文化、科普文化、专题文化、休闲文化、企业文化、观念文化。

2. 柯城区上街的社区文化建设促进了社区的团结或整合；为社区带来了良好的秩序；推进了社区建设全面健康的发展；提高了人们的生活质量；促进了社区成员的“家园”意识；规范了社区的管理；为社区建设和发展提供了独具特色的模式。

文化艺术

案例2：北京市天桥街道充分利用社区内外资源发展社区教育

北京市天桥街道1991年在全区率先成立了街道社区教育委员会，成立了以青少年校外教育为重点的社区教育，该举措首先便得到了天桥街道党政班子的重视和支持。街道工委、办事处注重社区教育资源的充分开发、优化配置和高效利用，建立了8个社区教育基地和100多个社区单位组成的教育资源网络，提供了农村、工厂、学校、医院、部队、博物馆、体育馆、图书馆、俱乐部、报社、技术交流中心和社区活动中心等广阔多样的社区学习场所。社区某学校还专门腾出4间教室供社区学院使用，地区各学校也积极提供教室、计算机房、科技实验基地等，并聘请了一批国家、市区级的专家担任顾问。

天桥街道从事社区教育的专家、学者、街道党政领导干部、中小学教师、社区单位专业技术人员近百人。社区教育人力、物力资源的有效整合，为居民终身自由学习创造了必要的条件。到目前为止，天桥各社区已经成立包括志愿者协会、读书会、市民英语班、电脑学习班、手工编织班、健身舞队、太极拳队、空竹队、戏剧表演组、器乐小组、书画小组等多种学习化组织，常年参加活动的有5000余人次。人们尽情享受着社区教育提供的这一切，健康快乐、充实地过好每一天。

北京天桥街道工委、办事处提出创建学习化机关后，各居委会纷纷响应，学习化社区创建工作不断延伸。南纬路社区开展了以创建学习化党委、学习化居委会为龙头的宣传创建活动。学习化社区领导小组走访了社区30多家单位和100多个家庭，以社区图书室和育才学校图书馆为依托，建立了大众读书会、英语、手工编织和戏曲表演等学习小组，成立了篮球队和足球队。居民集体参与社区活动，更多地接受现代社会信息，拓展生活视野，提升生活品位。

在社区建设中，利用学校优势，发挥了教育资源优势，向居民普及科技知识，与街道、居委会签订共建协议，常年开展教育培训活动，为社区群众的文体活动提供场地。在假期中学校开展了“回社区报到”活动，学生结合天桥地区改造，深入北京天桥文化房地产发展有限公司，了解天桥地区居民住房情况，亲身体验社会主义现代化建设给天桥地区人民生活带来的巨变。这样一来，学校也汲取了社区教育的营养，使学校教育得到了扩展和升华。

充分利用社区资源并多次组织低保人员参加社区公益劳动和各类学习培训。目前，已有30余人实现成功就业，40余人正在参加就业技能培训。

通过多年开展社区教育，在充分调动社区各方面资源的基础上和各方面大力支持下，天桥街道的学习化社区创建活动让居民享受到了优质教育服务，社区的凝聚力不断加强，居民的整体素质有所提高。说明了充分利用社区各方面资源的重要性。

思考题

1. 北京市天桥街道充分利用了社区的哪些资源来发展社区教育？

2. 案例给了我们什么样的启示？

点评

1. 社区资源是指在城市社区建设与管理中发挥作用，推动城市社区发展的各类社会资源，主要分为三大部分：物质资源、组织资源和人力资源。北京市天桥街道充分利用了社区的所有资源来发展社区教育。

2. 北京天桥街道充分调动社区资源，取得社会各方面大力支持，通过10多年开展社区教育探索实践，让社区居民享受到了优质的社区教育服务，社区的凝聚力不断加强，居民的整体素质有所提高。天桥街道为其他社区做出了一个很好的榜样。用甘地的话来说：“如果事业是正义的，就会有办法。”资源就在每个社区中，无论社区多么小，多么穷。

为了我们崇高的事业，我们要努力发掘并充分利用社区各方面的资源。

案例 3：杭州西湖区德加社区成立“道德法庭”

没有高悬的国徽，没有肃穆的法袍，社区居民却在“道德法庭”上批判粗野、褒奖文明。这是杭州西湖区德加社区出现的事情。

2002 年 5 月 9 日，浙江省首个社区“道德法庭”在德加社区开庭。听了“原告”“被告”的诉说，可以知道事情的大概：某天夜里，一位失主与一位出租车司机共同找到德加社区的保安，称失主遗失了重要的文件和公章，失物可能被一个前往德加社区的乘客拾走了。根据失主提供的时间，保安调用录像后怀疑是社区某户居民夫妇，于是采用打电话、上门等方式前往该住户家中调查。在住户否认的情况下，保安再次与路经此地的一位民警上门调查。住户认为，保安深夜扰民，民警态度恶劣，影响了他的正常休息，并造成了不良影响，要求保安和民警公开赔礼道歉，消除影响。在法庭辩论后，“法官”作最后的总结：认为保安和民警帮助失主寻找失物，是在实施一种道德帮助，但被告确有不文明行为，今后要杜绝。法庭作出了《道德评判调解书》，由“被告”向“原告”道歉。

德加社区是杭州西部的一个新社区，居民文化素质较高，生活富裕。他们对社区硬、软环境的要求也很高。社区居委会努力营造良好的社区人文环境，开设了这个“道德法庭”，在法律鞭长莫及的情况下，让社区居民对身边的行为作道德大评判，有助于在社区内形成良好、文明的氛围。

后来，“道德法庭”又开始行动。德加社区曾多次发现养鱼池被油污染的情况，保洁员发现，是一位老太太往池里倒剩菜。这件事经“道德法庭”讨论后，责成业主委员会上门对老太太做工作，使问题得到了解决。

思考题

1. 德加社区成立道德法庭对社区建设有何意义和影响？

2. 如何提高社区居民的参与程度？

点评

1. 德加社区成立道德法庭体现了居民参与社区事务的积极态度，社区事务与居民息息相关，德加社区的道德法庭是为了倡导一种积极、文明、健康的社区文化和道德风尚。居民参与其中既提升了自身的主人公意识，又促进了社区建设的良好发展。

2. 社区居民是社区参与的主体，尤其是在我们这样一个经济还不发达，人力资源却相当丰富的国家，依靠民众的广泛参与推动社区建设工作已成为现实的选择。但总的来说，我国城市居民的社区参与状况还不能适应社区建设的客观需要。要提高社区居民的参与程度必须从以下几个方面入手：第一，强化宣传教育，培养社区意识。第二，社区要从实际情况出发，把解决群众普遍关心的热点、难点问题作为社区建设的重点。如德加社区是一个新社区，居民文化素质较高，生活富裕，对社区人文环境要求也就相对较高，因此道德法庭就应运而生，居民也会积极参与。第三，坚持先进性和广泛性相结合的原则，力求使每个人都能找到适合自己的参与方式和位置。第四，从长远来看，要建立和完善参与机制，使得社区参与能规范化、制度化。

第二篇 社区文化建设的内涵与重要性

课 时 共计8课时

教学目标 掌握有关社区、社区文化、社区文化建设的概念；
了解社区文化的功能和社区文化建设的工作目标；
掌握社区文化建设对于社区整体的发展乃至社会发展具有的重要意义；
了解目前我国社区文化建设所取得的成就以及还存在的几大问题；
针对目前我国社区文化建设中存在的几大问题进行思考，提出可行对策措施。

教学重点 社区文化的功能和社区文化建设的工作目标；
针对目前我国社区文化建设中存在的几大问题进行思考，提出可行的对策措施。

教学内容

第一节　社区文化建设的内涵

一、相关概念的界定

（一）社区

社会学家对社区的定义各不相同，但普遍认为一个社区应该包括一定数量的人口、一定范围的地域、一定规模的设施、一定特征的文化、一定类型的组织。

民政部在《关于在全国推进城市社区建设的意见》中指出："社区是指聚居在一定区域范围内的人们所组成的社会生活共同体。"同时，该文件还明确指出了城市社区的范围，"目前城市社区的范围，一般是指经过社区改革后做了规模调整的居民委员会的辖区。"

（二）社区文化

马克思主义认为，文化是人类在劳动中创造的，是人类认识自然界、改造自然界的产物。

社区文化是人们在特定的区域内，通过长期的实践活动而创造出来的物质财富与精神财富的总和，其目的在于丰富社区内人民群众日益增长的物质文化需要，促进社区和谐发展。

文明健康的社区文化能够教育、鼓舞、凝聚社区居民，促进人们形成科学的世界观、人生观和价值观。

社区文化分为有形的与无形的两种形式。

有形的社区文化表现为社区文化设施、社区环境、社区文化活动

场所等。

无形的社区文化，是指人们在长期的交往与创造中形成的文化传统、风俗习惯和情感、态度与价值观体验等，是社区成员精神活动、生活方式和行为规范的总和。包括社区居民的思维方式、精神状态、风俗习惯、公共道德等思想形态，以及学习、交往、娱乐、健身、休闲、审美等日常活动。

（三）社区文化建设

社区建设，是指在党和政府的领导下，旨在提高人民群众的生活水平和生活质量，充分调动社区群众的力量，依靠社区的资源，通过互助和自治的方式，整合社区功能，促进社区的经济、社会、文化和环境健康等协调发展。

社区文化是社区建设中的重要内容，对于社区整体的发展具有重要意义。

社区文化建设，就是要创建社区深层次的精神文化，形成社区成员共同认可的，符合先进文化发展方向的理想信念、价值取向和伦理道德。

二、社区文化的功能

（一）娱乐和健身功能

娱乐和健身是社区居民从事社区文化活动的重要目的，满足保障身体健康的生理需要，也满足交际、审美、娱乐等精神心理需要。社区居民在娱乐健身方面所用的时间越来越多，娱乐和健身的形式也不断变化。

在娱乐和健身活动中，社区居民可以沟通思想，交流感情，使人际关系更加和谐。一个好的社区应该建有比较充足的娱乐和体育场地、设施和设备，经常举行多种多样的娱乐健身活动。

（二）认知和智育功能

通过文化实践社区居民可以提高对自身的认识，充分发挥个人潜能，提高自身的文明素质和精神生活的质量，可以认知社会，了解社会发展规律，使经济、社会和文化协调发展，使社会文明程度不断提高。有些文化活动的开展，可以起到增长居民的知识，开发居民的智力，提高居民的学习技能的作用。例如，通过法律知识的宣传，居民可以利用基本的法律知识维护自身的合法权益，通过组织计算机和外语学习、各种职业技能培训等活动，不仅开阔了居民的眼界，还为居民的职业技能增添了重要砝码。

（三）传承和整合功能

文化传承是社区文化的一项基本功能。参与社区文化活动是社区成员交流思想、改善关系、增进友谊的主要方式，能提高社区成员文化素质、形成共同的价值观、提高精神文明水平。整合是指用正确的理论来规范人们的行为，用合理的制度和法律来约束人的行为，以此来保障社会的稳定有序。社区文化有助于社区居民在各种文化活动中达成共识。

（四）审美和创造功能

社区居民的审美需求，包括文艺审美、体育审美、环境审美等内容。适合社区开展的审美活动很多，如文学、绘画、书法、音乐、舞蹈、厨艺等。通过参加社区文化活动，可以提高居民的审美情趣和艺术修养，人们的精神得到愉悦，心灵和行为潜移默化得到美化，进而以美的理念来美化环境、美化社会。

三、社区文化建设的工作目标

通过一系列的社区文化建设，让居民的思想素质、道德修养、文

化素养、知识文化素质和心灵得到陶冶，进而促进社区精神文明的提高。

思考题

1. 社区文化建设应包括哪些方面的内容?

2. 柯城区上街的社区文化建设起到了什么样的作用?

第二节　社区文化建设的重要性

一、社区文化建设的重要性

社区文化建设对于社区整体乃至社会的发展具有重要意义。

我国社会学家吴文藻先生指出：了解社区是了解社会的出发点，社区研究应当包含三大要素，即人民、人们所处的地域、人民生活的方式或文化。其中，文化研究是社区研究的核心内容，因为文化是社区人民的社会心理基础。因此，加强社区文化建设，对于社区建设具有重要意义。

（一）社区文化建设是建设先进文化和以人为本思想的内在要求

先进文化是走在时代前沿，是能够使人精神振奋的一种文化。加强社区文化建设，可以把社会内不同阶层的人们集中在一起，用良好的思想观念来武装人们的头脑。落后的文化和伪科学不利于社区的有序发展，会干扰社区居民的正常生活，给城市和社会带来不利影响。

在社区文化的建设过程中，要以人为本，把实现人的全面而自由发展作为社区文化发展的最高方向。以人为本就是要把社区文化建设切实当作服务社区居民的一项事业来进行，用社区为依托，以社区文化设施为载体，以精彩多样的活动形式，吸引广大的社区居民积极参与，重在发挥居民的积极性和主动性。

（二）社区文化有助于满足居民的精神需求，提升其精神境界

改革开放以来，随着城市化进程的不断加快，来自于工作和生活的压力也越来越大，人们渴望疲惫的心态能得到放松，而社区正是人们除工作以外的休憩场所。当前，居民已不满足于社区所提供的基础性生活服务，更希望社区能提供良好的人文环境和文化资源，满足其精神方面的需求。社区的文化活动涵盖日常生活的各个方面，有家庭文化、广场文化、科普宣传和文体比赛等，加强了社区成员之间的联系，满足了人们的精神需求。社区文化建设所倡导的积极的人生观、价值观和行为方式潜移默化地深入社区居民心中，有助于陶冶居民的情操，提升居民的精神境界。

（三）社区文化有助于增强社区的凝聚力

凝聚力能将社区居民的心紧密联系起来，是维护社区稳定、和谐、进步的重要力量，也是构建社会主义和谐社会的关键因素。居民在共同参与社区文化活动的过程中，由陌生到逐渐熟识，加强了彼此之间的理解与认同，相互的关怀与帮助随之增多，对社区的认同感与归属感也随之加强。与此同时，居民更加注重自己作为社区成员的权利和义务，积极参与社区开展的各项活动，自觉维护社区的卫生环境，遵守社区规

定，有利于形成一种睦邻友好、守望相助、团结紧密的社区文化。

（四）社区文化有助于树立地区品牌，增强地区的综合竞争力

从社会学的角度来说，一个社会的发展必须是经济、社会、文化的同步协调发展，否则必然增加社会发展成本，阻碍社会的良性运行和协调发展。文化在一定程度上能反映一个地区、一个国家的社会形态和民族素质。现代化建设需要有繁荣的经济，更需要有繁荣的文化。社区的文化建设状况在一定程度上反映着该地区的文化发展水平、呈现出独特的文化特色与氛围，同时社区文化在增强对于外来资本与知识、人才和技术的吸引力方面也发挥着重要作用。

如今不少地区建设都打出“经济搭台，文化唱戏”的标语来进行招商引资，优秀的独具特色的地区文化能够大大加分，为发展赢得更多的资金支持。

第三节　社区文化建设的成就及问题

一、我国社区文化建设取得的成就

（一）社区文体设施建设有了很大的进步

自民政部《关于在全国推进城市社区建设的意见》发布以来，社区文化建设得到了越来越多的重视，社区文化基础设施的建设取得了一定程度的进步。有的社区已建起的社区文体活动室、图书室等，其面积也在社区用房中达到一定比例；某些社区已经有了社区演出舞台、社区文化宣传基地等基础文化设施。

（二）社区环境日益优化

随着社区文化建设的逐步发展，很多社区通过增加绿化面积，改善了社区的生态环境，营造出优美、洁净、和谐的社区，不仅提高了居民的生活环境质量，同时也为社区文化活动的开展提供了良好的自然环境。

（三）社区文化活动日益丰富

社区组织的文化活动的内容、水平、举办的频率、参加者的数量，是社区文化建设成果的直接体现。现在，我国社区文化活动比较活跃，并且呈现出内容越来越丰富，水平越来越高的趋势。从最初的单一主题活动为主到今天的多种群体活动，从以简单的唱歌跳舞等娱乐性活动为主发展到融教育、爱好、充实生活为主的多方面活动等，有的城市甚至形成了自己的文化活动品牌。

（四）社区优秀文化得以传承

社区传统文化在社区组织开展的生产活动中得以传承，在交流活动中得以发展，在展示活动中得到宣传，得到更多人的了解喜爱，丰富了当地居民的生活，同时还给当地社区带来经济收益。

四川映秀张家坪村的羌藏刺绣小组活动，让灾后的母亲精神有所依托，重燃生活热情，互帮互助，传统的刺绣技艺得到传承和发展，在广州的展示和义卖，反响热烈。

二、社区文化建设中存在的问题

（一）对社区文化建设的认识不够科学

1. 从政府的角度看，各级政府没有看到社区文化建设对社区经济、社区服务等方面的积极作用。各级政府没有加强对社区文化建设的统一规划，没有积极主动的精神，各部门之间缺乏明确分工。

2. 从社区基层组织的角度来看，大多没有认识到自己是社区文化

建设的组织者和实施者，缺乏对社区文化建设的正确引导；没有积极执行有关于社区文化建设的政策和方针、挖掘社区文化的深刻内涵，开展社区文化活动流于表面，认为办几场晚会、搞几次比赛就是社区文化建设；缺乏社区文化建设意识，没有深刻认识到社区文化建设是服务于社区居民的，是促进居民和社区全面协调发展的。

3. 从居民的角度看，一是社区居民还未能意识到自己是社区文化建设的创造者和直接受益者，认为社区文化建设属于政府行为，主动参与意识薄弱，没有对社区文化建设尽到责任和义务。二是居民认为社区文化建设就是去参加居委会组织的文化活动，把社区文化建设当作一种纯粹的娱乐，没有意识到社区文化建设对自身全面发展的重要意义。

据调查，大部分居民以“旁观者”的角色来参与社区文化活动的，只有 39.01% 的居民表示，如果小区要开展文化活动，自己会参与其中。

参与面窄，从参与者的年龄层次上来看，明显存在着老年人多，中青年人少的不平衡现象，这是所有社区文化活动面临的一个普遍性难题。

参与活动的内容局限性较大，一些社区的文化娱乐活动的参与主体仅仅是一些该类活动的“精英式”人物，普通的居民即使是感兴趣想参加，也只能是“望娱兴叹”。

（二）社区文化建设的资金筹集渠道单一，投入不足

资金是开展社区文化活动的基本物质保证，缺乏经费支持，社区文化活动很难开展。当前我国社区文化建设的资金绝大部分来源于政府财政下拨的款项，资金投入主体较为单一。韩兆海在《社区文化论》一书中的《社区文化调查》中给出了以下数据：社区文化建设中的资金来源于政府财政投资占 72.18%，社会赞助占 9.2%，专项扶助（各种彩票）占 1.84%，市场引导（企业投资）占 4.15%。政府财政下拨的款项有限，有限的资金用于社区建设的众多方面，致使很多社区文化建设难以全面展开。

社区文化设施的人均覆盖率较低，且实际利用率不高。

社区各类设施和场所仍处于初级化、简单化阶段，且数量少、种类少，缺项较多，尤其是缺少群众欢迎的文化活动设施和场所，即使在文化基础设施较好的社区内，居民对社区阅览室的利用率也并不高，使用社区阅览室的主要是中老年人，绝大多数的年轻人很少或从不去社区阅览室。其主要原因在于社区图书馆开放时间同居民上班、上学时间重合，且图书数量有限、品种不多、内容相对陈旧。

（三）社区文化建设的专业人才缺乏，结构不合理

搞好社区文化建设需要一支高素质的社区文化人才队伍作为智力支撑。由于种种原因，社区文化人才队伍的建设还不能适应实际工作的需要。

专职文化工作者相对缺乏。社区文化管理者的岗位设置不明确。由于工作烦琐、时间分配不均、自身专业水平有限等原因，很难全身心投入社区文化建设，大部分是在疲于应付上级摊派的任务。由于社区文化干部的待遇偏低，加之工作任务繁杂，不同程度上存在着现有文化管理干部队伍人员流失和不稳定等问题。

社区文化群体队伍缺乏。一支具有较高文化素质和道德水平、热心于社区文化建设的群众队伍是搞好社区文化建设的必要条件。目前，

社区文化建设的骨干力量、各类文化群体队伍普遍较为缺乏，支撑社区文化活动的多数为年纪较大的、专业水平较低的离退休老年人，其他年龄层次群体的积极性未能调动起来，社区文化活动的开展不能满足各层次群体的文化需求。

（四）社区文化建设相关法治与管理机制还需规范化

社区文化建设关系到社区的和谐，关系到社会的稳定与发展，只有得到政策法规的有力保障，社区文化建设才可能实现政府指导下的自治管理。

目前，我国尚未出台一部专门针对社区文化管理的法规，社区文化管理主要靠政府出台的相关政策和社区规定的自治管理条例，在社区文化内容、组织结构、工作人员编制、经费、场地设施、群众文化组织合法地位等诸多方面，都没有明确规定，形成工作无头绪、统计无依据、考核无标准、管理不规范等现象。

第四节　推进社区文化建设的对策措施

一、推进我国社区文化建设的对策措施

（一）树立正确的社区文化观念

社区文化建设可以丰富居民的业余生活，满足居民日益增长的物质和精神需求，营造社区的文化氛围，促进社区的和谐发展。人是社区文化建设的主体，要想办法最大限度地吸引居民参与到区文化建设。社区文化建设属于公益性事业，需要国家与民间共同努力来营造安居乐业的生活环境。

1. 政府方面

政府要高度重视文化建设，将其同经济建设、政治建设一道纳入社会发展规划。积极推进社区文化建设，让居民充分享受精神文化成果，促进社区全面协调发展，进而增强整个地区的活力和竞争力。

2. 社区基层组织方面

社区基层组织应该认识到良好的社区文化能教育人、引导人、鼓舞人、塑造人，能提升居民的综合素质和促进居民的全面发展，还能改善社区人文环境，增强居民之间的联系，提高居民对社区的认同感与归属感。社区组织应积极开展社区文化活动，让居民能充分享受本社区的文化资源。

3. 居民方面

“社区是我家，建设靠大家”。居民作为社区的主体，有责任为社区文化的发展贡献自己的力量，应积极为社区的文化发展建言献策，利用社区文化资源，参与社区文化活动，与社区组织一起，携手打造文明发展健康祥和的社区。

（二）建立多渠道社区文化资金投入体系

社区文化建设是社区整体建设的重要内容，需要有资金投入。这些资金投入不能仅仅依靠政府或者群众自发解决，必须建立多渠道的社区文化资金投入体系，解决社区文化建设的财源问题。

1. 政府要加大对社区文化建设资金的财政预算

各级政府应该把文化事业建设费用安排向社区文化建设项目倾斜，保证社区公益文化事业的经费。对社区文化建设的重点项目，特别是有重大社会影响的项目，要适当进行专项补助，发挥社区文化建设资金的使用效益。

2. 鼓励社会力量投资社区文化建设

社区管理部门要充分利用和发挥本社区内的企事业单位、群众团

体或个人的优势，鼓励他们对社会公益性文化活动、文化基础设施、文化项目等进行捐赠，通过各种形式筹集社区文化建设资金。建立健全有关专项资金制度，切实搞好社区文化建设经费的管理和使用。可以制定一些政策措施给予投资主体一定的回报，以提高其积极性。

3. 引入市场经营机制自筹文化资金

社区可以引入市场化的经营机制，对某些娱乐文体活动适当收取一定的成本或管理费用，逐步由福利性的无偿服务过渡到经营性的有偿服务。这样，既可以不断提高本社区文化活动的专业水平，扩大对外影响，又可以筹集资金，弥补社区文化建设经费的不足。

（三）大力发展社区文化建设的工作队伍

社区文化建设人才资源，是社区建设的宝贵财富。挖掘社区文化人才，建设一支高素质的社区文化人才队伍，充分调动他们的主动性和积极性，这是搞好社区文化建设的最佳途径。

1. 加强对社区文化建设专业人才的投入力度

对现有人才队伍进行教育培训，以提高社区文化工作队伍的整体综合素质。培训内容大致包括：思想教育、基础知识、能力训练、业余爱好、基本技能等方面。通过系统培训，改变现有的文化工作者队伍不够专业的现象。

完善社区专业文化人才的招聘和稳定制度。在引进专业文化人才的时候要有条件地、有选择地、有一定目的地招聘那些在文艺方面和社会工作方面有一技之长或者专业相关的大学生人才投入社区文化建设事业，适当提高社区文化工作者的工资待遇，稳定社区专业文化人才，减少人才流失。

2. 调动社区各社会群体积极参与

社区内不同的群体都有自己独特的群体文化。社区有关部门在日常活动中应该关注他们的兴趣和爱好，积极支持他们组建自己的文化团体，鼓励他们在文化活动中举荐号召人和组织者，帮助并引导他们开展健康向上的文化活动。这有利于调动全社区各层次人群参与文化活动的动力和积极性，形成社区文化建设发展的合力。

（四）完善社区文化建设的相关政策法规

1. 对社区文化建设进行科学合理的规划

在调查研究的基础上，社区要制定符合本社区实际情况的社区文化建设发展规划。

社区文化建设发展规划，包括社区文化发展的总体规划、社区文化发展专项规划、社区文化建设年度工作计划和具体实施方案。在各项规划和方案中，明确社区文化建设的发展目标、工作重点、负责人员和评价标准等，努力做到工作方向明确、分工合理，推动社区文化建设工作取得长足发展。

2. 建立健全社区文化建设的政策法规体系

政府要注重制度建设，把社区文化建设纳入法治的轨道。包括社区文化建设的领导组织机制、投入机制、约束机制和考核机制等方面都要规范化、制度化，做到有法可依，有法必依。从法律上明确社区成员参与社区文化活动的地位，明确工作职责，强化责任追究，形成权责明确的法律追究机制。

社区管理部门应从本社区的实际出发，制定切实可行的管理制度和区规民约，用以规范和约束社区日常生活中的各种行为。其立足点要放在保障社区公民的基本文化权利，保护社区的基础文化设施，保护社区文化活动有序开展上。通过一系列的制度法规，建设和谐文明的社区文化。

建立社区居民参与机制。鼓励居民参与并监督社区文化建设与发展规划的决策与执行过程。居民中不乏专家学者，在制定有关政策法规时，可向有关居民征询意见和建议，并加以采纳，这样能使政策法规更加符合民意，切合实际，深入民心，增强政策法规的科学性和有效性。

文化艺术

社区是社会的基本构成单位，而社区文化是社区的基本构成因素，也是社区建设的重要组成部分。社区文化建设关系到“社区人”的素质和生活质量，也关系到社区的文明进步，更关系到社会的稳定和现代化进程。

文化建设作为社会主义精神文明建设的重要环节，是伴随社会的发展而逐步完善的，在社区居民的共同努力下，社区文化建设前景十分广阔。

思考题

1. 社区文化的功能有哪些？
2. 社区文化建设中存在哪些问题？
3. 推进社区文化建设的对策有哪些？

第三篇　社区文化体系策划与设计

课　时　共计 8 课时

教学目标　了解社区公共文化；
了解我国社区文化现状及问题；
了解国外社区文化建设的经验；
掌握社区文化体系的策划与设计。

教学重点　我国社区文化现状及问题；
国外社区文化建设的经验；
社区文化体系策划与设计方案。

教学内容

第一节　社区公共文化服务建设

案例导入

新加坡是一个城市型国家，全国只有中央一级政府，实行选区制

管理体制，全国分为5个区，每个区成立社区发展理事会，5个区又划分为14个集选区和9个单选区。社区建设的领导机构是社会发展及体育部，负责社区发展的政策制定和职能策划；社区建设的指导机构是人民协会、社区发展理事会、市镇理事会等。新加坡提出了具有亲和力的社区文化建设理念，即个体——具有社会责任感；家庭——温馨而稳固；社群——积极并有爱心；社会——富有凝聚力和复原力。经过长期实践探索，新加坡社区文化建设管理形成了“政府主导，强化组织；统一指导，民主自治；以人为本，积极参与”的显著特色。

主要做法和经验

1. 大力培育民间组织

每个选区都有人民行动党支部、市政理事会、基层组织、慈善团体四大组织，四大组织下面再有公民咨询委员会、民众联络所、居民委员会、邻里委员会、民众俱乐部管理委员会等组织。社区建设的基本模式是：政府指导与社区自治相结合。一方面，政府通过对社区组织的物质支持和行为引导，把握社区活动的方向；另一方面，政府充分给予社区组织发育空间，社区组织分担了政府大量的管理和服务工作。新加坡强调政府主导下的“大众参与”，每万人拥有非营利组织近20个，如此众多的非营利组织成为新加坡政府管理服务社会的“抓手”，对政府管理起到了巨大的补充作用。新加坡很重视对基层领袖的培养，他们一般都受过良好教育、会两种语言、能言善道，有管理能力，能解决日常管理中遇到的各种问题。新加坡社区的社会工作者都是有技能、有威望的专业人士或者是各领域有威望的领袖人物，这与我国一些地区社区工作者学历较低、年龄老化、思维方式落后、服务协调能力缺乏等形成鲜明对照。

2. 大力培养志愿者精神

在民众俱乐部中工作的大部分人都是义工和志愿者，居民委员会中没有全职工作人员，主要在业余时间组织和开展活动。注重培养一种为社会自愿贡献的“义工”精神，由国家义务工作中心推动，促进民众及社群的广泛参与。据统计，新加坡义工和志愿者数量约占总人口的15%，即60多万人。如拉丁马士区有义工350名，只有5个全职职员。政府还引导社会团体、企业商家参与社区建设，建立社区服务网络，针对不同群众开展特色服务，社区能够为民众提供有效援助，形成了“我为人人，人人为我”的积极向上的社区风气。

3. 群众参与度高

新加坡政府在实施管理的过程中，采取多种形式，设置多种渠道使民众之间加强联络沟通，实现政府与民众的交流互动，使政府制定的规划目标与民众的需要愿望达到了最大程度的统一。社区的重大事项都有社区居民广泛参与。新加坡共有3000多个各类基层组织，形成了组织、参与和资助各种社区活动项目的群众基础，保障了开展活动的物力和财力。社区发展理事会对居民从小培育“社区即家、家为社区、爱家、爱社区”的意识，使社区居民积极投身参与社区活动和社区管理。社区居民委员会等组织的工作者承担的工作完全是兼职的、义务的。群众在基层组织中为社区建设积极提出意见和建议，在社区中有参与表决权，参加各类有益身心的娱乐活动，对现实政治状况感到满足，以参加推进新加坡现代化的工作为荣。

4. 建立多种伙伴关系

新加坡社区内建立多种伙伴关系，加强社区与居民、企业之间的

联系。如公民伙伴、企业伙伴、社区伙伴等。以西南社区为例，社区内有1330名公民伙伴，1250名企业伙伴。一方面，使社区内居民、企业与社区之间能够紧密联系，建立起互利伙伴关系，增强凝聚力；另一方面，通过这些公民伙伴、企业伙伴筹集社会资金，增加社区建设的投入，丰富社区服务的内容。

一、社区及社区公共文化

(一)社区

“社区”一词源于拉丁语，意思是共同的东西和亲密的伙伴关系。20世30年代初，费孝通先生在翻译德国社会学家滕尼斯的著作 *Community and Society*(《社区与社会》，著于1887年)时，从英文单词“Community”翻译过来的，后来被许多学者开始引用，并逐渐流传下来。

关于社区的概念，不同的学者从各自不同的视角，对于社区有着不同的定义，但在社区构成基本要素方面的认识基本一致。一般普遍认为：一个社区应该包括一定数量的人口、一定范围的地域、一定规模的设施、一定特征的文化、一定类型的组织，成员之间有着共同的意识和利益，有着较密切的社会交往。

可以说，社区就是这样一个“聚居在一定地域范围内的人们所组成的社会生活共同体”。社区是若干社会群体或社会组织，由于血缘关联、种族关系、宗教信仰、生活学习、生产合作，以及历史沿袭等诸多原因，而聚集在某一个区域、某一个领域里所形成的一个相互关联的大集体，是社会有机体的一个基本单元，也是社会生活中一项最基本的内容，是宏观社会的缩影。从早期的一个原始部落、一个自然村落，到现在的一条街道、一所学校、一个矿区、一处军营、一个村镇、一个县市，都是规模不等的社区。较大的城市社区通常有着明显的功能特征，社会结构非常复杂，往往形成不同的功能分区。比如居住区、商业区、旅游区、港口区、自然保护区、科技园区等。在日常生活中，人们常提及的社区往往是与个人生活关系最密切的、有直接关系的较小型社区，如农村的村乡、城市的住宅小区。

（二）社区公共文化

社区公共文化是人们在社区这一特定的社会组织中，通过长期的交流互动、互助合作等活动，而逐渐形成和发展起来的一种特殊的社会文化形式。社区公共文化是具有鲜明个性的群体意识、价值观念、行为模式、生活方式等文化现象的总和。一般情况下，社区公共文化包括四个方面的内容：物质方面，即该社区内的文化活动、场所、设施；精神方面，即通过社区文化活动培养起来的社区居民对社区认同感、归属感、宗教信仰、价值观、人生观、审美情趣、人生乐趣和生活方式等；制度方面，即为保障社区文化活动的正常开展而建立的一系列规章、发布的一系列政策所构成的规范体系；社会组织方面，一个社区通常都有社区管理和服务机构，如社区委员会、业主委员会等社区自治组织，往往通过这种社区自治组织开展各种活动。

关于社区公共文化的定义，国内尚无一致的说法，通常包括以下几个方面：

1. 生活方式方面

社区公共文化包括物质生活方式和精神生活方式两个方面。前者主要是指人们衣食住行以及工作和娱乐的方式；后者主要包括人们的价值结构、信仰结构和规范结构等。所谓价值结构，即人们的追求、期望、时空价值观等。所谓信仰结构和规范结构，即人们的风俗、道德、法律等诸方面。

2. 社区特色方面

社区公共文化是指通行于社区范围之内的特定的文化现象，包括

社区居民的信仰、价值观、行为规范、历史传统、风俗习惯、生活方式、地方语言和特定象征等。

3. 广义狭义范畴方面

广义的社区公共文化，是指社区居民在特定区域内长期实践中创造出来的物质文化、观念文化和制度文化的总和。狭义的社区公共文化，是指社区居民在特定区域内长期活动中形成的、具有鲜明个性的群体意识、价值观念、行为模式和生活方式等文化现象的总和。

4. 文化活动类型方面

社区公共文化主要是指社区文化活动，包括艺术活动、课堂学习、剧院演出、节日庆典、反种族主义、宽容教育、挽救失足青少年教育、环境美化、文物保护和旅游等。社区公共文化活动的开展同许多文化机关有关，如图书馆、艺术博物馆、科学博物馆、剧院、公园、娱乐场所、社区艺术中心、少数民族聚居中心、动物园和植物园等。

5. 群众文化认同性方面

社区公共文化是社会文化在社区中的反映，是地域性的群众文化。社区文化体现了社区居民的价值取向、道德评价和情感色彩，它一旦被居民所认同，便会对社区居民具有一定的约束力。

综上所述，社区公共文化是社区成员精神活动、生活方式和行为规范的总和。社区公共文化包括社区居民的思维方式、价值观念、精神状态、风俗习惯和公共道德等思想形态以及学习、交往、娱乐、健身、休闲和审美等日常活动。

二、当前我国社区公共文化现状及问题

（一）社区公共文化的主要内容

社区公共文化涉及人类所创造的信仰、风俗、制度、法律、科技、

文学、艺术和休闲等一切自然科学和社会科学。改革开放以后的当今中国，随着人们物质生活水平的不断提高，人们对精神生活更加重视，各种精神需求越来越多，层次也越来越高。人们不仅需要欣赏、消遣、休闲和娱乐，也需要创造、展示、表演和交际，以此来发展自己的个性，展现自己的才华，实现人生价值。同时，人们还希望密切邻里关系，互帮互助，营造良好的社区氛围。社区居民的这些需求在很大程度上都要通过社区公共文化服务建设来供给，都要通过社区公共文化的繁荣来满足。社区公共文化服务融民俗、文艺、体育、教育和精神文明建设为一体，内容十分丰富，主要有以下三类：

1. 娱乐和健身

社区文娱活动的涵盖面广，涉及方方面面，是增强社区居民参与性的重要手段。社区文化活动开展的好坏，直接影响到社区居民对本社区的归属感与认同感。社区居民在工作之余，需要休息和消遣，娱乐活动则是积极的休息消遣方式。娱乐和健身是社区居民从事社区文化活动的重要目的。人们在唱歌、跳舞、绘画、跑步、打太极、踢球和下棋等休闲活动中放松神经，消除疲劳，调剂精神，愉悦身心，敞开心扉，倾吐心声，沟通思想和交流感情，使人际关系更加和谐。近些年，都市兰亭社区在政府的号召与社会需求的引导下，各小区设置了独立的健身区域，增加了品类齐全的健身器材，十分贴近老百姓生活，群众参与程度非常高。

2. 教育和培训

在现代社会中，知识更新非常迅速，要跟上时代步伐就必须不断学习。社区公共文化的另一重要内容就是开展教育培训，其中包括：爱国教育、道德教育、科普教育、生理卫生教育、法治教育、禁毒教育和环保公益教育等。社区公共文化服务，就是要创造条件满足人们不断增长的才智需求。例如，都市兰亭社区开展了防火知识技能讲座，使居民

增强防患意识，了解安全知识，在群众中广受好评。

3. 人文关怀和互助

以人为本、人文关怀和互助，是社区公共文化贯彻始终的精髓，是最原始，也是最重要的内容之一。社区公共文化服务建设需要研究社区不同年龄群体的心理特点，以满足他们不同的文化需求。例如，近些年都市兰亭社区许多家长进入一线城市工作，社区内的留守儿童越来越多，大多由爷爷奶奶照顾，长期缺少父母关爱，对孩子情感的健康成长和正确人生观的培养，产生负面影响，有些孩子甚至走上了违法犯罪的道路。社区工作者十分重视这一问题，组织了二十几名志愿妈妈分配给留守儿童作为他们的“好妈妈”，关心照顾留守儿童上百位，帮助他们健康成长，拯救了很多家庭，为社区营造了健康积极有爱的氛围，促进了社会的和谐发展。

（二）社区公共文化的主要问题

改革开放以来，社区公共文化服务建设取得了显著的成就，如政府对社区公共文化建设的重视，观念的不断更新，经济投入的加大，社区公共文化工作者的素质和社区文化活动水平的不断提升，同时我们也应看到社区公共文化服务建设面临的主要问题。

1. 社区居民之间联系不够紧密

都市兰亭社区近年来拆迁了许多老旧楼房，也开发了大量楼盘，新迁入的居民人数逐年上升，居民的年龄结构差异化明显，年龄分布趋于年轻化，这使社区居民的文化背景与价值目标体现出了很大的差异化。强烈的个体性使居民间容易形成隔阂，彼此间心存戒备。同时加上人们的物质条件逐渐提高，电视机、平板电脑、手机、家庭影院等现代娱乐设施越来越普及，社区居民对社区公共文化的必要性和重要性的认识有所下降，参与的积极性不高。逐渐造成居民容易局限于自己的人际关系圈子里，邻里间生疏，距离感增加。

2. 社区公共文化服务建设对政府的依赖性较大

尽管在市场经济条件下，政府应在社区公共文化服务建设中起重要作用，以引导社区文化发展的正确方向。但主导作用并不等于事无巨细地干预，否则就会压制社会文化的活力与生机。目前，全国社区文化活动开展大多仍依靠行政手段，往往是出于完成上级某项工作任务的需要，自上而下地发动和组织，因而文化活动的组织部门很多，文化局、体委、工会、共青团、妇联及社区各级管理部门均能组织社区文化活动，属于地道的政府行为，而广大居民则是被动的参与者，其参与面窄，参与程度不深。以都市兰亭社区为例，在一次有关社区文化活动的抽样调查中，希望作为观众的占 60.7%，希望作为表演者的占 10.8%，作为组织者的占 10.5%，作为提出意见者占 11.7%，作为局外人的占 6.3%。可见，在当前多数政府性的社区文化活动中，大部分居民只希望作为观众来参与社区文化活动，而没有意识到自己是活动的主体，没有意识到自己也可以成为活动的举办者、表演者，对政府依赖性较大。另外，社区的文化活动缺乏固定组织，都是自发的、业余的，大都以健身娱乐为主要目的。并且组织者一般都是年纪较大的退休人员，综合素质不高，缺乏组织协调能力，导致活动开展的方式老套，无法吸引更多的居民参与其中。

3. 资金及场地投入不足

近年来，市、区财政加大投入，都市兰亭社区公共文化基础设施建设也取得了喜人的成绩。但总体来说，社区文化建设经费还较为短缺。一是缺乏设施的运营经费。目前，社区文化建设资金基本上由街道事业经费开支，即使市、区财政直接拨款在社区建设的文化设施，其维护、养护也主要由街道承担，资金短缺矛盾日益突出。社区到目前为止还没有建成社区的文化活动中心，居民活动仅限于小区有限的健身器材，公共广场，容纳范围较小，无法适应居民群众日益增长的文化需

求。二是开展活动的经费通常都是靠拉赞助和居民自发筹集资金。申请新建文化设施没有下文，老设施的维修也是困难重重。

4. 社区公共文化服务建设缺少法律保障

目前，对于社区公共文化服务还没有建立专门的法律法规。在社区文化内容涵盖、组织结构、工作人员编制、经费、场地设施和群众的文化组织地位合法化等方面，政府都没有明确规定，从而造成了工作无头绪、统计无依据、考核无标准以及管理不规范等问题。活动开展以后，是否积极健康向上，是否符合社会主义核心价值观，是否切实的丰富了居民的精神生活，这些都无从考核，也无人监督。这就导致社区公共文化服务不成体系，服务力度薄弱，同时也容易引发相关矛盾及问题。例如，都市兰亭社区前段时间，有一位大爷组织居民晚饭后在社区内的广场上跳舞，充电音响则由愿意参加的居民筹钱购买，参与的居民每天在楼下跳舞，音响声音过大，打扰了需要在家休息的居民，最后导致居民间矛盾增加，嫌吵的居民从楼上向广场人群丢水袋，导致跳舞居民受伤。对于此类由于开展活动而引发的居民间矛盾，这些问题如何预防，由谁调解，都找不到归口。

三、社区公共文化建设的法律保障

社区公共文化活动源于公民的文化权。我国现行宪法像世界上许多国家的宪法一样将文化权作为一项公民的基本权利加以规定。《中华人民共和国宪法》第四十七条规定："中华人民共和国公民有进行科学研究、文学艺术创作和其他文化活动的自由。国家对于从事教育、科学、技术、文学、艺术和其他文化事业的公民的有益于人民的创造性工作，给以鼓励和帮助。"第二十条规定："国家发展自然科学和社会科学事业，普及科学和技术知识，奖励科学研究成果和技术发明创造。"第二十二条规定："国家发展为人民服务、为社会主义服务的文学艺术事业、新闻广播电视事业、出版发行事业、图书馆博物馆文化馆和其他文化事业，开展群众性的文化活动。国家保护名胜古迹、珍贵文物和其他重要历史文化遗产。"第二十三条规定："国家培养为社会主义服务的各种专业人才，扩大知识分子的队伍，创造条件，充分发挥他们在社会主义现代化建设中的作用。"

（一）公民的文化权利

我国宪法规定的公民的文化权，主要包括三个方面内容：

1. 科学研究和文艺创作权

即公民自由探讨科学领域的问题、自由进行文艺创作，并发表自己研究成果的权利。

2. 文化生活参与权和分享权

指公民享有从事除科学研究和文艺创作以外的其他文化活动的自由，并有权分享文化事业发展、科技进步及其应用所带来的利益的权利，包括参加各种文化娱乐活动、使用图书馆博物馆文化馆等各种文化设施、欣赏文化珍品等。

3. 文化成果受保护权

即公民科学研究、文艺创作的成果所产生的精神的和物质的利益享受保护的权利。其中，公民的文化参与权和分享权，是社区公共文化建设的重要内容。

从法理上讲，文化权作为主观权利，是公民依据宪法规定的文化权而要求国家作为或不作为的权利。即公民可以自由地进行科学文化研究、艺术创作及参与其他方面的文化生活，国家不得予以任意干涉。同时，文化权利作为主观权利还具有受益权功能。文化权的受益权功能是指公民可以依宪法规定的文化权而请求共享文化利益的权利。比如，国家已经提供文化艺术活动或设施时，每个公民便应当有参与及参观的权

利，如果国家禁止私人参与或参观则是对公民平等的文化共享权的侵犯。并且，在国家提供文化奖励和资助的资源时，凡符合其所列资格的公民都有请求参与平等共享的权利，国家如果毫无理由地拒绝给付，也就侵犯了公民的平等的文化共享权。

（二）保障公民文化权利的国家义务

宪法规定的公民的文化权作为一种客观法，意味着国家必须为公民文化权的实现提供实质性的前提条件。我国宪法总纲的第二十、二十二、二十三条及第四十七条二款都明确要求国家应当积极为公民文化权的实现提供必要的条件，采取必要的措施，承担法定的国家义务。

据此，国家对公民的文化权负有尊重的义务，并负有给付义务、制度保障义务、组织与程序保障义务以及保护义务等保障义务。国家应当在积极保护与充分尊重之间取得恰当平衡，切实保证我国每一个公民充分享有宪法所规定的文化权。

国家对于公民的文化生活参与权和分享权，主要负有保障义务。国家应积极提供人们得以拥有文化生活参与权与分享权的必要条件。首先，国家要提供制度保障，应当在立法上明确政府在公共文化基础设施建设上的责任以及政府在保障公民文化参与权所必须采取的必要措施，并且要从制度上积极促进科学技术的应用，保障公民能够及时享受科技进步及其应用产生的福利。比如，2003 年国务院颁布的《公共文化体育设施条例》规定了政府在公共文化体育设施建设、管理和保护方面的一系列义务；1990 年全国人大常委通过的《中华人民共和国残疾人保障法》(2008 年修订) 在第五章专章详细规定了政府为保障残疾人平等文化生活参与权所必须采取的措施；1996 年全国人大常委会通过的《中华人民共和国促进科技成果转化法》为公民能够及时享受科技进步产生的福利提供了制度支持等，这些法律、法规的颁布都是国家积极履行制度性保障义务的体现。其次，国家应提供组织和程序上的保障。国家应鼓励和支持各类艺术团，尤其是民间艺术团体的成立和演出，丰富广大人民群众的文化生活；国家应鼓励研究开发机构、高等院校等事业单位与生产企业相结合，促进科技成果的转化；国家应当为公民文化生活参与权与分享权的实现提供有效地司法程序上的保障。再次，国家应积极履行给付义务。国家应为促进大众对文化生活的参与提供资金，尤其是要积极设立与维护文化基础设施，如文化中心、博物馆、图书馆、剧院和电影院等；国家财政用于科学技术、固定资产投资和技术改造的经费，应当拿出一定比例用于科技成果转化等。最后，国家应提供保护义务。国家应当保护公民文化生活参与权和分享权免于第三方的任意侵犯。

（三）构建现代公共文化服务体系

构建现代公共文化服务体系是保障人民群众基本文化权益、建设社会主义文化强国的重要制度设计，是中国特色社会主义文化发展道路的重要内容，也是一项重要的民心工程。

2014 年 1 月 15 日，中共中央办公厅、国务院办公厅颁发了《关于加快构建现代公共文化服务体系的意见》(以下简称《意见》)。明确提出，构建现代公共文化服务体系，政府、市场、社会三者缺一不可。政府的作用是保基本、促公平。市场的作用是提供多样化的产品和服务，丰富供给，提高效能。社会的作用是激发各类社会主体参与公共文化服务的积极性，创造良好的社会环境。《意见》提出，要培育和促进文化消费，加强文化创意产品研发，创新文化产品和服务内容，完善公益性演出补贴制度，推动文化事业和文化产业协调发展。要进一步简政放权，减少行政审批项目，吸引社会资本投入公共文化领域。建立健全政府向社会力量购买公共文化服务机制。推广政府和社会资本合作等模式，促进公共文化服务提供主体和提供方式的多元化。要培育和规范文化类社会组织。加强对文化类行业协会、基金会、民办非企业单位等社

会组织的引导、扶持和管理，促进规范有序发展。要大力推进文化志愿服务，构建参与广泛、内容多样、形式丰富、机制健全的文化志愿服务体系。

在推进文化与科技融合方面，《意见》提出，要加大文化科技创新力度，深入实施国家文化科技创新工程，加强科技成果转化应用，实施一批公共文化服务科技创新应用示范项目。加快推进公共文化服务数字化建设，构建标准统一、互联互通的公共数字文化服务网络，鼓励各地整合中华优秀文化资源，开发特色数字文化产品。加快构建公共文化服务现代文化传播体系，提升公共文化服务现代传播能力。

在理顺体制、整合资源方面，2014 年 3 月，国家层面的公共文化服务体系协调组已经正式成立并开始运转。《意见》指出，要以国家公共文化服务体系建设协调组为平台，由文化部门牵头，充分发挥各部门职能作用和资源优势，在规划编制、政策衔接、标准制定和实施等方面加强统筹、整体设计、协调推进。各地要根据实际，建立相应的协调机制。推进国家公共文化服务体系示范区（项目）创建。特别是要发挥基层党委政府作用，建立统一的基层公共文化服务平台，加强各类重大文化项目的统筹实施，探索整合基层公共文化服务资源的方式和途径，实现共建共享，提升综合效益。

在推进文化体制改革方面，《意见》对于推进文化体制改革工作也提出了明确要求。第一是加大公益性文化事业单位改革力度。建立事业单位法人治理结构，推动公共图书馆、博物馆、文化馆、科技馆等组建理事会，吸纳有关方面代表、专业人士、各界群众参与管理，目前已开展相关试点工作。第二是创新基层公共文化管理机制。发挥城乡基层群众性自治组织的作用，推动开展公共文化服务参与式管理，维护群众的文化选择权、参与权和自主权。第三是完善公共文化服务评价工作机制。健全政府、公益性文化事业单位、重大文化项目工作考核机制，建立群众评价和反馈机制、第三方评价机制。将公共文化机构绩效考评结果作为确定预算、收入分配与负责人奖惩的重要依据。

在公共文化服务体系的财政投入方面，《意见》提出，要加大财税支持力度。合理划分各级财政基本公共文化服务支出责任，建立健全公共文化服务财政保障机制，按照基本公共文化服务标准，切实保障提供基本公共文化产品和开展基本公共文化服务所必需的资金，保障公共文化服务体系建设和运行。同时，《意见》提出要进一步完善转移支付体制，加大中央财政和省级财政转移支付用于基本公共文化服务的规模，重点向革命老区、民族地区、边疆地区、贫困地区倾斜，着力支持农村和城市社区基层公共文化服务设施建设，保障基层城乡居民公平享有基本公共文化服务。

在公共文化人才队伍建设方面，《意见》提出，要按照控制总量、盘活存量、优化结构，有减有增的要求，研究制定公共文化机构人员编制标准，并根据业务发展状况进行动态调整，加强对乡村文化队伍的管理和使用。在现有编制总量内，落实每个乡镇综合文化站（中心）编制配备不少于 1 ~ 2 名的要求，规模较大的乡镇适当增加。设立城乡基层公共文化服务岗位，配置由公共财政补贴的工作人员。要将公共文化服务专业人才培养纳入国民教育体系，稳步推进基层公共文化服务队伍培训，建立培训上岗制度，全面提高从业人员素质，完善基层公共文化服务人才激励和保障机制。

四、国外社区公共文化建设的经验

（一）多元化的公共文化服务体系

建立健全社会主义公共文化服务体系，对于满足公民的文化权利，提升全体公民的文化素质，最终实现文明富强的社会发展目标，既重

要，又迫切。但公共文化产品和服务具有公益性服务属性，作为一种面向全社会的常年文化服务，其种类繁多，形式多样，需求量非常巨大，不可能只由政府一家包办。许多欧美发达国家都办不到，何况在我国？我国人口众多，民族多样，处于社会发展转轨时期，社会主义建设任务庞大，要办的事情很多，由政府财政大包大揽式的进行公共文化服务建设，既不现实，也不可能。一些发达国家通过多年实践和探索，总结出一套“以政府财政投入为基础支撑，积极引导社会组织、团体、甚至个人捐赠为主体的社会公共文化服务体系建设”的经验。

在发达国家和地区，由非营利机构提供的公共文化产品是非常普遍的，它是向社会提供公共文化服务的主要部分。比如，截至2005年，美国已有注册的基金会约3万家，包括赫赫有名的三大基金会：福特基金会、卡内基基金会和洛克菲勒基金会。它们提供和资助的文化产品和服务，不但包括了对世界一流的艺术收藏和优秀艺术创作的资助，也向世界上一些最不发达国家的贫困人口提供少年儿童教育、劳动力职业培训、文化多样性保护、各民族文化交流等项目，这些都属于公共文化产品的范畴。

而由企业所提供的公共文化产品，则由企业来承担主要费用。相对来说，在强烈的利益驱动下和在激烈的市场竞争中，企业的运作效率普遍要比政府机构更高一些。但是，现代企业家越来越认识到，企业不仅仅是市场的主体，也应是承担一定文化义务的社会公民。企业为社会提供一定的公共文化产品，以免费或者低价方式便于广大公民享受，目的不在赢利，而在于体现企业和企业家的文化品格和社会责任。巴西成立了国有企业赞助委员会和私人企业赞助委员会，颁布了文化赞助法，制定了免税优惠政策。无论企业和普通人，只要进行文化赞助，且赞助的项目符合巴西文化部的要求，都可以对所得税进行减免。2006年，巴西社会各界赞助文化的经费总额达到4亿美元；2007年，赞助总额达到近 5 亿美元。

公共文化产品内涵和层次非常丰富，但绝不是免费文化产品的代名词，也不应该以免费作为标准和诉求。当我们感觉周围的公共文化产品还不能满足需求的时候，最重要的不应该是呼吁政府来买单，而是应该在政府率先加大投入的同时，通过法律、体制、政策和舆论的规范和引导，倡导由政府、非营利机构、企业、社区与个人共同生产和提供公共文化产品，让大家共同承担公共文化的责任。只有公众文化产品丰富了，公共文化服务层次多样了，人民才能享受更多的文化服务，才会更加珍惜公共文化的财富。

（二）用图书馆推动大众进步

美国的公共图书馆遍及每个社区，而且，任何一个社区办理图书借阅卡的手续都很简单，你只需证明你是本地居民，即可免费办理图书借阅证。1848 年，美国第一家免费、面向公众的、由政府税收支持的波士顿公共图书馆正式建成使用。此后，其他州也纷纷效仿建立了公共图书馆。到 1998 年，美国已拥有 8964 座公共图书馆，使图书馆真正成为“公共产品”。在公共图书馆的发展过程中，基金会的作用不容忽视。1880 ~ 1920 年，钢铁大王安德鲁 · 卡内基共捐资建设了 1688 座图书馆。在 100 多年的发展史中，美国社区图书馆的指导方针始终未变——广泛的自觉和平等，以及普及教育，改变和提高的只是图书馆的运作形式。如今，社区图书馆已成为公共文化活动的纽带，儿童放学后的安全之所，老人的排解寂寞之处，成年人的自我完善之地，新移民融入美国社会的第一课堂。

德国的图书馆坚持“公众需求第一”的宗旨，做到贴心服务。你在看书时渴了，旁边有饮用水等着你饮用；你要离开时天下雨了，门口有雨伞可以借走；借、还书时人多，你可以在自助机器上自主操作；你忘了戴老花镜，服务台就可以借；你带孩子一起来图书馆，你可以安静地

看书，孩子则在儿童室里嬉戏或翻看儿童画册；如果你怀抱婴儿来查阅资料，则可以到馆内专门设置的母婴室，里面备有换尿布的小桌，母亲喂奶的椅子和幼儿卫生间，一应俱全。在经营方式上，最有特色的是德国的流动图书馆。诺丹斯达特地区有 95 个村庄，15 个学校有大有小，有穷有富，并不能做到村村都有图书馆。当地政府的解决办法就是设置流动图书馆：气派的奔驰大巴，完整的图书馆设施，专业人员的周到服务，定时定点的承诺等，流动图书馆与真正的图书馆没有太大差别。一年 15 万欧元的支出，加上大巴本身的折旧，摊到每个单位的头上，也不到 2000 欧元。

（三）具有艺术特色的法国社区公共文化建设

法国的巴黎是世界艺术之都，艺术气氛非常浓厚，居民们在社区文化环境中受到熏陶浸染，培养出良好的兴趣爱好和高雅的风度气质。在该市的 80 个社区中各类艺术人才应有尽有，数量可观。社区文化组织是社区文化资源的重要组成部分，也是协调社区事务的重要力量。如巴黎的社区文化组织在娱乐健身、社区教育、民主参与和文物保护几个方面开展活动，为居民提供各种文化服务，对提高居民的文化素质和文化品位起了很好的作用。巴黎有博物馆 134 个，有市属图书馆 64 个，剧院 141 个。巴黎有各种文化组织 2400 多个，社区中有很多文艺体育组织。仅以体育组织为例，巴黎有社区体育组织 618 个，俱乐部 3559 个，会员 47. 9 万人。巴黎第 3 区是巴黎老城区中一个普通的区，区里有文学、艺术、音乐、体育等 40 多个协会。区政府每年组织协会节，庆祝活动持续两天，所有的协会都表演节目，与公众共庆节日。

（四）促进人际关系和谐的美国社区公共文化建设

在美国的城市社区中，居民们成立各种各样的兴趣爱好组织。这些组织经常开展活动，让会员们互相交流、互相切磋、互相学习。南卡罗来纳州艺术委员会在州教育部的支持下，与教育者咨询委员会、艺术家协会、城市立法会和文化教育研究所一起，共同设计了“艺术基础课程设计”和“艺术发烧友”等项目计划，主要目的是通过指导孩子们学习舞蹈、歌剧、音乐及影视艺术，培养学生艺术方面的兴趣、技能和纪律观念。美国的青少年犯罪、酗酒、吸毒、少女怀孕等问题非常严重，社区则通过文艺体育来促进这些问题的解决，取得了很好的效果。贝瑟斯德社区合作委员会成立于 1994 年，是非营利机构，负责社区环境建设和文化娱乐活动。他们的目标是“一个社区，一个目标，营造快乐氛围”。根据住户文化层次和收入状况，社区有针对性地开展各项文体活动。日常活动有：音乐会、交响乐、芭蕾舞、举办“家庭装修与设计”“食品与营养”等知识讲座。为老年人开办的讲座有“电脑的选择与使用”“如何使用互联网”等。为孩子安排的活动就更多了，有音乐讲座、画画、动画片、皮影戏等。通过这些活动，满足了不同居民的精神文化需要，陶冶了人们的情操。

（五）以町内会为基本单元的日本社区公共文化建设

日本的公共文化，核心特质就是公民具有较强的主体意识和社会参与意识，在理性基础上高度参与公共活动，遵守法律和制度。在日本，町是构成社区的最小单位，类似于中国的街道。以町为基础建立的町内会，是日本社区中非常重要的基层居民自治组织。町里的绝大多数家庭都会加入町内会，并且交纳一定的会费。居民从会员中选举出会长、会计以及小组组长来负责町内会的日常组织和管理。町内会集多种功能于一身。社区的公共活动大多数是以町内会为单位举办。

町内会不仅负责筹办节庆祭祀，而且经常组织一些具有吸引力的文体活动，如敬老会、茶道会、棒球赛，为居民提供交流的渠道，促进邻里交往和相互了解，满足居民的精神生活需求。在突发事件以及自然灾害的预防与应对方面，町内会担负起对居民进行防灾培训工作，并且

组织居民共同抵御灾害以及负责救灾物资的分配，培养社区居民同舟共济、互帮互助的意识，提高社区的凝聚力。此外，町内会的工作内容还包括：协调社区中老人会、妇女会、中小学生会以及各种文体组织和志愿者团体之间的关系，为居民提供保健服务，美化社区环境，维护社区设施，预防犯罪。由于町内会兼具社区居民自治组织与行政管理组织的双重特性，因此在社区运作以及与政府行政部门的互动中，町内会扮演着上传下达的角色。在更大规模的社会公共活动中，往往由町内会负责协调地方政府，积极组织町内成员参加更大范围的社会公共活动，是日本社会公共文化建设的坚实基础。

五、优化社区公共文化服务建设的建议

社区公共文化服务建设需要不断优化，为此，我们必须采取一系列措施。

（一）开展社区公共文化调查

1. 社区文化资源调查

调查对象包括人才、社区组织、设施和文物等基础性资源，以及民俗、文艺、教育、体育和环境等专项资源。资源是发展社区公共文化的基础，只有弄清楚社区公共文化的资源状况，才能制定出合理的社区公共文化规划。因此，社区公共文化资源调查的重要性是显而易见的。对于历次调研的基础数字、材料及研究论文，都要建立档案并存入电脑，并网，以供不同的社区相互查询，开展对比与研究。同时，为了增强社区居民间的相互了解，应建立官方的网络平台，如社区公共论坛、QQ 群和微信平台等并公开，让尽可能多的居民参与其中，以现代化的网络沟通方式增加社区居民间的相互了解，增强社区居民的凝聚力，更有利于活动的开展，信息的传达与反馈。

2. 开展社区居民文化实践调查

要检验社区文化活动所达到的效果，摸清社区公共文化的变化情况和发展动向，就要进行社区文化实践调查，调查的方式一般为问卷抽样调查。调查内容通常包括社区居民业余文化活动的方式，社区居民文化活动参与的目的，社区居民文化活动的时间参与情况与未来的参与意向以及社区居民文化活动总体情况。

（二）整合人力资源，加强队伍建设

新的公共文化服务设施建成后，必须配备相应管理服务人员才能保证设施服务作用充分发挥。建议人事编制部门按照艺术馆、文化馆、图书馆等评估定级标准，为公益性文化单位配备必要的专业技术人才岗位。通过人员整合、招募文化义工等措施，建立社区文化中心。同时，群众文化社团组织是社区建设的骨干力量。社团组织要注重组织制度建设，制定组织章程，就组织目标、性质、会员资格、民主意识、财务管理和活动方法等内容做出明确规定。

（三）确保资金来源物质保障

只有真正保证对社区公共文化服务建设的物质投入，并加强社区文化的硬件和软件建设，才能促进文化建设水平的提高。社区公共文化服务建设的物质保障应包含两方面内容：政府加大社区公共文化服务、建设的财政投入。在社区精神文明与物质文明协调发展中，提高精神文明建设经费在财政总支出的比例。随着社区经济的蓬勃发展，逐年增加对文化建设的投资。社区公共文化服务建设的载体是各类文化基础设施，因而必须发展文化基础设施，提高文化基础设施的贡献率。进一步完善提升社区文化中心设施条件，在规划布局上，要充分考虑其便民性和均衡性。建立社区网络图书馆，覆盖整个社区，成为市民身边的 24 小时图书馆。加强社区公共文化服务设施的管理，完善服务功能，提高服务水平。

社区公共文化服务的建设，尽管政府是投入主体，但如果单一依靠财政资金，对很多地方而言，就会制约建设的脚步。政府积极鼓励社区内有条件的企业、单位、个人对社区内文化建设进行物质投资，有效地调动社区主体的积极性，充分利用社区内各种物质资源，满足社区公共文化服务建设的需求，要发展社会力量，不断开辟新的渠道，增加社区文化活动的场所。国家行政学院文化政策与管理研究中心主任祁述裕教授说，十八届三中全会提出要“引入竞争机制，推动公共文化服务社会化发展”，这就为创新公共社区文化服务建设明确了方向。

同时，应鼓励企事业单位、社会团体、其他组织和个人向社区公共文化事业捐赠财产。向社区公共文化事业捐赠财产的，依法享受税收优惠。

（四）建立相应的奖惩考核制度

各级人民政府及其文化行政部门对开展社区公共文化服务工作成绩显著的单位和个人，按照国家和本市有关规定给予表彰和奖励。擅自拆除社区公共文化设施或者改变其功能、用途的，由文化行政部门责令限期改正；拒不改正的，对直接负责的主管人员和其他直接责任人员，由其上级行政主管部门依法给予行政处分；构成犯罪的，依法追究刑事责任。

第二节　社区文化策划方案 1

一、社区文化与物业管理的关系

吃好穿好，这是很长时间以来中国人对生活的要求。而随着社会经济不断发展，人们的需求也同样在悄悄发生改变，享受物质生活的同时，强健自己的精神生命，成为几乎所有人共同的目标。因此，H丰物业公司相信，追求有文化内涵的物业管理服务，将成为未来物业管理市场的一大特色。

H丰物业人相信，任何以人的生活为主要内容的领域，比如国家、城市、社区，必然应该有一种文明健康、积极向上的居住氛围。而人的精神生命的强健，也必将带动其物质生活的大发展。H丰物业人希望自己的业主是物质的，也是精神的富有者。然后，将这样的理念和价值观，传达至与我们息息相关的整个城市、国家和民族。

物业管理公司只有同业主充分沟通，启发业主自律和参与意识，相互配合，才能形成双向共管的局面，使物业管理收到事半功倍的效果。而社区文化正是建立这种沟通的桥梁。

二、某区市级行政中心社区文化总目标

（一）更好地塑造开放、高效、亲和的政府形象。

（二）满足公务人员对高品位文化的需求。

（三）面对世界，展现中华民族文化特色。

（四）面向全国，体现强市升位风采。

（五）实现物业管理与社区文化的良性互动，促进物业管理水平的不断提升。

三、某区行政中心社区文化的特点

没有文化的环境不算是文明，没有文化的商品不是精品，没有文化的服务不是享受，没有文化的竞争不能取胜。随着社会经济、文化的飞速发展，物业管理已从对物的管理，不断提高到精神文明、物质文明双丰收的高度、倡导管理与服务齐抓，软件与硬件并重的管理理念。

在某区行政中心社区文化的建设中，我们将不断学习，深刻领会党和政府关于文明建设的指示精神，听取机关干部对社区文化工作的意见、建议，领会其真正含义，做到既是宣传者，又是执行者，更是组织者。配合区委、区政府的大目标，以各种形式开展丰富多彩的文化活动，塑造高尚的价值观和正确的人生观，营造新时代的文化背景。抓住当今世界社会主流脉搏，站在时代的前列，实现物业管理与社区文化的良性互动，促进物业管理水平不断提升，共同打造出一种全新的工作环境和生活环境，一种高尚的文化氛围，一种崇高的思想境界。

（一）以机关文化为背景，注重突出：

·思想性、政治性

·高雅性、品味性

·专业性、鉴赏性

（二）结合区域文化，营造特色文化：

·历史文化

·本土文化

·民族文化

（三）多种形式：

·文化艺术活动

·体育活动

·节日庆祝活动

· 教育活动及日常办公

快节奏、高效率地为民办事是某某区行政中心干部职工的工作作风。在这里，办公人员相对较为集中，办公时间长，脑力工作负荷量大，成年累月，没有闲暇，我们本着为机关服务，为领导服务，为广大干部职工服务的思想，采取多种形式，有目的、有计划地进行策划，组织系列活动，创造清新、明朗、高雅的办公环境。

（四）组织特点：

· 计划组织与自愿参加相结合

· 分散与集中相结合

· 日常与节日相结合

· 高雅艺术与大众文化相结合

办公人员总体素质高、文化品位高，爱好广泛，并具有一定的专业性，这就需要我们抓住时机，在紧张繁忙的工作之余，充分利用任何点滴时间等一切可利用的条件，根据个人兴趣，各岗位职能和工作特点，参照国家政策、道德风尚、民族习俗，在某区机关事务管理部门领导下，结合当前形势，开展多种形式展现机关文化风采，体现机关文化特色的一系列社区文化活动。

物业管理渗透在后勤服务的整个过程中，作为物业管理的重要组成部分，社区文化同样蕴藏在物业管理体系中，在社区文化开展过程中，针对每项具体的操作运行程序，均设置短期目标与长远目标，根据功能区域，创立主题文化。如：绿色文化、清洁文化、餐厅文化等，使某区行政中心处处都凝聚着公司的文化底蕴。

四、社区文化定位

定位：围绕三项主题，体现三个特征，使某区行政中心成为我国

政府物业专业化管理的新亮点。

（一）三项主题

1. 创造工作和生活全新观念

——体现某某区政府与时俱进的精神。

——科技兴国、科技兴市，科技兴区、交流新科技、新文化。

——提供更多的欣赏文学、艺术和体育运动的机会。

——防止“第三种状态”——亚健康。

2. 热爱地球、保护环境

——从宣传栏、“用户手册”、网站到“H丰报物业专刊”，全方位宣传环境保护理念。

——响应政府组织的系列环保活动。

——开展循环经济概念与城市建设讲座。

3. 做新世纪的文明使者

——按照政府建设文明城市的要求，争做文化长沙人。

——法定节日开展系列有针对性的主题活动。

——组织开展各种形式的社会公益活动。

——倡导关注社会、扶贫帮困。

（二）三项特征

1. “人性化”的管理理念

以“人”为核心，以环境为重点，体现出深厚的文化氛围以及对人的尊重和关心。当人们步入某区行政中心，立即能感受到优雅、舒适的环境，安全有效的交通管理，方便快捷的信息服务和举止文明、热情周到的一流服务。这仅仅是某区行政中心社区文化最基本的外在体现，通过对环境管理中的文化改进，启发人们的自律意识，培育人们的文明意识，才是现代办公大楼社区文化的重要内涵。

2. 具有超前的文化视角

某区行政中心对其社区文化的要求必然要体现出一定的前瞻性。随着社会的发展，社区文化从概念，形式到内容都必须以全新的审视角度去定义、规划和实施，从而丰富工作人员对工作环境，生活质量和品位的更高要求。

3. 宁静、祥和的文化氛围

倡导文明、优雅的社区文化、尊重群体性、个体性对高品位文化的需求，在安静的办公环境中营造精神乐园、宁静、祥和的文化氛围体现了对他人的尊重，同时蕴藏更为精深的文化和细腻的情感。

五、社区文化活动流程

项目名称	效果	时间	场地
家庭装修知识、讲座	增强环保概念，宣传以俭为荣，树立安全意识	装修期	会所
共建美好家园	住康乐里、爱康乐里，携起手来建康乐里	不定期	中心广场 宣传栏
元宵灯谜会	邻里沟通	元宵节	中心广场
六一儿童节	热爱大自然、保护大自然	儿童节	郊外
爱家园、废物利用	树立环保意识，保护资源	儿童节	会所
健康知识讲座	了解基本健康保健知识	不定期	会所
环保知识竞赛	热爱地球，爱护环境，保护资源	不定期	宣传栏
节日装饰	营造节日气氛	节假日	区内
消防安全宣传	预防为主，珍惜生命	长期	宣传栏

续表

项目名称	效果	时间	场地
开展时事讲座	增加知识，关注社会发展	不定期	会所
假期英语、美术、电脑、绘画培训班	培养兴趣，净化心灵	不定期	会所
举办球类、棋类比赛	增强体质、增进友谊	不定期	会所
消夏运动会	加强邻里沟通	8月	中心广场
圣诞晚会	促进小区和谐的安居氛围	12月	会所

六、社区文化活动计划

（一）综合管理部严格遵循公司整合型管理体系要求，实施社区文化工作，做到年初有计划、年终有总结，中间有检查，按季度制订具体实施活动计划，协调部门关系，通过详细的文字记载，并运用摄影，摄像等现代手段将每次活动记录下来。

（二）协助举办文学艺术活动，体育健身活动、科技知识活动、社会公益活动、节日庆祝活动和各类主题活动等，广泛吸引工作人员参与，丰富某某区行政中心用户的业余文化生活。

（三）以节日庆祝活动为重点，针对不同节日文化和背景，协助相关部门开展专项活动。

（四）加强与社会各界的交流，密切管理处与各部门的联系，培养骨干人员和活动积极分子。活动队伍常抓不懈，活动内容新颖别致，活动形式多样化。

（五）调节社区文化氛围，每月通过网站广泛宣传物业管理法规及生活百科知识、文化娱乐、知识更新、体健服务、科技知识等。取得业主对物业管理的充分理解和大力支持，促进物业管理工作的良性循环。

（六）利用展厅和连廊，以政府工作为核心，协助有关部门开展各种展览活动及相关的宣传活动。

（七）利用现有及 H 丰物业所管理其他硬件设施和场地，长期举办群众喜闻乐见的各种娱乐活动。吸引众多的人员踊跃参加，以各种健康有益的活动项目为主线，贯穿全年的社区文化活动。

（八）按类别和重点，分阶段针对不同文化层次、背景和不同年龄的对象开展专项活动，实现文化活动层次性与群众性的统一。

（九）每日公布天气预报及气温变化情况，温馨提示干部职工注意天气变化，同时，定期公布空气质量指数。

第三节　社区文化策划方案 2

对于物业管理公司来说，良好的社区文化可以树立起公司的品牌和形象。我们在注重物业公司提供高水平的基础服务的同时，更应注重加强社区文化的“感情投资”，通过各种形式和渠道增强业主对社区的归属感和凝聚力，从而提高社区的整体文化水平，创造和谐温馨的氛围。

一、社区文化建设的必要性

社区文化并非单纯指一些娱乐性的活动，而是一种整体性的社区氛围，对这个群体里的所有人均起着渲染和影响作用，不仅可以增加业主对楼盘的忠诚度，而且坚定潜在消费者的购买信心。社区文化工作，首先，要将社区文化与物业管理基础业务紧密结合，使其为解决基础业

务问题提供更多支持性服务。其次，通过社区文化的开展和创新，营造和谐的社区居住氛围，由此将企业文化及核心价值观转在社区中渗透和传递，形成独具特色的群体凝聚力和共同的价值目标，增进业主对社区的认同感和归属感。

二、社区文化建设目的

（一）促进社区精神文明建设，提升社区文化环境；
（二）增强业主对社区的归属感、凝聚力；
（三）扩大品牌影响力，增强业主的满意度、忠诚度。

三、社区文化建设活动方案

（一）社区活动

社区活动紧紧围绕主题——“家”，延伸“家”的含义，让业主感到家不仅代表居住的房屋，更意味着是温暖的港湾，让人感到身心的放松、精神的归属。在活动内容方面，将以老人和儿童作为关注的重点，侧重多举办以这两类人群为活动对象的活动，以体现家庭亲情，同时注重活动的文化内涵。

在社区活动中，鸿坤会将作为主要的组织者，最大程度上联动瑞邦物业公司参与活动的组织、实施，创造业主和物业人员沟通和交流的机会，让业主感受到物业时时刻刻在关注着他们家庭生活的方方面面，从而增强业主对物业工作的认同感。

1. 按客户分类

（1）经适房客户：组织贴近生活、服务生活、大众化参与性高的活动为主。

（2）商品房客户：以体现人文关怀、社会影响力大的活动为主，穿插贴近生活的大众活动，逐渐引导业主打造具有鸿坤特色的高品质社区文化气息。

（3）注重重点客户群体。对于在我公司多次购房、购买多套房的客户、综合素质较高的高端客户，可以组织专场 VIP 活动。例如红酒鉴赏会、奢侈品推介、高尔夫专场、艺术品鉴赏等活动，彰显我公司高端形象，从而稳固此类客户的购买能力及对新客户的市场影响力。

2. 按活动分类

（1）定期举办大型社区活动，且把一些大型活动打造成固定的品牌形象活动。如新年庆祝活动，既可以组织社区联欢会，也可以组织大型活动包场答谢会（如新年音乐会等），“六一”儿童节、中秋节、三八妇女节主题活动等，可达到参与度高，影响面广的效果。

（2）不定期的小型社区文化活动。小活动涉及面广，根据业主的不同需求，如年龄、性别、兴趣爱好等组织活动，同样也可达到参与性高的目的，例如各种专题讲座、郊游活动、体育比赛、跳蚤市场、厨艺大赛等，小型活动的频繁举办让业主们和物管工作人员增加了见面交流的机会，增进感情沟通。

（3）创办各种社团组织，长年开展活动。成立社团组织，可以借助目前我公司可协调调动的社会资源，如联合三夫户外公司成立老年合唱团、老年书法协会、车友俱乐部、家政培训班等，可以以老年人作为重点考虑群体，提升业主对物业的认同感。同时，物业可以为社团活动免费提供固定的场所，增强亲和力。

（二）客户沟通

1. 物业公司定期组织包括业主、开发商共同参与的恳谈会，通过恳谈会建立畅通的沟通渠道，及时聆听业主心声、了解客户需求，让业

主感受到物业公司积极诚恳的工作态度。

2. 每月以纸质简报或手机报等方式，发布物业公司本月大事记，最大范围地让业主了解物业公司的工作动态，公开透明。

3. 对于物业工作开展具有积极作用的客户也应给予高度关注，小区可推选此类业主担任“和谐大使”，从而及时掌握业主日常各类信息，及时发现问题，及时解决。

4. 注重宣传与引导。小区公告栏、楼道通知栏都可以作为宣传工具及时发布各类社区公告、展示活动信息、温馨提示、物业法规等。

（三）客户关怀

1. 短信息平台的使用。在重大节日、恶劣天气、道路限行变更等重点时刻，及时发送节日祝福、特别关注、温馨提示等信息，言语虽短，却能深入人心。

2. 环境布置。逢年过节，各管理部都精心布置小区的环境。如春节、元旦、圣诞、国庆节等，管理部在小区的大门口或主干道，悬挂气球、彩灯、横幅等，让业主感受到节日的气氛，感受到生活在鸿坤大家庭的温馨与和谐。

3. 在物业公司辖区内商业价值较低的底商内开辟专门的老年活动中心、儿童游乐中心。老年活动中心主要配置老人们喜闻乐见的日常棋牌类（扑克牌、象棋、围棋、军旗、跳棋等），同时可开展老年社区组织活动。儿童游乐中心也只需铺设简单的安全地垫、搭配积木、图书等简易玩具而已，此举的目的是希望借这一举动体现物业公司对社区老人、幼儿的关注度，让既身为儿女、又身为父母的业主们感受到物业公司帮他们分担了后顾之忧，增加业主对社区的认同感。

综上所述，客服会联合物业公司要成为业主社区文化的“领航者”，使业主在心目中确立共同的价值目标，使全体社区成员增进对社区的认同感和归属感。同时，我们也要认识到社区文化建设要有长远的规划，对社区文化开展的效果等要进行预测分析。只有对社区文化活动的开展过程进行有效的控制，才能真正做到切实可行，行之有效。

思考题

1. 我国当前社区公共文化的主要问题有哪些？
2. 社区文化与物业管理之间是怎样的关系？
3. 案例中各国的社区文化建设有哪些值得借鉴的地方？

中关村学院社区教育教材 “建设和谐社区系列丛书”之五

王雪松◎主编

中关村学院社区教育教材

文明法律

图书在版编目（CIP）数据

“建设和谐社区系列丛书”中关村学院社区教育教材：全 6 册 / 王雪峰主编 . -- 北京：现代教育出版社，2018.6
ISBN 978-7-5106-6279-9

Ⅰ . ①建… Ⅱ . ①王… Ⅲ . ①社区教育－中国－教材 Ⅳ . ① G779.2

中国版本图书馆 CIP 数据核字 (2018) 第 126165 号

建设和谐社区系列丛书
中关村学院社区教育教材

主　　编　王雪松
责任编辑　魏　星　刘兰兰
封面设计　敬德永业
出版发行　现代教育出版社
地　　址　北京市朝阳区安华里 504 号 E 座
邮政编码　100011
电　　话　（010）64251036
印　　刷　北京永顺兴望印刷厂
开　　本　170mm × 240mm　1/16
印　　张　48.5
字　　数　650 千字
版　　次　2018 年 9 月第 1 版
印　　次　2018 年 9 月第 1 次印刷
书　　号　ISBN　978-7-5106-6279-9
定　　价　130.00 元（全 6 册）

目　录

第一篇　社区法律服务

课　　时　共计 4 课时

教学目标　了解法律服务进社区的必要性；
了解并掌握社区法律服务的主要内容；
了解当前社区法律服务的缺陷；
通过案例学习如何推进法律服务进社区。

教学重点　社区法律服务的主要内容；
通过案例学习如何推进法律服务进社区。

教学内容

一、法律服务进社区的必要性

社区是党和政府联系居民群众的桥梁和纽带，是党和国家方针政策、法律法规落到实处的着陆点，社区稳定直接关系到城市基层政权的巩固，是社会稳定的基础，是国家稳定的关键。随着城市改革步伐的加快，社区建设进入了飞速发展的新阶段。社区发展作为提高人们生活质

文明法律

量、推进社会全面进步的重要途径，越来越成为当今社会所关注的焦点。与此同时，社区民主法治建设也成为摆在人们面前的一个重要课题。2001 年 9 月，中央文明办、司法部等 9 个部门联合印发了《关于开展科教、文体、法律、卫生“四进社区”活动的通知》，明确了法律服务作为加强社区建设的重要地位。

法律服务进社区工作，就是以社区为依托，以社区居民为服务对象开展的社区法律服务工作，其主要内容是：对社区成员进行普法教育和法治宣传，为社区成员提供法律咨询和法律援助，依法调处社区民事纠纷，开展刑释解教人员安置帮教工作，帮助社区成员开展诉讼代理等。法律服务进社区的必要性在于：

（一）社区法治化的客观要求

在计划经济的体制下，国家对企事业单位的管理，一般是通过隶属关系管理；国家对居民的管理，一般是通过单位实现的。随着市场经济体制的建立，许多企事业单位成为“无主管”，单位和居民的社会需求和生活需求主要通过社区得以满足。社区与单位和居民的关系越来越密切。如何处理好社区成员之间的关系，需要法律来明确，依法规范各方面的社会行为，“法律服务进社区”顺应了这一客观要求。

（二）维护社区稳定，需要法律服务进社区

居民是社区的主体，也是社区法治的主体，居民稳定社区就稳定。随着人民生活水平和文化水平的提高，对法律的需求不断增强，居民维护自身权益的意识也不断增强。随着市场经济的发展，居民的思想观念、生活方式、相互关系发生了较大变化，人们遇到更多的社会、经济、法律等问题，社区成为纠纷矛盾相对集中的敏感地。例如在社区内占用公共绿地的纠纷、建筑物影响居民采光通风的纠纷、物业管理与业主的纠纷、遗产继承和赡养纠纷，等等，这些纠纷与过去相比，具有复杂性、难调性、易激化性等特点，仅仅依靠说服教育、行政手段远远不够，还必须依靠法律手段，化解矛盾，促进稳定。

（三）实现社区有序管理，需要法律服务进社区

随着城市管理中心的下移，社区作为辖区基层管理的载体，管理任务越来越重，首先是社区成员自治事务管理，如治安、环境、物业、人口、生活等，还担负着一定的行政工作的管理，如计划生育、流动人口、刑释解教人员安置帮教等。各种社会问题使社区管理职能加大，要想管理好，必须步入法治化轨道。

（四）促进社区健康发展，需要法律服务进社区

社区是城市居民和单位居住、生活及工作的重要场所。它要围绕满足人们高质量的生活需求和生活发展为出发点，进行全面发展，包括社区管理、社区服务、社区文化、社区教育、社区卫生、社区治安等，致力于形成安全的社区治安秩序、团结和谐的人际关系、健康向上的文化氛围、舒适优雅的环境、规范有序的管理等。要使这样一个庞大的社会系统工程有序运作，需要法律进社区，通过社区法治可以发挥其教育、规范、引导、惩戒功能，依法保障社区健康发展。

二、社区法律服务的主要内容

（一）制度服务

法律制度服务主要是指为社区组织的建构提供法律服务。在社区制度性法律服务问题上，我们应当有一个基本的共识：社区的制度建设

在我国尚处于探索阶段，法律服务不能仅就既有的制定法作为依据，否则就只能缩手缩脚。只有不断进行社区组织的制度实验，才能积累经验，才能为完善社区立法提供更加翔实的感性材料。

制度性法律服务的核心是如何理顺社区组织的两个方面关系。一是社区组织与社民的关系，这包括社区组织的权力机构如何产生、机构设置和人员安排、社区组织资金的来源及运作方式、社民控制社区组织的形式和程序、突发性事件的预案及实施细则等问题。二是社区组织与街道等政府机构的关系。包括处理与政府组织关系的原则和对话协商方法、影响政府机构的渠道和方式、抵御政府机构非法干预的预案及具体措施等。

（二）权利服务

社区权利服务最常见、又是最重要的项目是社民房产权的完善性服务。主要包括房产权的形式要件、实质要件的合法性审查，社区整体性拆迁时房屋产权的合理性补偿，土地使用权，特别是房产附属性权利的保护。比如，以当前我国现行的棚户区改造政策为例，棚户区的出现可以说大大影响了城市的文明建设，增加了城市管理的困难，因此，政府部门提出了改善居民居住环境的棚户区改造。归根究底，棚户区的出现是由于城市中弱势群体的增多，而棚户区改造的过程并不如政府工作人员设想得那样完美，人们对旧屋的感情如同三峡移民对故居一样，而巨额的改迁资金更是让人们负担不起。从根本上说是由于他们处于三大阶层中的弱势群体，而反过来，改迁的资金又成为加重弱势群体经济负担的重要因素。对此，政府虽有一定程度的补贴，但是面对全国庞大的弱势群体集团，也是心有余而力不足，其结果只能是第三阶层的队伍不断壮大，最终导致社会不稳定因素的增多，从而成为社会稳步发展的桎梏，因此社区的力量不容小觑。棚户区的改造涉及公摊面积的合理性、房屋配套设施质量、维修方案、房产外部配套景观以及合同规定的其他附属性权利。这其中也包括邻里之间关于土地权利和住房权利的争夺。棚户区的改造问题是个社会问题，解决不慎会给社会带来震动。因此，社区在此次行动中起着中流砥柱的基石作用。社区要合理调节社民之间的纠纷，维护社民们的权利，满足社民对棚户区改造中的房产权和交换权的要求。

当前，权利服务中容易被忽视的项目是社民参政、议政等民主权利的保护。对于原来习惯于单位生活的居民来说，对社区中的生活，尤其是民主政治生活很不习惯。如何保障他们的民主权利，是社区权利保护的一项重要内容，并且随着政治文明程度的提高，居民的民主权利显得愈加重要。

（三）调解和诉讼服务

社区法律服务中的调解和诉讼与一般的民事调解和诉讼有不同特点。

1. 社区权利纠纷的调解和诉讼可能涉及的是群体利益，在法律上表现为整体性权利。与个体性权利不同的是，整体性权利的处分必须反映权利主体的整体意志和愿望。

2. 帮助社区建立自己的调解组织，这是社区法律服务者的一项基础性工作。社区调解工作的一项重要内容是社区内部社民之间的权利纠纷，社民之间的权利纠纷与传统中国社会的邻里纠纷有些近似。调解并不仅仅是为了解决眼前的纠纷，还为了更长远的权利共存。

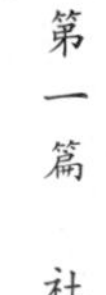

3. 与一般的民事诉讼不同的是，涉及社区权利的诉讼主体表现为集团诉讼的可能比较多见。这就需要注意主体权利资格的审查问题，既不要遗漏有关权利主体，也不要虚设权利主体。另一方面，从民事诉讼程序上看，有些简便的诉讼程序可以为集团诉讼中的权利主体节省时间和费用，在社区权利诉讼中可以注意采用。

（四）法律咨询和宣传

社区法律服务有一个重要的领域就是法律咨询和宣传。与法律宣传相比，法律咨询服务更注重对话与交流，更容易使服务对象理解法律，并形成法律理念。传统法律咨询方式是法律工作者深入社区，摆摊设点，现场答疑。这种方法的好处是能够现场解决问题，且更方便交流、更能把握服务对象的心态和想法，有针对性地答疑解惑。要从内容上使社区法律宣传更生动、更接近社民权利，使他们认识到社区法律宣传是站在社区角度、而不是站在其他主体角度考虑问题，增强社区法律宣传的亲和力，使社区法律宣传真正落到实处。

三、当前社区法律服务的缺陷

法律服务进社区工作在提高社区居民生活质量、推进社会全面进步方面发挥着其不可替代的作用。随着社会经济的发展，社区居民的思想观念、思维方式、生活质量、相互关系都在发生新的变化。基层百姓的法律服务需求也呈现出许多新情况、新特点和新的发展趋势。在新形势下，近年来法律服务进社区工作在发展模式和管理方面逐渐暴露出一些问题。

（一）干部群众的法律意识都比较淡薄，社区法律工作缺少群众的参与互动

很多群众对法律的了解还局限于“犯罪要坐牢”“弄坏东西要赔钱”

这些从生活经验中抽象出来的朴素法律观念，以为法就是打官司，因而敬而远之，对现代社会的法治理念知之甚少，过分推崇行政权力，认为“法就是官，官就是法”。只有遇到切身问题才会去了解法律规定，寻求法律帮助，否则就“事不关己，高高挂起”。缺少群众的参与互动，社区法律服务就缺少活力。

（二）司法所管理模式不统一，人员编制不足

近年来，司法所在维护基层稳定，促进经济发展，保障公民权益方面发挥着越来越重要的作用，已成为基层政法体系建设中不可缺少的重要一环。但是在很长一段时间里，司法所的工作内容与职能脱节，司法所职能作用没有得到充分的发挥，司法所的地位也没有得到有效的提升。

（三）基层法律服务所的定性不够明确

随着改革开放和民主与法治建设的发展，基层法律服务制度同律师制度一样，一方面成为面向社会提供有偿服务的独立的按照事业法人体制运行；另一方面，基于基层法律服务工作所特有的任务、体制和发展水平，它与实行市场机制的各类中介组织乃至律师机构都具有明显的不同。因此，基层法律服务机构的定性问题一直困扰着我们，在一定程度上阻碍着基层法律服务在法律服务进社区活动中发挥其重要作用。

（四）社区工作者工作头绪多、任务繁重

随着社区建设的不断深入，传统的社区管理体制的弊病与矛盾日益显露，又加以各个部门均打着“某某进社区”的旗帜，将所有冠之“社区”二字的工作推向基层，推向社区，更使社区基层组织的工作量过多，负担过重。从很大程度上讲，社区居委会还充当着“政府的触角”的作用，形成了“上面千条线，下面一根针”的情况。社区工作者要完成来自于方方面面的工作，他们把大部分时间和精力用于上级布置

的行政任务，几乎没有多余的时间投入自身的自治及社区的法律服务工作。

（五）法律服务人员的职业道德素质和业务素质还有待提高

法律服务人员与社区法律工作本身缺乏利益联系，根本动力不足。目前的社区法律服务基本是免费服务，服务人员只能规定最低的服务次数，依靠其个人的职业道德和社会责任感来约束，无法保障服务质量。

这些问题的存在，不仅制约着法律服务进社区工作健康有序的发展，而且对我国法律服务市场秩序和管理体制也造成一定冲击和负面影响。

四、如何推进法律服务进社区

重庆市大渡口区建胜镇是现代社会城市化过程中一个具有典型代表性的社区。由于地处城乡接合部，对于城市化过程中出现的矛盾纠纷有了比较清楚的了解，深深感受到了加强社区法治建设的必要性和紧迫性。主要表现在：辖区内近年来经常面临着拆迁任务，而一些社区成员对拆迁法律法规及政策了解不全面，社区成员间就产权划分存在纠纷，将导致在拆迁实施过程中会遇到阻力；社区成员法律素质不高，存在着“要法律权利、不履行法律义务”“遇到问题不找法院找政府”等问题，易引发信访纠纷。因此，结合工作实际，笔者认为应从以下几个方面来推进法律服务进社区工作，加强法治宣传，提高群众的法治意识，提高社区管理的法治化水平。

（一）夯实基础，加强基层司法所建设

司法所作为司法行政的最基层组织，负责具体组织实施和直接面向广大人民群众开展基层司法行政各项业务工作。作为化解人民内部矛盾的“第一道防线”，其对社区法治建设的意义不言而喻，因此应该把司法所建设当作一项基层基础工作常抓不懈。充实司法所人员编制，使司法所的工作范围完全覆盖社区，充分满足社区百姓对法律服务、法治宣传、人民调解等工作的需求。

（二）加强社区法律服务组织和队伍自身建设

一方面，要加强对“法律服务进社区”组织载体的培育和建设。在社区设立社区法律服务站，由上级政府指派街道法律服务所和律师进入社区提供法律服务，指导社区法律服务工作者做好法律咨询、宣传和法律援助工作。另一方面，在组织律师、公证和法律援助工作者等专业法律人士做好“法律服务进社区”的同时，还要大力组织和发展社区志愿者队伍。要努力号召和动员社区内具有一定法律知识和热爱公益事业的在职和离退休的法官、检察官、警察、律师、公证员和大中专院校的法律专业教授、学生积极参与法律服务活动，建立一支法律服务志愿者队伍。充分发挥他们的专长，以社区为依托，为居民提供义务法律咨询和法律帮助。

（三）加强社区建设

随着社区建设的不断发展，法律服务不仅可以满足社区居民对法律服务的需求，而且对促进、保障社区建设的健康发展具有十分重要的作用。因此，法律服务要和社区建设紧密地结合起来，要积极为社区建设服务。社区法律工作者要切实当好社区

居委会的法律顾问，协助街道、社区制定普法依法治理规划，完善管理制度，实行政务公开、财务公开，严格依法办事，依法管理社区事务，并组织居民制定《社区自治章程》《社区居民公约》，把社区建设和管理引入规范化、法治化轨道。

（四）加强普法宣传

1. 组织法律服务工作者深入社区开展法治讲座、法律咨询，组织社区举办法治文艺演出，制作法治宣传园地，营造社区法治氛围。

2. 在街道、社区举办法律培训班，对街道干部和居委会干部进行培训。

3. 组织法律工作者、普法骨干深入到居民楼栋、工地和辖区单位宣讲法律知识，解答法律问题，掀起群众学法用法的新高潮。

4. 加强对社区青少年的法治教育。采取法治演讲、法律知识竞赛、开办法治板报，举办模拟法庭活动，以案讲法等形式，提高青少年的法治观念，预防和减少青少年违法犯罪。

（五）加大社区法律服务工作的经费投入

解决因经费不足而导致的工作缺失，对工作成绩突出社区法律服务人员在物质上予以奖励，提高服务人员的积极性和工作质量。在免费服务的基础上，围绕农村社区经济社会发展中出现的复杂法律服务需求，特别是在农村招商引资、完善土地承包经营、土地征用补偿安置、基础设施建设和建立农村社会保障制度过程中出现的有偿法律服务的发展需求，通过政府补助与个人承担相结合的方式，引入专业律师服务，提高社区法律服务质量。

“法律服务进社区”是一项利国、利民的民心工程，它在服务人民群众、普法教育、推进社会主义法治建设和维护社会稳定上起着极为重要的作用。我们坚信，在党和政府的正确领导下，在各级司法行政机关、广大法律工作者、法律服务志愿者的努力下，在广大人民群众的参与支持下，“法律服务进社区”工作一定大有作为，前景会更加广阔。

天王社区“法律进社区”创建方案

一、指导思想

以服务社区建设，规范社区管理，参与社区服务和保障社区稳定为宗旨，以法治宣传教育和法律服务为切入点，以提高社区居民法律素质为核心，促进社区依法建制、居民自治、民主管理，为构建社会主义和谐社会做贡献。

二、工作目标

通过开展“法律进社区”活动，使社区居民的法律意识和法律素质进一步提高，依法维护自身合法权益的能力不断增强。社区管理、服务的规章制度进一步健全，监督机制进一步完善，居民参与管理基层公共事务的权利得到切实尊重和保障。在社区形成良好的社会法治氛围，实现民主选举、民主决策、民主管理、民主监督。推动社区自治工作向纵深开展，推进社区依法治理，为社区居民安居乐业创造良好的法治环境。

三、工作对象和学习内容

“法律进社区”以社区居民为服务对象，突出抓好青少年、外来务工、经商人员和老年人（离退休）、下岗职工的法治宣传教育。

四、措施任务

（一）“法律进社区”工作做到“六个一”

1. 社区设置一个法治宣传栏（橱窗）

将与社区居民切身利益密切相关的法律知识、新颁布的法律法规定期载入专栏，运用通俗易懂的语言、漫画，结合具体事例“说”法。

2. 社区要建立一个法律图书角

在社区开辟场所，并配备一些法律书籍，定期对居民开放，做到有“法律明白人”进行讲解，使社区居民养成遇事找法，解决问题靠法的良好习惯。

3. 建立一套居民学法制度

认真制订学习内容、计划、活动安排，针对社区居民不同特点，有计划、分层次组织社区居民学习法律知识。

4. 在社区中开展给外来暂住流动人口一封信活动

信的内容告知其权利和义务，遇到问题利用法律手段解决的办法和途径，注明预约法律服务的时间和电话。

5. 建立社区法治学校或开设社区法治课堂，坚持每季度上一堂法制课

社区针对本辖区居民的不同情况，充分利用社区法治宣传阵地，发挥社区法治宣讲员的作用，因人而异、深入浅出地上好法治课，实现普法工作的经常化、制度化。

6. 建立一支法治宣传教育志愿者队伍

在社区居民中组织普法骨干力量，组成法治宣传、法律服务志愿者队伍。律师、公证员、基层法律服务工作者要强化面向社区服务的责任，配合志愿者队伍，积极开展法治宣传、法律服务工作。完善社区法律服务体系，建立由公安派出所、司法所、调委会、社区法律志愿者及

物业、城管等业务骨干组成的法律服务工作站。通过发放法律服务卡，以及在法治宣传楼道和法治宣传栏公示法律咨询服务联系方式等方法途径，为社区居民提供法律咨询、调解民间纠纷等便利及时的法律服务，为社区依法建章立制把关，为社区居民排忧解难。

（二）加强对社区居民特别是重点对象的法治宣传教育

1. 加强青少年的法治宣传教育

充分利用寒暑假和节假日，搞好社区青少年法治宣传教育。以法治宣传教育志愿者队伍为依托，发挥社区人力资源优势，开办家长学校，开设青少年法制专题讲座等，保证青少年在社区内得到良好的法治教育，不断提高青少年的法律素质，使其成为遵纪守法的“小公民”。

2. 加强外来务工、经商人员的法治宣传教育

进一步明确对外来务工、经商人员法治教育的目标、内容、任务、要求，坚持“谁主管谁负责，谁容留谁负责，谁聘用谁负责”的原则，切实履行社区对外来务工、经商人员法治教育的职责。有条件的社区可建立外来务工、经商人员法治学校，把法治课列入培训的主要内容，做到集中培训与分散教育相结合。不断创新形式，通过法律咨询、知识竞赛、图片展览、放映法治录像，以及“一封家书”“一封信”公开等活动，强化外来务工、经商人员学法用法意识。

3. 加强老年人（离退休人员）、下岗职工的法治宣传教育

充分利用居民学校、社区活动站和老年学校，针对老年人、下岗职工的特点，广泛宣传与他们密切相关的法律法规，依法抵制宣传迷

信、邪教等非法活动。组织志愿者，协调治安、人民调解、法律援助等，为他们提供法律咨询、法律援助，办理法律事务，调解纠纷，解决后顾之忧，依法维护老年人、下岗职工的合法权益。

（三）营造社区良好的法治氛围

1. 完善社区法律服务组织结构

在街道办事处的领导下，社区居委会法律服务工作站人员义务解答社区群众法律咨询。

2. 建立健全群防群治的社区治安防范体系

社区各种不稳定因素得到有效化解，各种安全隐患得到全面控制，全年无重大刑事、治安案件，可预防性案件得到有效遏制，社区居民实现安居乐业。

3. 做好刑释解教人员的安置帮教工作

社区成立安置帮教志愿者队伍，逐步建立社会化的帮教网络，做好社区矫正工作。积极引导刑释解教人员自谋职业，向市场化安置方式转移，提高就业安置率。

4. 进一步做好人民调解工作

切实解决辖区居民反映的热点、难点问题，努力化解人民内部矛盾纠纷，防止矛盾升级和激化，切实把各种不稳定因素消除在萌芽状态。

五、具体要求

1. 加强领导

充分发挥职能作用，主动协调有关部门和社会力量共同做好“法律进社区”工作，形成各司其职、齐抓共管、密切配合、合力推进的局面。

2. 明确目标

要将“法律进社区”作为“五五”普法工作的一项重要考核内容，制定“法律进社区”近期目标、长远规划，建立健全监督检查、考核评估体系等规章制度，使“法律进社区”工作呈现出制度健全、管理规范、工作到位的良好局面。

3. 加强宣传报道，形成声势

不断提高工作水平，及时发现和总结推广先进典型，拓展“法律进社区”工作的形式途径；促进基层民主法治建设工作深入健康发展，努力营造基层民主法治建设的良好氛围。

第二篇　社区管理人员劳动合同细则分析

课　时　共计8课时

教学目标　了解劳动合同期限；
了解劳动合同的签订；
了解劳动合同中试用期的规定；
理解组织结构设计的原则和重点；
了解劳动合同的变更与解除。

教学重点　新劳动合同法解读；
与社区管理人员签订劳动合同。

教学内容

新劳动合同法解读

案例导入

张某于2009年3月11日入职某街道办事处，担任社区专职工作者，双方签订有“社区工作者范围协议书”，该协议中约定协议为固定期限劳动合同，期限自2009年3月11日至2010年7月止，合同到期后双方未续签。2011年12月31日，某街道办事处以张某失职致使国家计生专项奖励款没有正常发放到居民手中、造成恶劣影响和严重后果为由，发出《关于辞退社区工作者张某的处理决定》，该决定自2012年1月1日起执行。张某工作至2011年12月12日，工资支付到11月底。

张某申诉至劳动争议仲裁委，请求：

1. 确认双方存在劳动关系；2. 支付违法解除劳动关系赔偿金12347.04元及额外经济补偿金6173.52元(2009年3月11日至2011年12月31日)；3. 支付未休年假工资2830.38元；4. 支付未签订书面劳动合同双倍工资差额34983.28元；5. 支付工资差额1000元等。

仲裁委员会裁决：

某街道办事处支付张某带薪年休假工资报酬1703.04元、未签订合同的双倍工资差额24694.08元、2011年12月工资差额639.57元以及25%的经济补偿金159.89元。

仲裁裁决后，双方均不服，诉讼至法院。

法院经审理认为，起诉必须属于人民法院受理民事诉讼的范围，社区工作者作为一类特殊的群体，具有自身的特殊性，即社区工作者的招录一般由市、区政府统一组织考试进行，然后分配至有需求的街道、乡镇等单位；社区工作者工资福利等亦由财政拨款提供，在市、区政府一级享受统一的标准，且一般按照相关政策，与国家机关行政编制工作人员、事业单位事业编制工作人员享受类似的待遇项目；此外，社区工作者还享受国家的一些特殊政策待遇(如参加国家公务员考试，部分职位专门为具有社区工作者经历的人员设置)。张某上诉所提及的各项规范性文件，仅能说明对社区工作者的管理与劳动关系的管理有类似之处，但从前述分析可以看出，社区工作者与街道办事处、乡镇之间的法

律关系与劳动法律所规范的劳动关系仍有较为明显的区别。在现行法律法规无明确规定的情况下，社区工作者与街道办事处、乡镇等单位发生的争议确不宜作为劳动争议来处理。另根据《最高人民法院对经劳动争议裁决的纠纷准予撤诉或驳回起诉后劳动争议仲裁裁决从何时生效的解释》第三条的规定，仲裁裁决不发生法律效力。综上，驳回张某的诉讼请求。

对此，你怎么看?

一、工会在劳动合同中的作用

第六条　工会应当帮助、指导劳动者与用人单位依法订立和履行劳动合同，并与用人单位建立集体协商机制，维护劳动者的合法权益。

【解读】本条是关于工会在劳动合同中的作用的规定。

工会是职工自愿结合的工人阶级的群众性组织。维护职工合法权益是工会的基本职责。根据工会法的规定，工会在代表人民总体利益的同时，代表和维护职工的合法权益。工会依照法律规定通过职工代表大会或者其他形式，组织职工参与本单位的民主决策、民主管理和民主监督。按照劳动法、工会法等法律规定，各级工会组织享有广泛的权利，如在参与民主管理、集体合同和劳动合同的订立和履行、劳动合同的解除、劳动安全卫生、解决劳动争议等。这些权利行使的主要目的，是为了维护职工的合法权益。因此，这些权利同时也是工会的职责，主要包括帮助、指导劳动者与用人单位订立和履行劳动合同和与用人单位建立集体协商机制。

二、劳动关系的建立

第七条　用人单位自用工之日起即与劳动者建立劳动关系。用人单位应当建立职工名册备查。

【解读】本条是关于用人单位与劳动者建立劳动关系的规定。

（一）劳动关系自用工之日起建立

自用人单位招用劳动者从事劳动合同约定的工作之日起，劳动关系即确立。双方就可以按照约定享受权利和履行义务，接受劳动法律、法规的约束。

（二）用人单位应当建立职工名册

对于与本单位建立劳动关系的劳动者，用人单位应当建立职工名册，以备劳动行政部门查看。职工名册一般包括劳动者的姓名、性别、民族、出生年月、文化程度、政治面貌、职务、级别等内容。建立职工名册，对于用工管理、解决劳动争议、统计就业率和失业率等都有着很大帮助，同时也便于劳动行政部门行使劳动监察职责。

三、劳动合同期限

第十二条　劳动合同分为固定期限劳动合同、无固定期限劳动合同和以完成一定工作任务为期限的劳动合同。

【解读】本条是关于劳动合同期限的规定。

（一）什么是劳动合同的期限

劳动合同期限是指合同的有效时间，它一般始于合同的生效之日，终于合同的终止之时。任何劳动过程，都是在一定的时间和空间中进行的。在现代化社会中，劳动时间被认为是衡量劳动效率和成果的一把尺子。劳动合同期限由用人单位和劳动者协商确定，是劳动合同的一项重

要内容，有着十分重要的作用。

（二）劳动合同期限的分类

根据本条规定，劳动合同期限分为固定期限、无固定期限和以完成一定工作任务为期限三种。固定期限劳动合同，是指用人单位与劳动者约定合同终止时间的劳动合同。无固定期限劳动合同，是指用人单位与劳动者约定无确定终止时间的劳动合同。以完成一定工作任务为期限的劳动合同，是指用人单位与劳动者约定以某项工作的完成为合同期限的劳动合同。

四、无固定期限劳动合同

第十四条　无固定期限劳动合同，是指用人单位与劳动者约定无确定终止时间的劳动合同。

用人单位与劳动者协商一致，可以订立无固定期限劳动合同。有下列情形之一，劳动者提出或者同意续订、订立劳动合同的，除劳动者提出订立固定期限劳动合同外，应当订立无固定期限劳动合同：

（一）劳动者已在该用人单位连续工作满十年的；

（二）用人单位初次实行劳动合同制度或者国有企业改制重新订立劳动合同时，劳动者在该用人单位连续工作满十年且距法定退休年龄不足十年的；

（三）连续订立二次固定期限劳动合同，且劳动者没有本法第三十九条和第四十条第一项、第二项规定的情形，续订劳动合同的。

用人单位自用工之日起满一年不与劳动者订立书面劳动合同的，视为用人单位与劳动者已订立无固定期限劳动合同。

【解读】本条是关于无固定期限劳动合同的规定。

(一)无固定期限劳动合同的含义

无固定期限劳动合同，是指用人单位与劳动者约定无确定终止时间的劳动合同。

无确定终止时间，是指劳动合同没有一个确切的终止时间，劳动合同的期限长短不能确定，但并不是没有终止时间。只要没有出现法律规定的条件或者双方约定的条件，双方当事人就要继续履行劳动合同规定的义务。一旦出现了法律规定的情形，无固定期限劳动合同也同样能够解除。

(二)无固定期限劳动合同的订立

订立无固定期限劳动合同有两种情形。

1. 用人单位与劳动者协商一致，可以订立无固定期限劳动合同。

根据本法规定，订立劳动合同应当遵循平等自愿、协商一致的原则。只要用人单位与劳动者协商一致，没有采取胁迫、欺诈、隐瞒事实等非法手段，符合法律的有关规定，就可以订立无固定期限劳动合同。

2. 在法律规定的情形出现时，劳动者提出或者同意续订劳动合同的，应当订立无固定期限劳动合同。

根据本条规定，只要出现了本条规定的三种情形，在劳动者主动提出续订劳动合同或者用人单位提出续订劳动合同劳动者同意的情况下，就应当订立无固定期限劳动合同。这三种情形如下：

(1)劳动者已在该用人单位连续工作满十年的。

(2)用人单位初次实行劳动合同制度或者国有企业改制重新订立劳动合同时，劳动者在该用人单位连续工作满十年且距法定退休年龄不足十年的。

（3）连续订立二次固定期限劳动合同且劳动者没有本法第三十九条规定的情形续订劳动合同的。

五、以完成一定工作任务为期限的劳动合同

第十五条　以完成一定工作任务为期限的劳动合同，是指用人单位与劳动者约定以某项工作的完成为合同期限的劳动合同。

用人单位与劳动者协商一致，可以订立以完成一定工作任务为期限的劳动合同。

【解读】本条是关于以完成一定工作任务为期限的劳动合同的规定。

以完成一定工作任务为期限的劳动合同，是指用人单位与劳动者约定以某项工作的完成为合同期限的劳动合同。用人单位与劳动者协商一致，可以订立以完成一定工作任务为期限的劳动合同。某一项工作或工程开始之日，即为合同开始之时，此项工作或工作完毕，合同即告终止。如以完成某项科研，以及带有临时性、季节性的劳动合同。合同双方当事人在合同存续期间建立的是劳动关系，劳动者要加入用人单位集体，参加用人单位工会，遵守用人单位内部规章制度，享受工资福利、社会保险等待遇。这种劳动合同实际上属于固定期限的劳动合同，只不过表现形式不同。

一般在以下几种情况下，用人单位与劳动者可以签订以完成一定工作任务为期限的劳动合同：（1）以完成单项工作任务为期限的劳动合同；（2）以项目承包方式完成承包任务的劳动合同；（3）因季节原因临

时用工的劳动合同；(4)其他双方约定的以完成一定工作任务为期限的劳动合同。

六、试用期的规定

第十九条　劳动合同期限三个月以上不满一年的，试用期不得超过一个月；劳动合同期限一年以上三年以下的，试用期不得超过两个月；三年以上固定期限和无固定期限的劳动合同，试用期不得超过六个月。

同一用人单位与同一劳动者只能约定一次试用期。

以完成一定工作任务为期限的劳动合同或者劳动合同期限不满三个月的，不得约定试用期。

试用期包含在劳动合同期限内。劳动合同仅约定试用期的，试用期不成立，该期限为劳动合同期限。

【解读】本条是关于试用期的规定。

试用期是指用人单位对新招收的职工进行思想品德、劳动态度、实际工作能力、身体情况等进行进一步考察的时间期限。劳动法规定，劳动合同可以约定试用期，但最长不得超过六个月。在劳动合同中约定试用期，一方面可以维护用人单位的利益，为每个工作岗位找到合适的劳动者，试用期就是供用人单位考察劳动者是否适合其工作岗位的一项制度，给企业考察劳动者是否与录用要求相一致的时间，避免用人单位遭受不必要的损失。另一方面，可以维护新招收职工的利益，使被录用的职工有时间考察了解用人单位的工作内容、劳动条件、劳动报酬等是否符合劳动合同的规定。在劳动合同中规定试用期，既是订立劳动合同双方当事人的权利与义务，同时也为劳动合同其他条款的履行提供了保障。

劳动合同法针对滥用试用期、试用期过长问题作出了有针对性的规定。

（一）限定能够约定试用期的固定期限劳动合同的最短期限，并且在劳动法规定试用期最长不得超过六个月的基础上，根据劳动合同期限的长短，将试用期细化。具体规定是：

劳动合同期限在三个月以上的，可以约定试用期。也就是说，固定期限劳动合同能够约定试用期的最低起点是三个月。

劳动合同期限一年以上三年以下的，试用期不得超过二个月；三年以上固定期限和无固定期限的劳动合同试用期不得超过六个月。这是针对用人单位不分情况，一律将试用期约定为六个月，劳动合同法的具体措施。

（二）同一用人单位与同一劳动者只能约定一次试用期。

这就涉及对劳动合同中试用期性质的理解，试用期是指用人单位对新招收的职工进行思想品德、劳动态度、实际工作能力、身体情况等进行进一步考察的时间期限。在录用劳动者时的试用期内这些情况已经基本搞清楚了。

（三）为遏制用人单位短期用工现象，不能所有劳动合同都可约定试用期。

以完成一定工作任务为期限的劳动合同或者劳动合同期限不满三个月的，不得约定试用期。在征求意见过程中，相当多的意见建议将可约定试用期的劳动合同的期限修改为一年以上。

（四）劳动合同仅约定试用期或者劳动合同期限与试用期相同的，

试用期不成立，该期限为劳动合同期限。

七、劳动合同的无效

第二十六条　下列劳动合同无效或者部分无效：

（一）以欺诈、胁迫的手段或者乘人之危，使对方在违背真实意思的情况下订立或者变更劳动合同的；

（二）用人单位免除自己的法定责任、排除劳动者的权利的；

（三）违反法律、行政法规强制性规定的。

对劳动合同的无效或者部分无效有争议的，由劳动仲裁机构或者人民法院确认。

【解读】本条是关于劳动合同无效的规定。

无效的劳动合同是指由当事人签订成立而国家不予承认其法律效力的劳动合同。一般合同一旦依法成立，就具有法律拘束力，但是无效合同却即使其成立，也不具有法律拘束力，不发生履行效力。合同法第五十二条规定，有下列情形之一的，合同无效：（一）一方以欺诈、胁迫的手段订立劳动合同，损害国家利益；（二）恶意串通，损害国家、集体或者第三人利益；（三）以合法形式掩盖非法目的；（四）损害社会公共利益；（五）违反法律、行政法规的强制性规定。

导致劳动合同无效有以下几方面的原因：

（一）劳动合同因违反国家法律、行政法规的强制性规定而无效。包括：

1. 用人单位和劳动者中的一方或者双方不具备订立劳动合同的法定资格的，如签订劳动合同的劳动者一方必须是具有劳动权利能力和劳动行为能力的公民，企业与未满十六周年的未成年人订立的劳动合同就是无效的劳动合同（国家另有规定的除外）。

2. 劳动合同的内容直接违反法律、法规的规定，如劳动者与矿山企业在劳动合同中约定的劳动保护条件不符合《矿山案例法》的有关规定，他们所订立的劳动合同是无效的。

3. 劳动合同因损害国家利益和社会公共利益而无效。《民法通则》第五十八条第五项确立了社会公共利益的原则，违反法律或者社会公共利益的民事行为无效。

法律、行政法规包含强制性规定和任意性规定。强制性规定排除了合同当事人的意思自治原则，即当事人在合同中不得合意排除法律、行政法规强制性规定的适用，如果当事人约定排除了强制性规定，则构成本项规定的无效情形。这里主要指国家制定的关于劳动者最基本劳动条件的法律法规，包括最低工资法、工作时间法、劳动安全与卫生法等。其目的是改善劳动条件，保障劳动者的基本生活，避免伤亡事故的发生。还应当特别注意的是，本项的规定只限于法律和行政法规，不能任意扩大范围。实践中存在的将违反地方行政管理规定的合同都认为无效是不妥当的。

（二）订立劳动合同因采取欺诈、威胁等手段而无效。欺诈是指当事人一方故意制造假相或隐瞒事实真相，欺骗对方，诱使对方形成错误认识而与之订立劳动合同。欺诈的种类很多，包括：（1）在没有履行能力的情况下，签订合同。如根据劳动法的规定，从事特种作业的劳动者必须经过专门培训并取得特种作业资格。应聘的劳动者并没有这种资格，提供了假的资格证书。（2）行为人负有义务向他方如实告知某种真实情况而故意不告知的。如一家小型化工企业招聘三班倒的化工工人，所以不能用孕妇。但有的妇女来应聘，故意隐瞒其已怀孕的情况，应聘上岗后不久就提出已经怀孕不能倒班上岗，等等。采取欺诈手段订立的劳动合同是无效的。威胁是指当事人以将要发生的损害或者以直接实施损害相威胁，一方迫使另一方处于恐怖或者其他被胁迫的状态而签订劳动合同，可能涉及生命、身体、财产、名誉、自由、健康等方面。

（三）用人单位免除自己的法定责任、排除劳动者的权利的劳动合同无效。属于禁止用人单位同劳动者约定的内容。这也是合同的一般原则。通常表现为，劳动合同简单化，法定条款缺失，仅规定劳动者的义务，有的甚至规定“生老病死都与企业无关”“用人单位有权根据生产经营变化及劳动者的工作情况调整其工作岗位，劳动者必须服从单位的安排”等霸王条款。

实践中出现较多的是造成劳动者人身伤害的免责条款。对于人身的健康和生命安全，法律是给予特殊保护的，并且从整体社会利益的角度来考虑，如果允许免除用人单位对劳动者人身伤害的责任，那么就无异于纵容用人单位利用合同形式对劳动者的生命进行摧残，这与保护公民的人身权利的宪法原则是相违背的。劳动者合同权利的放弃，如果与劳动法的维权宗旨相悖，劳动者放弃权利的行为应当受到限制。例如，目前煤矿这种高危行业用工，不经任何培训，没有任何技术，来了就签劳动合同，出事故人死了给点钱就完事了，而劳动者又在高工资的引诱下自愿在用人单位不负责生命安全的合同上签字，这种情况下，劳动者放弃劳动保护权的行为，即便出于自愿，亦应认定无效。

劳动合同是否有效，由劳动争议仲裁机构或者人民法院确认，其他任何部门或者个人都无权认定无效劳动合同。

八、合同的变更

第三十五条　用人单位与劳动者协商一致，可以变更劳动合同约定的内容。变更劳动合同，应当采用书面形式。

变更后的劳动合同文本由用人单位和劳动者各执一份。

【解读】本条对劳动合同的变更作出了规定。

（一）劳动合同的变更

劳动合同的变更是指劳动合同依法订立后，在合同尚未履行或者尚未履行完毕之前，经用人单位和劳动者双方当事人协商同意，对劳动合同内容作部分修改、补充或者删减的法律行为。劳动合同的变更是原劳动合同的派生，是双方已存在的劳动权利义务关系的发展。

劳动合同的变更是在原合同的基础上对原劳动合同内容作部分修改、补充或者删减，而不是签订新的劳动合同。原劳动合同未变更的部分仍然有效，变更后的内容就取代了原合同的相关内容，新达成的变更协议条款与原合同中其他条款具有同等法律效力，对双方当事人都有约束力。

（二）所谓“劳动合同订立时所依据的客观情况发生重大变化”，主要是指：

1. 订立劳动合同所依据的法律、法规已经修改或者废止

劳动合同的签订和履行必须以不得违反法律、法规的规定为前提。如果合同签订时所依据的法律、法规发生修改或者废止，合同如果不变更，就可能出现与法律、法规不相符甚至是违反法律、法规的情况，导致合同因违法而无效。因此，根据法律、法规的变化而变更劳动合同的相关内容是必要而且是必须的。

2. 用人单位方面的原因

用人单位经上级主管部门批准或者根据市场变化决定转产、调整生产任务或者生产经营项目等。用人单位的生产经营不是一成不变的，而是根据上级主管部门批准或者根据市场变化可能会经常调整自己的经营策略和产品结构，这就不可避免地发生转产、调整生产任务或者生产经营项目情况。在这种情况下，有些工种、产品生产岗位就可能因此而撤销，或者为其他新的工种、岗位所替代，原劳动合同就可能因签订条件的改变而发生变更。

3. 劳动者方面的原因

如劳动者的身体健康状况发生变化、劳动能力部分丧失、所在岗位与其职业技能不相适应、职业技能提高了一定等级等，造成原劳动合同不能履行或者如果继续履行原合同规定的义务对劳动者明显不公平。

4. 客观方面的原因

这种客观原因的出现使得当事人原来在劳动合同中约定的权利义务的履行成为不必要或者不可能。这时应当允许当事人对劳动合同有关内容进行变更。主要有：①由于不可抗力的发生，使得原来合同的履行成为不可能或者失去意义。不可抗力是指当事人所不能预见、不能避免并不能克服的客观情况，如自然灾害、意外事故、战争等。②由于物价大幅度上升等客观经济情况变化致使劳动合同的履行会花费太大代价而失去经济上的价值。这是民法的情势变更原则在劳动合同履行中的运用。

（三）变更后的劳动合同文本的执有

根据本条第二款的规定，变更后的劳动合同文本由用人单位和劳动者各执一份。

九、劳动者解除劳动合同

第三十八条　用人单位有下列情形之一的，劳动者可以解除劳动合同：

（一）未按照劳动合同约定提供劳动保护或者劳动条件的；

（二）未及时足额支付劳动报酬的；

（三）未依法为劳动者缴纳社会保险费的；

（四）用人单位的规章制度违反法律、法规的规定，损害劳动者权益的；

（五）因本法第二十六条第一款规定的情形致使劳动合同无效的；

（六）法律、行政法规规定劳动者可以解除劳动合同的其他情形。

用人单位以暴力、威胁或者非法限制人身自由的手段强迫劳动者劳动的，或者用人单位违章指挥、强令冒险作业危及劳动者人身安全的，劳动者可以立即解除劳动合同，不需事先告知用人单位。

【解读】本条是关于因用人单位的过错劳动者可以解除劳动合同的规定。

特别解除权是劳动者无条件单方解除劳动合同的权利，是指如果出现了法定的事由，劳动者无须向用人单位预告就可通知用人单位解除劳动合同。由于劳动者行使特别解除权往往会给用人单位的正常生产经营带来很大的影响，所以，立法在平衡保护劳动者与企业合法利益基础上对此类情形作了具体的规定，只限于在用人单位有过错行为的情况下允许劳动者行使特别解除权。具体有以下几种情况：

（一）未按照劳动合同约定提供劳动保护或者劳动条件的

保护劳动者在劳动过程中的生命健康安全是用人单位的基本责任和义务。用人单位为劳动者提供相应的劳动保护是对劳动者基本利益的维护。劳动保护和劳动条件是指在劳动合同中约定的用人单位对劳动者所从事的劳动必须提供的生产、工作条件和劳动安全卫生保护措施。即用人单位保证劳动者完成劳动任务和劳动过程中安全健康保护的基本要求。包括劳动场所和设备、劳动安全卫生设施、劳动防护用品等。本法第十七条规定劳动保护和劳动条件是劳动合同的必备条款，即提供劳动保护和劳动条件是用人单位应尽的义务，如果用人单位未按照国家规定的标准或劳动合同的规定提供劳动条件，致使劳动安全、劳动卫生条件恶劣，严重危害职工的身体健康，并得到国家劳动部门、卫生部门的确认，劳动者可以与用人单位解除劳动合同。

（二）未及时足额支付劳动报酬的

劳动报酬，是指用人单位依据国家有关规定或劳动合同约定，根据劳动者劳动岗位、技能及工作数量、质量，直接支付给劳动者的劳动收入。在劳动者已履行劳动义务的情况下，用人单位应按劳动合同约定或国家法律法规规定的数额、日期及时足额支付劳动报酬，禁止克扣和无故拖欠劳动者劳动收入。支付劳动报酬，也是劳动合同所规定的必备条款，用人单位未按照劳动合同约定及时足额支付劳动报酬，就是违反劳动合同，也是对劳动者合法权益的侵犯，劳动者有权随时告知用人单位解除劳动合同。

（三）未依法为劳动者缴纳社会保险费的

社会保险是指国家对劳动者在患病、伤残、失业、工伤、年老以及其他生活困难情况下，给予物质帮助的制度。包括养老保险、医疗保险、失业保险、工伤保险和生育保险。我国宪法第四十五条规定："中华人民共和国公民在年老、疾病或者丧失劳动能力的情况下，有从国家和社会获得物质帮助的权利。国家发展为公民享受这些权利所需要的社会保险、社会救济和医疗卫生事业。"宪法赋予我国公民的这一基本权利，就劳动者而言，主要是通过社会保险实现。根据我国劳动法第七十二条规定："用人单位和劳动者必须依法参加社会保险，缴纳社会保险费。"对于拒不依法缴纳或延迟缴纳保险费的用人单位，劳动行政部门可以责令其限期缴纳。逾期不缴的，可以加收滞纳金。因此可以看出社会保险具有国家强制性，用人单位应当依照有关法律、法规的规定，负责缴纳各项社会保险费用，并负有代扣代缴本单位劳动者社会保险费的义务。因此如果用人单位未依法为劳动者缴纳上述社会保险费，是对劳动者基本权利的侵害，劳动者可以与用人单位解除劳动合同。

（四）用人单位的规章制度违反法律、法规的规定，损害劳动者权益的

此项规定包含了两层含义。

1. 用人单位的规章制度违反了法律、法规的规定

规章制度是由用人单位制定的旨在保证劳动者履行劳动义务和享

有劳动权利的规则和制度。首先，规章制度的内容要合法。即内容不得违反国家宪法、劳动法、劳动合同及其他法律、法规的规定，也不得与劳动合同与集体合同的内容相冲突。因为劳动合同、集体合同和规章制度往往都会涉及对劳动条件和劳动待遇的规定，劳动合同和集体合同是劳动者与用人单位双方合意的结果，而规章制度是由用人单位单方面制定的，这就要求规章制度有关劳动条件和劳动待遇的规定不得低于合同的约定。其次，规章制度的制定和公布的程序要合法。（1）要经过一定的民主程序。规章制度的制定权虽然属于用人单位，但规章制度的内容涉及的是劳动者的劳动权利和劳动义务，因此，法律上要求用人单位在制定规章制度时，要经过一定的民主程序。（2）应当公示。职工作为规章制度的遵守者，有权了解规章制度的内容，法律不要求职工遵守一个自己不知晓或无法知晓的规章制度。本法第四条第四款规定，直接涉及劳动者切身利益的规章制度应当公示，或者告知劳动者。因此，公示是规章制度产生效力的必要条件之一。

2. 损害了劳动者的权益

因用人单位没有按法律规定制定规章制度，给劳动者的权益带来了损害。只有同时具备以上两点要求，劳动者才可以以此为由通知用人单位解除劳动合同。

（五）因本法第二十六条第一款规定的情形致使劳动合同无效的

本法第二十六条第一款规定了劳动合同无效或者部分无效的几种情况。无效的劳动合同从订立的时候起就没有法律约束力，劳动者可以不予履行，对已经履行的，给劳动者造成损害的，用人单位还应承担赔偿责任。

（六）法律、行政法规规定劳动者可以解除劳动合同的其他情形

本项是一条兜底条款，以避免遗漏现行法律、法规规定的其他情况，并采用此种方法以使该法和其他法律以及以后颁行的新法相衔接。

本条第二款规定了可立即解除劳动合同的情形。即当用人单位存在违法行为时，劳动者可以立即解除劳动合同而无须事先告知用人单位。

1. 用人单位以暴力、威胁或者非法限制人身自由的手段强迫劳动者劳动的。本条中的“暴力”是指对劳动者实施捆绑、拉拽、殴打、伤害等行为。“威胁”是指对劳动者施以暴力或者其他强迫手段。“非法限制人身自由”是指采用拘留、禁闭或其他强制方法非法剥夺或限制他人按照自己的意志支配自己身体活动的行为。人身自由是公民各种自由权利当中的一项基本权利，是公民参加社会活动和享受其他权利的先决条件。我国公民的人身自由受宪法和法律的保护，宪法第三十七条规定：“中华人民共和国公民的人身自由不受侵犯。任何公民，非经人民检察院批准或者决定或者人民法院决定，并由公安机关执行，不受逮捕。禁止非法拘禁和以其他方法剥夺或者限制公民的人身自由……”企业强迫劳动者劳动，如把劳动者非法拘禁在特定的场所，强迫其劳动，不让他出来，是严重侵犯劳动者人身权利的行为，是非法的，劳动者有权随时解除劳动合同，而无须事先告知用人单位。

2. 用人单位违章指挥、强令冒险作业危及劳动者人身安全的。对于用人单位不顾及劳动者的人身安全，对从事危险作业，如采矿工人，高空作业人员等，在没有安全防护的情况下，强令劳动者进行作业的行为，劳动者有权拒绝并撤离作业场所，并可以立即解除劳动合同。

十、过失性辞退

第三十九条 劳动者有下列情形之一的，用人单位可以解除劳动合同：

（一）在试用期间被证明不符合录用条件的；

（二）严重违反用人单位的规章制度的；

（三）严重失职，营私舞弊，给用人单位造成重大损害的；

（四）劳动者同时与其他用人单位建立劳动关系，对完成本单位的工作任务造成严重影响，或者经用人单位提出，拒不改正的；

（五）因本法第二十六条第一款第一项规定的情形致使劳动合同无效的；

（六）被依法追究刑事责任的。

【解读】本条是关于因劳动者的过失而使用人单位单方解除劳动合同的规定。

本法在赋予劳动者单方解除权的同时，也赋予用人单位对劳动合同的单方解除权，以保障用人单位的用工自主权，但为了防止用人单位滥用解除权，随意与劳动者解除劳动合同，立法上严格限定企业与劳动者解除劳动合同的条件，保护劳动者的劳动权。禁止用人单位随意或武断地与劳动者解除劳动合同。

用人单位单方解除劳动合同主要有以下几种情形：

（一）在试用期间被证明不符合录用条件的

适用此项条款首先要注意以上三点：

1. 要求用人单位所规定的试用期期间符合法律规定

本法第十七条规定："劳动合同期限三个月以上不满一年的，试用期不得超过一个月；劳动合同期限一年以上三年以下的，试用期不得超过二个月；三年以上固定期限和无固定期限的劳动合同试用期不得超过六个月。"用人单位只能在此范围内约定试用期。

2. 是否在试用期间

试用期间的确定应当以劳动合同的约定为准；若劳动合同约定的试用期超出法定最长时间，则以法定最长时间为准；若试用期满后仍未办理劳动者转正手续，则不能认为还处在试用期间，用人单位不能以试用期不符合录用条件为由与其解除劳动合同。

3. 对是否合格的认定

劳动者不符合录用条件，是用人单位在试用期间，单方与劳动者解除劳动合同的前提条件。如果没有这个前提条件，用人单位无权在试用期内单方解除劳动合同。一般情况下应当以法律法规规定的基本录用条件和用人单位在招聘时规定的知识文化、技术水平、身体状况、思想品质等条件为准。

4. 对于劳动者在试用期间不符合录用条件的，用人单位必须提供有效的证明

如果用人单位没有证据证明劳动者在试用期间不符合录用条件，用人单位就不能解除劳动合同，否则，需承担因违法解除劳动合同所带来的一切法律后果。所谓证据，实践中主要看两方面：一是用人单位对某一岗位的工作职能及要求有没有作出描述；二是用人单位对员工在试用期内的表现有没有客观的记录和评价。

（二）严重违反用人单位的规章制度的

适用这一项要符合以下三个条件。首先，规章制度的内容必须是符合法律、法规的规定，而且是通过民主程序公之于众。其次，劳动者的行为客观存在，并且是属于“严重”违反用人单位的规章制度，何为“严重”，一般应根据劳动法规所规定的限度和用人单位内部的规章制度依此限度所规定的具体界限为准。如，违反操作规程，损坏生产、经营设备造成经济损失的，不服从用人单位正常工作调动，不服从用人单位的劳动人事管理，无理取闹，打架斗殴，散布谣言损害企业声誉等，给用人单位的正常生产经营秩序和管理秩序带来损害。最后，用人单位对劳动者的处理是按照本单位规章制度规定的程序办理的，并符合相关法律法规规定。

（三）严重失职，营私舞弊，给用人单位造成重大损害的

即劳动者在履行劳动合同期间，没有按照岗位职责履行自己的义

务，违反其忠于职守、维护和增进用人单位利益的义务，有未尽职责的严重过失行为或者利用职务之便谋取私利的故意行为，使用人单位有形财产、无形财产遭受重大损害，但不够刑罚处罚的程度。例如，因粗心大意、玩忽职守而造成事故；因工作不负责而经常产生废品、损坏工具设备、浪费原材料或能源等。用人单位可以与其解除劳动合同。

（四）劳动者同时与其他用人单位建立劳动关系，对完成本单位的工作任务造成严重影响，或者经用人单位提出，拒不改正的劳动者同时与其他用人单位建立劳动关系，即我们通常所说的“兼职”

我国有关劳动方面的法律、法规虽然没有对“兼职”作禁止性的规定，但作为劳动者而言，完成本职工作，是其应尽的义务。从事兼职工作，在时间上、精神力上必然会影响到本职工作。作为用人单位来讲，对一个不能全心全意为本单位工作，并严重影响到工作任务完成的人员，有权与其解除劳动合同。

根据该条规定，符合下列情形之一的，用人单位可以单方面解除劳动合同：

1. 劳动者同时与其他用人单位建立劳动关系，对完成本单位的工作任务造成严重影响的；

2. 劳动者同时与其他用人单位建立劳动关系，经用人单位提出，拒不改正的。需要注意的是，必须是给用人单位造成“严重”影响的，如果影响轻微，用人单位不能以此为由与劳动者解除合同。

（五）因本法第二十六条第一款第一项规定的情形致使劳动合同无效的

本法第二十六条第一项规定：“以欺诈、胁迫的手段或者乘人之危，使对方在违背其真实意思的情况下订立或者变更的劳动合同”属于无效或部分无效劳动合同。所谓“欺诈”是指一方当事人故意告知对方当事人虚假的情况，或者故意隐瞒真实的情况，诱使对方当事人做出错误意思表示，并基于这种错误的认识而签订了劳动合同。“胁迫”是指以给公民及其亲友的生命健康、荣誉、名誉、财产等造成损害为要挟，迫使对方做出违背真实的意思表示的行为，并签订了劳动合同。“乘人之危”是指行为人利用他人的危难处境或紧迫需要，为牟取不正当利益，迫使对方违背自己的真实意愿而订立的合同。本法第三条规定：“订立劳动合同，应当遵循合法、公平、平等自愿、协商一致、诚实信用的原则。”任何一方利用任何一种行为手段而使对方在违背真实意思的情况下订立或者变更劳动合同，均违反了意思自治的基本原则，是被法律所禁止的，因此自然允许利益受损者解除当事人之间的合同关系。

（六）被依法追究刑事责任的

根据《劳动部关于贯彻执行〈中华人民共和国劳动法〉若干意见》第二十九条的规定，“被依法追究刑事责任”是指：被人民检察院免予起诉的、被人民法院判处刑罚的、被人民法院依据刑法第三十二条免予刑事处分的。劳动者被人民法院判处拘役、三年以下有期徒刑缓刑的，用人单位可以解除劳动合同。

十一、无过失性辞退

第四十条　有下列情形之一的，用人单位在提前三十日以书面形式通知劳动者本人或者额外支付劳动者一个月工资后，可以解除劳动合同：

（一）劳动者患病或者非因工负伤，在规定的医疗期满后不能从事原工作，也不能从事由用人单位另行安排的工作的；

（二）劳动者不能胜任工作，经过培训或者调整工作岗位，仍不能胜任工作的；

（三）劳动合同订立时所依据的客观情况发生重大变化，致使劳动

合同无法履行，经用人单位与劳动者协商，未能就变更劳动合同内容达成协议的。

【解读】本条是关于无过失性辞退的规定。

用人单位根据劳动合同履行中客观情况的变化而解除劳动合同。这里的客观情况既包括用人单位的，也有劳动者自身的原因。前者可能是由于经营上的原因发生困难，亏损或业务紧缩；也可能因为市场条件、国际竞争、技术革新等造成工作条件的改变而导致使用劳动者数量下降；后者则是由于原本胜任的工作在用人单位采取自动化或新生产技术后不能胜任，或者是因为身体原因不能胜任。本条对因客观情况变化导致劳动合同解除规定了“提前通知”或“额外支付劳动者一个月工资”。目的在于对劳动者的保护，为劳动者寻找新的工作提供必要的时间保障。

用人单位因客观情况变化而解除劳动合同，主要包括以下几种情况：

（一）劳动者患病或者非因工负伤，在规定的医疗期满后不能从事原工作也不能从事由用人单位另行安排的工作的。

（二）劳动者不能胜任工作，经过培训或者调整工作岗位，仍不能胜任工作的。

（三）劳动合同订立时所依据的客观情况发生重大变化，致使劳动合同无法履行，经用人单位与劳动者协商，未能就变更劳动合同内容达成协议的。

十二、解除劳动合同的限制

第四十二条　劳动者有下列情形之一的，用人单位不得依照本法第四十条、第四十一条的规定解除劳动合同：

（一）从事接触职业病危害作业的劳动者未进行离岗前职业病健康检查，或者疑似职业病病人在诊断或者医学观察期间的；

（二）在本单位患职业病或者因工负伤并被确认丧失或者部分丧失劳动能力的；

（三）患病或者非因工负伤，在规定的医疗期内的；

（四）女职工在孕期、产期、哺乳期的；

（五）在本单位连续工作满十五年，且距法定退休年龄不足五年的；

（六）法律、行政法规规定的其他情形。

【解读】本条是关于用人单位不得解除劳动合同的规定。

根据劳动合同法第三十九条、第四十条、第四十一条的规定，出现法定情形时，用人单位可以单方解除劳动合同。为保护一些特定群体劳动者的合法权益，劳动合同法第四十二条同时又规定在六类法定情形下，禁止用人单位根据劳动合同法第四十条、第四十一条的规定单方解除劳动合同。对用人单位不得解除劳动合同规定的理解需注意以下两个方面：一是本条禁止的是用人单位单方解除劳动合同，并不禁止劳动者与用人单位协商一致解除劳动合同；二是本条的前提是用人单位不得根据劳动合同法第四十条、第四十一条解除劳动合同，即使劳动者具备了本条规定的六种情形之一，用人单位仍可以根据劳动合同法第三十九条的规定解除。

六种情形包括：

1. 从事接触职业病危害作业的劳动者未进行离岗前职业病健康检查，或者疑似职业病病人在诊断或者医学观察期间的。

2. 在本单位患职业病或者因工负伤并被确认丧失或者部分丧失劳动能力的。

3. 患病或者非因工负伤，在规定的医疗期内的。

4. 女职工在孕期、产期、哺乳期的。

5. 在本单位连续工作满十五年，且距法定退休年龄不足五年的。

6. 法律、行政法规规定的其他情形。

考虑到有些法律、行政法规中也有不得解除劳动合同的规定，同时为了便于与以后颁布的法律相衔接，本条还规定了一个兜底条款，这有利于对劳动者的保护。

十三、劳动合同解除或者终止后双方的义务

第五十条　用人单位应当在解除或者终止劳动合同时出具解除或者终止劳动合同的证明，并在十五日内为劳动者办理档案和社会保险关系转移手续。

劳动者应当按照双方约定，办理工作交接。用人单位依照本法有关规定应当向劳动者支付经济补偿的，在办结工作交接时支付。

用人单位对已经解除或者终止的劳动合同的文本，至少保存两年备查。

【解读】本条是关于劳动合同解除或者终止后双方义务的规定。

劳动合同依法解除或者终止，劳动关系结束后，劳动合同中约定的权利义务结束，但是原劳动合同双方当事人仍应履行有关法定义务。在劳动合同法制定过程中，有的意见反映，在解除或者终止劳动合同后，有的用人单位刁难劳动者，不开具有关解除或者终止劳动合同的证明，扣押劳动者档案，对社会保险问题含糊其辞等。有的意见提出，实践中有的劳动者不辞而别，有的则不办理工作交接手续，导致用人单位有关工作陷于混乱，影响正常的生产活动。有的意见认为，在很多劳动争议案件中，由于劳动合同文本的缺失，导致了劳动关系难以确认，劳动合同中的权利义务很难证明，案件难以处理，建议作出相应规定。本条的规定主要是针对实践中存在的问题而规定的。

（一）用人单位有出具解除或者终止劳动合同证明的义务

在根据劳动合同法及有关法律、法规的规定，依法解除或者终止劳动合的同时，用人单位都必须履行用人单位出具解除或者终止劳动合同证明的义务，这包括用人单位依法解除劳动合同、劳动者依法解除劳动合同、用人单位和劳动者依法终止劳动合同、在用人单位违法解除或者终止劳动合同后依法责令用人单位解除或者终止劳动合同等情形。用人单位出具证明的时间是：在依法解除或者终止劳动合同的同时。规定用人单位有出具解除或者终止劳动合同证明的义务，主要是考虑便于劳动者办理失业登记。

（二）用人单位有在十五日内为劳动者办理档案和社会保险的义务

在实践中，用人单位扣留劳动者档案，不明确告知劳动者社会保险缴纳情况比较普遍，因此劳动合同法作了专门规定。首先是规定用人单位为劳动者办理档案和社会保险关系转移手续是用人单位的一项法定义务，用人单位必须依法履行。其次为有关手续办理规定了时间限制，必须在依法解除或者终止劳动合同之日起十五日内办理完毕。劳动合同法第八十三条第三款规定，劳动者依法解除或者终止劳动合同，用人单位扣押劳动者档案或者其他物品的，由劳动行政部门责令限期退还劳动者本人，按每一名劳动者五百元以上两千元以下的标准处以罚款；给劳动者造成损害的，用人单位应当承担赔偿责任。

（三）劳动者有按照双方约定，遵循诚实信用的原则办理工作交接的义务

劳动者在劳动合同解除或者终止时，不能一走了之，还必须履行相应的法律义务，即按照双方约定，遵循诚实信用的原则办理工作交接的义务。之所以规定劳动者有办理工作交接的义务，主要是考虑到用人单位的实际情况，为了保持用人单位相关工作的有序、顺利进行，不至于因为劳动者换人后有关工作前后衔接不上，影响正常的生产经营。工

作交接主要包括公司财产物品的返还、资料的交接等。

（四）用人单位有在办理交接手续时向劳动者支付经济补偿的义务

在劳动者办理交接手续的同时，用人单位应当及时支付经济补偿。劳动部《违反和解除劳动合同的经济补偿办法》第二条规定，对劳动者的经济补偿金，由用人单位一次性发给。如果用人单位不及时发给经济补偿的，劳动合同法第八十四条规定了法律责任：解除或者终止劳动合同，未依照本法规定向劳动者支付经济补偿的，由劳动行政部门责令限期支付经济补偿；逾期不支付的，责令用人单位按应付金额百分之五十以上百分之一百以下的标准向劳动者加付赔偿金。

（五）用人单位有对已经解除或者终止的劳动合同文本保存两年以上备查的义务

实践中，发生在劳动合同解除或者终止之后的一些劳动争议，往往因为时过境迁，劳动合同文本灭失，导致劳动合同的约定内容无从查证，法院难以判明事实，有时对劳动者极其不利。考虑到劳动合同文本是记载劳动合同双方权利义务的基本文件，用人单位有保留相关档案的义务，因此劳动合同法规定了用人单位有对已经解除或者终止的劳动文本保存两年以上备查的义务。

十四、用工单位的义务

第六十二条　用工单位应当履行下列义务：

（一）执行国家劳动标准，提供相应的劳动条件和劳动保护；

（二）告知被派遣劳动者的工作要求和劳动报酬；

（三）支付加班费、绩效奖金，提供与工作岗位相关的福利待遇；

（四）对在岗被派遣劳动者进行工作岗位所必需的培训；

（五）连续用工的，实行正常的工资调整机制。

用工单位不得将被派遣劳动者再派遣到其他用人单位。

【解读】本条规定了用工单位的义务。

本法明确规定了劳务派遣单位是用人单位，承担用人单位的责任。用工单位在劳务派遣中也是重要的一方，也应当承担相应的法律义务。本条明确规定了用工单位的义务。

为保护被派遣劳动者的合法权益，本条规定了用工单位要履行的义务，这些义务包括：

（一）执行国家劳动标准，提供相应的劳动条件和劳动保护。劳动条件是指劳动者完成劳动任务的必要条件，如必要的劳动工具、工作场所、劳动经费、技术资料等必不可少的物质技术条件和其他工作条件。劳动保护，是指用工单位为了保障劳动者在劳动过程中的身体健康与生命安全、预防伤亡事故和职业病的发生而采取的有效措施。在生产劳动过程中，存在着各种不安全、不卫生的因素，国家为了保障劳动者的身体健康和生命安全，通过制定相应的法律和行政法规，规定劳动保护规则，以保护劳动者的健康和安全。在劳动保护方面，凡是国家有标准规定的，用工单位必须按照国家标准执行，不得使劳动者的生命安全受到威胁、身体健康受到侵害。

（二）告知被派遣劳动者的工作要求和劳动报酬。工作要求是指用工单位安排劳动者从事的岗位对劳动者的能力和绩效要求。劳动报酬是指劳动者在用工单位的工作岗位付出劳动后所应得的工资。被派遣劳动者的工资是由劳务派遣单位与用工单位之间协议约定的，劳动者在用工单位劳动，理应知道自己的劳动报酬所得。并且本法已作了规定，劳务派遣单位不得克扣被派遣劳动者的劳动报酬。用工单位的告知义务可以有效地保护被派遣劳动者的合法权益。

（三）对在岗被派遣劳动者进行工作岗位所必需的培训。派遣单位应当按照用工单位的要求派遣符合后者要求的劳动者。但如果用工单位

在接受被派遣劳动者后认为按照本单位的岗位需要须进一步对劳动者进行培训的，则由用工单位自己负责对在岗被派遣劳动者进行岗位所必需的培训，该费用由用工单位承担。

（四）连续用工的，实行正常的工资调整机制。这主要是要求用人单位被派遣劳动者的工资随着工作时间的长短，根据有关规定，按照工资调整机制得到提高。据调查，有的被派遣工在同一用工单位工作近十年，工资从没有调整。用工单位连续用工的，工资需要进行定期的调整，此调整机制用工单位须依法实行。

劳动合同法明确规定用工单位的义务，在派遣单位和用工单位之间作了明确划分，使得在出现劳动争议时有法可依，避免产生责任推诿现象，从而保护了劳动者的合法劳动权益。

十五、违法解除或终止劳动合同的法律责任

第八十七条　用人单位违反本法规定解除或者终止劳动合同的，应当依照本法第四十七条规定的经济补偿标准的两倍向劳动者支付赔偿金。

【解读】本条是关于用人单位违反本法规定解除或者终止劳动合同应当承担法律责任的规定。

用人单位违反本法规定解除或者终止劳动合同的行为主要包括以下两种：

（一）用人单位违反本法第四十二条的规定，在法律明确规定不得解除劳动合同的情形下解除劳动合同，即 1. 从事接触职业病危害作业的劳动者未进行离岗前职业健康检查，或者疑似职业病病人在诊断或者医学观察期间的；2. 患职业病或者因工负伤并被确认丧失或者部分丧失劳动能力的；3. 患病或者负伤，在规定的医疗期内的；4. 女职工在孕期、

产期、哺乳期的；5. 在本单位连续工作满十五年，且距法定退休年龄不足五年的；6. 法律、行政法规规定的其他情形。为了保障处于特定情形下劳动者的权益，本法规定用人单位在上述情形下，不得以劳动合同法第四十条、第四十一条为由解除劳动合同，否则就应当按照本条的规定承担相应的法律责任。

（二）用人单位在解除劳动合同时，没有遵守法定的程序。劳动合同法第四十条规定："有下列情形之一的，用人单位在提前三十日以书面形式通知劳动者本人或者额外支付劳动者一个月工资后，可以解除劳动合同：1. 劳动者患病或者非因工负伤，在规定的医疗期满后不能从事原工作也不能从事由用人单位另行安排的工作的；2. 劳动者不能胜任工作，经过培训或者调整工作岗位，仍不能胜任工作的；3. 劳动合同订立时所依据的客观情况发生重大变化，致使劳动合同无法履行，经用人单位与劳动者协商，未能就变更劳动合同内容达成协议的。"在出现上述三种情形时，用人单位虽有权解除劳动合同，但应提前三十日以书面形式通知劳动者本人或者额外支付劳动者一个月工资。如用人单位解除劳动合同时没有遵守法定程序，未提前三十日以书面形式通知劳动者本人或者额外支付劳动者一个月工资的，仍属于本条规定的"用人单位违反本法规定解除或者终止劳动合同的"情况，应当按照本条的规定承担相应的法律责任。

用人单位违反劳动合同法的规定解除或者终止劳动合同的，应当承担的法律责任是，依照劳动合同法的四十八条规定的经济补偿标准的两倍向劳动者支付赔偿金，即用人单位应当按照劳动者在该单位工作的年限，每满一年支付两个月工资的标准向劳动者支付。但如果劳动者在该单位的工作年限不满一年的应按一年计算；如果劳动者在该单位工作年限超过十二年的，用人单位向其支付经济补偿的年限最高仍不超过十二年；如果劳动者月工资高于用人单位所在直辖市、设区的市上年度

职工月平均工资三倍的，用人单位应当按照用人单位所在直辖市、设区的市上年度职工月平均工资六倍的数额支付。还需要注意的是，这里所称劳动者月工资是指劳动者在劳动合同解除或者终止前十二个月的平均工资。

十六、无营业执照经营单位的法律责任

第九十三条　对不具备合法经营资格的用人单位的违法犯罪行为，依法追究法律责任；劳动者已经付出劳动的，该单位或者其出资人应当依照本法有关规定向劳动者支付劳动报酬、经济补偿、赔偿金；给劳动者造成损害的，应当承担赔偿责任。

【解读】本条是关于无营业执照经营的单位被依法处理后法律责任承担问题的规定。

根据 2003 年 3 月 1 日开始施行的《无照经营查处取缔办法》的规定，无营业执照经营行为主要包括以下几种：

（一）应当取得而未依法取得许可证或者其他批准文件和营业执照，擅自从事经营活动的无照经营行为；（二）无须取得许可证或者其他批准文件即可取得营业执照而未依法取得营业执照，擅自从事经营活动的无照经营行为；（三）已经依法取得许可证或者其他批准文件，但未依法取得营业执照，擅自从事经营活动的无照经营行为；（四）已经办理注销登记或者被吊销营业执照，以及营业执照有效期届满后未按照规定重新办理登记手续，擅自继续从事经营活动的无照经营行为；（五）超出核准登记的经营范围、擅自从事应当取得许可证或者其他批准文件方可从事的经营活动的违法经营行为。同时规定，“对于无照经营行为，由工商行政管理部门依法予以取缔，没收违法所得；触犯刑律的，依照刑法关于非法经营罪、重大责任事故罪、重大劳动安全事故罪、危险物品肇事罪

或者其他罪的规定，依法追究刑事责任；尚不够刑事处罚的，并处 2 万元以下的罚款；无照经营行为规模较大、社会危害严重的，并处 2 万元以上 20 万元以下的罚款；无照经营行为危害人体健康、存在重大安全隐患、威胁公共安全、破坏环境资源的，没收专门用于从事无照经营的工具、设备、原材料、产品（商品）等财物，并处 5 万元以上 50 万元以下的罚款。对无照经营行为的处罚，法律、法规另有规定的，从其规定。”

无营业执照经营的单位不属于《劳动合同法》第二条规定的用人单位，根据《劳动合同法》第二十六条的规定，无营业执照经营的单位与劳动者订立的劳动合同因主体违反法律规定属于无效合同。但根据公平的原则，无营业执照经营的单位被依法处理的，该单位的劳动者已经付出劳动的，仍应获得相应的劳动报酬。本法针对无营业执照经营单位被工商行政管理部门依法处理，特别是无营业执照经营单位被依法取缔后，劳动者的劳动报酬无人支付问题，明确规定无营业执照经营的单位被依法处理的，该单位的劳动者已经付出劳动的，由被处理的单位或者其出资人向劳动者支付劳动报酬。因此，即使无营业执照经营的单位被依法取缔，其出资人仍应支付劳动者的劳动报酬。被依法取缔的单位不能因其被取缔、不存在为由，拒绝支付劳动者报酬。对被处理单位或者出资人拒绝支付的，劳动者可以其出资人为被告提起诉讼。

无营业执照经营的单位被依法处理的，给劳动者造成损害的，应当由被处理的单位或者其出资人承担赔偿责任。无营业执照经营单位被依法取缔后，劳动者的损害很难从被处理单位得到赔偿，要求出资人承担赔偿责任，有利于对劳动者权益的保护。

某社区管理人员劳动合同

根据《中华人民共和国劳动合同法》和《杭州市劳动合同条例》等

有关规定，经双方协商一致，同意签定本劳动合同。

甲方：______________

（街道、镇社区服务中心）地址：______________

乙方：______________

性别：______________

身份证号码：______________

户口所在地：______________

第一条　劳动合同期限：自____年____月____日至____年____月____日。其中试用期为____个月，自____年____月____日至____年____月____日。

第二条　工作岗位及要求：甲方安排乙方在________社区从事社区________工作。乙方必须根据工作职责和要求，按时、按质、按量完成规定的工作和任务。

第三条　劳动保护和劳动条件：甲乙双方必须严格执行国家有关工作安全、劳动保护、职业卫生等规定。甲方应为乙方的工作提供符合规定的劳动保护设施和保护条件，应自觉执行国家有关女职工劳动保护等规定。乙方应严格遵守各项安全操作规程。

第四条　工作时间和休息休假：工作时间按照社区工作的特点，实行综合计时工作和休息制。

第五条　劳动报酬：乙方试用期间的工资为每月________元。试用期满后乙方的工资福利待遇按照区有关文件执行，遇到工资政策调整，按新政策执行。甲方不得无故拖欠乙方工资。

第六条　人事档案及社会保险：乙方的人事档案及社会保险由甲方委托________劳动事务代理服务中心按劳动和社会保障部门有关文件规定办理。

第七条　劳动纪律：甲乙双方都要遵守国家法律、法规、规章和政策。乙方必须遵守甲方依法制定的规章制度和劳动纪律，服从甲方的日常管理，并接受区、街道（镇）民政部门监督及所在社区的领导。

第八条　劳动合同变更、解除、终止的条件：

1. 具有下列情形之一，经甲乙双方协商一致，可以变更合同的相关内容：

（1）本合同订立时所依据的客观情况发生了重大变化，致使本合同无法履行的；

（2）乙方不能胜任原工作岗位的。

2. 乙方具有下列情形之一的，甲方可以随时解除本合同：

（1）在试用期间被证明不符合录用条件的；

（2）严重违反劳动纪律或甲方依法制定的规章制度的；

（3）严重失职、营私舞弊，对甲方利益造成重大损害的；

（4）职责调整造成岗位取消的；

（5）年度考评不合格的；

（6）泄露工作机密的；

（7）被依法追究刑事责任的；

（8）被依法罢免的；

（9）依法不再担任社区相关职务的。

3. 具有下列情形之一的，甲方可以解除本合同，但应当提前三十日以书面形式通知乙方：

（1）劳动者患病或非因工负伤，医疗期满后，不能从事由甲方另行安排的工作的；

（2）劳动者不能胜任劳动合同约定的工作，经过培训或者调整工作岗位，仍不能胜任工作的；

（3）劳动合同订立时所依据的客观情况发生重大变化，致使原劳动

合同无法履行，经双方当事人协商不能就变更劳动合同达到协议的。

4. 乙方具有下列情形之一的，甲方不得依据本条第3款的规定解除本合同：

（1）患职业病或因工（公）负伤被确定丧失或者部分丧失劳动能力的；

（2）患病或者负伤，在规定的医疗期内的；

（3）女职工在孕期、产期、哺乳期内的；

（4）法律、法规规定的其他情形。

5. 具有下列情形之一的，乙方可以随时通知甲方解除本合同：

（1）在试用期内的；

（2）甲方以暴力、威胁或者限制人身自由的手段强迫劳动的；

（3）甲方未按劳动合同约定支付劳动报酬或者提供劳动条件的；

（4）低于当地最低工资标准或者低于合同约定的工资标准支付劳动者工资的；

（5）甲方未按政策规定缴纳社会保险的；

（6）法律、法规规定的其他情形。

6. 除本条第5款规定的情形外，乙方解除本合同应当提前三十日以书面形式通知甲方。

7. 经甲乙双方协商一致，本合同可以解除。

8. 本合同期满或者甲乙双方约定的终止条件出现，应当即终止。由于工作需要，经双方协商一致，可以续定劳动合同。

第九条　违反劳动合同的责任：

1. 甲乙任何一方违反合同，给对方造成经济损失的，应当根据后果和责任大小，向对方支付赔偿金。

2. 乙方违反本合同中约定的行业秘密的，给甲方造成损失的，应当依法承担赔偿责任。

3. 因不可抗力造成本合同不能履行的，可以不承担法律责任。

4. 乙方未满约定服务年限解除本合同时，其在职期间参加的由甲方或乙方所工作社区出资进行的各种职业技能培训，甲方可以按照实际支付的培训费（包括培训期间的工资）计收赔偿金，其标准为每服务一年递减实际支付的培训费总额的33.3%。

第十条　其他

1. 本合同在履行中发生争议，任何一方均可向所在区劳动和社会保障局或区民政局申请调解，也可向劳动争议仲裁委员会申请仲裁委员会申请仲裁。

2. 本合同未尽事项，按国家有关法律法规执行。

3. 本合同条款如与国家下达的法律法规相抵触时，以国家的新法律法规为准。

4. 本合同依法订立，即具有法律效力，双方必须严格履行。

5. 本合同一式四份，甲乙双方各执一份，人事档案管理单位存档一份，鉴证机关（乡镇、街道）备案一份。

甲方（盖章）：__________　　　　乙方（签字）：__________

签约日期：__________　　　　签约日期：__________

签约日期：__________

鉴证机关（盖章）：__________

鉴证人员：__________

鉴证编号：__________

鉴证日期：________年___月___日

思考题

1. 劳动合同期限分为哪几种？

2. 关于试用期，《劳动合同法》有哪些重要的规定？

3. 在哪些情况下，用人单位不得解除劳动合同？

第三篇　社区矫正

课　　时　共计 8 课时

教学目标　了解社区矫正的过程；
掌握社区矫正资料的收集和分析；
掌握矫正对象问题研究与诊断；
掌握社区矫正的介入。

教学重点　矫正对象问题研究与诊断；
社区矫正的介入。

教学内容

第一节　社区矫正的过程

一、社区矫正的过程

(一)社区矫正的含义

社区矫正是以社区为平台，(由专门机构负责)以科学的价值观念和工作方法恢复矫正对象的社会功能，促进矫正对象顺利回归社会的刑罚执行制度和过程。

（二）社区矫正的发展

1. 刑罚制度的历史变迁

（1）以肉刑和生命刑为主导的阶段。

（2）以监禁刑为主导的阶段。

（3）以监禁刑为主向以非监禁刑为主的过渡阶段。

2. 社区矫正的起源与发展

（1）监禁刑违背了人道主义精神。

（2）监禁刑使被监禁人身心受到损害。

（3）负性互动影响监禁矫正的效果。

（4）监禁使被监禁人的社会化过程中断。

（5）监禁矫正成本过高。

（三）社区矫正的功能

1. 有利于矫正对象顺利回归社会。

2. 促进了社会的稳定。

3. 促进了社会的发展。

二、社区矫正与社会工作

（一）社会工作的实质

1. 社会工作的起源与发展

2. 社会工作的功能

（1）恢复功能

（2）预防功能

（3）发展功能

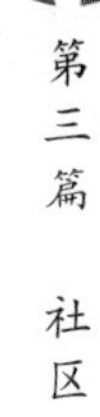

3. 社会工作的价值观和方法

（1）社会工作的价值观：

①怎样看待自己的工作

“社会工作是一个以价值为本的专业”，社会工作者是“价值注满的个人”。

②怎样看待服务对象

③怎样看待自己的同事

（2）社会工作的方法

①个案社会工作

②团体社会工作

③社区社会工作

（二）社区矫正与社会工作的统一性

1. 理念的统一性

（1）基于监管的社区矫正理念（社区矫正试点以前）

（2）促进对象回归社会的矫正理念（试点之后）

社区矫正的根本目标：促进矫正对象回归社会

（1）对象的问题得到了解决

（2）对象的社会功能得到了恢复

（3）对象形成了新的生存和生活方式

（4）对象具有自我改变、自我发现的能力

2. 功能的统一性

刑罚执行的弊端：

（1）刑罚执行具有刚性特征，而社区环境具有柔性特征。

（2）刑罚执行具有间断性特征，社区生活具有连续性。

社会工作弥补了刑罚执行的不足：

（1）以人为本的理念，弥补了刚性化不足。

（2）主动的工作模式弥补了虚华的不足。

（3）以人的平等、尊严、价值、需要为理念的模式，弥补了刑罚执行中社会关怀的不足。

3. 过程的统一性

（1）建立关系

（2）收集资料

（3）矫治介入

（4）评估与跟进

社会工作在解决上述几个方面问题中具有重大作用。

社区矫正的实施过程既是刑罚执行的过程，也是社会工作开展的过程，刑罚执行和社会工作不存在根本的矛盾，它们相互嵌入、相互补充，构成了一个统一的过程。

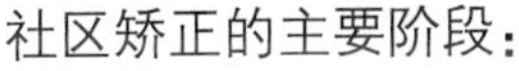

社区矫正的主要阶段：

（1）专业关系建立

（2）资料收集

（3）资料分析

（4）对象问题研究与诊断

（5）制订矫正计划

（6）矫正介入（直接介入、间接介入）

（7）评估与跟进

第二节　社区矫正资料的收集

一、社区矫正资料收集的主要内容

（一）社区矫正资料收集中的问题

1. 个人客观层面资料多，主观状况资料少；

2. 矫正对象所处环境状况的资料比较少；

3. 对象与环境互动状况的资料较少；

4. 资料简单化、不完整。

（二）资料收集的基本内容

1. 个人层面资料收集

（1）个人基本资料；

（2）矫正对象对现状和问题的主观看法；

（3）矫正对象解决问题的动机；

（4）矫正对象生理、心理、情感、智力等方面的能力。

2. 环境层面资料收集

包括家庭、亲属、邻居、学校、单位等。

3. 个人与环境交互作用层面的资料收集

二、社区矫正资料收集的方法

（一）文献法

1. 文献法的特点

（1）间接性

（2）稳定性

（3）客观性

2. 文献资料的种类

（1）根据文献的加工程度：原始资料、次级资料；

（2）根据文献资料的形式：文字文献、数字文献、图像文献、有声文献。

3. 社区矫正工作中的文献资料

（1）社区矫正工作开展所依托的社会发展背景资料；

（2）相关政策法规；

（3）相关法律文书，包括相关法律文本和对象的档案文本等；

（4）相关社会服务机构资料；

（5）社区矫正研究文献资料；

（6）社区矫正工作的成果资料。

（二）访谈法

1. 访谈的类型

（1）根据访谈者与访谈对象的交流方式

① 直接访谈

② 间接访谈

（2）根据访谈过程控制程度不同

① 结构式访谈

② 无结构式访谈

2. 主要访谈方法

（1）重点访问法

（2）深度访谈法

（3）客观陈述法

（4）座谈会访谈法

3. 访谈技巧

（1）提前设计访谈提纲；

（2）访谈过程中保持友好的态度；

（3）恰当地进行提问；

（4）准确地捕捉信息，及时收集有关资料；

（5）适当地做出回答；

（6）及时做好访谈记录，可能的话还要录音或录像。

（三）问卷法

1. 问卷法的主要类型

（1）按照问卷的用途

① 自填问卷

② 访问问卷

（2）按照问卷问题的类型

① 开放型问卷

② 封闭型问卷

③ 混合型问卷

2. 问卷的结构

（1）引言

（2）注释

（3）问项

（4）编码

3. 问题的设计

（1）问题的表述要准确；

（2）问题的表达要清晰；

（3）问题表述要客观、不带倾向性，不进行诱导和暗示；

（4）文字要浅显易懂，不超过被调查者的理解能力；

（5）问题和所给出的答案要协调。

4. 问题表述的一般形式

（1）简单询问法

（2）简单陈述法

（3）释疑法

（4）假定法

（5）转移法

（6）情景法

（7）投射法

5. 问题的数量和排列

（四）观察法

1. 观察法的主要类型

（1）参与观察与参与观察

（2）结构式观察和无结构式观察

（3）直接观察与间接观察

2. 观察的方式

（1）非标准化观察

（2）半标准化观察

（3）标准化观察

3. 观察过程中的记录技术

4. 观察误差

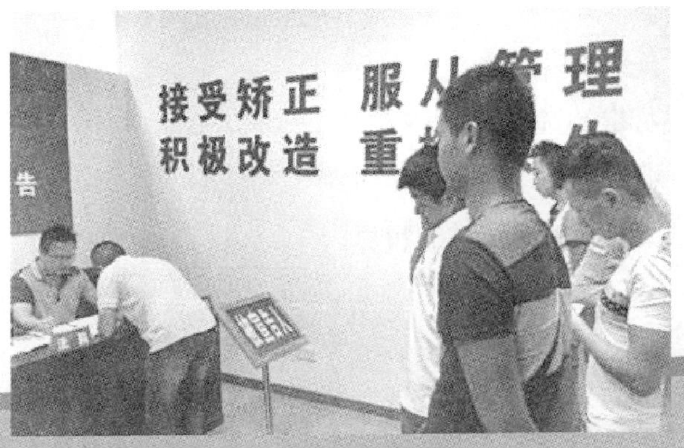

第三节　社区矫正资料分析

一、资料分析的必要性

社区矫正资料分析的现状

通过资料分析实现资料的系统化和规范化

通过资料分析全面系统地认识矫正对象

二、矫正对象资料分析过程

（一）资料整理

1. 审核

资料审核的原则：真实性、准确性

2. 复查

3. 分类

分类的意义：

（1）加深对矫正对象的认识。

（2）把握矫正对象各方面的内在联系，从整体上认识矫正对象。

分类标准：

（1）基本资料

（2）背景资料

分类标准的选择：

（1）满足研究或实际工作需要

（2）反映研究或工作的特点

4. 撰写备忘录

必要性：

（1）矫正对象的复杂性

（2）矫正工作任务的繁重性

（3）资料整理本身性质的要求

备忘录主要内容：

（1）描述性内容

（2）分析性内容

备忘录撰写注意事项：

（1）随时撰写

（2）把描述性内容和分析性内容分开写

（3）经常性对备忘录进行整理

（二）资料分析

1. 去粗取精

2. 去伪存真

3. 由此及彼

4. 由表及里

三、资料分析方法

（一）比较分析

1. 横向比较

是在对矫正对象个人资料、环境资料、矫正对象与环境互动资料进行分类的基础上进行的比较，是一种基于现实的比较方法。

横向比较的两个层面：

（1）整体层面

（2）个体层面

2. 纵向比较

是一种注重于从时间的角度进行比较的分析方法。

3. 一致性比较

即寻找各种类型资料的共同点

4. 差异性比较

即寻找各种类型资料的差异性

（二）因果分析

1. 归纳分析法

是从个别现象中概括出一般结论的分析方法，即从已有的经验出发，在观察大量现象的基础上，由这些现象推导出一般的或共性特征的过程。

2. 辨证分析法

以现象或资料的复杂性为基础，从多角度、多方面进行综合性思考。

（三）结构——功能分析

把事物看作一个系统，通过分析系统内各要素间的关系以及这些要素的不同关系使系统表现出来的不同特征、发挥出来的不同作用，探讨事物存在原因的一种分析方法。

结构——功能分析方法的基本环节：

1. 把要分析的资料置于一个系统中；

2. 从质和量两个方面分析该资料在系统中的位置和作用；

3. 得出相应的结论，并予以说明。

第四节　矫正对象问题研究与诊断

一、矫正对象问题及研究视角

(一)问题的含义及研究意义

1. 矫正对象问题的含义

矫正对象自身各要素失衡及其与环境关系失衡所引发的，对矫正对象恢复社会功能、重返社会形成不利影响，并为矫正社会工作者或矫正对象所反应的各种现象。

2. 矫正对象问题研究的意义

是有针对性地实施矫正工作，实现矫正工作的目标，防止矫正对象重新犯罪。

(二)矫正对象问题研究的主要视角

1. 生理研究视角

2. 社会变迁视角

社会解组论

3. 文化视角

文化失调论、亚文化论、价值冲突论

4. 利益视角

群体冲突论

5. 行为视角

越轨理论、标签理论

6. 心理学视角

7. 社会权益视角

8. 综合视角

二、矫正对象问题分类研究

（一）分类研究的意义

1. 问题分类研究是研究对象问题的基本方法

2. 问题分类有利于简化对象存在的问题

3. 问题分类有利于寻找问题的根源

4. 问题分类有利于明确矫正思路

（二）矫正对象问题的主要类型

1. 问题分类的主要原则

（1）目的性

（2）可操作性

（3）清晰性

（4）对应性

2. 问题分类的可能视角

（1）以形成的原因：内在性问题和外在性问题

（2）以存在的时间：短期、中期、长期问题

（3）以危险程度：低度、中度、高度危险

（4）以对象的需要：物质需要和精神需要

3. 矫正对象问题的主要类型

（1）个人问题：生存问题、适应问题

（2）家庭问题：与家庭成员的关系、家庭支持

（3）社会问题：社会支持、再犯诱因、互动

（三）问题诊断的含义

指矫正社会工作者在和矫正对象的互动过程中，通过访谈、观察、问卷等方法收集矫正对象的资料，并对资料进行整理、分类，在运用分析和综合、归纳和演绎等方法分析矫正对象资料的基础上，与矫正对象一起确定问题的过程。

问题诊断的意义：

1. 问题诊断是实施矫正工作的转折点

2. 明确矫正目标

3. 形成矫正动力

（四）问题诊断的基本方法

1. 问题诊断需要注意的几个方面：

（1）问题诊断是工作者与矫正对象互动的过程

（2）注意矫正对象问题存在的多样性和复杂性

（3）注意问题形成的原因

2. 问题诊断的过程

（1）确定矫正对象的问题域

（2）确定问题的性质

（3）确定问题的影响程度

（4）确定问题的可能走向

第五节　社区矫正计划

一、矫正计划的目的和目标

（一）矫正计划的目的和目标

1. 目的和目标的含义

目的：期望在介入的最终阶段获得的较为笼统的、长远的结果。

目标：在中间阶段所要获得的较为具体的、近期的结果。

2. 目的和目标的功能

（1）明确工作者和矫正对象共同的努力方向

（2）避免不确定和干扰性因素，持续地执行矫正计划

（3）帮助选择适当的介入策略和模式

（4）可以作为评估矫正工作成效的有效指标和依据

3. 目标的种类

不连续的目标、连续的目标

（二）选择目的和目标的原则

1. 目标须与矫正对象所需求的结果相关
2. 目标应有明确的且可测量的定义
3. 目标必须是可行的
4. 目标必须与工作者的知识和技巧相称
5. 目标应用正向的语言叙述并注重促进矫正对象的成长
6. 目标必须与矫正机构的功能相符

（三）选择目的和目标的过程

1. 确定矫正对象对于协商目标是否做好了准备

2. 解释确定目的和目标的意义

3. 和矫正对象一起选择适当的目标

4. 清楚地定义目标

5. 确定目标的可行性并讨论可能的改变和不利结果

6. 确定目标的优先顺序

二、工作契约

（一）针对不同关注对象的矫正计划及其相应的实施策略

1. 个人

2. 家庭

3. 群体

4. 组织

5. 社区

（二）工作契约概述

1. 工作契约的内容：介入目标、策略、角色

2. 工作契约的形式：书面的、需双方签字

3. 工作契约的作用：强调奖励、不强调惩罚

（三）工作契约的基本原则

1. 可操作性

2. 灵活性

3. 实用性

（四）工作契约的基本格式：没有固定的格式

第六节　社区矫正介入理念

一、社区矫正介入的切入点

（一）人与环境的构成状态是社区矫正介入的焦点

社区矫正社会工作者在工作中要考虑环境对个人的要求、个人与环境的互动、个人在环境中的资源状况等因素。

（二）社会工作的价值理念是社区矫正介入的基础

社会工作最基本的信念就是相信每个人都有与生俱来的价值和尊严，而这种尊严和价值带给每一个人不可剥夺的社会权利，社会工作者对待受助者的基本态度应是接纳而非批判。

1. 社会工作的价值观（从关系的层面分为三类）

（1）专业与其所处的文化环境之间的关系

（2）专业人员之间的关系

（3）社工与服务对象的关系

2. 通常被引用的社会工作价值

（1）个人价值与尊严

（2）对人的尊重

（3）重视个人改变的潜能

（4）案主的自我决定权

（5）提供个人发挥潜能的机会

（6）寻求满足人类共同的需求

（7）寻求提供个人足够的资源与服务以满足其基本需求

（8）赋予案主权利及平等的机会

（9）没有歧视

（10）尊重多元化

（11）对社会改革与社会正义的承诺

（12）保密与隐私权

（13）愿意将专业知识和技巧提供给他人

（三）社区矫正价值理念的有益探索

1. 以服务为核心内涵的管理理念

2. 矫正社会工作者与矫正对象的目标一致性

3. 社会工作的价值理念和伦理原则在社区矫正工作中具有重要作用

4. 承认和尊重矫正对象的潜能

5. 重视矫正对象的参与、理解与合作

（四）社会工作价值理念实践过程中的不足

1. 价值理念运用的内容方面

2. 社会工作价值观的综合运用方面

3. 保密原则运用方面

4. 关于平等的专业关系的认识方面

5. 价值原则的实践方面

6. 工作语言和谈话语气方面

7. 对价值理念的总结方面

第七节　社区矫正直接介入

一、个人层面的直接介入方法

（一）矫正对象的基本心理需求

1. 需要被视为是独立的人，一个有价值和尊严的人，有自己的喜好，有获得被理解和被尊重的需要；

2. 需要获得关切和了解，以及对其所表达感受的反应，对个人的问题希望能获得帮助，而不希望一味地被批评和指责；

3. 对自己的生活方式，有自我选择和决定的权利和机会，不愿被人催促，只希望得到帮助，不希望被支配；

4. 期望与个人生活有关的隐私活动得到保密，不愿意让人知道，不愿声誉受损；

5. 希望能够尽快改善目前的状况，具有一定的独立生活能力，包括有一份工作，有一定的立足社会的基础等。

（二）个案社会工作介入模式

1. 心理社会治疗模式

该模式认为过往经历（童年经历）对问题形成有非常重要的影响。其诊断重点在于对矫正对象做心理动态分析，即研究人格结构中本我、自我、超我及其互动、自我防卫机制等，同时也注重从人与环境的角度对个人状况加以调整。

2. 人本治疗模式

该模式认为人是善良、仁慈和可信赖的。人有与他人和谐相处的愿望和能力，而且有自我成长、自我实现的内在动力。该模式对问题成瘾的判断是案主有一个较低的自我观，自我评价很低。

3. 任务中心模式

该模式着重于帮助案主分析和处理具体的问题，因此其所确定的任务是具体的、有限的、外在的目标，是案主的问题，而不是案主的个人成长，是一个“可处理的问题”，案主知道这一问题的存在，承认这是一个问题，愿意处理这个问题，并且有能力处理这个问题。

4. 行为治疗模式

该模式认为行为是习得的，其关注的矫正目标也集中于现时、此时此刻的行为问题。该模式认为行为包括操作性行为和反应性行为两种，所以在运用该模式时，主要针对引发行为的前因与维持行为存在的效果反应等两个因素进行介入。

5. 现实治疗模式

该模式认为人是自主和自觉的，因为人有自由意志。人的行为受外在支配，人不应该推诿自己的责任，而必须对自己的行为负责。该模式主要目的是协助失败认同的人通过学习现实及负责任的行为去满足自己的需要，从而迈向成功的认同。

6. 理性情绪治疗模式

该模式认为情绪问题是由人的非理性信念造成的，其治疗的重点在于以观念、思想为突破口，通过改变人的非理性思想，达到改变沮丧情绪的目的，使人更积极与负责任地生活。

7. 家庭结构治疗模式

该模式以整个家庭为对象，通过改变家庭的结构与交往方式以发挥家庭的功能，从而使个别家庭成员的问题得以解决。

8. 危机介入模式

该模式认为，当处于压力情境中，当事人过去惯用的问题解决方式失灵时，将会产生焦虑或困扰的情绪，并且处于脆弱状态，若加上其

他突发事件，当事人即处于当下的危机状态。

9. 生态系统理论

该理论认为，个人的问题乃是个人与其所在空间的生态系统间不协调；个人的生命发展历程中会遭遇一些可预测或不可预测的压力，调适的状况视个人支持的程度而定。

10. 社会网络干预模式

该模式认为，个人社会网络欠缺与支持不足会导致人的社会疏离；在压力情境下，社会支持的缺乏将无法缓解个人的压力感，也无法提供有效的应对方法和建议，或无法提供直接的协助，因而很容易产生问题。

（三）个案记录格式

1. 接案记录格式

2. 过程记录格式

3. 结案记录格式

4. 工作日记

二、个人层面直接介入现状分析

（一）个人层面个案社会工作方法运用现状

1. 个案社会工作模式的初步运用状况分析

2. 个案工作模式名称借用状况分析

3. 没有运用个案社会工作方法或模式分析

（二）个人层面直接介入内容分析

1. 针对心理层面

2. 针对情绪层面

3. 针对性格层面

4. 针对认知层面

5. 针对人际交往层面

6. 针对矫正对象与社区其他工作系统互动层面

三、群体层面直接介入方法

（一）小组社会工作方法的基本内容

1. 小组的基本概念

有一个人以上；形成关系；有共同的目标和利益；成员间相互影响；地位与角色的演变；成员有归属感；小组有发展阶段；有规范、准则等社会控制；有小组文化气氛。

2. 小组社会工作的定义

社会工作实践将小组当作过程也当作手段，通过小组成员的支持，改善他们的态度、人际关系和应对实际生存环境的能力。强调小组过程及小组动力去影响案主的态度和行为。小组成员解决问题的能力和潜力是通过成员间的分享、相互分担和相互支持而发挥出来的。

3. 小组社会工作的基本假设

（1）小组经验是重要的；

（2）使用小组能够达到改变；

（3）经验是能够分享的；

（4）经验是能够选择的；

（5）小组工作带来的转变更为持久；

（6）在诸如时间和人力资源等方面更为经济。

4. 小组社会工作的实践原则

（1）认可每个人是独特的，并因此做出有关行动；

（2）认可多样性及随之而来的有关行动；

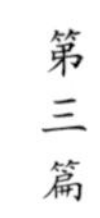

（3）真诚地接受每一个具有独特强、弱项的对象；

（4）在社会工作和小组成员之间简历有目的的助人关系；

（5）鼓励及促使小组成员之间实现有益的合作关系；

（6）适当地休整小组工作；

（7）鼓励每一个成员按照他们的能力层次去参与，以使自己更能胜任。

5. 小组社会工作的阶段模式

阶段一：前属期

（1）成员的特征：小组成员开始与他人亲近，同时去熟悉小组的物质和社会环境状况；彼此很少信任，保持着社会距离感和高度的自我防卫意识；尝试探索小组及其他成员的性质、需求或期望。

（2）社工介入焦点：鼓励和促进成员探索物质和心理环境，帮助他们更为开放地去互相了解，鼓励成员表达他们对小组和其他人的期望。

（3）程序：建立初步的小组结构；用一些熟悉的程序鼓励成员自由地参与活动，从而使他们更了解每一个人和尽快地与之建立关系。

阶段二：权利和控制期

（1）成员特征：成员开始在小组中为权力与控制而努力，进行试图界定和形成关系，并形成一种地位等级，出现了成员初步的沟通模式。

（2）社工介入的焦点：帮助成员了解小组的权利，明确问题的存在及其性质；鼓励成员充分地探索环境，以便建立小组的规则和规范；通过探索确立长远的关系。

（3）程序：应计划程序使成员能够测试自己的实力和才能，并且使他们建立与其他成员的关系、地位和角色，挖掘成员的潜能。

阶段三：亲密期

（1）成员特征：成员的关系更加接近和亲密；投入感增强，对其他成员更为开放，有更多的相互沟通；开始承认小组的经验对个人成长的重要，并开始重新考虑小组的目标。

（2）社工介入焦点：澄清感觉；鼓励相互回应；建立小组结构。

（3）程序：成员有更多的能力计划和承担小组程序；通过活动，成员加深对自我的认识。

阶段四：分辨期

（1）成员特征：成员相互熟识，能接纳和认同每个人的独特性；彼此更宁和，有良好沟通与合作。

（2）社工介入焦点：更多地承担使能者的角色；促进成员回馈和反省。

（3）程序：当成员变得更具内聚力和更加合作以后，他们就能设计自己的程序。

阶段五：分离期

（1）成员特征：小组目标已基本实现，成员开始离开；成员在离开和结束已建立起来的关系时出现许多焦虑，如否认、倒退、重演等。

（2）社工介入焦点：为个人和小组的流动提供机会和资源；强调评估；提供结束后适当的支持。

（3）程序：可以设计一些大型活动，作为对小组意义的重申；程序有时也会反映倒退阶段的动态特征。

6. 小组工作的概念模式

（1）小组目标模式

（2）治疗模式

（3）互动模式

（二）小组工作记录格式

1. 小组计划建议书

2. 小组聚会记录

3. 小组评估报告

第九节　社区矫正的间接介入

一、家庭层面的间接介入

不同家庭环境的间接介入

支持型家庭、沟通方式失当家庭、关系紧张型家庭、破裂型家庭

家庭层面间接介入中社会工作方法的运用

二、社区环境层面的间接介入

（一）建立对社区的基本认识

1. 社区历史

2. 自然环境和设施

3. 居民

4. 社区组织

5. 社区权力关系

（二）与社区建立关系

1. 建立关系的过程

决定建立关系的范围→自我介绍→确立联系的合约→观察联系的过程→跟进联系

2. 建立关系的方式

新闻发布会、联谊会、社区宣传、上门拜访、探查、小组工作等

（三）协调和改善社区关系

1. 各类社区支持资源的动员

2. 各类活动的组织

三、社会环境层面的间接介入

社区矫正社会环境层面的间接介入主要是指矫正工作者帮助矫正对象落实社会福利政策，如户口安置、办理《劳动手册》、提供就业岗位、争取社会保障政策、发放补助金和协调其他部门共同做好解困工作。

四、社会其他层面的间接介入

(一)志愿者工作

两个方面的目的：

1. 为志愿者提供自我发展和自我成长的机会；

2. 充分调动社会各方面的资源，弥补政府或专业服务机构资源的不足。

志愿者工作的特性：

(1)无酬劳;(2)非专业;(3)职责认知;(4)参与动机;(5)自发自决。

志愿者工作的特性：

(1)民主的、利他主义的;(2)持续性的;(3)相互合作;(4)制度、方法整合过程。

志愿者的类型：

(1)互助或自助;(2)慈善或为他人服务;(3)参与;(4)倡导与运动。

志愿者工作的管理：

1. 监督和指导

2. 激发动机

3. 明确权利

（二）督导制度

督导的作用：

（1）保证质量；（2）保护案主；（3）帮助评估；（4）提供支持。

督导的角色：

（1）领航员；（2）教练员；（3）监察员；（4）经纪人。

督导的要素：

（1）教育；（2）行政；（3）支持。

第四篇　社区调解

课　　时　共计8课时

教学目标　社区矛盾纠纷分析；
了解社区矛盾纠纷的调解机关；
了解并掌握社区矛盾纠纷的化解方法。

教学重点　社区矛盾纠纷的调解机关；
社区矛盾纠纷的化解方法。

教学内容

第一节　社区矛盾纠纷分析

社区，不仅是人们学习工作的场所，而且也是人们生活的场所。任何人，不论其从事什么职业，总是要在某一社区与他人一起工作、居住和生活，因此，社区往往成为社会矛盾的发源地，存在着大量人民内部矛盾与各种纠纷。及时解决好社区矛盾纠纷，不仅可以增进人民团

结、保护公民的合法权益，而且对预防和减少各类案件的发生，维护社区安定具有重要的意义。

一、社区矛盾纠纷种类

（一）群众与群众的矛盾

群众之间的矛盾在社区中的表现主要有：

1. 邻里之间琐事争执方面的矛盾

主要是相邻的某一方在行使所有权或使用权时侵害或将要侵害另一方的权益，故而引起另一方的不满。如因公用部分的使用问题、占路置物问题等引起的矛盾就是如此。另外，因为生活噪声、晾晒衣服、装修房屋、安装空调、饲养宠物等引发的矛盾也比较多见。

2. 婚姻家庭变化方面的矛盾

新的历史时期，人们的价值观不断更新，婚姻家庭关系发生了急剧变化。社会离婚率每年以 10 个百分点上升，引发大量诸如财产、子女抚养纠纷及老人赡养等一系列婚姻家庭矛盾。婚姻家庭中的恋爱、继承、赡养、抚养以及因自杀等非正常死亡而引起的家属亲友间的纠纷也大量增多。

3. 伤害、损害赔偿方面的矛盾

在社区人与人之间的交往中，由于每个人文化素质、道德修养、生活习惯和职业特点的不同，常常会相互产生一些误解或者争执，这些问题一旦得不到及时解决，就可能发展为伤害对方人身、损害对方财物的事件。这类事件一旦发生，又自然会引发双方之间要求索赔和拒绝索赔的争议，或者赔偿数量的争议。因此，伤害、损害赔偿矛盾实际上是由于旧的矛盾没有得到及时解决而转化来的新的矛盾。

4. 住房问题引发的矛盾纠纷

城市社区因为住房问题引发的矛盾多见于房屋买卖、房屋继承、房屋产权确认、房屋租赁等过程中；在农村社区多为宅居地纠纷。

（二）群众与集体的矛盾

群众与集体之间的矛盾在社区中的表现主要有：

1. 企业改制、破产涉及的劳动及社会保障引起的矛盾

一些企业不能适应市场经济的竞争规律，企业经济效益不好，职工及离退休人员工资和福利待遇无法保障，企业拖欠职工工资、养老金、劳动保险、医疗保险费用等，引起职工强烈不满；企业改革的配套措施跟不上，出现原国有企业职工安置、生活问题；企业转换经营机制后，一些企业被迫停产、倒闭、破产，下岗职工急剧增加，工作安置与生活保障出现困难，部分失业工人有可能生活产生困难；有一些企业在出售、产权转让的过程中，对原有职工的安置工作未能妥善解决，直接损害了部分人的利益；所有这些，都会引发职工群体上访，有的甚至采取停工、闹事、堵塞道路等过激行为，严重影响了社会稳定。

2. 因环境污染引发的矛盾

改革开放以来，各地的经济发展速度很快，但这种增长是粗放型的增长，对社会有许多的负面作用。由于市场经济的外部性，许多企业为节省成本，把治污成本转嫁到社会，而把大量的工业废水、废气、废物直接排入河流、大气或随意丢弃，严重破坏了居民的居住条件和生活环境，因社区环境污染产生的矛盾越来越多。在施工中产生大

量的噪音，特别是在夜间的施工，载重车运送土方，噪声更大，对周围居民的身心健康造成了一定程度上的损害。此外，还有企事业单位侵占绿地或噪声干扰、家庭装修、交通噪声、生活垃圾倾倒等引起的矛盾。

3. 劳资纠纷

当前，外资企业、私营企业数量增加，由于缺乏有力的约束机制，劳资纠纷增多。有些企业对雇工苛刻，随意延长工作时间，增加劳动强度，甚至拖欠工资。在建筑施工企业和餐饮服务等企业，拖欠劳动者工资现象比较普遍、比较严重，其中拖欠农民工工资更为突出。据统计，近年来 70% 以上的工人群体性事件都因拖欠工资问题引起，在各大报上经常看到个别劳动者为讨薪采取过激的行为，如“要跳楼”“聚众闹事”等并不少见。虽然其中出现“闹剧”，但拖欠工资的事实，我们无法否认，这不得不引起我们整个社会的重视。

4. 基层干部与群众之间的矛盾

在一些地方，一些基层干部官僚作风严重，办事不公，为政不廉，以权谋私，贪污腐败，有的村务、村财管理混乱，有的乱收费、乱摊派、乱集资或搞脱离实际的达标、检查、评比活动，加重了群众的负担，这会引起群众的强烈不满，导致干群关系紧张，引发基层干部与群众之间的矛盾。

（三）群众与国家的矛盾

群众与国家的矛盾在社区中的表现主要有：

1. 个别执法部门违法行政，执法不公引发的矛盾

近年来，一些基层政府为了搞所谓政绩、形象工程，对自身的行政行为把握不够，存在较大的随意性，有的甚至存在违法行政，导致群众不满；有的执法人员滥用自由裁量权，随意执法，徇私枉法，甚至知法犯法，有的计生干部、工商、税务、城管人员工作方法简单、粗暴，

一些地方、部门置国家法律于不顾，搞行业封锁或推行“土政策”，地方部门保护主义严重。这种执法行为引起群众不满而引发大量的社会矛盾。

2. 政策制定中产生的矛盾

政府制定的新政策、新制度，是对原有的利益关系的调整，必然有些群众的利益会受到影响。加之我国政府政策制定中有时考虑不周，在政策设计中就存在漏洞与问题，使有的政策与当前的实际情况不符，有的则是过于超前。一部分群众由于受传统观念的限制，对政府的新政策不理解，一时难以接受，特别是当这些新政策、新制度损及他们的切身利益时，这种矛盾便更为突出；政府某些政策出台不慎，侵犯了群众的合法权益，也会引起群众的不满。

3. 征地拆迁安置中产生的矛盾

在旧城改造、市政建设、招商引资等过程中，一些地方违规征占买卖土地，大量挤占耕地资源，由于操作不规范，遗留了诸如征地款的兑付、就业安置等问题；有些地方安置、补偿政策、措施不配套、不落实引发了被征地者因利益受损而引发矛盾；一些地方，土地补偿标准较低且被层层截留克扣，失地农民所得无几，心理失衡。

在城镇，由于城市拆迁补偿未及时到位，拆迁户不能及时回迁，拆迁地点不理想，搬迁房屋质量低，生活设施不配套，社会管理盲点多，物业管理不善等原因，导致拆迁户与房地产开发商之间产生矛盾。

由于拆迁安置直接关系到当事人的切身重大利益，如一些当事人的合理要求得不到满足，就会产生矛盾，甚至会采取过激措施，引起社会的不稳定。

4. 行政管理过程中产生的矛盾

指在行政管理过程中，由于行政管理而引起的国家行政机关和企事业单位，社会团体以及公民之间的矛盾。一些行政管理部门在管理过

程中的采取某种管理措施，会给某一行业、某一部分人的利益带来的冲击，导致他们的不满；一些行政管理部门及管理人员不认真履行职责，违反有关制度及规定进行运作，或事先的承诺不兑现，造成被管理者或相关人员的权益受损或可能受损，从而引起矛盾；一些行政管理部门从部门利益出发，制定一些不合理的收费，加重了群众的负担，由此引发大规模集体上访、游行示威和请愿活动等过激行为。

社区矛盾的类型除上述情况外，还有多种。但是在实践中我们可以看到，社区矛盾纠纷的类型仍然高度集中于邻里关系、家庭婚姻和住房问题上，而较难解决并需要上级政府干预的问题，则主要集中在房屋拆迁、生活贫困等方面。

二、社区矛盾纠纷的特点

社会矛盾纠纷是人类进入阶段社会后的衍生物，伴随着不同的社会发展阶段而呈现出不同的表现形式。特别是在我国改革开放不断深入和政治经济体制发生深刻变革的大背景下，当前的社会矛盾纠纷呈现出了许多新的特征。主要表现为：

（一）社区矛盾纠纷的主体呈现多元化

随着我国市场经济的建立和逐步完善，越来越多的公民和经济组织参与其中，并成为市场经济的主要力量。因经济体制的深刻变革，矛盾纠纷已由过去的仅限于公民与公民间、家庭与家庭之间的纠纷，发展为公民与公民之间、公民与基层行政村（居）、公民与企事业单位、公民与行政机关、企事业单位与行政机关之间的矛盾纠纷，等等。矛盾纠纷的当事人已不再是单纯的公民个人，而且还包括了众多的经济个体和行政组织及部门，矛盾纠纷的主体呈现了多元化。仅仅一个“居民对施工工地”的纠纷，就可能涉及施工单位、开发商、政府职能部门、公用事业单位乃至作为土地批租和市政建设主管的政府本身。社区矛盾主体的多样性意味着纠纷能量的增大、复杂程度的提高和解决难度的加大。

（二）社区矛盾纠纷客体呈现复杂化

因各类经济组织实现经济利益渠道的曲折性和有关行政组织的行政行为和办事行为的随意性，导致了社区矛盾纠纷内容的复杂化。社区矛盾纠纷已由过去简单的“一因一果”，代之为“一因多果”“多因一果”和“多因多果”，矛盾纠纷的成因多，形成因素多，生成过程复杂，导致的后果严重。矛盾纠纷的演化由直线式变成曲折式，并且在矛盾纠纷的彼此消长的渐进过程中，还关联了诸多不确定因素，矛盾纠纷的后果不是涉及一个或几个人的利益，而是牵涉众多当事人的利益，解决矛盾纠纷的方法已不再简单化，增加了当前社会矛盾纠纷的复杂性，因此，也增加了解决矛盾纠纷的难度。

（三）社区矛盾纠纷规模呈现群体化

当前，常见的个人之间、家庭之间的争执仍然存在，而新的形式较多表现为群体冲突，如居民群体与建筑工地或职能部门之间的矛盾；居民上访尤其是集体上访。在农村，由于基层行政组织不依法办事而引起的土地、山林、荒山、荒地、水塘承包、农民负担、不当集资收费等纠纷，众多农民成为纠纷当事人；在改制企业中，因职工下岗、企业内部集资引起的纠纷，众多下岗职工和有关方面的人员成了纠纷当事人；在企地纠纷中，因利益冲突，厂矿企业与驻地周围有关群众成了纠纷当事人；在金融兑付、城市房屋拆迁等方面，许多有共同利益的群众成为纠纷当事人。因社会矛盾纠纷当事人的群体化而使其规模不断增大，许多纠纷因处理不当而引发群体性事件。这种群体性事件往往具有较大的社会破坏性，影响生产生活秩序乃至行政机关的工作秩序，有的还会采取一些过激的行为，有的还聘请律师、寻求媒体支持，把经济问题政治

化，对社区稳定的冲击极大。

（四）社会矛盾纠纷的类型呈现多样化

从矛盾纠纷的法律性质来看，社会矛盾纠纷由过去单一的民事纠纷发展为民事纠纷、经济纠纷、行政纠纷并存的多种形式的纠纷。

社会纠纷不仅包括传统的婚姻、家庭、宅基、赡养、抚养、借贷等纠纷，而且还表现为土地承包、农民负担、企业改制、职工工资、金融风险、行政不当、司法不公、矿山生产安全事故、企业侵权和房屋拆迁等方面的众多新型社会矛盾纠纷，正是这些新型的矛盾纠纷严重影响了社会稳定。

（五）当事人寻求解决纠纷的方式呈现激烈化

社区矛盾总体来说属于人民内部矛盾，但它的对抗性色彩却越来越明显，对抗性明显增强。矛盾纠纷的受害方当事人为维护自身的权益，在矛盾出现之初，大多都能通过正当的途径和手段寻求基层党政组织和有关单位部门解决纷争，希望能公正、公平地解决问题。但是，一些重大复杂疑难的矛盾纠纷没有能在有关基层部门得到公正合理地解决。当事人在多方求助无果的情况下，不得不采取群体围攻、上访甚至以武力相威胁的手段，把群体性闹事作为解决问题的一个手段，迫使有关部门公正合法地解决问题，从而引发了的群体性上访事件，有的采取越级上访甚至进省进京上访，有的采取闹事的方式以期引起注意，如长期纠缠、上访请愿、冲击机关、阻碍交通等。有的因没有及时得到解决，就采用暴力手段，如爆炸、投毒、毁容、自杀或他杀，酿造严重的治安案件、刑事案件，在社会上造成极坏的影响。

（六）矛盾焦点的经济利益性

利益问题历来是人民内部矛盾的一个重要成因，而现在更成为各种纠纷的突出焦点。目前各种社会矛盾中，最主要是实质上涉及当事人利益的问题。由于自己的权利得不到实现，或者在利益调整的过程中自己的利益受到损失，而这些在过去属于隐性的问题在社会转型时期逐渐暴露出来。具体来说体现在两个方面：一是各类纠纷更多地表现出“财产”性质。过去，家庭内部和邻里之间发生的许多纠纷，往往属于“鸡毛蒜皮”之类的怄气和不和的小事，而现在则多为一些具有相当经济含量的事件。例如在家庭纠纷中，住房问题仍是一个重要原因，但其意义已从能否住得下而更多地转变为财产归谁所有。同样，在邻里之间，现在的纠纷往往与财产损害和物业权利等有关。二是各类纠纷的解决越来越要求明确的经济补偿。纠纷性质的变化必然带来纠纷解决方法的变化，因“财产”而起的纠纷，由于其经济含量较高，一般已不接受以“谦让”等道德要求作为解决方法，当事人越来越多地提出明确的经济赔偿或补偿要求，并愿意通过法律途径来实现要求。

（七）社区矛盾类型的区域分布性

社区矛盾是社会自身状况的反映，不同的社会状况易促成不同的社会矛盾。

1. 下层居住区中居民经济条件差，住房状况不好，文化程度也低，家庭内部、邻里之间易为一点小事而起纠纷。但由于起因简单、涉及的利益有限，比较容易处理。易于产生大的影响的往往是与贫困和较大物质利益相联系的矛盾，如社会保障、失业下岗等问题，在旧城改造中受到利益损害等情况时，也易产生集体行动或者过激行动。

2. 中层居住区的居民经济条件和受教育程度都有提高，住房有所改善，但居住质量不高，邻里之间为居住上的矛盾发生纠纷的不少，如空调安装、公用部位堆物、楼上渗水漏水影响楼下生活等。由于纠纷往往具有财产性质，当事人卷入比较深，且居民中有文化的人不少，点子也多，易于使纠纷或矛盾复杂化。

3. 上层居住区的居民属于外来成功者阶层，其经济条件和生活状况具有相对的独立性和隐秘性，邻里纠纷很少，家庭纠纷也大多仅为当

事人自己或小圈子里的人所知。社区矛盾的起因主要为涉及社会公德的行为，如影响或破坏小区居住环境等，较大的矛盾多产生于与物业有关的问题，如果业主的利益受损，比较容易组织起来采取集体行动，在解决方法上，有采取法律方式解决的倾向。

三、社区矛盾纠纷产生的主要成因

社会矛盾纠纷的产生有其深刻政治经济根源和社会背景，其形成的原因是多方面的。主要表现为：

（一）追求经济利益的思想过于片面化

深入持久的政治经济体制改革，给广大人民群众的思想以很大冲击和震撼，使他们在思想上获得了前所未有的解放，特别是以土地承包为重点的农村经济体制改革和以企业改制为重点的城镇经济体制改革，使不同层次的人们以谋取经济利益为目的的思想意识显著增强，一些农民、基层村（居）、企业管理人员为谋取经济利益最大化，擅自违约，不履行经济合同或协议，甚至侵害他人的合法权益；有的基层单位和行政组织为谋求小集体的经济利益，乱集资、乱摊派、乱罚款，在一定程度上加重了农民和企业职工的负担，在公民、企事业单位、基层行政组织之间埋下了引发矛盾纠纷的隐患。

（二）一些基层干部工作方法简单粗暴

有的基层党政干部基本素质较低，“官本位”思想和特权思想严重，服务意识、公仆意识较差，对人民群众缺乏感情，不能够依法行政、依法办事，对人民群众反映的问题敷衍塞责，推诿拖拉，对正当要求置若罔闻，对出现的矛盾纠纷不能及时调处，甚至酿成严重事件。有的基层干部作风粗暴，方法简单，特别在计划生育、征收公粮、“三提五统”和集资收费等方面，态度强硬，作风蛮横，引起群众不满，伤害了干群之间的感情，从而引发干群矛盾，甚至民族之间的矛盾，造成了不好的影响。

（三）企业职工的就业和生活问题没有得到妥善解决

一些国有企业改制致使一部分职工下岗后，没有实现再就业，最低生活保障率不高，下岗职工生活困难，特别是有关方面的人员，年龄大，工龄长，贡献多，在企业改制后没有得到政府和企业的妥善照顾和应有的关心；一些企业乱集资，加重企业职工负担，并且到期后，不能按时兑现，引起职工不满；有的企业为了自身利益，不能严格遵守劳动法，连续很长时间不发职工工资，造成职工生活困难，等等。这些不当做法引发了企业在职职工、下岗职工与企业之间的严重矛盾，有的甚至导致了群体性上访事件。

（四）对热点难点问题处理得不够稳妥

有些政府部门对出现的金融风险、房屋拆迁、突发性重大事故等，处理得不够及时、公正和彻底，引起了一些群众的不满和怨恨；有的基层党政组织对群众反映的村（居）委会的财务、作风等方面问题置之不理或敷衍了事；对涉及群众切身利益的土地承包、任意集资摊派、随意侵犯企业职工合法权等问题处理不公；对企业与驻地群众之间产生的矛盾，协调不力，处理不当，等等。对于这些热点难点问题处理不妥而引发了不少上访事件，影响了基层社会稳定。

（五）人民群众对有的基层党政组织存有不信任感

一些基层党政干部存有官僚作风，不能想群众所想，急群众所急，帮群众所需，对群众关心不够，支持不力，干群关系疏远，不信任感加大。群众与群众之间、群众与村（居）之间、群众与基层行政部门之间有了矛盾纠纷，不愿找他们解决和处理，导致了群体越级上访，使小纠纷变成了大的上访事件，不仅影响和耽误了群众正常的生产生活，而且还牵扯了上级领导机关的大量精力。

第二节　社区矛盾纠纷的调解机关

社区发生的矛盾纠纷的种类繁多，对各种不同的矛盾纠纷可以由不同的调解机关根据不同的途径进行解决。社区工作者要了解各个不同机关在解决社区矛盾纠纷中的不同作用，善于依靠各类调解机关解决社区矛盾纠纷，以及时解决各类矛盾纠纷，防止矛盾激化，对于维护社会的安定团结与良好的社会秩序，保障和促进社会主义经济建设和社会主义精神文明建设，都具有十分重要的作用。根据现行法律规定，社区矛盾纠纷的调解机关主要有人民法院、行政机关、人民调解委员会和仲裁委员会。

一、人民法院调解

（一）人民法院调解的性质

所谓人民法院调解（以下简称法院调解），是指在人民法院审判人员的主持下，由双方当事人通过自愿协商，达成协议，解决纠纷的一种诉讼活动。

法院调解具有下列特征：

1. 法院调解是在人民法院审判员的主持下所进行的调解。人民法院是国家的审判机关，它主持当事人进行调解是它行使国家审判权的一种特殊方式；也是它审理民事、经济案件的一种诉讼活动，因此，也常常称其为诉讼上的调解。在这一点上，它与诉讼外调解即行政调解、人民调解、仲裁调解具有严格的区别。

2. 在法院调解中，当事人达成协议的行为是在法院审判人员的主持下进行的，而不是当事人相互之间单独达成的。如果没有法院审判人员的主持，即使当事人就他们所争议的民事法律关系达成了协议，也不是法院调解，而是诉讼上的和解。

3. 法院调解是结束诉讼的一种方式。当事人在法院主持下一经达成协议，即具有终结诉讼程序的法律效力，当事人不得就同一法律关系重新提起诉讼。调解是在审判人员的主持下进行的，审判人员在整个调解过程中都起着重要的作用；而诉讼上和解则是在没有审判人员参加的情况下由当事人自行达成的协议。

（二）人民法院调解的范围

法院调解是人民法院对受理的民事案件、经济纠纷案件和轻微的刑事案件进行调解，是诉讼内的调解。对于婚姻案件，诉讼内调解是必经的程序。至于其他民事案件是否进行调解，取决于当事人的自愿，调解不是必经程序。

（三）调解协议书的法律效力

从程序上说，一旦达成调解协议，作为调解结果的调解书与法院生效判决具有同等效力，如果发现调解书确有错误，则按审判监督程序加以纠正；而如果发现和解协议有重大错误，则只能由原审法院不准当事人撤回诉讼。

二、行政机关调解

（一）行政机关调解的性质

行政调解是由依法负有调解义务的国家行政机关对特定民事经济

纠纷主持的调解，是现代社会行政主体管理社会公共事务，及时化解矛盾和纠纷所不可缺少的行政手段，是行政主体做出不具有强制力的行政事实行为。

行政调解的主持人在调解的过程中是以国家行政机关或基层政府的代表身份出现的，因此，在调解过程，它享有国家行政机关或基层政府应该享有的权利，遵守国家行政机关或基层政府应该遵守的纪律。行政调解的这一特点，使得它与人民调解和法院调解区别开来。

根据最高人民法院《关于贯彻执行〈中华人民共和国行政诉讼法〉若干问题的意见（试行）》第六条的规定："行政机关居间对公民、法人或者其他组织之间以及他们相互之间的民事权益争议作调解或者根据法律、法规的规定作仲裁处理，当事人对调解、仲裁不服，向人民法院提起行政诉讼的，人民法院不作为行政案件受理。"即对行政机关的居间调解、仲裁行为，如果当事人不服，向人民法院提起诉讼的，是民事诉讼，而不是行政诉讼。因此，当事人对行政机关的居间调解、仲裁不服不能提起行政诉讼，而只能提起民事诉讼。

（二）行政调解的机关

根据行政主体中行政机关的分类，行政调解相应地分为两类：

1. 政府调解。即各级人民政府主持的调解，主要是基层人民政府即乡、镇人民政府对一般民间纠纷主持的调解。

2. 部门调解。政府职能部门主持的调解，国家行政机关依法对某些特定的民事纠纷、经济纠纷或劳动纠纷等进行调解。

从对社区矛盾纠纷的调解看，现在所谓的行政调解，绝大多数属于部门调解，政府调解工作开展极少。

（三）政府职能部门的行政调解

社区矛盾纠纷的种类繁多，行政调解并不是对所有的矛盾纠纷都进行调解，而往往根据不同的情况，规定某种行政机关仅就某一类矛盾纠纷进行调解。

按照主持调解的行政机关的不同，行政调解可分为司法机关的调解、公安机关的调解、劳动争议调解委员会的调解和人事争议仲裁委员会的调解。

1. 司法机关的调解

在乡镇一级政机组织和城市街道办事处中，普遍设置司法所，有若干名专职或兼职司法助理员。司法助理员是基层政权的司法行政工作人员，在同级人民政府和县（区）司法局（科）和基层人民法院的指导下进行工作。司法助理员所履行的职责是同级人民政府行政管理职责的一部分，他所主持的调解，是非诉讼的行政调解。

司法助理员主要调解两类纠纷，即人民调解委员会难以调解的疑难民事纠纷和一般经济纠纷。疑难民事纠纷就是指纠纷的情节比较复杂，争议的事实不太清楚，调查取证比较困难，当事人双方的权利义务关系不大明确且对立情绪也较重，争议数额较大，人民调解委员会难以解决的纠纷。调解的经济纠纷包括两个方面：一是群众之间因经济往来等引起的纠纷；二是各种小型的经济实体之间因经济合同引起的经济纠纷。

2. 劳动争议仲裁委员会的行政调解与仲裁

劳动争议仲裁委员会是市、区、县级市设立的，经国家授权依法独立处理劳动争议案件的专门机构。我国《劳动法》第三条明确规定了劳动者有提请劳动争议处理的权利，以便劳动者其他权利受到侵害时，有进行救济的权利，由劳动仲裁部门进行。

劳动争议仲裁委员会可以对各类企业、个体经济组织与职工之间发生的劳动争议和对国家机关、事业单位、社会团体和与之建立劳动合同关系的职工之间发生的劳动争议进行仲裁。

在劳动争议仲裁委员会的主持下，通过宣传、说服、教育的方法，

使劳动争议当事人双方在分清是非和自愿协商的基础上，依照法律、政策、规章的规定，自愿达成一致协议，使劳动争议及时得到解决。劳动争议仲裁委员会的调解虽然不是处理劳动争议的必经程序，但它却是一项必不可少的重要制度。

3. 人事争议仲裁委员会的行政仲裁

人事争议仲裁委员会是同级人民政府负责处理人事争议的专门机构，其组成人员由同级人民政府批准。一般在省（直辖市、自治区）、地（市）、县（市、区）设立，分别负责处理管辖范围内的人事争议案件。

人事争议仲裁委员会由主任一人，副主任、委员若干人组成。人事争议仲裁委员会的主任由政府分管人事工作的负责人担任，副主任、委员由政府人事部门、有关单位的负责人、专家学者担任。人事争议仲裁委员会组成人员应当是单数。人事争议仲裁委员会做出决定时实行少数服从多数的原则。人事争议仲裁依法独立进行，不受行政机关、社会团体和个人的干涉。

人事争议仲裁委员会仲裁的范围主要是国家机关、事业单位、社会团体与公务员、职员、管理人员、专业技术人员之间因录用、调动、工资、辞职、辞退以及履行聘任合同或聘用合同所发生的人事争议。

4. 公安机关的调解

公安机关是国家治安行政管理的专门机构，是人民民主专政的重要工具，担负着维护社会安全、保障国家和人民生命财产免遭不法侵害的重要使命。

公安机关调解的范围是对因民间纠纷引起的打架斗殴或损毁他人财物等违反治安管理的行为和交通事故经济赔偿的调解。

（1）对轻微违反治安管理行为的调解

公安机关所调解的这种纠纷与人民调解委员会和司法助理员所调

解的纠纷相比，具有两个明显的特征：一是这种行为具有社会危害性。这种危害性可能是现实的，也可能是潜在的。二是这种行为具有违反了《中华人民共和国治安管理处罚法》(以下简称《治安管理处罚法》)。

根据《治安管理处罚条例》和公安部2003年8月26日签署的《公安机关办理行政案件程序规定》，公安机关对违反治安管理的下列行政案件可以调解处理：一是因民间纠纷引起的打架斗殴造成轻微伤害的；二是因民间纠纷造成他人财物损毁，情节轻微的；三是其他因民间纠纷引起的违反治安管理行为，情节轻微的。具体地说，这些行为包括：因民间纠纷而殴打他人，造成轻微伤害的；因民间纠纷非法限制他人自由或者非法侵入他人住宅但情节显著轻微的；公然侮辱他人或者捏造事实诽谤他人，情节轻微的等。

经公安机关调解达成调解协议并履行的，公安机关不再予以治安处罚。对调解最终未达成协议或者达成协议后在履行之前反悔的，公安机关应当对违反治安管理行为人依法予以处罚；对违法行为造成的损害赔偿纠纷，应当告知纠纷各方向人民法院提起民事诉讼。

(2)交通事故经济赔偿调解

公安机关对因交通肇事造成他人人身、财物损害，肇事者未构成犯罪的经济赔偿纠纷，应召集事故当事人或代理人进行调解。

经调解达成协议的，制作调解协议书，由参加调解的人员签名，并加盖事故处理机关印章即行生效，当事人必须履行；两次调解达不成协议或在协议生效前当事人一方反悔的，应当告知当事人另一方依法向人民法院提起诉讼。

对于案情简单、因果关系明确、当事人争议不大的轻微和一般事故，公安机关可以采用简易程序当场处罚和调解，但当事人不同意使用简易程序处理的，不适用简易程序。当场调解未达成协议或者调解书生效后任何一方不履行，当事人可以持公安机关的调解书或者调解终结书

向人民法院提起民事诉讼，人民法院应当依法予以受理。

三、人民调解委员会调解

（一）人民调解的性质

人民调解是在人民调解委员会主持下，依据法律、政策和社会主义道德，对民间纠纷进行规劝疏导，促使当事人互谅互让、解决纠纷的群众自治活动。它具有如下特点：1. 它是人民群众自行解决民间矛盾纠纷的一项自治活动。从本质上说，人民调解属于基层民主政治和法治建设的范畴。2. 它便民利民，能够把大量的民间纠纷化解在基层，为群众解决矛盾纠纷节省大量的人力、财力和时间，也有益于司法机关减轻工作压力，减少判决后执行中的困难。3. 人民调解的过程又是宣传国家法律与社会公德的过程，不仅能够使纠纷得到及时化解，而且能够提高人们的法治观念与道德水平，促进社会良好关系的建立，进而达到预防的目的。

（二）人民调解的范围

人民调解委员会调解的矛盾纠纷主要是因人民内部矛盾引起的民间纠纷。民间纠纷是指公民之间有关人身、财产权益和其他日常生活中发生的纠纷。一般包含两个要素：一是当事人之间存在着某种权益争执，如：房屋、财产、赔偿、继承等财产权益方面的争执，也包括邻里之间的水、路、风光的争执，小孩打架引起的争执等非财产权益方面的争执；二是当事人之间存在着家庭、亲属、亲戚、同事、邻里以及其他在工作、生活中经常交往的关系。民间纠纷包括发生在公民与公民之间、公民与法人和其他社会组织之间涉及民事权利义务争议的各种纠纷，一般而言，民间纠纷是一种情节比较轻微、涉及面不大的争执。

民间纠纷分为婚姻家庭纠纷、财产权益纠纷、生产经营性纠纷以及其他纠纷。婚姻家庭纠纷包括夫妻纠纷、婆媳纠纷、其他家庭成员间的纠纷，赡养纠纷、抚养纠纷、虐待纠纷，遗弃纠纷、继承纠纷、房屋纠纷等。财产权益纠纷包括债务纠纷、宅基地纠纷、损害财物纠纷、共有物的使用和分割纠纷等。生产经营性纠纷包括土地纠纷、山林纠纷、水利纠纷、牲畜纠纷、农机具纠纷等。其他纠纷包括轻微伤害纠纷、邻里纠纷、损害名誉纠纷等。

2002 年 9 月 11 日司法部颁布的《人民调解工作若干规定》明确规定，人民调解委员会不得受理调解下列纠纷：

1. 法律、法规规定只能由专门机关管辖处理的，或者法律、法规禁止采用民间调解方式解决的；

2. 人民法院、公安机关或者其他行政机关已经受理或者解决的。

（三）人民调解委员会的组成

人民调解委员会是村民委员会和居民委员会下设的调解民间纠纷的群众性组织，由委员三至九人组成，设主任一人，必要时可以设副主任。人民调解委员会委员、调解员，统称人民调解员。人民调解员除由村民委员会成员、居民委员会成员或者企业事业单位有关负责人兼任的以外，一般由本村民区、居民区或者企业事业单位的群众选举产生，也可以由村民委员会、居民委员会或者企业事业单位聘任。人民调解委员会的设立及其组成人员，应当向所在地乡镇、街道司法所（科）备案；乡镇、街道人民调解委员会的设立及其组成人员，应当向县级司法行政机关备案。

乡镇、街道司法所（科），司法助理员应当加强对人民调解委员会工作的指导和监督，负责解答、处理人民调解委员会或者纠纷当事人就人民调解工作有关问题的请示、咨询和投诉；应人民调解委员会的请求或者根据需要，协助、参与对具体纠纷的调解活动；对人民调解委员会主持达成的调解协议予以检查，发现违背法律、法规、规章和政策的，

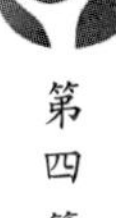

应当予以纠正；总结交流人民调解工作经验，调查研究民间纠纷的特点和规律，指导人民调解委员会改进工作。

（四）调解协议的法律效力

人民调解是通过人民调解委员会对民间纠纷进行调解，属于诉讼外的调解。从2002年11月1日起最高人民法院通过的《关于审理涉及人民调解协议民事案件的若干规定》以司法解释的形式明确了人民调解协议具有法律约束力，该司法解释明确规定经人民调解委员会调解达成的有民事权利义务内容，并由双方当事人签字或者盖章的调解协议，具有民事合同性质，当事人不得擅自变更或者解除调解协议。

四、仲裁委员会仲裁调解

（一）仲裁委员会仲裁调解的性质

仲裁委员会是依法在直辖市和省、自治区人民政府所在地的市或在其他设区的市设立的，专门调解平等主体的公民、法人和其他组织之间发生的合同纠纷和其他财产纠纷的社会组织。

从法律意义上讲，仲裁是指纠纷双方当事人按事先或事后达成的协议，自愿将有关争议提交仲裁机构，仲裁机构以第三者的身份对争议的事实和权利义务作出判断和裁决，以解决争议维护正当权益，当事人有义务履行裁决的一种制度。我国《仲裁法》规定，平等主体的公民、法人和其他组织之间发生的合同纠纷和其他财产纠纷可以申请仲裁。

（二）仲裁委员会仲裁调解的范围

仲裁调解的范围包括合同纠纷和其他财产权益纠纷。属于该范围内的合同纠纷，当事人双方可以在合同中订立仲裁条款，或者发生争议后达成请求仲裁的协议，其他财产权益纠纷，当事人可以在纠纷发生前或发生后达成书面仲裁协议。

当事人采用仲裁方式解决纠纷，应当双方自愿，达成仲裁协议。反映当事人真实意思表示的仲裁协议是将争议中发生的纠纷提交仲裁的前提和依据，没有仲裁协议，一方申请仲裁的，仲裁委员会不予受理。《仲裁法》同时规定："婚姻、收养、监护、继承纠纷"和"依法应当由行政机关处理的行政争议"不能仲裁。

（三）仲裁委员会的组成

仲裁委员会由主任一人、副主任二至四人和委员七至十一人组成。仲裁委员会的主任、副主任和委员由法律、经济贸易专家和有实际工作经验的人员担任。仲裁委员会的组成人员中，法律、经济贸易专家不得少于三分之二。仲裁委员会应当从公道正派的人员中聘任仲裁员。

（四）仲裁协议的法律效力

仲裁依法独立进行，不受行政机关、社会团体和个人的干涉。仲裁中，当事人愿意调解的，仲裁庭应予调解；调解不成的，仲裁庭应依法及时作出裁决。仲裁调解属于诉讼外的调解，不是必经的法定程序，但如果调解达成协议的，仲裁庭应当制作调解书或根据调解结果制作裁决书。仲裁调解书与仲裁裁决书具有同等的法律效力。

仲裁实行一裁终局的制度。裁决作出后，当事人就同一纠纷再申请仲裁或者向人民法院起诉的，仲裁委员会或者人民法院不予受理。

第三节　社区矛盾纠纷的化解方法

社会矛盾纠纷是影响社会稳定的重要方面，积极预防和有效化解矛盾纠纷，对于为改革开放和经济发展创造良好的社会环境具有重要意义。因此，必须积极地采取有效对策，把矛盾纠纷解决在基层、解决在

内部、解决在萌芽状态，不使之激化、扩大，努力把社区矛盾纠纷化解在社区，全力维护社区的稳定。

一、化解社区矛盾的原则与方法

我国处于社会主义初级阶段，仍旧存在着大量的社会矛盾，既有人民内部矛盾，也有敌我矛盾。特别是当前社会正处于转型期，诱发社区矛盾的原因很多，如城市拆迁、农民失去土地、城市工人退休或下岗、司法处理不公、环境破坏贻害公众、干部工作作风粗暴导致群众不满等。如不能及时化解，在社区会发生个体性小范围对社会的不满举动，例如自焚、跳楼等。有的还会演化为杀人、爆炸等刑事犯罪行为及上访、非法集会游行示威等群体性治安事件，严重影响政府的威信与社会的稳定。对此，社区要及早发现存在的矛盾，积极向政府有关部门报告，利用熟悉社区情况、熟悉矛盾当事人的有利条件，积极协助政府及有关部门参与对社区矛盾的化解工作。

（一）化解社区矛盾的原则

1. 教育疏导原则

教育疏导是一种实事求是、以理服人、讲求实效地解决社区矛盾的方法。为防止因社会矛盾激化而导致违法犯罪的产生或酿成群体性治安事件，首先要进行教育疏导。

教育是一种全社会性的思想政治工作，人人都有接受教育和对别人进行教育的社会权利和义务。疏导，即疏通引导，广开言路，循循善诱，使之开通思想。通过正面教育、思想感化，摆事实、讲道理，耐心地进行规劝和教育。对社区矛盾的化解首先要进行教育疏导，这是因为社区矛盾大多是属于思想认识问题，是属于人民内部矛盾，不宜采用压服的办法把问题堵回去，只能通过疏通引导，教育感化，解决问题，缓解矛盾。

为贯彻好这一原则，必须做到因势利导，措施要有针对性，并坚持矛盾“可解不可结”的方针。通过深入细致做思想工作，宣传法律政策，讲明道理，晓以利害。对群众反映的问题，在不违背法律、政策的前提下，应采取认真的态度，切实加以解决。对不能立即解决的问题，也要向群众解释清楚，讲明解决方法，消除群众的对抗情绪，争取群众的理解和支持，从而把群众引导到遵守国家法律政策，正确对待现实，理解支持党和政府的工作上来。不能回避矛盾，甚至制造新的矛盾，激化矛盾。

2. 依法调解原则

在解决社区矛盾的过程中，有关部门应当加强法治宣传教育，引导矛盾双方群众通过法律途径向人民法院提起民事诉讼或通过仲裁等法律手段依法解决矛盾。

在协商解决社区矛盾的过程中，矛盾当事人不能超越法律法规的限度，为及早平息矛盾而答应另一方当事人的无理要求，否则会为以后处理类似矛盾带来极大的后患。应在法律许可的限度内，合情合理地解决矛盾。

在解决矛盾的全过程中，都要严格遵守有关法律、法规，不能感情用事，坚决杜绝任何侵犯公民合法权益的非法行为。

（二）化解社区矛盾的方法

在社区矛盾的化解工作中，要及时把握可能引起矛盾的诱因，有针

对性地加以疏导，缓解和消除可能激化的社区矛盾。具体方法主要有：

1. 召开矛盾协调会

社区内各成员之间、居民与企业之间、居民与政府部门之间产生了矛盾纠纷，社区要出面邀请矛盾所指向部门和单位的相关人员与矛盾当事人进行对话（必要时可请有关部门协助），召开矛盾协调会议，为解决社区矛盾提供平台，协助解决社区矛盾。政府职能部门及相关单位要及时派出有决策权的领导参与矛盾协调会，本着实事求是的态度，合理解决社区矛盾。对一些比较尖锐、复杂的矛盾，社区一定要在党委、政府的坚强有力统一协调下，与各单位、各职能部门相互配合，步调一致，形成合力，共同努力，只有这样，才能最终化解社区矛盾，解决引发矛盾的根源性问题。

在矛盾协调会上，政府职能部门及相关单位的领导，要抓住矛盾症结，合情合理地解决问题。任何矛盾的发生，都有它一定的原因，不解决源头问题，什么矛盾都是解决不了的。因此，我们要找准引发矛盾的主要原因，尤其要敢于从党委、政府和基层干部本身找原因。对矛盾中涉及的问题，能立刻予以答复解决的，应立即予以解决；属于工作失误的，要认真接受群众的申诉、批评，并诚恳承担责任，纠正错误；涉及自身权限以外的问题，应当及时报告党委、政府，由政府和有关部门、单位研究，采取措施实事求是地解决；一时无力解决的，亦应说明情况，提高透明度，取得当事人的理解。

在矛盾处于一触即发的情况下，更需要党政主要领导和有关单位领导与群众对话，及时疏导劝解，缓解矛盾。只有把群众反映最强烈的问题，对他们的切身利益影响最大的问题，特别是他们面临的思想难题和生活困难等源头问题解决好了，才能增强教育疏导工作的有效性，也才能为最终化解矛盾扫除障碍。

2. 抓住主要矛盾，做好核心人物的思想转化工作

人是一切社会关系的总和，社区矛盾的真正主体是人。尽管当前矛盾错综复杂，但说到底还是人的问题。因为矛盾群体中的人既是对象，又是主人。如果把制造、引发或影响矛盾的主要人物工作做好了，把这个矛盾的主要方面抓住了，真正解决他的认识问题，就会事半功倍，整个矛盾也会迎刃而解。

因此，在化解社区矛盾时，必须抓住在解决矛盾中起到核心作用的骨干人员，因为他们在解决社区矛盾中起着关键作用。在疏导教育中要善于抓住主要矛盾，及时发现其中最具有影响和号召力的人物，力求首先做好他们的思想转化工作，只要这些人的态度转变了，社区矛盾就可以比较容易地解决。

3. 动员有影响、有权威的人士出面疏导

在解决社区矛盾时，必须要由责任单位、部门的主要负责人或在矛盾当事人中有较高威望的人员向群众面对面地开展说服教育工作，才能使群众信服，缓解对立情绪，避免矛盾激化。特别是那些在群众中有较高威望的人员，往往与当事人有着某种利害关系或感情关系，有这些人出面做工作，在心理上容易沟通，如亏损企业的老厂长、老工人等，有影响、有权威的宗教界人士，学校中的老教授、知名学者等。这些人的教育疏导往往会收到事半功倍的效果，所以不能忽视这部分力量的特殊作用。

4. 查处违法行为，维护合法权益

对人民群众反映的基层党政组织和企业内部的有关问题，要充分

理解和尊重群众的意愿和呼声，切实解决好基层群众反映强烈的问题，对出现的侵害人民群众合法权益的违法违纪行为要及时予以严肃查处，并做好情况反馈，切实维护人民群众的合法权益。

二、社区纠纷的调解方法

从社区发生的纠纷种类看，大量的是民间纠纷，社区工作者参与调解的也主要是民间纠纷。因此，对社区纠纷的调解本书主要定位于人民调解委员会对各类社区民间纠纷的调解。

（一）社区纠纷调解的原则

1. 依法律政策和社会公德进行调解的原则

民间纠纷调解必须按照国家法律、政策和社会公德进行。这是因为：第一，法律、政策是评判是非、调解民间纠纷的正确依据；第二，只有依照法律、政策调解才有说服力；第三，只有按照法律政策进行调解，才能促成当事人在分清是非的基础上达成和解。

这一原则要求调解纠纷时，法律有明文规定的，要严格依法执行；没有规定的，按照党和国家的有关政策调解；如果法律、政策都没有明确规定的，则应当依据社会公德去调整当事人之间的关系，实事求是地解决纠纷。

2. 调解自愿原则

在双方当事人自愿平等的基础上进行调解。要坚持这一原则，是因为：第一，这一原则由人民调解的性质所决定的；第二，调解只有建立在双方当事人自愿的基础上，才能彻底解决他们之间的纠纷；第三，调解只有建立在当事人自愿的基础上，才能保证当事人双方自觉、自愿地履行调解协议，避免和减少纠纷的反复。

这一原则要求：第一，纠纷发生后，是否调解，决定于当事人愿意不愿意接受；第二，调解协议必须是双方当事人协商一致达成的。

3. 尊重当事人诉讼权利的原则

尊重当事人的诉讼权利，不得因未经调解或者调解不成而阻止当事人向人民法院起诉。人民调解委员会对民间纠纷的调解是出于当事人双方的自愿，而不是诉讼的必经程序，不得因未调解或调解不成，阻止当事人向人民法院起诉。

4. 纠纷当事人地位平等原则

纠纷当事人在调解时地位一律平等。任何纠纷当事人，不分民族、种族、职业、文化程度、社会出身、政治面貌、财产状况、宗教信仰等，在调解时，应一视同仁。

这一原则要求：第一，纠纷当事人在调解全过程中享受的权利完全平等；第二，调解人员必须平等对待当事人。

（二）社区纠纷调解的方法

一般而言，对社区民间纠纷应按下列步骤做好调解工作。

1. 社区民间纠纷的受理

无论是当事人找到调解委员会，还是调解委员会主动发现纠纷或纠纷的苗头，都必须积极主动地前往调解。如果人民调解委员会采取不告不理的态度，一味坐等纠纷上门，就可能使纠纷愈演愈烈，矛盾激化。不等当事人申请，人民调解委员会积极发现纠纷和纠纷苗头，主动前往调解和预防，对于及时妥善地解决纠纷和防

止矛盾激化，都有着十分重要的意义。有些纠纷发生后，虽然一方当事人主动申请调解，但另一方当事人则坚决不同意调解，遇有这种情况，人民调解委员会应先做当事人的思想工作，在劝说无效的情况下，就不能继续进行调解，应让他们通过诉讼程序去解决。

无论当事人书面的还是口头的调解申请，人民调解委员会都必须接受。纠纷发生后，有的当事人以书面的形式向人民调解委员会申请调解，并在书面申请中写明当事人的姓名、纠纷的内容及主要证据来源。对此，人民调解委员会无疑应该予以受理。但在实际生活中，大多数当事人的申请都是以口头形式表达的，人民调解委员会应不注重形式，只要有当事人的申请，就应积极主动地进行调解。

当事人申请调解纠纷，符合条件的，人民调解委员会应当及时受理调解，并按规定进行登记。不符合受理条件的，应当告知当事人按照法律、法规规定提请有关机关处理或者向人民法院起诉；随时有可能激化的，应当在采取必要的缓解疏导措施后，及时提交有关机关处理。

2. 调解前的调查、取证

弄清纠纷情况，判明纠纷性质和是非曲直，是调解能否顺利进行、能否彻底解决纠纷的关键。如果能彻底弄清纠纷事实，收集到翔实充分的证据，就能较好地解决纠纷。调查的内容包括纠纷的性质、发生原因、发展经过、纠纷的主要矛盾、矛盾的主要方面以及背后起作用的人等有关情况。调查、取证必须做好下列几项工作：

（1）询问当事人

调查取证的第一项工作就是要认真询问当事人，了解纠纷的起因、经过和结果。当事人是纠纷的主体，他们对争议的关系、争议的内容、双方的要求和态度、矛盾的焦点以及纠纷所涉及的其他关系和个人都十分清楚。因此，询问当事人，是了解整个纠纷的内容，搞清纠纷事实的关键的一步。但在询问当事人时，还必须注意，由于当事人处于纠纷的利害冲突中，所以，他们的陈述往往带有很大的偏见，可能会过分地强调自己的权利；夸大有利于自己的事实，甚至歪曲事实真相。因此，调解人员既不能盲目轻信当事人的陈述，也不能忽视它在搞清纠纷真实情况中的重要作用。

调解人员在询问当事人的过程中，要注意通过个别交谈的形式进行。通过这种交谈的方式进行，有利于打消当事人的思想顾虑，使当事人觉得有一种亲近感。

通过询问当事人，人民调解委员会可以了解到纠纷的其他知情人以及其他证据材料的来源。因此，人民调解委员会必须善于从当事人的陈述中发现这些知情人和证据来源，以便进一步调查和收集证据材料。

（2）询问知情人

对于当事人之间的纠纷情况，除了向当事人本人了解之外，往往还有其他的知情人。认真向知情人了解纠纷的情况，这是调解过程中的重要一环。

当事人之间的纠纷的发生过程或者在其发生之前，就可能为他人所知，有些知情人不仅了解纠纷的结果，而且还了解纠纷的起因、当事人的态度及其真实思想。

调解人员询问知情人，应首先向知情人说明来意，并要求他们尽可能地按照事实的本来面貌陈述。在实际生活中，有时候由于知情人亲近或者同情一方当事人，使得他们的陈述带有一定的倾向性。对知情人的陈述，人民调解委员会必须认真加以审查，在与其他证据材料一起进行综合分析之后，才能运用。

人民调解委员会询问知情人，还要做到迅速、及时。这是因为有些当事人一旦得知人民调解委员会可能要向某个知情人了解情况，他们便捷足先登，找知情人谈话，授意知情人按照他们的想法和安排向人民调解委员会反映情况，阻挠调解人员查明实情；有些甚至威胁知情人，

从而给调查了解工作带来困难。调委会迅速、及时地调查了解，不给当事人以串通机会，有利于了解真实可靠的情况。

除了询问知情人之外，人民调解委员会还应向当事人所在单位的领导和群众了解情况，了解他们对当事人及其纠纷的看法，了解这一纠纷在群众中的影响以及其他有关情况。同时，要尽可能取得当事人所在单位的领导和平素与当事人关系较好的群众对调解工作的支持，共同做好当事人的思想工作。这样做不仅有助于对纠纷情况的了解，而且有利于纠纷的最终解决。

（3）其他证据的收集

要掌握纠纷的真实情况，就必须收集充分可靠的证据。人民调解委员会一方面要听取当事人的陈述，向知情人了解纠纷的情况。另一方面还要进行必要的实地调查、收集其他原始书证、物证，必要时还要进行科学鉴定，只有这样，才能真正搞清案件事实。

有些纠纷，特别是房屋、宅基地、土地、山林、水利等纠纷，只有勘验现场，才能了解案情。因此，调解人员必须深入基层，到当事人、知情人居住地，案件发生地，争执标的物所在地，向当事人、知情人及附近其他群众了解纠纷情况，对现场进行勘验，收集证据，以获得可靠的第一手材料。

在证据的收集过程中，一定要特别注意对原始书证和物证的收集工作，这主要是因为书证和物证往往是发生争议的法律关系的记录和见证，如果收集到这些证明力较强的证据，对于认定争议的事实和最终解决纠纷，无疑具有重要意义。

在收集证据的过程中，还要注意采用证据保全措施。在一些纠纷中，有些证据往往有消失和被毁损的可能，为了保证调解工作的顺利进行，调解人员应当根据实际情况和当事人的申请，积极采用证据保全措施。

3. 对当事人的说服、劝导

对纠纷的双方当事人进行说服劝导是整个调解工作的中心环节。调解工作就是对当事人晓之以理，导之以法，使其认识到他们应当维护的合法权利和应当履行的义务。对当事人的说服劝导工作贯穿于整个调解工作始终，也是关系到调解能否成功的重要工作。

根据实际经验，对当事人进行说服劝导工作，最好是单独进行。纠纷发生后，双方当事人之间都存在着对立心理。如果这时就急于召集双方当事人调解，不利于工作的进行。因为在对方当事人在场的情况下，任何一方都不愿意首先表示自己的让步，不愿意丢掉面子，而单独对当事人进行说服劝导工作时，就不存在失面子的问题。同时，单独进行劝导，容易缩短当事人与调解人员之间的心理距离，使当事人觉得调解人员确实是作为自己的知心朋友在竭诚为解决自己的纠纷服务，这样就便于调解人员开展工作，使当事人消除对抗心理。

对当事人的说服劝导是一项细致的思想工作，因此，调解人员应富有耐心。有些纠纷的当事人，通过一次劝导工作之后，可能立刻表示同意与另一方当事人和好；但事后一想到对方的问题，想到自己在和解中可能要吃亏，又出现反悔，这种情况是可以理解的。因为当事人双方的对立、矛盾往往不是一天两天形成的，可能经过了一个长期的酝酿、暴发过程，因而积怨较深。对于这种情况，要求当事人立即就转变态度，事实上也是不可能的。特别是一方当事人愿意和好之后，而对方当事人又有什么不友好的表示，就更容易出现反复。遇到这种情况，调解人员必须耐心地做工作，不能怕麻烦。事实证明，只要调解人员真诚地、耐心地作当事人的思想工作，循循善诱，最终还是可以取得良好的效果的。对于某些家庭成员之间的纠纷，达成了调解协议之后，调解人员不应放弃再次的说服劝导工作，这一方面有利于巩固调解成果，另一方面也可避免当事人的思想反复。

邀请当事人的亲友、地邻和其他公正人士共同对当事人进行说服劝导工作，是人民调解工作的又一成功经验。这是因为当事人的亲友、地邻和其他公正人士或者与当事人关系较好、感情较深或在当事人心目中有一定的威望，他们的意见较能为当事人所接受，他们的说服和劝导较易感化当事人，使当事人转变思想，接受与对方和解的意见。调解人员在对当事人的说服劝导的过程中，应善于抓住当事人的心理特点，及时邀请适当的人参加调解，尽快地转变当事人的思想，并积极地采取措施，稳定当事人的思想和情绪。

4. 促成当事人和解并达成调解协议

促成当事人达成调解协议是调解工作的目的，但它必须以前面几项工作为基础。调查取证、说服劝导工作做得好，达成调解协议就有如水到渠成，瓜熟蒂落。否则，就会在达成协议时出现僵局，甚至当事人根本拒绝和解。

在分别对当事人进行说服劝导，使当事人的思想已经有了转变，在原则问题上已统一了认识，具备了达成调解协议的思想基础时，调解人员应抓好时机，趁热打铁，及时召集双方当事人及其他有关人员参加调解并极力促使双方当事人达成和解。和解的方式有：当事人自我检讨、赔礼道歉、保证改过、赔偿损失等。

当事人的思想转变与达成协议是两回事，不能认为只要当事人的思想转变就可以达成调解协议。事实上，有些当事人在调解人员的说服劝导下认识了自己的错误，认识到了闹纠纷的危害，但一旦双方当事人涉及实体的权利义务时，就又有可能产生不同的意见和要求。遇到这种情况，调解人员应进一步劝导双方当事人求大同、存小异，同时，就纠纷的解决提出合情合理合法的建议，供双方当事人参考。

如果当事人在解决纠纷问题上达不成一致意见，调解人员可以提出解决纠纷的建议，征求当事人及有关方面的意见；劝导他们求同存异，促使他们充分协商，接受正确的解决方案，自愿达成协议。

当事人调解协议达成，调解即告成立。促成当事人达成调解协议时，还必须强调实行当事人自愿原则，调解人员就双方当事人的权利义务关系所提出的方案只能供当事人参考，不得强迫当事人接受。双方当事人在调解人员所提出的方案的基础上经过互谅互让，达成调解协议之后，就意味着此次调解成功。

达成调解协议后，调解人员应根据实际情况，及时制作调解协议书。在实际工作中，有些可以及时结清和没有给付内容的纠纷，如邻里口角、婆媳争吵等，可以不制作调解协议书，但调解人员必须进行严格的登记，记明当事人姓名、性别、年龄，纠纷的起因，纠纷的内容，主要争执事项，调解人员姓名、其他参加调解人的姓名，单位、职业及与当事人的关系，调解经过，调解结果以及履行情况等。对于较复杂的纠纷，特别是有金钱、财物给付，而且数额较大，不能及时结清的纠纷，调解人员必须制作调解协议书，写明各项事宜，一式三份，除当事人双方各执一份外，调解委员会亦应留存一份，以供今后督促当事人履行和备查。

调解协议应当载明下列事项：双方当事人基本情况；纠纷简要事实、争议事项及双方责任；双方当事人的权利和义务；履行协议的方式、地点、期限；当事人签名，调解主持人签名，人民调解委员会印章。

5. 调解协议的履行

根据 2002 年 9 月 5 日最高人民法院审判委员会颁布的《最高人民法院关于审理涉及人民调解协议的民事案件的若干规定》，经人民调解委员会调解达成的、有民事权利义务内容，并由双方当事人签字或者盖章的调解协议，具有民事合同性质。当事人应当按照约定履行自己的义务，不得擅自变更或者解除调解协议。因此，当事人应当自觉履行调解

协议。人民调解委员会应当对调解协议的履行情况适时进行回访，并就履行情况做出记录。当事人不履行调解协议或者达成协议后又反悔的，人民调解委员会应当按下列情形分别处理：

（1）当事人无正当理由不履行协议的，应当做好当事人的工作，督促其履行；

（2）如当事人提出协议内容不当，或者人民调解委员会发现协议内容不当的，应当在征得双方当事人同意后，经再次调解变更原协议内容；或者撤销原协议，达成新的调解协议；

（3）对经督促仍不履行人民调解协议的，应当告知当事人可以请求基层人民政府处理，也可以就调解协议的履行、变更、撤销向人民法院起诉。原承办该纠纷调解的人民调解委员会应当配合人民法院对该案件的审判工作。

第五篇　社区志愿服务

课　时　共计 4 课时

教学目标　了解志愿服务与志愿者精神；
了解社区志愿服务对于社区工作的意义；
了解社区志愿者队伍建设存在的主要问题；
加强社区志愿者队伍建设的几点建议；
学习社区志愿服务案例。

教学重点　社区志愿服务对于社区工作的意义；
社区志愿者队伍建设存在的主要问题；
社区志愿服务案例。

教学内容

志愿服务（volunteer）起源于 19 世纪初西方国家宗教性的慈善服务，志愿活动在世界上已经存在和发展了 100 多年。中国最早的志愿者来自联合国志愿人员组织。1979 年第一批联合国志愿者来到中国偏远地区，从事环境、卫生、计算机和语言等领域的服务。20 世纪 80 年代中期，民政部号召推进社区志愿服务，天津和平区新兴街就是早期开

展社区服务的典型。90 年代初，中国青年志愿者协会成立。这样社区志愿者和青年志愿者是目前我们国内最大的两支志愿队伍。志愿者不仅进入了中国，还有了南北两个叫法：北方称之志愿者；南方则叫义工。志愿服务最近几年越来越成为一种国际潮流。

一、志愿服务概述

随着社会主义市场经济的发展，政党和国家干预社会生活的程度降低，社会团体发挥作用的空间日益增大，志愿服务作为一种高尚的社会行为和一项重要的社会公益事业，对于构建社会主义和谐社会、推进人类进步具有重要意义。

志愿服务是一种非政府系统的组织行为和服务行动，是民间系统服务于社会的群体行为或个人行为，即民间组织或个人利用自己的知识、技能、体能或财富，通过各种服务性的行动去实现和体现对社会事业的服务与奉献，或实施和完成对有困难的社会群体及个人的服务与保障（志愿服务所体现的核心精神是人道主义）。从微观层面来说，志愿服务者可以看作是一个一个的行动者，他们在对志愿服务有一定的认同后，在自身意愿动机和相关因素的影响下参与志愿服务。他们选择参与的途径和活动的项目，并通过参加正规组织或非正规组织来实现其行动的目标，而政策和社会运作环境是他们行动的条件和限制。

二、志愿者精神

时任联合国秘书长科菲·安南在“2001国际志愿者年”启动仪式上的讲话中指出：“志愿精神的核心是服务、团结的理想和共同使这个世界变得更加美好的信念。从这个意义上说，志愿精神是联合国精神的最终体现。”这句话指出了志愿精神的本质，表达了人们对志愿服务的由衷赞美。志愿服务的精神概括起来是：奉献、友爱、互助、进步。

三、社区志愿服务对于社区工作的意义

社区志愿服务体现了社会主义核心价值体系，反映了和谐社区建设的现实需要，是群众性精神文明建设的有力抓手，是社会保障体系的组成部分，是满足社区居民物质文化需求的重要手段。

（一）社区志愿服务是满足居民现实需求的有效方式

伴随经济社会的快速发展，失业贫困、收入差距、人口老化、心理危机、青少年犯罪、人际关系淡薄等社会问题不断凸现，居民迫切需要社会关爱和帮助。大量公共管理、社会公益和社会援助等事务工作落脚到社区，仅靠政府部门的力量是不够的，急需社区志愿者的广泛参与。志愿服务领域宽、渠道广，而且能够广泛动员社会资源，有效弥补政府服务和市场服务的不足，为政府分忧，为百姓解难，为社会减压。社区志愿者提供的各种扶贫帮困、就业援助、老年帮扶、残疾人救助、青少年教育、群众文化、科学普及、医疗卫生等服务，广泛涉及社区居民的工作、学习、生活等各个领域，覆盖社区服务和社区管理各个方面，具有满足居民现实需要的基本功能。

（二）社区志愿服务是群众性精神文明建设的有力抓手

社区志愿服务是精神文明建设在社区的一种创新方式，服务领域

涉及社区生活的方方面面，服务主体涵盖了社区各类群体，服务形式灵活多样，是社区最具广泛性和群众性的文明创建活动项目。社区志愿者积极开展宣传发动、广泛参与、集中服务、成果展示等活动，尤其是各类群众性文化活动，极大满足了居民接触他人、融入社区的基本需求，为社区精神文明创建打下了坚实的群众基础。社区志愿服务适应了现代居民自主意识不断增强、生活品位不断提高的特点，满足了不同层次人们关爱他人、服务社会、实现自我价值的愿望，有利于激发群众参与文明创建的热情，推动精神文明建设蓬勃发展。

（三）社区志愿服务是建设和谐社区的现实需要

社区是城市社会的基本构成单元，是社会的缩影，社区和谐是社会和谐的重要基础。构建和谐社区就要最大限度促进社区文明进步，把各种矛盾、问题减少到最低限度和最小范围。以“奉献、友爱、互助、进步”为宗旨的志愿服务精神正是这种促进社区进步、减少社会代价的精神，体现了人与人、人与社会、人与自然的和谐相处，与构建和谐社会的本质要求完全一致。开展社区志愿服务，有助于发动民力、汇集民智，引导居民积极投身社区建设；有助于倡导新风，普及文明，促进公众践行社会主义荣辱观；有助于化解矛盾，减少冲突，规避风险，建立和谐人际关系。社区志愿者来自社会各个阶层、各种职业，有着不同的经济、政治、文化背景，他们基于共同的目标和价值理念聚集在一起，互相交流，取长补短，启迪思维，相互促进，促进了人与人之间的

融合，减轻甚至消除彼此之间的隔阂。社区志愿者乐善好施、扶贫济困，为贫困居民和弱势群体提供生活、医疗、教育、就业等方面实实在在的帮助，有效缓解社会群体分化带来的矛盾，维护社会公平正义，发挥稳定器和安全阀的作用。

（四）社区志愿服务是完善社会保障体系的有效补充

社会保障体系是保障社会稳定和谐、国家长治久安、人民安居乐业的一系列制度安排。实行社会保障首先要依靠政府部门增加财政投入和政策支持，但要把这些帮扶措施和手段真正落到实处，需要依靠社会力量的支持。社区志愿服务可以激发社会活力，动员整合居民群众中蕴藏的建设热情和能量，实现帮扶活动组织化、有序化。社区志愿服务以关爱弱势群体为本色工作和服务重点，充分发挥协调利益、化解矛盾、排忧解难的平衡功能，突显提供服务、反应诉求、规范行为的调节作用。此外，社区志愿服务针对不同社会领域的专业需求，组建各类志愿者应急队伍，加强日常培训和管理，可以承担自然灾害、重大事故、公共卫生事件和社会治安事件等社会危机的处理任务，提高了保障公共安全和应对突发事件的能力。

四、社区志愿者队伍建设存在的主要问题

随着社区志愿者队伍建设迅速发展，社区志愿者队伍在服务过程中，结合自身队伍资源实际，扎实开展活动，在扶残助老、环境整治、治安巡逻、便民服务等方面发挥了积极作用。但在具体工作中发现，志愿服务作为一种社会意识和公众意愿，在经济社会发展中显示其重要地位，但同时在人力、物力、财力等资源的整合与开发上，仍存在一定的局限，面临着一定的挑战。现以 xx 市 xx 社区为例，对根据 xx 社区志愿者队伍出现的问题作一下简单分析。

（一）居民对社区志愿服务认识不足

广大居民对于志愿者和志愿活动的了解不深刻，究其原因则是：没有成为普遍的价值观、舆论宣传力度不够、学校缺乏相应的课程教育、社会信任结构失调。

（二）社区志愿者队伍及人员数量少

从国内外社区志愿者队伍发展经验来看，社区志愿者服务已经成为调解社区矛盾、辅助社区管理、协调社会关系和贯彻社会政策不可或缺的组成部分。就现阶段志愿者情况来看，社区志愿者多数为退休的老年人，中青年居少，人员结构过于单一，文化水平比较低不能满足社区居民的全部需求。

（三）社区志愿者队伍技能水平低服务内容单一

志愿者良好的服务技能与服务水平，决定着社区服务工作范围。目前，社区志愿者队伍整体技能水平不高，知识基础薄弱。造成了部分志愿者在开展社区服务时，把志愿服务等同于单纯的学雷锋、做好事，以为“为贫困户捐一次款”“慰问一次孤寡老人”“为社区拔一次草”就是志愿服务。当然，这是志愿服务的内容之一，但这些活动应该与社区服务内容日益增多、服务领域不断拓展的新形势结合起来，在进一步挖掘社区资源优势的基础上，增加活动的联动程度，扩大服务对象的覆盖面，准确定位服务项目，提高志愿者服务与组织建设的层次与水平。

（四）社区志愿服务缺乏相应的资金保障

我国社区志愿服务事业刚刚起步，各方面制度、措施还有待完善，尤其是社区志愿服务活动面临的资金短缺问题逐渐成为制约社区志愿服务发展的“瓶颈”。由于资金不足，社区志愿者队伍的招募、培训、管理、志愿者基本社会保障等不得不流于形式，成为短期行为。我国社区志愿者队伍建设的资金短缺，主要是由政府投入不足，财政支持没有制度化；限制了工商企业、个人对志愿事业的捐赠，社区志愿者组织未能建立起一套有效的多渠道融资机制。

（五）志愿服务管理体制不健全，运行效能低

1. 多头管理体制

志愿者队伍中，青年志愿者由团中央负责，巾帼志愿者由全国妇联负责，社区志愿者由民政部门负责，从中央到地方，志愿者队伍管理体制出现了多头管理状态，缺乏统一的管理体制。

2. 登记性质不同

由于目前相关规定没有区分不同形式和性质的志愿者组织，不少机构在无章可循的情况下采取了方便自己的注册形式，因而形成了性质不同的志愿组织。在这些志愿组织当中，有的为了注册和运行上的方便采取了“挂靠”形式，有些由于不清楚报批手续并为了保持经济上的独立性在当地工商局登记注册成了企业，也有一些经过民政部的批准成了在现行条件下的“正宗”民间机构。

3. 管理方式混乱

有的是实行企业管理，所得向政府缴纳营业税；有的采取行政管理的机制，机构的领导由所挂靠的上级部门领导任命；有的则采取会员制的管理方式。

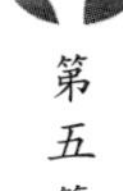

（六）缺乏激励机制可持续发展能力弱

1. 政府行政化干预过多，志愿服务组织自主性弱。长期受计划经济体制影响，政府习惯于把社区志愿组织当作自己的一条腿。社区志愿服务组织开展的活动很多都是配合上级政府的任务要求或配合社会性的

大型活动开展的，以社区为本位的、日常性活动相对较少。

2. 社区志愿者队伍不稳定，人才流失尤其是骨干人才流失严重。社区志愿服务衡量统计工作不足，付出——回报机制失衡，尤其是激励机制单薄，志愿者成员积极性不高，服务持续性不长。

五、加强社区志愿者队伍建设的建议

（一）建立健全登记注册制度，提供合法性身份认同

1. 积极推进有关社区志愿者队伍建设的全国性立法，尤其是登记注册制度立法。切实结合实际，统一规范社区志愿者登记注册的机关、内容、程序，整合志愿服务注册的不同性质，明确注册中社区志愿者应有的权利与必须履行的义务，有力提供社区志愿服务的法律保证。同时，积极支持、协助地方出台地方性法规或者规范性文件，待条件成熟时，及时制定志愿服务的法律法规及相关政策，促进社区志愿服务管理工作走向规范化、制度化、法治化。

2. 成立专门的登记注册机关。在街道、社区建立志愿者指导中心，条件成熟的地区应逐步建立志愿服务站或服务总站，安排专人负责志愿者注册管理工作，并主动招募注册志愿者为该服务站服务。发挥志愿者指导中心的核心作用，促进由服务站、服务队构成的基层组织网络建设。最后严把登记注册关，规范执行注册登记程序。

（二）建立健全培训制度，提供人力基础

在培训对象与内容上要分门别类，对新招募的社区志愿者，进行有关社区志愿者基本概念、志愿者活动发展情况、志愿服务宗旨、发展目标、信念、志愿服务的有关规定、管理制度、相关道德法规等知识的培训。对于一般成员，要在培训基础知识的基础上，加强对社区志愿者文化理念、人际交往能力、专业服务技能等方面的专业培训和系统培

训。志愿者培训导师以资深志愿者担任为主，同时邀请相关专业人士和专家、学者、领导担任志愿者培训导师。培训方式要不拘一格，注重对志愿者开展服务前和服务中的跟踪培训。培训方式可以灵活多样，包括举办培训班、介绍经验、分析案例、观摩考察等。有条件的地方应建立志愿服务的专门培训阵地，同时依托各种培训基地进行培训，提高社区志愿者综合素质。坚持培训的经常化和规范化，对培训次数、培训时间进行合理的硬性规定，把社区志愿者初次培训、阶段性培训和临时性技能培训结合起来，不断改进服务态度，提高服务水平，促进社区志愿服务队伍向正规化、专业化方向发展。

（三）建立健全社服务制度，为社区服务提供理念导向

1. 不断完善个性化的项目支撑和对特定群体的服务力度。在巩固原有服务项目的基础上，努力拓展新的服务项目，完善丰富社区志愿服务内容，扩大服务的覆盖面与受益面。坚持“社区所需、志愿者所能”的原则，确定“扶贫解困”“引领就业”“助学”等一批适合街道、社区特点的社区志愿服务项目，建立具有区域特点的社区志愿服务项目库，增强社区志愿服务的实效性。同时，要把志愿服务与弱势群体需求相结合，开展结对求助、就业培训与咨询服务。

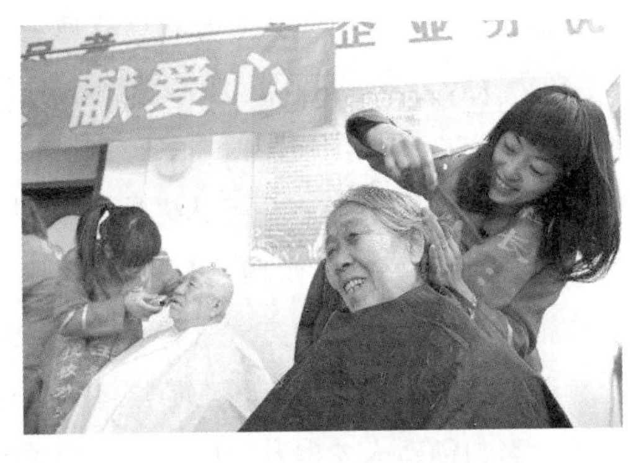

2. 要细化具体事宜工作。社区志愿者组织应根据社区实际需求，设定适当的志愿服务岗位；完善社区志愿服务服务承诺制度，明确服务内容、时间和各方的权利、义务；社区志愿者组织开展各项社区志愿服务时，不得从事营利性活动；规定社区志愿者每月或每年的最低义务服

务次数或小时数，如每月义务服务不少于2次，每年至少参加15小时以上的志愿服务等。

（四）建立健全激励制度，提供动力机制

要强化社区志愿者的自我激励机制，主要有四个方面：（1）自我价值激励；（2）自我成就激励；（3）自我提升激励；（4）自我快乐激励。唯有让志愿者真正感受到受人尊重和被人需要的自我价值所在，才能保持志愿者参与行为的内在动力。要建立多层次、多样式的志愿者表彰奖励制度。对志愿者的贡献，应当给予适当的嘉许或奖励，嘉许方式可以通过正式或者非正式的制度进行。如获得荣誉称号、受到某一级表彰，舆论宣传，成为晋级、升学、求职、信贷的重要依据等。积极推广“志愿服务时间银行”“互助服务”“服务转换”等有效形式，把提供志愿服务与优先享受志愿服务结合起来，在志愿者自身需要社会提供帮助时可以优先得到志愿服务，从而使志愿者服务成为“付出、积累、回报”的爱心储蓄，以吸引更多的人参与社区志愿者队伍中来。

（五）大力发展社区志愿者组织，规范自身管理与运作，提供组织基础

1. 健全队伍招募制度与人才开发制度

志愿者招募要遵循唯才是用、按能录用、能职结合的原则，通过职位招募与目标招募的方式进行。要注重对志愿者信息的采集，编册登记，逐一核对，认真筛选。在志愿者的人才开发上，要积极引进高素质人才，努力创建人才提升空间，配套相关的社会福利措施和激励机制改革，增强岗位的吸引力。对于合格的志愿者，要严格、全方位地培训，技术培训和思想培训两手都要抓，两手都要硬，重点突出教育培训和激励为主的管理特色。

2. 建立健全社区志愿者的考核评估机制

内容包括：关于社区志愿者服务的数据资料的获取，对数据资料的分析和处理，结果的登录和向志愿者本人的反馈。其中，社区志愿者服务数据和资料的获取是实施考核评估的基础，对服务数据资料的处理和分析是考核评估的核心。

3. 建立一个信息流畅的综合性信息中心

该信息中心一要有效结合和协调居委会的各部门，整体把握社区情报动态，充分利用部门优势服务于群众；二要把群众广泛地联系起来，及时把群众的情况、群众的建议以更便捷的方式反映给部门，供部门决策时使用，最后还要把每个志愿者信息与活动情况信息完整储存起来，备用于档案查询和随时抽查，尤其是财政收支方面。

4. 大力提升舆论宣传力度，抓住典型、注重形式、适度宣传

应充分利用社区的各种会议、市民学校、黑板报、橱窗、社区出版物、网络等渠道宣传志愿服务精神，普及志愿服务知识，大力营造社会舆论环境。同时，要努力培育社区志愿服务意识，弘扬社区志愿服务精神。建议在学校开展义务教育课程，从小学教育做起，加强终身志愿服务意识。要求干部以身作则，一年必须提供 20 小时志愿服务活动，其他行业根据情况为 10 ～ 20 小时不等。

（六）加强党对社区志愿者队伍建设的领导，提供有力政治保证

进一步提高各级政府和领导干部对于加强社区志愿者队伍建设的认识，不断提升对社区志愿者队伍建设的督导能力。各级党委和政府都应将发展社区志愿者服务事业纳入全局工作日程，成立科学高效的社区志愿者队伍建设的领导机制和工作机制，明确分工，各司其职。组织部门和街道（镇）组织，要经常深入社区，调查了解社区志愿者服务开展工作的情况，加强督促指导，并将此纳入各级党委和政府政绩考核之中。

同时，要协调各类志愿者队伍的领导，建立统一的主管部门与一定数量的志愿服务岗位。按照因地制宜、统一管理、保持相对独立的原则，创造条件建立统一的志愿者服务主管部门，改变目前政出多门、缺

乏管理的混乱状况，集中管理与协调。根据各个社区自身特点，设立数量合适的志愿服务岗位（如应急岗位），派专业性的志愿者担任。同时，各级财政部门应积极配合，建立相应的公共财政体制，加强对社区志愿者队伍建设所需的财政支撑。最后，要加强对社区志愿者队伍建设的文化环境领导。要紧紧围绕“奉献、友爱、互助、进步”的志愿精神，充分利用大众传媒和社区文化宣传设施，广泛宣传社区志愿服务的知识、技巧、意义以及在实践中涌现出来的先进经验与典型，使志愿服务的价值得到认同，劳动得到肯定，精神得到弘扬，人们价值观得到改变。力争在全国范围内形成开展社区志愿服务的良好氛围，塑造新时代的志愿文化。

社区志愿者服务活动，是近年来各地新兴的一项公益事业，要做好这项工作，主管单位一定要紧紧围绕构建和谐社区的主题，发挥社区志愿服务在社区多层次服务体系的重要补充作用，营造奉献、友爱、互助、进步的时代新风，建立并完善进社区志愿者服务组织向规范化、制度化、经常化、社会化发展，从而全面提高青少年的综合素质。要广泛发动，壮大社区志愿服务力量；要发展团队，提高社区志愿服务组织化程度；要开发项目，提高社区志愿服务的针对性和实效性；要健全机制，为社区志愿服务持续发展提供有力保障。

六、“学雷锋志愿者服务”活动案例分析

2012 年 6 月 11 日，民生路街道在哈量三社区成立了哈市首家学雷

锋志愿服务站，志愿者有了自己的“家”。在此基础上，志愿者服务站联合地区物业单位成立了物业志愿者服务点，志愿服务站在街工委志愿者工作指导中心的指导下，大力弘扬“奉献、友爱、互助、进步”的志愿精神，不断开拓工作领域，以社区志愿服务为新的增长点和着力点的志愿服务活动正向着持久、规范、制度化的方向发展。志愿服务活动走上了规范化、制度化、功能化、品牌化的轨道。

【背景分析】 为什么成立“学雷锋志愿者服务站”

通过建立一支学雷锋志愿者服务队，开展富有实效、形式多样的活动，引导有热心有爱心的社区志愿者投身志愿服务活动，切实发挥志愿者的重要作用，进一步提高城镇居民认识新形势下学雷锋的重要意义，增强学雷锋的自觉性和主动性。新形势下大力开展学雷锋活动，有五个方面的重大意义和作用：

1. 有助于凝聚干部群众的责任意识，推动经济社会又好又快发展。成立学雷锋志愿者服务站，就是最直接、最生动的把雷锋精神在居民群众当中普及进而时时处处地去发扬的最佳方式。把深入开展学习雷锋活动，作为加强公民道德建设、养成文明行为规范的重要环节和方法。人只能用人来建树，先正己而后正人，人格影响着人格的发展。雷锋作为道德人格，带给人的影响是全方位的，包括知、情、意、行的合力作用，促进人们由知到行、知行合一，使所有人由了解雷锋转化为学习雷锋，有责任把雷锋精神发扬光大。

2. 在居民和全社会形成一种创新意识，激发人们思想道德建设的热情，激扬人们心中蕴藏的美好思想品德，解决道德领域突出问题，匡正道德失范，矫正诚信缺失，提升社会道德水平，引导人们做中华民族传统美德的传承者、社会主义道德规范的实践者、良好社会风尚的创造者。

3. 有助于强化公众的服务意识，把“要我做”转变成为“我要做”、把“要我帮”转变成为“我要帮”的良好氛围。通过大力弘扬“学习雷锋，奉献他人，提升自己”的服务理念进而起到引导人、塑造人、鼓舞人的重要作用，使雷锋精神体现得更加生动活泼，效果更加深入持久，而学雷锋志愿者服务站则是为雷锋精神找到了一个支点，进而通过这个支点，由具有爱心的志愿者们托起整个社会的文明与和平。

4. 有助于强化城镇居民的效率意识，凝聚全社会力量，提高学习雷锋，为人民服务的理想信念、价值追求和道德取向。通过成立学雷锋志愿者服务站，了解志愿者之所想、民之所需，让致力于帮助他人者与需要帮助者予求相合，形成共同的付出理想和需求遵循，打牢全体人民共同把雷锋精神更快更好更直接的发挥的基础。

5. 有助于强化党员干部廉政意识。因为雷锋首先是一个共产党员，今天我们党员干部很重要的一点是加强党性锻炼和党性修养，保持党的先进性和纯洁性，这也要从学雷锋活动和雷锋精神中寻找我们的思想源泉，从而我们才能忠实践行立党为公、执政为民的理念，永葆共产党人的政治本色。

【推进措施】怎么开展“学雷锋志愿者服务站”工作

一、注重队伍建设，完善服务体系

为了切实把志愿服务站工作落到实处，把志愿服务意识和回报社会理念深入居民，服务站重视志愿者队伍建设，不断吸收新鲜血液壮大队伍，共成立了法律援助、医疗保健、扶贫救助、妇女儿童、文化娱乐等 10 支志愿者服务队伍，每支队伍均由专人负责，到目前为止，志愿者服务站累计举行大型广场志愿服务26次，开展各类志愿服务150余次，服务群众650余人次，每次志愿服务活动社区志愿者都积极响应，产生了良好的社会影响。

二、开展各项活动，确保社区志愿站各项志愿服务正常有序

各支队伍在志愿服务建设上发挥了积极作用，深入贯彻服务居民的理念和意识。社区志愿服务站组织各志愿队每年均开展各项服务活动，其中以下方面尤为突出：

（一）文体表演

志愿站不定期开展各类文艺演出、体育比赛，组织社区文艺队伍为居民送上精彩表演，为居民生活增添乐趣。2012年11月6日，社区文化娱乐志愿者组织开展了以“喜迎‘十八’大”为主题的文化活动，2013年5月12日开展庆“母亲节”为贫困母亲送花祝福活动，计划在6月13日开始，陆续开展为期一周的哈量广场电影周，为地区居民送电影到家门口。不仅为邻居营造更睦邻、融合、和谐的文化氛围，也丰富了居民的业余生活。

（二）帮困服务

志愿站组织各志愿者队成员于节日、不定期对社区低保人员、独居老人、残疾人等特殊人群进行慰问关怀，平日里经常上门询问生活情况，发现困难，及时给予帮助。在春节期间，动力区公证处志愿者一起上门走访了辖区困难群众，给他们送去了慰问品，区政协委员志愿者共走访慰问了地区困难家庭20户，为他们送去慰问品和慰问金。在当前生活水平日益提高的大好形势下，弱势群体的生活问题显得尤为突出，如何关心关爱弱势群体，为其开展优质志愿服务，是志愿服务站一直在不断探索、不断改进的重要方面。

（三）计生服务

在地区计生服务方面，医疗保健志愿者定期为社区育龄妇女免费体检，并长期免费提供避孕药具和妊娠试纸，发放叶酸等，使她们的家庭生活更加文明、幸福、美满。

三、加强组织领导，组建网络文明传播队伍

成立了街道文明办牵头，辖区各有关单位参加的网络文明传播工作组，负责网络文明传播志愿者队伍的组织管理和活动开展，指导协调网络文明传播志愿者工作。制定了网络文明传播志愿者管理暂行办法，明确了网络文明传播志愿者工作职责、工作内容、工作方式和考评机制等，按照政治信念强、法纪意识强，热心精神文明建设的标准，选拔招募志愿者 200 名，迅速组建网络文明传播志愿者队伍，与区文明办和其他办事处联网，大力开展文明传播活动，为新时期精神文明建设做出了应有贡献。

【成效启示】民生路街道“学雷锋志愿者服务站”开展情况

服务站与受助群众是一家，群众哪里有需要，哪里就有志愿者；在民生地区，志愿服务活动蓬勃开展，一个志愿者就是一个精神文明建设的火种，传递着人与人之间的温暖，也弘扬着社会新风。陈桂珍，已年过七旬，是一位“银发志愿者”，被誉为“热心老太”，特别喜欢帮助人，而且从不怕麻烦，是社区“五老”成员，退休后她主动承担起了辖区青少年和幼儿心理教育工作，辖区内大小幼儿园，学校都经常能看到她的身影，为孩子们讲解饮食、心理等方面的健康常识，并向辖区青少年发起了“做学校和社区联络的小天使，帮助家务劳动的小帮手，维护

地区安全的小哨兵，遵纪守法的小模范，助人为乐的好少年”的倡议。地区夕阳红老年志愿者巡逻队以王忠臣为队长，时常穿梭于楼宇之间，为民生地区安全保驾护航。巡逻的时候常常有居民招呼志愿者到家里喝口水歇一会儿，有什么治安情报第一时间就向巡防队反映。“热心肠”的老党员志愿者刘占元，在他居住的小区内，但凡有单元门破损他都能及时发现并自己掏腰包买配件修葺一新，在社区的很多显著位置都能看见活灵活现的雷锋画像和毛主席“向雷锋同志学习”的题词，那都是刘占元老人顶着烈日、扛着梯子爬上爬下的画出来的。老人从不邀功也不要任何回报，他说:“现在我年纪大了，可以出力的时间没几年了。加入‘学雷锋志愿者服务站’，在剩下的几年里就一定要为社区出力。”

马玉文带领的文体志愿服务队，以丰富居民文化生活为己任，成立了夕阳红老年舞蹈队、健身舞队、合唱队、太极拳队、模特队、乐器队等多支文体队伍，既丰富了居民的文化生活，愉悦了身心，还宣传了先进文化。文体志愿者走到哪里，就把欢声笑语带到哪里。由党员干部王月梅带领的矛盾纠纷调解志愿服务队，登门调解邻里纠纷和家庭纠纷。她们把自家电话当成了“调解热线”，不嫌麻烦，不限时间，不管难易，不管寒暑，遇到邻里吵架、夫妻拌嘴，就登门造访，主动介入，控制“事态”。

为了满足地区居民日益增长的各种需求，民生办事处志愿服务站延伸服务链条，开展了一系列拓展性服务。家庭矛盾、邻里纠纷是影响社区和谐的主要问题。家庭因财产继承纠纷又打又闹，公共空间存放私人物品导致邻里“反目”，房屋装修“扰民”现象，楼上楼下因漏水“闹红脸”，服务站发现，仅仅靠志愿者苦口婆心的调解远远不够，只能是“摁下葫芦起了瓢”，要想“治标又治本”，提高居民的法律意识才是关键。在服务站的积极推动下，2012 年 5 月，办事处成立了“法律诊所”，把律师请到了居民身边。每周六请专业律师到诊所定时为居民进行法

律咨询，提供全程跟踪式服务。为将这一活动坚持持久，服务站建立起“法律诊所”管理制度、“法律诊所”会客登记簿、“法律诊所”结案统计表、“法律诊所”活动纪实等。2013 年，地区居民陈凤兰因外孙与红十字医院之间的医疗纠纷迟迟得不到解决而屡次上访到省市甚至进京，社区法律诊所杨洁律师主动与其结对，分析案例，针对其家庭困难等方面给予法律援助，完成了陈凤兰由上访到走正当法律途径的转变。

民生办事处志愿者服务站致力于弘扬道德模范、身边好人、优秀志愿者的精神，针对帮助他人的志愿者自身存在的各种困难，倡导“好人帮助好人”的模式，组建“先进典型后援会”。在“后援会”组建仪式上，后援会会长了解到身边好人苏泽军身患尿毒症，家庭条件困难，现场为其捐款 1000 元，“志愿者后援会”成立后，累计为需要帮助的志愿者理发、检查身体、家政服务等累计 50 余人次，并捐赠慰问品衣物 30 余件。

该地区志愿者经常开展义务劳动，补栽树木 200 多棵，安装更换路灯灯泡 36 余盏，新增更换垃圾箱 57 个，由市电影公司组队的清洁小分队为社区义务清理社区乱贴乱画小广告累计 70 余人次，用辛勤的汗水美化家园。

两年来，民生服务站志愿者队伍建设迅速发展，并取得了显著成绩，就目前而言，志愿者队伍建设仍处于初级阶段，随着管理体制以及所辖社区结构的深刻变动，志愿者队伍建设潜在的问题也逐渐凸现出来。

【存在问题】现阶段“学雷锋志愿者服务站”存在的主要问题

1. 办事处志愿者队伍及人员数量相对数量仍然较少，人员结构相对单一。

2. 志愿者队伍及部分组织人员的技能水平相对较低。

3. 志愿服务对当中部分志愿者服务意识不强。

4. 志愿服务缺乏相应的资金保障，缺乏制度保障。

【解决对策】民生志愿者服务站今后的运行方法

针对以上存在问题，为加强志愿者队伍建设提出以下几点建议：

1. 建立健全志愿者队伍建设的培训制度，为加强志愿者队伍建设提供人力基础，提高专业化水平。

2. 建立健全志愿者队伍建设的服务制度，为加强志愿者队伍建设提供理念导向。

3. 建立健全志愿服务的激励制度，为加强志愿者队伍建设提供动力机制，即自我价值激励、自我成就激励、自我提升激励、自我快乐激励。

在民生地区，志愿者被居民们称为“最可爱的人”。他们本着“奉献他人，提升自己”的服务理念，强化“五种意识”，创新服务形式，提高服务水平，奉献不求回报，以自己的一滴汗水，浇灌社区的文明之花。他们来自于群众，又服务于群众。志愿者离不开群众，群众也离不开志愿者。他们心心相印，血脉相依，诠释着人世间的大爱真情。

中关村学院社区教育教材“建设和谐社区系列丛书”之六

王雪松◎主编

中关村学院社区教育教材

职业技能

图书在版编目（CIP）数据

“建设和谐社区系列丛书”中关村学院社区教育教材：全 6 册 / 王雪峰主编 . -- 北京：现代教育出版社，2018.6
ISBN 978-7-5106-6279-9

Ⅰ . ①建… Ⅱ . ①王… Ⅲ . ①社区教育－中国－教材 Ⅳ . ① G779.2

中国版本图书馆 CIP 数据核字 (2018) 第 126165 号

建设和谐社区系列丛书
中关村学院社区教育教材

主　　编　王雪松
责任编辑　魏　星　刘兰兰
封面设计　敬德永业
出版发行　现代教育出版社
地　　址　北京市朝阳区安华里 504 号 E 座
邮政编码　100011
电　　话　（010）64251036
印　　刷　北京永顺兴望印刷厂
开　　本　170mm × 240mm　1/16
印　　张　48.5
字　　数　650 千字
版　　次　2018 年 9 月第 1 版
印　　次　2018 年 9 月第 1 次印刷
书　　号　ISBN　978-7-5106-6279-9
定　　价　130.00 元（全 6 册）

目　录

第一篇　社区管理流程体系建设

课　　时　共计8课时

教学目标

了解流程管理的定义及目的；
了解业务流程管理；
理解流程管理的原则；
理解业务流程管理的原则；
掌握社区管理流程体系的建立步骤。

教学重点

流程管理；
业务流程管理；
社区管理流程体系的建立。

教学内容

第一节　流程管理

案例导入

很久很久以前，山上一个寺庙里住着七个和尚，他们每天需要分

一桶粥。可要命的是，粥每天都是不够的。

一开始的时候，他们通过抓阄来决定分粥，一个人每天轮流一回。于是乎每周下来，他们七个人都感觉只有一天是吃饱的，那就是自己分粥的那天。

后来他们开始反思。于是推选出一个道德高尚的僧人来分粥，看上去这样似乎更公平了，不过更严重的问题随之出现。强权就会产生腐败，渐渐地大家都开始挖空心思去讨好他，贿赂他，搞得整个寺庙乌烟瘴气，乱作一团。

接下来，他们又开始想好的方法。然后就组成三个人的分粥委员会和四人评选委员会。这个办法貌似很好，可是结果呢？平静了一天后，就开始互相攻击扯皮，虽然粥是比以前分得均匀了，但到吃的时候都是凉的。难道就没有再好的方法了吗？

最后一个和尚就想出来一个方法，并且自告奋勇地自己先分。他的方法是怎样的呢？

规则就是：每个人轮流分粥，但分粥的人要等到其他人都挑完后拿剩下的最后一碗。这样一来为了不让自己吃到最少的那碗粥，每个和尚都分得尽量均匀，就算不均匀也只能认了。最后大家快快乐乐。

从故事可以看出，人性是自私的，制定财务管理制度时，要充分考虑到这一点。而为了更好地规范这一问题，必须有合理的游戏规则，哪些是可以做的，哪些是不能做的，比道德高尚的僧人和委员会更加聪明的东西，就是流程，流程可以帮助制定游戏规则，避开人治的陷阱。

一、流程管理是什么

（一）关于流程

流程是一组为客户创造价值的相关活动。企业的流程是对业务运作的规范，可以不断地总结和固化优秀的经验。

“流程”的六个要素：输入资源、活动、活动的相互作用（即结构）、输出结果、顾客、价值。

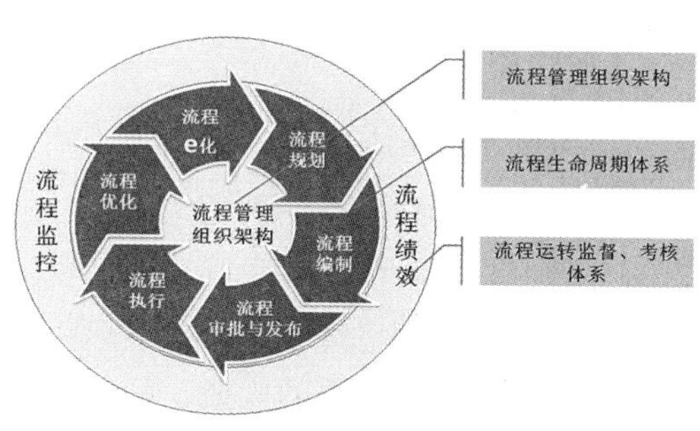

图 1–1　流程管理组织架构图

按照流程的定义，企业的活动几乎都能看作是大大小小的流程。也就是说，个人难以独自提供增值，起作用的是增值的流程。

1. 流程的特点

（1）目标性

有明确的输出（目标或任务）。这个目的可以是一次满意的客户服务，也可以是一次及时的产品送达，等等。

（2）内在性

包含于任何事物或行为中。所有事物与行为，我们都可以用这样的句式来描述：“输入的是什么资源，输出了什么结果，中间的一系列活动是怎样的，输出为谁创造了怎样的价值。”

（3）整体性

至少由两个活动组成。流程，顾名思义，有一个“流转”的意思隐含在里面。至少两个活动才能建立结构或者关系，才能进行流转。

（4）动态性

动态性由一个活动到另一个活动。流程不是一个静态的概念，它按照一定的时序关系徐徐展开。

（5）层次性

组成流程的活动本身也可以是一个流程。流程是一个嵌套的概念，流程中的若干活动也可以看作是“子流程”，可以继续分解为若干活动。

（6）结构性

流程的结构可以有多种表现形式，如串联、并联、反馈等。这些表现形式的不同，会给流程的输出效果带来很大的影响。

2. 流程的作用

优秀的流程能够提升企业的核心竞争力。

流程是对业务运作的规范，可以不断地总结和固化优秀的经验。

（二）流程管理是什么

1. 流程管理的定义

业务流程管理（BPM，简称流程管理），是一种以规范化地构造端到端的卓越业务流程为中心，以持续地提高组织业务绩效为目的的系统化管理方法。与 BPR 的定义相似，流程管理的定义中也包含了几个关键词：规范化、流程、持续性和系统化。从定义可以看出，流程管理将原来 BPR 定义中的彻底性、根本性融入了规范化、系统化中，指出不一定全是彻底地重新设计业务流程，而应该规范地对流程进行设计，需要进行重新设计的就进行重新设计，不需要重新设计的就进行改进。同时，该定义指出，流程管理是一种系统化的方法，是持续的、不断提升的一种方法，放弃了原来“戏剧性”的提法，现在“持续性”的提法显然更具有现实意义。流程管理的定义更加强调了流程的重要性。可以看到，流程管理确实已经成为一种讲求实效、切实可行的管理理念。因此，绝对值得我们学习和推广应用。

2. 流程管理的其他定义

IDS 公司将 BPM 定义为：企业根据自身的战略重点，有选择地对支撑其战略实现的关键业务流程进行系统化的、持续改进的管理过程。

3. 流程管理的本质

流程管理的核心是流程，流程管理的本质就是构造卓越的业务流程。流程管理首先保证了流程是面向客户的流程，流程中的活动都应该是增值的活动，从而保证了流程中的每个活动都是深思熟虑的结果，是与流程相互配合的。由此，使员工们意识到个人的活动是大目标的一个组成部分，他们的工作都是为了实现为客户服务这个大目标。当一个流程经过流程管理被构造成卓越流程后，人们可以始终如一地执行它，管理人员也可以以一种规范的方式对它进行改进。流程管理保证了一个组织的业务流程是经过精心的设计，并且这种设计可以不断地持续下去，使流程本身可以保持永不落伍。可以说，构造卓越的业务流程是流程管理的本质，是流程管理的根本目的。

制定并落实企业战略是进行业务流程管理的前提条件。业务流程管理的目标是完整、一致地贯彻企业战略目标，并在日常运营活动中对战略加以支持。在市场经济环境下，企业需要不断调整战略、降低成本、满足客户日益提高的质量要求。在这种情况下，业务流程管理就是一个针对市场需求不断调整流程、相关组织机构和信息系统的过程。

业务流程管理的过程是对流程进行全面追踪的过程。业务流程管理以企业战略为基础，从记录流程（含分析和优化）开始，到在信息系统中实施流程，再到自动监测和评估流程绩效以及考核关键业绩指标，并结合市场和公司的需求不断调整，从而形成了业务流程管理的完整闭环。

4. 流程管理的层面

流程管理与原有的 BPR 管理思想最根本的不同就在于流程管理并不要求对所有的流程进行再造。构造卓越的业务流程并不一定需要流程再造，而是根据现有流程的具体情况，对流程进行规范化的设计。一般来说，流程管理可以包含以下三个层面：规范流程、优化流程和再造流程。对于已经比较优秀，而且符合卓越流程观点的流程，可能原先没有完全规范，可以进行规范工作；如果流程中有一些问题，存在一些冗余或消耗成本的环节，我们可以采用优化流程的方法；对于一些积重难返、完全无法适应现实需要的流程，就需要进行再造了。从这点上看，

流程管理的思想应该是包含了BPR的，但是比BPR的概念更广泛、更适合现实的需要。

5. 流程管理与企业管理丛林

"流程管理"不等于管理的全部，就好比说"流程管理"也是"管理丛林"中的"一棵树"，一棵树代替不了整个森林。流程管理、瓶颈管理（TOC）、质量管理（TQM）等管理体系，虽说是不同的"树木"，但也有其共性，那就是：都从某一个层面切入，有各自的关注重点，各以一套体系为结果，有着自己的方法、技术与工具。

相对于TOC的从"瓶颈"切入，关注"瓶颈"的产销率多少，形成一套"认识瓶颈、识别瓶颈、突破瓶颈"的体系，有着瓶颈管理的思维流程（TP）等工具；以及TQM的从"质量"切入，关注质量的高低，形成一套"重视质量、分析质量、保证质量"的体系，有着质量统计等一系列方法与工具。那么，流程管理就是这样的一种管理体系，从流程的层面切入，关注流程是否增值，形成一套"认识流程、建立流程、运作流程、优化流程、e化流程、运作流程"的体系，并在此基础上开始一个"再认识流程"的新的循环的同时，也有着流程描述与流程改进等的一系列方法、技术与工具。

"认识流程、建立流程、运作流程、优化流程、e化流程、运作流程"的表述确切地描述了流程管理"面—点—面"的循环，即"流程管理全面体系建设—流程管理亮点优化提升—流程管理全面体系建设"。

"流程管理"不是管理的全部，但优异的流程管理能够有力推动企业取得成功、达成使命。

二、为什么要流程管理

IDS公司调查后认为，业务流程管理已成为企业首选的控制工具。

存在于企业内部、企业间的业务流程，类似贯穿于人体的神经系统。对业务流程进行有效的管理、维护和优化，可显著提高企业的竞争力和市场生存能力，从而帮助企业在竞争中更快速地为客户提供产品和服务，灵活地应对市场变化。

业务流程管理是企业提高竞争力和创新能力的必要条件，因为业务流程管理可对产品生产流程（关注点：快速投放市场、产品创新）、产品和服务提供流程（关注点：以客户为导向、利润分配、质量）、支持流程（关注点：减少开支、提高员工满意度）、管理控制流程（关注点：变革管理、战略管理）产生直接的效果。因此，业务流程管理有助于企业快速、灵活地应对不断变化的客户需求和市场发展趋势。

企业信息化建设是一个复杂的过程，以流程为导向实施信息系统的方法对于企业的成功运营具有十分重要的作用。如在实施 ERP、CRM 或 SCM 等信息系统时，这种实施方法不仅能帮助改善业务和系统中的流程，同时还能借助各种关键绩效指标来对业务流程的实效进行监控，保证信息系统实施的投资回报（ROI）。

随着多数产品的日益同质化，企业已经很难在性能、质量、价格上形成差异化竞争优势。企业竞争表面上是产品与产品的竞争，实际上是产品背后一系列流程之间的竞争，企业竞争的实质就是流程制胜。战略解决“做什么”的问题，而流程解决“怎么做”和“谁来做”的问题，战略和流程构成了企业的商业模式。它们之间的关系可以用下面两句话来概括。

战略和商业模式的变化会导致流程和组织的变化。

流程是支撑商业模式实现的重要平台。

正因为流程在 3C（Customer、Competition、Change）商业环境下越来越凸显其作为企业生存和发展的根本价值，是公司的重要资源和核心财富之一，因此，势必需要对流程进行持续的管理与提升，达到与

战略和商业发展同步。

企业规模较小时，流程管理的迫切度并不高，因为战略和商业模式不稳定。以经验、责任心代替流程，没有纸面的流程。比流程更重要，成败的背后是个人。靠相互适应、长期默契进行协调。

而在企业规模发展和壮大过程中，则普遍存在管理困境。“部门墙”变厚，关注各自孤立的活动，只关注上司的感觉，只关注自己局部的效率。管理层级多，需要的协调多，垂直权力达不到的地方或权力交界的地方总是出问题。分工协作导致相互联系与相互依赖越来越紧密。相互联系并非一目了然，更多是间接的、滞后的、不易感知的。相互联系的隐形导致流程的模糊，导致问题隐形。就事论事，导致问题重复发生和不断忙于救火。头痛医头，导致无法解决系统结构层面的问题，即流程/活动之间的界面、接口与衔接。原因在于我们看待企业运作的视角不够准确。

流程隐藏在职能性的架构后面，难以观察。沉醉于权力结构模式的优越感中，脱离了让业务更畅通的根本目的，而在事件的背后总有权力碰撞的影子。人们局限于职能视野，难以观察全过程和跨部门间的流程。不同的人对同一流程的认识可能完全不同，难以达成共识（范围、角色、活动）和相互支持。因此，我们需要通过流程建设打造规范的例行业务运作平台。

通过流程建设可以将管理平台逐渐从依靠经验、权力转移到依靠体系、制度。

流程要解决90%以上的例行业务运作，并高效管理，是企业做大做强的必经之路。

提升流程水平，使之与战略和业务发展同步或超前引导。

加强企业流程能力建设，从系统层面全面提升企业绩效。通过流程建设打通公司的流程价值链，建立围绕客户需求的端到端的流程。流程是实现商业模式的核心载体，企业需要打造以客户为导向的端到端的流程价值链，以有效整合内部资源，支持战略实现。流程是企业管理体系的关键模块，随着企业的成长，需要不断提升流程成熟度，把例外变成例行、把经验教训总结到流程中去，支持企业做大做强。

从“流程的视角来理解管理”的逻辑就是：企业的使命是为顾客创造价值；为顾客创造价值的是企业的流程；企业的成功来自于优异的流程运营；优异的流程运营需要有优异的流程管理。

综上所述，实施流程管理的根本目的，是简化与完善公司的业务流程体系，使之更敏捷地响应顾客需求，扩大例行管理，减少例外管理，提高效率，堵塞漏洞。

三、企业流程管理的简明方法论模型

一个组织想要应用流程管理这种管理理念，首先就需要进行一些发现核心流程、改进核心流程的工作。从方法论上来看，这些工作与BPR 的一些方法论有异曲同工之处。流程管理方法论是一种循环的、可持续的方法论，这一点也很好地符合了流程管理持续性的要求。也就是说，流程管理不是一步到位的，需要不断地进行循环、反复，才能始终保证企业的业务流程是卓越流程，才能保持企业的核心竞争力。

四、流程化管理的组织结构

（一）流程型组织

组织要想实现以顾客为中心的宗旨，在变革的环境中成长，在激烈的竞争中获胜，必须开展组织形态的创新，跳出狭隘的对单个业务、产品、部门的思路，不再仅仅从职能的角度去看待组织，而是应用分

析工具—— 流程，从流程角度去分析作为一个投入—产出系统的组织。组织内部由若干交错的流程构成，实行业务流程重组，打破金字塔状的组织结构，以作业流程为中心，实现企业内部上下左右的有效沟通，便于企业员工参与企业管理，使企业能适应信息社会的高效率和快节奏，具有较强的应变能力和较大的灵活性。因而，通过优化流程来优化组织形态是一种可行途径。

我们将流程型组织定义为以组织的各种流程为基础来设置部门，决定人员的分工，在此基础上建立和完善组织的各项机能。流程型组织，是以流程为核心的扁平化组织。

1. 流程型组织的基本特点

流程型组织与其他组织结构相比，具有下面一些特点：

组织结构围绕核心流程建立，而非部门职能。

从管理层次、管理幅度来讲，流程型组织的管理幅度宽，管理层次少，呈现“扁平化”趋势。基本工作单位为行使某流程职能的团队。

从专业化程度来讲，其流程横贯不同部门，流程团队是由不同专业的人组成，团队中的专业化分工明确，团队与团队之间没有明显的专业化区别。

从地区分布来看，流程型组织更能适合于地区分布广的情况。

从集权程度来讲，流程型组织是一种既分权又集权的方式。各个流程有专门团队负责，减轻了高层管理者的工作负担，这就是分权；核心流程贯穿于不同的子公司 / 事业部的相同部门，借助信息平台进行统一采购、财务结算等控制，这就是集权。经过流程型组织改造，组织借助数据库、远程通信网络以及标准处理系统等信息技术，可以在保持分权的灵活优势的同时，获得集权结构的规模效应。

从规范化程度来讲，流程型组织是一种能够应对非程序化任务的柔性组织结构，比较适应变化的环境。

从制度化程度来讲，流程型组织强调对流程的关键节点的监控，过程记录和书面报告的要求比较高。

从人员结构来讲，流程型组织更能适应知识型员工的需求。组织以客户为导向，绩效主要关注整体输出。

2. 流程型组织的基本模型

(二)传统组织 VS 流程型组织

像 IBM 等大公司已经将流程管理作为公司业绩提升项目的核心主题。流程管理除了能提升单个流程的绩效，也已经成为一种重要的企业运作和管理的手段。传统的企业管理模式注重的是组织结构和管理的角色，对流程漠不关心，因此，表现为以职能为中心的组织形式。然而，随着流程管理理念的日益发展，现代的管理模式将把中心投向对流程的支持。在这种新的管理模式下，人们将工作在团队中，而非原来的职能部门中，他们将向最终的结果负责，而非向上司或活动负责。管理人员更像是导师，而非原来的类似监工的角色。慢慢地，进行流程管理的企业最终将转变成流程型组织，这种组织将更好地围绕流程进行管理并更好地以客户为中心进行服务。

表 1–1 传统组织和流程型组织的对比表

	传 统 组 织	流程型组织
组织轴心	职能	流程
工作单位	部门	团队
工作描述	狭窄	广阔
衡量标准	狭窄	由始至终
焦点	上司	客户
报酬	基于活动	基于结果

续表

	传统组织	流程型组织
管理者角色	监工	导师
关键任务	部门经理	流程负责人
变化	冲突导向	合作导向

（三）流程型组织的产生

流程型组织的产生不是偶然的，促使它产生的驱动力来自于三个方面：第一个方面是组织外部的环境发生了变化，全球经济一体化，技术更新快，顾客需求多样化，这些外部的变化都推动着组织的改变；第二个方面是组织内部的驱动力，机构臃肿，部门之间互相推诿，存在“部门墙”，顾客等待时间长，服务质量差；第三个方面是管理理论的发展，流程再造、价值链、核心竞争力等理论为流程型组织的诞生提供了丰厚的理论滋养。

（四）流程型组织的建立

在实践中，如何创建一个流程型组织，梅绍组和 James T.C.Teng 在《流程再造》一书中提出了建立流程型组织的四步法。

第一，要想达到组织生存、发展和壮大的目的，需要树立组织独特的核心竞争力，就必须找出为组织创造核心竞争力的核心流程。

第二，要对核心流程进行规范或者再造，提高它的运作效率。

第三，必须设定负责流程全程运转的流程团队，使顾客可以享受到“一站式”的全面服务。

第四，有相应的考核体系来激励组织成员，提倡协作的组织文化，提倡以顾客为中心、全心全意为顾客服务的理念。

由此，我们可以从理论上推断出建立一个流程型组织的步骤：界定核心流程、优化流程、建立流程团队、完善考评体系。

这里要特别谈到完善考评体系。完善的绩效考评制度是对组织成员进行奖惩的依据，是引导和指示员工行为的标尺。在流程及组织从一种形态向另一种形态转变的过程中，许多组织成员都持怀疑和观望的态度，考评体系的重要作用就更加明显了。对于符合新组织文化和结构功能要求的行为，考评体系是一种正激励，有助于巩固正确行为。流程型组织的考评体系必须以流程的结果来衡量成员的工作业绩，鼓励以顾客为中心，倡导协作文化。

建立流程型组织应注意以下问题。

流程型组织能够有效地帮助组织树立协作精神，持续改进流程，提高顾客满意度。但是流程型组织也有局限性，建立流程型组织的要条件是企业内部的流程明确、环节清晰。只有具备这一条件，企业才有可能重组其业务流程，建立以顾客为中心的流程型组织。

1. 遵循循序渐进的原则

建立一个良好的信息工作平台。利用 IT 手段建立信息共享平台，实现信息从以往的纵向传播转向纵横向的结合传播，以信息为动力实现企业资源的整合。

要实现企业管理思想的转变。必须树立具有个性的管理思想，打破以往条块分割的职能管理思想，实现整体流程的再造和管理。

具备系统的观点，把握整体流程的最优化原则。企业在流程再造的过程中，必须追求企业整体流程最优化，而不是要求每个环节都是最优的。要充分发挥个人在群体中的主观能动性。企业应该充分调动员工的积极性支持企业的变革。

2. 吸纳全体组织成员的参与

企业往往会聘请外部的咨询人员，利用其丰富的专业知识和客观公正的立场来设计和推动方案实施。但是最好的办法是吸纳全体组织成

员参与变革，以获得大多数人的支持，减少抵制，使员工自觉地改变工作方式、行为规范和价值观。

3. 权变选择转型方案

在组织比较保守的情况下，组织的变革往往是因为外界环境发生了巨大变化，迫使组织不得不采取相应的措施来进行改进，此时的变革方式往往是被动应变式、强制式、自上而下。反之，一个忧患意识很强的组织，其变革方式往往是主动思变式、民主式等。企业应该根据组织的战略和所处的组织发展阶段等实际情况，选择最适宜的组织转型方案。

五、流程管理原则

（一）流程是因客户而存在的，流程的真正目的是为客户提供更好更快的服务

1. 树立以客户为中心的理念；
2. 明确流程的客户是谁，流程的目的是什么；
3. 在突发和例外的情况下，从客户的角度明确判断事情的原则；
4. 关注结果，基于流程的产出制定绩效指标；
5. 使流程中的每个人具有共同目标，对客户和结果达成共识。

（二）流程是企业竞争优势的体现和来源

1. 根据公司业务战略设计独特的经营活动和经营模式；
2. 使经验和知识得到积累和继承；
3. 形成企业自身的最佳实践并持续提升；
4. 降低运作成本，提升价格竞争力。

（三）流程管理要不断提升内部运作效率

让高层减压。根据流程理顺结构，明确角色及职责，使业务有序

运作，明确流程的责任人，权力尽量下放，让最明白的人最有权，从对人负责转变为对事负责，关注灵活与规范的平衡，提升员工主动性，基于流程的目的建立员工的评价体系，建立信息系统，实现信息的集成与共享。

（四）流程管理有效实施原则

1. 来自高层管理者身体力行的领导和承诺；

2. 客户至上的目标；

3. 拥有一套业务综合方案，涵盖并反映了战略、人员、流程和技术之间的相互关系；

4. 扩展经营视野，能延伸至客户与供应商，与利益相关方建立起合作关系；

5. 需要有普通员工的积极参与；

6. 注重对运行结果的思考。

六、流程管理中的常见问题

主体不清——责任意识、流程意识虽然建立了，但落实不足；流程和业务有脱节；有时，流程成为部门之间推卸责任的借口。

流程过细——大多数流程过细，没有分级概念，不利于监控和维护；过细的同时又不能穷举。

流程过粗——不能有效解决实际问题。

审批烦琐——环节多，时间长，反应速度较慢，不利于企业竞争力提高。

推动不足——推动力量单一，主要来自于流程管理部门；流程接口人不稳定，对流程管理理念、方法、工具等缺少系统培训等。

职业技能

第二节　业务流程管理

一、业务流程VS企业组织结构

(一)究竟应该以业务流程为主导还是仍以组织结构为中心

1. 以组织结构为中心所面临的主要问题

传统的劳动分工理论将企业管理划分为一个个职能部门，业务流程被分割成各种简单的任务，并根据任务组成各个职能管理部门，经理们将精力集中于本部门个别任务效率的提高上，而忽视了企业整体目标，对企业发展战略和快速变化的竞争环境无法形成有效支撑。

2. 以业务流程为主导的运作思路

强调管理要面向业务流程，对业务流程的管理以产出(或服务)和顾客为中心，将决策点定位于业务流程执行的地方。它强调整体和全局最优而不是单个环节或作业任务的最优。根据业务流程管理与协调的要求设立部门，通过在流程中建立控制程序来尽量压缩管理层次，充分发挥每个人的工作潜能与责任心，流程与流程之间则强调人与人之间的合作精神。

3. 业务流程与企业组织结构的相关性

因为在传统的以职能组织为中心的管理模式下，组织的存在反映了企业天生对控制、权力的需要和追求，如果没有组织，控制和权力就失去了最为有效的载体。对于企业的普通员工而言，一方面被组织所控制、管理，另一方面组织的存在也为其提供了安全的保障。比如在国有企业，哪怕机构重叠、人浮于事、效率低下是人所共知的事实，大家都在组织的庇护下相安无事，混一点糊口的工资。从个人角度而言，组织存在的最重要的意义是给所有人提供了心理和实质上的安全感。而流程隐蔽在臃肿的组织结构背后，流程运作复杂、效率低下、顾客抱怨等问题层出不穷。意识到这个问题，很多公司已开始强调要关注业务流程，但是，如果仅仅是关注，而把重点仍放在组织上，就会使我们太接近于“树”，而必然忘记了“森林”。当把企业战略目标分解到各个部门考核指标 KPI、个人 KPI 的时候，不可避免地产生各人自扫门前雪的情况；当个人目标与企业目标产生矛盾的时候，大部分人关注于能够控制的范围，而不是自己不可控制的企业目标。这种关注于部门的 KPI 分解具有计划经济的味道，必然无法满足企业经营目标的实现，而当我们以流程作为管理的重点时，则容易做到关注整体而非局部。

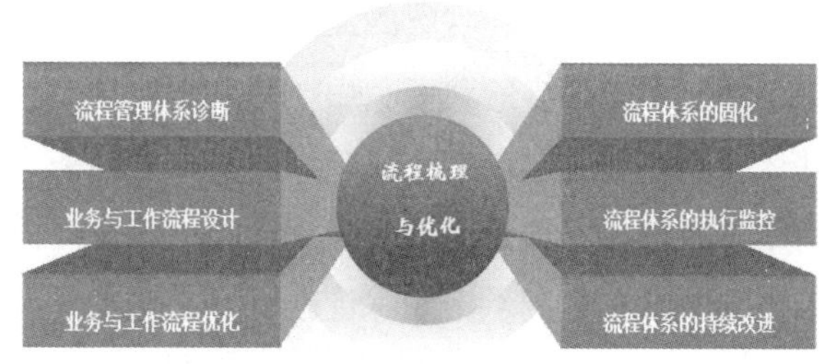

图 1–2　流程梳理与优化图

4. 企业存在的目的，对外而言是创造社会价值，对内是产生利润

组织架构只有合理和不合理之分，同样的组织架构其运作结果可能会有天壤之别，但同样的流程应该产生相似的结果。例如，某个企业的营销过程每次差异很大，也许并没有写在纸上的流程，但实际上每一次成功的营销经常有精心设计的流程，比如说拜访客户的过程、送礼的时机等。这些流程只可意会难以言传，笼统归结为组织的能力不失为降低难度、简化管理的好方法。但是，我们应该认识到，营销业绩的创造是源于营销人员执行了一定的流程。

5. 分析两种特例

企业只有组织结构（包括职位）会怎么样？只有流程而没有组织结

构会怎么样？前一种状况的结果我们已经看到了，过去的国有企业可以说大部分都是这样的典范。后一种情况会怎么样呢？对于小企业显然没什么问题，总经理对企业级流程负责，考核各个流程的运作状况。原来的副总经理可以负责业务级的流程，他无须对总经理负责，只要对企业级流程做出应有的承诺和保证就行了，他的下属也这样，即使是秘书这样的角色，也可以设计为在需要时（定时或事件触发）提供对流程的支持服务，而没有必要一定是服务于某个人或部门的职位。很显然，这样的"全流程型"组织会有更明确、有效的目标，更高的效率，不断改善的可能，对比职能型组织有很大的优势。当然，这样的企业对管理能力的要求绝非一般企业可以做到，所以，组织在相当长时间会存在，作为流程一时无法实现目的的补充和缓冲。

因此，我们认为：组织的产生往往不是企业理性选择的结果。静态的组织不产生任何价值，只能通过流程创造价值。企业的竞争力体现在流程上，而不是组织上。

组织的设计应该符合流程的需要，反过来就不成立。企业经营业绩的实现是通过业务流程来实现的，组织没有直接的贡献。

以上就是"应该以业务流程为主导还是仍以组织结构为中心"这一问题的答案。

（二）管理咨询项目实践

在我们所知的管理咨询项目中，有些企业为了提高组织的市场竞争力，大胆实践了以流程改进与优化为中心的组织创新，具体的做法如下：

1. 对业务流程本身进行调整与优化

（1）对业务流程本身的调整

整合：将分工理论指导下形成的复杂流程进行归并，使复杂流程简单化。

分散：将某一专业职能分散到相关专业中去，取消原有的专业活动。

删除：是指尽可能精简不创造价值或者投入产出比偏小的事项。

重调整：是利用并行工程将串行的事项关系转变为并行的事项。

通过上述四种具体办法提高流程的运作效率。

流程本身的分析和调整是一项非常基础性的工作，它不仅是组织创新的起点，同时也有利于改善企业的基础管理工作。例如，我们在为某企业实施 ERP 的过程中共清理、规范和优化了 78 个业务流程，改变了原有的工作方式或者不规范的习惯。

（2）业务流程的延伸

传统组织中，流程被人为地割裂。与外部利益相关者之间的联结被忽视，特别是与供货商、销售商、顾客的联系，事实上他们也是价值链的有机构成。流程调整或优化之后，组织条块分割的状态就被打破。如我们在为某企业实施流程调整与优化后，将供货商、销售商和顾客均纳入企业的核心流程中，将企业的业务流程延伸到供货商、销售商和顾客那里，企业可以从供货商、经销商和顾客那里得到有用的信息，如市场需求和材料供给等。

（3）业务流程实现方式的转变（流程的信息化）

信息技术为业务流程的改进与提升提供了强有力的手段，信息技术与业务流程之间是一种互动关系，两者有机结合才能产生最佳的效果。我们在为某企业进行业务流程改进与优化的过程就借助了已搭建的信息化平台。

2. 组织结构之间的流程改进

这是指发生在两个企业之间的流程再造，一般多为与供货商和合作厂商之间的流程再造。通过组织之间的流程再造，企业与供货商或合作商之间就会像一个公司一样运转，简化工作流程，与其供货商之间也能够实现良好的信息互动，保证了供货及时率。

3. 部门、岗位职能的调整

在传统组织中，职能部门更多的是发挥指导和监督作用。在流程改进之后，明确了各部门在价值创造中的地位和作用，树立了以“顾客”为中心的指导思想，部门的职能将更主要是提供服务。

（四）建立合理的绩效考核激励机制

流程调整之后，组织中的部门、岗位及其职能职责均发生了变化，相应的绩效考核激励办法也需要创新。这套绩效考核激励机制要能调动每个部门、岗位和个人的积极性，既要有利于提高单个业务流程的效率和效益，又要有利于保证整体流程的顺畅运行。绩效考核的重点应该是流程的 KPI 而不是组织的 KPI，并以此推动流程的持续性改进，使企业获取或创造更多的价值。

二、业务流程管理与其他绩效提升项目的关系

企业为了提升自身的绩效，开发、应用了许多与绩效提升有关的项目，例如 ERP、CRM、供应链管理、质量管理等。然而流程管理除了可以直接推动绩效的提升，还为这些与绩效提升有关的项目的整合提供了很好的框架和依据。一些绩效提升的项目是基于技术应用的，如 ERP、CRM 等，其核心是建立新的绩效评估体系。但是，如果我们仔细地分析这些项目，就会发现一个无可争辩的事实，它们都关注一个主题：业务流程。业务流程几乎成为所有的绩效提升项目所面临的最大的问题，要想绩效提升项目得到很好的效果，就必须对业务流程进行改进或创新。

（一）流程管理与 ERP 的关系

从技术的角度上看，ERP 系统是一种拥有共享数据库和便捷工作界面的应用软件的集合。在实际应用中，由于 ERP 系统中各个组

件都是高度整合的，因此，ERP 系统是一种支持端对端的业务流程的工具。如果一个企业在没有清楚地描述出流程的基础上就上 ERP 系统，ERP 最终必然会崩溃。一个 ERP 项目的成功实施，首先应该做的就是创建卓越的业务流程，然后才是安装 ERP 软件来支持这些流程。

（二）流程管理与供应链管理的关系

供应链实际上就是一个跨企业的业务流程。供应链管理的最终目标也是使自己的顾客满意，因此，供应链管理从本质上看就是一种流程管理，只不过我们通常所提的流程管理都是针对组织内部的流程而言的。随着网络技术的迅猛发展，虚拟组织会不断地涌现，流程管理的外延也必将不断扩大。

（三）流程管理与电子商务的关系

电子商务的本质是通过电子的手段使公司以外的第三方（客户及供应商）能够进入公司的系统，公司的业务流程将它们整合起来。如果在一个表现不佳的业务流程的前端放上一个网站，只能使别人更加认识到这个流程是多么的不佳。只有通过流程管理，使流程变得表现优秀，才能使整合进流程的供应商和客户对公司业绩的进步发挥更大的作用。

（四）结论

毫无疑问，在这个以客户为中心的竞争环境下，流程，特别是卓越的业务流程已经成为企业的一种很重要的竞争力。从上面介绍的流程管理的概念来看，流程管理是适应企业现实需求的，以业务流程为核心的管理理念。与比较激进的 ERP 管理思想相比较，流程管理无疑更具有实用性。从实践中，我们可以看到，流程管理的管理思想已经开始在一些企业发挥着巨大的作用，可以预计，流程管理将成为 21 世纪一种主流的管理思想。

三、业务流程设计的原则

（一）流程规划设计工作原则

实用原则；

简明原则；

无边境原则。

（二）流程设计与优化原则

组织结构应该以产出为中心，而不是以任务为中心。将信息处理工作纳入产生这些信息的实际工作中去。将各地分散的资源视为一体。将并行工作联系起来，而不是仅仅联系他们的产出。要从工作的目标而非工作的过程出发，定义岗位职剔除对内部客户和外部客户不增值的活动，在工作的过程当中设置质量检查机制，使决策点尽可能靠近需进行决策的地点做出，部门之间的沟通、决策和问题的解决应在直接参与作业的层面进行，尽可能使同一个人完成一项完整的工作（职责完整性原则），在工作过程中尽量减少交接的次数。在工作过程中建立绩效考核机制，建立工作过程的内在激励机制，尽可能将组织的目标分解到基层，减少工作过程中的非工作时间，识别不增值的工作过程，明确定义职责、相互关系和工作的协作关系，流程多样化，从信息来源地一次性获取信息。

四、企业流程成熟度

我们的流程处于什么等级?

大多数国内企业都有一个普遍特点，许多业务管理人员不能将流程说清楚。比如，与他工作有紧密关系的流程究竟有哪些，这些流程是如何运作的。甚至针对同一个流程，不同的人员说出来都不一样。比如，对于流程的客户是谁、流程的起点和终点在哪里、流程中涉及的角色和活动等问题，答案都不一样。这一点非常有趣，大家每天都在自己的岗位上忙碌着，但没有人会去思考，我们是如何协同工作的。

APQC（美国生产率与质量协会）的一份资料显示，企业流程的成熟度可以分为五个等级。

（一）经验级

当企业规模比较小时，对流程需求的急迫度并不高，这个阶段首先要解决产品和市场的问题，商业模式还不稳定，需要经过市场运作来修正，所以，往往是个人英雄主义比较突出。

（二）职能级

很多企业初具规模后，并没有意识到流程建设的重要性。目前，国内至少 99%的企业的流程管理严重滞后于业务，长期停留在经验级、职能级。很多企业都通过了 ISO 9000 认证，有的是大中型企业，有的是已经初具规模的中小企业，在商业模式上有了一定的稳定性，但在流程成熟度方面却仍处于模型中的第二等级，也就是职能和经验驱动业务运作。

这些企业的普遍特点是，每个部门根据职能负责设计自己的流程，所以，大多数流程只是部门内部的流程，众多跨部门的流程描述不清楚，也就是说，流程没有形成端到端的闭环。所以很多部门经理都在抱怨跨部门接口的问题太多，但就是没有人对全流程负责。在这个阶段，还面临一个比较大的文化问题，就是“部门墙”太厚，并且流程执行意识淡薄，流程文件和执行严重脱节。

（三）规范级

国内真正达到流程成熟度三级（规范级）及三级以上的企业非常少，部分通过 CMM 及 CMMI 认证的软件企业可能在局部流程（软件实现流程）上做到了，但并不表明整个企业的流程都已做到。

职业技能

印度软件企业的流程成熟度普遍比较高，有一家通过 CMMI 五级认证的软件公司，人员流动率高达 20%以上，但公司开发项目的进度和质量都能达到既定目标，偏差率很低，文档还很齐全，让人感到惊叹。这一点恰恰是我们大多数国内企业的通病，由于缺少对流程能力的培养，所以，往往人员一旦变动，经验和教训也带走了，真正有价值的都没有留下，留下的可能只是等待折旧的有形资产。所以，新人来了以后往往又要重新开始构建自己的流程，如果不解决这个问题，又如何形成我们的流程能力呢？想想我们的业务模式和实践经验不能通过流程固化下来，并不断进行自我改善，这是一件多么可怕的事啊！

当我们的企业忽略了流程管理的职能，我们就得时时忍受官僚作风、部门本位主义带来的低效率和高成本。在这个充满竞争的市场环境中，我们一定会失去客户。因为客户最终会无法忍受流程带来的不良结果，他们会觉得我们的交付速度太慢，他们会觉得我们交付的产品不是他们想要的，他们会发现所有低效率产生的不增值成本都附加在了他们身上，他们还会觉得和我们打交道麻烦。所以，他们会选择流程更优秀的企业，因为他们可以享受到“快速、正确、便宜、方便”。

我相信 DELL 公司已经处于流程成熟度的第五等级（标杆级），并且通过流程的持续优化维持在最高等级，业界很多企业也希望向 DELL 学习，尤其在行业利润率不断下降的今天。但我们不要忘记，DELL 的流程能力是经过多年的培育形成的，从最初 DELL 建立电脑的直销商业模式开始，后来一直通过持续的流程优化和固化来提升流程速度、降低流程成本，强化商业模式的执行力，从而达到 PC 行业的全球龙头地位。

所以，我们必须抛弃浮躁心态，从最基础的做起，结合业务模式进行流程体系的梳理和优化，关键是要打破“部门墙”，将客户价值作为关注的焦点，减少流程中的不增值因素，突出对流程下游环节及最终客户的服务意识。必要时也可以修正公司的战略和商业模式，以显示流程的竞争优势。流程能力的培养一定会需要时间，这也是企业竞争的一道门槛。在这个利润率普遍下降的时代，谁先走出流程管理的第一步，谁或许就会取得更多的生存和发展机会。

五、业务流程管理的发展趋势

“对于 21 世纪的企业来说，流程将非常关键。优秀的流程将使成功的企业与其他竞争者区分开来。”Michael Hammer 教授在 20 世纪 90 年代这样预言。作为国际级管理大师，他创造性地提出了“重组”和“流程企业”的概念，也曾掀起了一场 BPR（业务流程重组）的风潮——在实施信息系统之前进行 BPR，一度成为众多管理者的共识。

然而，随着近几年来管理信息化开展得如火如荼，中国企业的管理者越来越困惑：“业务流程重组、组织变革的阻力重重，不是我 CIO/CFO/CSO/COO……甚至是 CEO 个人可推得动的，应如何开展流程的重组和优化？不进行流程的优化，何谈管理的精确化？何谈合理的组织和员工配置？何谈有效的风险、合规、质量及绩效管理？”更棘手的问题来了：即使 BPR 一次成功，如何在进行 IT 实施时保证系统和业务的发展不脱节？如何避免“IT 黑箱”的不断出现？

对此，权威管理杂志《IT 经理世界》（2005 年 10 月刊）这样回答：“对于管理基础薄弱的中国企业而言，BPR 犹如一场革命性的、不成功便成仁、毕其功于一役的剧烈变革，用得不好就可能是一剂致命的汤药。这也是中国企业信息化成功率不高的原因之一。在这种情况下，越来越多的企业把目光投向了 BPR 的升级版——BPM（Business Process Management，业务流程管理）。”

专注于业务流程管理领域 20 多年并独占鳌头的国际公司 IDS

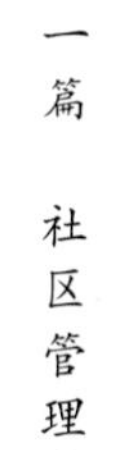

Scheer 认为：与 BPR 所强调的根本性的、一次性的变革不同，BPM 提倡持续的优化和改进，即基于一个系统化、结构化的流程管理平台，在企业里面建立一种面向流程的执行体系。在此执行体系基础上，通过 IT 系统实现对管理绩效的监控和对流程、组织持续的优化和完善，从而达到不断地优化企业资源配置和提升企业效益的目标。IDS Scheer 在国内外 6000 多名客户的实践表明：一个完整的业务流程管理平台是贯通管理和 IT 的桥梁。运用 BPM 方法和手段将管理与 IT 融合，同时进行管理创新，才是企业提升竞争力的基础，是流程管理的真谛。

第三节　社区管理流程体系建设

一、社区管理流程体系

流程管理体系分为流程规划与计划、流程优化设计管理、流程组织建设、流程绩效管理、流程例外管理、流程培训管理、流程文件管理七大部分。

（一）流程规划与计划

负责管理并设计企业全局的业务管理框架、局部（各部门）的业务管理框架。

负责按照企业的资源配置情况，制订公司所有业务流程的逐步建设的工作计划。

（二）流程优化设计管理

采用专业化的流程设计理论，进行新的流程、优化的流程、跨部门的流程、局部的业务流程设计，公司需要有一批专业化的人员提供支持。

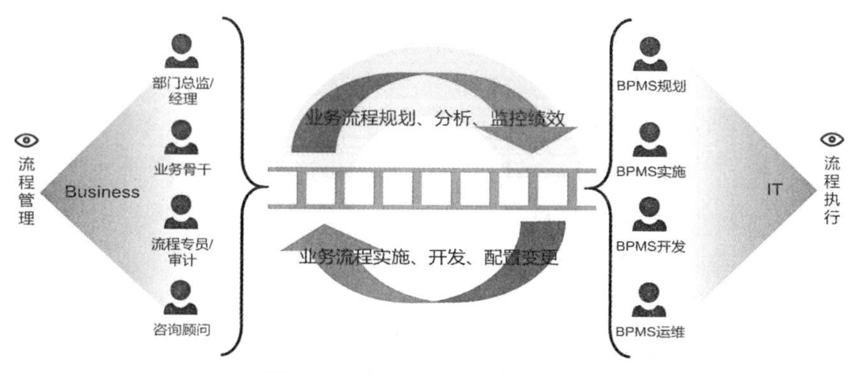

图 1–3　流程优化设计管理图

（三）流程组织建设

1. 流程管理的决策层一般放在企业的最高领导层；

2. 流程优化、管理一般要求设置企业级的流程管理组，同时各部门下设流程管理专员，流程管理专员任职资格要求非常高，其既能看到本业务内部接口、又能看到该业务与其他业务的接口，结构化、体系化思维非常强、非常了解业务的人员才能担当此责；

3. 流程执行指企业应将每个流程分解到不同流程责任人，流程责任人负责流程的设计、优化、推行、评估及未来的改进工作；

4. 流程审计一般由企业的审计部门负责。

（四）流程绩效管理

在流程投入运行后，需要定期评估、审计流程，并根据绩效成果决定流程改进的目标。

（五）流程例外管理

流程设计应尽量覆盖到业务管理的所有内容，对于之后出现的新的业务及例外的事项，企业需要建立例外管理不断例行化的管理机制。

（六）流程培训管理

企业需要建立面向企业高层管理者、中层管理者、流程设计人员、

新员工等不同层级的流程培训体系，以逐步形成流程型的企业文化推动企业的进步和发展。

（七）流程文件管理

实施流程化管理后，企业会积累庞大的流程文件，需要实行统一管理。一般企业需要规划建立电子文档中心，并做好版本管理以适应企业业务管理环境的不断变化。

二、社区管理流程体系建立步骤

（一）建立流程管理体系，理念导入至关重要

对于流程管理理念的引入和持续宣贯是前提和基础，通过培训、研讨会、内刊宣传、BPM 等多种途径，树立流程意识，使成员能够从流程的角度思考和认识各项工作。

（二）构建流程框架，形成流程总图和清单

整理出部门业务流程的主线，界定出关键和核心的业务，进而确定主要业务流程，并确定这些流程之间的关系，然后识别、整理重复交叉的流程，确认流程清单。

（三）关键流程优化

识别流程过程中非增值环节并消除，简化必要活动，整合流程要素，以使流程顺畅、连贯，从而更好地满足客户需求。

（四）建立流程管理组织与制度

成立流程管理组织，负责流程的建设、评审、发布、执行、优化、固化、终止管理，对流程的产生、变迁、执行过程进行控制。制定流程管理制度，明确流程责任人和责任部门，流程评估、审计的管理过程。

（五）流程的执行与持续改进

流程管理最重要的就是开展流程的执行和持续改进，形成良性循

环、螺旋上升，同时，流程管理不可能一次性完成，而是一项长期的持续性工作，这就需要建立不断进行管理和自我改善的机制，从而实现持续的评估、改进和提升。

三、社区管理流程体系建设的关键因素

（一）领导全面支持

作为一个系统的改革，一把手的亲自参与必不可少，是“一把手”工程。体现改革愿望以及促进过程推动；只有领导人有主动变革的决心和意愿，流程管理的成功才有保证。流程管理需要有组织的调整作支撑，而组织的调整会涉及很多人的利益，领导人的决心和意志将是推动流程重组的原动力。如果企业的领导人有为难情绪，再好的流程没有人执行也得不到任何效果。

（二）持之以恒的培训

包括管理思想和管理团队的培训，将一把手的改革思想逐层传递到员工。真正的改革执行者，使全体员工统一思路，保持一致行动。

（三）广泛参与

所有受实施影响的相关部门的负责人都应该参与到项目之中。充分的沟通和培训是确保全员参与的手段与方法。这样既能保证项目获得所需要的资源，同时，也有利于在组织内部传播改革的思想；同时，员工是流程的最终执行者，员工的参与有助于及早适应和改进系统。

（四）实施时考虑使用“试点—改进—推广”方法

流程管理不可能一步到位，要通过“试点—改进—推广”的多次循环，不断发现问题和做出改进。同时仔细选择试点部门，应该选择能够从流程管理中获益最大的部门作为第一批的实施部门。

（五）注意基础数据的准备

基础数据的重要性和困难估计不足，将会很大程度地影响流程管理的实施，因此应及早进行这方面的准备。

思考题

1. 流程管理是如何提高组织的工作效率的？
2. 传统职能管理与流程管理最大的区别是什么？
3. 社区管理流程体系建设的关键点有哪些？

第二篇　社区管理合理化组织架构建设

课　　时　共计 8 课时

教学目标

了解我国现行社区管理的组织机构；
了解管理学五种组织结构；
理解组织结构设计的原则和重点；
掌握组织结构设计的五大元素；
掌握组织结构设计的程序。

教学重点

组织结构设计的原则和重点；
组织结构设计的五大元素；
组织结构设计的程序。

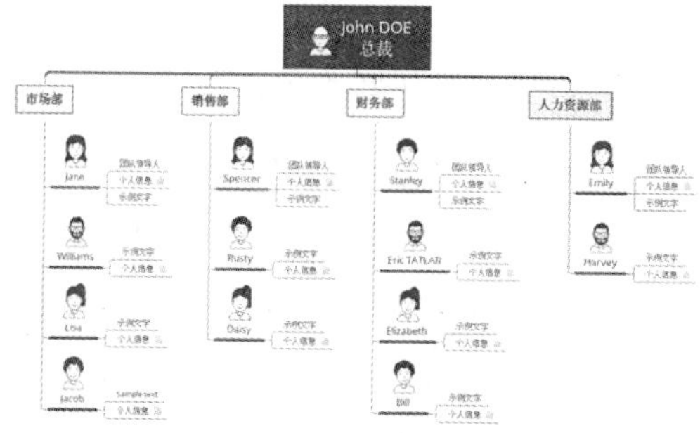

图 2–1　组织结构图

职业技能

教学内容

第一节　社区管理的组织机构

案例导入

某个初雪降临的冬天，小千和小都决定邀请部分朋友前来参加“炸鸡啤酒”聚会。不过，聚会前他们并未敲定聚会人选。小都自告奋勇，列定了与会朋友名单，并逐一邀请。

直到聚会当天，小千才知道不久前闹翻的朋友小京和小美也被邀请来了。三人见面分外尴尬，本来说好的欢乐聚会也不了了之。

聚会本可以向着好的方面发展。当初小千和小都，应该做一件事，那就是遵守组织架构最基本的原则：决定该由谁做什么，职责分工，并监督执行。用更专业的术语来说，他们应该将邀请聚会人员的责任交给其中一人，并授权由他执行，在执行人执行过程中提供有效的建议及监督，防止一人权力过大。而不是什么也不做，由不食人间烟火的小都一手包揽聚会事宜。

将这个故事衍生开去，从一个家庭，扩大到一个企业，良好的内部控制，是决定事情成败的关键。

社区管理的组织机构，是有效地加强社区管理的关键所在。组织机构健全与否、编制人员配备状况、机构的运行机制等都直接影响到社区管理根本目标的实现。我国目前的城市管理体制，主要是根据“小政府、大社会”的管理框架和在市、区、街道三级层面上进行分工以及行政、执法、作业相分离的原则，以街道党工委、办事处为主导和核心，按照“政府推动、街道支持、居委操作、各方参与、社区共建”的工作模式，来设置和调整社区的组织机构。社区内具体的组织机构，包括街道委员会、居民委员会、业主委员会、居民自治性组织及中介组织等。本章主要就各机构的现状、职能、工作目标、岗位设置和人员配备等内容进行介绍和阐述。

在我国原有的计划经济体制下，社会事务主要由单位来承担，政府通过对单位进行控制，实现对社会事务的管理。在目前市场经济体制下，社会事务由单位转向社区，主要由街道、居委会等社区组织来承担，并进行管理。因此，我国的城市社区工作管理和街道工作管理虽有不同，但是都由同一主体——街道、居委会来承担，出现社区工作和街道工作管理体制和行政体制合二为一的现象，城市社区工作管理体制具有了行政管理的一面。为了适应城市现代化建设的需要，很多地区近年来提出并建立“两级政府、三级管理”的社区工作体制，打破了在计划经济背景下政府强而社区弱、街道充其量是一个虚拟社区的旧格局，提出在经济转轨、社区转型的背景下，社会要大、政府要小的思想，明确市、区、街道三级层面上的事权分工原则和内容，并在管理中发挥好政府机关、社会团体、企事业单位三种法人组织的作业。

一、街道办事处

我国城市社区工作主要是在政府的推动下，由街道党工委、办事处以及有关职能部门具体操作，在街道这一层面上进行的。目前，我国大多数城市社区工作模式大体可以表述为政府推动、街道支持、居委操作、各方参与、社区共建。由此可见街道在社区管理中的重要地位。在发挥传统街道工作的独特优势，借鉴外国城市社区工作的有益经验，建立有中国特色的面向 21 世纪的城市社区管理模式方面，我国许多城市

都作了有益的探索。

现阶段，一些地方的城市社区具有两重性。一方面，街道组织作为基层政府的派出机构，实际上成为以行政方式对基层社会进行行政管理、社会管理与服务的综合性的组织，负责办理与街道居民有关的行政事务和公共事务，与广大市民的日常生活发生直接联系。另一方面，如前所述，改革开放以来的街道工作体制除了承担过去单位体制未能覆盖的那些服务保障职能以外，还要承担企业改革剥离的大量社会服务、社会管理、社会保障功能以及行政管理改革中分化出来的社会管理和社会服务职能。这些职能从内容上看都属于现代化城市社区工作的范围。由于街道工作体制尚未完全摆脱原有的“剩余体制”的位置，它在职能转换的压力下，无论从体制、运行机制还是操作方式上，都需要改变过去单一靠行政方式的局面，而转换为行政、法律、经济、社团并存的操作方式多元化的机制。

街道办事处作为区人民政府的派出机构是社区的基层行政组织，承担着大量的城市管理任务。其中包括社区治安、市容卫生、文化教育、劳动就业、民政福利等 30 多个方面 100 余个项目。但是，由于法律和规章授予街道的行政权力很小，街道和居委会干部的年龄偏大而文化程度又偏低，再加上街道的财力不足，因此工作的难度较大，街道这一级再在管理上所承受的压力也是超负荷的。

（一）加强街道干部队伍建设，调整人员结构

为了加强街道干部队伍建设，提高干部队伍的素质，充分发挥第三级管理的功能，各街道在行政编制配置中，都在按照国家公务员的标准逐步调整人员结构。

1. 年龄结构的调整

将目前相对集中于 45 ~ 55 岁调整为 25 ~ 35 岁、35 ~ 45 岁、45 ~ 55 岁各三分之一的梯形结构层次。

2. 知识机构的调整

街道机关干部的文化程度要达到大专以上，可以通过招聘大专院校的毕业生和培养有发展潜力的在职干部逐步调整队伍。

3. 干部来源的调整

通过双向选择，选派一批素质好、懂专业、协调能力强的干部充实到街道办事处，还有通过招聘的方式吸收社会人才。

街道办事处是区人民政府的派出机构，受区人民政府领导，依照法律、法规的规定，在本辖区内行使相应的政府管理职能。街道办事处的设立、变更或者撤销，应当根据地域条件和居民分布状况，符合便于联系群众的要求。街道办事处的设立变更或者撤销，由区人民政府向市民政局提出，市民政局审核同意后报市人民政府批准。街道办事处设主任 1 名，副主任若干名。街道办事处主任、副主任由区人民政府任命。街道办事处按照精干、高效原则，下设社会发展、市政管理、社会治安综合治理、社会保障、财政经济等机构，由街道办事处提出报请区人民政府批准。街道办事处的行政经费和办公用房，由区人民政府按照国家和本市有关规定负责解决。

（二）作为市或区政府派出机构，街道办事处是第三级管理的直接实施者，在社区工作中是主持者，集行政、事业、资源供应等职责于一身，在社区工作中发挥着重要的作用

1. 街道办事处主持城市社区工作的组织、协调与管理工作，履行了行政职能

我国的社区管理委员会是直接在街道办事处的主持下成立，街道办事处的主要干部也是社区管理委员会的主要成员。另外，在社区条块关系的协调、社区工作者队伍的组织管理等方面。街道办事处都担负了主要责任。在我国条块关系尚未理顺、专业社区工作管理组织及志愿组织发育不足的情况下，街道办事处发挥了作为政府派出机构的行政职

能，依靠政府的行政网络。实施社区管理，从而使政府对社区工作的推动作用得以体现。

2. 街道办事处主持社区工作的规划与操作，履行了事业职能

在社区工作的项目规划、设施建设、活动安排等具体工作中，街道办事处是实际的主持者。

3. 街道办事处主持社区工作的资源开发，履行了经济组织的职能

目前，我国社区服务的实施投入、社区活动经费乃至社会工作者的报酬一部分要依赖于街道经济的积累与创收。街道办事处兴办了街道经济、发展了第三产业，街道自筹资金在社区工作投入中占一定地位。

4. 从目前我国城市街道办事处的普遍情况来看，街道办事处的具体职责包括：

（1）指导、帮助居民委员会开展组织建设、制度建设和其他工作；

（2）开展便民利民的社区服务；

（3）兴办社会福利事业，做好社区救助和其他社会保障工作；

（4）负责街道监督队的建设和管理；

（5）开展计划生育、环境保护、教育、文化、卫生、科普、体育等工作；

（6）维护老年人、未成年人、妇女、残疾人和归侨、侨眷、少数民族的合法利益；

（7）组织实施社会综合治理规划，开展治安保卫、人民调解工作；

（8）开展拥军优属，做好国防动员和兵役工作；

（9）参与检查、督促新建改建住宅的公共建筑、市政建设设施配套项目的落实、验收工作，协助有关部门对公共建筑、市政配套设施的使用进行管理监督；

（10）配合做好防灾救灾工作；

（11）管理好外来流动人员；

（12）领导街道经济工作；

（13）向区人民政府反映居民的意见和要求，处理群众来信来访事项；

（14）办理区人民政府交办的事项。

二、居民委员会

城市居民委员会是我国特有的城市基层组织。根据《宪法》和《中华人民共和国城市居民委员会组织法》，居民委员会是居民自我管理、自我教育、自我服务的基层群众自治性组织。在实际运作中，居民委员会接受街道办事处的领导，成为政府与居民之间的桥梁，承接了大量的社区工作实务，是社区工作的实际操作者。目前，居委会开展社区具体工作的主要动力一般来自于政府和街道的推动，另一方面来自于社区居民的要求和居委会成员自身的积极性。在城市社区中，有许许多多的居委会干部任劳任怨、勤勤恳恳地工作在社区建设的第一线。

（一）城市居民委员会的设置及功能的调整

我国《宪法》规定，居民委员会是城市基层群众自治组织，是人民群众直接参与国家管理、直接管理自己社会生活、处理自己事务的重要组织形式。居委会具有群众性，因为它采用的是一种广泛的、直接的民主形式；居委会具有综合性，因为在这个综合性共同体内，包括了各种职业、各种习惯、各种思想的居民。

在街道里设置居委会是中国的特色，它在过去及今后的作用都是无可替代的。居委会实际承担的社区工作内容繁多，工作量又大，据统计，可以列出名称的工作、任务已达 100 多项，诸如社区环境、社区治安、社区服务、社区文化建设到人民调解和再就业工程，丰富老人和孩子的文化生活等。但是在三级管理的新格局中，居委会的作用正在受

到新的挑战。如：由于业主委员会和物业管理公司的出现，过去居委会的相当一部分工作被业主居委会和物业管理公司悄悄取代。居委会干部中退休工人多、女同志多，在文化水平和年龄精力上都没有优势。在新的挑战面前，目前的队伍现状是难以胜任的，必须对居委会的设置及功能进行调整。

1. 居委会管辖的户数规模

在"二级政府、三级管理"系统中实现"大街道、小居委"的格局，街道办事处的范围适当放宽，如中心城区可以到5公里。与此相适应并且也从居委会本身的能级出发，从控制管理的梯次出发，居委会的管辖户数则相应缩小，一般以800～1000户设一个居委会为宜，"大街道、小居委"的格局既有利于降低管理的成本，又有利于提高管理效率。

2. 居委会干部的配置数量

按100～150户配置1名居委会干部的先例，每个居委会拟配置8名，其中核定事业编制2～3名。编制的核拨从紧掌握，先行配置居委会主任和支部书记。鉴于居委会主任和支部书记按先行规定选举产生，根据事业单位人事制度改革的总体要求，进编人员一律实行聘用合同制。

3. 居委会干部的结构调整

为了改变居委会干部年龄老化、文化偏低的状况，今后新进居委会工作的人员必须具有高中以上文化程度，居委会编制之内的干部平均年龄逐步调整到45岁左右。为此，应该广开招贤纳才的渠道。当前，正面临企业结构调整的机会，从企业的干部中选一些有志于社区工作的优秀干部到居委会工作是完全可能的；从大专院校招聘，培养年轻、热心公众工作的优秀毕业生也是一个新的途径。必须转变观念，改变轻视居委会工作的思想，形成居委会干部是社区工作者的社会舆论是很重要的。

4. 居委会功能的调整

居委会工作是社区工作的重要组成部分，居委会是城市管理中的一个重要环节。过去，居委会工作主要集中在调解邻里纠纷、组织打扫里弄卫生等方面，在狠抓阶级斗争的年代，居委会更是作为一个前哨阵地而存在的。而今情况发生了巨变，原来熟悉的经验很多已用不上了，原来的常规工作被一些新兴组织取代了，居委会工作职能面临新的调整。

居委会的功能趋向主要体现在四个方面：

（1）社会治安的维护者

随着居民居住条件的改善，邻里之间的交往空间被不自觉地割断，而一般社区中又缺少人们相互交往地共享空间。独门独户的居住方式一定程度上减弱了社区治安群体防范的优势。在一些高级居住小区里，虽然有物业公司管理，晚上有保安人员把门，但是由于居民群体防范意识不强，再加上邻里之间及物业公司对居住者不熟悉，社会治安漏洞很大。居委会在这方面的作用是物业公司不可取代的。新时期的居委会要积极参加社会治安的综合治理，在居民中普及法律知识，发展治安积极分子队伍，组织居民自我防范，协助公安、司法机关打击犯罪，并预防刑事案件和治安案件的发生。

（2）居民安居乐业的服务者

这几年，居民住房条件得到了很大改善。但是由于社区服务设施暂时配套不全，在相当多的小区里，居民生活还有诸多不便。为居民生活提供方便，这是居民们的要求，也是居委会工作性质所决定的。但是，居委会主要是社区服务的组织者，支持、扶持各种社区服务业，从而借助这些服务业为居民群众服务。现在一些居委会假借社区服务名义，热衷于办“三产”创收的现象应该加以制止。

（3）居民意愿的传递者

居委会是党和政府联系群众的桥梁，群众对党和政府的政策、法令、

法规等的意见，可以通过居委会反映；群众对政府机关和部门的工作有哪些意见和建议，居委会是一条反馈渠道。发挥好居委会的作用，对基层政权建设，对政府机关克服官僚主义，改进工作作风是非常有效的。

（4）居民自我管理的组织者

在居委会的范围内，把各种家庭、各种不同职业不同身份的人员组织起来，协调起来，共同担负起社会和谐的责任，是居委会应有的功能之一。这种自组织、自调节的小系统越多，整个社会就越稳定。为此，居委会下设的人民调解委员会、治安委员会、社会福利工作委员会、公共卫生委员会等机构内，要吸收居民中有专业特长的人员参加。社区中的党员、领导干部、专业技术人员都是社区工作的宝贵资源，把这部分资源挖掘出来了，居委会这个三级管理系统中的末梢神经就会被激活。把各种社区人力资源调动起来，居民自己组织开展“五好家庭”“文明里弄”等活动，这对于增强居民的社区意识，激发对社区的归属感，对于建设和谐、文明的社区是十分有益的。

（二）居民委员会工作的建设与工作探索

居民委员会工作是实现城市管理中心下移的一个重要条件。

1. 围绕社区管理，居委会工作要从以下几个方面进一步加强

（1）明确居委会的职能

居委会不应把主要精力用于经济创收和直接经营活动。在这方面，目前大多数居委会都已停止兴办“三产”，其资金主要由街道办事处拨给，同时，在人力和部分财力、物力方面，居委会应尽力通过自己的出色工作，动员社区居民有所投入。居委会应当在居委会党支部的领导下，发挥在精神文明建设和社区治安综合治理中的基础作用，在社区管理中配合街道做好工作。

（2）从工作体制上进行新的探索

在居委会设立议事层和工作层。议事层职务为兼职的社会职务，

工作层则由固定的专业岗位组成。

（3）加强街道对居委会的工作指导

街道一级管理机构中应有专门部门负责对居委会工作的指导，委派联络人员分工联络各居委会，并建立规范的工作制度。下面我们着重谈一谈社区建设议事会成立的必要性、性质、地位和作用。

随着城市建设和城市化进程的加快，城市的布局和管理格局也发生了很大的变化。针对城市装备的现代和城市结构的多样化，城市社区管理模式也从传统的“经济主导性”向“社会主导性”转变。此外，产业结构调整和现代企业制度的确立，出现了下岗待业人员增多，外来人口增多，居民动迁安置量增大和特种行业迅猛发展等许多新情况。根据这一形势，我国许多城市都推出了“两级政府、三级管理、四级网络”的工作理念，居民委员会在社区建设管理中的任务明显加重。但是居委会在新情况面前，显得心理准备不足、自身力量不足，而靠居委会自身的能力，又一时改变不了这种情况。形势迫使居委会在自身组织之外寻求社区资源和智力支持，社区建设议事会于是摆上了居委会的议事日程并应运而生。如广东省广州市的天河区街道居委会在这方面就做得比较好，他们把社区中的党员、知识分子、知名人士、行家能手和社区单位组织发动起来，集思广益、群策群力，给居委会和社区建设注入了一股强大持久的推动力。

社区建设议事会是在社区党支部的领导下，由社区居委会选举或推荐，由本社区在职和离退休的党员、干部，在社会上有广泛影响，德高望重的知名人士，在学术专业领域有独特建树的知识分子等代表组成的群众性民间组织。首先，议事会的产生是加强党的领导的需要。在改革开放和现代化建设进程中，党的领导只能加强不能削弱，要始终坚持党总揽全局、协调各方面的政治领导核心的作用。社区党支部作为一个基层组织理所当然要在社区建设、管理、服务工作中发挥战斗堡垒作

用，同时也要充分发挥社区内每一个在职、离退休党员的先锋模范作用，把每一个党员的积极性、主动性、创造性充分发挥起来，真正做到每一个党员树一面红旗，每一个党员塑一个形象，每一个党员行一股正气，全心全意为社区服务，为百姓服务。社区议事会为党员、干部提供了为社区服务多做贡献的大舞台。其次，议事会的产生也是建立健全依法治街的需要。

2. 使社区的各项工作纳入法治轨道

（1）居委会工作要依照宪法、法律、法规和国家的政策，维护居民合法权益，教育居民遵纪守法。

（2）居委会的工作也要实施严格管理、严格考核、严格监督，切实转变居委会干部的工作作风，密切与居民群众的联系，自觉把“群众满意不满意，群众赞成不赞成、群众高兴不高兴”作为居委会工作的座右铭，提高办事效率和能力。社区建设议事会为实现这一目标，提供了有效的群众监督环境。

（3）实施“两级政府、三级管理、四级网络”管理模式的需要。随着我国社会主义现代化事业建设和整个社会和谐发展的需要，社区建设管理的重要性和紧迫性越来越显示出来，社区建设和管理抓不上去，反过来会制约经济结构的战略调整和城市管理水平的提高。就目前的居委会编制，无论是组织建制、人员素质、机制运行等都很难承受社会工作千头万绪的重任，必须充分挖掘社区资源，充分发挥社区单位和居委会参加社会事务的主体意识和家园意识，变“大权独揽”“事必躬亲”为构筑“支部总揽、居委会倡导、议事会商议政策、社区单位和居民参与”的全方位、立体化的社区建设、管理和服务的框架，把居委会的规划决策功能让位给议事会承担，这样，居委会可以更加集中精力抓各项工作的贯彻落实。

议事会的主要职责是对设计居民的整体利益和社区建设、管理、服务的重大工作、重要问题出谋划策；协助居委会发动社区居民、社区单位共创文明小区、卫生小区、安全小区，着力提高社区的城市文明程度和市民的思想道德和科学文化素质；随时听取居民群众的建议、批评和意见，定期听取居委会工作汇报，对居委会工作严格评议、严格检查、严格监督；协调社区管理各种关系，调动一切积极因素，消除矛盾，克服困难，支持居委会开展日常事务管理服务工作。社区建设议事会有其独特的工作环境和组织制度，居委会不对其进行行政干预。

3. 社区建设议事会享有议事权、提议权、决策权和监督权

（1）议事权。对社区环境卫生、公共配套、治安联防、民政福利、文化教育、劳动服务等工作进行广泛的讨论商议，形成明确的意见传达给居委会。

（2）提议权。对居委会的目标管理、岗位职责、操作措施等进行指导、建议、协调。

（3）决策权。对涉及的社区居民整体利益和社区职责范围内的重大问题有最后的决定权和否决权。

（4）监督权。依照宪法、法律、法规和国家的政策，对居委会的各项工作定期听取汇报，严格检查，严格评议、严格监督。

三、业主委员会

（一）业主委员会性质和地位

1. 业委会的性质

业委会是业主自我管理、自我教育、自我服务，实行业主集体事务民主制度，办理本辖区涉及物业管理的公共事务和公益事业的社会性自治组织。它既是业主团体自治管理辖区业主会议的常设执行机构，在业主会议闭会期间行使业主集体自治权利，又是对外代表其辖区全体业

主的独立自治组织实体，是本自治团体的最高行政性机关，处于事业性法人的法律境位。

业委会由业主会议选举组成，统一领导自治权限范围的物业管理各项工作，但必须对业主会议负责并报告工作，不享有自治管理规范订立权，因此，业委会必须服从业主会议，受业主会议的隶属，处于从属于业主会议的法律境位。应注意：各个业委会都是各自独立，相互之间不存在隶属关系，但可以合作组成业主集体自治管理协会。

业委会根据特定物业管理辖区物业规模状况，业主人数多少，按照便于业主集体自治的原则设立。业委会的设立、撤销、范围调整，应由该委员会所在地的县级政府物业管理行政主管部门提出，经业主会议讨论同意，报县级人民政府指定的主管机关备案。

2. 业主委员会的地位

业委会在中国属于一种新型的社会性自治组织，为了保障业主实行集体自治，应当比照村民委员会组织法和城市居民委员会组织法，由国家制定专门的业委会组织法。在未制定专门组织法之前，应在物业管理条例中尽可能详细地规定业委会的主要组织规范。

（二）业主委员会的权利和义务

1. 权利

（1）召集和主持业主大会；

（2）修订管理公约、业主委员会章程；

（3）决定聘请物业管理企业；

（4）审议物业管理服务费收取标准及使用办法；

（5）审议年度管理工作计划、年度费用概预算；

（6）检查、监督物业管理企业的物业管理工作；

（7）监督公共建筑、公共设施的合理使用，负责物业维修基金的筹集、使用和管理；

（8）业主大会赋予的其他职责。

2. 义务

（1）筹备并向业主大会报告工作；

（2）执行业主大会通过的各项决议，接受广大业主的监督；

（3）观测执行并督促业主遵守物业管理及其他有关法律、政策规定，协助物业管理企业落实各项管理工作，对业主开展多种形式的宣传教育；

（4）严格履行物业管理合同，保障本物业各项管理目标的实现；

（5）接受政府行政管理机构的监督指导，执行政府部门对本物业的管理事项提出的指令和要求；

（6）业主大会做出的决定不得违反法律、政策法规，不得违反业主大会的决定，不得损害业主的公共利益。

第二节　管理学五种组织结构

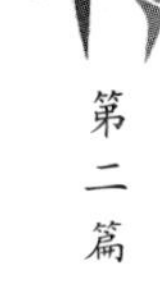

一、直线制结构

直线制是一种最简单的集权式组织结构形式，又称军队式结构。其领导关系按垂直系统建立，不设立专门的职能机构，自上而下形同直线。

（一）特点：企业各级行政单位从上到下实行垂直领导，下属部门只接受一个上级的命令，各级主管负责人对所属单位的一切问题负责。

（二）优点：沟通迅速，指挥统一，责任明确。

（三）缺点：管理者负担过重，难以胜任复杂职能。

（四）适用范围：适用于小型组织。

二、职能制结构

在组织内设置若干职能部门，并都有权在各自业务范围内向下级下达命令，也就是各基层组织都接受各职能部门的领导。

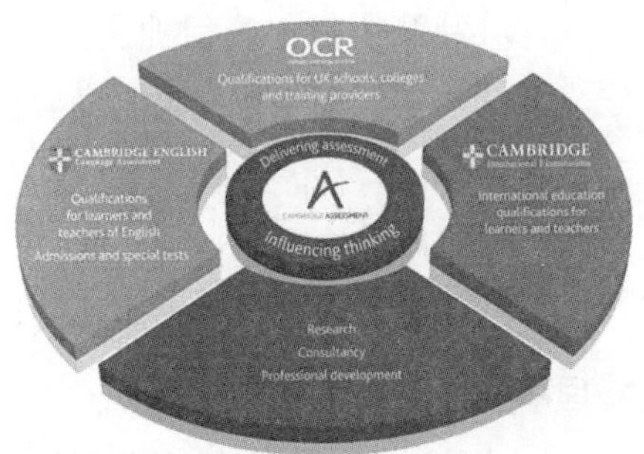

图 2–2　职能制结构图

（一）特点：各级管理机构和人员实行高度的专业化分工，各自履行一定的管理职能。因此，每一个职能部门所开展的业务活动将为整个组织服务。

（二）优点：有利于专业管理职能的充分发挥。

（三）缺点：破坏统一指挥原则。

（四）适用范围：上图所示的这种原始意义上的职能制无现实意义。

三、直线职能制结构

直线职能制是直线制与职能制的结合。它是在组织内部既有保证组织目标实现的直线部门，也有按专业分工设置的职能部门；但职能部门在这里的作用是作为该级直线领导者的参谋和助手，它不能对下级部门发布命令。

（一）优点

1. 能保持统一指挥，又能发挥参谋人员的作用；

2. 分工精细，责任清楚，各部门仅对自己应做的工作负责，效率高；

3. 组织稳定性较高，在外部环境变化不大的情况下，易于发挥组织的集团效率。

(二)缺点

1. 部门间缺乏信息交流，不利于集思广益地做出决策；

2. 直线部门与职能部门(参谋部门)之间目标不易统一，职能部门之间横向联系较差，信息传递路线较长，矛盾较多，上层主管的协调工作量大；

3. 难以从组织内部培养熟悉全面情况的管理人才；

4. 系统刚性大，适应性差，容易因循守旧，对新情况不易及时做出反应。

(三)适用范围

规模中等的企业。随着规模的进一步扩大，将倾向于更多的分权。

四、事业部制结构

(一)特点

事业部制是指以某个产品、地区或顾客为依据，将相关的研究开发、采购、生产、销售等部门结合成一个相对独立单位的组织结构形式。它表现为，在总公司领导下设立多个事业部，各事业部有各自独立的产品或市场，在经营管理上有很强的自主性，实行独立核算，是一种分权式管理结构。

(二)优点

1. 具有高度的稳定性，又有良好的适应性。

2. 权力下放，提高各事业部积极性和创造性，从而提高企业的整体效益。

3. 事业部自成系统，独立经营，有利于培养全面管理人才，为企

业的未来发展储备干部。

4. 以利润中心，进行严格的考核，易于评价事业部对公司总利润的贡献大小，用以指导企业发展的战略决策。

5. 按产品划分事业部，便于组织专业化生产，形成经济规模，采用专用设备，并能使个人的技术和专业知识在生产和销售领域得到充分发挥，因而有利于提高劳动生产率和企业经济效益。

6. 各事业部门之间可以有比较、有竞争。由此而增强企业活力，促进企业的全面发展。

7. 各事业部自主经营，责任明确，使得目标管理和自我控制能有效地进行，在这样的条件下，高层领导的管理幅度便可以适当扩大。

（三）缺点

1. 由于各事业部利益的独立性，容易滋长本位主义；

2. 一定程度上增加了费用开支；

3. 对公司总部的管理工作要求较高，否则容易发生失控。

（四）使用范围

事业部制结构主要适用于产业多元化、品种多样化、各有独立的市场，而且市场环境变化较快的大型企业。

五、矩阵式组织结构

（一）特点

矩阵制是由职能部门系列和为完成某一临时任务而组建的项目小组系列组成，它的最大特点在于具有双道命令系统。矩阵制组织形式是在直线职能制垂直形态组织系统的基础上，再增加一种横向的领导系统。

（二）优点

1. 加强了横向联系，专业设备和人员得到了充分利用；

2. 具有较大的机动性；

3. 促进各种专业人员互相帮助，互相激发，相得益彰。

（三）缺点

1. 成员位置不固定，有临时观念，有时责任心不够强；

2. 人员受双重领导，有时不易分清责任。

（四）适用范围

需要集中各方面专业人员完成的工作项目。比如重大攻关项目、临时性的、复杂的重大工程项目或管理改革任务，以实验为主的单位的科学研究。

第三节　组织结构的设计

一、组织结构是管理问题的根源

（一）问题背后的问题

当企业出现经营业绩逐渐下滑、产品质量迟迟不能提高、浪费和消耗严重、新的管理措施总是难以实施、管理效率下降、员工不满情绪增加等诸多问题的时候，企业家们首先想到的是什么？常见的思考方式会认为，这些可能是人员素质问题、激励措施问题、绩效考核问题或者是制度不完善，更进一步的，或许还会认为是企业战略不清晰、是企业执行力不够或者是企业文化需要重塑。于是，企业往往会采取执行力培训、文化重塑、战略转型、绩效管理改革、薪资改革等手段，甚至会解聘和更换员工。

这些措施本身毫无问题，但是却往往只能起到短暂的作用，甚至

解聘和更换员工都无法彻底解决问题。那么，究竟是什么困扰着企业的发展？我们需要找到问题背后的问题。

（二）组织结构不合适才是根源

当企业出现病症的时候，最容易被忽视但却可能是最根本的问题是，企业的组织结构不再适合企业的发展。

之所以容易被忽视，是因为在传统的管理理论中我们通常认为，有很多合理的组织结构模型可以供选择：例如职能制、矩阵式、事业部制、母子公司体制、超矩阵式等。所以在组织结构设计的时候，企业家们会自觉或不自觉地采取一种耳熟能详的或者公认的组织结构形式。尤其是当看到很多成功的企业也在采用类似的组织结构时，企业家们会更加安心。

图 2–3　企业组织结构图

但是完美的组织结构理论背后，冰冷的现实时刻在提醒我们，不存在一种普适的、绝对正确的组织结构。组织结构的本质是为了实现企业战略目标而进行的分工与协作的安排，它是让人们有效的一起工作的工具。因此，不同的战略、不同的时期、不同的环境必然需要配合不同的组织结构。

1. 不同的战略

组织结构是战略实施的载体，战略不同组织结构必然随之调整。就像蜗牛与羚羊，蜗牛的战略是当危险来临就缩进硬壳里面，所以蜗牛需要背着房子到处走；羚羊的战略是当危险来临就要快速奔跑离开，所以羚羊就需要强健的四肢。如果让羚羊背上房子，又怎么能实施快速奔跑的战略呢?

2. 不同的发展阶段

在企业发展的不同阶段，随着组织规模的扩大和能力的改变，组织结构也需要相应变革来适应组织的发展。在创业阶段，企业需要快速反应来保证生存，组织结构需要简单，围绕主要职能来设置部门，如果组织结构过于臃肿、部门过多，就会造成流程割裂、效率低下，企业的生存就会出现问题。当企业发展壮大，如果仍然粗略的设置组织结构，就会造成重要职能薄弱或缺失，企业就会缺乏相应的能力，企业的发展就会受到影响。就像人小的时候，如果穿过大的鞋，就会举步维艰，怎么也跑不快；当长大成人，如果再穿小时候的鞋，跑的过程中一定会受到束缚、疼痛难忍。

3. 不同的环境

企业面临的环境决定了组织结构的特征。就像沙漠的干旱和风沙决定了骆驼需要高高的驼峰储存水分和养料，海水的高阻力决定了鱼儿的流线型身躯。如果把企业视作人体，组织结构就像是骨架，当骨架产生扭曲变形的时候，人体必然会产生病痛，甚至会使某些部位无法正常运作。因此，当企业出现问题的时候，一定不能忘记思考问题背后的问题——组织结构是否适合企业。

(三)问题的表现

当组织结构不再适合企业的时候，会有很多表现，例如：经营业绩下降、资金周转不灵、思想僵化、新的制度很难推行、决策迟缓、指挥不灵、职责重叠、部门之间的冲突增多等。一般来说，组织结构不再适合企业的病症有以下几种，当出现这些病症的时候，就说明组织结构需要进行变革了。

1. 整天忙于开会和协调，但问题却越来越多

当企业发展到一定规模，老总们会发现以往的管理手段似乎失灵

了，原来非常出色的下属们似乎也变得效率低下。每天一到办公室就有大堆的干部员工排队等待请示问题，整天忙于开会和协调，但问题却越来越多，四处冒火。依靠老总丰富的经验和高超的解决问题的能力，或许企业暂时还不会出现大的问题，但当企业的正常运转都要依赖领导的推动时，企业其实是处于一种非常危险的状态。长此以往，不仅老总会越来越累，也总会有未能及时解决的问题积累下来，一个个未能得到有效解决的问题就会逐渐侵蚀企业成功的基石，逐步抵消企业的竞争优势，把企业拖向失败的深渊。

为什么会这样呢？是干部员工的执行力出现了问题，还是员工的能力已经不足以支撑企业发展？

其实，真正的问题在于组织结构已经不适应组织的发展。

（1）部门职能界定不清晰

部门职能界定不清晰有两方面的原因，一方面是伴随着企业的发展，新增的职责没有清晰界定归属部门，因此会造成有些事多头管理，有些事大家都不愿意管。多头管理会使基层员工无所适从，遇到事情要逐个请示一遍，当不同的管理者给出的要求和方法不一致的时候，下属要么就是等待管理者统一意见，要么就是继续向上反映等待更高级管理者的决断。统一意见或者向上反映都会降低企业运行的效率，而且往往会增加很多不必要的会议。大家都不管的职责往往是工作难度大、不容易做出成果的工作，为了推动这些职责的落实，也往往会需要领导者进行大量的协调工作。另一方面是因为部门职责过粗，没有根据企业发展需要进行细分或深化，造成部门职责与企业发展不匹配。由于职责不落实，很多日常的管理工作没有形成具体的、可操作的流程，反而成为领导需要处理的例外工作。

（2）授权不足

授权不足是指部门和岗位的责权利不匹配，各部门拥有了职责却没有相应的权力，因此需要请示的事情反而更多了。授权不足一种可能是因为没有赋予中层经理相应权力；另一种可能是由于领导者的工作习惯、工作作风还没有完全转变，所以虽然在书面上进行了授权，但在实际运行中仍然需要大量的请示和汇报。

（3）缺少横向沟通协调的机制

在组织结构设计时，企业普遍重视的是垂直的职责分工设计，而往往忽略部门之间横向沟通协调机制的设计。缺乏横向沟通协调的机制会使部门之间信息堵塞，产生本位主义，也会产生大量的需要决策的事项上报给总经理。因此，根据部门之间的分工适当设立分管领导来协调将会大幅度提高公司运营的效率，减少部门之间的壁垒。

2. 企业运行出现漏洞，一管就死，一放就乱

很多老总在关于集权还是分权的命题上都很困扰，经常出现这样的现象：如果放权，就会出现漏洞；如果完全集权，又会影响下属主观能动性的发挥，严重影响效率，也就是常说的一管就死，一放就乱。

（1）监督职能弱化

企业创业初期，会把精力集中在如何获得市场和维持生存上，同时由于人数较少，管理相对简单，主要依靠的是老板的目视管理和员工的自发自觉，而不是制度化的管理，因此监督和制约的职能相对弱化。但当企业发展到一定规模的时候，就需要摆脱"人治"，以合理的制约和监督来实现"法治"。否则就会出现一管就死、一放就乱的尴尬现象。

企业关键的职能需要加以制约和监督，如果缺乏监督，会造成企业生存发展的关键环节失控以及部门之间的失衡。制约的实质就是控制，即监督、检查执行部门的工作，使之按照规定的标准行事，及时校正偏差，确保企业目标的实现。组织结构设计中常见的错误例如把质检部门合并到生产部门管理，把审计部门合并到财务部门管理，等等。

（2）过于强调监督和制衡

很多企业出于“人性本恶”的假设，过于强调监督和制衡，甚至除了设置专门的监督机构以外，还将很多部门职能分离，重复设置到不同的机构里，以起到互相监控的作用。

任何企业都需要监管，但不能把监督当成管理，当一个企业过分强调审计和监督工作时，其实往往表明它对基本管理问题已束手无策。这就是为什么有些企业的审计和监察部门越来越庞大，可是漏洞却越来越多。监督和制衡过多往往会导致组织结构庞杂，责任单位主体缺少完整的职能，部门之间业务不清，关系复杂。

（3）决策权没有分层设计

企业关于各项事务的决策权需要分层设计，即建议权、草案权、审核权、审批权、监督权等权力分别赋予不同的层级。很多企业之所以一管就死、一放就乱，就是因为决策权没有分层设计，造成要么领导负责决策，一管到底；要么权力整体下放，领导无法监控。

3. 新的管理措施很难落实，变革会无声无息地夭折

令老总们经常苦恼的另外一种现象是，老总在上面喊得声嘶力竭，到了员工层面就变成了悄无声息。用某位老总的话说，“我已经喊得要吐血了，他们还是无动于衷”。在这种情况下，老总是整个企业的发动机，要不停地想出新的措施来推动企业前进。但新的管理措施却往往很难落实，即使落实了也很难坚持，变革总是在无声无息中就自然死亡了。

这主要是由于缺少相应的企业管理部门，尤其是缺少对制度和流程进行管理的部门和岗位。因此新的管理措施和制度在落实过程中缺少监督、检查和反馈，就像汽车一样，如果没有传动机构，发动机的马力再强劲也不能驱动汽车前进。

二、组织结构的设计

（一）组织结构设计的基本含义

1. 组织结构设计的有关概念

（1）组织

组织，就是把管理要素按目标的要求结合成的一个整体。它是动态的组织活动过程和静态的社会实体的统一。具体地说，包含以下 4 个方面：

①动态的组织活动过程。即把人、财、物和信息，在一定时间和空间范围内进行合理有效组合的过程。

②相对静态的社会实体。即把动态组织活动过程中合理有效的配合关系相对固定下来所形成的组织结构模式。

③组织是实现既定目标的手段。

④组织既是一组工作关系的技术系统，又是一组人与人之间的社会系统，是两个系统的统一。

（2）组织结构设计

组织结构是表现组织各部分排列顺序、空间位置、聚集状态、联系方式以及各要素之间相互关系的一种模式，它是执行任务的组织体制。具体来说，组织结构设计包含以下几层意思：

① 组织结构设计是管理者在一定组织内建立最有效相互关系的一种有意识的过程。

② 组织结构设计既涉及组织的外部环境要素，又涉及组织的内部条件要素。

③ 组织结构设计的结果是形成组织结构。

④ 组织结构设计的内容包括工作岗位的事业化，部门的划分，以及直线指挥系统与职能参谋系统的相互关系等方面的工作任务组合；建立职权，控制幅度和集权分权等人与人相互影响的机制，开发最有效的

协调手段。

2. 组织结构设计的具体内容

（1）劳动分工

劳动分工是指将某项复杂的工作分解成许多简单的重复性活动（称为功能专业化）。它是组织结构设计的首要内容。

（2）部门化

部门化是指将专业人员归类形成组织内相对独立的部门，它是对分割后的活动进行协调的方式。部门化主要有四种类型：功能部门化、产品或服务部门化、用户部门化和地区部门化。

（3）授权

授权是指确定组织中各类人员需承担的完成任务的责任范围，并赋予其使用组织资源所必需的权力。授权发生于组织中两个相互连接的管理层次之间，责任和权力都是由上级授予的。

（4）管理幅度和管理层次

管理幅度是指一位管理人员所能有效地直接领导和控制的下级人员数。管理层次是指组织内纵向管理系统所划分的等级数。一般情况下，管理幅度和管理层次成反比关系。扩大管理幅度，有可能减少管理层次；反之，缩小管理幅度，就有可能增加管理层次。

管理幅度受许多因素的影响，有领导者方面的因素，如领导者的知识、能力和经验等；也有被领导者方面的因素，如被领导者的素质、业务熟练的程度和工作强度等；还有管理业务方面的因素，如工作任务的复杂程度、所承担任务的绩效要求、工作环境以及信息沟通方式等。因此，在决定管理幅度时，必须对上述各方面因素予以综合考虑。

确定管理层次应考虑下列因素：

① 训练。受过良好训练的员工，所需的监督较少，且可减少他与

主管接触的次数。低层人员的工作分工较细，所需技能较易训练，因而低层主管监督人数可适当增加。

② 计划。良好的计划使工作人员知道自己的目标与任务，可减少组织层次。

③ 授权。适当的授权可减少主管的监督时间及精力，使管辖人数增加，进而减少组织所需的层次。

④ 变动。企业变动较少，其政策较为固定，各阶层监督的人数可较多，层次可较少。

⑤ 目标。目标明确，可以减少主管人员指导工作及纠正偏差的时间，促成层次的简化。

⑥ 意见交流。意见的有效交流，可使上下距离缩短，减少组织层次。

⑦ 接触方式。主管同员工接触方式的改善，也可使层次减少。

早期的管理组织结构中，通常管理幅度较窄而管理层次较多。其优点是分工明确，便于实施严格控制，上下级关系容易协调；缺点是管理费用较高，信息沟通困难，不利于发挥下级人员的积极性。随着管理组织的不断革新和发展，采用管理幅度较宽，管理层次较少的结构（扁平结构）的企业越来越多。其优点是管理费用较低，信息沟通方便，有利于发挥下级的积极性；缺点是不易实施严格控制，对下属人员的相互协调较为困难。

（二）组织结构设计的原则与重点

1. 组织结构设计的基本原则

（1）战略导向原则

组织是实现组织战略目标的有机载体，组织的结构、体系、过程、文化等均是为完成组织战略目标服务的，达成战略目标是组织设计的最终目的。组织应通过组织结构的完善，使每个人在实现组织目标的过程中做出更大的贡献。

（2）适度超前原则

组织结构设计应综合考虑组织的内、外部环境，组织的理念与文化价值观，组织的当前以及未来的发展战略等，以适应的组织现实状况。并且，随着企业的成长与发展，组织结构应有一定的拓展空间。

（3）系统优化原则

现代组织是一个开放系统，组织中的人、财、物与外界环境频繁交流，联系紧密，需要开放型的组织系统，以提高对环境的适应能力和应变能力。因此，组织机构应与组织目标相适应。组织设计应简化流程，有利于信息畅通、决策迅速、部门协调，充分考虑交叉业务活动的统一协调和过程管理的整体性。

（4）有效管理幅度与合理管理层次的原则

管理层级与管理幅度的设置，受到组织规模的制约。在组织规模一定的情况下，管理幅度越大，管理层次越少。管理层级的设计应在有效控制的前提下尽量减少管理层级，精简编制，促进信息流通，实现组织扁平化。其中，管理幅度受主管直接有效地指挥、监督部属能力的限制。管理幅度的设计没有一定的标准，要具体问题具体分析，粗略地讲，高层管理幅度 3 ~ 6 人较为合适，中层管理 5 ~ 9 人较为合适，低层管理幅度 7 ~ 15 人较为合适。

影响管理幅度设定的主要因素如下：

① 员工的素质。主管及其部属能力强、学历高、经验丰富者，可以加大控制面，管理幅度可加大；反之，应小一些。

② 沟通的程度。组织目标、决策制度、命令可迅速而有效地传达，渠道畅通，管理幅度可加大；反之，应小一些。

③ 职务的内容。工作性质较为单纯、较标准者，可扩大控制的层面。

④ 协调工作量。利用幕僚机构及专员作为沟通协调者，可以扩大控制的层面。

⑤追踪控制。具有良好、彻底、客观的追踪执行工具、机构、人员及程序者，可以扩大控制的层面。

⑥组织文化。具有追根究底的风气与良好的企业文化背景的公司也可以扩大控制的层面。

⑦地域相近性。所辖的地域近，可扩大管理控制的层面，地域远则缩小管理控制的层面。

（5）责权利对等原则。责权利相互对等，是组织正常运行的基本要求。权责不对等对组织危害极大，有权无责容易出现瞎指挥的现象；有责无权会严重挫伤员工的积极性，也不利于人才的培养。因此，在结构设计时应着重强调职责和权利的设置，使公司能够做到职责明确、权力对等、分配公平。

（6）职能专业化原则。公司整体目标的实现需要完成多种职能工作，应充分考虑专业化分工与团队协作。特别是对于以事业发展、提高效率、监督控制为首要任务的业务活动，以此原则为主，进行部门划分和权限分配。当然，公司的整体行为并不是孤立的，各职能部门应做到既分工明确，又协调一致。

（7）稳定性与适应性相结合的原则。首先，企业组织结构必须具有一定的稳定性，这样可使组织中的每个人工作相对稳定，相互之间的关系也相对稳定，这是企业能正常开展生产经营的必要条件。如果组织结构朝令夕改，必然造成职责不清的局面。其次，企业组织结构又必须具有一定的适应性。由于企业的外部环境和内部条件是在不断变化的，如果组织结构、组织职责不注意适应这种变化，企业就缺乏生命力、缺乏经营活力。因此，企业应该根据行业特点、生产规模、专业技术复杂程度、专业化水平、市场需求和服务对象的变化、经济体制的改革需求等进行相应的动态调整。企业应该强调并贯彻这一原则，应在保持稳定性的基础上进一步加强和提高组织结构的适应性。

2. 组织结构设计的重点

进行组织结构设计，应把握以下重点：

（1）组织的目标。使组织内部各部门在公司整体经营目标下，充分发挥能力以达成各自目标，从而促进公司整体目标的实现。

（2）组织的成长。考虑公司的业绩、经营状况与持续成长。

（3）组织的稳定。随着公司的成长，逐步调整组织结构是必要的。但经常的组织、权责、程序变更会动摇员工的信心，产生离心力。因此，应该保证组织的相对稳定。

（4）组织的精简。组织机构精简、人员精干有助于资源的合理配置，实现工作的高效率。

（5）组织的弹性。主要指部门结构和职位具有一定的弹性，既能保持正常状况下的基本形式，又能适应内、外部各种环境条件的变化。

（6）组织的分工协作。只有各部门之间以及部门个人之间的工作能协调配合，才能实现本部门目标，同时保证整个组织目标的实现。

（7）指挥的统一性。工作中的多头指挥使下属无所适从，容易造成混乱的局面。

（8）权责的明确性。权力或职责不清将使工作发生重复或遗漏、推诿现象，这样将导致员工挫折感的产生，造成工作消极的局面。

（9）流程的制度化、标准化与程序化。明确的制度与标准作业以及工作的程序化可缩短摸索的时间，提高工作的效率。

（三）组织结构设计的五大要素

组织设计，不是一张密密麻麻的组织结构图那么简单。在一个个方框之中，其实暗含着“职能结构”“层级结构”“部门结构”“职权结构”和“管理流程”五大要素。只有这五个方面都协调清晰，组织管理才能顺畅。

1. 职能结构，是指实现组织目标所需的各项业务工作以及比例和关系。其考量维度包括职能交叉（重叠）、职能冗余、职能缺失、职能割裂（或衔接不足）、职能分散、职能分工过细、职能错位、职能弱化等方面。

设计职能结构包括两个层次，一是基于公司关键价值链的主流程所需的一级职能设计，包括主流程的各个环节，再增加对于关键控制点的检查和控制，即构成了一级职能，这也往往是划分部门职能的依据。二是在主流程之外的其他流程和辅助流程所需的职能设计，这往往是设计岗位职能的依据。

2. 层次结构，是指管理层次的构成及管理者所管理的人数（纵向结构）。其考量维度包括管理人员分管职能的相似性、管理幅度、授权范围、决策复杂性、指导与控制的工作量、下属专业分工的相近性等。

管理层次，是从最高管理机构到最低管理机构的纵向划分。其实质是组织内部纵向分工的表现形式，主要是各种决策权在组织各层级之间的划分。

一般的，管理层级的多少取决于公司的规模、组织的分散程度、管理者的能力、员工素质、市场环境的复杂性、公司集权程度等因素。管理层级如果过多，最直接的结果会导致信息失真、决策缓慢、反应迟钝、官僚主义严重，附带的还可能会使组织臃肿、管理效率低下、组织成本过高。

3. 部门结构，是指各管理部门的构成（横向结构）。其考量维度主要是一些关键部门是否缺失或优化。从组织总体型态，各部门一、二级结构进行分析。

部门结构的设计有三个方面，首先，是依据一级职能设立部门，在设立部门的时候需要遵循的原则包括：分工协调原则、最少部门原则、目标统一原则、指标均衡原则等，最重要的原则是面向客户原则。其次，是部门之间的横向关系设计，部门关系包括协调协作和监督制

约，横向协调是调节组织部门之间关系的重要手段，制约机制的设计就是从反面来预防部门行为偏离航向。最后，是部门内部结构的设计，包括部门二级职能划分和岗位设置。岗位设置需要依照以下原则进行：因事设岗、工作丰富化、最少岗位数、客户导向、规范化与系统化以及基于一般性规律。

4. 职权结构，是指各层次、各部门在权力和责任方面的分工及相互关系。主要考量部门、岗位之间权责关系是否对等。

职权设计就是全面正确的处理上下级之间和同级之间的职权关系，把各类型的职权合理分配到各个层次和部门，建立起集中统一、上下左右协调配合的职权结构。

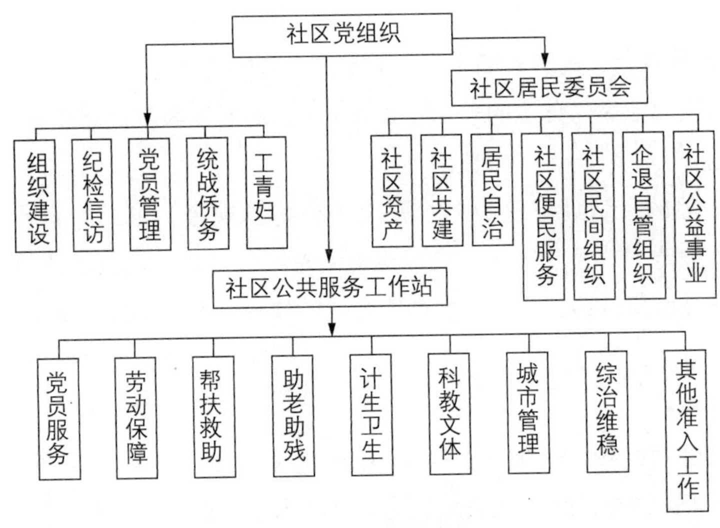

图 2–4　职权结构图

职权设计主要包括：

（1）按照专业分工，各部门所享有的相应职权；

（2）按照在各项工作中同级部门之间的协作关系，各自享有的相应职权，如决定权、确认权、协商权；

（3）按照有关部门之间的横向制约关系所确定的监督权。

职权设计成功的关键在于设计一个能够在组织运作过程中发挥优势的动态模型，能够及时根据环境变化，作出适当的自我修复与调整，其难点在于参谋职权和职能部门职权的设计。

5. 管理流程，是指组织结构不但需要符合企业的核心业务流程，还需要与企业的管理流程相配套。组织结构中的各个部门需要借助流程进行有机链接，既明确各自的合理分工，又规定跨部门合作的流程规则。部门设置不合理、部门之间壁垒重重是引发管理流程问题的重要来源。

（四）组织结构设计的程序

企业组织结构的设计，只有按照正确的程序进行，才能达到组织设计的高效化。组织结构设计的程序如下：

1. 业务流程的总体设计

业务流程设计是组织结构设计的开始，只有总体业务流程达到最优化，才能实现企业组织高效化。

业务流程是指企业生产经营活动在正常情况下，不断循环流动的程序或过程。企业的活动主要有物流、资金流和信息流，它们都是按照一定流程流动的。企业实现同一目标，可以有不同的流程。这就存在一个采用哪种流程的优选问题。因此，在企业组织结构设计时，首先要对流程进行分析对比、择优确定，即优化业务流程。优化的标准是：流程时间短，岗位少，人员少，流程费用少。

业务流程包括主导业务流程和保证业务流程。主导业务流程是产品和服务的形成过程，如生产流程。保证业务流程是保证主导业务流程顺利进行的各种专业流程，如物资供应流程、人力资源流程、设备工具流程等。首先，要优化设计的是主导业务流程，使产品形成的全过程周期最短、效益最高；其次，围绕主导业务流程，设计保证业务流程；最

后，进行各种业务流程的整体优化。

2. 按照优化原则设计岗位

岗位是业务流程的节点，又是组织结构的基本单位。由岗位组成车间、科室，再由车间、科室组成各个子系统，进而由子系统组成全企业的总体结构。岗位的划分要适度，不能太大也不能太小，既要考虑流程的需要，也要考虑管理的方便。

3. 规定岗位的输入、输出和转换

岗位是工作的转换器，就是把输入的业务，经过加工转换为新的业务输出。通过输入和输出就能从时间、空间和数量上把各岗位纵横联系起来，形成一个整体。

4. 岗位人员的定质与定量

定质就是确定本岗位需要使用的人员的素质。由于人员的素质不同，工作效率就不同，因而定员人数也就不同。人员素质的要求主要根据岗位业务内容的要求来确定。要求太高，会造成人员的浪费；要求太低，保证不了正常的业务活动和一定的工作效率。

定量就是确定本岗位需用人员的数量。人员数量的确定要以岗位的工作业务量为依据，同时也要以人员素质为依据。人员素质与人员数量在一定条件下成反比。定量就是在工作业务量和人员素质平衡的基础上确定的。

5. 设计控制业务流程的组织结构

这是指按照流程的连续程度和工作量的大小，来确定岗位形成的各级组织结构。整个业务流程是个复杂的系统，结构是实现这个流程的组织保证，每个部门的职责是负责某一段流程并保证其畅通无阻。岗位是保证整个流程实施的基本环节，应该先有优化流程，后有岗位，再组织车间、科室，而不是倒过来。流程是客观规律的反映，因人设机构，是造成组织结构设置不合理的主要原因之一，必须进行改革。

以上五个步骤，既有区别又有联系，必须经过反复的综合平衡、不断地修正，才能获得最佳效果。

思考题

1. 为什么说组织结构是管理问题的根源？

2. 社区管理比较适用于哪种组织结构？

3. 街道办事处和居委会在社区管理组织结构中各自的作用是什么？

第三篇　社区管理能力素质模型设计

课　时　共计 8 课时

教学目标　了解能力素质模型定义；
了解能力素质模型建立目的和作用；
理解能力素质模型的运用障碍和误区；
掌握能力素质模型建立步骤；
掌握社区管理 21 项能力素质模型。

教学重点　能力素质模型的运用障碍和误区；
能力素质模型建立步骤；
社区管理 21 项能力素质模型。

图 3–1　能力素质模型图

教学内容

第一节　能力素质模型

案例导入

老张到公司工作快五年了，比他后来的同事陆续得到了升职的机会，但他却原地不动，心里颇不是滋味。终于有一天，冒着被解聘的危险，他找到老板理论。

"老板，我有过迟到、早退或乱章违纪的现象吗？"他问。

老板干脆地回答"没有"。

"那是公司对我有偏见吗？"

老板先是一怔，继而说："当然没有。"

"为什么比我资历浅的人都可以得到重用，而我却一直在微不足道的岗位上？"

老板一时语塞，然后笑笑说："你的事咱们等会再说，我手头上有个急事，要不你先帮我处理一下？"

一家客户准备到公司来考察产品状况，老板叫他联系他们，问问何时过来。

"这真是个重要的任务。"临出门前，老张不忘调侃一句。

一刻钟后，老张回到老板办公室。

"联系到了吗？"老板问。

"联系到了，他们说可能下周过来。"

"具体是下周几？"老板问。

"这个我没细问。"

“他们一行多少人？”

“啊！您没问我这个啊！”

“那他们是坐火车还是飞机？”

“这个您也没叫我问呀！”

老板不再说什么了，他打电话叫小王过来。

小王比老张晚到公司一年，现在已是一个部门的负责人了，他接到了与老张刚才相同的任务。

一会儿工夫，小王回来了。“哦，是这样的，”小王答道：“他们是乘下周五下午3点的飞机，大约晚上6点钟到，他们一行5人，由采购部王经理带队，我跟他们说了，我公司会派人到机场迎接。另外，他们计划考察两天时间，具体行程到了以后双方再商榷。为了方便工作，我建议把他们安置在附近的国际酒店，如果您同意，房间明天我就提前预订。还有，下周天气预报有雨，我会随时和他们保持联系，一旦情况有变，我将随时向您汇报。”

从这个故事中可以看出，如果从资历、经验等方面来衡量，故事中的“老张”肯定比“小王”要强，但两人做事的方式完全不同，工作结果也相差很大。“老张”是老板叫做什么就做什么，对工作缺乏思考，基本上没有完成老板交给的任务。而“小王”对问题考虑得非常周到、全面，并把后面几天的事情也都想到了，结果是把老板所关注的问题全都做了妥善安排。我们把在两人身上体现出来的区分优秀人才与一般人才的差异性特征，叫作“胜任力”。把这些特征用行为化的语言描述并归纳起来，就成为胜任力模型。

一、能力素质模型定义及作用

（一）能力素质模型定义

能力素质模型（Competencemodel）就是用行为方式来定义和描

述员工完成工作需要具备的知识、技巧、品质和工作能力，通过对不同层次的定义和相应层次的具体行为的描述，确定核心能力的组合和完成特定工作所要求的熟练程度。这些行为和技能必须是可衡量、可观察、可指导的，并对员工的个人绩效以及企业的成功产生关键影响。

（二）能力素质模型概述

胜任素质（能力）模型（Competency Model）又叫素质模型。Competemcy 即“素质、资质、才干”等，是指驱动员工产生优秀工作绩效的各种个性特征的集合，它反映的是可以通过不同方式表现出员工的知识、技能、个性与内驱力等，能力是判断一个人能否胜任某项工作的优点，是决定并区别绩效差异的个人特征。

素质（胜任力）模型是企业人力资源的高端管理方式，是人力资源管理的重要延伸方向，人力资源的管理实践及研究始终沿着两个方向延伸，一个是以岗位为始点，组织结构为脉络的横向延伸方向，而另外一个重要方向是以岗位需要的人为始点，纵向挖掘和提升胜任能力的延伸方向，其核心目的都是在于如何促使岗位与人达到最佳的匹配。

素质（胜任力）模型的出现对于企业人力资源管理的重大意义在于：一方面弥补了以岗位为核心的硬性管理引起的软缺陷，一方面从本质上改变了人力资源管理中员工如何适用于企业的瓶颈问题，另一方面更加集中了企业所需要的竞争能力的形成；素质（胜任力）模型是基于创造企业未来高绩效要求的，能够区分优劣业绩的，并具有测量性的员工工作行为特质。

（三）能力素质模型建立目的

建立和发展企业内部员工的核心能力体系，其最终目的是为了支持企业的经营发展需要。

在企业内部建立和发展能力素质模型是为了帮助企业找到合适的人员来完成其在企业内部建立和发展能力素质模型，是为了帮助企业找

到合适的人员来完成其经营目标，与此同时，内部人员也得到个人相关的能力发展和培养。人员的能力支持企业的经营，企业的经营要求人员不断成长。两者相辅相成，不断更新。而企业的经营发展目标，无论是短期的还是长期的目标，始终是企业内部进行人员能力体系发展的指导原则。

在建立能力素质模型时，必须首先了解整个企业的中长期经营目标和经营策略，从中可以分析整个企业的关键竞争优势，即：企业在哪些方面的核心竞争能力最终能够支持企业的市场地位。企业的关键能力要靠内部的人员来达到，这就是企业对内部人员的整体要求，什么样的人员能够在企业内生存和发展，并且能够支持企业的生存和发展。

因此，找到对经营结果最有帮助的行为和能力，了解如何有计划地建立和培养这样的能力，才能建立能力素质模型。

（四）能力素质模型特征

首先，具有行业特色。它反映的是某类行业内对人员的整体素质要求，包括知识和技能的范围，对所服务客户的认识程度等。

其次，具有企业特色。它反映的是单个企业对特定人员的要求，并且细化到行为方式的程度，即使是处于同一行业的两个企业，由于企业文化、经营目标、经营策略的差异，纵然企业在人员要求的能力条目上完全相同，也很少有两个企业的能力素质的行为方式要求是完全一致的。

最后，具有阶段性。能力素质模型的行为模式由于与企业经营相联系，因而具有阶段性。在企业的特定时期内，某项胜任能力，甚至是某一组能力是至关重要的，而在另一个阶段，由于企业的经营目标或经营策略发生变化，能力模型素质就会定期随之更新和改变。

（五）能力素质模型作用

能力素质模型在人力资源管理活动中起着基础性的、决定性的作用。它分别为企业的工作分析、人员招聘、人员考核、人员培训以及人员激励提供了强有力的依据，它是现代人力资源管理的新基点。

1. 工作分析

传统的工作岗位分析较为注重工作的组成要素，而基于胜任特征的分析，则研究工作绩效优异的员工，突出与优异表现相关联的特征及行为，结合这些人的特征和行为定义这一工作岗位的职责内容，它具有更强的工作绩效预测性，能够更有效地为选拔、培训员工以及为员工的职业生涯规划、奖励、薪酬设计提供参考标准。

2. 人员选拔

传统的人员选拔一般比较重视考察人员的知识、技能等外显特征，而没有针对难以测量的核心的动机和特质来挑选员工。但如果挑选的人员不具备该岗位所需要的深层次的胜任特征，要想改变该员工的深层特征却又不是简单的培训可以解决的问题，这对于企业来说是一个重大的失误与损失。

相反，基于胜任特征的选拔正是帮助企业找到具有核心的动机和特质的员工，既避免了由于人员挑选失误所带来的不良影响，也减少了企业的培训支出。尤其是为工作要求较为复杂的岗位挑选候选人，如挑选高层技术人员或高层管理人员，在应聘者基本条件相似的情况下，能力素质模型在预测优秀绩效方面的重要性远比与任务相关的技能、智力或学业等级分数等显得更为重要。

3. 绩效考核

能力素质模型的前提就是找到区分优秀与普通的指标，以它为基础而确立的绩效考核指标，是经过科学论证并且系统化的考核体系，正是体现了绩效考核的精髓，真实地反映员工的综合工作表现。让工作表现好的员工及时得到回报，提高员工的工作积极性。对于工作绩效不够理想的员工，根据考核标准以及能力素质模型通过培训或其他方式帮助

员工改善工作绩效，达到企业对员工的期望。

4. 员工培训

培训的目的与要求就是帮助员工弥补不足，从而达到岗位的要求。而培训所遵循的原则就是投入最小化、收益最大化。基于胜任特征分析，针对岗位要求结合人员的素质状况，为员工量身定做培训计划，帮助员工弥补自身“短木板”的不足，有的放矢突出培训的重点，省去分析培训需求的烦琐步骤，杜绝不合理的培训开支，提高了培训的效用，取得更好的培训效果，进一步开发员工的潜力，为企业创造更多的效益。

5. 员工激励

通过建立能力素质模型能够帮助企业全面掌握员工的需求，有针对性地采取员工激励措施。从管理者的角度来说，胜任模型能够为管理者提供管理并激励员工努力工作的依据；从企业激励管理者的角度来说，依据胜任模型可以找到激励管理层员工的有效途径与方法，提升企业的整体竞争实力。

当然也要看到，能力素质模型在人力资源管理的应用只是刚刚起步，还存在许多需要进一步完善的地方，特别是在构建出能力素质模型以后，开发测量各项胜任特征的量表和工具是值得进一步探讨的问题，量表设计的准确与否将直接影响企业在进行人员招聘时的参照标准，而且企业选择胜任特征分析时一定要从自身的需求、财力、物力等各方面因素综合考虑。因为能力素质模型的构建总的来说还是较为费时、费力，所以在选择分析目标时应有所侧重，建议企业选择企业生产经营活动价值链中的重要岗位进行胜任特征分析，从而降低因关键岗位用人不当而给企业带来的巨大损失和危险。

随着对胜任特征的逐渐深入研究，深信以胜任特征为基础的人力资源管理新模式将为企业带来更多的收益，进一步增强企业的核心竞争力，为企业在激烈的市场竞争中脱颖而出打下坚实的基础。

二、能力素质模型的建立

（一）能力素质模型的建立步骤

1. 定义绩效标准（销售量、利润、管理风格、客户满意度）

绩效标准一般采用工作分析和专家小组讨论的办法来确定。即采用工作分析的各种工具与方法明确工作的具体要求，提炼出鉴别工作优秀的员工与工作一般的员工的标准。专家小组讨论则是由优秀的领导者、人力资源管理层和研究人员组成的专家小组，就此岗位的任务、责任和绩效标准以及期望优秀领导表现的胜任特征行为和特点进行讨论，得出最终的结论。如果客观绩效指标不容易获得或经费不允许，一个简单的方法就是采用“上级提名”。这种由上级领导直接给出的工作绩效标准的方法虽然较为主观，但对于优秀的领导层也是一种简便可行的方法。企业应根据自身的规模、目标、资源等条件选择合适的绩效标准定义方法。

2. 选取分析效标样本（一般经理、优秀经理）

根据岗位要求，在从事该岗位工作的员工中，分别从绩效优秀和绩效普通的员工中随机抽取一定数量的员工进行调查。

3. 获取效标样本有关胜任特征的数据资料（BEI、问卷调查、评价中心、专家评议组）

可以采用行为事件访谈法（Behavioral Event Interview，简称BEI）、专家小组法（Expert Panel）、问卷调查法（Survey）、全方位评价法、专家系统数据库和观察法等获取效标样本有关胜任特征数据，但一般以行为事件访谈法为主。

行为事件访谈法是一种开放式的行为回顾式调查技术，类似于绩

效考核中的关键事件法。它要求被访谈者列出他们在管理工作中发生的关键事例，包括成功事件、不成功事件或负面事件各三项，并且让被访者详尽地描述整个事件的起因、过程、结果、时间、相关人物、涉及的范围以及影响层面等。同时也要求被访者描述自己当时的想法或感想，例如是什么原因使被访者产生类似的想法以及被访者是如何去达成自己的目标等，在行为事件访谈结束时最好让被访谈者自己总结一下事件成功或不成功的原因。

行为事件访谈一般采用问卷和面谈相结合的方式。访谈者会有一个提问的提纲以此把握面谈的方向与节奏。并且访谈者事先不知道访谈对象属于优秀组或一般组，避免造成先入为主的误差。访谈者在访谈时应尽量让访谈对象用自己的话详尽地描述他们成功或失败的工作经历，他们是如何做的、感想又如何等。由于访谈的时间较长，一般需要1～3小时，所以访谈者在征得被访者同意后应采用录音设备把内容记录下来，以便整理出详尽的有统一格式的访谈报告。

4. 建立能力素质模型（确定Competency项目、确定等级、描述等级）

在分析数据信息（访谈结果编码、调查问卷分析）的基础上建立能力素质模型。

通过行为访谈报告提炼胜任特征，对行为事件访谈报告进行内容分析，记录各种胜任特征在报告中出现的频次。然后对优秀组和普通组的要素指标发生频次和相关的程度统计指标进行比较，找出两组的共性与差异特征。根据不同的主题进行特征归类，并根据频次的集中程度，估计各类特征组的大致权重。

5. 验证能力素质模型（BEI、问卷调查、评价中心、专家评议组）

验证能力素质模型可以采用回归法或其他相关的验证方法，采用已有的优秀与一般的有关标准或数据进行检验，关键在于企业选取什么样的绩效标准来做验证。

以某大型电器营销公司的销售经理进行能力素质模型构建的研究为例，首先选取了该公司不同地区的经理进行工作分析，明确经理的工作内容和工作要求，并结合该公司的实际情况确立了对经理们的绩效考核指标。在该公司的优秀绩效表现与一般绩效表现经理当中随机挑选 45 名经理，对经理进行行为事件访谈。访谈的内容主要有三个部分：一是被访谈对象的基本资料；二是被访谈者列举自己三件成功事件以及三件不成功的事件；三是对访谈者的综合评价。在实施行为访谈的过程中，同时对经理人进行了管理素质测评以及管理知识测评，用来验证能力素质模型的有效性。根据各经理的访谈报告，归纳整理出了经理胜任特征频次表，并以此构建了经理人的能力素质模型。根据该能力素质模型明确了合格的营销经理应该具备的胜任特征，并以此为依据开发了结合公司经理现状的营销经理培训体系。帮助经理们找到自己的“短板”，有针对性地对经理们进行培训，同时也为该公司的人员选拔以及人才招聘提供了有力依据。

（二）能力素质模型的运用条件

1. 指导

胜任素质模型是在组织的使命、目标明确条件下，进行探索、设计和运用的。这就要求企业在确定某一职位的胜任素质模型时，必须从上往下进行分解，即由“企业使命”确定“企业核心战略胜任素质”，由“企业核心战略胜任素质”确定“企业业务发展需要的胜任素质”，由“企业业务发展需要的胜任素质”确定“职位需要的胜任素质”，将胜任素质概念置于“人员—职位—组织”匹配的框架中。根据特定职位需要的胜任素质，招聘、选拔符合职位要求的人员，确定该职位人员的绩效考核内容、培训主题、职业生涯发展等。

2. 包容性

市场经济环境快速变化，同一岗位对人的胜任素质要求也随之变化，即一方面构成职位胜任素质模型的要素变化了，另一方面，构成胜任素质模型的内涵也将变化。比如，对某些东西过去属于负面评价，而且在企业实践中，很多胜任素质特征往往是具有一定的矛盾的，每个人往往都是一种矛盾的结合体。心理学研究表明，很多心理特征因素之间存在负向联系，例如协调说服胜任素质与诚实踏实、坚持胜任素质和工作效率、敢于迎接挑战和组织忠诚度之间等，如何取舍取决于公司的文化导向。如果组织文化没有适度的包容性，胜任素质模型就难以真正实施。

3. 方式转变

在人才主权时代，尊重知识型员工的个性、对员工进行适当授权、采取自我管理式团队的组织结构、使组织成为学习型组织、形成创新授权机制是胜任素质模型充分发挥作用的前提。高绩效的团队发展强调使群体目标与成员责任匹配，强化团队目标导向行为，增强群体的凝聚力，提高工作绩效。因此要求组织结构由金字塔的命令传递模式转变为团队的自主管理模式。

4. 领导支持

从理想的角度来说，高层领导的支持应该能让大家有目共睹。比如，他们也把胜任素质管理的反馈工具用在他们自己和他们的直接下属身上，在他们的管理风格上采用新的、核心的行为，拥护推广胜任素质管理计划的活动等。如果没有高层领导的参与支持，胜任素质模型推广将会遇到极大的阻力，也很难取得良好的效果。

5. 人力管理

胜任素质模型的开发应用需要人力资源管理者对企业管理基础理论与方法，尤其是战略管理与实施、人力资源管理等基础理论和方法较为深入的掌握和了解，还需要对企业业务与技术特征具有深入的了解，并对心理学尤其是心理测量等学科有效掌握。胜任素质模型所用到的行为事件访谈（BEI）、信息编码、建模等方法，其使用的成效还在很大程度上依赖于操作者本身的胜任素质与经验，技术门槛较高。

6. 重新设计

在胜任素质模型导向的人力资源管理体系下，团队的成员彼此之间没有很清晰的职责划分，大家共同协作，共同对团队绩效负责。“无边界工作”“无边界组织”成为组织追求的目标，工作说明书由原来细致地规范岗位任务和职责，转变为只规定岗位的工作性质、任务以及任职者的胜任素质和技术。相应地，要求薪酬体系也转变为以胜任素质为基础的“宽带薪酬”，具有不同胜任素质的公司员工应设计不同的薪酬结构。例如，从事结构化工作，胜任素质结构较为稳定的员工应以固定报酬为主；对于从事非结构化工作，胜任素质结构不稳定，潜在胜任素质较大的员工则应以非固定报酬作为其报酬的主要组成部分，将其报酬与其胜任素质发挥情况联系起来。

7. 培训指导

在人员培训与发展方面，根据各岗位的胜任素质特征要求建立了不同层次和不同部门的培训大纲，并依此细化为具体岗位的培训专题和内容，提高培训的针对性。同时，要建立岗位发展路线和人员职业发展计划。所谓岗位发展路线是指预先为员工发展铺设通道；而人员发展路线是基于岗位发展通道和个人兴趣，考察从当前岗位到目标岗位的胜任素质特征要求的差异，根据胜任素质要求的差异设置相应的培训课程、配备绩效指标。

8. 资源要求

素质模型的建立是企业的一项“基础工程”，而一项基础工程的建设往往需要付出较大的代价。因此，建立组织胜任素质模型要花费大量的时间和较大的代价，对此组织高层必须对此有充分的心理准备。为保证胜任素质模型建设工作按科学的方法操作，要对访谈人员、编码人员

和数据分析人员进行专业训练；为保证形成可靠的、有效的评估，要进行大量的评估资料搜集；为保证模型和评估紧跟形势需要，要经常性地对胜任素质模型进行检查、修正。为保证胜任素质模型深入人心，需要对组织人员进行思想观念与技能培训。所有这些都需要时间和财力支持。

9. 适当要求

适当样本量是建立胜任素质模型的必须条件。中小企业不适合建立这样的模型，因为样本量太小。在相对比较大的中小企业中，干部、经理也只有一二十人，对建立模型样本量是不够的。所以中小企业建立胜任素质模型在方法技术上可以借鉴咨询公司的数据库，或向外围专家请教。而大企业比较有条件，但也要根据企业发展的需要建立核心部门的 Competency 模型。

10. 效标选择

参照效标也是影响胜任素质模型建立的重要因素。对于有些岗位，优秀员工、一般员工和较差员工很容易区分出来，参照效标容易获取，准确性也较高。而对另一些岗位，优秀员工、一般员工和较差员工很难准确地区分和衡量，参照效标获取困难，选择出来的标杆岗位的“标杆”不能有效“测量”企业战略目标实现能力程度，达不到理想效果。

第二节　能力素质模型的问题

一、能力模型的运用障碍

（一）模型工具有待完善

任何管理工具的成熟，除了具备理论与研究基础之外，还需要有广泛的实践基础与操作经验的积累，这一点胜任素质模型方法还比较欠缺。胜任素质模型被引入中国才几年时间，工具本身还有待于理论体系的进一步完善和实践的检验。

（二）模型的文化适应性

中国是一个具有高度不确定性规避倾向的高情景依赖特征的国度，一个推崇群体主义的国度，职位人对职业风险有着强烈的厌恶情绪。当胜任素质模型所要求的宽带薪酬与追究稳定、讲究人和、避免保守的职业价值观冲突时，其实施成本和效果就会大打折扣。另外中国组织文化的高权利距离特征又妨碍授权赋能的团队建立和胜任素质的评估，使得员工的胜任能力在岗位工作中得不到发挥和提高。

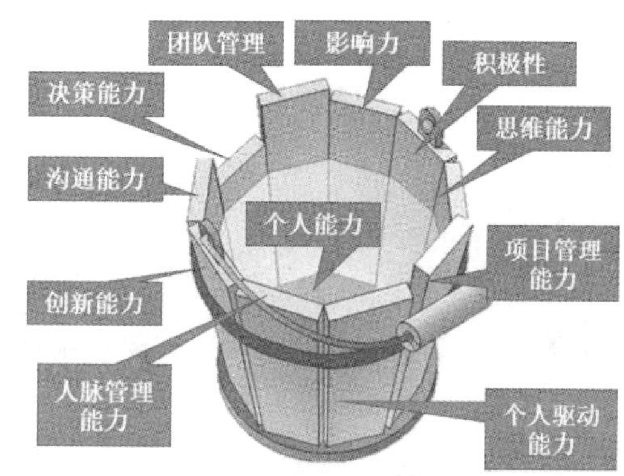

图 3-2　能力素质模型图

（三）实施成本与效益对比

前面分析了胜任素质模型要取得良好效果，必须诸多条件的协同配合，组织要整合参照效标、企业文化、薪酬体系、激励机制、培训系统等，要对访谈人员、编码人员、数据分析人员进行专业训练、要对组织成员进行相关培训，这些都需要大量费用，因此组织在建立胜任素质模型前，必须综合考虑实施成本和所带来的效益。

（四）参与人员的知识与技能

大多数人力资源管理从业人员和管理者还没能掌握胜任素质模型运用所要求的知识和技能，短时间的培训也难以达到要求。这便成了胜任素质模型在我国企业无法普遍建立的直接原因。

胜任素质模型在理论上具有相当的优越性，在西方国家企业的实践中也取得了良好的效果。但由于文化适应性、人员素质以及基础管理的限制，注定现阶段它还无法在我国大多数企业真正运行，而只能作为一种观念的引入，影响传统人力资源管理体系。

二、能力素质模型的误区

（一）认为任何企业都可以构建胜任素质模型

胜任素质模型的构建需要有一定的管理基础，每个企业都期望公司的人才具备胜任能力，但是需要企业有相应的管理平台。

首先，管理平台包括清晰的岗位职责体系。这是建立胜任素质模型的基础，如果一个连岗位都不明确的公司，如何确定胜任该岗位需要哪些素质呢?

其次，建立员工的职业生涯规划通道。要想建立素质模型，需要有发展通道去固化，不同的岗位需要不同的胜任素质，达到什么样的胜任素质，就具备什么样的岗位能力。这样也便于员工有针对性地提升个人素质，否则职业生涯发展本身不清晰，员工即使建立胜任素质模型也没有动力。

（二）走照搬照抄的路线

许多企业认为，胜任素质在每个企业都是差不多的，只要是销售经理，应该所有企业的销售经理都是那几个胜任能力。所以很多企业习惯于照抄照搬别的企业的胜任素质模型。实际上不是这样的，能力素质模型应该具有行业特色，企业特色。甚至是处于同一行业的两个企业，由于企业文化、经营目标、经营策略的差异，即使企业在人员要求的能力上完全相同，也很少有两个企业的能力素质的行为方式要求是完全一致的。

因此，企业的胜任素质模型建立一定要有企业自身的特色，行业的特色。

（三）认为素质模型是一成不变的

不少企业构建一套素质模型后，运用许多年也不换一下。其实，胜任素质模型对企业的经营是有重要决定作用的，一个企业要发展，需要员工有核心的能力去完成。而经营的目标，策略都会随着市场的发展而变化，那么素质模型也需要相应的作一些调整，一成不变的素质模型只会使企业更加的保守，缺乏创新精神，在市场竞争中失去地位。因此企业在构建胜任素质模型的时候，需要适时地调整，每隔一段时间，进行重新梳理和优化素质模型一次。

（四）认为素质模型仅仅用于提升员工能力

不少企业认为素质模型仅仅是为了提升员工的能力水平，其实这种认识是片面的，素质模型可以运用在许多方面。

1. 它可以帮助企业实现核心能力的构建。企业与企业之间的竞争是核心能力的竞争，只有努力提升企业核心竞争能力才能在激烈多变的市场竞争中占有一席之地。

2. 它可以帮助企业提高绩效，通过胜任素质模型的构建，提高员工的胜任能力，能起到提升绩效的效果。

3. 它可以更好地帮助企业选拔人才。通过建立一套标杆的素质模型参照体系，可以帮助企业更好地选拔优秀的人才。

4. 它可以为培训提供依据，通过建立素质模型可以找出现有的能力水平与该岗位所要求具备的胜任力标准之间的差距，这个差距就是员工需要培训的地方，即培训需求，可以作为下一步培训的依据。

5. 它可以帮助企业建立能力发展阶梯，便于企业内部人员的横向调动和发展，可以更有效地进行员工职业发展路径的规划。

总之，以上四个误区是企业常常容易犯的，在构建胜任素质模型

的过程中，一定要格外注意这四个方面。同时做好员工的宣传辅导工作，让员工接受并认可素质模型，这样方能达到理想的效果。

第三节　社区管理21项能力素质模型

一、成就和行动

本项才能分类的本质偏向于行动，首要的目的是主导任务的完成，其次是影响他人。然而，利用行动去影响或带领其他人，去改进生产力或是把成果做好，则可被纳入成就才能及影响力方面的计分。同时，收集资讯和主动积极两方面则可用来支持任何才能和意图，这些才能大部分伴随在成就导向的类别。

（一）成就导向

1. 概念

成就导向主要是把工作做好，或去设定标准挑战自我，追求卓越。这个标准可能是个人自己过去的表现（积极的改善）、目标的衡量（结果导向）、他人的表现（竞争力），个人设定具有挑战性的目标，甚至没有人曾经做过的事物（创新）。

其他成就导向的名称包括：结果导向、效率导向、对于标准的关注、专注改善、创业精神、资源的充分使用。

2. 构面

成就导向的度量有三个构面。第一个构面呈现（A）行动的强度和完整，从想把一件事情做好，到达成创新的结果。第二个构面（B）说明一个企业的受影响程度，从个人工作影响到整个组织。第三个构面（C）是创新，也就是个别行动与创意在不同组织或工作内容的新颖程度。

3. 一般行为

（1）工作符合管理上的标准。例如预算的管理，符合销售的业绩，品质的要求。

（2）设定及达成具有挑战性的目标。例如 6 个月改善销售 / 品质 / 生产力 15%，挑战意谓有一半的难度是可以确实达成——虽然难度高，但却不是不可能达成的目标。

（3）成本效益的分析。依照明确的考量潜在的利润、投资报酬率或成本效益分析来做决策，设立优先顺序或选择目标。

（4）评量企业的风险。投入组织重要的资源和时间进行绩效的改善，尝试全新而有挑战性的目标。例如开发新产品与服务，进行革新的操作方式，同时减低风险性，例如利用市场调查，预先分析顾客的需求，或鼓励及支持部属承担创新的风险。

4. 与其他能力的关联

所谓有效的使用成就导向的评量，通常也就是包括对以下相关项目的使用：主动、资讯的收集、分析或概念化的思考与弹性（创新，构面 C）。

安排适当的人才以改善工作绩效，意指一个人具有成就导向 A-4（或可能高一点）与高层次的人际了解（对于其他人特殊的长处与短处的平衡看法），以及一个中等程度的分析思考能力。

（二）重视次序、品质与精确（CO）

1. 概念

反映了降低环境不确定性的潜在动机，至于其他重次序、品质和精确的名称包括有：监控、重视明确、降低不确定性、持续追踪。

2. 构面

有单一构面，说明维持及增进环境次序的行动结构，从空间的次

序到设定一个机制，维持资料的品质及次序。

3. 与其他能力的关联

重视次序与成就导向向中较低层级的重视维持品质与精确的标准有关。重视次序与一些较高层级的主导性的才能或中等层级的发展部属才能有关，例如对于绩效的监控或面对问题的反馈等，提供精确的资料。

一个低层级的分析性思考，可能隐含在低到中等级的重视次序，或至少是最高层次里中等程度的重视次序。

（三）主动性（INT）

1. 概念

重点在于采取行动，主动的意义是在于没有人要求的情况下，超乎工作预期和原有需要层级的努力，这些付出可以改善及增加的效益，以及避免问题的发生，或创造一新的机会，其他可代表主动的名称包括：行动、果决、未来策略导向、把握机会、前瞻。

2. 构面

最原始主动的评量（A）是时间幅度的评量，从过去决策的制定到采取行动获得机会及面对问题，第二构面（B）评是说明不断的努力，付出额外的时间以及不是组织要求的努力，完成工作相关的任务。

例行的计划不包含在主动性之中。计划性的思考包括在主动的评量里，内容有自动自发的、非计划里程的、预期未来可能发生的问题或机会，并采取适当的行动。适当的行动意思是在有限的资源里，收集到相关的资讯。但如果只是思考而行动，则不予计分。

3. 一般行为特征

坚持，当面对障碍与困难也不放弃，了解及把握机会，超出工作要求的绩效表现，事先准备面对一个尚未发生的特殊机会及问题。

4. 与其他能力的关联

主动支持有许多的才能、成就导向、影响、关系建立、技术专家、顾客服务导向、发展他人、团队领导主动 A5 及以上（了解及采取行动，对于未来的机会或问题）包含至少中低层级的分析思考或概念思考。

资讯收集和更高层级的分析及概念性思考，可能会被认为是主动性的特殊案例——智慧的主动性。

（四）资讯收集（INFO）

1. 概念

由于人们强烈的好奇心渴望，因想知道更多的人事物或特殊议题，而主动进行资讯的收集。也就是说花费力去获得更多的讯息，而不是接受眼前现成的内容。资讯因此也被称为：问题定义、诊断焦点、顾客、市场敏感度、探究真相。

2. 构面

只有单一努力构面，评量表说明一个人收集资讯的区隔类别（从探讨总是涉及的人到深刻的研究，甚至建议其他不相干的人以获得资讯）。

3. 一般行为特征

资讯的收集意思是超乎例行的讯息，例如借由探知一系列的问题，针对矛盾之处，不断挖掘真正的解决之道，侦察未来可以使用的潜在机会或多样的信息，直接去观察现场。

4. 与其他相关能力的关联

资讯收集对于以下才能是首要重要的工作：主动性、观念性思考、分析性思考、人际了解、技术专长、顾客服务、团队合作。

二、协助和服务

（一）人际了解（沟通）（IU）

1. 概念

想要了解他人，这种想要了解他人的能力，可能清楚地倾听及体

会到他人没有表达出来或是说明不完整的想法、感觉及考量。这里所称的“他人”是指个人或是一群有着相同感觉和考量的所有成员。

跨文化敏感度其实是人与人之间的了解当中的一个特例，它经常也包含大量的资讯收集。

人际了解与沟通也称作：同理心、倾听、对他人的敏感度、洞悉他人的感觉、诊断式的了解。

2. 构面

两个构面：对他人了解深度或复杂度（A）从明确的了解意思或情况到了解持续行为背后暗藏的复杂原因依序条例。倾听与回应他人（B）从基本的倾听解释他人过去的行为，到特意协助他人解决个人或人际的困难，人际了解沟通评量。

3. 一般行为特征

认知他人的情绪和感觉，利用倾听与观察获得的了解，预测他人的反应并预作准备，了解他人的态度、兴趣、需求和观点，了解他人的基本态度、行为模式或问题的原因。

4. 与其他能力的关联

资讯收集可协助人际了解与沟通，这个步骤包括观察、直接询问、间接收集资料以及证实假设的各种办法。

人际了解与沟通可以形成更高层资助的冲击与影响，并成为对顾客服务导向不可或缺的基础。顾客服务以及冲击与影响的效力，受限于了解的深度。

它也支援类似的议题，协助他人发展、组织洞察力、团队合作和建立关系等。

它的B4隐含有适当的主动性以及近似于影响与冲击之意，差异在于：在影响与冲击当中，发话者有自己预设的想法，但此处的意图，其实仅止于想帮助或有所回应，事实上没有其他进一步的目的。

当发话者的看法与其正在倾听的人有冲突时，人与人之间的了解与沟通才趋向第一级的弹性的意思。但是B4等级也的确含有一些弹性在内。

（二）顾客服务导向（CSO）

1. 概念

顾客服务导向意指有帮助或服务他人、满足他人需求的渴望，全力将努力的焦点放在发掘和满足顾客的需要，与人与人之间的了解与沟通类似，而且有时候行动可能跟冲击与影响雷同，此处的焦点在于，首先了解他人的需求，而不是对他人想法、感觉或行为的一般性了解，然后接着再进行帮助或服务他人。

顾客指实际接触的顾客，也指同一组织内的末端使用者。也可称之为：协助与服务导向、以客户需求为焦点、成为客户的伙伴、末端使用者的焦点诉求、重视满意度。

2. 构面

（1）动机的强度与行动的完整度，整个行动当中以客户信赖的顾问或辩护人的角色为重点。

（2）是代表客户付出心力或采取行动的程度，从花费时间多少到自愿为客户付出异常心力的举动。

3. 一般行为特征

收集有关客户真正的需求，即使远超过原先所表达，并找出符合其需求的产品或服务。愿意个别承担顾客服务问题的责任，不采取自我防卫态度而且迅速改正问题，担任可信赖的顾问角色，依照客户需要，问题、机会及几率的执行方案，提出独特见解的意见，以长远的眼光来解决客户问题。

4. 与其他能力的关联

资讯收集与人际了解与沟通这两项重点，提供顾客服务导向许多助力。

主动性是顾客服务导向的一个重要部分，因此与这两项能力当中的 B 分级表一致。此外 CSOA6 以及更高等级在主动性的时间构面上，含有中等层级之意。

成就导向与顾客的运作组织的改善有关联（CSOA5 和更高等级）。

更高级顾客服务（A6 到 A8）意味着：资讯收集、概念式或分析式思考（至少是低到中级）、人与人之间或组织的了解（中到高级）、技术专业知识或业务取向其中之一，或两者皆备，依赖产品与服务的性质或内容而定。

中到高级的关系建立。在一些强烈顾客导向的职位上，关系建立和顾客服务是互惠的：其中一项能力的使用含有另一项之意，并可强化另外一项。

三、冲击和影响

（一）影响与影响（IMP）

1. 概念

影响与影响（IMP）表现出劝诱、说服、影响或感动他人的意图，以赢得他们对说话者的支持，或呈现出对他人产生特定冲击或影响的渴望。

影响与影响（IMP）也被称为：策略影响力、印象管理、表演能力、目标说服、合作影响。

2. 构面

呈现为影响他人而采取之行动的数目和复杂性，从直接表现一直到涉及几个步骤或更多人，经过特别设计的复杂策略，考虑到冲击的幅度，从另一个人到整个组织，一直到世界的工业或政治事件。

3. 常见行为指标

预先考虑到一个行动或其他细节，在人们对说话者的印象上所造成的影响，诉诸理性、资料、事实和数据，利用具体事例、视觉辅助材料、示范说明等，组成政治联盟，为想法成立“幕后”支援，从容而谨慎地提供或保留资讯，以获得特定效果，利用“团队历程技巧”领导或管理一个团体。

4. 与其他能力的关联

冲击与影响（A4 和更高等级）包括人与人之间的关系在内。影响力的有效使用奠基在精确的人与人之间的了解上。

组织知觉力是冲击幅度较大（B 分级表的的高层级）之冲击与影响的基础，影响策略的使用（IMPA6 到 A8）含有中等程度的分析式或概念式思考，再加上一些弹性。

主动性通常支援影响力，而且主动性可能被冲击与影响或其他的采行。关系建立经常支援组织层级的冲击与影响（B3 及以上），即提供资讯也提供结盟和间接影响的基础。

（二）组织知觉力（OA）

1. 概念

组织知觉力（OA）指的是个人了解在自己的组织或其他组织当中权力关系的能力，以及在更高层级上，该组织在更大圈子当中的地位。这包括辨明谁是真正的决策者，与哪些人能够影响他们的能力，以及预测新的消息或情况会如何影响该组织中的个人与群体，或该组织相对于国内或国际市场、组织或政治的地位。

它也可称之为：参与组织、带领他人、对客户组织的知觉力、统御链的使用、政治敏感度。

2. 构面

了解的复杂度和深度。个体为了解一个组织考虑在内的要素数

量。对一个组织的了解深度，从了解正式的统御链，到了解长期的根本议题。

评量个体所了解之组织大小，和冲击与影响使用的幅度分析表。

3. 典型行为指标

了解组织的非正式架构（辩明谁是主角，影响决策者等），认出未言明的组织约束力在特定时间或特定位置上，什么可能以及什么不可能，认出并提出影响组织的根本问题，机会或政治力。

4. 与其他能力的关联

组织知觉力的一个重要支援是资料的搜集。

关系建立有时候是组织知觉力和影响力的基础，它提供资料的了解的来源，也是在发挥影响力上结盟与合作的基础。

组织知觉力支持冲击与影响的组织层级（B3 和以上等级）也可能支援团队领导和团队合作。

（三）关系建立（RB）

1. 概念

与有助于或可能有助于完成工作相关目标的人，建立或维持友善、温暖的关系或联系网络。他总是包括一些（可能是长期）与工作相关的目的，纯粹为了自己而建立友善的关系是一个不同的能力，不纳入同类的字典之中。它又被称为建立网络、资源利用、开发人脉、对顾客的关切、建立融洽的关系的能力。

关系建立可能是展现在一个人自己的组织（RBI）中，或是与其他组织或社区的人建立关系（RBE）。

2. 构面

是关系的亲近或亲密，从完全没有到正式工作关系，到涉及家人的亲密私人友谊。

叙述建立之关系网络的大小或范围。

3. 典型行为指标

有意识地“致力于”建立融洽关系，尽力建立融洽关系，幅度次分级见表，轻易建立融洽关系，分享个人的资讯以创造共识或交流，跟很多某天可能提供资讯或其他协助的人“建立网络”或建立友善的关系。

4. 与其他能力的关联

关系建立含有中等程度的人与人之间的了解以及冲击与影响等才能。中级的主动性包含在关系建立当中，一旦关系或网络就定位或在建立中，它们对更高级的冲击与影响大有助益，尤其是在影响组织上，关系建立通常包含在最高级的顾客服务导向之中。相反的，提供极佳的顾客服务可能是开始建立关系的方法之一。

四、管理

（一）培养他人（DEV）

1. 概念

培养他人是冲击与影响的特殊能力，我们的企图是教导或协助一个或几个人的发展。每一个培养他人的正面含义，都含有促成他人学习或发展的真实企图，以及适当程度的需求分析之意。

此一能力的精髓在于培养他人的企图与效果，而非存在于形式的角色之中。遵从法令或企业的要求而派遣人员参加例行训练计划，或主要因业务需求所做的升迁，并未表达培养他人的企图，不予评分。另一方面，提升同事、客户甚至上司的发展也是可能做到的事。

培养他人也称为：教导与训练、确保部属能够成长和发展、指导他人、实际正面的关注、提供支援。

2. 构面

表示培养他人行动的强度和完成度，从对他人的潜力保持正面期

待，到基于成功发展而提升他人。呈现结合已培养之人数及主管之间的关系。从培养一名部属到培养一个主管或顾客，一直到培养混合层级的大团体。

3. 典型行为指标

表达对他人的正面期待，即使“困难的”情况也是如此。想念他人想要学习也有能力学习，给予包含道理或理论基础在内，如同策略的指导或示范说明，针对行为而非个人给予负面回应，并对未来绩效表达正面期待，或给予个别化的改进建议，明辨训练或发需求，并设计新计划或备妥资料以满足需求，基于培养他人的能力而授予任务或责任。

4. 与其他能力的关联

培养他人（A4 或以上等级）含有至少中等程度的人与人之间的了解，而能体会并回应他人的发展需求和特定优点之意。

DEVA7 含有至少中级的要领思考之意，可能还包含一个等级，全看新资料的大小和创新程度而定。它也包含一些创新在内。

当培养他人并非明确的分内工作时，A6 及以上的等级含有中级到高级的主动性。

（二）命令：果断与职位权力的运用（DIR）

1. 概念

命令表达出个人促使他人依照其希望行事的企图。命令的行为带有“告诉人们做什么”的主题或语调。语调从坚定指示到苛求甚至威胁各有不同。讲理、劝诱或说服他人遵从的尝试，及当作冲击与影响，而非命令来评估。若要在正面等级得分，则必须以组织的长期利益为考量，适当且有效运用个人的权力或个人职位上的权力。

命令也被称为：果断、权力的运用、积极影响力的运用、主导、坚持提升品质标准、维护教室秩序。

2. 构面

是果断的强度，从清楚要求到谨慎且受控制的愤怒表现，或在必要时毫无罪恶感或毫不犹豫地解雇人，受命指挥的人员数量和阶段与培养他人一样。

3. 典型行为指标

坦率直接与他人面对面讨论绩效问题，单方面设定标准，要求高度绩效、品质或资源，以“一丝不苟”或“坚持立场”的态度，坚持他人遵守自己的命令或要求。

对于不合理的要求，坚定地说“不”或是对他人的行为设定限制，给予详细指示，分派任务以便完成工作，或让自己有时间处理更优先的事务。

4. 与其他能力的关联

命令可以是缺少冲击与影响中的技巧，或是那些技巧在特定情况下并不适用，以上其中一项与高度成就导向的结合体。

命令含有中等强度的自信在内，坚持与力行绩效高标准的故事当中，可能包含成就导向在内。如果情况需要一个人以上的行动时，主动A3 经常涉及命令。

（三）团队合作（TW）

1. 概念

团队合作（TW）指与他人通力合作，成为团队一部分一起工作而非分开工作或互相竞争。只要对象是一个以团队形态运作之群体的成员，团队成员不需要正式定义。

团队合作也称为：群体管理、群体促进、化解冲突、管理部门的气氛、激励他人。

2. 构面

为促成团队合作之行动的强度与完成度，从简单的合作，做分内的事，到建立纪律或化解团队冲突而采取的行动、团队的规模，为了促

成团队合作而采取之努力和主动积极的程度。

3. 典型行为指标

恳求他人提供意见和看法，协助做成特定的决策或计划，不断提供人们有关群体进展的最新信息，分享所有相关或有用的资讯，表达出对他人的正面期待，公开表扬他人的成就，鼓励并给予他人动力，让他们感觉坚强或重要。

4. 与其他能力的关联

团队合作（A3及以上等级）通常含有至少低等级之人与人间的了解和冲击与影响。具有效能的自信B（面对失败）在若干例子中与团队合作有关系，团队合作可能支援组织层级的冲击与影响（IMPB3及以上等级）。团队合作类似培养他人，而且在模式上经常两者加以结合。

（四）团队领导（TL）

1. 概念

指担任团队或其他群体之领导者角色的意图，含有想要领导他人的意思。握有正式职权者通常展现团队领导，但不一定总是如此。团队领导通常与团队合作结合，尤其最高主管和较高层级的经理人更会如此。

领导也被称为：指挥、负责管理、远见、群体管理和激发、真心关切部属。

2. 构面

领导角色的强度和完成度，从单纯主持会议到真正的号召力，借由令人折服的远见和领导能力启发和激励他人。

幅度

努力程度 / 主动性

3. 典型行为指标

通知人们，让受到决策影响的人们知道发生什么事，付出个人心力，公平对待团队中的所有成员，运用复杂的策略提升团队的士气和生产力，确保群体的实际需求得到满足，确保他人接受领导者的任务、目标、计划、趋势、语调、政策。

4. 与其他能力的关联

在 TLA3 及以上等级含有中等程度的冲击与影响之意。

TLA4 是高层级的影响与冲击，特别被用在提升团队合作和团队绩效的目标上。

对经理人来说，成就导向可能经由团队成就表现出来，团队领导可能跟成就导向结合。

中等程度的关系建立，组织知觉力和冲击影响对有效的团队领导有所帮助。事实上，整个团队领导可以被当作组织影响力之特殊形式的一种。

五、认知

（一）分析性思考（AT）

1. 概念

借由将情况细分成较小的部分，或是一步步地探究情况的含意的一种分析能力。分析式思考包括有系统地把一个问题或情况的各个部分组织起来，有系统地比较不同的特征或构面，依据理性设定先后次序，找出时间的次序、因果关系，或是“A 则 B”的关系。

分析式思考也被称为为自己着想、实际能力、分析问题、推理、计划能力。

2. 构面

复杂度：在分析中所包含的不同原因、理由、后果或行动步骤之数量，从简单的条列清单到复杂的多层次分析都有。

复杂度是幅度，即问题大小。

（二）概念式思考（CT）

1. 概念

指借由拼凑片段和着眼大格局来了解一个状况或问题，这包括找出关联并不明显之情况的模式或关系。

概念式思考（CT）也被称为：概念的使用、辨别模式、洞察力、批判式思考、形成理论的能力。

2. 构面

有两个以上基本的议题：思考过程的复杂度及其原创性。

3. 典型行为指标

按照重要程度设定先后次序；有系统地把重要任务分成可处理的小部分，找出几个事件的可能原因或几个可能的行为后果，预料到障碍为何，并事先设想接下来的步骤，利用几个分析技巧，找出几个解决方案，并衡量每个方案的价值。

4. 与其他能力的关联

分析和概念式思考经常是以先前或同时进行的资料搜集为基础，它们包含一定程度的理智或认知活动在内。至少需要中级的概念式或分析式思考，才能支援更高等级的人与人之间的了解，以及组织的冲击与影响。

概念式和分析式思考也支援较高等级的顾客服务导向和技术专业知识，而经常涉及成就导向和创新或创业等级。

（三）技术/专业/管理的专业知识

1. 概念

包括对一堆工作相关知识的精通了解以及延伸、利用和传播工作相关知识给别人的动机。

专业知识也被称为：法律知觉、产品知识、专家助手形象、诊断技巧、学习热忱。

2. 构面

知识的深度，是以正式教育学位的用词陈述，但每个等级都包含透过工作经验，或非正式学习而来的同等学力，是管理、协调或整合多样化人员、组织功能和单位，以达成共同目标所需的管理和组织专业知识。

评估保有并取得专门知识的努力，从简单的维持到精通新的领域，是技术专家角色的强度和成果的范围。

3. 典型行为指标

采取行动让技能和知识不落伍，借由探索当下从事之领域以外的事务展现好奇心，志愿协助他人解决技术问题、上课或自修新（与工作相关的）学科，有如技术传教士或变革顾问一般，积极在公司内部传播新技术。

思考题

1. 能力素质模型有哪些作用？
2. 能力素质模型的运用存在哪些误区？
3. 社区能力素质模型中的关键模型有哪些？

第四篇　绩效管理体系设计

课　　时　共计 8 课时

教学目标

了解我国社区绩效管理中主要存在的问题；
了解绩效管理体系的定义和理论依据；
理解绩效管理体系的设计原则；
理解绩效管理体系的意义；
掌握绩效管理体系的评估；
掌握战略导向型绩效管理体系构建策略；
掌握社区绩效管理体系设计和方法。

教学重点

绩效管理体系的设计原则；
掌握绩效管理体系的评估；
掌握社区绩效管理体系设计和方法。

教学内容

第一节　我国社区绩效管理中主要存在的问题

案例导入

在一次企业季度绩效考核会议上，营销部门经理A说：最近的销售做得不太好，我们有一定的责任，但是主要的责任不在我们，竞争对手纷纷推出新产品，比我们的产品好。所以我们也很不好做，研发部门要认真总结。

研发部门经理B说：我们最近推出的新产品是少，但是我们也有困难呀！我们的预算太少了，就是少得可怜的预算，也被财务部门削减了。没钱怎么开发新产品呢？

财务部门经理C说：我是削减了你们的预算，但是你要知道，公司的成本一直在上升，我们当然没有多少钱投在研发部了。

采购部门经理D说：我们的采购成本是上升了10%，为什么你们知道吗？俄罗斯的一个生产铬的矿山爆炸了，导致不锈钢的价格上升。

这时，A、B、C三位经理一起说：哦，原来如此，这样说来，我们大家都没有多少责任了，哈哈哈哈。

人力资源经理F说：这样说来，我只能去考核俄罗斯的矿山了。

思考一下，问题到底出在哪里呢?

第一，社区绩效目标不明确、不具体。现阶段我国城市主要实行“二级政府，三级管理”的管理模式，社区内的组织主要包括街道委员会和居民委员会。街道委员会是二级政府范畴的，主持城市工作的组

织、协调和管理工作，履行的是行政职能，其大部分成员又是社区管理委员会的主要成员，是整个社区管理过程中的中枢。但是我国城市社区所在的街道委员会担当的只是政府各项政策的执行者，其活动的宗旨就是政府的指令，而忽视了对社区具体工作的管理。社区居民委员会是城市社区的基层群众自治性组织，接受街道办事处的领导，传递居民的意愿，但现状是接受行政指令的多，为社区居民需求的主动服务的少，导致在进行年度或季度等计划时社区服务目标不够具体和细致，社区职责不明，责任主体不清。

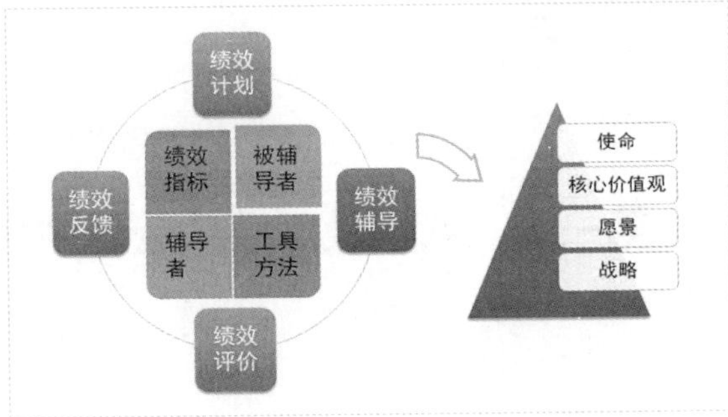

图 4–1　绩效管理流程图

第二，社区绩效考核指标不科学、不够量化。考察的三个城市的社区绩效考核指标基本一致，且内容笼统细化不够，缺乏对社区具体情况的针对性，也不能反映和谐社区的内容要求，没有与和谐社区的目标相结合。绩效评估指标相对于城市和谐社区的发展具有滞后性，任务型指标和情境性指标不分，指标权重缺乏科学量化，造成考核难度大、力度小，还无法真实地评价每个社区真实的工作业绩。而领导的重视和支持是绩效管理能否在城市和谐社区建设中发挥重要作用的必要条件，也是绩效指标设计成败的关键，但目前我国城市社区的管理者大多不了解绩效管理导入城市社区的重要性，也不懂绩效指标设计的具体流程，更没有把绩效指标内容与社区建设实情相结合。

第三，绩效管理流程和方法缺乏科学性和可操作性。主要表现在：考核主体单一。社区管理的上级机构和成员是社区绩效考核的主体，社区管理机构和人员之间的相互考核和社区居民参与考核不够，造成城市社区建设的绩效和社区工作者的个人绩效得不到客观全面的评价，考核周期设置不合理。目前现行的城市社区的绩效考核大多为一年一次，考核周期没有根据阶段目标的完成情况跟着绩效考核指标作相应的调整，任务型绩效指标，需要的考核周期比较短。如果绩效考核的周期太长，就不能及时记录工作者的日常工作表现和成果；绩效考核的结果得不到合理的运用，使得考核成为一个形式，失去了其本质意义，起不到激励作用。绩效管理制度和薪酬奖励制度不相协调统一，社区工作人员的薪酬奖励实质上很少以绩效考核结果作为依据，使社区工作人员对绩效管理的认知度、满意度低，对绩效考核的结果也不买账。

第二节　绩效管理体系

一、绩效管理体系的含义

绩效管理体系是一套有机整合的流程和系统，专注于建立、收集、处理和监控绩效数据。它既能增强企业的决策能力，又能通过一系列综合平衡的测量指标来帮助企业实现策略目标和经营计划。

绩效管理是管理者与员工之间在目标与如何实现目标上所达成共识的过程，也是增强员工成功地达到目标的管理方法以及促进员工取得优异绩效的管理过程。高效的绩效管理体系是企业实现运营目标的重要的工具。

绩效管理体系是以实现企业最终目标为驱动力，以关键绩效指标和工作目标设定为载体，通过绩效管理的三个环节来实现对全公司各层各类人员工作绩效的客观衡量、及时监督、有效指导、科学奖惩，从而

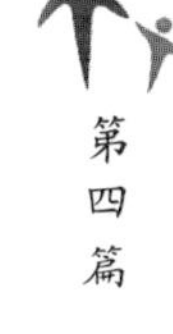

调动全员积极性并发挥各岗位优势以提高公司绩效，实现企业的整体目标的管理体系。

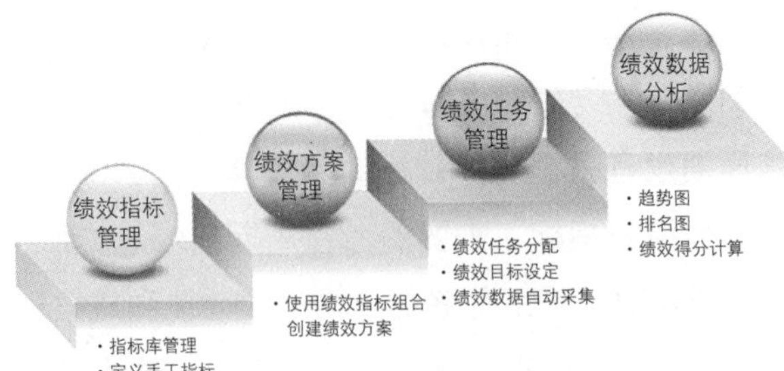

图 4–2　绩效管理体系图

绩效管理的三个环节为：制订绩效计划及其衡量标准；进行日常和定期的绩效指导；最终评估、考核绩效并以此为基础确定个人回报。

目前有很多绩效管理的方法，如常用的 MBO（目标管理）、KPI（关键绩效指标）、360 度评价法、敏捷绩效管理等。由于财务指标的局限性，美国学者 Robert S. Kaplan 和 David P. Norton 提出了平衡记分卡的业绩考核新方法。

二、绩效管理体系的理论依据

（一）以关键绩效指标（KPI）为核心的绩效管理理论

关键绩效指标（keyperformanceindicators）简称 KPI。KPI 法的核心思想是：企业业绩指标的设置必须与企业战略挂钩，企业应当只评价与其战略目标实现关系最密切的少数关键绩效指标。

在对关键绩效指标进行确定时，一般要遵守 SMART 原则。s 代表 Specific，意思是具体的，指绩效指标应切中目标，不能笼统，同时要将指标适度细化，并随情境变化而适时变化，具有可考查性；M 代表 Measurable，意思是可度量的，指绩效指标应该数量化或者行为化，需收集的绩效指标的数据和标准是可以获得的；A 代表 Atainable，意思是可实现的，指绩效指标和标准在付出努力的情况下，在适度的时限内是可以实现的，避免设立过高或过低的目标；R 代表 RealistiC，意思是现实性的，指绩效指标是实实在在的，可以证明和观察的；T 代表 Time 一 bound，意思是有时限的，注重完成绩效指标的特定期限，关注效率。

KPI 法是一种能将战略目标分解为可运作的远景目标和量化指标的有效工具。另外，这种方法自企业的战略目标出发，通过分析企业的价值链，确定企业关键成果领域和关键绩效指标，并层层分解，直至形成企业、部门和岗位三级关键绩效指标体系。

（二）平衡计分卡理论

目前，传统的以财务指标为主的绩效考核体系，已越来越不能满足现代企业管理发展的要求。因为传统单一的过去的业绩，并不能对企业未来的发展前景与获利能力作出评价；另一方面，这些信息只反映出了结果而没有反映出导致结果的驱动因素。更为重要的是，不能实现组织的战略目标与管理手段的有机融合。鉴于此，企业界和学术界也一直在研究和探索全方位的、包括财务指标和非财务指标相结合的策略性评价指标体系，其中“平衡计分卡（Balanceascorecara，BSC）”是较为典型的一种，该方法被提出后迅速在美国乃至整个发达国家的企业和政府应用。近几年，BSC 在我国的一些企业中，也得到了不同程度的应用。

平衡计分卡是美国的管理大师罗伯特·卡普兰（RobertS.Kaplan）和戴维·诺顿（DavidP.Norton）在总结了 12 家大型企业的业绩评价体系的成功经验基础上提出的具有划时代意义的战略管理业绩评价工具。

平衡计分卡以企业的战略为基础，并将各种衡量方法整合为一个有机整体，它既包含了财务指标，又通过顾客满意度、内部流程、学习和成长的业务指标来补充说明财务指标，反映了财务与非财务衡量方法之间的平衡、长期目标和短期目标之间的平衡、外部和内部的平衡、结

果和过程的平衡、管理业绩和经营业绩的平衡等多个方面。

平衡计分卡的核心思想是通过财务、客户、内部经营过程、学习与成长四个方面指标之间相互驱动的因果关系实现绩效考核、绩效改进、战略实施以及战略修正的目标。在平衡计分卡四个指标中，内部业务是基础，学习与成长是核心，客户是关键，财务是最终目的。平衡计分卡将结果与原因联系在一起，是以因果关系为纽带的战略实施系统，也是推动企业可持续发展的绩效评价系统。因此，平衡记分法是一种长期的、可持续发展的绩效管理制度，有助于衡量、培植和提升企业核心能力。

（三）360 度反馈评价体系

360 度反馈评价体系（360 — degree — feedback）也称全景式反馈或多元评价，是一个组织或企业中各个级别的、了解和熟悉被评价对象的人员（如直接上级、同事及下属等），以及与其经常打交道的内部顾客和外部顾客对其绩效、重要的工作能力和特定的工作行为和技巧等提供客观、真实的反馈信息，并帮助其找出组织及个人在这些方面的优势与发展需求的过程。

360 度反馈评价体系的目的在于通过获得和使用高质量的反馈信息，支持与鼓励员工不断改进与提高自己的工作能力、工作行为和绩效，以使组织最终达到管理或发展的目的。

360 度反馈评价体系较单一评价来源的评价方式更为公正、真实、客观、准确、可信。同时，通过这种评价方式，人们可以客观地了解自己在职业发展中所存在的不足，可以激励他们更有效地发展自己的工作能力，赢得更多的发展机会。就一个组织和企业而言，只有从不同角度、不同来源获得所有的反馈信息，并客观地分析和使用这些信息，才能使其克服错误的自我观念、盲目与偏见，做出正确的评价与决策。

三、绩效管理体系的设计原则

为了建立科学有效的绩效管理体系，在设计绩效管理体系时应遵循以下原则：

（一）公开原则

绩效管理所有标准及流程以制度的形式明文规定，在公司内部形成确定的组织、时间、方法和标准，便于考核人与被考核人按照规范化的程序进行操作，以保证程序公平。

（二）差异性原则

对不同部门、不同岗位进行绩效考核时，要根据不同的工作内容制足贴切的衡量标准，评估的结果要适当拉开差距，不搞平均主义。

（三）全员参与原则

绩效管理要科学、有效地开展，必须依靠全体员工的共同参与和努力。在制定绩效目标时，只有通过员工和管理人员的充分沟通，达成的目标才会得到员工的认同。在绩效实施过程中，员工是主体，而在绩效考核中，员工的参与将提高绩效考核的公正性，绩效考核结果的运用和绩效的改善都离不开全体员工的共同参与。

（四）常规性原则

各级管理者要将绩效管理作为自己的日常工作职责，对下属作出正确的评估是管理者重要的管理工作内容，绩效管理必须成为公司每一位管理者的常规性的管理工作。

（五）持续沟通原则

持续沟通是现代绩效管理体系区别于传统绩效考核的重要标志，也是绩效管理得以实施的前提。从绩效目标的制定、绩效计划的形成、绩效实施过程中的绩效目标调整，绩效考核、绩效改进计划的制订以及员工培训计划的制订，都需要管理者和员工通过反复的沟通来完成。

四、绩效管理体系的意义

高效的绩效管理体系怎样帮助企业实现其运营目标?

（一）能把企业的经营目标转化为详尽的、可测量的标准；

（二）能将企业宏观的营运目标细化到员工的具体工作职责；

（三）能用量化的指标追踪跨部门的、跨时段的绩效变化；

（四）能帮助企业及时发现问题，分析实际绩效表现达不到预期目标的原因；

（五）对企业的关键能力和不足之处做到一目了然；

（六）能为企业经营决策和执行结果的有效性提供有效支持信息；

（七）能鼓励团队合作精神；

（八）能为制定和执行员工激励机制提供工具。

五、绩效管理体系的评估

如果想对一个企业的绩效管理体系做出有效性的评价，必须从以下八个纬度进行：战略目标；角色分工；管理流程；工具表格；绩效沟通；绩效反馈；结果运用；诊断提高。

（一）战略目标

如果没有战略目标作为基础，绩效管理体系就没有了依托，就无法发挥它的综合效用。为战略目标的实现提供支持，帮助企业分解并落实企业的战略目标，这是绩效管理最终要致力达成的目标。

战略目标是绩效管理实践的出发点和落脚点。首先制定战略目标，并把战略目标分解到年度，形成年度经营计划，然后再通过绩效管理的目标分解工具（SMART 原则），分解落实到部门，形成部门绩效目标，进而落实到具体办事的员工，形成员工的关键绩效指标（KPI）。所以，考察一个企业的绩效管理体系是否有效的第一个标准是看该企业的战略目标是否清晰明确，是否已经被企业管理层所熟知，是否已经得到分解。

（二）角色分工

通常，那些没有做好绩效管理的企业都没有把员工在绩效管理中的角色分工做好，因此导致了执行变形，流于形式。所以，我们把角色分工作为第二个评价的纬度。

经验表明，通常，上至企业老总，下至普通员工，他们通常不太清楚自己在绩效管理中的职责，不知道自己该做些什么，该怎么做。因此，很多管理者和员工在绩效管理中，往往表现得比较被动，经常需要人力资源部门催促，甚至经常需要企业老总出面协调。

做任何一项工作，首先都要一个科学合理的分工，然后根据分工制定细化的工作细则，只有这样，工作才可能被理解得好、做得好。那么，在绩效管理中，什么样的分工才是有效的呢？通常，我们可以把一个企业绩效管理中管理者和员工的角色分成四个层次，分别是企业老总、HR 经理、直线经理和员工。

1. 企业老总：角色分工是绩效管理的支持者和推动者。细化的工作细则有：

（1）在绩效管理实施动员大会上发表讲话，给绩效管理的实施制造声势；

（2）主持制订符合企业实际的绩效管理方案；

（3）主持企业管理者绩效管理培训会；

（4）主持企业管理者对企业的绩效管理方案的研讨会，澄清认识，消除误解；

（5）主持绩效管理协调会，使绩效管理不断向深入开展；

（6）对副总一级管理者进行绩效沟通和考核；

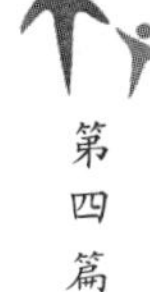

（7）主持修订新的绩效管理制度，使绩效管理体系不断得到改进。

2. HR经理：角色分工是绩效管理的组织者和咨询专家。细化的工作细则有：

（1）研究绩效管理理论，并向企业管理层进行推销，在企业内部进行宣传，使绩效管理的理论、方法和技巧被广大员工认识、理解和接受；

（2）组织管理者参加有关绩效管理的培训和研讨，使管理者的绩效管理技能得到提高；

（3）组织制定符合企业现状的绩效管理制度和工具表格；

（4）组织直线经理为员工制定绩效目标；

（5）督促直线经理与员工进行绩效沟通；

（6）督促直线经理建立员工业绩档案；

（7）组织直线经理进行绩效考核和反馈；

（8）组织直线经理帮助员工制订绩效改进计划；

（9）组织直线经理进行绩效管理满意度调查；

（10）对绩效管理体系进行诊断并向企业老总汇报；

（11）对绩效管理制度进行修订。

3. 直线经理：角色分工是绩效管理执行者和反馈者，执行企业的绩效管理制度，并将执行过程中遇到的问题反馈给人力资源部。细化的工作细则有：

（1）认真阅读理解企业的绩效管理制度；

（2）为员工修订职位说明书，使之符合当前实际；

（3）与员工进行绩效沟通，制定员工的关键绩效指标；

（4）与员工保持持续不断的绩效沟通，对员工进行绩效辅导；

（5）记录员工的绩效，并建立员工业绩档案；

（6）考核员工的业绩表现；

(7)将绩效考核结果反馈给员工；

(8)对员工进行绩效满意度调查；

(9)帮助员工制订绩效改进计划；

(10)将执行过程中遇到的问题反馈给人力资源部门。

4. 员工：角色分工是绩效管理的主人(Owner)，拥有并产生绩效。细化的工作细则有：

(1)认真学习企业的绩效管理制度；

(2)与经理一起制定关键绩效指标；

(3)与经理保持持续的绩效沟通，向经理寻求资源支持和帮助；

(4)记录自己的绩效表现，并向经理进行反馈；

(5)不断努力，完成并超越绩效目标；

(6)在经理的帮助下，分析自己在绩效周期的表现，并制订绩效改进计划。

(三)管理流程

很多企业的绩效管理体系往往只注重绩效考核这一个环节，没有上升到流程的高度来看待绩效，所以经常只是做一些表面的工作，给人留下形式主义的印象。如果要判断一个绩效管理体系是否有效，就一定要从它的流程的完善程度入手，只有具备了完善的绩效管理流程，绩效管理体系才可能会有效，否则，有效性无从谈起。那么，一个有效的绩效管理体系应具备哪些流程呢？我们可以用 PDCA 循环来说明这个问题。PDCA 循环是由美国质量管理专家戴明提出来的，所以又称为“戴明环”。PDCA 的含义是：P(Plan)——计划，D(Do)——实施，C(Check)——检查，A(Action)——行动，对总结检查的结果进行处理，成功的经验加以肯定并适当推广、标准化，失败的教训加以总结，未解决的问题放到下一个 PDCA 循环里。以上四个过程不是运行一次就结束，而是周而复始地进行，一个循环完了，解决一些问题，未解决的问

题进入下一个循环，实现阶梯式螺旋上升。PCDA 循环实际上是有效进行任何一项工作的合乎逻辑的工作程序，对绩效管理尤其适用。

一个有效的绩效管理体系应具备以下四个大的流程：

1. 制订绩效计划（P），确定关键绩效指标（KPI）；

2. 绩效沟通与辅导（D），保证绩效管理过程的有效性；

3. 绩效考核与反馈（C），对前一绩效周期的成果进行检验和反馈；

4. 绩效诊断与提高（D），总结提高并进入下一循环。

（四）工具表格

流程制定好了，并不能保证它能被执行得好，要想被执行得好，人力资源部门还要为直线经理设计简单实用的工具表格，作为绩效管理过程的控制工具加以使用。通常，一个完善的员工绩效管理体系中应至少包括以下几个表格：

1. “员工关键绩效指标管理卡”，用来帮助经理为员工确立关键绩效指标。注意，是管理卡，而不是考核卡，不是到最后才拿出来，而是在绩效沟通与辅导的沟通中需要经常使用的。员工要经常看，以便于明白自己的工作目标；经理也要经常看，以便于准确地知道员工的绩效是否在预定的轨道上运行。所以，是否经常使用，也要成为评价绩效管理体系是否有效的重要特征加以重视。

2. “员工业绩档案记录卡”，用来帮助直线经理记录员工的业绩表现并建立业绩档案。建立员工业绩档案，主要是为了保证经理对员工所做出的绩效评价是基于事实而不是想象，保证经理和员工进行绩效反馈的时候“没有意外”（No surprise），这对于保证绩效评价公平与公正是相当重要的。

3. “员工绩效反馈卡”，用来帮助直线经理对员工进行绩效反馈。直线经理对员工绩效反馈的时候不是泛泛而谈，而应基于员工的关键绩效指标来谈，因此，直线经理要凭借绩效反馈卡来记录沟通的过程，形成绩效反馈记录，为下一步帮助员工制订绩效改进计划打下基础。

4. “员工绩效改进计划”，用来帮助直线经理为员工制订绩效改进计划。绩效面谈结束的时候，直线经理应针对员工在前一绩效周期内表现出来的不足，提出建设性的建议，并与员工一起制订绩效改进计划，放在下一绩效周期内加以改进。

5. “员工绩效申诉表”，用来帮助员工对自己在考核评价中所遭遇的不公正待遇进行申诉，以保证绩效管理制度的严肃性。

6. “绩效管理满意度调查表”，用来帮助企业对所实施的绩效管理制度以及直线经理在执行绩效制度时的表现进行调查，使企业与直线经理也能不断做出合适的调整，使绩效管理制度得到改进和提高。

（五）绩效沟通

实际上，绩效管理的过程就是一个经理和员工就绩效问题进行充分沟通并达成一致理解的过程。在这个过程中，经理要与员工一起确立目标，一起清除障碍，一起完成并超越目标，而要做到这一切，绩效沟通必须做好。

所以，我们来对一个企业的绩效管理体系进行评价的时候，不能仅仅看它的硬件是否具备，更要看软件。比如绩效沟通的环境是否良好，绩效沟通的渠道是否顺畅，绩效沟通的习惯是否已经建立，等等。

（六）绩效反馈

这里的绩效反馈主要是指绩效评价结束后对评价结果的反馈，通常很多企业这项工作开展得不好，要么不反馈，要么只是简单地签字交差，没有中间的过程。这既是对企业绩效管理的制度的忽视，也是对员工的不负责。一个阶段的绩效评价结束后，直线经理一定要将评价结果通过面谈的方式告诉员工，与员工就评价结果达成一致理解，并真诚地指出员工存在的不足，提出建设性的改进意见。如果企业没有做这项工

作，我们就不能认为这个企业的绩效管理体系是有效的。

（七）结果运用

通常绩效评价与员工的奖惩是紧密相连的。如果评价结束了，企业没有兑现当初的承诺，没有对表现优秀的员工进行激励，那么优秀员工的积极性将受到打击，同样，如果评价结束后没有对表现不好的员工进行惩罚，那么也将对公司的管理环境造成不好的影响。所以，在绩效评价结束后，企业一定要按照绩效制度的规定，对绩效评价的结果进行运用，使绩效制度朝良性循环方向发展。

（八）诊断提高

这里的诊断与提高是指企业对整个绩效管理体系的诊断，一般每隔一年的时间，企业都要对绩效管理体系进行系统的诊断，从中发现存在的问题和不足，然后加以改进，使之不断得到改善和提高，呈螺旋式上升的态势。

六、战略导向型绩效管理体系构建策略

越来越多的中国企业在内部管理实践中意识到了绩效管理的重要性，且在绩效体系建立上也投入了越来越大的成本，有些企业甚至请来外部顾问提供绩效管理咨询服务。然而也有不少企业发现，精心建立的体系往往会经不起实践的检验，有些企业在体系实施中走了样，最后，人力资源部和各部门信心丧失，考核变成了一种形式，甚至在企业内部实施很短一段时间后就退出历史的舞台，被束之高阁成为一纸空文。这种现实与预期的差距使不少企业对绩效考核产生了迷茫和困惑。

绩效管理体系建立与实施的核心是什么？如何才能保证体系的有效推行？如何使得保证考核导向与公司战略目标的一致性？就这个问题，结合调查研究与实际咨询案例经验，提出“两大核心”“四项注意”的战

略导向型绩效管理体系构建策略，供企业高级管理者以及 HR 人员参考。

核心一，绩效管理内容体系设计

内容体系设计就是通常意义上所讲的绩效考核指标与目标的设定，也就是“考什么”，直观反映就是我们的绩效考核表。是绩效考核的外在形态，包含战略分解与职责分析、考核指标拟订、目标设定三个方面的重点。

战略分解和职责分析的目的是为了提取衡量公司、部门以及员工业绩达成的关键价值要素，主要将员工关键业绩成果和日常工作行为中的产生工作评价的内容提取出来。因此，指标拟订有两个重要的信息来源，一是企业的战略规划，二是员工的工作说明书。两者缺一不可。

对于考核指标拟订，除了通常所说的时间、成本、风险、效果等指标拟定角度和考核方法外，重点须注意指标拟订过程中的内部变量因素和外部变量因素的解决。笔者在协助一些企业拟定指标的时候，通常会被问到以下两个问题:“这个指标不应该只衡量我一个部门 / 岗位”“这里面有很多工作内容，又不能每一项都考核到，该如何评价呢？”事实上，这就是指标拟订时遇到的外部变量与内部变量的问题，也是指标拟订的难点。遇到外部变量因素的指标，如生产“良率”、财务“预算控制”等。遇到内部变量因素的指标，如多重采购下的“订单及时率”指标。

当外部变量影响指标拟订的时候，一是结合管理流程的拆分职责，定义职责内衡量指标；二是进一步推敲指标定义或计算公式的可操作性，采用不计入或整合的方式规避外部变量对初期计划的影响；三是可通过考核与指标相关的工作过程衡量业绩完成情况。

当内部变量影响指标拟定的时候，方法一是采用模糊考核的考核方式，通过重大失误次数、平均完成率、平均及时率等指标来考核，其中需注意指标的适用性；方法二是采用相对精确的考核方式，通过逐一

考核或内部分类，甚至通过设置权重的方式进行指标的细分。无论采用什么方法，目的都是为了保证指标的实用性。

最后一个重点内容就是目标的设定。一般来讲，目标设定标准主要结合历史数据、经营计划、组织发展需求或要求三个方面因素，目标的设置应具有一定的挑战性，其达成程度的设定应在员工正常达到的基本目标之上。

指标与目标体系设计中，战略分解与职责分析、考核指标拟定、目标设定与分级三方面互为递进，共同构成绩效考核内容体系，也就是绩效管理的“形”。

核心二：绩效管理程序体系设计

绩效目标以及体系推进能否实现，还取决于绩效管理的内容体系，即绩效管理的方式与过程，这是绩效管理的落脚点和实际意义所在。

绩效管理的程序体系包括绩效管理组织、管理流程、实施办法、考核结果使用、绩效与薪酬的挂钩、绩效改善行动计划等方面。这里仅从考核打分与结果评定机制、考核与薪酬体系挂钩两方面阐述。

首先是关于考核打分与结果评定机制，谈到这里必须提到绩效管理体系的设计与推进的方式，绩效管理体系完成的过程一般是由第三方咨询公司或人力资源部经历了从培训、多次沟通讨论、体系设计、试运行、反复修正到实施的过程。

在此过程中，第一，基础工作或者基本的管理体系要能够跟得上绩效管理的要求，比如相关信息档案目录的建立，定期检查与反馈机制的建立等，以保证绩效打分有所依据。第二，观念上的宣导要充分，避免主观因素在评价时占据主导地位。第三，对于考核分数结果的分级上，一般有公司或部门直接排序、强制分布、缓和强制分布等方式，需结合公司人员特点制定考核结果分配计划，并给奖金方案设计留下接口。

在考核打分与结果分级完成之后，绩效考核结果的使用主要涉及员工薪酬、培训发展及职位晋升等方面，在此仅从绩效与薪酬挂钩的角度予以阐述。绩效考核的结果与员工直接收益的挂钩主要体现在两方面：一是调薪结果；二是奖金发放。分别由业绩指标和能力指标与这两种方式形成对应组合。

对于调薪来讲，可通过建立绩效调薪矩阵来制定薪酬调整幅度或方式。而对于奖金发放，应结合目标达成情况，有跳跃型（即有与无）、直线型、阶梯型、S 型等奖金设计方式，须结合岗位性质与激励方式采用与之相适应的奖金模式。

考核程序体系设计的重点是结合公司文化、考核基础以及岗位特征，设计切合公司实际的考核程序，以保证员工对于内容体系的接受与认可，发挥战略导向型绩效管理体系的实际意义。

毋庸置疑，绩效管理体系是一套提高企业经营业绩的非常有效的管理工具。但一些企业出现绩效考核在制度与实施间游离的现象，总结其主要原因是企业在绩效考核制度设计和实施中出现了许多误区，在此提出，以注意防范规避。

（一）绩效管理体系定位要适应企业的经营发展阶段

绩效管理定位是合理化体系设计与有效推行的关键，企业在体系设计初期往往期望很高，体系设计得也尽量完善，但是在实际实施时却又觉得太复杂，带来考核成本的增加以及实际考核效果的较低。

一般来讲，企业在不同的文化背景以及不同发展阶段，绩效管理的定位也各有不同，当企业处于初创阶段，公司规模较小的时候，考核方式应尽量简单、易操作，可采用直接业绩评价或只针对部分核心岗位展开评价；发展阶段的企业内部绩效管理的重点在于关键业绩结果以及工作过程的考核，考核对象也逐步面向全员；而对于成熟期的企业来说，绩效管理更强调系统性，更强调考核体系本身的战略导向作用。总的来说，应充分考虑自身的发展阶段，综合权衡考核收益与管理成本，

使得绩效管理体系得以顺利实施。

（二）切忌盲目依赖绩效考核工具

近年来，在绩效管理体系设计方面的理论体系发展迅速，也出现了许多新的工具，如 KPI、BSC、EVA 等，每个工具都会给企业带来一些新的理念和管理导向。但这里也需要提出的是，工具本身代表的是考核方法与方式，但对于绩效管理的目的并无实质性变化，考核体系设计与实施流程也是一样的。举例来说，众所周知，绩效管理系统是公司整体管理系统中的一部分，那么，如果企业的管理基础非常薄弱，也根本没有能力做好基础信息的统计，那么对于类似 BSC 这样对于企业内部基础信息或痕迹管理要求较高的工具来说，也将只能成为一纸空文罢了。

因此，企业在绩效考核制度设计中应充分结合企业的特点来灵活选择具体的考核工具和方法，充分分析不同工具适用的条件，切勿盲目照搬其他企业或外界流行的体系设计方法论。

（三）多维度绩效考核结果的使用是绩效管理持续健康推行的关键

一般来说，绩效考核结果主要应用于薪酬调整与奖金、职位晋升、培训发展、改善计划等环节。而在这其中，企业及员工更关注于薪酬调整和奖金分配。当然，这和很多企业人力资源管理的基础较为薄弱有关，但这种方式也会造成考核者与被考核者的过度敏感，以及对于绩效管理本身理解的偏差。从而影响内部文化与员工关系。因为绩效考核的根本目的不单纯是为了薪酬调整或发放奖金，而是为了通过员工个人绩效的提升来促进企业整体目标的达成，与薪酬的挂钩只是为了保证这种目的的实现而采用的一种激励手段。

企业高级管理人员以及一般员工都应对重新理解绩效考核结果使用的目的和意义，结合多个维度，如职位升降、培训与发展、绩效面谈与行动改善等，综合使用绩效考核结果，只有如此，方能保证绩效管理导向的正确性以及实际实施效果的达成。

（四）绩效管理体系设计与推行是一场企业内部全体性、持续性的运动

目前大多数的企业在绩效管理体系设计与推进过程中，普遍经历着从不理解、被动接受、逐步认可、主动改善的心理接受过程。对于绩效管理的配合程度也有一个渐进的过程。在最初体系设计阶段，部分业务部门普遍依赖咨询公司或人力资源部实施体系的设计，甚至有与己无关的想法或抵触情绪，但在绩效管理体系试运行或实施的时候，又开始抱怨体系设计不合理，不切合实际等。这是在很多企业内部普遍存在的一种现象。

我们提出，对于绩效管理体系设计与实施过程，应鼓励全员参与并持续推进，其中有两个重要方面需要体系设计主导方着重注意、强调、甚至通过宣导的方式告知公司各业务及相关部门：一是领导带动、全员参与、充分调动、上下沟通。只有这样，绩效考核指标才能最终达成共同认可；二是绩效考核指标与目标的设定是一个持续改进的过程，考核内容在最初设定完成之后，应在试运行和实施过程中不断发现与提出新问题，在下个绩效考核期初，修正与完善绩效考核指标与考核目标。

综上，企业应结合绩效管理内容体系与程序体系“两个核心”的设计，同时结合体系设计与推行理念和方法上的“四项注意”，明确考核重点与核心，纠正错误考核观念与方式，以确保战略型绩效管理体系的成功构建与有效实施。

七、《劳动合同法》与绩效管理体系

绩效管理是人力资源管理的核心内容之一。《中华人民共和国劳动合同法》（以下简称《劳动合同法》）虽然没有直接对绩效管理作出规定，但由于绩效考核的结果会影响到薪酬调整、岗位调整和解雇等人事决

策，这些决策又涉及劳动合同的履行、变更和解除，所以,《劳动合同法》中有关劳动合同的履行、变更和接触的规定必然对绩效管理体系的设计产生影响。

（一）《劳动合同法》对绩效管理体系提出了更高的要求

实际上,《劳动合同法》对绩效管理的影响主要体现在对绩效不佳的员工处理上。绩效管理应该实现奖优罚劣、盘活人力资源的目的。奖优一般不会出现法律风险，但罚劣尤其是对不合格的员工进行惩处，在《劳动合同法》下，将遇到很多障碍。在以往的绩效管理体系中，对绩效考核结果不佳的员工，企业往往单方面采取调整岗位甚至解雇的方式，但在《劳动合同法》实施后，这种方式已经不能行得通。

《劳动合同法》对企业变更合同予以严格的限制，要求企业与劳动者协商一致，才可以变更合同、并且必须采用书面形式，对合同解雇也严格限制，只有在法定情形下才能解除终止合同。这种规定有利于保护劳动者免受企业的随意调岗调薪，保证劳动合同的平稳履行，保持劳动关系的稳定。但另一方面，这种规定对企业的绩效管理（尤其体现在考核结果的应用环节）也产生一定的限制。《劳动合同法》严格限制企业变更合同的规定中存在唯一一个例外，即在劳动者被证明不能胜任工作的情况下，企业享有了单方变更劳动合同乃至解除劳动合同的权利，这实际上对企业的绩效管理提出了更高的要求——必须提供充足的证据证明员工“不能胜任工作”。

（二）岗位调整——必须有理有据

对于绩效不佳的员工，企业在很多情况下会单方面采取调整岗位的做法。将一个表现不好的员工调整到一个更合适的岗位。在这种岗位调整中常常会同时调整劳动报酬。许多企业为此在劳动合同中约定企业可以根据工作表现和经营需要调整员工的工作岗位。这种做法在原有的法律环境下有一定的操作空间。但在《劳动合同法》实施后，企业调整劳动者工作岗位将受到严格限制。

《劳动合同法》第三十五条规定："用人单位与劳动者协商一致，可以变更劳动合同约定的内容。变更劳动合同，应当采用书面形式。变更后的劳动合同文本由用人单位和劳动者各执一份。"

岗位的调整涉及劳动合同的变更。变更劳动合同要具备的首要条件就是当事人双方的协商一致。任何一方当事人不与对方协商、单方面变更劳动合同的行为都是不合法的。现实中，劳动合同的变更大多由企业提出，企业应当纠正"企业掌握合同变更的自主权"这一错误的合同变更理念，不能单方面强制地变更劳动合同。

《劳动合同法》只允许在劳动者不能胜任工作时，用人单位可以变更劳动合同，重新安排劳动者工作岗位。这就要求企业的绩效考核评价系统必须有充足的证据说明员工"不能胜任工作"。

（三）解雇——必须是正当的，而且是有充足理由的

《劳动合同法》规定，劳动者不能胜任工作的，经过培训或者调整工作岗位，仍不能胜任工作的，企业可以解除劳动合同。根据这一规定，以不能胜任为由解除劳动合同需要满足三个条件：劳动者被证明不能胜任工作、经过培训或者调整工作岗位、仍然不能胜任工作。

根据《最高人民法院关于审理劳动争议案件适用法律的若干问题的解释》第十三条规定，因用人单位做出的开除、除名、辞退、解除劳动合同、减少劳动报酬、计算劳动者工作年限等决定而发生的劳动争议、企业负举证责任。也就是说，解除劳动合同由企业负举证责任，所以企业对不能胜任工作的员工解除劳动合同需要举证证明员工"不能胜任工作""经过培训或调整工作岗位""仍不能胜任工作"，负有三次举证义务。这同样要求企业的绩效考核评价系统有充足的证据说明员工"不能胜任工作"，且经过培训或调整工作岗位后，"仍不能胜任工作"。

（四）《劳动合同法》规定企业在劳动合同中应当约定劳动报酬

这一规定迫使企业必须在劳动合同中约定工资标准，而且一旦约定，企业不能自行调整，但人力资源管理又需要保证企业在薪资上的自主权，为了在法律规定和人力资源管理之间保持平衡，在具体操作上企业必然会加大绩效加薪、浮动薪酬和长期激励的比例，这也对绩效管理提出了更高的要求。

（五）《劳动合同法》下的绩效管理体系设计

1. 绩效计划的制订

绩效计划制订的基础是工作分析。在绩效管理中，对员工进行绩效考核的主要依据就是事先制订的考核指标，而考核指标的内容在很大程度上来自通过工作分析而形成的岗位说明书，借助岗位说明书来制订考核指标，可以使绩效管理更具科学性和针对性。一份清晰的岗位说明书可以让员工清楚自己的岗位职责是什么，本职工作中应该达到怎样的要求，也是在劳动争议中的重要证据。国外有学者曾对绩效考评导致的法律诉讼案件进行研究，找到了 1976 年来使组织在这类案件中胜诉的 6 个因素，其中最为重要的因素是，企业必须肯定绩效考评的内容确实基于工作分析，绩效标准与工作相关，考评的内容是具体的工作内容，而不是考评者的意见或者主管的意见。

绩效目标的制订应当与员工沟通，并要求员工确认。企业制订的绩效目标应当明确地告诉劳动者，劳动争议处理中，企业在许多情形下要承担举证责任，如果企业以劳动者没有完成绩效目标对劳动者进行惩处，则首先必须证明绩效目标已经告诉劳动者。企业可以在绩效计划制订及辅导反馈的过程中与劳动者进行沟通，为降低法律风险，企业可以在绩效计划制订及辅导反馈的过程中要求员工签署有关书面文件，以此证明劳动者对绩效目标了解并认可。

绩效指标应该量化或者可行为化，增强考核指标的可衡量性。在考核指标的设计上，企业应避免使用抽象的指标，如“忠诚度”或“诚实性”等，除非可以用量化的数据或可观察的行为去定义它们。在劳动争议中，绩效的量化或行为化分析较易成为法律证据，无法量化或行为化的主观评估难以被司法部门采纳。同时，绩效考核指标应该包含多个相互独立的指标，对于司法部门来说，只有一个笼统模糊的绩效考核指标是不可行的，司法部门一般会要求将这些独立的评价结合起来，分配权重，进而产生一个总分。

2. 绩效信息的收集

应重视从多种渠道收集绩效信息。绩效考核是一项鉴定活动，因此一定要讲求证据，要使员工的绩效得到真实而具体的反映，并成为员工行为是否符合绩效标准的最有利佐证。绩效信息收集是一个绩效监控的过程，同时也是为考核收集证据的过程。法律规定的证据包括书证、物证、视听资料、证人证言、当事人的陈述、鉴定结论、勘验笔录等多种形式。各种证据之间的证明效力并不相同，按照最高人民法院的规定，物证、档案、鉴定结论、勘验笔录或者经过公证、登记的书证，其证明力大于其他书证、视听材料和证人证言。证人提供的对与其亲属或者其他密切关系的当事人有利的证言，其证明力一般小于其他证人证言。许多企业在劳动争议中让单位的员工作为证人或提供证言，但常常难以得到争议处理部门的认可。因为职工为单位提供劳动、领取报酬，二者之间有一定的利害关系，当职工为单位提供有利证言时，其证明效力较低。由于举证的困难，故企业败诉率较高。在司法实践中，客户意见可以作为判定是否不能胜任的依据，而上级对下级的评估则难以为司法部门采纳。这就要求企业要注意通过不同的信息渠道获得绩效信息，尤其要注意通过第三方如客户、供应商来收集绩效信息。值得注意的是，无论通过何种渠道，评价者与被评价者有着日常的、实质性的接触是非常重要的。而且尽可能地让一个以上的评价者各自独立完成同样的

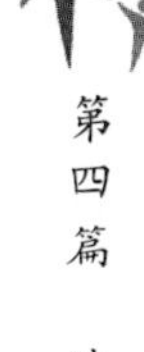

工作绩效评估，这样可以减少个人偏见和错误问题。在司法实践中，由单个评价者决定一项人事行为往往导致企业败诉。

绩效实施过程应当收集辅助材料。由于劳动争议中企业负有举证责任，所以企业在评估过程中应当尽可能收集可以作为证据使用的辅助材料，如员工的绩效报表、客户的投诉信函等。考核开始前可以要求员工提交任务报告或定期述职，所有报告应通过书面形式并有员工签字。业绩不佳的员工在业绩评估中可能会争辩、解释，企业可以要求员工用书面形式做解释辩解，也可以将解释辩解做成谈话记录要求员工签字确认，这些都可以作为争议处理时的证据使用。

绩效数据应当要求员工确认。企业应当要求员工在绩效考核的文件签字确认，这样证明员工对绩效考核的结果予以认可。不过考核结果不佳的员工常常拒绝在考核结论上签字，对此企业可以将绩效考核的过程分为事实调查和性质认定两个环节，在绩效数据收集完成之后无须立即得出考核结论。企业可以先要求员工对收集回来的具体事实和数据予以签字确认，在员工确认基本事实后，企业再依据员工确认的事实得出是否胜任的考核结论。

3. 绩效考核方式的选择

表现性评价技术更容易获得法律的支持。在考核方式上，近年来，目标管理、关键绩效指标、平衡记分卡等考核法在我国很多企业大行其道，但企业往往忽视了图尺度考核法、行为锚定法、行为观察量表法等表现性评价技术的运用。实际上，从西方企业的绩效管理发展历程来看，目标管理、关键绩效指标、平衡记分卡等都是战略性的绩效考核工具，他们能够将员工的绩效与整个组织的战略相承接，使得个人绩效的提高能指向组织整个企业的绩效。但是，战略性绩效管理工具的实施离不开表现性评价方法和技术的支撑。许多表现性评价技术如行为锚定法和行为观察量表法通过直接为考评者提供具体的行为等级和考评标准的量表，为考评者建立一个统一的考评标准，它们不仅有利于管理者有效地对员工作出客观的评价，还有利于引导和开发员工的行为。在法律诉讼中，一套科学合理的表现性评价技术体系更容易获得法律的支持和认可。

以员工比较为基础的考核方法有较大的法律风险。以员工比较为基础的考核方法如强制分配法尤其是末位淘汰法，在《劳动合同法》实施的背景下不能获得法律的支持。企业必须明确一个概念，在业绩考核中处于末位不等于不胜任工作。在 10 个劳动者的竞争中可能 10 个人都胜任工作，但总有一个处于末位；可能 10 个人都不胜任，即使处于第一名也不符合工作要求。所以，以员工比较为基础的考核方法，难以证明员工能否胜任工作。从西方国家的司法实践中可以看到，采取这种考核方法的企业面临较大的法律风险，也频频成为法律诉讼的对象。如福特公司曾经把中层管理人员按绩效考核结果划分为 A、B、C 三个等级。在一个年份中被评为 C 级的管理人员将不能获得任何奖金。如果一位中层管理人员连续两年被评为 C 级，那么这就意味着，此人很可能被降职或解雇。公司每年都会把 10% 的中层管理人员评为 C 级。福特汽车公司的这种绩效评价方法使它成为几次法律诉讼的被告。后来，福特汽车公司不得不改变其原有的绩效管理过程中的一些主要内容，其中包括：每年必须有固定比例的管理人员被划为 C 级，而被划为 C 级的管理人员不仅得不到任何奖金和绩效加薪，而且还可能失去工作。现在，每年必须列入 C 级的管理人员下降到了 5%，原来的 A、B、C 三级也被换成了“高绩效者”“绩效达标者”以及“绩效有待改进者”的说法，并且，那些被评为“绩效有待改进者”的员工还可以得到以帮助他们改善绩效为目的的相关指导和咨询。

4. 考核公平性的保证措施

要对管理人员进行绩效考核的培训。绩效考评是高度感情化的过

程，在考评的过程中，考评者难免会受到主观因素的影响，导致考评出现偏差。减少考评者主观因素造成的误差的办法就是对考评者进行培训，至少应该向评价者提供关于使用评价工具的书面指导，指导他们如何使用绩效评价系统，其中包括指导他们在作出判断时如何使用绩效评估标准，而不是简单地把它交给考评者，让他们自己去解释如何进行绩效评价。

建立绩效考核的审查与申诉系统。企业的高层管理者应该对所有的绩效评价结果进行某种形式的审查，同时应当建立一种允许员工对他们认为的不公正的评价结果做出申诉的系统，也就是说，在评价结果最终决定前，员工有权利通过书面的或口头的方式对其自身的评价结果进行回顾和评论，企业要为员工建立正式的申诉渠道。

第三节　社区绩效管理体系的设计

一、实行社区绩效管理的意义

把绩效管理导入社区日常管理，使社区管理成为一个有筹划、注重目标实现的整个过程，以实际成绩来考核社区和衡量社区发展情形，对促进管理现代化和科学化具有不可替代的作用。

（一）就社区建设目标来说，进行绩效管理可以发现社区管理整个过程和社区建设结局上的不足与难题，有利于完善社区管理的体制和机制，明确社区建设的关键点和方向，进而不断提升社区建设水平。

（二）就社区管理者和社区干部来说，实行绩效管理可以更加明确自身的责任，提升工作效率，并且应用绩效考核，使社区工作与社区干部薪资、职位提高和岗位流动相联合，促进社区干部和社区建设共同进步、共同发展。绩效管理的反馈，能不断提高社区干部的工作本领和工作绩效。

（三）就社区居民来说，对社区进行绩效管理，让居民成为绩效考核的主体，可激发他们参与社区建设、社区管理的主动性和积极性。

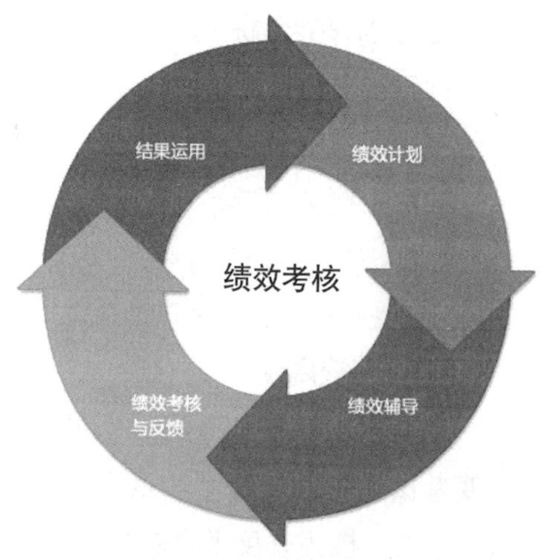

图 4–3　绩效考核图

二、建立社区绩效管理体系的设想

建立社区绩效管理体系，需要对社区绩效方面的管理理念、流程进行全方位的革新，因此绩效指标体系设置是整个绩效方面的管理中一个最核心的要素。下面以 XXX 方案为例：

（一）考核要素

绩效指标体系分为社会治安综合治理、劳动保障、计划生育、民政优抚、城乡环境综合治理、统计、党建、精神文明建设、社区建设 9 个一级指标，每个一级指标具体细化为低保、拥军优属、残联、安全生产、信访调解、就业和创业、社保、工会、文体、党风廉政建设、关心下一代、老龄、妇联、团建、统战等 35 个二级指标。

（二）考评主体

分为常设考评主体和临时考核主体。常设考核主体是相对固定的由上级主管部门、社区居委会、社区居民共同组成的绩效考评工作委员会，临时考评主体是对某个详细临时任务或项目组成的考核委员会。

（三）考核评分标准

1. 日常工作目标 20 分。

2. 本职工作目标和阶段性工作目标 40 分。

3. 民主测评 40 分。

4. 考核加减分标准：对受到省、市、区和街道表彰的工作人员给予加分，对受到市、区、街道通报批评和给社区造成重大损失的给予扣分。

（四）考核周期

采取日常考核和季度、年度考核相联合的方式。社区绩效考核以季度考核为主，在每个季度末进行考评，按照实际得分进行考评及兑现，年度考核为季度考核的加权平均分。日常考核以日常记录为主，把社区建设的目标渗入日常的管理中，对社区工作者日常工作状态进行记录。

（五）考核反馈

及时反馈考核结果能使被考核社区认识到自身的不足，使上级主管部门能准确了解被考核者的工作情形并给予纠正和指导。创建绩效考核的纠偏机制，即创建申诉体制，社区若对考核结局不满时，可与绩效考核委员会沟通，绩效考核委员会也可以通过社区的申诉发现和改正可能存在的问题，提升社区绩效考核的准确性和公平性。

三、建立绩效社区运行机制的设想

为克服社区管理行政化趋向，还原社区自治组织职能，拓展社区服务新领域，扩大社区服务覆盖面，可从以下几方面为抓手，建立起绩效社区运行长效机制。

（一）建立科学的组织引领机制

一是在区级层面成立社区建设管理协调委员会；二是在街道设立

街道公共服务委员会；三是在社区设立相应的社区公共服务委员会；四是建议设置社区工作项目推进制。

（二）建立社区财力保障机制

一般来说社区无资金、土地和经济实体，建立一个长效稳定的社区财力保障体系尤为重要。一是加大财政扶持力度；二是拓宽社区筹集建设资金的渠道；三是加大政策扶持力度。

（三）加大社区制度化建设

一是制定和完善社区建设的规章制度；二是创新社区管理体制；三是制定社区“准入”制度。

四、建立社区绩效激励机制方面的设想

实行“分类定岗”管理模式，街道根据年终考核和平时工作，把社区分为优秀、合格、基本合格、不合格四类。

把社区岗位划分为三级，一级定正职岗，书记主任负责全面工作；二级定副职岗，社区副职分别负责党建和政务工作；三级定工作人员岗，负责社区具体工作执行。

社区按类别先确定社区类别系数，社区干部按岗位确定岗位系数，二者之积即为绩效系数。街道负责对整个社区和社区书记主任的分别考核，社区工作人员由社区进行考核。

此外，可实行生活补贴，并采取切实有效的激励措施，激活社区干部管理工作。

五、社区绩效管理流程

（一）成立考核测评领导小组

为加强考核工作领导，成立社区考核领导小组。

（二）考核原则

坚持实事求是、客观公正的原则；坚持注重工作实绩的原则；考核实行领导与干部相结合、居民和群众相结合、定性与定量相结合的原则。

（三）考核对象

社区支部党组织、社区居委会“两委”成员。

（四）参加测评大会人员

参加测评大会的人员由党代表、居民（成员）代表、驻区单位代表以及其他方面的党员群众代表组成。总数不低于 20 人，同时要注意扩大党员群众参与面，参会人员名单提前报社区考核领导小组审核并提前公示。

（五）时间安排

第一阶段：实绩公示期；

第二阶段：社区测评期；

第三阶段：考核结果公示并上报上级主管部门。

（六）测评工作流程

1. 实绩公示

社区“两委”应对照年度目标任务和社会管理工作要求，对社区一年来各项工作全面总结。社区工作人员根据工作分工、岗位职责以及年度目标任务，对个人工作和履职实绩进行认真总结。社区“两委”总结以及社区工作人员个人工作总结，以书面形式在测评会召开前通过社区党务（居务）公开栏进行实绩公示，公示期 3 天。

2. 召开测评大会

(1)社区党组织负责人、居委会负责人就社区党支部、居委会工作运行情况分别进行陈述；党组织和书记述职重点为落实年度目标责任、民生问题台账以及社区队伍建设情况。居委会和主任述职重点为如何加强居民自治、推进社区管理情况以及议事小组作用发挥情况。

(2)由社区议事会、监委会负责人分别代表社区居民议事会、民主监委会向社区居民代表会议报告工作情况和履行召集人职责情况，接受居民代表会议的监督。

(3)社区工作人员分别对个人全年履职情况进行述职。

(4)党员群众代表进行民主评议和满意度测评。

(七)具体考核方法

采取百分制进行考核。测评考核实行无记名打分制，满分为 100 分。评分标准为：90 分及以上为优秀等次；80 分及以上为称职；60 分及以上为基本称职；59 分(含 59 分)以下为不称职。

(八)考核结果运用

1. 结果通报

综合评定考核结果后，街道考评领导小组将向上级主管部门上报考核结果和考核工作总结，并向社区和被测评考核对象以书面形式反馈考核结果。社区将“两述两评”结果及时通过社区党务(居务)公开栏进行公示，公示时间不少于 7 日。

2. 表彰奖励

“两述两评”测评结果作为本年度考核评价社区工作的重要依据。街道党工委、办事处将根据综合考核结果对先进个人进行表彰。社区工作人员综合考评结果为“优秀”“称职”等次的，按规定享受年度绩效薪酬；对结果评为“基本称职”的，酌情扣减年度绩效薪酬；对结果评为“不称职”或连续两年为“基本称职”的，不得享受年度绩效薪酬；对两

年连续考评结果为“优秀”等次的按区民政局相关奖励执行。

3. 整改提高

对满意度较低、党员群众反映强烈的社区，街道党工委、办事处将进行专题研究，帮助该社区对具体情况、具体问题进行分析，明确要求该社区在一定的时间进行整改，并在时限后检查整改结果，并将整改情况在社区内进行公示。对社区党组织、居委会成员满意度测评“不满意”率超过 30% 的，应按市公推直选配套制度要求责令其辞职或启动罢免程序。社区公共事务所工作人员考核结果为“基本称职”的由街道党工委班子成员对其进行诫勉谈话，提出限期改正要求；考核结果为不称职或连续两年为“基本称职”等次的，原则上不予续聘。

思考题

1. 目前我国社区的绩效管理主要存在哪些问题？
2. 社区管理中着重需要考核的工作有哪些？
3. 如何解决社区管理绩效管理的资金问题？

第五篇 社区薪酬管理体系设计

课 时 共计8课时

教学目标 了解我国现行社区薪酬管理的案例；
理解五种主流薪酬模式的优缺点；
理解薪酬体系设计的六大误区；
掌握薪酬制度设计的基本思路；
掌握薪酬体系设计的八大步骤。

教学重点 薪酬体系设计的六大误区；
掌握薪酬制度设计的基本思路；
掌握薪酬体系设计的八大步骤。

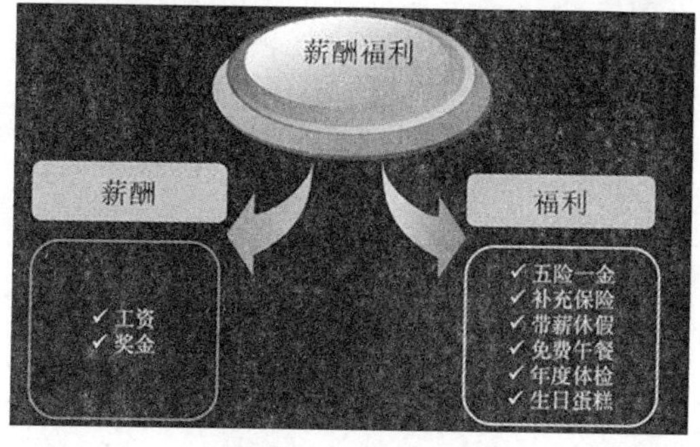

图5–1 薪酬福利图

职业技能

教学内容

第一节　我国现行社区薪酬管理的案例

案例导入

一家高科技公司，不久前有两位精明能干的年轻财务管理人员提出辞职，到提供更高薪资的竞争对手公司里任职。其实，该公司的财务主管早在数月前就曾要求公司给这两位年轻人加薪，因为他们的工作十分出色。但人事部门的主管认为，这两位年轻财务管理人员的薪资水平，按同行业平均水平来说，已经是相当高的了，而且这种加薪要求与公司现行建立在职位、年龄和资历基础上的薪资制度不符合，因此拒绝给予加薪。

对这两位年轻人的辞职，公司里议论纷纷。有人说，尽管这两位年轻人所得报酬的绝对量高于同行业平均水平，但他们的工作那么出色，这样的报酬水准仍很难令人满意。也有人质疑，公司人事部门的主管明显地反对该项加薪要求，但是否应当由了解其下属表现好坏的财务部门对本部门员工的酬劳行使最后决定权呢?

问题：

1. 你认为该公司的薪资制度有无不合理之处？若有，请指出；若没有，请分析它有什么好处?

2. 你认为合理的薪酬制度应符合哪些标准或要求?

一、以杭州市区社区工作人员工资福利待遇为例

（一）社区工作人员的范围及执行标准

社区工作人员是指社区党组织（含党支部、党总支、党委，下同）专职成员、社区居委会专职成员以及以特定服务对象为工作内容的其他工作人员。

1. 社区党组织专职成员，包括专职从事社区党务工作的书记、副书记和党务工作者。

2. 社区居委会专职成员，包括专职从事社区工作的居委会主任、副主任和委员。

3. 其他工作人员，包括以特定服务对象（暂住人口、企业退休人员、失业人员和困难家庭等类）为工作内容的其他工作人员。

社区党组织书记和社区居委会主任执行社区正职的相应标准；社区党组织副书记和社区居委会副主任执行社区副职的相应标准；社区党组织党务工作者、社区居委会委员执行社区委员的相应标准；社区其他工作人员执行其他人员的标准。

（二）工资福利待遇构成内容及标准

市区社区工作人员工资福利待遇由职务年限工资、奖金福利、补（津）贴、住房公积金缴费及社会保险缴费五部分构成。

1. 职务年限工资

社区工作人员职务年限工资实行工作职务、社区工作年限与工资待遇挂钩。新参加工作的执行所任职务最低社区工作年限工资标准，职务年限工资随职务和社区工作年限变化而相应调整，每年晋级一档工资。具体职务年限工资标准见下表（单位：元/月）。

表 5–1　社区工作人员职务年限工资标准表（以杭州为例）

年限 职务	1	2	3	4	5	6	7	8	9	10	11	12	12 年以上
高	2000	2100	2205	215	2435	2560	2690	2825	2970	3120	3280	3445	另定
中	1700	1785	1875	1970	2070	2175	2285	2400	2520	2650	2785	2925	
低	1400	1470	1545	1625	1710	1800	1890	1985	2085	2190	2300	2415	
其他	1200	1260	1325	1395	1465	1540	1620	1705	1790	1880	1975	2075	

2. 奖金、福利标准

（1）定额奖金福利。每人每月 400 元。

（2）目标管理奖励。在每人每年 2000 元标准的基础上，结合当年社区工作人员工资福利待遇核发实际结余、年终考核等因素核定，并按职务拉开档次。

3. 补（津）贴标准

社区工作人员的补（津）贴包括岗位津贴、物价补贴、防暑降温补贴和国定假日加（值）班费等四项内容。

（1）岗位津贴：社区的正职每人每月 600 元、副职每人每月 400 元、委员每人每月 300 元、其他人员每人每月 200 元；

（2）物价补贴：每人每月 35 元；

（3）防暑降温补贴：每人每月 110 元，发放月份为 6 月至 9 月（4 个月）；

（4）国定假日加（值）班费：按每人每月 150 元的标准核定；

（5）职称津贴补助：对社区工作者按规定取得社会工作者职业水平资格证书的，给予一定的职称津贴补助。

4. 住房公积金

社区工作人员统一享受市住房公积金，单位和个人分别按本人工资总额 12% 的比例缴纳，纳入个人住房公积金账户，归个人所有。个人所缴部分由单位每月从其工资中代扣，并代缴。

5. 社会保险

社区工作人员的社会保险包括基本养老保险、失业保险、基本医疗保险、生育保险和工伤保险五项。

(1)单位缴纳的社会保险费标准如下：

①基本养老保险费：19%；

②失业保险费：2%；

③基本医疗保险费：11.5%；

④生育保险费：0.6%；

⑤工伤保险费：0.4%。

单位缴纳的上述社会保险费按照本单位当月全部社区工作人员工资总额确定基数。工资总额包括职务年限工资、奖金福利、补(津)贴之和。

(2)个人缴纳的社会保险费标准如下：

①基本养老保险费：8%；

②在职门诊医疗保险费：2%；

③重大疾病医疗补助资金：每月3元；

④医疗困难互助救济资金：每月1元；

⑤失业保险费：1%。

个人缴纳的基本养老保险费、在职门诊统筹个人账户资金和失业保险费，按照本人上年度月平均工资确定缴费基数，由单位每月从其工资中代扣，并代缴。

二、某地区社区干部薪酬管理暂行办法

(一)总则

第一条　为进一步规范本区社区工作者队伍管理，建立符合岗位

管理特点，适应社区工作者职业化、专业化建设方向的薪酬管理制度，体现社区工作者收入分配的统一，根据《静安区社区工作者队伍规范化管理办法》，制定本办法。

第二条　社区工作者的收入分配应遵循下列原则：

1. 注重政策延续，坚持积极稳妥、平稳过渡；

2. 注重科学合理，坚持公平公正、规范有序；

3. 注重履职激励，坚持考核评估、强化绩效；

4. 注重按劳分配，坚持同工同酬、略有差异。

（二）发放标准和办法

第三条　居民区党总支书记任职期间享受全民事业编制人员的收入待遇。

1. 事业编制工作人员担任居民区党总支书记的，根据国家和本市统一规定的全民事业编制同级同类人员的工资、福利等待遇标准执行。工资外收入水平按人均 4.2 万元 / 年的标准，经考核后发放。同时，根据各居民区的基层党建、维稳、服务群众等工作开展情况，设置专项奖励经费。专项奖励按人均 2 万元 / 年的水平核定经费总量，由各社区（街道）根据实际情况制定办法后发放。

2. 非事业编制工作人员在就业年龄段担任居民区党总支书记的，可由社区（街道）根据本人实际情况，确定享受全民事业编制相应等级人员的工资、福利及同等的工资外收入和专项奖励水平，采用原收入加补差的形式享受。

3. 退休人员担任居民区党总支书记的，发放补贴。补贴标准参照担任居民区党总支书记的全民事业编制人员的工资外收入和专项奖励水平执行。

第四条　居委会成员、专职党群工作者、居委会社区专职工作人员以及其他经区委、区政府批准纳入社区工作者管理范畴的人员的发放标准和办法如下：

1. 事业编制的工作人员

根据国家和本市统一规定的全民事业编制同级同类人员的工资、福利等待遇标准执行。工资外收入水平按工作人员各等级和档次绩效工资的标准，经考核后发放。担任居委会主任、副主任职务的享受职务津贴。居委会主任的职务津贴标准为 500 元 / 月，副主任的职务津贴标准为 300 元 / 月。

2. 非事业编制的专职党群工作者、居委会社区专职工作人员以及其他经区委、区政府批准纳入社区工作者管理范畴的人员实行职业化薪酬管理的岗位绩效工资制度。

岗位绩效工资由岗位工资、薪级工资和绩效工资三个部分组成，其中岗位工资、薪级工资为基本工资。

（1）岗位绩效工资的实施

① 岗位工资

岗位工资主要体现工作人员所聘岗位的职责和要求。工作人员岗位设置五个等级，不同等级的岗位对应不同的工资标准。

② 薪级工资

薪级工资主要体现工作人员的工作表现和资历。工作人员设置四十二个薪级，对不同岗位规定不同的起点薪级。工作人员根据工作表现、资历和所聘岗位等因素确定薪级，执行相应的工资标准。

各级岗位的起点薪级分别是：一级岗位十七级，二级岗位十二级，三级岗位八级，四级岗位四级，五级岗位一级。

工作人员根据本人套改年限、任职年限和所聘岗位，结合工作表现，套改相应的薪级工资。

套改年限，是指工作年限与不计算工龄的在校学习时间合并计算的年限，其中须扣除 1993 年以来除见习期外年度考核不确定考核等次

或为不合格等次的年限。不计算工龄的在校学习时间，是指在国家承认学历的全日制大学专科以上院校未计算为工龄的学习时间。在校学习的时间以国家规定的学制为依据，如短于国家学制规定，按实际学习年限计算；如长于国家学制规定，按国家规定学制计算。

任职年限，是指从聘用到现岗位当年起计算的年限。套改年限和任职年限的计算截至 2012 年 1 月 1 日。工作人员按套改办法确定的薪级工资，低于相同学历新参加工作人员转正定级薪级工资的，执行相同学历新参加工作人员转正定级薪级工资。

③绩效工资

绩效工资主要体现工作人员的实绩、贡献和所承担工作职责的大小。绩效工资分配根据本区经济社会发展的总体水平，在坚持总量调控的原则下，统一绩效工资基数，不同等级和档次的工作人员核定不同的绩效工资系数，采用“基数 * 系数”的方法确定绩效工资标准，经考核后发放。用人单位应根据社区工作者的具体情况及工作实绩，制定合理的分配方案，报区人保局备案后执行。

（2）正常调整工资办法

① 正常增加薪级工资

年度考核结果为合格及以上等次的工作人员，每年增加一级薪级工资，并从次年的一月起执行。

② 岗位等级变动人员工资调整办法

工作人员岗位等级变动后，从变动的下月起执行新聘岗位等级的工资标准。岗位工资按所聘岗位确定，薪级工资按下列办法确定：由较低等级的岗位聘用到较高等级的岗位，原薪级工资低于新聘岗位起点薪级工资的，执行新聘岗位起点薪级工资，第二年不再正常增加薪级工资。原薪级工资达到新聘岗位起点薪级工资的，薪级工资不变。由较高等级的岗位调整到较低等级的岗位，薪级工资不变。

（3）新聘用人员工资待遇

① 新参加工作的大学专科以上应届毕业生试用期间，每月的薪酬标准确定为 2400 元。

② 试用期满后，按所聘岗位执行相应的岗位工资标准。薪级工资按下列办法确定：大学专科毕业生执行一级薪级标准；大学本科毕业生执行四级薪级工资标准；获得双学士学位的大学本科毕业生、研究生班毕业、获得硕士学位的研究生执行七级薪级工资标准。

③ 其他新聘用的工作人员，已明确等级和档次的，岗位工资按所聘岗位等级确定，薪级工资比照同等条件人员确定。未明确等级和档次的，由所在单位根据实际情况，确定其工资待遇。

3. 非事业编制的就业年龄段全日制居委会成员实行结构津贴制度。结构津贴由基本津贴、奖励津贴和职务津贴构成，其中基本津贴参照居委会社区专职工作人员的基本工资标准执行；奖励津贴参照居委会社区专职工作人员的绩效工资标准执行。担任居委会主任、副主任职务的享受职务津贴。居委会主任的职务津贴标准为 500 元 / 月，副主任的职务津贴标准为 300 元 / 月。

4. 退休人员担任全日制居委会成员的，居委会主任的基本津贴标准为 2900 元 / 月、副主任的基本津贴标准为 2800 元 / 月、委员的基本津贴标准为 2600 元 / 月，经评议后发放。退休人员担任全日制居委会成员的，按人均 6400 元 / 年的标准，经评议后发放奖励津贴。

退休人员被聘用为专职党群工作者、居委会社区专职工作人员以及其他经区委、区政府批准纳入社区工作者管理范畴人员的，补贴标准为 2600 元 / 月，经考核后发放；奖励按人均 6400 元 / 年的标准，经考核后发放。

5. 担任非全日制居委会成员的，居委会主任按 4000 元 / 年、副主任按 3800 元 / 年、委员按 3500 元 / 年的津贴标准，经评议后发放。

（三）相关规定

第五条　社区工作者薪酬标准的调整由区人保局会同相关职能部门统一部署，根据本区域经济发展、财政状况、社会相关人员工资水平和物价变动等因素，可做相应调整。

第六条　就业年龄段的全日制居委会成员中没有缴纳社会保险费的，用人单位应根据有关规定为其缴纳社会保险费。

第二节　五种主流薪酬模式的优缺点

作为人力资源管理体系的重要组成部分，薪酬管理是企业高层管理者以及所有员工最为关注的内容，它直接关系到企业人力资源管理的成效，同时对企业的整体绩效产生巨大影响。各家企业均在探索着卓有成效的薪酬模式，然而，每家企业各有其特性，不存在普遍适用的薪酬模式。

当前主流薪酬模式

薪酬模式的设计需要高度遵循企业战略。没有匹配战略的薪酬导向就是没有方向的瞎指挥，对企业的发展将起到阻碍作用。

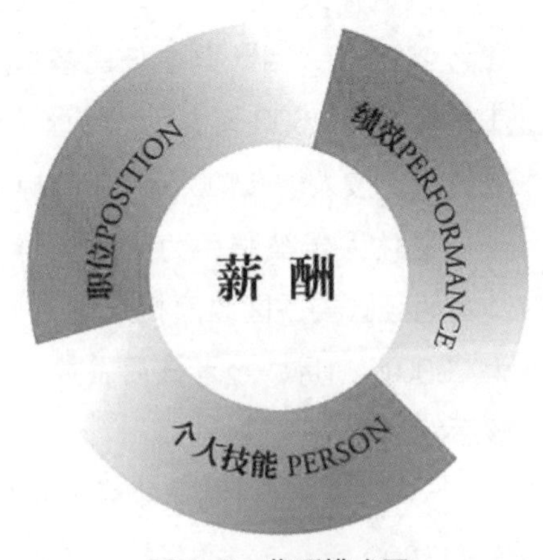

图 5–2　薪酬模式图

概括来讲，薪酬有五种主要依据，相应地形成当前的五种主流薪酬模式：基于岗位的薪酬模式、基于绩效的薪酬模式、基于技能的薪酬模式、基于市场的薪酬模式、基于年功的薪酬模式。

一、基于岗位的薪酬模式

基于岗位的薪酬模式，顾名思义，是以岗位的价值作为支付工资的基础和依据，在岗位价值基础上构建的支付薪酬的方法和依据，即在确定员工的基本工资时，首先对岗位本身的价值做出客观的评价，然后再根据评价结果赋予承担这一岗位工作的人与该岗位价值相当的基本工资。通俗地讲就是在什么岗，拿什么钱。对岗不对人，对于员工而言，岗位更为客观、稳定。

优点：和传统按资历和行政级别的付酬模式相比，真正实现了同岗同酬，内部公平性比较强。职位晋升，薪级也晋级，调动了员工努力工作以争取晋升机会的积极性。

不足：如果一个员工长期得不到晋升，尽管本岗工作越来越出色，但其收入水平很难有较大的提高，也就影响了其工作的积极性。由于岗位导向的薪酬制度更看重内部岗位价值的公平性，在从市场上选聘比较稀缺的人才时，很可能由于企业内部的薪酬体系的内向性而满足不了稀缺人才的薪酬要求，也就吸引不到急需的人才。

二、基于绩效的薪酬模式

基于绩效的薪酬模式是以员工的工作业绩为基础支付工资，支付的唯一根据或主要根据是工作成绩或劳动效率。将员工的绩效同制定的标准相比较以确定其绩效工资的额度，形式有计件（工时）工资制、佣金制、年薪制等。绩效工资制适用于生产工人、管理人员、销售人员等。

优点：员工的收入和工作目标的完成情况直接挂钩，让员工感觉很公平，“干多干少干好干坏不一样”，激励效果明显。员工的工作目标明确，通过层层目标分解，组织战略容易实现。企业不用事先支付过高的人工成本，在整体绩效不好时能够节省人工成本。

不足：员工收入在考虑个人绩效时，会造成部门或者团队内部成员的不良竞争，为取得好的个人绩效，员工可能会减少合作。因此，在需要团队协作制胜时，不应过分强调个人绩效对收入的作用。绩效评估往往很难做到客观准确。对大多数中国企业来说，少有企业的绩效考核系统很完善，如果在这种情况下就将收入和绩效挂钩，势必造成新的不公平，也就起不到绩效付酬的激励作用。绩效付酬假设金钱对员工的刺激作用大，长期使用后会产生不良的导向，在企业增长缓慢时，员工拿不到高的物质方面的报酬，对员工的激励力度下降，在企业困难时，很难做到“共渡难关”，而可能会选择离职或消极工作。

三、基于技能的薪酬模式

基于技能的薪酬模式是以员工所具备的能力、技能作为工资支付的根本基础，即以人的能力要素作为工资支付的直接对象。这种模式认为员工获得报酬的差异主要来自人本身能力水平的差异，而非职位等级的高低、职位价值的高低。基于技能的薪酬模式用通俗的说法就是有好的能力就有好的结果。这种薪酬模式适用于企业中的技术工人、技师、科技研发人员、专业管理者等。

优点：员工注重能力的提升，就容易转换岗位，也就增加了发展机会，将来即使不在这个企业也会有竞争力。不愿意在行政管理岗位上发展的员工可以在专业领域深入下去，同样获得好的待遇，对企业来说留住了专业技术人才。员工能力的不断提升，使企业能够适应环境的多变，企业的灵活性增强。

不足：做同样的工作，但由于两个人的技能不同而收入不同，容易造成不公平感。高技能的员工未必有高的产出，即技能工资的假设未必成立，这就要看员工是否投入工作。界定和评价技能不是一件容易做到的事情，管理成本高。员工着眼于提高自身技能，可能会忽视组织的整体需要和当前工作目标的完成。已达技能顶端的人才如何进一步的激励，这也是其弱点之一。

四、基于市场的薪酬模式

基于市场的薪酬模式是根据市场价格确定企业薪酬水平，根据地区及行业人才市场的薪酬调查结果，来确定岗位的具体薪酬水平。至于采取高于、等于或是低于市场水平，要考虑企业的赢利状况及人力资源策略。市场经济供求关系决定价格的基本规律也适用于员工的工资模式，人才资源的稀缺程度在很大程度上决定了薪酬的水平。一般适用于企业的核心人员。

优点：企业可以通过薪酬策略吸引和留住关键人才。企业也可以通过调整那些替代性强的人才的薪酬水平，从而节省人工成本，提高企业竞争力。参照市场定工资，长期会容易让员工接受，降低员工在企业内部的矛盾。

不足：市场导向的工资制度要求企业良好的发展能力和赢利水平，否则难以支付和市场接轨的工资水平。员工要非常了解市场薪酬水平，才能认同市场工资体系，因此，这种薪酬模式对薪酬市场数据的客观性提出了很高的要求，同时，对员工的职业化素质也提出了要求。完全按市场付酬，企业内部薪酬差距会很大，会影响组织内部的公平性。

五、基于年功的薪酬模式

基于年功的薪酬模式是一种简单而传统的薪酬制度，它是按照员工为企业服务期的长短而支付或增加薪酬的一种管理制度，往往与终生雇佣制相关联。其基本特点是员工的企业工龄越长，工资越高。

优点：培养员工的忠诚度。员工的安全感强。

不足：工资刚性太强，弹性太弱，不容易调整。容易形成论资排辈的氛围，不利于有才能的人才成长。不利于吸引年轻人，即使进入企业也会因漫长的等待而失去信心。

岗位工资制、绩效工资制、技能工资制、市场工资制，这些仅仅是从单一的角度考虑薪酬的付酬因素，年功工资制在中国一直以来仅作为辅助单元使用，因此任何一个单一的薪酬模式都不可能构成一个系统的薪酬体系，只有将这五种薪酬模式结合成一个完整的薪酬体系，才能更好地发挥薪酬的战略作用。

第三节　薪酬管理体系的设计

一、薪酬管理体系设计的基本思路

（一）现代薪酬的基本理念

1. 薪酬的实质及其分级的依据

（1）薪酬的实质

薪酬是对职工为企业所做出的贡献所给予的相应的回报或答谢，这实质上是一种公平的交易或交换，也就是某种程度的补偿。

实际的薪酬应该包括员工从企业所获得的全部利益，而不论其来源、渠道如何。现代企业应该将各类员工的所有收入“浮出水面”即全部收入货币化，减少这方面的“暗箱操作”。

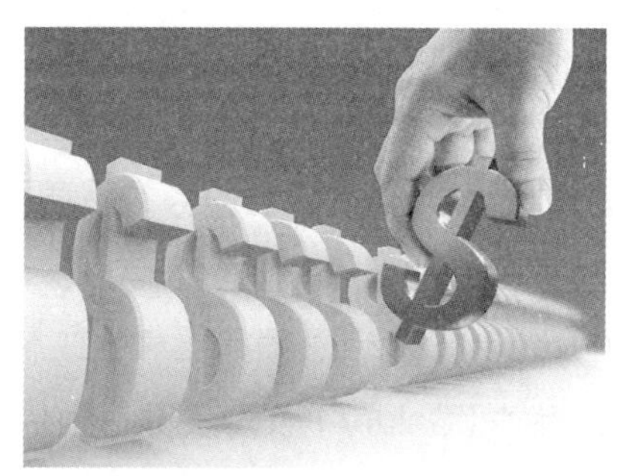

（2）两种基本的薪酬观

薪酬首先应从战略的角度来看待。由于大量的资金被用于薪酬和与薪酬有关的事项，因此，对最高管理层和人力资源主管来说，当他们在确立薪酬观以指导薪酬计划时，必须使薪酬从“战略上”适应企业的目标，这一点对企业来说是至关重要的。

① 津贴薪酬观。津贴薪酬现在许多企业通过薪酬措施得以反映。这些企业一般每年都自动给员工增加薪酬，大多数员工每年的薪酬都按照等比例或近乎等比例增长。在遵循津贴观的企业中，工薪增长被普遍地视为提高生活费的手段，而不论工薪提高是否和实际的经济指标相挂钩。遵循津贴观最终意味着，只要员工们继续他们的就业生涯，那么不管员工的工作表现和企业在各方面所面临的竞争压力如何，企业的费用都不得不一步步上升。

② 业绩薪酬观。在遵循业绩薪酬观的情况下，没有人被保证仅仅因为在企业又工作了一年而增加薪酬，相反，工薪和奖励主要以工作表现为依据。工作表现好的员工的薪酬可得到较大的增长，而那些表现较差的员工在薪酬上则往往几无增加。当然，实际上很少有企业在薪酬措施的所有方面都彻底以工作表现为依据。不过，在席卷许多产业部门的企业重组中，打破津贴模式的做法正与日俱增。

（3）薪酬分级的依据

① 按时间与按生产力付酬。企业可以根据员工花在工作上的时间

来付酬，也可以根据工作总量来付酬。许多企业采取双轨制的付酬方法，即对一部分员工实行小时工资制，对另一部分员工实行薪水制。这两种分配方式是根据职务的性质而确定的。小时工资制是一种以工作时间为基础的最通用的付酬方式，按工作小时取酬的员工拿到的是工资（Wage），工资总额直接根据工作小时数计算而得。相比之下，对那些以薪水（Salary）形式获得薪酬的员工来说，不论他们的工作小时数如何，他们所得到的薪酬基本上总是一致的。一般说来，拿薪水的员工比拿工资的员工的地位相对要高一些。

② 按知识付酬与按职责付酬。

③ 按以往贡献付酬与按发展潜能付酬。另一种分配的依据是工作绩效或生产力。最直接以生产力为基础的薪酬制度是计件工资制，它是根据工作的数量支付薪酬。例如，电话销售公司可以按照业务完成量给员工付酬的办法，对那些多才多艺和技能不断提高的员工构成鼓励。在按知识付酬或按技能付酬的制度下，员工从一个起点薪酬标准开始，随着不断学会从事他种工作或获得其他技能，其薪酬也相应得到不断地提高。

2. 对健全合理的薪酬制度的要求

（1）公平性，即只认员工的工作绩效，而不管其身份如何，一切以其工作绩效说话。这要以对绩效认定的公平为前提。

（2）竞争性，薪酬标准在内部要能引导人们向上奋斗，奖勤罚懒；对外部则能具有强劲的吸引力。

（3）激励性，工作优秀者所获薪酬要明显多于平庸者，这样薪酬才有激励员工努力工作的效果。

（4）经济性，薪酬与企业总体经济效益同步增长，同时对任何一个员工的薪酬都要考虑可能产生的效益。

（5）合法性，企业薪酬制度不能违反国家及政府部门的法律法规政策。

有一点是需要特别注意的，即薪酬的导向要与企业发展战略相吻合。比如对脱产学习人员的薪酬怎么处理，对高级人才(特别是高级专业技术人才)的薪酬是否应该为普通员工的倍加？领导人的薪酬是否要全部货币化？这些都要同企业当下及未来面临的发展战略相适应。

现代企业还实行以股权作薪酬的制度。这样做可以增强员工(包括领导人)与企业共命运的意识，也可以使员工依其贡献大小享有相应的永久收益，一旦为企业做出了明显贡献，特别是重大贡献，不会因为退休、离职而不再享有创业利益；握有股权，就可以永远获取相应的资本薪酬。这样就会在很大程度上克服薪酬的即期现象所带来的一有机会就拼命捞一把或“有权不用，过期作废”心理问题。

3. 影响薪酬系统的主要因素

(1)影响薪酬系统的外部因素

如，社会劳动力的供求状况；企业所在地区及行业的特点；企业所在地的平均生活水平；国家的法律法令。

(2)影响薪酬系统的内在因素

如，本单位的业务性质与内容；公司的经营状况与财政实力；公司的管理哲学和企业文化。

(二)基本薪酬：工资与奖金

1. 工资制度合理设置的基本工作程度

(1)企业付酬原则与策略的拟定

(2)职务设计与分析

(3)职务评价或职位评价

(4)工资结构设计

(5)外界工资状况调查及数据分析

为了确定企业的分配制度，企业还须对其他企业对同样职务支付薪酬的情况进行调查。调查的目的是搜集有关工薪水平的详细资料。企业可以自己进行直接调查，也可以利用其他企业或机构的有关调查资料，企业可以从许多不同的渠道得到这类调查资料。关于职务和企业的全国性调查资料，可以从美国劳工部、劳动统计局以及各种全国性行业协会等机构获得。

（6）工资分级和定薪

（7）工资制度的控制与调整

工资应随企业效益的变动而增减，这也包括视员工本人的工作绩效相应变化，然后应根据生活指数的变化而调整，要根据国家法律法规政策的改变而调整，最后要考虑当地发展水平和国家发展进步的因素。

2. 工资分级和定薪的基本方法

（1）分级（排序）法

排序法是职务评定方法中较简单的方法之一。该方法根据各项职务对企业的重要性，从高到低将各项职务予以一一排列。排序的依据，是该职务整体上的重要程度，而非某些个别组成部分的重要性。可供采用的排序方法有多种。

（2）岗位分类法

分类法是以责任大小和在能力和技能、知识、职责、工作量和经历等方面的要求为依据，将企业的各类职务分别定级。然后将各种级别排列成为一个体系。

（3）要素比较法

要素比较法是一种综合性的数量方法。该方法是通过将排序法和计分法组合一体而成。要素比较不仅确定了哪项职务对企业更加重要，而且还确定了重要多少，从而使得更容易将薪酬要素的价值转化成货币工资。

薪酬要素用来确定多种职务所共有的工作价值，这些要素是根据职务分析确定的。例如，对仓库和制造场所的职务来说，体力要求、可能遇到的风险以及工作环境就可以作为薪酬要素，并给予较大的权数；而对大多数办公室和文书性的职务来说，上述因素就无足轻重。因此，在确定薪酬要素和权数时，必须以职务的性质和特点为依据。

(4)计分法

计分法是最为广泛采用的职务级别评定方法，它比排序法和分类法要复杂得多。计分法首先确定与职务有关的薪酬要素，并给予这些要素以不同的权数或分数。

3. 奖金的种类与制定

(1)佣金

佣金是销售工作中广泛采用的一种奖励制度，它是一种按销售数量或销售额的某一百分比来计算的薪酬。佣金以三种方式纳入对销售人员的薪酬分配：直接佣金、薪水加佣金以及红利。

在直接佣金制度下，销售代表得到其销售总额的某一比例。不过，最通行的做法是将销售佣金和薪水并用。这种并用措施将薪水的稳定性与佣金注重业绩的一面结合为一体。虽然两者的分割比例因行业和其他因素而不尽相同，但比较普遍的分割比例是薪水占薪酬的80%，佣金占20%左右。

(2)红利

如上所述，销售人员所得佣金可以采取一次性收入的方式，或者说红利的形式。其他员工也同样可以得到红利。由于红利并不成为员工基本工薪的一部分，而基本工薪乃是今后计算提薪幅度的基数，因此，支付红利的代价一般比工薪增长要低一些。

红利形式的个人奖励薪酬已往主要是给予企业主管或高层的管理人员，但用于中下层人员的情况呈现出日益增长的趋势。

(3)团队奖励

以团队为对象的奖励是否有效，在很大程度上取决于团队规模的大小。如果团队规模过大，员工就会认为，他们个人的努力对整个团队工作业绩的影响微不足道，因而对作为结果的最终奖励的作用也必定是微乎其微的。因此，企业通常侧重针对小规模团队设计奖励方案。企业实行团队奖励的原因，在于越来越多的复杂工作需要依靠员工的相互协作。

(4)收益分享

收益分享是让员工参与分享超过常规收益的那部分额外收益。这部分额外收益可以是额外的利润，也可以是额外的产出。收益分享的目的，是力图提高员工可自由斟酌的努力程度，也就是让员工在最高可达到的努力极限和为保证不被开除所需的最低努力下限之间，尽可能主动地向上努力。

收益分享部分的派发可以按月份、季度、半年和年度进行，具体情况取决于管理理念和对工作业绩的衡量方式。额外收益的分配越经常，员工对奖励的感受度就越高。因此，在可能的情况下，多数具有收益分享计划的企业都选择比年度分配要频繁的分配次数。

(三)补充薪酬：员工福利

1. 各种补偿

(1)工伤补偿

工伤补偿是为那些因公受伤的员工提供的各种福利。企业可通过从私营保险机构或政府保险基金购买保险的方式，来覆盖员工的工伤保险；也可用企业自有保险的方式为员工提供工伤补偿保险。根据工伤保险制度的要求，企业必须为在职务范围内受伤或得病的员工，提供现金补偿并支付医疗和康复服务费用。

(2)失业补偿

失业补偿是法律所要求的另一项福利，这一要求是社会保障的内容之一。由于各个州独立地操作自己的失业补偿制度，因而使得各州之间的有关条例存在很大的差别。

（3）医疗保健福利

企业为员工和其家属提供各种各样的健康和医疗福利，通常是通过保险来覆盖各项赔付。医疗保健福利通常包括的赔付项目有：医疗费、牙齿治疗费、处方用药费、眼疾治疗费等。

2. 退休福利

（1）提前退休

关于提前退休的条款目前出现在许多退休金计划中。提前退休使人们可以早日离开已从事了很长时期的工作。那些为同一企业工作了25 ~ 30 年的员工或许希望将他们的智慧用在其他方面。一些企业和个人还采取了分阶段或非全日制退休方案。

（2）退休金计划

退休金是一种由企业和员工共同建立和负担的老年福利。政府并不要求企业为员工提供退休金，目前，也只有 40% ~ 50%的员工享有这种福利。

3. 其他福利

（1）特殊津贴

这是给为企业做出重大贡献人员的一种特殊待遇，这种福利实际上是一种奖励，尽管其形式看起来是福利。

（2）教育培训福利

教育福利指对员工在受教育方面的资助。该福利支付部分或全部与正规教育课程和学位有关的费用，甚至包括书本费和实验室材料使用费。

（3）假期福利

在大多数情况下，企业给予员工带薪的假期和班上休息。带薪的午餐时间和工间休息、节假日、休假等都广为人知。此外，企业

还为员工其他方面的需要提供假期。据估计，假期福利占整个薪酬的比例从5%到13%不等。最普遍的假期福利包括带薪假日、带薪休假和缺勤假。如果不是全部的话，那么至少大多数企业提供带薪的节假日。

二、薪酬体系设计的八大步骤

（一）确定薪酬管理原则

1. 公平性原则——内部公平性

公平原则是薪酬管理的根本原则。只有员工认为薪酬是公平的，才会认同薪酬的激励。

2. 竞争性原则——外部竞争性

竞争性包含两重意思：一是工资水平必须高到可以吸引和留住员工，反之会导致员工的离职。二是如果人工成本在公司的总成本中所占的比例较大，就会直接影响这个公司的产品价格——公司会将成本转嫁到商品或服务上。人工成本必须保持在成本可控的范围内。因此，实现富有特色、具有吸引力且成本可控的有效的薪酬管理，才是真正把握了竞争性原则。

3. 激励性原则

薪酬制度对员工要有强烈的激励作用。薪酬制度发展到今天已经表明，单一的工资制度刺激日显乏力，灵活多元化的薪酬制度则越来越受到人们的青睐。

4. 灵活性原则

企业在不同的环境中，在不同的发展阶段中，企业的薪酬体系不能一成不变，应当具有灵活性，应根据市场环境的变化和企业自身发展的要求，及时有效地对薪酬体系进行调整。

5. 合法性原则

薪酬管理要受法律和政策的约束。例如，国家的最低工资标准的规定、有关职工加班加点的工资支付的规定，企业必须遵照执行。

（二）设计与制定薪酬战略

薪酬的作用是吸引、保留、激励人才，但吸引、保留、激励人才的最终目的是什么呢？显然是为了实现企业的战略目标和远景规划。薪酬战略是人力资源战略的分解和细化，是企业战略的重要支撑。企业在进行薪酬战略的设计与制定时，应该从企业整体发展战略的角度出发，并努力使薪酬战略与之相匹配，才能强化企业在人才市场上的竞争力。

例如，成本领先战略就要求企业的薪酬战略以最合适的薪酬吸引最合适的员工，差异化战略要求企业薪酬战略能引导跨部门间的合作和对员工创新行为的奖励。在薪酬战略的设计时，还要考虑宏观环境、行业环境、企业内部环境以及企业所处的发展阶段。尤其对于企业的不同发展阶段，需要与之相对应的薪酬战略来支撑。

1. 初创期的薪酬战略：一是要具有很强的外部竞争性，以获得所需的优秀人才；二是要淡化内部公平性，主导员工的创业热情。

2. 成长期的薪酬战略：一是要重视内部公平性，逐渐使企业薪酬管理进入规范化阶段；二是要强调薪酬的外部竞争性，吸引和保留高级人才。

3. 成熟期的薪酬战略：一是要特别重视薪酬的内部公平性，因为此时员工对于薪酬的内部公平性也更为关注；二是不再特别强调外部竞争性，该阶段企业的薪酬水平已经具有较强的外部竞争力了。

4. 衰退期的薪酬战略：应适当低于行业平均水平，注意人工成本的控制，避免提供过高的薪酬。

（三）开展薪酬市场调查

确定员工的薪酬水平时要保持一个合理的度，既不能多支付，造

成成本增加，也不能少付，难以保持企业发展所需的人力资源和对外竞争力。要做到这一点，企业就需要进行薪酬调查。薪酬调查的类型包括企业之间的相互调查，委托商业性、专业性的咨询公司进行调查，以及对政府公布的信息、有关专业协会、报纸和杂志等公开的信息的调查。通过薪酬调查，比较处于特定行业、地理区域或职能类别的职位的外部薪酬水平，可以有效地评价企业的薪酬结构，避免不恰当的薪酬开支，分析与薪酬有关的人事问题，促进企业对薪酬的调整，以及评估产品市场竞争对手的劳动成本。

（四）建立岗位价值序列

企业管理者研究发现一个普遍现象，人们关心工资差别的程度有时甚于关心工资水平，这就要求薪酬必须遵循"公平和公正"的基本原则。现实中企业内部薪酬管理常出现以下问题：

1. 一些部门内纵向职位间薪酬差距大。某些部门上级可能是其直接下属工资的三到五倍以上。

2. 相同岗位，不同员工从事相同或类似的工作，但薪酬差距大，有时差距近一倍。

3. 相同工作层级、不同的工作责任和工作负荷的岗位间没有差距。

对以上问题的解决，企业需要公开透明地分析各岗位的岗位价值量，依据科学的方法对岗位价值进行测定并排序，依据排序结果确定岗位工资序列，使每个岗位、每个员工都清楚本岗位的岗位价值及在企业中的位置达到薪酬体系的内在公平。

（五）合理确定薪酬结构

薪酬结构是组成薪酬量的各种成分及其在薪酬量中的比重。主要包括：基本薪酬，奖金，津贴、补贴，福利四大部分。

1. 基本薪酬。基本薪酬是员工收入的主要部分，也是计算其他薪酬收入的基础。基本薪酬表现出较强的刚性，一般能升不能降。企业常出现的问题：部分职位薪酬与市场水平相比较低，主要靠加班来解决个人收入的差异；某些职位年资长者薪酬过高，对他们而言薪酬失去了弹性和激励效用。

2. 奖金。奖金分为绩效奖金和效益奖金，绩效奖金反映员工工作业绩，效益奖金反映公司经济效益。一方面，绩效奖金及效益奖金的缺少导致薪酬与工作业绩、经济效益脱节，使薪酬缺乏激励效用；另一方面，主张奖金占主要比重，滥发奖金，便是本末倒置了。

3. 津贴、补贴。津贴、补贴是一种补偿性的劳动报酬，具有一定的灵活性。人们习惯把属于生产性质的称为津贴，把属于生活性质的称为补贴。在津贴、补贴设计中要防止设置过滥和随意取消两种倾向。

4. 福利。福利是企业为满足员工的生活需要，在工资收入之外，向员工本人及家属提供的货币、实物及一些服务形式。它分为法定福利和企业福利。法定福利是根据政府的政策法规要求，企业必须向员工提供的福利，具有强制性，如三险一金等。企业福利是企业根据自身的特点有目的、有针对性地设计的一些福利项目。福利设计时应注重其长期性、整体性和计划性。另外，近年来弹性福利制兴起，员工可以从企业提供的列有各种福利项目的“菜单”中选择其所需要的福利，让员工有更大的自主权，激励效果更佳。

薪酬结构是企业薪酬管理的重点。行业不同，地区不同，企业发展阶段不同，员工构成不同，薪酬结构往往是不同的。因此，薪酬的构成形式没有固定统一的模式和组合比例。灵活有效的薪酬结构对吸引、保留、激励员工具有重要的作用。企业应根据自身需要和实际条件进行薪酬结构的设计。

（六）建立科学合理的薪酬制度

薪酬制度是以员工劳动的熟练程度、复杂程度、责任及劳动强度为基准，按照员工实际完成的劳动定额、工作时间或劳动消耗而计付的

劳动薪酬。按照付酬对象的不同，可以分为职位薪酬制、技能薪酬制、资历薪酬制。职位薪酬制下，员工薪酬收入的多少由员工所担任职位的高低或所在职位的责任大小决定；在技能薪酬制下，员工的技能和能力、专业技术水平的高低决定了薪酬收入的多少；在资历薪酬制下，员工的学历、工作年限等是决定其薪酬收入的关键。

随着经济的发展，市场环境的变化以及企业内部组织的变革，单一的薪酬制度已经远远不能满足企业的发展和激励的需要，企业的薪酬制度逐渐出现了多元化、绩效化、个性化、宽频化和激励的长期化等趋势和特点。建立科学合理的薪酬制度是一项系统工程，要结合企业的实际情况，针对不同的人员实施不同的薪酬制度。

（七）基于薪酬的职业生涯管理

在有的企业中，人力资源管理者忽视了对员工职业生涯规划的辅导，员工中普遍存在“做一天和尚撞一天钟”的职业生涯短视，只看重眼前利益，缺乏长远规划，只关心当期薪酬收入，看不到个人长期发展。薪酬管理是职业生涯管理的落脚点与直接动力。企业薪酬设计过程中，应充分考虑员工个人职业生涯的发展，要能随员工能力的提高进行动态的适应性调整，不仅强调对员工起短期激励的作用，而且强调对员工起到长期激励的作用。

（八）科学确定年功工资比例

年功工资（资历制）是依据员工个人年龄、工龄、学历、经历等要素来确定薪酬标准，年龄越大，企业工龄越长，薪酬越高。年功工资是对忠诚、认可企业的员工的一种奖励，对鼓励和稳定员工有积极的作用，但也可能导致相同工作岗位上不同员工收入相差巨大的现象，造成工资水平的两极分化。因此要科学合理地确定年功工资比例，一方面鼓励员工忠诚于企业、与企业休戚与共，另一方面在薪酬设计时不让年资左右一个人的工资水平。

三、薪酬体系设计六大误区

企业薪酬设计中往往存在很多误区，影响到企业薪酬体系的有效性。薪酬设计一般包括以下几个方面：薪酬策略和薪酬水平的确定、岗位价值评估、内外部薪酬调查、薪酬结构设计、薪酬级幅和薪档的设计。在这几个步骤中，存在着六大误区，影响到企业整体薪酬体系的有效性。

误区一：薪酬设计的根本点——薪酬体系设计不用考虑企业发展战略

很多企业在设计薪酬体系时，往往一开始就陷入具体的设计细节中去，没有从战略的高度进行思考，盲目照搬国外的或者别的企业的薪酬体系。其薪酬体系也许是“先进的”“时髦的”，却不一定是“适合的”。考虑企业的发展战略，目的是了解企业需要什么样的人才水平，由此决定薪酬策略和水平。薪酬策略与企业的战略目标一一对应，具体可分为以下三种类型：薪酬水平领先型、薪酬水平跟随型和人工成本优先型。

采取薪酬水平领先策略的企业一般是在同行业的市场中处于领导地位，并且外部市场处于扩张期，有很多的市场机会和成长空间，对高素质人才需求迫切，企业自身也处于高速成长期，薪酬的支付能力也比较强等。而采用薪酬水平跟随策略的企业，一般都建立或找准了自己的标杆企业，企业的经营与管理模式都向自己的标杆企业看齐，同样薪酬水平跟标杆企业差不多就行了。采用人工成本优先策略（也称落后薪酬水平策略）的企业，在制定薪酬水平策略时则将重点放在尽可能地节约企业生产、经营和管理的成本，企业的薪酬水平一般也比较低。

不同企业要根据自身情况确定薪酬策略。如果薪酬体系与企业的发展战略不匹配，那么企业的发展就可能与个人的利益不一致，甚至还可能与员工的个人利益相冲突，如此一来，企业战略目标的实现就毫无保障。比如说，一个战略目标为“领先者”的企业采用了“薪酬水平跟

随策略”，那么企业就招聘不到支持其发展的优秀人才，企业发展战略也就无法实现；同理，一个采取“保持者”战略的企业若采用“薪酬水平跟随策略”，则会大大增加企业的人工成本。

因此，“适合的”才是最好的。每个企业所处的行业、外部环境、人力资源状况，经营战略、企业经济情况等都是不同的，企业应立足于这些不同点，以战略的眼光和系统的思路，通过企业战略分解出企业组织架构和岗位设置，才能设计出最适合自己的、战略化的薪酬体系。薪酬设计，战略先行。

误区二：薪酬水平的高低——按照行政级别去判断

很多人认为，级别越高，工资就应越高，殊不知这种观点是错误的。岗位价值评估的意义正在于帮助建立起规范的岗位职级结构。传统意义上会认为普通员工工资肯定低于经理，行政级别高的岗位，其工资肯定高于行政级别低的岗位的工资，但这种说法是不正确的。岗位职级高低应根据岗位的价值确立，各岗位根据其对企业的价值而付薪。例如，在某些方面有专长的人员工资就可能比经理的工资高，比如企业的培训师，一个好的培训师其薪酬甚至可能超过人力资源总监。

但在现实中，以行政级别定薪的现象还举不胜举，给企业的发展带来很大影响。例如：某企业战略发展部的主要职能包括战略规划、品牌管理和投资项目管理，因此，战略发展部即使是普通专员的要求都比较高，对有些岗位的能力要求甚至超过其他部门的经理。但由于企业固有的行政级别的限制，使得企业无法为战略发展部的岗位设置很高的薪酬，因此只能招聘到能力低于岗位要求的人去担任该部门工作。显然，企业的战略和品牌管理工作也就达不到相应的水平，为企业带来巨大的损失。如果一味按照行政级别去定薪资，企业不仅招不到关键人才，影响到企业战略的实现，也会导致优秀员工由于晋升通道的限制不得不离开企业，对企业的招人和留人都带来很大的负面影响。薪酬水平，应由岗位价值决定。

误区三：外部薪酬数据的处理——薪酬设计只需要简单的对照外部市场数据

薪酬设计中有一个重要的环节就是通过调查外部市场薪酬数据来确定本企业岗位的薪酬。很多时候我们会通过购买外部薪酬报告的方法实现，但是要把数据用到企业本身，还需要做一定的调整。

首先，审视外部薪酬数据的来源。由于薪酬报告中所使用的外部数据一般都是本行业竞争对手的薪酬数据，因此，企业应根据自身的发展战略和定位，对薪酬数据进行一定的调整后再使用，以适合企业发展目标。例如：某企业定位于该行业国内第三、第四的水平，即跟随型战略目标。当了解到外部薪酬报告的数据来源都是国际知名或国内顶级企业，即这份薪酬报告的数据总体上处于整体市场的高端位置后，企业在设计薪酬曲线策略时，考虑到薪酬的竞争性和企业目前的薪酬水平，将薪酬水平定位于：高层薪酬采用薪酬报告数据的 50 ~ 75 分位水平，中层：25 ~ 50 分位，基层：25 分位。这个定位在整体市场上基本处于高层：75 ~ 90 分位，中层：50 ~ 75 分位，基层：50 分位，这个定位就可以保证企业薪酬定位与企业发展战略的一致性，使企业既能招聘到其需要的人才，又不至于使人力成本过高。若一味照搬外部市场数据，企业将会盲目地增加许多不必要的人力成本。

其次，审视外部市场岗位与本企业岗位的差异性。拿到外部薪酬报告后，就需要将薪酬报告中的岗位与本企业的岗位进行匹配，但岗位之间的匹配度是多少还不清楚。外部薪酬数据中提供了对岗位的职责描述，但是非常概括，最为关键的是无法把握岗位职责中各职责的重要性大小，因此，必须首先进行岗位匹配度评价工作。一般来说，岗位匹配首先是要看外部岗位和内部岗位之间的权限是否一致；其次要看岗位所从事的主要工作内容是否一致，至少不能出现太大的差异；然后就

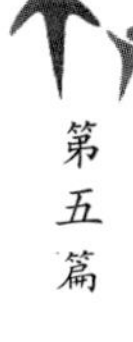

要依据岗位匹配的程度对市场数据进行修正，一般主要采用的方法是计算“匹配系数 = 标准岗位职责 / 企业岗位职责”，统一确定标准岗位的职责为 100，给企业岗位职责打一个分数，岗位职责更为宽泛则高于 100，职责较窄就低于 100。依据该计算结果来修正市场数据（市场数据 / 匹配系数），这样做虽然也存在一定的主观判断成分，但比直接套用外部市场数据要有效得多。例如：某企业人力资源经理同时负责行政部工作，对比外部薪酬报告中的人力资源经理岗位时，内部岗位评分为 120 分，因此，匹配系数为 100 / 120，此时，若人力资源经理岗位在薪酬报告中薪酬为 30 万 / 年，则该企业人力资源经理兼行政主管的薪酬 =30/（10 / 12）= 36 万 / 年。

从上面的两个方面我们可以发现，企业在进行薪酬设计时一定要谨慎使用外部市场数据。全盘照搬市场数据的表现，恰恰是企业薪酬设计不满足薪酬的外部公平性和竞争性的表现。外部数据，谨慎运用。

误区四：薪酬结构的设计——薪酬设计中加入各类“专业加给”和“职务加给”

很多企业的薪酬水平与岗位价值之间关系混乱。在以岗位价值为主要付酬要素的薪酬管理模式中，薪酬等级与岗位价值等级存在一定的正相关关系，即岗位价值等级越高，薪酬等级、薪酬水平也应该越高。但遗憾的是，由于企业加入各种各样的专业加给、职务加给等，因人设岗，岗位随着人能力的不同而进行调整，不同的职务又对应不同的薪酬，导致企业薪酬分布高度分散，产生极大的薪酬水平与岗位价值之间的不一致，居于较高薪级的员工所得薪酬有些时候远远低于薪级较低的员工，这样必然造成员工之间的互相比较，不满意度很高，员工之间的岗位调动也存在很大的问题。

例如：某企业在薪酬设计时，为财务、研发部门人员加入“专业加给”；为不同级别的管理人员又加入“职务加给”：班长加给 200 元 / 月、科长加给 500 元 / 月、经理加给 1000 元 / 月，因此，企业出现很多“科长级助理”“经理级专员”等，这些人员在岗位调动时，问题就出现了：生产部门的班长不愿意去品保部门，因为没有了职务加给；财务部人员也不愿意调到其他部门，因为没有了专业加给；而经理级专员们调到其他岗位上时仍享有职务加给，企业不得不为此付出大大高于岗位本身价值的薪酬。这一切，都是各种“加给”惹的祸。

实际上，在岗位价值评估中已经考虑了各个岗位的专业性以及由于职务不同所带来的工作职责的不同，因此，薪酬结构中不用再另行增加各种加给，将所有加给统一为岗位工资即可。薪酬结构，简单的就是最合理的。

误区五：岗位工资固浮比的确定——固定工资和绩效工资的比例不考虑岗位的业务特征

岗位固定工资和绩效工资设置比例（固浮比）的确定有两个原则：其一，根据岗位绩效变化对组织绩效所产生的可能影响，影响力越大的岗位越应采用较高的绩效工资比例；其二，根据岗位的弹性，岗位由于任职者的能力等不同而导致绩效产出的可能差异，岗位弹性越大越应采用较高的绩效工资比例。

基于以上两个原则，通常我们会按照两个维度来确定固浮比：一是岗位类别，如职能、研发、生产、营销等，二是岗位的职位等级，如基层、中层和高层。一般而言，营销类岗位的浮动薪酬比例要高于职能类岗位，高层岗位浮动薪酬比例高于基层岗位。但是很多企业由于过分强调薪酬体系的简单、易操作，导致所有岗位的薪酬固浮比都一样，或与岗位的业务特征不一致，导致或风险加大、员工抱怨增多，或过于保障、激励作用弱化。

误区六：薪酬设计——不向关键岗位倾斜

薪酬设计要保证倾斜关键岗位，重点激励的原则，因此，在设计

薪酬带宽时，岗位薪级越高（即岗位价值越高），薪酬的带宽就应该越大。但现实中很多企业为了简便，将所有的薪级的带宽都设计为相同的宽度，甚至岗位价值低的岗位带宽反而比岗位价值高的岗位带宽大，根本起不到对关键人才的保留作用。

由此，薪酬设计中几个步骤中可能存在的一些误区在此一一呈现，每个问题的出现都会给人力资源管理工作带来很大的困扰，但是，很多企业在薪酬设计方面却或多或少或轻或重都存在这些方面的问题，这也是企业薪酬体系失效的根本原因。企业 HR 必须审时度势，在薪酬设计中一定要关注到这几个方面，尽量避免这些问题的出现，保证薪酬设计的“万无一失”。

思考题

1. 目前主要薪酬方式都有哪些，各自的优缺点是什么？

2. 薪酬体系设计的步骤具体是什么？

3. 案例中的杭州市区社区工作人员工资福利待遇方案有哪些值得借鉴的地方？

第六篇　现代企业与社区管理流程比较

课　时　共计8课时

教学目标　了解现代企业的流程管理；
理解现代企业流程管理的方法和利弊；
掌握社区职能管理流程，从而与现代企业作比较。

教学重点　现代企业流程管理与职能管理；
如何进行流程管理；
社区职能管理流程。

教学内容

第一节　流程管理与职能管理

案例导入

有一个书生读书很多，村里人要开发一个蓄水塘，便请他当总指

挥。他经过一番策划，便派村东的人去保护水源，又派村南的人去挖一条水渠，接着派村西的人去挖蓄水的大坑，最后派村北的人负责运送土方，同时还规定了详细的施工标准和工期。全村行动，一个多月后宣告竣工：土方也运走了，塘也挖好了，渠也建成了，水源也保护得很好——可是水依然没有蓄起来，村里反而更干旱了。

书生听到报告，赶到工地一看，气得当场晕倒，原来所有的事情都被很认真地做错了：保护水源的人在泉水周围修了一堵围墙，可是却挡住了修水渠的路径；修水渠的人于是绕开围墙，向另一方向挖开去；建水塘的人为了避免占用田地，在一个山头上挖了一个大坑；而运送土方的人又把挖出来的土运给保护水源的，去加固那个围墙。

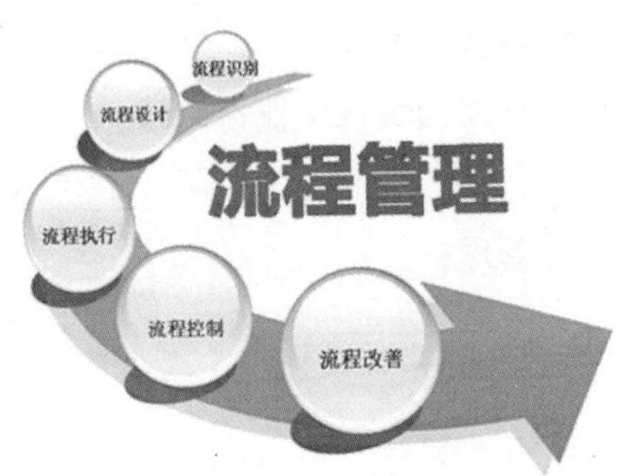

图 6–1　流程管理图

你觉得问题到底出在哪里?

随着我国加入 WTO，特别是面对互联网世界，我国大部分企业直接面临着来自外国企业的冲击，这种冲击是全面的前所未有的。对于我国企业来说，如何面对这种冲击，如何全面提高自己的竞争力是一个生死攸关的问题。对这一问题，不同的专家有不同的解答。比如说：提高科技水平，提高人才素质，提高产品质量，提高服务质量，提高信息化水平，提高品牌意识，等等。以上每一种说法都有道理，但都只是说中了其中的一个方面。以上的因素提高都是企业面临外部竞争环境中的一个局部竞争力的提高，而只有这些方面都得到综合性的提高，企业才能真正面对加入 WTO 后的综合竞争。但是如何才能实现全面提高企业整体竞争力，关键是什么？关键是转变观念，吸收国际上最先进的企业管理思想，在企业的管理模式上进行全面的创新，只有管理思想、管理模式的全面创新和变革，才能对企业竞争力的全面提高提供根本的保证。

现在国际上最先进的企业管理思想就是流程化管理模式，即：将现有的企业管理模式从以职能划分的金字塔形的层级管理模式转变为以流程导向式的扁平化型的网络型组织管理模式。

一、流程化管理模式的特点及与职能管理模式的区别

（一）流程管理模式的本质

流程化管理模式源于业务流程再造（BPR）。BPR一词最早源于计算机领域，是软件维护过程中的反向工程（Reverse Engineering）的概念。1990年管理大师Michael Hammer首次将Reengineering引入企业管理界，提出了业务流程再造的概念，从此Reengineering一词，便以全新的面貌和新的内涵为管理界所认识和重视。BPR就是以流程为导向，从企业战略和顾客需求的角度出发，以创造更大的价值和更多的顾客满意度为最终目标的改造流程，以提高企业竞争力为目的变革。换言之，流程化管理模式是一种基于业务流程进行管理、控制的管理模式，代表着一种对新的企业组织工作模式的追求，有人把它看成是继“全面品质管理”（TQM）之后的第二次企业管理变革运动，也有人预言它将会成为未来企业管理的主流。

流程管理模式所强调的管理对象是业务流程。所谓流程是一系列相互关联的行为，这些行为可以共同将企业输入转化为输出，并共同为顾客创造价值。传统的公司中，流程分布在各个部门中，以部门为界限被分割开来，而流程管理理论认为流程的这种分散正是企业绩效产生问题的根源。只有把全部流程当作整体对待并进行全程的管理，才能大幅度提高业绩。因此，流程管理强调以流程为目标，以流程为导向来设计组织框架，同时进行业务流程的不断再造和创新，以保持企业的活力。

流程可说是企业管理模式改造中最关键的字眼，其基本定义是企业集合各种“原料”，制造顾客所需产品的一连串活动。提出企业流程再造观念的 Michael Hammer 亦强调，企业流程再造的重点在于流程。因此任何策略远景的实现、信息系统的导入、企业文化价值观的具体呈现，终将落实到流程。所有流程再造的核心均是以流程为改善企业经营业绩的对象，以流程导向式的扁平化组织取代金字塔形的阶层组织。

（二）流程化管理模式的特点

1. 流程管理最重要的特点是突出流程，强调以流程为导向的组织模式重组，以追求企业组织的简单化和高效化。

2. 流程管理另一个重要特点是反向，即从结果入手，倒推其过程，这样它所关注的重点首先就是结果和产生这个结果的过程，就意味着企业管理的重点转变为突出顾客服务、突出企业的产出效果、突出企业的运营效率，即以外部顾客的观点取代内部作业方面的观点来设计任务。

3. 流程管理注重过程效率。流程是以时间为尺度来运行的，因此这种管理模式在对每一个事件、过程的分解过程中，时间是其关注的重要对象。

4. 流程管理将所有的业务、管理活动都视为一个流程，注重其连续性，以全流程的观点来取代个别部门或个别活动的观点，强调全流程的绩效表现取代个别部门或个别活动的绩效，打破职能部门本位主义的思考方式，将流程中涉及的下一个部门视为顾客，因此将鼓励各职能部门的成员互相合作，共同追求流程的绩效，也就是重视顾客需求的价值。

5. 强调重新思考流程的目的，使各流程的方向和经营策略方向更密切配合，不致流于形式。

6. 强调运用信息工具的重要性，以自动化、电子化来体现信息流增加效率。

（三）企业职能管理模式的主要特点

职能管理模式的主要特点可以总结如下：

1. 根据垂直职能的不同划分部门；

2. 建立层层的行政管理控制体系，企业管理体系就是一个层级的控制命令体系；

3. 依法行事是其主要的行为准则；

4. 职能部门之间经常出现职能重叠、职能空缺的现象；

5. 各不同的职能部门之间经常会出现缺少共同目标，导致目标不一致的现象；

6. 重叠、交叉的层级体系导致信息流通发生阻碍；

7. 管理层面以控制（扼杀创造力）、协调（效率低下）性的工作为主。

以上这种职能管理模式的特点注定了所建立的企业管理体系最终是一套层层的命令控制系统。他的核心是控制，不论怎样改革，比如说调整部门，重新划分部门职能，下放权力都不能从根本上解决问题。相反，层级越多，权力下放越大，就越加混乱，结果是最后大家都在原地打转，看不清基本的目标是什么。

（四）企业职能管理模式与流程管理模式的区别

通过以上两者之间的主要特点的描述，我们就可以看出两者之间的主要区别在于：

1. 两种管理模式所关注的重点是不同的，一种是目标，以企业战略总目标、顾客需求、市场占有率为导向，将企业的行为视为一个总流程下的流程集合。对这个集合进行管理和控制，强调全过程的协调、目标化。职能管理的重要特点是重视职能管理和控制，关注部门的职能完成程度和垂直性的管理控制。部门之间的职能行为，往往缺少完整有机的联系。

2. 职能管理一般缺少时间标准，这一最重要的工作标准一般是由该部门的主管领导临时确定的，这就大幅加重了主管领导的工作量且标准不确定，导致整体工作效率大幅降低。而流程管理则相反，每一件工作都是流程的一部分，是一个流程的节点，它的完成必须满足整个流程的时间要求，时间是整个流程中最重要的标准之一。

3. 职能管理模式下的管理变革可能出于各种原因，在实际操作时也只能是部门的重新划分、职能的重新调整、人员的简单增减等。而以流程为对象的管理模式的任何一次改变都是业务流程的再造。这种再造所关注的前提是效率的提高和结果的优化，这样企业可以根据市场变化容易地进行业务流程再造。

4. 职能管理模式中部门职能是相对独立的(只有与生产线直接相关例外)，它们之间的工作衔接一般要通过上一层级来安排、协调。而在流程管理模式下，所有的部门或岗位(包括传统上所谓独立的职能部门)，都是流程的一部分，它需要完成的工作是流程中的一个阶段，它是流程中上一环节的顾客和裁判者，同时又是下一个阶段的供应商，这样部门之间的绝大多数工作衔接将按照确定的流程及标准进行，不需要一个专门的控制、协调的上一层级。

5. 在职能管理中，企业高层领导绝大部分时间用于向大家灌输企业的目标，协调不同部门的行动以达到同步。而在流程管理中这种协调将很少，每一个事件都是一个子流程，这些子流程都是有目标的，这些子流程汇集成一个流程集合，形成企业的总流程，子流程的目标集合就成为企业的总目标，在这种模式下，高层领导关注更多的是顾客的需求，市场占有率等综合指标。

综合二者之间的区别，我们可以总结出：职能化管理模式形成的管理体系，是一套金字塔形的层级命令控制体系。而流程化管理模式形成的是一套以流程目标为导向的扁平化的网络状组织机构体系。这种网络状组织机构体系与现代的互联网在结构上有异曲同工之处，这或许是科学发展到今天的一种必然巧合。

二、企业管理模式转变的重大意义

（一）企业面临前所未有的挑战

中国企业在加入 WTO 后，特别是面对互联网世界，已经不像过去有本土企业及国际企业的区别，以网络为交易媒介的公司终将面临全球所有企业的强力竞争，企业的生存将面临未来最严苛的挑战。

未来 10 年，大多数的企业在如此环境下，在很多方面均面临前所未有的挑战，例如：

1. 新兴起的另一种通信手段：国际互联网络；
2. 快速变动的生意伙伴关系；
3. 企业的策略合并或并购；
4. 更加快速的产品周期和淘汰更新；
5. 产品与服务的分野日趋模糊；
6. 不知竞争对手来自何处的不确定性。

以上这些挑战对每一个企业来说都面临着生死存亡。如何应对这一来自全方位的挑战？仅作局部的变更或应对是无济于事的，面对这种挑战只有一个办法：全面的管理更新。

（二）企业电子化的需求

全球经济环境在互联网络 Internet 的带动下，正飞快地进行体系整合，其范围不但扩及制造业和服务业，更集合了流通业、金融业、信息服务业等。买方与卖方、同一行业间、不同产业间也正进行着商流、信息流、物流与资金流的整合。企业间将形成一个大型的延伸企业（Extended Business）或商业社群（Business Community），在其所形

成的增值网络下为市场提供更快速、更多元化的产品及服务。

互联网络的发展已彻底改变人类信息传递方式与商业交易形态，互联网络的市场商机也已逐渐由联机服务走向电子商务；其中企业间电子商务更冲击了传统企业的经营模式，所产生的商机已成为各方瞩目的焦点。国际顾问公司 IDC 估计，2002 年全球 B2B EC 市场将达到美金 3270 亿美元；Forrester Research 更预测到了 2003 年，B2B EC 将有 1.37 万亿美元的市场规模，年复合平均成长率（CAGR）高达 99%。

现今企业除了必须更专注于市场的趋势变化及经营模式的不断调整之外，交易流程电子化已经是企业保持竞争优势时最直接的需求，缺乏电子化的传统流程将造成高人事成本及低作业效率的恶性结果。

面临电子化的竞争环境，与过去相比企业流程再造不再只着重于简单的计算机化，必须付出更多资源及人力投注于业务流程再造的工作。原本着重于职能式的工作流程，现在必须转向网络式的跨组织流程。

（三）巨大的经济效益

企业管理模式的改变，特别是与全面信息系统化相结合所产生的直接经济效益是极其巨大的。美国惠普公司（HP）人事管理部的改革是这方面的成功案例。惠普公司的人事管理部原来由分散在 50 多个分公司和 120 个销售办事处的 50 多个分支机构组成，下设的各个分支机构没有人事决策权，用人申请必须经过总公司的裁定。低层经理如果要招聘人员，需要自下而上层层申请、自上而下层层批复，通过贯穿于公司的整套机构才能完成，互不了解彼此的需要。这种效率低下的人事工作流程不仅对应聘者而言太过烦琐，而且对于需要用人的经理而言也难以忍受。为此，HP 的人事管理改革首先着眼于员工求职过程，设立专门的招聘系统（EMS），由“应聘响应中心”统一接收申请人的人事材料，经过初步处理后，发往美国各地的 HP 人事部门，人事信息就可以通过 EMS 得到共享，并且可以获得快捷的服务。以此为开端的 HP 人事管理部改革，为 HP 的人事工作带来了巨大的效益。1990 年到 1995 年，减少人员 1/3，调整人员比例（人事工作者人数 / 总员工数）从 1/53 到 1 / 75。根据 HP 人事副总裁称，仅人员一项的减少，每年就为公司节省约 5000 万美元，同时大大提高了服务质量，显示了明快、高效的工作作风。

另一个杰出的案例是美国通用，美国通用在韦尔奇的领导下，自 20 世纪 80 年代初就发起了一场组织扁平化的管理革命，按照韦尔奇的说法就是：去除藩篱，管理越少越好。韦尔奇自己在 1993 年召开的股东年会上阐述他去除藩篱的想法：通用能够表现的如此突出，并不是由于我们管理的好，而是由于管理的少。去除藩篱的具体说法就是：去除水平的壁垒（内部部门之间、和顾客之间、和供应商之间的）和垂直的壁垒（大公司衍生出来的阶层组织）。到了 1993 年夏，去除藩篱成为通用的核心价值观，通用公司也基本完成了企业的管理革命工作，建立了一套新的高效率的管理体制，在这个基础之上，1999 年初韦尔奇再次借助互联网发动了一场“摧毁你的业务”的运动，将通用的所有业务流程进行了 e 化，用韦尔奇自己的话说：电子商务给 GE 内部官僚主义的棺材钉上了最后一颗钉子。韦尔奇发动了这场任何一家美国大企业都不曾实施过的巨大变革，他成了先驱者和巨大的成功者，事实上当时没有人知道该如何称呼这项举动，但时至今日我们很清楚，这就是组织再造，就是以流程化的扁平式管理组织取代职能化的层级管理组织。至于通用由此取得的巨大成功和经济利益则是尽人皆知的了。

三、如何推进企业管理模式向流程化改进

（一）转变观念，改造企业文化

新流程的规划设计与实践甚至再创新，背后的关键因素是人。人

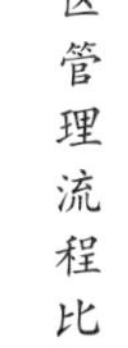

的思维模式（Mind-set）决定了对于新流程的设计品质，导入的接受程度，以及后续的执行成效与再创新。因此，企业流程再造的设计与执行工作应建立在一个良好的企业文化及价值观之上，如此才能看到流程绩效戏剧性改善，以及企业能持续进行各项流程再造与改善。若不改造企业文化，则改造工作非常容易失败，即使成功，改造的成果也会因为不受组织成员的认同而没有办法维持。改造企业文化有下列方法：

1. 高层领导人以身作则，明确地认同新的价值观；
2. 创设新的仪式、象征、典故来取代原有的；
3. 建立新评估及赏罚制度；
4. 以正式化的、成文的条文，取代非正式化的、不成文的规范；
5. 以员工参与的方式，取得员工的共识。

必须注意的是，企业文化不是短时间内形成的，因此改造企业文化必须经过长时间才能见效，因此也是组织设计中的一项重点工作。

（二）借助外部（如管理咨询公司）的力量

改变管理模式，进行企业流程再造是一项繁杂、庞大、科学的工作，其中涉及企业自身的全体员工和庞大的业务集合。为了使其真正能够取得成效，再造过程中必须体现出专业的管理科学思想，同时借助必要的管理工具和分析手段，单靠企业自身来完成是困难的甚至不可行的。企业的领导层必须坚定不移地对此保持全面的重视和领导，大力借助专业公司的力量，方能达到事半功倍的效果。

（三）借助信息技术

本来信息技术在企业获得全面应用并产生效益的前提是企业应该具备规范化的流程管理模式，否则企业在进行大型的管理信息系统和ERP系统实施时就很难推动。但我国大多数企业目前不具备规范的流程化管理模式，也缺少大型管理软件的应用经验。现在很多企业已经意识到大型的信息管理系统对企业经营的重要性，开始作大型管理信息系统的实施，但大型管理信息系统和 ERP 系统本身在应用时要求企业拥有规范的信息处理流程，而这个信息处理流程又几乎与业务流程紧密相关。目前，国际上先进的大型管理信息系统和 ERP 系统大多体现了现代的流程管理思想（流程管理本身就源于软件工程）。因此，企业借助 MIS 或 ERP 系统实施的机会同时对企业进行全面的流程再造，彻底转变企业的管理模式，不但实现了企业管理的创新，而且还可以保证系统实施的成功，可以达到事半功倍的效果。反之，继续在现有模式下单纯进行 MIS 或 ERP 项目的实施，不太可能取得系统的成功实施，这也是国内大部分企业此类项目实施最终失败的根本原因。

（四）首先选取最关键的流程作为改造的突破口

选取正确的流程进行改造远比在错误或不相关的流程进行正确的改革还重要。首先选取最关键的流程（能够满足顾客的关键需求，满足经营目标，满足竞争需求）进行改造可以取得以点带面，最后全面突破的效果。

第二节　如何走向流程化管理

一、顾客和订单

流程是一个非常令人关心的问题。对于 21 世纪的企业来说，流程将非常关键。优秀的流程将使成功的企业与其他竞争者区分开来，并使帮助企

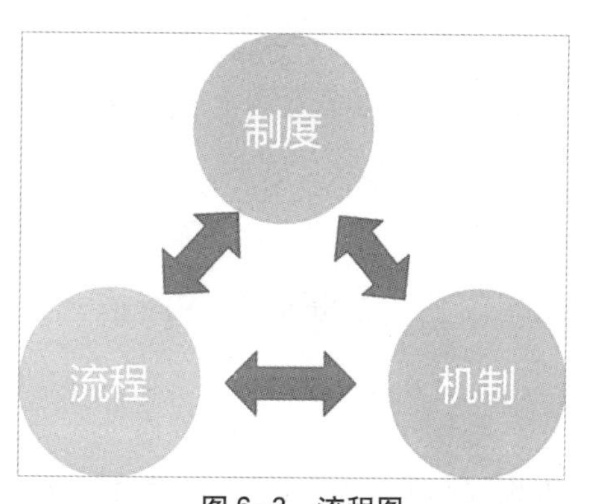

图 6–2　流程图

业取得优秀流程能力的成功咨询机构凸显出来。

首先，应明确我们对流程究竟是什么应有一个正确的理解。通常一开始我会让大家思考一个非常简单的但对于任何企业来说都是适用的问题。我会用到两个词，尽管它们似乎很局限，这两个词就是顾客和订单。当你听到这两个词，你会认为我在谈论一个制造性企业或一个分销企业，其实不然。因为顾客就是那些我们为之做事的人，每个人都有顾客，只是名称或许不同而已，但他们都是顾客。而一个订单无外乎是来自顾客的一个请求，即顾客需要我们为他做些什么。

现在就是我所要问的问题：在一个典型的组织里，从收到一个订单开始到这个订单被满足并送货到顾客止，其间有多少不同的职能、组织或部门插手了？换句话说，就是为了满足这个订单究竟有多少人介入了？

我通常就是拿这么一个问题去问一个组织。我得到的第一个回答往往是："我没有什么概念"。当对他们做了些了解后，第二个回答是："噢，上帝，太多了"。而当对他们再进一步了解后，回答是："全部都介入了。"结果是在一个典型的制造企业里很容易就有 15 到 20 个不同的部门介入到满足一个订单的事务中，而且，情形可能会更糟。我知道一家大型的德国化学制品公司，在那里每个订单要经过 32 个不同的部门。现在你会对我说："喂，那又怎样，谁会关心这个？6、10、20 或 30 个部门，又有什么实质分别呢？实际上，这样会非常好，可以让每个人都有机会参与呀！"

二、什么是优秀的流程？

事实上，中间部门多与少会造成非常大的不同。你知道是对谁大不相同吗？是对顾客。如果我们到顾客那里说："我们将会满足你的订单，你希望怎样被满足呢？”我认为，顾客将会提出四点要求：

(一)顾客要求要快(fast)

他会说“我马上要”。为什么呢？因为如果迟缓了，我们就会把巨大的负担施加给顾客：要么使他因为没有及时得到所需的东西开不了工；要么使他不得不承担由于我们的慢吞吞所造成的损失，诸如延长提货期，或是高库存，这两种情况对他都是糟糕的。所以顾客要求要快。

(二)顾客要求要正确(right)

正确指什么呢？顾客要的是他所订购的东西，而且按所承诺的时间、商定的地点、好的运送状况、具备所有的技术支持文档和账单信息，等等，这些都应该是正确的。一个完美的订单才是顾客所需要的。

(三)顾客要求要便宜(cheap)

顺便指出，这里所讲的便宜不是谈论产品本身，而是指满足订单的成本。顾客会对我们说：“你不可以少花费些钱来满足我的订单吗？为什么不可以呢？”为什么顾客会关心我们在满足他订单上花多少钱呢？答案当然是因为所有的钱都要顾客来支付：要支付产品以及我们在满足订单过程中的所有花费。

所以顾客首先有的三点要求就是：快速、正确和便宜。

我又会问企业，你认为顾客的第四点要求是什么？“噢，我知道了，是质量。”没有错，但质量指的是什么呢？质量通常指的是满足顾客的期望。所以，质量并非我所指的四点要求之一。质量可以看成是整个要求清单，而我们现在所谈论的是要明确满足订单的质量意味着什么。那么，顾客的第四点要求究竟是什么？

(四)顾客要求容易(easy)

我认为顾客的第四点要求是要容易(easy)，Easy to do business with- ETDBW，容易与之做生意。这在将来会是一个非常关键的业务缩写词，虽然读起来不顺口，但确实它是一个好思想。ETDBW，其观

念是什么呢？对于我们以及任何公司来说，我们的顾客很容易与我们做生意是非常重要的。为什么呢？因为我们生活在一个产品和服务日益丰富的年代，要区分两个竞争者已变得越来越困难，那么你靠什么来竞争呢？可能你会靠价格来竞争，那当然是个很好的主意，不过你得扣减你所得到的利润。还有什么其他的办法吗？就是要做到既不降低价格而又能降低顾客的采购成本。那么，应该如何去做呢？我们很明白，我们的运作方式所造成的负担也就是成本将会施加给我们的顾客，而顾客所发生的费用正是由于要与我们做生意。与我们做生意越困难，顾客所花费的时间、精力、金钱就越多，其求购商品的成本就越高。如果我们能简化满足订单的流程，那么顾客的成本就自然会降低。这样即便我们的产品是一样的，价格也不低，但我们的竞争优势还是很突出。所以，顾客要的就是“容易与之做生意”。

另外，顾客会到我们这里说：“我希望你接受我的订单，但一定要用我的零部件命名体系而非你们的体系。”我们应该说：“没问题。”如果顾客又说：“我希望你满足我的订单的方式要与满足其他人的有所不同。”我们亦应该说：“没问题。”如果顾客再说：“我希望你按我的付款周期而非你的收款周期给我开账单。”我们是不是可以说：“噢，那是财务上的事。”不！我们仍应该说：“没问题。”

所以，顾客想要的是：快速、正确、便宜和容易。

三、流程在传统组织中的陷阱

现在的问题是：传统满足订单的方式能够快速、正确、便宜和容易吗？回答是不可能。为什么呢？回答很简单，因为在传统组织之间存在着的隔墙。当订单录入完成之后，接着去信用核查部门，可是它没有很快到达那里，因为订单录入的人完成了这项工作之后，它被搁置着。

过后它才慢慢地流向信用核查部门，而当它们到达那里，同样被按顺序放着，并被放到底层，再逐步地移到顶层，到这时，信用核查部门的那个人才把它拿起来，开始处理，他发现有一个问题或一个错误，也可能发现有一个歧义，没理解，他该做什么呢？把它送回去，或给订单录入的人打个电话弄清楚是怎么回事。糟糕的是，他找我，我不在。他碰到了什么？语音信箱。一天就这样过去了。如果他留下一个口信，我打回去，可是他又不在。所以，当有组织的隔墙存在时，你就会有大量的时间被浪费掉。

有一个我喜欢的常用公式用来计算被浪费掉的时间，就是：VT/ET，即有价值时间除以流逝的时间。在一个顺利运行的流程操作中，它应该等于 1。那么，在一个典型的组织中 VT 除以 ET 是多少呢？我给个提示，它不是 1。通常，它小于 0.05。也就是有超过 95%的时间被白白地流逝掉了。我知道的一个大保险公司，其处理一个新申请的 VT 是 26 分钟，那么流逝的时间呢（ET）？ 28 天。也就是花了近一个月的时间做了一个半小时的工作。另外有一个大的电子公司，其产品开发的 VT 与 ET 之比是 0.001，即 99.9%是浪费掉的时间。为什么会这样呢？原因就是存在着组织之间的隔墙。我们想它快，但它很慢地才流到我们这里；我们想它正确，但我们拿到它时却是错误的。

为什么呢？还是那一道道无形的墙。一个组织到另一个组织，其间的隔墙就是错误的滋生地。为什么呢？误解、错误传达和沟通。你和我都有能力做我们所从事的事务，但是我们没有互相理解。我说的不是你听到的，我给你的不是你收到的，我所暗示的不是你推断的。无论什么地方只要存在这些故障，就有机会对系统滋生错误。

最后，能够容易吗？想想下面的例子：假设顾客要求我们以不同于满足其他人的方式满足他的订单，那么谁会介入到计划、设计和实施这样一个顾客化的反应中呢？回答是：所有的人。而我们首先要做的事

情是什么呢？开个会，但什么时候能开会呢？不知道。因为我们有一个裂成碎片的组织，一项工作要在众多的部门之间进行，其结果不是快速、正确、便宜和容易，而是缓慢、错误、昂贵和死板。

这里有一个有趣的问题，你会问传统的管理者："老板，我们该怎么办呢？我们理应快速、正确、便宜和容易，然而结果确是缓慢、错误、昂贵和死板。我们该怎么办呢？"

你知道传统的管理者会怎么回答吗？他会说："问题是人，前线的工人。我们慢是因为他们懒惰；我们昂贵是因为多付了报酬给他们；我们老是出错是因为他们笨拙和他们总是弄错；我们没有灵活性是因为他们僵化和不会有所创新。"所以传统的管理者会说什么吗？"噢，我们应该对他们做些什么？我们应解雇他们；或者我们应该控制他们；或者我们应该提高他们的能力。"我称这三种策略为：枪毙他们、鞭打他们和培训他们。你也可以组合地运用这些策略，例如你可以枪毙他们，再培训他们；或者反过来。

问题是，这根本没有什么助益。因为我们缓慢、出错、昂贵和死板的原因并不是人的问题，你培训他们，你替换他们，你控制他们，但却没有帮助。问题不出在人那里，问题出在流程那里。

四、流程是跨越部门的业务行程

那么，什么是一个流程呢？我将给你们一个很简单的定义：一个流程就是一组能够一起为客户创造价值的相互关联的活动进程。这里面并没有什么大词汇，但它们都是重要的词汇。首先，流程是一组活动，而非一个单独的活动。想想满足订单流程，有哪一个单独的活动能靠它自己得到结果，能得到顾客想要的东西呢？答案是一个都没有。即使是运送也不能。你会问：为什么运送也不行呢？因为如果没有其他的东西，就没有东西可运。你只有包装后才能运送，只有拣货后才能包装，也只有一开始得到订单后才能拣货。因此，没有一个单独的活动能够创造价值，只有将所有活动一起放在一个整体框架里进行才能创造价值，那就是一个流程。它是一组相互关联的工作或活动，它们一起给顾客创造价值，这就是流程的概念。

你考察一下我们传统的组织，会发现我们的流程处于一种非常悲哀的状况。我们传统的组织是职能型的组织，它们基于一种非常简单的假设，你不得不将工作分解到非常小的小块才能做得有效。那是从工业革命来的思想。我们拿到一项工作，不管它是否满足一个订单、开发一个产品或回复一个顾客的询问，我们都会将它分解成一系列的任务。当我们设计这些任务时，我们的一个最重要目标就是想使这些任务尽可能的简单。所以，这里的假设是：给简单的人简单的任务。

如果我做一项简单的任务，并且一而再地重复做它，一段时期后，我可能会非常擅长，也就意味着我会变得有效率，也会做得精确。问题是，一段时期后，业务线增加了，就会有太多的工作要我做。那怎么办呢？没问题，再雇些其他的人。为什么？因为那工作非常简单，是一些简单的任务。你能雇用谁呢？任何人。而且不用花费太多的时间和金钱去培训。于是不久，你就有了一大群简单的人，他们做着相同的简单任务。你知道我们称它叫什么吗？职能部门，一组重复地做着相同任务的人的机构。不过，请记住我们说过他们是简单的，所以，我们不能信任他们。那我们需要做什么呢？在他们上面放一个监督。不过，这监督只是比他们稍微不简单一点，所以我们不得不在监督上面再加个经理，如此这般下去，这就是传统的组织。围绕由简单的人做简单的工作而建立起来的职能型组织，有着等级控制层看管着他们。正是这种非常自然形成的组织将我们的流程引入了支离破碎的悲惨状况。流程能够适应这种组织吗？不能。因为流程是跨越部门组织的。

我们的流程在传统的组织中被分割了，这儿有一段，那儿有一段。我们的流程是不可见的，谁能看到它们？我是从事一项任务的，我能看到这个流程吗？“嗯，我只看到了我这段。”我的老板呢？他能看到整个流程吗？不，他也只看到了一些。他的老板呢？看到更多一些。那么，最上面的那个人如何呢？他看到了整个流程吗？不，也差得太远。没有人能够看到整个流程。实际上，流程没有一个名分，它不适合于任何地方。我们的流程没有名分，没有被管理，不被喜爱，不可见，且被分割。难怪我们有问题，难怪我们不快速、不正确、不便宜和不容易。

当代组织的绩效问题不是人的过失，而是源于流程被淹没、被隐藏和被忽视这个事实的过失。我们现有的组织是围绕职能而管理的。或许对职能划分你会有许多华丽的比喻说法，但我想把事实告诉你们，正是那些词汇对我来说就像念天书般难以理解。

对于职能型组织，我有一个不同的模型，我把它们看成是一个个中世纪的城堡，有着高高的城墙，在最上面有一门弩炮。你在你的城墙内做你的工作，然后把它放到弩炮里，接着，砰！它飞过高墙到了其他城堡那些不知情的人那里。不过你是把它裹在热油中的（烫手）。为什么呢？因为它一旦离开了你的城堡，你根本就不再管它会发生什么，你只关心你的部门。

五、用平衡的观点看流程

对中国企业来说，业务流程是一个熟悉而又模糊的概念。流程究竟是什么？它是怎么产生的？本文通过回顾 19 世纪末至整个 20 世纪，经过工匠时代、工厂和专业人员时代以及重组和后重组时期的管理思想发展，展示了流程从萌芽、发展到成熟的过程，揭示了人们怎样经过重组的阵痛，学会用平衡的观点看流程的历程。本文让您对业务流程的来历和发展有一个清晰的了解。

(一)以史为镜

近 10 年来，业务流程评估与改进风靡全球企业。但是，在此之前的近百年里，业务流程的概念却无人提及。20 世纪初的科学管理革命启发人们找寻设计制造流程的最好方法，但那是关注于独立的任务上，而不是改进整体端到端的流程。对独立任务的关注持续了将近整个 20 世纪，直到 80 年代中期，跨职能的流程才开始萌芽。90 年代中期，业务流程重组激起了人们极大的兴趣，但是，很快，它从“灵丹妙药”变成了“众矢之的”。业务流程重组争议纷起，“重组”从热门话题中消失了。一夜之间，自诩为业务流程重组领头人的企业纷纷与之划清界限。业务流程，或者仅指流程，有一个特定的含义——一套完整的端到端的为客户创造价值的活动。端到端指流程是广泛的——它穿越组织和职能界限，包含从初始事件到客户期望的结果的所有活动。

那么，流程究竟为何物？要明白这一点，我们先简要回顾一下重组革命的历史，再展望一下它的未来。让我们从工业革命之前开始回顾。

(二)工匠时代

19 世纪中工业革命开始前，绝大多数的产品都由工匠生产。对他们而言，流程和产品是一回事。站在车间的一个地方就能看到生产产品的整个过程。事实上，一人常常完成整个流程——不仅仅生产产品，还包括市场、销售、设计和服务。今天，几乎没有工人会直接生产产品或提供服务，直接涉入这些过程的工人也只看到流程的一小部分。对许多今天的产品来说，你得跨越几个大陆来审视整个流程，而在以往，在工匠的车间一角，你就可知悉所有。

(三)工厂时代

1776 年，亚当·斯密在他的国富论里预见了工业革命。瓦特发

明的蒸汽机带来了只有新的工业时代才用得了的动力。新的组织必须进行劳动分工。此前，工人单独生产的针非常昂贵，甚至纨绔子弟的零花钱被称为“买针的钱”。斯密详细讲述了如何由不同的工人制造，每人负责某一项任务，分类工作使人均产量极大提高，于是落入了寻常百姓家。这个成功使得人们分工更细，呼唤着专业人员时代的到来。

（四）专业人员时代

工业时代继续演绎着成功，企业需要更多的专业人员，不仅在制造领域，在金融、会计、法律、人事、市场和销售领域要求更多。产品和顾客的日益复杂使其他如研发、工程、采购、物流和生产计划领域的专业人员需求也多了起来。同样重要的是职业经理人的出现，他们的职责，正如管理的定义，是“计划、组织和监督”所有活动。工厂里的劳动分工如火如荼，为什么办公室的工作不分分工呢？于是，白领（专业人员、技术人员和管理人员）雇员的层次逐渐提升，相应地，直接生产产品的雇员人数减少了。有人会愤愤不平地说，就算不是大多数，很多白领员工就是靠蓝领提高劳动效率过活的，这不对。尽管人们经常批评这种官僚主义，但它是大的组织存在和发展的黏合剂。

新生代的职业经理人怎样管理所有新业务呢？将人员按财务、工程、制造等职能分类，管理员工和活动不就容易了吗？职能型组织很少引起异议，于是这种组织结构成为 20 世纪企业的主流。

花点时间想想你们公司的职能部门有哪些专业人员？列出一个表来。职能型组织形式如此根深蒂固，多数人甚至将职能等同于组织，但它们是不等同的。组织是将人员和其他资源分门别类以达成通常目标的架构形式。而职能，是运用特定技能和知识，完成同类工作的领域。这些定义提供了回答职能型组织核心问题的重要线索——职能型组织的目标是什么。

六、职能型组织的缺点

通常，健康的组织内，员工和部门尽力达成组织成功，于是员工出色地工作着。但是优化了各自的工作并不等于优化了整体的工作。首先，如果你不见全貌就优化流程，你会不经意地造成坏的结果。比如，对会计工作有利的事，不一定对公司有利。

“实现订单”流程的主要步骤：取订单必须收集制造、发运器件和收款的所有信息，即使这会造成实现订单的延迟。必须详细追踪制造情况以计算成本、分析流程，但这不是也会造成延迟？以收款和发运为效益考虑，会进行批量处理，但这对客户和企业都不好。这样，实现订单的每一步骤上都有限制，这使我们失去了改进整个流程的机会。

很多情况下，激励机制带来了副作用。经理们的薪水极大地取决于管理员工的数量，因此人们追求豪华的办公室、造成繁杂的员工级别、重复工作，甚至人们的工作目标相反。

总之，专业分工虽然使效率极大提升，但也带来不少问题。归纳起来，不外乎以下三点：

（一）高端流程变得十分片面而不可见，因此既衡量不到也改进不了。记住，流程总是在那儿的，它只会被职能和专业工作而掩藏。没有人看得到全局，专业细分常导致局限性的思维。职能部门的常用语“部门仓”或“部门烟囱”——形象地表达了不见全貌又无法审视细节的垂直型组织结构。

（二）活动和工作方式加剧了职能部门对流程的损害。人们过于关注组织内单元（分部、部门等等）的目标——假定各个分部和部门业绩好，企业绩效就好。事实上，一个区域的工作常与其他区域的冲突，或并未给客户、其他利益关系人或企业增值。

（三）当工作和交易通过分散的流程进行时，员工和部门之间的工

作传递造成延迟、错误和不必要的费用。因为职能部门为了尽可能高效地处理工作，常常先使工作成批量，或将工作在某种程度上转变一下，比如：在其他系统重新输入数据。这对整体流程造成了负面影响。

七、重组

（一）进入重组：1985—1993

重组的含义是通过确认、再思考和彻底重设计端到端的业务流程，进而使之得到极大改进。以流程为中心的组织必须关注整体，看到积累的无效和不合理现象。绩效须从单个任务如检查大多数表格或给大量挡泥板加印转变到价值增加上来，如：定时提供高质产品或服务，或整体客户满意。

米切尔·哈默的文章写道："重组革命的枪声在全世界响起。"哈默将重组称为"反工业革命其道而行之"，因为它反对过于细分，提倡将任务整合成协调的、可视的流程。这就像玛莎·斯图雷特所说："一件好事。"但是不要太快。工业革命带来巨大的效益，即使职能型的组织受到普遍批评，可它们毕竟是消费者期待的各种奇妙产品的来源。职能型组织中，大量工人成为朽木、没有为企业增值，这是真的吗？将工作外包真能减少总体工作量或成本吗？流程的阴暗面出现时，这类问题给了重组当头一棒。

（二）远离重组：1994—1995

流程重设计简单，但实施却很困难。重组项目的高失败率尽人皆知。有文章认为 BPR 项目的失败率高达 70% ~ 80%，连业内人士都震惊。样样事情成了重组：

"我重组了我的部门。"或者更糟；

"我重组了工作，辞退了大部分员工，将工作外包。"

重组成为不假思考地上信息系统、急剧缩小企业规模、重建组织结构和将业务外包的替罪羊。重组从你要做的事，变成了要对你做的事。如："我被重组掉了饭碗"。因为这些负面的论调，重组现在用得不多了。事实上，有些企业甚至禁止用它。具讽刺意味的是，尽管重组一词受到冷落，比以前更多的企业却关注起流程重组设计，而且成功率在上升。

（三）后重组时期：1996—现在

后重组时期，总而言之，非常美妙。就像很多以前值得一提的管理趋势一样，流程驱动在管理界已占居一席之地。业界都有清楚的认识：业务流程的思维是达成组织绩效的根本。20 世纪 90 年代后期的经济繁荣至少部分归功于重组流行时人们对流程的改进。组织现在明白：以业务流程进行工作是平常事儿——流程不是口号。这使组织找到"流程驱动"或"流程管理"的方法，即合并流程重组和持续流程改进。

像重组时期那样"彻底重设计业务流程"，以期望"组织绩效戏剧性的改变"是不现实的。今天的组织既不像工匠时代一人完成整个流程，也不像工厂和专业人员时代看不到流程。今天的组织一边吸收业务流程思想的优点，一边改变重组时期风卷残云式的做法，在现有流程的基础上，持续不断地优化。事实证明，业务流程优化正在并将为 21 世纪的组织发展贡献越来越大的力量。

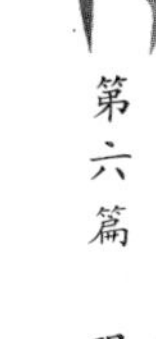

八、不同时代工作方式的利弊

快速吸收新观念时，人们常常没有注意旧观念的优点。重组之风正盛时他们当然不会留意职能组织的优点，当时的主要舆论是对职能组织缺陷的批判、对流程组织的肯定。这几年的经验告诉我们：即使职能组织也有它的优点（20 世纪的大部分时间揭示的职能组织的优点，不

是案例又是什么），而流程组织也有缺陷。我们要有用平衡的观点看待职能组织和流程。

流程是组织工作的一种方式。每个时代人们组织工作的方式都不同，工匠时代，工作由能工巧匠组织，他一人完成整个流程。工厂和专业人员时代，工作分给各个员工和组织内的专业部门。最后，重组时代，工作根据其在组织内的流动来组织，流动中不同的人为整个流程创造价值。每一次，都是以前的进步，尽管每种方法都自有利弊。

以下为不同时代工作方式的利弊：

（一）工匠时代是由一个专家单独完成绝大部分或全部活动来形成流程，它表明：

利：

1. 对每个人来说，客户是谁、产品或服务是什么、工作目的是什么都很清楚。

2. 与客户的联系是单点的。

3. 工匠自始至终对整个流程了然于胸。

4. 产品和服务响应客户需求而改变相对容易。

5. 没有专业人员间的沟通或传递错误。

弊：

1. 工作没有备份或协同工作。

2. 质量不稳定，因为一个人不可能样样精通。

3. 输出受到严格限制，规模化十分困难。

4. 工作从一项任务传递到另一项时基本停顿了。

5. 没有源源不断的劳动力——经历长期的学徒时期才能成为工匠。

（二）下一时代（工厂和专业人员时代）看到了劳动分工带来的进步。劳动分工曾受到广泛指责，但它也有优点，没有这种组织形式，20世纪的大企业几乎不可能出现：

利：

1. 流程输出和经济规模极大增长，而质量持续稳定并保持在高水平。

2. 人事管理更容易。

3. 专业化导致非常高的人员素质和革新观念。

4. 规模增大缩小相对容易（通过增加、减少或重新配置专业人员来实现）。

5. 基于公认的专业领域设定职能，因此，教育机构可提供初级劳动力，这些人于是具有职业晋升通道。

6. 要求职业经理人、而不是企业所有者来管理。

弊：

1. 关注于任务和局部效益，造成整体产出成本增加。

2. 不能见到用户，造成服务质量止步不前、人人安于现状。

3. 跨职能的交流有障碍或不存在。

4. 职能部门间缺少沟通，甚至产生冲突。

5. 客户定制或组织内外环境变化使跨职能协作越来越困难。

6. 降低了个人的责任，相应要求更高级别的管理人员（官僚）来管理员工。

7. 工作变得很无味。

8. 跨越职能界限的事情很难解决，需要高层管理者介入。

（三）业务流程重组带来以流程驱动的组织，它的优点已广为传播，但也有一些缺陷：

利：

1. 正确而适当地关注客户和产出。

2. 流程的可重复性意味着它的绩效可衡量、流程可改进。

3. 通过通畅的工作流动、去除不必要或达不到预期目标的工作达

到高得多的整体效率。

4. 减少了官僚作风（组织结构扁平化），这样更高比例的工作放在实现客户需求上。

5. 相对任务而言，个人对产出更负责。

6. 工作更丰富、更能实现自我价值（工匠又回来了）。

7. 竞争环境中，通常意味着工作得以保留，否则公司就会处于竞争劣势。

弊：

1. 更难管理参与流程的各个员工。

2. 个人的工作范围更广、要求更严格，因此，初级员工不再录用，而产出要求更高。因为雇用了身怀多技的员工需要经常培训和技能升级，造成压力和劳动力短缺。

3. 流程难以实施，更难成规模。

4. 经常变动（常与流程有关）造成低效（如："现在谁做这事？"）和更大压力，人人疲于奔命。

5. 常要求巨额技术投资，以替换或重构基于职能的系统。

6. 为了流程而流程——每人实施一个流程——更难工作了。

进行以上的利弊分析，是因为，成功地重新设计流程要吸收所有时代工作方法的优势，清楚了流程的不利面，就可避免不利情况的发生。

在业务流程优化的过程中，我们要像工匠时代那样清楚客户是谁，产品或服务是什么，工作目的是什么。像工厂和专业人员时代那样，继续保持经济规模的极大增长和质量优异且持续稳定。要打破职能型组织带来的部门墙，形成面向客户的流程，更快响应客户需求、达成组织绩效。扬长而避短，总结前人经验教训，使应时代而生的业务流程持续优化，更好地服务于组织的管理。

第三节　社区管理流程

一、研究

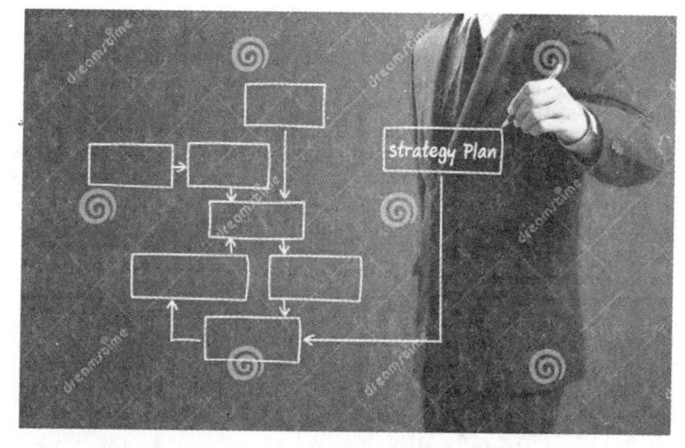

社会研究是获取有关社会现象、社会问题及其解决办法的事实的过程。科学研究被视作社区工作的基础。例如，一个社区认识到存在青少年犯罪的问题。报纸登载了一个年轻女孩在一条黑暗小巷受到攻击的轰动报道。那么社区可以做什么呢？它又做了什么？那个地方犯罪的频率是多少？哪个区域犯罪率最高？受过适当训练并有能力的人能够查出事实并去研究整体情况，从而回答上述问题和其他的问题。

社区工作实务可以运用很多研究方法。用得比较多的有：统计研究、调查和个案研究。其中隐含的观念就是，一个清楚和聪明地行动的社区应该了解现实是什么，以及显示出来的事实是什么。

二、规划

规划就是有目的地去制定未来的行动以及执行的方法。这一方法在社区工作中被广泛应用。通常，不同社区团体的代表聚在一起并且做

出有关社会困难及其解决办法的决定。

南方有一个社区，位于城市中荒废部位的一条运河被拓宽了，没有围墙，也没有别的保护。有几个小孩游荡到运河边上，掉进去淹死了。发生什么了？结果足够数量的家长和生气的居民发出自己的声音，终于社区福利委员会开始研究这个问题。来自不同行业和组织的代表开了好几次会，终于制订出解决问题的计划。通过仔细的规划和其他活动，他们向 city fathers 提出建议要求拨款在危险地区建造围墙。在社区福利委员会的支持下，报纸、电台和电视台集合起来，人们期望的行动成功了。

三、协调

协调是一起工作以避免不必要的重复、努力和冲突的过程。从积极方面来看，它是个人、机构和别的力量互相支持和加强，从而使增加比单独操作多的有效服务成为可能。这一过程很容易被财务上的联合努力所证明，就像联合募捐所达到的那样。社区福利委员会的活动也可以证明这一点，它们基本的目标之一就是要避免社区社会服务不必要的重复，并且消除服务不足。

协调不仅仅是合作。合作是一起工作以达成期待中的结果，通常它会积极地带来有效的行动。一般来说，合作涉及特定的单一目标。从整体上来说，协调包含了很多目标，而且会影响到不止一个人或者团体。在社区组织中，协调意味着社区内不同的个人和机构互相支持，互相帮助以达至个人和共享的目标。

四、组织

组织是建立达至特定目标的结构的过程。在社区社会工作中，它是一种方法，以建立结构去考虑社区需要、资源以及利用这些资源满足上述需要。在这一领域，存在不同种类的组织。联合基金、社会福利委员会、协调委员会、社区信息服务、有关社会福利的州级会议、国家和国际的机构被建立起来，以理解社会问题并帮助应对它们。正式的组织通常会给一个社会运动以物质支持。如果没有它们，活动，就算其中的一些非常重要，也只是随意发生的。

有效处理社区问题的组织的一个例子是一个州级公民协会。有代表性的个人一起组织了这个协会，逐渐熟悉州里的社会问题。他们就研究这些问题，并且试图提出明确的建议给立法机构，要求为此采取行动。这个协会被组织成一个行动团体。它有助于在这个州里带来许多有意义的变化。这一组织成为一个工具，它为达成社会目标开放了一条大路。

五、财务

财务是收集、预算并花费与社区需要和资源有关的资金的过程。筹集资金通常是同专业人士和志愿者一起完成的。联合道路运动是此类活动的例子。每年有上百万的美元被筹集到。上述请求被提出，并将接触到人们的心弦和头脑。

大多数联合募捐、福利委员会和其他社区社会工作实体设有预算委员会。这些委员会努力研究此类需要，并且做出合适的分配，以最好地服务于社区整体福利。社区组织中最具有挑战性的一个方面要求奉献、仔细地考虑和判断。

这一过程中花费资金的部分是由特定的机构来完成的，它们中的绝大多数也是有财务委员会的。这些委员会根据资金情况准备预算，获得年度资金分配方案以后再制订出最佳运用上述资金的详细计

划。这一过程也是需要仔细判断和计划挑战的。通常，受过训练的社会工作者最能帮助财务委员会制订一个合适的预算，它会列出明确的开支。

六、行政

社会工作行政可以被定义为把社会政策转化为社会服务的过程。它是实施计划、执行已经做出的决定的过程。在社区组织中，它是一个特别重要的过程。

有效的行政管理涉及所有的员工，不仅是执行官，还有门房、助理秘书和理事会。哪里所有员工是整体冒险的一部分，而且他们一起提出建议并对总体努力做出自己的贡献，最好的结果就在哪里产生。

七、委员会运行

委员会运行是社区社会工作实务的基础。通过委员会，大多数计划和行动发生，决定被做出，主意和感觉得以公开，并且随之而来的适当的行动也成为可能。当委员会的功能是建立在民主基础上时，社会工作社区运行就会是有效的，否则就会有并发症产生。对于合适的委员会运行来讲，它需要有所有对有关项目感兴趣并涉及的团体的足够的代表性。委员会制订大多数社区行动的计划。通常，委员会最好小一点，否则它们会陷入泥潭，从而变得没有效率。这一领域的专家认识到，超过10～15人的小组很难一起有效工作。因此，小组越小越好。

在委员会里工作，社区组织者必须知道怎样通过协商来解决冲突。良好的记录委员会的活动也是必需的，它是过去思考和计划的提醒，也是打开现在以及未来合适行动大门的工具。

八、倡导和社会行动

社区社会工作中重要的发展之一是对案主倡导的日益强调。以前，只有少数社会工作者走出去支持和维护他们的案主和弱势群体，努力引发社会行动和行动变革以帮助满足他们的需要并提升社会。今天，社区组织的倡导和社会行动模式是社会工作实务中被广泛接受的一部分。社会行动的例子可以在民权运动、grey panthers 和全国精神病协会（the national association for the mentally ill）中看到。上述运动会给我们的社会带来行动，因为通过强制地教育我们的国家有关他们的法律问题而产生“权力”。作为全国精神病协会的努力的结果，1991 年法律规定每个州必须有针对每个慢性精神病人的个案管理计划。这一个案管理法律被设计去确保慢性精神病人获得协调整合的服务提供系统，以帮助他们获得并维护作为人的尊严。

社会工作实务和教育中的倡导和社会行动正在获得动力。许多社区机构和设施的社会工作者正在帮助他们的案主，向他们提供支持和指导以面对社会问题，并努力改变极其脆弱的环境和模式。当他们在服务机构和社会组织里面临反人道主义的情况或受到虐待时，必须有强烈的意愿去学习和使用倡导的原则。

思考题

1. 流程管理的利与弊？
2. 到底什么是优秀的流程？
3. 和企业相比，社区管理流程更重视哪些方面？

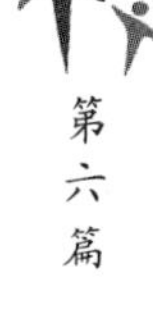

第七篇 社区薪酬与绩效的目的和意义

课　时　共计8课时

教学目标

了解薪酬、薪酬管理、绩效、绩效管理、绩效考核的定义；

了解薪酬管理、绩效管理的内容、目的和意义；

了解薪酬管理面临的挑战和新发展；

掌握薪酬管理的基本原则；

掌握常用的绩效考核方法及其优缺点；

掌握薪酬和绩效管理的匹配方法。

教学重点

薪酬、绩效管理的目的和意义；

掌握常用的绩效考核方法及其优缺点；

薪酬管理和绩效管理的匹配方法。

教学内容

第一节　薪酬管理

案例导入

某办公室每天上午8点开始一天的工作。它的全体员工包括一个主任、两个秘书、两个打字员和三个档案管理员。到上一年为止，由于均衡的工作量和明确的责任，该办公室一直运转平稳。从去年开始，主任注意到在打字员和档案管理员之间出现了越来越多的争执。当他们找到主任讨论这些争执时，可以确定问题是由于对特定职责的误解造成的。由于打字员感到档案员有过多的空闲而流露出强烈的不满。另一方面，秘书和打字员必须经常加班来做他们认为档案管理员很容易承担起来的工作。而档案管理原则强调他们不应承担任何额外的职责，因为他们的薪水没有反映额外的责任。这个办公室每个人都有一份几年前编写的一般工作说明书。然而，从那以后由于实施了计算机系统，因此，绝大多数职位的本质都发生了相当大的变化，但这些变化一直未被写入书面材料之中。

问题

1. 你认为办公室在人员管理上出现了哪方面的问题？
2. 你建议主任应该怎么处理现在的这种局面？

一、薪酬的内涵、构成及职能

（一）报酬与薪酬的关系

薪酬是基于可以用货币衡量的经济性报酬。

（二）薪酬的内涵及构成

1. 薪酬的基本含义

薪酬就是在存在雇佣关系的前提下，员工从雇主那里所获得的各种形式的经济收入及有形的服务和福利。

2. 薪酬的构成

薪酬构成即组成薪酬量（薪酬性收入）的各种成分及其在薪酬量中的比重。

（1）薪酬构成的内容

一般地说，薪酬构成包括基本薪酬、奖金、津贴、补贴四部分。基本薪酬是职工收入的主要部分，也是计算其他薪酬性收入的基础。奖金是对职工做出优异的劳动贡献而给予的效率薪酬。津贴是对职工在特殊劳动环境下工作所给予的附加薪酬。补贴一般是为了保证职工实际薪酬和生活水平不下降或鼓励职工长期在本单位工作而设置的。

（2）薪酬构成中各个成分的比例关系

基本薪酬应占主要比重，增长速度也应最快；其次是奖金；再次是津贴补贴。基本薪酬是定额劳动报酬，完成劳动定额（工作任务）是职工的职责和基本任务；奖金是超额劳动报酬，如果奖金占主要比重，便是本末倒置，劳动定额水平偏低或者人为加大薪酬成本，这显然不利于发展生产和增加经济效益。基本薪酬的综合效益以及提高劳动力素质等作用大于奖金、津贴。因此，基本薪酬所占比重应大于奖金与津贴补贴之和。奖金和津贴相比，奖金多少与劳动成果有直接联系而津贴只是一种对劳动负效应的补偿。所以，为了贯彻按劳分配原则和取得较大经济效益，奖金的比重应该大于津贴。

（三）薪酬的职能

1. 薪酬职能的主要表现

（1）补偿职能。职工在劳动过程中体力与脑力的消耗必须得到补偿，保证劳动力的再生产，劳动才能得以继续。对职工来说，通过薪酬的取得，以薪酬换取物质、文化生活资料，就可保证劳动力消耗与劳动力生产费用支出的补偿。补偿职能与薪酬保障职能是有区别的。补偿职能符合按劳分配原则，多劳多得薪酬（补偿），少劳少得薪酬（补偿）。而保障职能是基于平均主义的。

（2）激励职能。薪酬的多少不仅取决于提供的劳动量，还在于劳动的质量。劳动质量高，薪酬就多；反之，薪酬就少。通过薪酬的这一激励职能，就能从物质利益上激励职工关心自己劳动力素质的提高和劳动成果的增加，最终使全社会的经济不断发展提高，人民生活不断改善。

（3）调节职能。薪酬的调节职能主要表现在引导劳动者合理流动。科学合理地运用薪酬这个经济参数，就可以引导劳动者向合理的方向流动，使其从不急需的产业（部门）流向急需的产业（部门），从发挥作用小的产业（部门）流向发挥作用大的产业（部门），达到劳动力的合理配置。薪酬的调节职能还表现在通过对薪酬关系、薪酬水平的调整来引导劳动力从人才过剩的职业（工种）向人才紧缺的职业（工种）流动。

（4）效益职能。薪酬对企业等经济组织来说是劳动的价格，是所投入的可变成本。在正常情况下，一个劳动者所创造的劳动成果总是大于他的薪酬收入，剩余部分就是薪酬经济效益。也正因为薪酬的效益职能，社会才有可能扩大再生产，经济才能不断发展，人们的生活水平也才会不断提高。

（5）统计与监督职能。薪酬是按劳动数量与质量进行分配的。通过对薪酬支付的统计与监督，实际上也是对劳动消耗的统计与监督，进而也是对消费量的统计与监督。这就有助于国家从宏观上考虑合理安排消费品供应量与薪酬增长的关系以及薪酬增长与劳动生产率增长、国内生产总值增长的比例关系。

2. 薪酬职能的实现

（1）单位时间的薪酬标准应该是能够满足劳动力再生产的基本生活需要。

（2）根据劳动力供求状况及工作需要，适时调整薪酬标准及薪酬关系，以保证人力资源的合理利用与配置。

（3）薪酬管理要善于运用行为科学的激励理论，更有效地以物质利益来鼓励职工干劲十足地全面完成任务。

美国的一位学者经过研究发现，在计时薪酬制下，一个人如果没有受到激励，仅能发挥其能力的 20% ~ 30%；如果受到充分的激励，其能力可发挥 80% ~ 90%。这就是说，同样一个人受到激励后所发挥的作用相当于激励前的 3 ~ 4 倍。

二、薪酬管理的含义、内容

（一）薪酬管理的含义

所谓薪酬管理是指组织以员工为之所提供的服务为基础，来确定他们的报酬水平、结构及形式的过程。目的和作用在于降低员工的流动率特别是防止高级人才的流失；将短期激励和长期激励相结合，实现对高级人才的吸引。

（二）薪酬管理的内容及过程

1. 薪酬管理的内容

薪酬管理的内容涉及薪酬的现状调查、确定薪酬目标、确定影响本企业薪酬管理因素、选择薪酬政策、制定薪酬计划和调整薪酬结构六个方面。

2. 薪酬管理过程中的重要决策

包括薪酬体系、薪酬水平以及薪酬结构三大核心决策和薪酬形式、特殊群体薪酬及薪酬管理政策三大支持性决策。

（三）与人力资源管理其他职能之间的关系

1. 薪酬管理与工作分析

2. 薪酬管理与人力资源规划

3. 薪酬管理与员工的招录

4. 薪酬管理与绩效管理

5. 薪酬管理与员工的培训与开发

6. 薪酬管理与员工关系管理

三、薪酬管理的目的和意义

（一）薪酬管理的目的

1. 吸收组织需要的优秀员工

合理的高报酬不仅能为员工提升工作的热情，还能为组织的未来发展吸引更多的优秀人才。

2. 达到效率目标

薪酬效率目标的制定其本质就在于要用适当的薪酬花费给组织带来最大的收益。主要包括两个方面：第一要站在产出的角度分析，即薪酬能为组织绩效带来最大价值利益；第二要站在投入角度分析，即要实现薪酬成本的优化控制，用最合适的花费为组织谋取最大的利益。

3. 起到激励作用

薪酬发放的本质即在于对员工努力工作的付出提供等值的报酬。只有在员工的付出能够在得到相应的让其满意的报酬时，员工才能更有工作的积极性以及对未来的憧憬。

4. 要尽力做到公平的原则

薪酬公平要做到分配、过程、机会三方面的公平。分配公平即组

织在进行人事决策与奖励措施时符合公平的要求；过程公平即组织多依据的标准方法要符合公平性，程序过程要公开、公正；机会公平即组织要提供给员工相同的发展机会，不搞内部认定制等潜规则。

（二）薪酬管理的意义

1. 决定着人力资源的合理配置与使用

人力资源的合理配置与使用在社会经济发展中具有特别重大的意义。薪酬作为实现人力资源合理配置的基本手段，在人力资源开发与管理中起着十分重要的作用。薪酬管理也就是要运用薪酬这个人力资源中最重要的经济参数，来引导人力资源向合理的方向运动，从而实现组织目标的最大化。

在薪酬管理中，存在着两种不同的管理机制：一种是政府主导型的薪酬管理机制。这种主要是通过行政的、指令的、计划的方法来直接确定不同种类、不同质量的各类劳动者的薪酬水平、薪酬结构，从而引导人力资源的配置，另一种是市场主导型的薪酬管理机制。这种薪酬管理的意义实质上是一种效率机制，它主要是通过劳动力的流动和市场竞争，在供求平衡中所形成的薪酬水平和薪酬差别来引导人力资源的配置。

2. 直接决定着劳动效率

薪酬管理是对人的管理，对人的管理实质上是让别人去做管理者想做的事，而要被管理者去做管理者想做的事，除非建立一种机制，使被管理者的行为符合管理者的要求，这样管理才能成功。

现代的薪酬管理三种机制的综合运用：一是物质机制，它通过按劳付酬来刺激劳动者具备更多、更精的劳动技巧，来提高劳动效率，获得更多的劳动报酬和更好的工作岗位；二是精神机制，它通过个人贡献奖励来肯定劳动者在劳动中的自我实现，从而体现人本主义观念，并使劳动者明了，只有好的敬业精神，才能实现个人的价值；三是团队机制，它通过劳动者个人业绩与组织目标的关系，来鼓励劳动者参与组织的利润分享，并从组织受益的角度酬谢劳动者所做的努力，使劳动者增强团队意识和合作精神。实践证明，薪酬管理的意义在于能极大地调动劳动者的积极性、创造性，反之，则会挫伤劳动者的积极性和创造性。

3. 直接关系到社会的稳定

在我国现阶段，薪酬是劳动者个人消费资料的主要来源。从经济学角度看，薪酬一经向劳动者付出即退出生产领域，进入消费领域。作为消费性的薪酬，保障了劳动者的生活需要，实现了劳动者劳动力的再生产。因此，在薪酬管理的意义中，如果薪酬标准确定过低，劳动者的基本生活就会受到影响，劳动力的耗费就不能得到完全的补偿。如果薪酬标准确定过高，又会对产品成本构成较大影响，特别是当薪酬的增长普遍超过劳动生产率的增长时，还会导致成本推动型的通货膨胀。这种通胀一旦出现，首先从国内来说，一方面会给人民生活直接产生严重影响；另一方面，通胀造成的一时虚假过度需求，还会促发“泡沫经济”，加剧经济结构的非合理化。

绩效薪酬常用来将业绩和薪酬联系起来，目的在于激励员工更好地工作。绩效薪酬从广义上理解是个人、团队或公司的业绩与薪酬的明确联系，薪酬依据个人、团队和企业业绩的变化而具有灵活的弹性；其狭义的理解是员工个人的行为和业绩与薪酬的联系，薪酬根据员工的行为表现和业绩进行相应的变化，由于员工自身的业绩和行为在较大程度能受到自己控制，因此，员工可以控制他们自己薪酬总量水平的高低，从而达到薪酬对员工业绩调控的目的。

四、薪酬管理的基本原则

（一）按劳付酬

按劳付酬是指对员工所从事的工作应该以劳动为尺度计酬，提供

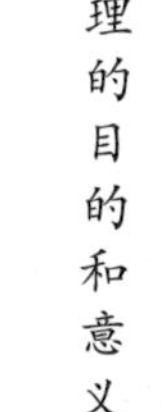

的劳动多所支付的报酬就多；反之就少。

1. 按劳动量付酬

劳动量即劳动者在劳动过程中体力与脑力的消耗量，劳动时间长短或劳动产品（任务）数量与劳动消耗量成正比。所以，劳动的计量可以用劳动时间或劳动产量作为尺度。一般是将劳动者所提供的劳动分解成劳动质量和劳动数量。劳动质量是以劳动的熟练程度、复杂程度、繁重程度、精确程度和责任大小作为衡量的依据。劳动数量则以劳动时间或劳动产量作为衡量依据。因此，按劳付酬也可以表述为按劳动质量与劳动数量付酬，多劳多得报酬，少劳少得报酬。

2. 个别劳动量要通过联合劳动量来实现

必须以企业联合劳动量的实现为前提，再以企业为分配单位，按照员工所提供的个别劳动量支付报酬。

3. 劳动量必须是有效的

有效劳动其含义有两层意思：一是指员工在生产（工作）过程中所提供的个别劳动符合所在单位的劳动标准；二是指只有社会所需要（承认）的劳动，即在市场交换过程中得到证实，商品卖出去进入消费领域的才是有效劳动。无效劳动不能作为计付报酬的依据。

（二）按劳付酬的执行

1. 实现形式

按劳付酬的形式主要有计时薪酬、计件薪酬、奖金、津贴、利润分红、福利等，统称为劳动报酬。前四种劳动报酬属于薪酬范畴。薪酬可以用实物支付，也可以用货币支付。我国规定应用货币支付。

2. 同工同酬

至少在一个单位内必须做到同工同酬。

3. 反对平均主义

平均主义的表现形式很多，最常见的是不分工作好坏、贡献大小，一律按员工所任职务（岗位、工种）或技术（业务）等级的薪酬标准支付基本薪酬和平分奖金。再有就是人为地缩小薪酬差别，借口我国人口众多需要解决就业问题，一个人的饭（指工作和薪酬）三个人吃（指干活和领薪酬），主张薪酬大体平均略有差别。

（三）在发展生产的基础上增加薪酬

薪酬增长超过了生产的发展，不仅会导致通货膨胀，而且最终影响国民经济的正常发展，人民生活水平下降。薪酬增长也不能过低过慢，低薪酬不能补偿劳动消耗，极大地压抑广大员工的生产积极性，结果生产上不去，生活水平下降；生活水平下降，更加挫伤员工积极性，生产更受影响，恶性循环。薪酬增长只有在一定产品（劳务）的前提下进行计划与实施，才会有保证和良性循环。具体讲就是，员工薪酬总额的增长速度应该低于国内生产总值的增长速度，薪酬平均水平的增长速度应该低于社会劳动生产率的增长速度。

（四）物质鼓励与精神鼓励相结合

1. 物质需要与精神需要

物质需要与精神需要可引起人们的动机，也即内在动力，进而产生一定的行为。所以，薪酬管理必须是物质鼓励与精神鼓励相结合。

2. 物质鼓励

通过薪酬制度将劳动与利益紧密联系起来，使员工从物质利益上关心个人和集体的劳动成果；从物质利益上乐于从事社会特别需要的或在劳动力供给上有客观困难的某些劳动；还应该建立起薪酬增长与劳动生产率增长密切相关的制度，刺激员工从物质利益上关心劳动生产率的不断提高。

3. 精神鼓励

通过精神鼓励培育员工对集体劳动成果的责任感和荣誉感，树立集体主义观念。物质鼓励与精神鼓励虽然内容不同，方法各异，但并非

相互排斥，而是相辅相成，互为补充。两种形式并用，可以收到相得益彰的显著效果。

（五）薪酬制度的制定准则

薪酬制度简单明了。主要是指让员工人人清楚薪酬和劳动成果之间的联系。尺度要统一是指各项经济技术指标、劳动定额等的制定原则要一致。应用要灵活是指整个薪酬制度虽然应有一定的稳定性，但也不是一成不变，当生产（工作）中客观情况有变化，应该及时修订或增删，不要恪守有效（使用）期。

主要包括：

薪酬支付准则；

现金支付原则；

直接支付原则；

全额支付原则；

按时支付原则；

紧急支付原则；

优先清偿原则；

自由处理原则；

薪酬诉讼保护原则；

平等支付原则；

特殊情况下的薪酬支付应遵守有关法规。

五、薪酬管理的误区

（一）高估作为一种独立系统存在的薪酬的作用

从总体管理流程来看，薪酬管理属于企业人力资源管理的一个末端环节，它位于一系列人力资源管理职能之后，尤其是在职位分析与评价以及绩效管理等完成之后才能得到的一个结果。但是，薪酬管理的作用绝不仅仅是“分蛋糕”或者是论功行赏，薪酬分配本身既是一种结果，同时也是一种过程。进而言之，薪酬系统本身所规定的分配方式、分配基准、分配规则以及最终的分配结果，会反过来对进入价值创造过程的人的来源以及价值创造过程本身产生影响。也就是说，薪酬分配的过程及其结果所传递的信息有可能会导致员工有更高的工作热情、更强烈的学习与创新的愿望，也有可能导致员工工作懒散、缺乏学习与进取的动力。

目前，我国相当一部分企业将薪酬当作对员工进行激励的唯一手段或者最重要的手段，相信重赏之下，必有勇夫，只要工资高，一切都好办；只要支付了足够的薪水，企业在人力资源管理方面就可以减少很多的麻烦，比如更容易招聘到一流的员工，员工更不容易离职，以及更便于向员工施加努力工作的压力，等等。在这些企业中，薪酬往往成为企业激励员工的一个撒手锏，加薪成为解决人的问题的一种最得心应手的手段。

根据赫兹伯格的双因素理论，薪酬主要属于一种保健因素而非激励因素。即高的薪酬水平可能会保证员工不会产生不满感，但是并不能自然导致员工产生满意感。事实上，这种情况在我国许多企业员工尤其是那些受教育水平较高的人身上体现得非常充分。劳动力市场上很多人为了个人的能力发挥，以及寻求适应自己的企业文化和领导风格而辞去高薪酬的工作，宁愿接受薪酬水平稍微低一些的工作。事实上，很多时候，当员工抱怨对于企业的薪酬水平不满时，真正的原因并不一定是薪酬本身有问题，很可能是员工对于企业人力资源管理系统的其他方面有意见，只不过是借薪酬说事罢了。这时，加薪仅仅是对员工在其他方面不满所导致的心理损失提供一种补偿，却丝毫不会产生企业所期望的激励效果。

（二）薪酬结构零散，基本薪酬的决定基础混乱

从我国很多企业的工资表上，你都能看到多达五六项、七八项甚至十几项的工资构成，看上去甚是复杂。究其原因，就在于许多企业的薪酬体系设计是一种机械式的设计思路，认为薪酬中应当体现的某种因素比如岗位的重要性、技能水平的要求高低、最低生活费用等，都必须在薪酬结构中单独设立这么一个板块。事实上，很多时候，企业的薪酬构成被划分得越是支离破碎，员工的薪酬水平差异就越是不容易得到合理的体现，因为既然你单独设立一个薪酬项目，那么大家必然要多多少少都拿一点。不仅如此，薪酬构成板块过多还会造成另外一个不利的后果，这就是，员工的薪酬水平高低到底取决于什么变得模糊了。员工既不清楚决定自己的工资与他人的差异主要是什么原因造成的，也不清楚自己怎样能够通过个人的努力来增加薪酬收入，更看不到企业的薪酬系统鼓励什么，与企业的战略之间是一个什么样的关系。

从我国企业的实际状况来看，对于管理类、事务类以及生产类的员工来说，以职位为基础的基本薪酬决定方式起码在现阶段是比较适用的。但是，需要指出的一点是，即使是在我国一些明确实行了岗位工资的企业中，在岗位的界定和评价方面仍然存在很多误区。在我国的许多企业中，作为基本薪酬决定依据的与其说是岗位，不如说是行政级别或者是人员类别，而不是真正意义上的经过分析和评价之后确定的岗位。比如说，很多企业的部门经理都拿基本相同的薪酬，理由是他们属于同一类岗位，但事实上，不同部门经理所承受的压力以及对企业战略目标的贡献差异非常大，你可以说他们是在同一个行政级别上，却不能说他们属于同一个等级的岗位。对一些规模较大的电信企业以及保险企业中进行实际量化职位评价的结果表明，不同的部门经理职位通常可以被划分为三到四个不同的岗位等级。

对企业来说，对技术类人员实行以技能为基础的基本薪酬决定方式，可能是比较合理也比较有利的。只不过在实行技能工资制的情况下，企业必须制定出明确的技能等级评价以及再评价的方案，而不能搞成变相的论资排辈。目前我国企业单纯依赖国家的职称评定系统来界定技术类人员技能等级的做法，已经远远适应不了人力资源管理的需要，企业必须自行研究制定适用于本企业技能资格的等级标准，并定期进行评价和重新评价，这样才能保证技能工资制真正落到实处。

（三）薪酬系统的激励手段单一，激励效果较差

在基本薪酬差距一定的情况下，薪酬对于员工的激励主要取决于两大主要工具，一个工具是绩效加薪，另外一个工具是奖金的发放。所谓绩效加薪，就是在员工现有基本薪酬的基础上，参考市场薪酬水平，同时主要根据员工的绩效评价结果（有时还要考虑员工所在部门的业绩以及整个公司的业绩）来增加员工的基本薪酬的做法。奖金也是一个主要与员工个人的绩效相关的现金奖励。但是两者之间存在一个具有较大差异的特征：绩效加薪会导致员工的基本薪酬不断提高，而奖金则大多属于一次性支付的性质，奖金的发放并不改变员工的基本薪酬水平。绩效加薪具有一种刚性特点，尽管每次加薪的幅度往往不大，但是久而久之就可能导致企业在不知不觉中，将员工的基本薪酬提高到对成本构成较大压力的地步。而与此同时，这种日积月累式的加薪也渐渐被员工们看成一种理所当然的既得权利，而不是一种激励性的力量。因此，企业可以在绩效优异时支付较高水平的奖金，而在绩效不佳时适当控制奖金的发放，从而适当控制成本。

当前，在我国许多企业中，生产工人的薪酬制度相对来说变得越来越合理，越来越接近市场的要求，但是对于管理类、事务类、技术类以及一些营销类员工的薪酬体系设计却仍然有着浓厚的传统的计划经济体制的色彩。许多企业喊了很久要拉开企业内部的收入分配差距，但实际上却往往是雷声大，雨点小。我们知道，员工的收入差距，一方面应

当取决于员工所从事的工作本身在企业中的重要程度以及外部市场的状况，另一方面还取决于员工在当前工作岗位上的实际工作业绩。

六、薪酬管理面临的挑战

（一）薪酬管理环境变革所带来的挑战

1. 社会经济背景的变化。

2. 企业管理实践的转变。

（二）我国企业薪酬管理所面临的问题

1. 从历史角度看中国企业传统的薪酬管理

（1）员工雇佣关系建立在“终身制”基础之上。

（2）企业严格坚持内部均衡。

（3）政府对企业薪酬制度制定施加重大影响。

（4）“家长式”的设计方案。

（5）提供同等的奖金和奖励。

2. 我国企业在薪酬管理上存在的一系列问题

（1）薪酬制度与企业经营战略脱钩或错位。

（2）薪酬设计有不科学之处。

（3）薪酬支付缺乏公开性、透明性。

（4）奖金奖励和福利保险计划缺乏柔性，起不到激励作用。

（5）企业已有的薪酬结构很难整合。

3. 问题解决的对策及建议

（1）企业薪酬制度要与企业发展战略紧密联系。

（2）薪酬设计要科学化。

（3）实行公开化的薪酬支付。

（4）建立灵活的奖励和福利保险制度。

(5)对企业已有的薪酬结构的整合。

七、现代薪酬管理的新发展

(一)现代薪酬管理思想

(二)现代薪酬管理制度

1. 宽带薪酬制度。

2. 以技能与业绩为基础的薪酬体系。

3. 泛化的薪酬政策。

(三)薪酬管理的发展趋势

1. 薪酬制度个性化，内在薪酬将越来越受重视。

2. 薪酬设计弹性化，薪酬分配形式由货币主导型向非货币主导型过渡。

3. 薪酬等级宽频化，企业人力资本逐步上升。

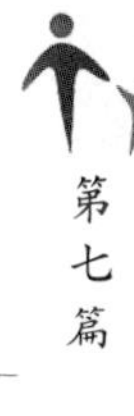

第二节 绩效管理

【案例导入】

三只老鼠的故事

三只老鼠一同去偷油喝。它们找到了一个油瓶，但是瓶口很高，够不着。三只老鼠商量一只踩着一只的肩膀，叠罗汉轮流上去喝。当最后一只老鼠刚刚爬上另外两只老鼠的肩膀上时，不知什么原因，油瓶倒了，

惊动了人，三只老鼠逃跑了。回到老鼠窝，它们开会讨论为什么失败。

第一只老鼠说，我没有喝到油，而且推倒了油瓶，是因为我觉得第二只老鼠抖了一下。第二只老鼠说，我是抖了一下，是因为最底下的老鼠也抖了一下。第三只老鼠说，没错，我好像听到有猫的声音，我才发抖的。于是三只老鼠哈哈一笑，那看来都不是自己的责任了。

这样的情况，在公司里好像也是有所闻。在一次企业季度绩效考核会议上，营销部门经理A说：最近的销售做得不太好，我们有一定的责任，但是主要的责任不在我们，竞争对手纷纷推出新产品，比我们的产品好。所以我们也很不好做，研发部门要认真总结。研发部门经理B说：我们最近推出的新产品是少，但是我们也有困难呀。我们的预算太少了，就是少得可怜的预算，也被财务部门削减了。没钱怎么开发新产品呢？财务部门经理C说：我是削减了你们的预算，但是你要知道，公司的成本一直在上升，我们当然没有多少钱投在研发部了。采购部门经理D说：我们的采购成本是上升了10%，为什么你们知道吗？俄罗斯的一个生产铬的矿山爆炸了，导致不锈钢的价格上升。这时，A、B、C三位经理一起说：哦，原来如此，这样说来，我们大家都没有多少责任了，哈哈哈哈。人力资源经理F说：这样说来，我只能去考核俄罗斯的矿山了。

这个问题之所以有趣，就是在我们的企业中这种情况似乎总在发生，而老板、主管们却也似乎总是找不到问题的症结所在，最终就只能归咎到中国人的通病：一出事情，大家首先想到的是推卸责任，而不是去思考如何解决问题。

一、绩效的含义

（一）绩效的含义

绩效，从管理学的角度看，是组织期望的结果，是组织为实现其目标而展现在不同层面上的有效输出，它包括个人绩效和组织绩效两个方面。组织绩效实现应在个人绩效实现的基础上，但是个人绩效的实现并不一定保证组织是有绩效的。如果组织的绩效按一定的逻辑关系被层层分解到每一个工作岗位以及每一个人的时候，只要每一个人达成了组织的要求，组织的绩效就实现了。

（二）学科定义

绩效是组织中个人（群体）特定时间内的可描述的工作行为和可测量的工作结果，以及组织结合个人（群体）在过去工作中的素质和能力，指导其改进完善，从而预计该人（群体）在未来特定时间内所能取得的工作成效的总和。

（三）管理对象

绩效管理是所有人力资源管理和企业管理中最难做到的，它在实际操作过程中很复杂。绩效管理的对象是人，人和机器最大的区别是，人有思想、有情绪，会产生业绩的波动。所以，对人的投资有两大特征，第一风险大，第二收益高。

（四）绩效的性质

1. 绩效的多因性，指绩效的优劣并不取决于单一的因素，而要受制于主、客观的多种因素影响。

2. 绩效的多维性，指绩效考评需从多种维度或方面去分析与考评。

3. 动态性，指员工的绩效是会变化的，随着时间的推移，绩效差

的可能改进较好，绩效好的也可能退步变差，因此管理者切不可凭一时印象，以僵化的观点看待下级的绩效。

二、绩效管理的含义和内容

（一）绩效管理的含义

绩效管理是企业（组织）根据一定的绩效评价考核办法通过对企业员工绩效进行持续开放沟通反馈，并就组织目标和目标实现达成共识，以达到改进组织绩效目的的过程。绩效管理是一个持续的过程，其目的在于通过绩效反馈员工们继续恰当的行为并改正不恰当的行为，促进组织整体的绩效改进。

（二）绩效管理的内容

一般来讲企业绩效管理包括绩效计划、绩效监控、绩效辅导、绩效考核（评价）、绩效反馈、绩效改进、绩效结果的应用等几个方面。

1. 绩效计划

绩效计划是绩效管理的第一个环节，也是绩效管理的起点。绩效计划是一个确定组织对员工的绩效期望并得到员工认可的过程。它不但要包括组织对员工工作成果的期望，还包括组织希望员工表现的行为和使用的技能。绩效计划的制订与企业战略相关，有利于企业战略的实现，同时还要有可测量性，要可以量化的考核评价。

2. 绩效监控

绩效监控是指在绩效考核评价过程中，企业内部管理者为了掌握下属的工作绩效而进行的一系列活动。绩效监控主要是通过管理者和员工持续的沟通，观测、预防或解决绩效周期内存在的问题，更好地完成绩效计划。绩效监控的优点在于可以随时发现员工工作中出现的问题并及时加以调整。

3. 绩效辅导

绩效辅导是指通过绩效监控，在掌握了下属的工作绩效的前提下，为了提高员工绩效水平和自我效能感而进行的一系列活动。绩效辅导就是帮助员工解决当前绩效实施过程中出现的问题，贯穿于绩效实施的整个过程，是一种经常性的管理行为。

4. 绩效考核

绩效考核是指企业为了实现生产经营目的，根据绩效计划，在运用特定的标准和指标的基础上，采取科学的方法，对承担生产经营过程及结果的组织或个人完成指定任务的工作实绩和由此带来的诸多效果做出价值判断的过程。

5. 绩效反馈

绩效反馈是绩效管理过程中的一个重要环节。它主要通过考核者与被考核者之间的沟通，就被考核者在考核周期内的绩效情况进行面谈，在肯定成绩的同时，找出被考核者工作中的不足并促使其加以改进的过程。绩效反馈的目的是为了让员工了解自己在本绩效周期内的业绩是否达到所定的目标，行为态度是否合格，让管理者和员工双方达成对评估结果一致的看法；双方共同探讨绩效未合格的原因所在并制订绩效改进计划。同时，管理者要向员工传达组织的期望，双方对绩效周期的目标进行探讨，最终形成一个绩效合约。

6. 绩效改进

绩效改进是指通过找出组织或员工工作绩效中的差距，制订并实施有针对性的改进计划来提高员工绩效水平的过程。绩效管理理念和传统绩效考核理论最大的区别就是，绩效管理增加了绩效反馈和绩效改进，把以考核为目的的绩效考核改变为了促进绩效改进为目的的绩效管理。

7. 绩效结果的应用

绩效管理有两个重要目的一个就是绩效的改进，第二个重要目的

就是绩效结果的应用。绩效结果的应用反过来又可以促进企业绩效的改进，对组织而言，如何应用绩效考核的结果同样是至关重要的。从人力资源管理的各个方面来讲，绩效考核的结果可以应用于人员招聘、职位调整、薪酬发放、奖金分配、员工培训与开发、职业生涯规划。

三、绩效管理的目的和意义

（一）绩效管理的目的

绩效管理主要是通过对员工的绩效评价，达到合理评价员工的绩效，从而一方面达成有效的根据考核结果激励员工的作用；另一方面，通过对考核结果的分析，发现工作中的不足，从而提升员工的个人绩效，达成企业绩效提升的目的。随着绩效管理的完善，最终达到员工个人能力和企业绩效互动螺旋式上升的目的。

（二）绩效管理的意义

1. 绩效管理是提高绩效的有效途径

自 20 世纪 80 年代以来，经济全球化的步伐越来越快，市场竞争日趋激烈，在这种竞争中，一个企业要想取得竞争优势，必须不断提高其整体效能和绩效。Levinson 于 1976 年曾指出："多数正在运用的绩效评价系统都有许多不足之处，这一点已得到广泛的认可。绩效评价的明显缺点在于：对绩效的判断通常是主观的、凭印象的和武断的；不同管理者的评定不能比较；反馈延迟会使员工因好的绩效没有得到及时的认可而产生挫折感，或者为根据自己很久以前的不足做出的判断而恼火。"实践证明，提高绩效的有效途径是进行绩效管理。因为，绩效管理是一种提高组织员工的绩效和开发团队、个体的潜能，使组织不断获得成功的管理思想和具有战略意义的、整合的管理方法。通过绩效管理，可以帮助企业实现其绩效的持续发展，促进形成一个以绩效为导向的企业文化，激励员工，使他们的工作更加投入，促使员工开发自身的潜能，提高他们的工作满意感，增强团队凝聚力，改善团队绩效。通过不断的工作沟通和交流，发展员工与管理者之间的建设性的、开放的关系，给员工提供表达自己的工作愿望和期望的机会。

2. 绩效管理可以促进质量管理

近年来，质量已经成为组织绩效的一个重要方面，质量管理已经成为人们关注的热点。Kathleen Guin 指出，“实际上，绩效管理过程可以加强全面质量管理。因为，绩效管理可以给管理者提供‘管理’的技能和工具，使管理者能够将全面质量管理看作组织文化的一个重要组成部分”。可以说，一个设计科学的绩效管理过程本身就是一个追求“质量”的过程——达到或超过内部、外部客户的期望，使员工将精力放在质量目标上。

3. 绩效管理能满足由于组织结构的调整而带来的管理的变化

多数结构调整都是对社会经济状况的一种反应，其表现形式各种各样。如：减少管理层次、减小规模、适应性、团队工作、高绩效工作系统、战略性业务组织、授权，等等。组织结构调整后，管理思想和风格也要相应地改变。如：给员工更多的自主权，以便更快更好地满足客户的需求；给员工更多的参与管理的机会，促进他们对工作的投入，提高他们的工作满意感；给员工更多的支持和指导，不断提高他们的胜任特征，等等。而所有这一切都必须通过建立绩效管理系统，才能得以实现。

四、绩效考核

（一）绩效考核的定义

绩效考核指企业在既定的战略目标下，运用特定的标准和指标，

对员工的工作行为及取得的工作业绩进行评估，并运用评估的结果对员工将来的工作行为和工作业绩产生正面引导的过程和方法。

（二）绩效考核种类

1. 按时间划分

（1）定期考核。企业考核的时间可以是一个月、一个季度、半年、一年。考核时间的选择，要根据企业文化和岗位特点进行选择。

（2）不定期考核。不定期考核有两方面的含义，一方面是指组织中对人员的提升所进行的考评；另一方面是指主管对下属的日常行为表现进行记录，发现问题及时解决，同时也为定期考核提供依据。

2. 按考核的内容划分

（1）特征导向型。考核的重点是员工的个人特质，如诚实度、合作性、沟通能力等，即考量员工是一个怎样的人。

（2）行为导向型。考核的重点是员工的工作方式和工作行为，如服务员的微笑和态度，待人接物的方法等，即对工作过程的考量。

（3）结果导向型。考核的重点是工作内容和工作质量，如产品的产量和质量、劳动效率等，侧重点是员工完成的工作任务和生产的产品。

3. 按主观和客观划分

（1）客观考核方法。客观考核方法是对可以直接量化的指标体系所进行的考核，如生产指标和个人工作指标。

（2）主观考核方法：主观考核方法是由考核者根据一定的标准设计的考核指标体系对被考核者进行主观评价，如工作行为和工作结果。

综上所述，对各级人员的考核可以从以下方面进行：知识（专业知识、行业知识、社会阅历等）、工作业绩、工作能力（组织能力、协调能力、沟通能力等）、工作态度、工作方法、工作效率、组织纪律、道德品质、配合度、学习精神、团队精神、成本意识、目标达成、绩效改进等。不同职级的人员考核的重点不尽相同，各考核点所占分值权重不一样，但绩效改进是每一位被考核者都必须包含的内容，它是落实绩效考核 PDCA 循环的具体体现。

（三）绩效考核流程

1. 详细的岗位职责描述及对职工工资的合理培训；

2. 尽量将工作量化；

3. 人员岗位的合理安排；

4. 考核内容的分类；

5. 企业文化的建立；

6. 明确工作目标；

7. 明确工作职责；

8. 从工作的态度（主动性、合作、团队、敬业等）、工作成果、工作效率等几个方面进行评价；

9. 给每项内容细化出一些具体的档次，每个档次对应一个分数，每个档次要给予文字的描述以统一标准（比如优秀这个档次一定是该员工在相同的同类员工中表现明显突出的，并且需要用具体的事例来证明）；

10. 给员工申诉的机会。

（四）绩效考核原则

1. 公平原则

公平是确立和推行人员考绩制度的前提。不公平，就不可能发挥考绩应有的作用。

2. 严格原则

考绩不严格，就会流于形式，形同虚设。考绩不严，不仅不能全面地反映工作人员的真实情况，而且还会产生消极的后果。考绩的严格性包括：要有明确的考核标准；要有严肃认真的考核态度；要有严格的考核制度与科学而严格的程序及方法等。

3. 单头考评的原则

对各级职工的考评，都必须由被考评者的“直接上级”进行。直接上级相对来说最了解被考评者的实际工作表现（成绩、能力、适应性），也最有可能反映真实情况。间接上级（即上级的上级）对直接上级作出的考评评语，不应当擅自修改。这并不排除间接上级对考评结果的调整修正作用。单头考评明确了考评责任所在，并且使考评系统与组织指挥系统取得一致，更有利于加强经营组织的指挥机能。

4. 结果公开原则

考绩的结论应对本人公开，这是保证考绩民主的重要手段。这样做，一方面，可以使被考核者了解自己的优点和缺点、长处和短处，从而使考核成绩好的人再接再厉，继续保持先进；也可以使考核成绩不好的人心悦诚服，奋起上进。另一方面，还有助于防止考绩中可能出现的偏见以及种种误差，以保证考核的公平与合理。

5. 奖惩原则

依据考绩的结果，应根据工作成绩的大小、好坏，有赏有罚，有升有降，而这种赏罚、升降不仅与精神激励相联系，而且还必须通过工资、奖金等方式同物质利益相联系，这样，才能达到考绩的真正目的。

6. 客观考评的原则

人事考评应当根据明确规定的考评标准，针对客观考评资料进行评价，尽量避免渗入主观性和感情色彩。

7. 反馈的原则

考评的结果（评语）一定要反馈给被考评者本人，否则就起不到考评的教育作用。在反馈考评结果的同时，应当向被考评者就评语进行说明解释，肯定成绩和进步，说明不足之处，提供今后努力的参考意见，等等。

8. 差别的原则

考核的等级之间应当有鲜明的差别界限，针对不同的考评评语在工资、晋升、使用等方面应体现明显差别，使考评带有刺激性，鼓励职工的上进心。

（五）绩效考核内容

考核分为工作业绩、工作能力、工作态度三大部分，不同部门和不同职位的员工，其考核权重也不同，各部门应根据各职位的要求来确定其权重所占比例的大小。

1. 工作业绩

（1）任务绩效，与具体职务的工作内容或任务紧密相连，是对员工本职工作完成情况的体现，主要考核其任务绩效指标的完成情况。

（2）管理绩效，主要是针对行政管理类人员，考核其对部门或下属人员管理的情况。

（3）周边绩效，与组织特征相关联的，是对相关部门服务结果的体现。

2. 工作能力

工作能力分为专业技术能力与综合能力。

3. 工作态度

工作态度主要考核员工对待工作的态度和工作作风，其考核指标可以从工作主动性、工作责任感、工作纪律性、协作性、考勤状况 5 个方面设定具体的考核标准。

五、绩效考核的方法

（一）绩效考核方法的定义

所谓绩效考核方法，是对员工在工作过程中表现出来的工作业绩、

工作能力、工作态度以及个人品德等进行评价，并用之判断员工与岗位的要求是否相称的方法。

（二）考评的基本类型

可分为四类：综合评价型、品质基础型、行为基础型、效果基础型。具体的考评方法种类繁多，但从其性质来看，可以归纳成两大类，分别是客观考绩法和主观考绩法。

（三）常用考评技术

1. 图尺度考核法

图尺度考核法也称为图解式考评法，是最简单和运用最普遍的工作绩效评价技术之一。它列举出一些组织所期望的绩效构成要素（质量，数量，或个人特征等），还列举出跨越范围很宽的工作绩效登记（从“不令人满意”到“非常优异”）。在进行工作绩效评价时，首先针对每一位下属员工从每一项评价要素中找出最能符合其绩效状况的分数，然后将每一位员工所得到的所有分值进行汇总，即得到其最终的工作绩效评价结果。当然，许多组织并不仅仅停留在一般性的工作绩效因素上，他们还将这些作为评价标准的工作职责进行进一步的分解，形成更详细和有针对性的工作绩效评价表。

图尺度评价法的优点是：使用起来较为方便；能为每一位雇员提供一种定量化的绩效评价结果。

图尺度评价法的主要缺点是：不能有效指导行为，它只能给出考评的结果而无法提供解决问题的方法，不能提供一个良好的机制以提供具体的、非威胁性的反馈。这种方法的准确性不高，由于评定量表上的分数未给出明确的评分标准，所以很可能得不到准确的评定，常常凭主观来考评。

2. 直接排序法

直接排序法是一种较为常用的排序考核法，即在群体中挑选出最好的或者最差的绩效表现者，将所有参加评估的人选列出来，就某一个评估要素展开评估，评估要素可以是整体绩效，也可以是某项特定的工作或体现绩效的某个方面。首先找出该因素上表现最好的员工，将其排在第一的位置，再找出在该因素上表现差的员工，将他排在最后一个位置，然后找出次最好、次最差，依此类推。

直接排序法的优点是：容易识别好绩效和差绩效的员工。如果按照要素细分进行评估，可以清晰地看到某个员工在某方面的不足，有利于绩效面谈和改进。

直接排序法的缺点是：如果需要评估的人数较多，超过 20 人以上时，此种排序工作比较烦琐，严格的名次界定会给员工造成不好的印象，最好和最差比较容易确定，但中间名次是比较模糊和难以确定的。

3. 对偶比较法

针对某一绩效评估要素，把每一个员工都与其他员工相比较来判断谁“更好”，记录每一个员工和任何其他员工比较时被认为“更好”的次数，根据次数的高低给员工排序。和直接排序法类似，这是一种更为细致的通过排序来考核绩效水平的方法。它的特点是每一个考核要素都要进行人员间的两两比较和排序，使得在每一个考核要素下，每一个人都和其他所有人进行了比较，所有被考核者在每一个要素下都获得了充分的排序，也是一种相对的定性评价方法。

对偶比较法的优点：因为是通过两两比较而得出的次序，得到的评估更可靠和有效。

对偶比较法的缺点：和直接排序法相似，仅适合人数较少的情况，且操作比较麻烦。

4. 强制分配法

强制分配法是在考核进行之前就设定好绩效水平的分布比例，然后将员工的考核结果安排到分布结构里去。按照每人绩效的相对优劣程

序，列入其中的一定等级。考评方法的基本步骤：第一步，确定A、B、C、D各个评定等级的奖金分配的点数，各个等级之间点数的差别应该具有充分的激励效果。第二步，由每个部门的每个员工根据业绩考核的标准，对自己以外的所有其他员工进行百分制的评分。第三步，对称地去掉若干个最高分和最低分，求出每个员工的平均分。第四步，将部门中所有员工的平均分加总，再除以部门的员工人数，计算出部门所有员工的业绩考校平均分。第五步，用每位员工的平均分除以部门的平均分，就可以得到一个标准化的考评得分。第六步，根据每位员工的考评等级所对应的奖金分配点数，计算部门的奖金总点数，然后结合可以分配的奖金总额，计算每个奖金点数对应的金额，并得出每位员工应该得到的奖金数额。

强制分布法的优点：

（1）等级划分清晰，不同的等级赋予不同的含义，区别显著；并且，只需要确定各层级比例，简单计算即可得出结果。

（2）“强制分布法”常常与员工的奖惩联系在一起。对绩效“优秀”的重奖，绩效“较差”的重罚，强烈的正负激励同时运用，给人以强烈刺激。

（3）强制区分。由于必须在员工中按比例区分出等级，会有效避免评估中过严或过松等一边倒的现象。

强制正态分布法的缺点：

（1）如果员工的业绩水平事实上不遵从所设定分布样式，那么按照考评者的设想对员工进行硬性区别容易引起员工不满。

（2）只能把员工分为有限有几种类别，难以具体比较员工差别，也不能在诊断工作问题时提供准确可靠的信息。

5. 关键事件法

关键事件法是一种通过员工的关键行为和行为结果来对其绩效水

平进行绩效考核的方法。一般由主管人员将其下属员工在工作中表现出来的非常优秀的行为事件或者非常糟糕的行为事件记录下来，然后在考核时点上（每季度，或者每半年）与该员工进行一次面谈，根据记录共同讨论来对其绩效水平做出考核。其主要原则是认定员工与职务有关的行为，并选择其中最重要、最关键的部分来评定其结果。

关键事件法的主要优点：

（1）研究的焦点集中在职务行为上，因为行为是可观察的、可测量的。

（2）通过这种职务分析可以确定行为的任何可能的利益和作用。

（3）它为你向下属员工解释绩效结果提供了一些确切的事实证明。

（4）它还会确保你在对下属员工的绩效进行考察时，所依据的员工在整个年度的表现而不是最近一段时间的表现。

（5）保存一种动态的关键事件记录还可以使你获得一份关于下属员工是通过何种途径消除不良绩效的具体事例。

关键事件法的主要缺点：

（1）费时，需要花大量的时间去搜集那些关键事件，并加以概括和分类。

（2）关键事件的定义是显著的对工作绩效有效或无效的事件，但是，这就遗漏了平均绩效水平。对工作来说，最重要的一点就是要描述“平均”的职务绩效。利用关键事件法，对中等绩效的员工就难以涉及，因而全面的职务分析工作就不能完成。

（3）对于什么是关键事件，并非在所有的经理人员那里都具有相同的定义。

（4）它可能使员工过分关注他们的上司到底写了些什么。

6. 行为锚定等级考核法

行为锚定等级考核法是基于对被考核者的工作行为进行观察、考核，从而评定绩效水平的方法。行为锚定等级评价法是一种将同一职务

工作可能发生的各种典型行为进行评分度量，建立一个锚定评分表，以此为依据，对员工工作中的实际行为进行测评级分的考评办法。

7. 行为锚定等级评价法

行为锚定等级评价法实质上是把关键事件法与评级量表法结合起来，兼具两者之长。

行为锚定等级评价法通常要求按照以下 5 个步骤来进行：

（1）进行岗位分析，获取关键事件，以便对一些代表优良绩效和劣等绩效的关键事件进行描述。

（2）建立进行评价等级。一般分为 5 ~ 9 级，将关键事件归并为若干绩效指标，并给出确切定义。

（3）对关键事件重新加以分配。由另一组管理人员对关键事件重新分配，把它们归入最合适的绩效要素指标中，确定关键事件的最终位置，并确定出绩效考评指标体系。

（4）对关键事件进行评定。审核绩效考评指标登记划分的正确性，由第二组人员将绩效指标中包含的重要事件由优到差，从高到低进行排列。

（5）建立最终的工作绩效评价体系。行为锚定等级评价法的优点表现为：可以向员工提供公司对于他们绩效的期望水平和反馈意见，具有良好的连贯性和较高的信度；绩效考评标准比较明确。缺点：设计锚定标准比较复杂，而且考核某些复杂的工作时，特别是对于那些工作行为与效果的联系不太清楚的工作，管理者容易着眼于对结果的评定而非依据锚定事件进行考核。

8. 目标管理法

目标管理法是现代更多采用的方法，管理者通常很强调利润、销售额和成本这些能带来成果的结果指标。在目标管理法下，每个员工都确定有若干具体的指标，这些指标是其工作成功开展的关键目标，它们的完成情况可以作为评价员工的依据。

9. 书面叙述法

书面叙述法是一种由评价者按照规范的格式写下员工的工作业绩、实际表现、优缺点、发展潜力等，包括以往工作取得了哪些明显的成果，工作上存在的不足和缺陷，然后提出改进建议的定性评价方法。优点：简单、快捷，适合人数不多，对管理要求不高的组织。缺点：其评价的有效与否不仅取决于员工的实际绩效水平，也与评估者的主管看法以及写作技能有直接关系。

10. 360 度考核法

“360 度考核法”又称为“全方位考核法”，最早被英特尔公司提出并加以实施运用。传统的绩效评价，主要由被评价者的上级对其进行评价，而 360 度反馈评价则由与被评价者有密切关系的人，包括被评价者的上级、同事、下属和客户等，分别匿名对被评价者进行评价。员工如果想知道别人对自己是怎么评价的，自己的感觉跟别人的评价是否一致，就可以主要提出来作一个 360 度考核。当然，这种考核并不是每个员工都必须要做的，一般是工作较长的员工和骨干员工。360 度考核法共分被考核员工有联系的上级、同级、下级、服务的客户这四组，每组至少选择 6 个人。然后公司用外部的顾问公司来作分析、出报告交给被考核人。

360 度考核法的优点在于：

（1）打破了由上级考核下属的传统考核制度，可以避免传统考核中考核者极容易发生的“光环效应”“居中趋势”“偏紧或偏松”“个人偏见”和“考核盲点”等现象。

（2）一个员工想要影响多个人是困难的，管理层获得的信息更准确。

（3）可以反映出不同考核者对于同一被考核者不同的看法。

（4）防止被考核者急功近利的行为（如仅仅致力于与薪金密切相关的业绩指标）。

（5）较为全面的反馈信息有助于被考核者多方面能力的提升。360度考核法实际上是员工参与管理的方式，在一定程度上增加他们的自主性和对工作的控制，员工的积极性会更高，对组织会更忠诚，提高了员工的工作满意度。

360度的缺点在于：

（1）考核成本高。当一个人要对多个同伴进行考核时，时间耗费多，由多人来共同考核所导致的成本上升可能会超过考核所带来的价值。

（2）成为某些员工发泄私愤的途径。某些员工不正视上司及同事的批评与建议，将工作上的问题上升为个人情绪，利用考核机会“公报私仇”。

（3）考核培训工作难度大。组织要对所有的员工进行考核制度的培训，因为所有的员工既是考核者又是被考核者。

第三节　薪酬和绩效管理的匹配

一、匹配步骤

（一）定标准

根据公司发展战略，充分参考行业与市场情况，结合公司实际，确定总体目标及薪资标准，再从公司、部门、员工层面进行逐一分解，明确薪资和绩效考核标准。

（二）有记录

绩效管理是一个持续性的工作，部门责任人以及绩效考核部门要对员工平时的工作表现多方面的考察并做好记录，同时绩效考核部门对员工的业绩和绩效考核数据做好收集整理，做到有据可循。

（三）薪酬与绩效挂钩

薪酬水平主要与绩效考核结果挂钩，绩效考核过程做到相对透明、公正，考核指标做到合理、量化，让广大员工都能感受到薪酬与绩效体系的合理与公正。

二、如何解决薪酬管理和绩效管理脱节问题

企业内部管理中绩效考核与薪酬设计是人力部门用到最多的，其中薪酬设计是工资发放的重要依据，同时也是激励员工的重要手段，而绩效考核则是一种约束条件。例如企业今年销售额完成情况，服务满意度情况，执行人员效率提高情况等。

薪酬设计的激励是调动员工积极性的技术，相当于汽车中的油门，而绩效考核则是刹车，一辆汽车光有油门没有刹车容易出现问题，同样只有刹车没有油门也无法运行。因此薪酬管理与绩效考核二者对于企业发展缺一不可。

在人力资源管理实践工作中，薪酬与绩效向来都是进行联动反映，

只要有一方不协调，那么就会使整个公司发展不协调，造成企业利润下降不说，严重的会造成瘫痪。企业一般将薪酬与绩效分在两个部门或者员工进行，由薪酬专员及考核专员分开进行，由此也给企业带来了不少问题。

三、目前企业在绩效管理和薪酬管理上主要存在以下问题

（一）目的不明确，存在较大偏差。很多企业实际上对通过绩效考核和薪酬管理要解决什么问题、要达到什么目的缺乏清醒的认识。

（二）把绩效和薪酬简单化。为了薪酬计算的简单化，不少企业把绩效考核的目标和用途简单化，对于他们来说，考核就是简单的打分和发奖金。即通过绩效考核对员工的绩效打分，然后把绩效分数机械地同薪酬，特别是员工的月度、季度、半年或年度奖金挂钩。这样的考核方式无法随着员工的发展而满足员工的需求，起不到激励员工的作用。

（三）为了应付任务而进行绩效考核和薪酬调整。很多企业并不知道自己的问题在哪里，上级也许隐约感觉到了有问题存在，但是并不清楚问题在哪里，于是要求进行改革，于是相关部门便生硬地将绩效管理与薪酬管理套在一起，没有从公司的实际情况和需求出发。

（四）动态性和灵活性不够。例如，很多企业在制度确立了之后便很少变动，这样对那些能力和贡献都提高了员工其实是很不公平的。

企业在薪酬管理和绩效管理方面，应尽量保持公开透明的政策，了解员工诉求。另一方面，要吸收员工的合理化建议，对制度进行修订，制度公平、公开、公正。此外，还需要建立其薪酬和绩效的动态调整的机制。

四、薪酬与绩效考核有机对接的两种形式

（一）在薪酬设计中加入对绩效的考核

将员工的薪酬在基本工资基础上加入绩效工资，其中基本工资是员工基本的保障，反映员工的基本能力及等级水平，绩效部分，针对不同任职等级的员工有不同绩效工资，具有一定的浮动性，这样可以有效调动员工积极性，将绩效考核与薪酬有机结合。同时也有助于在薪酬管理中建立科学的薪酬结构。

在薪酬结构中，依据什么拉开薪酬差距，不同人员之间的薪酬关系怎样处理，可以采用多种标准，而绩效是一个重要的依据。

有了绩效考核，不同岗位的员工的业绩就可以进行比较，不同人员薪酬的调整也可依据绩效考核结果来进行。这样不仅有利于从薪酬制度上将薪酬向业绩优秀者倾斜，而且有利于强化结果导向的组织文化。

（二）引入激励机制、考核机制

例如员工在开展工作中，按照时间要求完成任务，当要求员工一个小时完成任务，而员工 40 分钟完成后，应该给予奖励。这就需要管理者制定的目标是准确的，目标设定中就会涉及工作饱和度、忙闲程度、工作难易程度等问题，因此企业可以将现在工作量进行衡量，量化之后承包给个人。这样就可以在设定目标的基础上将多劳多得和员工薪酬挂钩，做到在对员工有约束的情况下做好激励。

五、结语

总之，绩效管理是用来评价员工现在的工作情况，员工的价值。而薪酬管理则是用来激励员工的能动性，积极性，激发员工的价值。合理的薪酬管理制度是建立在科学的绩效管理与考核基础上，而设计出与

企业生产经营、需求、利益相适应的薪酬制度，则是企业进行有效的绩效管理的要求、体现和必然结果。因此，企业可以通过将绩效考核纳入到部分薪酬发放中或者引入以工作目标为导向的激励考核机制这两种办法来做好薪酬与绩效有机对接。

企业管理者采取绩效管理来达到对企业的有效管理就必须对合理的薪酬管理有更加深刻的理解和认识，管理者应该加强与员工的沟通，让员工参与到薪酬管理与设计之中，合理的薪酬管理制度要体现内在公平性和外在竞争性，真正建立起让劳资双方共同满意的薪酬管理制度才能取得共赢，而这种合理的薪酬管理制度一定会为企业的持久健康发展提供重要保障。

思考题

1. 目前薪酬管理普遍存在哪些误区？
2. 常用的绩效考评技术有哪些？
3. 如何将薪酬和绩效管理有机结合？